Steck-Vaughn

GED

LENGUAJE, LECTURA

ASESORES DEL PROGRAMA

Liz Anderson, Director of Adult Education/Skills Training
Northwest Shoals Community College
Muscle Shoals, Alabama

Mary Ann Corley, Ph.D., Director
Lindy Boggs National Center for Community Literacy
Loyola University New Orleans
New Orleans, Louisiana

Nancy Dunlap, Adult Education Coordinator
Northside Independent School District
San Antonio, Texas

Roger M. Hansard, Director of Adult Education
CCARE Learning Center
Tazewell, Tennessee

Nancy Lawrence, M.A.
Education and Curriculum Consultant
Butler, Pennsylvania

Pat L. Taylor, STARS Consultant for GEDTS
Adult Education/GED Programs
Mesa, Arizona

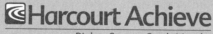

Harcourt Achieve
Rigby • Saxon • Steck-Vaughn

www.HarcourtAchieve.com
1.800.531.5015

Desarrollo editorial: Learning Unlimited, Oak Park, Illinois

Traducción: The GTS Companies, Boston, Massachusetts

Desarrollo de producción: The GTS Companies, Los Angeles, California

Fotografía: Carátula: ©Telegraph Colour Library/FPG International; p.32 ©Bob Daryll/Retna Limited, USA; p.98 ©Renato Rotolo/CORBIS; p.168 ©Michael Lipchitz/AP/Wide World Photos; p.168 ©AP/Wide World Photos; p.208 © Bettmann/CORBIS.

Revisor

Carlos Vázquez-Cruz, Profesor de español
Universidad Americana de Puerto Rico
Bayamón, Puerto Rico

ISBN 0-7398-6916-7

Contenidos

¿Qué son las Pruebas de GED?

Al decidir presentar las Pruebas de GED, usted ha dado un paso muy importante en su vida. Al momento de abrir este libro, habrá tomado ya la segunda decisión más importante: dedicar su tiempo y esfuerzo a prepararse para las pruebas. Es posible que se sienta nervioso por lo que está por venir, lo cual es totalmente natural. Relájese y lea las siguientes páginas que le darán más información acerca de las Pruebas de GED en general y de la Prueba de Lenguaje y Lectura en particular.

Las Pruebas de GED son las cinco pruebas que conforman el programa de Desarrollo Educativo General, GED (*General Educational Development*). El Servicio de Pruebas de GED del American Council Education pone estas pruebas al alcance de todos aquellos adultos que no terminaron la escuela superior. Si pasa las Pruebas de GED, recibirá un certificado que se considera como el equivalente a un diploma de escuela superior. Los patronos de la industria privada y del gobierno, así como el personal de admisiones de instituciones de estudios superiores y universidades, aceptan el certificado de GED como si fuera un diploma de escuela superior.

Las Pruebas de GED abarcan cinco asignaturas que se estudian en la escuela superior. Estas cinco asignaturas son: Lenguaje y Redacción, Lenguaje y Lectura (estas dos asignaturas, en conjunto, equivalen al español de escuela superior), Estudios Sociales, Ciencias y Matemáticas. No es necesario que usted sepa toda la información que normalmente se enseña en nivel medio; sin embargo, en las cinco pruebas se evaluará su capacidad para leer y procesar información, resolver problemas y comunicarse eficazmente.

Cada año, más de 800,000 personas presentan las Pruebas de GED. De las personas que terminan todas las pruebas, el 70 por ciento recibe su certificado de GED. La *Serie GED de Steck-Vaughn* le ayudará a pasar las Pruebas de GED, ya que le proporciona instrucción y práctica de las destrezas que necesita aprobar, práctica en preguntas de evaluación parecidas a las que encontrará en la prueba de GED, sugerencias para tomar las pruebas, práctica para cronometrar las pruebas, así como tablas de evaluación que le ayudarán a llevar un control de su progreso.

Hay cinco Pruebas diferentes de GED. La tabla que aparece en la página 2 le da información sobre el contenido, el número de preguntas y el límite de tiempo para cada prueba. Debido a que cada estado tiene requerimientos distintos en cuanto al número de pruebas que se pueden tomar en un mismo día o período, consulte con su centro local de educación para adultos para averiguar los requerimientos de su estado, provincia o territorio.

Pruebas de Desarrollo Educativo General, GED

Prueba	Áreas temáticas	Preguntas	Límite de tiempo
Lenguaje, Redacción, parte I	Organización 15% Estructura de las oraciones 30% Uso 30% Mecánica 25%	50 preguntas	80 minutos
Lenguaje, Redacción, parte II	Composición		45 minutos
Estudios Sociales	Historia de los Estados Unidos 25% Historia del mundo 15% Educación cívica y gobierno 25% Geografía 15% Economía 20%	50 preguntas	75 minutos
Ciencias	Ciencias biológicas 45% Ciencias de la Tierra y del espacio 20% Ciencias físicas 35%	50 preguntas	85 minutos
Lenguaje, Lectura	Textos de no ficción 25% Textos literarios 75% • Ficción en prosa • Poesía • Obra dramática	40 preguntas	70 minutos
Matemáticas	Operaciones numéricas y sentido numérico 25% Medidas y geometría 25% Análisis de datos, estadística y probabilidad 25% Álgebra 25%	Parte I: 25 preguntas con uso optativo de una calculadora	50 minutos
		Parte II: 25 preguntas sin uso de calculadora	50 minutos

Además de estas áreas temáticas, en las cinco pruebas se le pedirá que responda a preguntas extraídas de textos relacionados con el medio laboral o de consumo. Estas preguntas no requieren poseer conocimientos especializados, pero sí exigen que recurra a sus propias observaciones y experiencias personales.

En las Pruebas de Lenguaje y Lectura, Estudios sociales y Ciencias se le pedirá que responda a preguntas mediante la interpretación de textos de lectura, ilustraciones, tablas, gráficas, mapas, caricaturas y documentos prácticos e históricos.

En la Prueba de Lenguaje y Redacción se le pedirá detectar y corregir errores comunes dentro de un texto publicado en idioma español y decidir cuál es la mejor manera de organizar un texto. En la sección de composición de la Prueba de Redacción, deberá redactar una composición en la que dé su opinión o una explicación acerca de un solo tema de cultura general.

En la Prueba de Matemáticas, tendrá que resolver una serie de problemas (muchos de ellos con gráficas) mediante el uso de destrezas básicas de cálculo, análisis y razonamiento.

Calificación en las Pruebas de GED

Después de completar cada una las Pruebas de GED, recibirá la calificación correspondiente a esa prueba. Una vez que presente las cinco pruebas, se le dará su calificación total, la cual se obtendrá promediando todas las demás calificaciones. La calificación máxima que puede obtenerse en una prueba es de 800. La calificación que debe obtener para aprobar la Prueba de GED varía dependiendo del lugar donde viva. Consulte con su centro local de educación para adultos para averiguar la calificación mínima para aprobar la Prueba de GED en su estado, provincia o territorio.

¿Adónde puede acudir para tomar las Pruebas de GED?

Las Pruebas de GED se ofrecen durante todo el año en Estados Unidos, en sus territorios asociados, en bases militares estadounidenses del mundo entero y en Canadá. Si desea obtener mayor información sobre las fechas y los lugares en que puede tomar estas pruebas cerca de su domicilio, comuníquese a la línea de ayuda de GED al 1-800-626-9433 o diríjase a una de las siguientes instituciones en su área:

- Centro de educación para adultos
- Centro de educación continua
- Institución de estudios superiores de su comunidad
- Biblioteca pública
- Escuela privada comercial o técnica
- Consejo de educación pública de su localidad

Además, tanto en la línea de ayuda de GED como en las instituciones antes mencionadas, pueden darle información acerca de la identificación que deberá presentar, las cuotas que deberá pagar para presentar la prueba, los útiles que necesitará para escribir y la calculadora científica que usará en la Prueba de GED de Matemáticas. Asimismo, revise el calendario de evaluación de cada una de estas instituciones ya que, aunque hay algunos centros de evaluación que abren varios días a la semana, hay otros que solo abren los fines de semana.

Otros recursos de GED

- www.acenet.edu Éste es el sitio oficial del Servicio de Evaluación GED. Para obtener información sobre las Pruebas de GED, simplemente seleccione los enlaces que hagan referencia a "GED" en este sitio.

- www.steckvaughn.com Seleccione el enlace "Adult Learners" (estudiantes en la edad adulta) con el fin de aprender más sobre los materiales que están disponibles para prepararse para las Pruebas de GED. Este sitio también proporciona otros recursos relacionados con la educación para adultos.

- www.nifl.gov/nifl/ Éste es el sitio del Instituto Nacional de Alfabetismo de Estados Unidos, (*National Institute for Literacy*) y en él se proporciona información acerca de la enseñanza, las políticas federales y las iniciativas nacionales que afectan la educación para adultos.

- www.doleta.gov El sitio de la Administración para el Empleo y la Capacitación del Departamento del Trabajo de Estados Unidos (*Department of Labor's Employment and Training Administration*) ofrece información sobre programas de capacitación para adultos.

¿Por qué debe tomar las Pruebas de GED?

Un certificado de GED es ampliamente reconocido como equivalente de un certificado de escuela superior y puede ayudarle de las siguientes maneras:

Empleo

Las personas que han obtenido un certificado de GED han demostrado que están decididas a triunfar al seguir adelante con su educación. Generalmente, estas personas tienen menos dificultades para conseguir un mejor trabajo o para ascender dentro de la compañía donde trabajan. En muchos casos, los empleadores no contratan a personas que no cuenten con un certificado de estudios medios o su equivalente.

Educación

Es posible que en muchas escuelas técnicas, vocacionales o en otros programas educativos le pidan un certificado de escuela superior o su equivalente para poder inscribirse. Sin embargo, si desea ingresar a una institución de estudios superiores o a una universidad, indudablemente necesitará contar con dicho certificado de escuela superior o su equivalente.

Superación personal

Lo más importante es cómo se siente consigo mismo. Ahora tiene la oportunidad única de lograr una meta importante. Con un poco de esfuerzo, puede obtener un certificado de GED que le servirá en el futuro y que le hará sentirse orgulloso de sí mismo en el presente.

Cómo prepararse para las Pruebas de GED

Cualquier persona que desee prepararse para tomar las Pruebas de GED puede asistir a las clases que se imparten con este fin. La mayoría de los programas de preparación ofrecen instrucción individualizada y asesores que pueden ayudarle a identificar las áreas en las que puede necesitar apoyo. También hay muchos centros de educación para adultos que ofrecen clases gratuitas en horarios matutino o vespertino. Estas clases por lo general son informales y le permiten trabajar a su propio ritmo y en compañía de otros adultos que también están estudiando para tomar las Pruebas de GED.

Si prefiere estudiar por su cuenta, la *Serie GED de Steck-Vaughn* ha sido diseñada para guiar sus estudios a través de la enseñanza de destrezas y de ejercicios de práctica. Además de trabajar en destrezas específicas, podrá hacer las Pruebas de GED de práctica (como las que aparecen en este libro) para verificar su progreso. Si desea obtener mayor información sobre clases que se impartan cerca de su domicilio, consulte con alguno de los recursos mencionados en la lista de la página 3.

Lo que usted necesita saber para pasar la Prueba de Lenguaje y Lectura

La Prueba de Lenguaje y Lectura de GED se centra en aplicar destrezas de lectura y razonamiento crítico a distintos tipos de textos. En otras palabras, se evaluará cuán bien usted comprende y analiza lo que lee. Sus conocimientos de literatura no serán evaluados. Tendrá 65 minutos para leer siete selecciones de las áreas de no ficción, prosa de ficción, poesía y teatro, y responder 40 preguntas basadas en ellas. Cada selección estará precedida de una "pregunta de propósito" que le ayudará a dirigir su lectura del texto.

Textos de no ficción

La prueba incluye dos selecciones de no ficción de 200 a 400 palabras cada una. Estas selecciones fueron extraídas de las siguientes áreas: textos informativos o persuasivos (biografía y autobiografía, artículos de periódicos y revistas, editoriales, discursos, informes, etc.), reseñas de representaciones visuales y documentos empresariales (memorandos, cartas, manuales de entrenamiento, etc.).

Textos literarios

Prosa de ficción

La prueba incluye tres selecciones de prosa de ficción de 200 a 400 palabras cada una. Estas selecciones generalmente son pasajes de novelas o cuentos. Habrá una selección escrita antes de 1920, una escrita entre 1920 y 1960 y una escrita después de 1960.

Poesía

En la prueba habrá una selección de 8 a 25 versos. Puede ser un poema completo o un pasaje de un poema largo.

Teatro

Habrá una selección de 200 a 400 palabras.

Destrezas de razonamiento

Las preguntas de la Prueba de Lenguaje y Lectura de GED se basan en cuatro tipos diferentes de destrezas de razonamiento.

Comprensión

Las preguntas de comprensión requieren de una comprensión básica de la selección o de un fragmento de la selección. Miden la capacidad de reconocer un replanteamiento, una paráfrasis o un resumen o de identificar lo que se insinúa en el texto.

Aplicación

Las preguntas de aplicación requieren de la capacidad de usar la información y las ideas dadas o recordadas de una situación en un contexto nuevo.

Análisis

Las preguntas de análisis requieren de la capacidad de descomponer la información con el fin de sacar una conclusión, hacer una deducción, identificar elementos de estilo y estructura, identificar las relaciones de causa y efecto y reconocer suposiciones implícitas.

Síntesis

Las preguntas de síntesis requieren de la capacidad de unir elementos sueltos para formar un todo. Requieren de un análisis de la estructura general de un texto (por ejemplo: plantear un problema y dar la solución o comparar y contrastar), interpretar el tono, el punto de vista o el propósito generales de un texto, o integrar información dada con la información en el texto.

Texto y preguntas de muestra

A continuación se presenta un texto de ficción y preguntas de muestra. Las preguntas son similares a las de la Prueba de GED e ilustran los cuatro tipos de destrezas de razonamiento evaluados en la prueba. Este texto de muestra es más corto que los que aparecen en la prueba, que tienen más o menos 200 a 400 palabras de longitud cada uno. La "pregunta de propósito" (**¿EN QUÉ PIENSA ESTE NIÑO?**) que encabeza el texto le permite dirigir su lectura. Los textos de este libro y los de la Prueba de Lenguaje y Lectura de GED están precedidos por una pregunta de propósito.

Después de cada una de las preguntas a continuación hay una explicación de la destreza de razonamiento y una discusión de la respuesta correcta. Para ayudarle a desarrollar sus destrezas de lectura y razonamiento, en este libro todas las respuestas contienen una explicación de por qué la respuesta correcta está bien y de por qué las respuestas incorrectas están equivocadas. Al estudiar estas explicaciones, usted aprenderá estrategias para comprender y razonar sobre las destrezas de lectura.

Las preguntas 1 a 4 se refieren al siguiente pasaje de un cuento.

¿EN QUÉ PIENSA ESTE NIÑO?

Todo este tiempo, por supuesto (mientras él estaba acostado en la cama), había escuchado con los ojos cerrados al cartero acercarse, los pasos amortiguados resonando
(5) y resbalando en el empedrado cubierto de nieve; y todos los demás sonidos —los golpes dobles en la puerta, una o dos voces glaciales a lo lejos, un timbre que suena débil y suave como si estuviera bajo una capa de hielo—
(10) tenían la misma cualidad levemente abstraída, como apartados un grado de la realidad... como si todo en el mundo hubiera sido aislado por la nieve. Pero cuando por fin, complacido, abrió los ojos y se volvió hacia la ventana para
(15) ver por sí mismo ese milagro deseado por tanto tiempo y ahora imaginado con tanta nitidez, no vio sino la brillante luz del sol sobre un techo; y cuando, sorprendido, saltó de la cama y fijó la mirada en la calle, esperando ver
(20) el empedrado desdibujado por la nieve, no vio más que el empedrado desnudo y resplandeciente.

Conrad Aiken, "Silent Snow, Secret Snow", *The Collected Short Stories of Conrad Aiken.*

1. ¿Cuál de las siguientes frases describe mejor lo que este niño hace a lo largo de la mayor parte del pasaje?

   (1) está acostado en la cama despierto
   (2) mira por la ventana
   (3) duerme ruidosamente
   (4) mira caer la nieve
   (5) tiene una pesadilla

Respuesta: **(1) está acostado en la cama despierto**

Explicación: Éste es un ejemplo de una pregunta de comprensión. Resume lo que usted leyó sobre el niño. La primera oración del pasaje dice "mientras él estaba acostado en la cama" y en la última oración se dice que saltó de la cama.

2. De acuerdo con la información del pasaje, ¿cuál de las siguientes frases describe mejor lo que este niño disfrutaría más?

   (1) quedarse en la cama hasta el mediodía
   (2) jugar en la nieve
   (3) ir de vacaciones a la playa
   (4) ser un cartero
   (5) ver las calles limpias

Respuesta: **(2) jugar en la nieve**

Explicación: Éste es un ejemplo de pregunta de aplicación. A partir de la selección, usted comprende que el niño desea que nieve. Puede aplicar esta comprensión a cada una de las opciones de respuestas posibles. Aunque no se menciona en el pasaje, la opción (2) es la mejor respuesta porque se relaciona con su interés obvio por la nieve. Usted debe leer y pensar cuidadosamente en todas las respuestas posibles. Algunas opciones, como la (4) y la (5), sí se refieren a algo que se menciona en el pasaje y podrían parecerle atractivas si no lee con cuidado el pasaje y la pregunta.

3. ¿Cuál de los siguientes grupos de palabras usa el autor para ayudarle a imaginar lo que el niño desea?

   (1) "con los ojos cerrados" (línea 3) y "saltó de la cama" (líneas 18 y 19)
   (2) "pasos amortiguados" (línea 4) y "timbre que suena débil y suave" (línea 8)
   (3) "milagro deseado por tanto tiempo y ahora imaginado con tanta nitidez" (líneas 15 a 17)
   (4) "brillante luz del sol sobre un techo" (líneas 17 y 18)
   (5) "empedrado desdibujado por la nieve" (línea 20)

Respuesta: **(5) "empedrado desdibujado por la nieve" (línea 20)**

Explicación: Ésta es una pregunta de análisis porque requiere que usted analice cómo las palabras que el escritor elige permiten describir la deducción clave de este texto: que el niño quiere que nieve. El niño imagina que cada sonido es una prueba de que está nevando y, al saltar de la cama, esperaba ver el "empedrado desdibujado por la nieve", la opción (5). Las otras opciones están en la selección, pero no permiten imaginar lo que el niño espera que suceda.

4. ¿Cuál de las siguientes palabras describe mejor el clima emocional global de este texto?

   (1) suspenso
   (2) soledad
   (3) ansiedad
   (4) confusión
   (5) vacilación

Respuesta: **(1) suspenso**

Explicación: Éste es un ejemplo de una pregunta de síntesis porque requiere que usted junte elementos para formar una impresión general sobre el clima emocional del texto. La opción (1) es correcta porque hay varios elementos que describen un clima emocional de suspenso mientras el niño espera ver que ha nevado.

Ésta es una muestra de un pasaje de texto de no ficción y de preguntas. Las preguntas son similares a las contenidas en la Prueba de GED real e ilustran los cuatro tipos de destrezas de razonamiento que se evalúan en la prueba. Algunos de los textos de la prueba tendrán más o menos la misma extensión que este texto de muestra. Advierta que los textos de no ficción también tienen preguntas de propósito para ayudarle a enfocar su lectura.

Después de cada pregunta hay una explicación de la destreza de razonamiento y un comentario sobre la respuesta correcta.

Las preguntas 1 a 4 se refieren al siguiente pasaje de un manual del empleado.

¿QUÉ TIPOS DE MENSAJES POR INTERNET CONTROLA LA EMPRESA?

Nuestra empresa fomenta el uso de Internet porque esta herramienta hace más eficientes y efectivas las comunicaciones y porque es una fuente valiosa de información sobre nuestros clientes y socios. Sin embargo,
(5) Internet debe usarse de manera responsable y por lo tanto, los siguientes lineamientos se aplican a todo uso de Internet que:

- tenga lugar en un local propiedad de la
(10) empresa;

- implique el uso de equipo de la empresa, incluyendo computadoras en el hogar conectadas a la red de la empresa;

- identifique a la empresa.

(15) **Uso apropiado**
El uso de Internet está destinado sólo para asuntos relacionados con la empresa. Aunque en ocasiones el uso de Internet por motivos personales puede ser comprensible y
(20) aceptable, éste es un privilegio que la empresa se reserva el derecho de controlar, lo mismo que las llamadas telefónicas.
El uso aceptable de Internet en el ámbito de la empresa incluye, pero no está limitado a:

(25) - investigación de otras empresas y sus productos;

- acceso a información; productos y servicios de nuestra empresa;

- comunicación con socios empresariales y
(30) clientes.

Toda comunicación electrónica enviada por medio de Internet deberá representar responsablemente a nuestra empresa, lo mismo que cualquier otra comunicación oficial
(35) de la empresa.

Uso inapropiado
Internet no deberá usarse con propósitos ilícitos o amorales. Tampoco deberá usarse para transmitir, recuperar o almacenar
(40) comunicaciones de índole ofensiva o discriminatoria, ni de cualquier otra manera que viole la política de la empresa.

- Los empleados no deberán usar los recursos de la empresa para leer o
(45) "fastidiar" otros sistemas ni para violar medidas de seguridad de computadoras

- Los empleados no deberán enviar por Internet comunicaciones cuyo objetivo sea ocultar o falsificar la identidad del
(50) emisor.

Privacidad
Nuestra empresa vigila de manera rutinaria el uso de Internet y revisa periódicamente el uso individual que cada empleado le da. Por lo
(55) tanto, los empleados no deben asumir que las comunicaciones electrónicas son privadas y confidenciales, y deben transmitir información personal por otros medios. Las comunicaciones electrónicas no deben
(60) contener información confidencial ni información protegida por la empresa.

1. ¿Qué significa el enunciado "Toda comunicación electrónica enviada por medio de Internet deberá representar responsablemente a nuestra empresa" (líneas 31 a 33)?

   Las comunicaciones por Internet deben

   (1) recibir la aprobación de un supervisor
   (2) incluir el nombre y el logotipo de la empresa
   (3) evitar hacer referencia a los productos de la competencia
   (4) describir los productos y servicios de la empresa
   (5) evitar dar una imagen negativa de la empresa

Respuesta: **(5) evitar dar una imagen negativa de la empresa**

Explicación: Éste es un ejemplo de una pregunta de comprensión. Debe elegir el mejor replanteamiento de la información del pasaje. Las palabras "representar responsablemente" significan representar de una manera leal a la empresa o de una manera que no es negativa.

2. De acuerdo con el pasaje, ¿cuál de los siguientes usos de Internet sería menos probable que violara las normas de la empresa?

   (1) usar una computadora en el hogar para criticar públicamente una práctica de la empresa
   (2) usar una computadora en el hogar para enviar un mensaje a un cliente de la empresa
   (3) usar una computadora de la empresa para abrir registros confidenciales de empleados
   (4) usar una computadora de la empresa para enviar una carta anónima de queja
   (5) usar una computadora de la empresa para transmitir un plan confidencial de la empresa

Respuesta: **(2) usar una computadora en el hogar para enviar un mensaje a un cliente de la empresa**

Explicación: Éste es un ejemplo de pregunta de aplicación. Usted debe entender las normas de uso de Internet de la empresa y luego aplicar este conocimiento para decidir qué uso sería menos probable que violara estas políticas. La opción (2) es la mejor respuesta porque no rompe ninguna de las reglas de la empresa.

3. De acuerdo con el pasaje, ¿cuál es la relación más probable de la empresa con Internet?

   (1) Conduce la gran mayoría de sus negocios a través de Internet.
   (2) Recientemente ha empezado a usar Internet como herramienta de trabajo.
   (3) Ha pasado por dificultades económicas como consecuencia de usar Internet.
   (4) Internet es uno de los medios de comunicación que usa.
   (5) Emplea sólo a un número pequeño de trabajadores que usan Internet regularmente.

Respuesta: **(4) Internet es uno de los medios de comunicación que usa.**

Explicación: Éste es un ejemplo de pregunta de análisis. Usted debe determinar la respuesta mediante la información que el pasaje da a entender o sugiere. La opción (4) es correcta porque el pasaje menciona otros tipos de comunicaciones de la empresa y porque no hay evidencias directas que apoyen las demás opciones.

4. En una sección anterior del manual, se les dice a los empleados que cambien sus contraseñas del correo de voz cada 120 días. Con base en esta información y en la información de este pasaje, ¿cuál es la razón principal más probable por la que en el manual se discuten los sistemas de comunicación como Internet y el correo de voz?

   (1) para mejorar el servicio a los clientes
   (2) para aumentar el número de ventas
   (3) para explicar el derecho de los trabajadores a la privacidad
   (4) para enseñar a los trabajadores una nueva tecnología
   (5) para garantizar la seguridad de la información de la empresa

Respuesta: **(5) para garantizar la seguridad de la información de la empresa**

Explicación: Éste es un ejemplo de pregunta de síntesis. Le da información adicional y le pide que la relacione con la información del pasaje. La opción (5) es correcta porque las contraseñas del correo de voz, así como muchas de las políticas de Internet de la empresa se relacionan con la seguridad de la información.

Destrezas para tomar la prueba

La Prueba de Lenguaje y Lectura de GED evaluará su capacidad de aplicar sus destrezas de lectura y de razonamiento crítico en un texto. Este libro le servirá de ayuda para prepararse para la prueba. Además, hay algunas maneras específicas en las que puede mejorar su desempeño en ella.

Cómo responder a las preguntas de la prueba

- Nunca vea superficialmente las instrucciones. Léalas con detenimiento para que sepa exactamente qué es lo que tiene que hacer. Si no está seguro, pregúntele al examinador si le puede explicar las instrucciones.

- Lea todas las preguntas detenidamente para asegurarse de que entiende lo que se le está preguntando.

- Lea todas las opciones de respuesta con mucha atención, aun cuando piense que ya sabe cuál es la respuesta correcta. Es posible que algunas de las respuestas no parezcan incorrectas a primera vista, pero sólo una será la correcta.

- Antes de responder a una pregunta, asegúrese de que el problema planteado contenga la información necesaria para sustentar la respuesta que elija. No se base en conocimientos que no estén relacionados con el contexto del problema.

- Conteste todas las preguntas. Si no puede encontrar la respuesta correcta, reduzca el número de respuestas posibles eliminando todas las que sepa que son incorrectas. Luego, vuelva a leer la pregunta para deducir cuál es la respuesta correcta. Si aun así no puede decidir cuál es, escoja la que le parezca más acertada.

- Llene la hoja de respuestas con cuidado. Para registrar sus respuestas, rellene uno de los círculos numerados que se encuentran a la derecha del número que corresponde a la pregunta. Marque solamente un círculo como respuesta a cada pregunta. Si marca más de una respuesta, ésta se considerará incorrecta.

- Recuerde que la Prueba de GED tiene un límite de tiempo. Cuando empiece la prueba, anote el tiempo que tiene para terminarla. Después, vea la hora de vez en cuando y no se detenga demasiado en una sola pregunta. Responda cada una lo mejor que pueda y continúe. Si se está tardando demasiado en una pregunta, pase a la siguiente y ponga una marca muy discreta junto al número que corresponda a esa pregunta en la hoja de respuestas. Si termina antes de que acabe el tiempo, regrese a las preguntas que se saltó o de cuya respuesta no estaba seguro y piense un poco más en la respuesta. No olvide borrar cualquier marca extra que haya hecho.

- No cambie ninguna respuesta a menos que esté completamente seguro de que la que había marcado está mal. Generalmente, la primera respuesta que se elige es la correcta.

- Si siente que se está poniendo nervioso, deje de trabajar por un momento. Respire profundamente unas cuantas veces y relájese. Luego, empiece a trabajar otra vez.

Consejos para pasar la Prueba de Lenguaje y Lectura

- **Texto** Lea siempre la "pregunta de propósito" que encabeza cada sección. Le ayudará a enfocar su lectura. Lea toda la selección antes de responder las preguntas.

- **Idea principal** Si la idea principal no se menciona directamente, probablemente los detalles y ejemplos la sugieren. Para encontrar los detalles que apuntan a la idea principal, hágase las siguientes preguntas: *¿Quién hace algo? ¿Qué sucede? ¿Por qué se hace?*

- **Detalles de apoyo** Cada vez que el autor replantea una idea principal, él o ella agrega otro detalle o ejemplo para aclarar la idea central del texto. Los detalles dan vida a la idea, de la misma manera que el agregar color a una caricatura en blanco y negro la hace más interesante.

- **Sacar conclusiones** Al sacar una conclusión, usted va más allá de lo que se menciona en el texto y piensa en lo que se sugiere y en el posible resultado.

- **Estilo y estructura** Las palabras que un escritor elige y el desarrollo de su escrito dependen del tema que presente y de su actitud ante ese tema. A medida que lea, pregúntese por qué el escritor optó por usar ciertas palabras y por qué organizó las ideas bajo determinado patrón (i.e. causa y efecto, comparación y contraste, etc.).

- **Clima emocional** Para determinar el clima emocional del texto, imagine que está en la escena o situación descritas. ¿Cómo se sentiría? Póngase en el lugar de varios de los personajes. ¿Sentiría lo mismo que los personajes? ¿Qué sentimientos de los personajes entiende mejor?

- **Poemas** Al leer un poema, preste atención a los detalles tal como lo haría con un pasaje de una novela o cuento. Ponga especial atención a las imágenes que el poeta crea y al uso de la rima, ritmo y lenguaje figurado para dar una impresión general de los sentimientos del poeta respecto de un tema.

- **Obras de teatro** Al leer un pasaje de una obra de teatro, ponga atención a las acotaciones, aun cuando las preguntas no se refieran a ellas. Las acotaciones le permiten imaginar la acción en la escena, así como el tono de la voz y la actitud de los personajes.

Destrezas de estudio

Estudie con regularidad

- Si puede, dedique una hora diaria a estudiar. Si no tiene tiempo de estudiar todos los días, haga un horario en el que incluya los días en que sí pueda estudiar. Asegúrese de escoger horas en las que sepa que estará más relajado y que será menos probable que lo molesten distracciones externas.

- Comunique a los demás cuáles serán sus horas de estudio. Pídales que no lo interrumpan a esas horas. Es conveniente explicarles el motivo por el cual esto es importante para usted.

- Cuando estudie debe sentirse relajado, por lo que deberá hacerlo en un lugar donde se sienta cómodo. Si no puede estudiar en su casa, vaya a una biblioteca. Casi todas las bibliotecas públicas cuentan con áreas de lectura y de estudio. Si hay alguna institución de educación superior o universidad cerca de su domicilio, averigüe si puede usar la biblioteca. Todas las bibliotecas tienen diccionarios, enciclopedias y otros recursos que puede utilizar en caso de que necesite más información cuando esté estudiando.

Organice sus materiales de estudio

- Asegúrese de tener bolígrafos, lápices con punta y papel por si desea tomar notas.

- Guarde todos sus libros juntos. Si está tomando una clase de educación para adultos, es probable que pueda pedir prestados algunos libros u otros materiales de estudio.

- Asigne una libreta o carpeta para cada asignatura que esté estudiando. Las carpetas con funda son muy útiles para guardar hojas sueltas.

- Guarde todos sus materiales en un solo lugar para que no pierda tiempo buscándolos cada vez que vaya a estudiar.

Lea con regularidad

- Lea el periódico, lea revistas, lea libros. Lea cualquier cosa que le interese, ¡pero lea! Leer con regularidad, diariamente, es la mejor manera de mejorar sus destrezas de lectura.

- Busque material que le interese leer en la biblioteca. Consulte la sección de revistas para buscar publicaciones de su interés. La mayoría de las bibliotecas se suscriben a cientos de revistas cuyos intereses cubren noticias, autos, música, costura, deportes y muchos otros más. Si usted no está familiarizado con la biblioteca, pídale ayuda al bibliotecario. Consiga una tarjeta para la biblioteca de modo que pueda sacar material y usarlo en casa.

Tome notas

- Tome notas de las cosas que le interesan o de las que crea que pueden resultarle útiles.

- Cuando tome notas, no copie el texto directamente del libro; vuelva a plantear la misma información, pero con sus propias palabras.

- Tome notas del modo que usted desee. No es necesario que use oraciones completas, siempre y cuando pueda entender sus notas después.

- Use cuadros sinópticos (resumidos), tablas o diagramas que le ayuden a organizar la información y a facilitar su aprendizaje.

- Si lo desea, puede tomar notas en forma de preguntas y respuestas, como por ejemplo: *¿Cuál es la idea principal? La idea principal es...*

Enriquezca su vocabulario

- Al leer, no se salte ninguna palabra desconocida. Mejor, trate de deducir el significado de esa palabra aislándola primero del resto de la oración. Lea la oración sin la palabra y trate de colocar otra palabra en su lugar. ¿El significado de la oración es el mismo?

- Haga una lista de palabras desconocidas, búsquelas en un diccionario y escriba su significado.

- Como una misma palabra puede tener varios significados, es mejor que busque la palabra mientras tenga el texto frente a usted. De esta manera, podrá probar los distintos significados de una misma palabra dentro del contexto.

- Cuando lea la definición de una palabra, vuelva a expresarla en sus propias palabras y haga una o dos oraciones con ella.

- Utilice el glosario que aparece al final de este libro para repasar el significado de algunos términos clave. Todas las palabras que vea en **negritas** aparecen definidas en el glosario, el cual también incluye las definiciones de otras palabras importantes. Utilice el glosario para repasar el vocabulario importante relativo al área temática que esté estudiando.

Haga una lista de sus áreas problemáticas

A medida que avance en este libro, tome nota cada vez que no entienda algo. Pida a su maestro o a otra persona que se lo explique y luego, vuelva al tema y repáselo.

Presentación de la prueba

Antes de la prueba

- Si nunca ha estado en el centro de evaluación, vaya un día antes de presentar la prueba. Si se va a ir manejando, busque dónde puede estacionar su auto.

- Prepare todo lo que necesite para la prueba: su pase de admisión (en caso necesario), identificación válida, lápices del No. 2 con punta y goma de borrar, reloj, anteojos, chaqueta o suéter (por si hace frío) y algunos refrigerios para comer durante los recesos.

- Duerma bien. Si la prueba va a empezar temprano en la mañana, ponga el despertador.

El día de la prueba

- Desayune bien, vístase con ropa cómoda y asegúrese de tener todos los materiales que necesita.

- Trate de llegar al centro de evaluación 20 minutos antes de la prueba. De esta manera, tendrá tiempo adicional en caso de que, por ejemplo, haya un cambio de salón de último minuto.

- Si sabe que va a estar en el centro de evaluación todo el día, puede llevarse algo para comer. Si se ve en la necesidad de buscar un restaurante o esperar mucho tiempo a que lo atiendan, podría llegar tarde a la parte restante de la prueba.

Cómo usar este libro

- Empiece por hacer la Prueba preliminar. Esta prueba es idéntica a la prueba verdadera tanto en formato como en longitud y le dará una idea de cómo es la Prueba de Lenguaje y Lectura de GED. Luego, con la ayuda de la Tabla de análisis del desempeño de la Prueba preliminar que se encuentra al final de la prueba, identifique las áreas en las que salió bien y las que necesita repasar. La tabla le dirá a qué unidades y números de página dirigirse para estudiar. Asimismo, puede usar el Plan de estudio de la página 31 para planear su trabajo después de hacer la Prueba preliminar y también después de hacer la Prueba final.

- Al estudiar, use el Repaso acumulativo y su respectiva Tabla de análisis del desempeño que aparecen al final de cada unidad para determinar si necesita repasar alguna de las lecciones antes de seguir adelante.

- Una vez que haya terminado el repaso, use la Prueba final para decidir si ya está listo para presentar la verdadera Prueba de GED. La Tabla de análisis del desempeño le dirá si necesita un repaso adicional. Finalmente, utilice la Prueba simulada y su respectiva Tabla de análisis del desempeño como una última evaluación para saber si está listo para hacer la prueba real.

LENGUAJE, LECTURA
Instrucciones

La Prueba preliminar de Lenguaje y Lectura consta de pasajes extraídos de textos de ficción, no ficción, poesía, y obras de teatro. Cada pasaje va seguido de preguntas de selección múltiple sobre las lecturas.

Lea primero cada texto y luego conteste las preguntas. Vuelva al texto todas las veces que necesite para contestar las preguntas.

Cada texto va precedido de una "pregunta general". La pregunta general ofrece un motivo para leer la selección y lo ayudará a orientarse en la lectura. No tiene que contestar estas preguntas generales, sino que están allí para ayudarlo a concentrarse en las ideas presentadas en la lectura.

Se le darán 65 minutos para contestar las 40 preguntas de esta prueba. Trabaje con cuidado, pero no dedique demasiado tiempo a una sola pregunta. Conteste todas las pregunta. Si no está seguro de una respuesta, responda de manera razonable. No se descontarán puntos por respuestas incorrectas.

Cuando se agote el tiempo, ponga una marca en la última pregunta que haya contestado. Esto le servirá de guía para calcular si podrá terminar la verdadera Prueba de GED dentro del tiempo permitido. A continuación termine la prueba.

Registre sus respuestas en una copia de la hoja de respuestas de la página 348. Asegúrese de incluir toda la información requerida en la hoja de respuestas.

Para marcar sus respuestas, en la hoja de respuestas rellene el círculo con el número de la respuesta que considere correcta para cada una de las preguntas de la prueba.

Ejemplo:

Era el sueño de sueños de Susana. El color azul metálico resplandecía, y brillaba el cromo de las ruedas. El motor había sido limpiado con el mismo esmero. Adentro, luces brillantes iluminaban el tablero de mandos y los asientos estaban tapizados en cuero fino.

¿A qué es <u>más probable</u> que se refiera el párrafo?

(1) un avión
(2) un sistema de sonido estéreo
(3) un automóvil
(4) un bote
(5) una motocicleta

La respuesta correcta es "un automóvil"; por lo tanto, en la hoja de respuestas debería haber rellenado el círculo con el número 3 adentro.

No apoye la punta del lápiz en la hoja de respuestas mientras piensa en la respuesta. No haga marcas innecesarias en la hoja. Si decide cambiar una respuesta, borre completamente la primera marca. Rellene un solo círculo por cada respuesta: si señala más de un círculo, la respuesta se considerará incorrecta. No doble ni arrugue la hoja de respuestas.

Una vez terminada esta prueba, utilice la tabla de Análisis del desempeño en la página 30 para determinar si está listo para tomar la verdadera Prueba de GED. Si no lo está, use la tabla para identificar las destrezas que debe repasar de nuevo.

Adaptado con permiso del *American Council on Education*.

Las preguntas 1 a 5 se refieren al siguiente pasaje de una novela.

¿EN QUÉ PIENSA USTED AL ESCUCHAR UNA CANCIÓN VIEJA DE SU PREFERENCIA?

—Pensándolo bien —dijo Helen—, quiero cantarle una a Francis por haberme comprado esa flor. ¿Tu amigo conoce "Él es mi amigo" o "Mi hombre"?

(5)   —¿Oíste, Joe?

—Escucho —dijo Joe el pianista, y tocó unos cuantos compases del coro de "Él es mi amigo" mientras Helen sonreía y se paraba para dirigirse al escenario con el aplomo y la

(10) gracia apropiados a su reaparición en el mundo de la música, el mundo que nunca debió abandonar, ay Helen, ¿por qué lo abandonaste? Subió los tres escalones de la plataforma, llevada por acordes familiares que

(15) ahora le parecía que siempre habían evocado alegría, acordes no de esta canción, sino de una era de canciones, treinta, cuarenta años de canciones que celebraban los esplendores del amor, la lealtad, la amistad, la familia, el

(20) campo y la naturaleza. El frívolo Sal era una especie de diablo alocado, pero honestamente, ¿no estaba ella también muerta? Mary era una gran amiga que cayó del cielo la mañana de Navidad y su amor por ella sigue vivo. La

(25) hierba recién cortada, la luna plateada, las fogatas ardiendo; todos éstos eran santuarios del espíritu de Helen, canciones semejantes a las que había cantado desde sus primeros días, canciones que perduraban en ella tanto

(30) como las clásicas que había aprendido de memoria... en su juventud, ya que le hablaban, no de una manera abstracta sobre las cumbres estéticas del arte que alguna vez esperó dominar, sino de una manera directa y sencilla

(35) sobre la moneda cotidiana del corazón y del alma. La pálida luna brillará en los meandros de nuestros corazones. Mi corazón ha sido robado, querido amante, así que por favor no dejes que nos separemos. Ah, amor, dulce

(40) amor, ardiente amor (le decían las canciones) eres mío y soy tuya, para siempre.

Arruinaste a la muchacha que solía ser, mi esperanza se ha ido. Dime que me vaya con

(45) una sonrisa, pero recuerda: estás apagando el sol de mi vida.

Amor.

Una marea de pena subió al pecho de Helen. Francis, ay, hombre triste, fue su último

(50) gran amor, pero no fue el único. Helen ha tenido toda una vida de tristeza con sus amantes. Su primer amor verdadero la mantuvo en su fiero abrazo durante años, pero luego aflojó el abrazo y la dejó caer, cada vez

(55) más bajo, hasta que la esperanza dentro de ella había muerto. Helen sin esperanzas, ésa era ella cuando conoció a Francis. Y al tomar el micrófono en el escenario de La Jaula Dorada y escuchar el piano a sus espaldas,

(60) Helen fue una explosión viviente de recuerdos intolerables y de alegría indomable.

William Kennedy, *Ironweed.*

1. ¿A qué es más probable que el autor se refiera con "la moneda cotidiana del corazón y del alma" (líneas 35 y 36)?

    (1) al pago que Helen recibe por cantar
    (2) a los sentimientos que hay entre las personas
    (3) al costo de la educación musical de Helen
    (4) al nivel de vida de Helen
    (5) al dinero que Francis gastó en las flores

2. De acuerdo con la información del pasaje, ¿cuál de los siguientes enunciados expresa mejor la opinión del narrador sobre Helen y su música?

    (1) Helen no debió abandonar la música.
    (2) La vida de Helen es mejor que las vidas sobre las que canta.
    (3) Helen puede ser la mejor cantante de su época.
    (4) Helen debería cantar un repertorio más variado de canciones.
    (5) Helen es demasiado seria sobre su canto.

3. ¿Por qué el autor emplea la frase "recuerdos intolerables y de alegría indomable" (líneas 60 y 61)?

    Para enfatizar que Helen

    (1) no ha cantado antes
    (2) siente las emociones profundamente
    (3) se está engañando
    (4) es romántica en exceso
    (5) es feliz debido a Francis

4. De acuerdo con la información del pasaje, ¿cuál sería la reacción más probable de Helen si un apuesto desconocido tratara de alejarla de Francis?

    (1) pedir consejo a sus amigos
    (2) pedir permiso a Francis para irse
    (3) irse de mala gana con el desconocido
    (4) tratar de dar celos a Francis
    (5) quedarse feliz con Francis

5. ¿Cuál de las siguientes palabras describe mejor el clima emocional general de este pasaje?

    (1) melancólico
    (2) cauto
    (3) alegre
    (4) nostálgico
    (5) agradable

Las preguntas 6 a 12 se refieren al siguiente pasaje de una novela.

¿POR QUÉ LEE CHONG HACE UN TRATO CON MACK?

Lee Chong se ponía ligeramente tenso cuando Mack entraba a la tienda y daba un vistazo rápido para comprobar que Eddie, Hazel, Hughes o Jones no hubieran entrado
(5) también, y luego deambulaba entre los comestibles.

Mack expuso sus cartas con honestidad cautivadora. —Lee —dijo—, yo y Eddie y los demás nos enteramos que eres el dueño de la
(10) casa de Abbeville.

Lee Chong asintió y esperó.

—Yo y mis amigos pensamos en preguntarte si podíamos mudarnos allí. Mantendremos la propiedad —agregó rápidamente—. No
(15) dejaremos que nadie entre ni que nadie haga estropicios. Los niños podrían romper las ventanas... —sugirió Mack—. La casa podría incendiarse si nadie la vigila.

Lee inclinó la cabeza hacia atrás y miró a
(20) Mack a los ojos a través de sus medios anteojos; el tamborileo del dedo de Lee disminuyó su ritmo mientras pensaba intensamente. Los ojos de Mack reflejaban buena voluntad y compañerismo, y el deseo de
(25) tener contentos a todos. Entonces, ¿por qué Lee Chong se sentía ligeramente acorralado? ¿Por qué su mente se abría camino con la delicadeza de un gato que se desplaza entre cactus? Había sido hecho con dulzura, casi
(30) con ánimo filantrópico. La mente de Lee se adelantó a las posibilidades... no, eran probabilidades, y el tamborileo de su dedo se hizo todavía más lento. Se vio a sí mismo rechazando la petición de Mack y vio los
(35) vidrios rotos de las ventanas. Luego, Mack se ofrecería por segunda vez para cuidar y preservar la propiedad y, en caso de un segundo rechazo, Lee olía ya el humo y veía las pequeñas llamas trepando por las paredes.
(40) Mack y sus amigos tratarían de apagar el incendio. El dedo de Lee se detuvo suavemente sobre el tapetito del cambio.

Estaba derrotado y lo sabía. Sólo le quedaba la posibilidad de salvar las
(45) apariencias y era muy probable que Mack fuera muy generoso sobre este punto. Lee dijo:

—¿Quieles pagal una lenta pol mi casa? ¿Quieles vivil allí como en hotel?

Mack le sonrió ampliamente y fue
(50) generoso. —Oye —gritó—. Qué buena idea. Claro. ¿Cuánto?

Lee meditó. Sabía que no importaba lo que cobrara; de todos modos no le darían nada. Bien podía entonces pedir una suma fuerte
(55) para salvar las apariencias.

—Cinco dólales a la semana —dijo Lee.

Mack jugó hasta el final. —Tengo que hablarlo con los chicos —dijo con recelo—. ¿No podrían ser cuatro dólares por semana?
(60)

—Cinco dólales —dijo Lee con firmeza.

—Bueno, a ver qué dicen los chicos —dijo Mack.

Y así fue. Todos quedaron contentos. Y si se piensa que Lee Chong sufrió una pérdida
(65) total, al menos su mente no funcionó en esa dirección. Las ventanas no se rompieron; no hubo ningún incendio y, aunque nunca recibió renta alguna, cuando los inquilinos tenían dinero (y a menudo así era) nunca se les
(70) ocurría gastarlo en otro lugar que no fuera la tienda de comestibles de Lee Chong.

John Steinbeck, *Cannery Row.*

6. ¿Cuál es el motivo más probable por el que Mack se ofrece a mantener la propiedad (líneas 13 y 14) y a vigilarla (línea 18)?

(1) está tratando de entablar amistad
(2) está tratando de mejorar la comunidad
(3) está pidiéndole trabajo a Lee Chong
(4) está amenazando a Lee Chong
(5) está tratando de engañar a sus amigos

7. ¿Qué es más probable que Mack y sus amigos hagan si alguien le prende fuego a la casa de Abbeville?

(1) mudarse de allí
(2) agregar combustible a las llamas
(3) ayudar a apagar el incendio
(4) huir
(5) robar los comestibles antes de que se quemen

8. ¿Cuál de las siguientes palabras describe mejor el trato entre Lee Chong y Mack?

(1) útil
(2) inmoral
(3) peligroso
(4) patético
(5) amable

9. Si Lee Chong tuviera una concesionaria de autos, ¿cómo es más probable que administrara su negocio?

(1) Les haría descuentos a sus amigos y a su familia.
(2) Ofrecería precios justos para asegurar muchos clientes.
(3) Ofrecería bajos precios para mantener su inventario pequeño.
(4) Ofrecería precios inflados mediante tácticas de presión.
(5) Ofrecería precios más altos a los clientes difíciles.

10. ¿Cuál de las siguientes ideas se contrastan más claramente en este pasaje?

(1) riqueza y pobreza
(2) novedad y tradición
(3) dar y recibir
(4) poder y factibilidad
(5) enojo y simpatía

11. ¿Cuál de las siguientes expresa mejor el tema del pasaje?

(1) Salvar las apariencias es una estrategia débil.
(2) Los verdaderos amigos se prueban en épocas de problemas.
(3) Sopesar los riesgos ayuda a tomar buenas decisiones.
(4) Las buenas destrezas de negociación no siempre resuelven los problemas.
(5) Ser injusto con un vecino no trae nada bueno.

12. ¿Cuál es el tono general del pasaje?

(1) informal
(2) humorístico
(3) tenso
(4) enojado
(5) cordial

¿QUÉ LLEVARON ESTOS HOMBRES A LA GUERRA?

Sólo un puñado de novelas y cuentos han logrado aclarar, de manera duradera, el significado de la guerra en Vietnam para Estados Unidos y para los soldados que
(5) prestaron servicio en ella. Con *The Things They Carried* (*Las cosas que llevaron*), Tim O'Brien agrega su segundo título a la corta lista de ficción básica sobre Vietnam. Al igual que en su novela *Going After Cacciato*
(10) (*Siguiendo a Cacciato*), de 1978, ganadora de un premio nacional del libro, O'Brien captura el ritmo pulsátil de la guerra y los peligros espeluznantes; pero él va mucho más lejos. Al ir más allá del horror de la lucha para examinar
(15) con sensibilidad y profundidad la naturaleza del valor y del miedo, al cuestionarse el papel que la imaginación juega en la formación de nuestros recuerdos y nuestras versiones de la verdad, coloca a *Las cosas que llevaron* entre
(20) los primeros lugares de la lista de mejor ficción sobre cualquier guerra.

Las cosas que llevaron es una colección de historias relacionadas entre sí...

En el cuento que da título al libro, el señor
(25) O'Brien yuxtapone los elementos mundanos y mortales que los soldados llevan a la batalla. Abrelatas, navajas, relojes de pulsera, repelente contra mosquitos, goma de mascar, dulces, cigarrillos, tabletas de sal, sobres de
(30) Kool-Aid, cerillos, estuches de costura; las raciones enlatadas son "cargadas" por los soldados junto con rifles de asalto M16, ametralladoras M-60 y lanzadores de granadas M79. Pero en realidad el cuento trata de otras
(35) cosas que los soldados "cargan": "dolor, terror, amor, recuerdos persistentes y... vergonzosos" y, lo que unifica todas las historias, "el secreto común de la cobardía". Estos jóvenes, nos dice el señor O'Brien,
(40) "cargaban con el mayor miedo de los soldados: el miedo de ruborizarse. Hombres mataron y murieron porque les daba vergüenza no hacerlo".

La vergüenza, revela el autor en "On the Rainy River" ("En el río lluvioso"), es la razón
(45) por la cual él, o más bien una versión ficticia de sí mismo, fue a Vietnam. Él casi se fue a Canadá para no ir a Vietnam. Lo que lo detuvo, irónicamente, fue el miedo. "Tantos ojos sobre mí", escribe, "y yo no podía arriesgarme a la
(50) vergüenza... no podía resistir las burlas o la desgracia, o el ridículo patriótico... Yo era un cobarde. Fui a la guerra... "

El señor O'Brien se esfuerza por ir más allá de las descripciones literales de lo que estos
(55) hombres sufrieron y sintieron. Presta sentido a la irrealidad de la guerra (presta sentido al hecho de que él ha distorsionado esa realidad aún más en su ficción) al regresar a explorar el funcionamiento de la imaginación, al sondear
(60) el terror en su memoria y al confrontar sin miedo la manera en que ha lidiado con todo eso como soldado tanto como escritor de ficción. Al hacer esto, no sólo cristaliza la experiencia de Vietnam para nosotros, sino
(65) que también expone la naturaleza de todas las historias de guerra.

Robert R. Harris, "Too Embarrassed Not To Kill",
New York Times Book Review.

13. ¿Cuál es la razón más probable por la que el crítico discute en detalle dos cuentos del libro?

    (1) para presumir de su exhaustivo conocimiento de la guerra
    (2) para mostrar qué tienen los cuentos en común
    (3) para dar ejemplos de los personajes en el libro
    (4) para relacionar los cuentos con su propia experiencia personal
    (5) para demostrar por qué al autor le desagradaba la guerra

14. De acuerdo con la información del pasaje, ¿cuál es la razón más importante por la que el crítico piensa que vale la pena leer el libro *Las cosas que llevaron?*

    (1) Describe las rutinas de los hombres en la guerra.
    (2) Es una colección de cuentos.
    (3) Examina los sentimientos de los soldados.
    (4) No trata solamente de una persona.
    (5) Describe las batallas en detalle.

15. ¿Qué quiere decir el autor de *Las cosas que llevaron* cuando afirma que "no podía resistir...el ridículo patriótico" (líneas 50 a 51)?

    El autor no quería

    (1) explicar públicamente sus razones para no ir a la guerra
    (2) ser criticado por no ir a la guerra
    (3) ser condenado por decidir pelear
    (4) sentirse avergonzado al llevar puesto el uniforme
    (5) recibir una llamada del presidente de Estados Unidos

16. ¿Qué piensa el crítico sobre la novela anterior del autor *Siguiendo a Cacciato?*

    Piensa que

    (1) es mejor que *Las cosas que llevaron*
    (2) no examina con suficiente profundidad el terror de la guerra
    (3) debe leerse además de *Las cosas que llevaron*
    (4) fracasa, porque no retrata la experiencia típica de la guerra
    (5) no tiene suficientes escenas emocionantes

17. ¿Cuál es el tono general de este artículo?

    (1) crudo
    (2) frustrado
    (3) indiferente
    (4) complaciente
    (5) admirativo

18. De acuerdo con el pasaje, ¿qué es más probable que *Las cosas que llevaron* permita entender al lector?

    (1) la vida del autor
    (2) la experiencia de la guerra
    (3) ciertas batallas en Vietnam
    (4) la política durante la Guerra de Vietnam
    (5) la relación entre los cuentos

¿POR QUÉ LA PELÍCULA SIEMPRE ES DIFERENTE DEL LIBRO?

Debido a las limitaciones bastante severas que se imponen a la extensión de una película y a la cantidad de material que puede manejar con éxito, una película está obligada a sugerir (5) mediante imágenes muchas cosas que una novela puede explorar con mayor profundidad. El novelista y guionista William Goldman resume el problema de esta manera:

Cuando la gente pregunta: "¿Es (10) como el libro?", la respuesta es: "Nunca ha habido en la historia una película que realmente haya sido como el libro". Todo el mundo habla de lo fiel que fue *Lo que el viento se llevó*. Bien, esta película (15) dura tres horas y media, es decir, estamos hablando de unas doscientas páginas de guión para una novela de novecientas páginas que tiene, digamos, quinientas palabras por (20) página; y el guión tendrá quizás cuarenta, o tal vez sesenta, depende de lo que aparezca en la pantalla, tal vez ciento cincuenta palabras por página. Pero estamos hablando de una (25) rebanada pequeña, pequeñísima; ustedes sólo están extrayendo pequeñas, pequeñísimas *esencias* de las escenas. A lo único que puede aspirar una adaptación es a ser fiel en (30) espíritu.

En el mejor de los casos, la versión cinematográfica capta una pequeña fracción de la profundidad de la novela. Es dudoso que pueda captar mucho de lo que está bajo la (35) superficie. No obstante, el cineasta debe tratar de sugerir el material oculto. La tarea del cineasta se facilita un poco si él o ella asume que los espectadores han leído la novela. Pero, aun así, debemos aceptar el hecho de que (40) algunas dimensiones de la novela son inaccesibles al cine.

Una novela larga crea un dilema interesante para el cineasta: ¿debe conformarse en hacer sólo parte de la novela, representar una sola (45) línea de acción que pueda ser tratada exhaustivamente dentro de los límites cinematográficos? O bien, ¿debe intentar captar una impresión de la novela en su totalidad tratando los puntos más destacados y (50) dejando los huecos sin llenar? Si se intenta la última estrategia, las complejas relaciones del tiempo y de los personajes pueden terminar sugeridas en lugar de mencionadas claramente. Por lo general, el cineasta debe (55) limitar no sólo la profundidad con la que un personaje puede ser explorado, sino también el número real de personajes que trata. Esta limitante puede dar lugar a la creación de personajes compuestos que plasmen las (60) funciones en la trama de dos o más personajes de la novela en un solo personaje de la película. Además, al adaptar una novela larga al cine, es posible que se tengan que eliminar importantes tramas menores.

Joseph M. Boggs, *The Art of Watching Films*.

19. ¿Qué quiere decir William Goldman cuando afirma que "A lo único que puede aspirar una adaptación es a ser fiel en espíritu" (líneas 28 a 30)?

(1) Los esfuerzos de los cineastas por ser fieles a las novelas rara vez tienen éxito.
(2) Los autores rara vez consideran a los cineastas al escribir una novela.
(3) Los cineastas tienden a reducir tanto la extensión como la complejidad de las novelas.
(4) Los cineastas se limitan a describir el significado y clima emocional esenciales de una novela.
(5) La influencia del autor es aparente de inmediato en la mayoría de las versiones cinematográficas de las novelas.

20. De acuerdo con el pasaje, ¿qué es más probable que el autor piense del uso de personajes compuestos en las películas?

Piensa que el uso de tales personajes

(1) evita que los cineastas exploren los aspectos menos visuales de una novela
(2) permite a los cineastas permanecer más fieles a la novela que si alteraran la trama
(3) muestra que el cineasta ha logrado captar la esencia de una novela
(4) representa una opción práctica para los cineastas que intentan abarcar novelas enteras
(5) indica que el cineasta ha elegido una novela demasiado compleja para ser bien filmada

21. ¿Qué consejo es más probable que el autor dé a un cineasta primerizo?

Al elegir una novela para filmar, busque una que

(1) contenga descripciones detalladas
(2) tenga un vasto elenco de personajes
(3) se desarrolle a lo largo de muchos años
(4) sea desconocida para el público
(5) tenga una trama cuya estructura sea bastante sencilla

22. ¿De qué manera la cita de William Goldman difiere del resto del texto?

La cita

(1) tiene un lenguaje más figurado que el resto del texto
(2) ofrece opiniones contrarias a las del resto del texto
(3) tiene un estilo menos académico que el resto del texto
(4) apoya su argumento con un ejemplo específico, pero el resto del texto se apoya en estadísticas
(5) asume que los lectores están familiarizados con la industria del cine, pero el resto del texto no lo hace

23. ¿Cuál es el propósito principal de este pasaje?

(1) predecir los tipos de novelas que pueden filmarse con mayor éxito
(2) explicar algunas de las dificultades de basar una película en una novela
(3) convencer a los lectores que las novelas generalmente son fuentes pobres para el cine
(4) discutir cómo los personajes de las películas tienden a diferir de los personajes de las novelas
(5) describir las diversas maneras en que una película puede comprimir los sucesos de una novela

¿QUÉ SIENTE ESTA MUJER POR LAS OLAS?

ORILLAS DEL SAR (61)

Del mar azul las transparentes olas
mientras blandas murmuran
sobre la arena, hasta mis pies rodando,
tentadoras me besan y me buscan.

(5) Inquietas lamen de mi planta el borde,
lánzanme airosas[1] su nevada espuma,
y pienso que me llaman, que me atraen
hacia sus salas húmedas.

Mas cuando ansiosa quiero
(10) seguirlas por la líquida llanura,
se hunde mi pie en la linfa[2] transparente
y ellas de mí se burlan.

Y huyen abandonándome en la playa
a la terrena[3], inacabable lucha,
(15) como en las tristes playas de la vida
me abandonó inconstante la fortuna.

---

[1] airosas: con gracia   [2] linfa: agua
[3] terrena: de la tierra

Rosalía de Castro, "Orillas del Sar".

24. ¿Cuál de las siguientes oraciones describe **mejor** lo que tienen en común las olas y la <u>fortuna</u> o la suerte de la mujer?

    (1) Tanto las olas como la suerte son difíciles.
    (2) Tanto las olas como la suerte actúan a impulsos del viento.
    (3) Tanto las olas como la suerte son inconstantes.
    (4) Tanto las olas como la suerte pueden ser peligrosas.
    (5) Tanto las olas como la suerte se compadecen de la mujer.

25. ¿Cuál de las siguientes oraciones describe <u>mejor</u> lo que significa "Inquietas lamen de mi <u>planta el borde</u>" (línea 5)?

    (1) Las olas mojan una planta que la mujer cultiva en la arena.
    (2) Las olas le mojan los pies a la mujer.
    (3) Las olas que se acercan a la orilla ponen nerviosa a la mujer.
    (4) Las olas llegan a mojar el jardín de su casa.
    (5) La mujer corre por la playa porque está muy inquieta.

26. ¿Qué es lo que la poetisa quiere decir con la frase "la líquida llanura" (línea 10)?

    (1) la playa
    (2) el oleaje
    (3) el mar
    (4) la arena
    (5) la fortuna

27. ¿Por qué es <u>más probable</u> que la poetisa afirme que las olas se burlan de ella?

    (1) Se siente decepcionada.
    (2) Le molesta que la espuma la salpique.
    (3) Le molesta el sonido de las olas.
    (4) Alguna vez estuvo a punto de ahogarse en el mar.
    (5) No sabe nadar.

28. ¿En qué se parecen la vida y las olas?

    Ambas son

    (1) difíciles
    (2) desagradables
    (3) bellas
    (4) decepcionantes
    (5) inacabables

29. ¿Cuál es el tono del poema?

    (1) coloquial
    (2) melancólico
    (3) muy solemne
    (4) prudente
    (5) desaprobador

Las preguntas 30 a 34 se refieren al siguiente pasaje de una novela.

¿QUÉ SOLICITA ETHAN A SU EMPLEADOR?

Ethan se puso a descargar los troncos y, cuando terminó su trabajo, empujó la puerta de vidrio de la cabaña que servía de oficina al contratista. Hale estaba sentado con los pies
(5) sobre la estufa, con la espalda apoyada contra un escritorio destartalado y cubierto de papeles; el lugar, al igual que el hombre, era cálido, simpático y desordenado.

—Siéntate a descongelar —saludó a Ethan.
(10) Este último no sabía cómo comenzar, pero finalmente se las arregló para sacar su petición de un adelanto de cincuenta dólares. La sangre se agolpó bajo su delgada piel bajo el aguijón del asombro de Hale. Era costumbre
(15) del contratista pagar al término de tres meses y no había precedente alguno entre ellos de un acuerdo de efectivo.

Ethan sintió que si hubiera alegado una necesidad urgente de dinero, Hale quizás
(20) habría hecho un cambio para pagarle; pero el orgullo y una prudencia instintiva, le impidieron recurrir a este argumento. Después de la muerte de su padre, le había llevado tiempo sacar la cabeza del agua, y no quería que
(25) Andrew Hale, ni ninguna otra persona de Starkfield, pensaran que se hundía de nuevo. Además, odiaba mentir; si quería el dinero lo quería y punto, no era asunto de nadie saber para qué. Por eso hizo su petición con la
(30) torpeza de un hombre orgulloso que no se admitirá a sí mismo que se está rebajando; y no le sorprendió mucho la negativa de Hale.

El contratista se negó de manera simpática, como hacía todo lo demás: trató el asunto
(35) como si fuera una tomada de pelo y quiso saber si Ethan estaba pensando en comprar un piano de cola o si estaba agregando una "cúpula" a su casa; en este último caso, le ofrecería sus servicios sin costo alguno.

(40) Las artes de Ethan se agotaron al poco tiempo y, después de una pausa embarazosa, deseó buenos días a Hale y abrió la puerta de la oficina. Al salir, el contratista lo llamó de repente:
(45) —Oye, ¿no estás en una situación difícil, o sí?

—Para nada —contestó el orgullo de Ethan, antes de que su razón pudiera intervenir.
(50) —¡Qué bueno! Porque yo sí *estoy*, un poquitín. El hecho es que te iba a pedir que me dieras un poco de tiempo extra con ese pago. Para empezar, hay muy poco trabajo y luego, estoy arreglando una casita para cuando Ned y
(55) Ruth se casen. Lo hago con gusto, pero cuesta —su mirada hacía un llamado a la simpatía de Ethan—. A los jóvenes les gustan las cosas bien hechas. Tú mismo lo sabes: no hace mucho que arreglaste tu casa para Zeena.

Edith Wharton, *Ethan Frome.*

30. ¿Qué quiere decir la autora cuando dice que "Las artes de Ethan se agotaron al poco tiempo" (líneas 40 y 41)?

    (1) Se había quedado sin ideas.
    (2) Ya no podía permanecer calmado.
    (3) Tendría que conseguir un nuevo trabajo.
    (4) Confesó que no había sido honesto.
    (5) Ya no tenía respeto por su jefe.

31. ¿Cuál de las siguientes opciones describe mejor la relación entre Ethan y Hale?

    (1) No se caen muy bien.
    (2) Están relacionados mediante negocios.
    (3) Han sido amigos por varios años.
    (4) Son miembros de la misma familia.
    (5) Se acaban de conocer.

32. ¿Cuál de las siguientes palabras describe mejor a Ethan?

    (1) argumentador
    (2) intimidante
    (3) independiente
    (4) encantador
    (5) celoso

33. ¿Cuáles de las siguientes ideas se contrastan más claramente en el pasaje?

    (1) generosidad y rechazo
    (2) amistad y decepción
    (3) confianza e inseguridad
    (4) orgullo y sinceridad
    (5) riqueza y pobreza

34. Previamente, en la historia se describe a Hale con "una camisa limpia... siempre sujeta con un pequeño gemelo de diamantes". Con base en esta información y en el pasaje, ¿cuál de las siguientes palabras describe mejor la manera en que Hale maneja el dinero?

Hale es

    (1) desinteresado
    (2) mezquino
    (3) diestro
    (4) poco práctico
    (5) egoísta

Las <u>preguntas 35 a 40</u> se refieren al siguiente pasaje de una obra dramatica.

¿QUÉ CLASE DE AMIGA ES LA SEÑORA X?

SEÑORA X.: Tiene que ver lo que compré
para mis chiquitinas. *(Saca una muñeca.)*
Mire esto. Ésta es para Lisa. ¿Ve cómo
mueve los ojos y la cabeza? ¿No es
(5) encantadora? Y ésta es una pistola de
juguete para Maja.
*(Carga la pistola y le dispara a la SEÑORITA Y,
quien se ve asustada.)*
SEÑORA X.: ¿Se asustó? ¿Creyó que le iba a
(10) pegar un tiro? En verdad, nunca pensé
que me creyera capaz de eso. En cambio,
no sería tan sorprendente que usted me
disparara porque, después de todo, yo sí
me interpuse en su camino y sé que
(15) nunca lo olvida... a pesar de que fui
completamente inocente. Todavía piensa
que intrigué para sacarla del Gran Teatro,
pero no lo hice. No lo hice, por mucho que
usted piense que sí. Bueno, de nada sirve
(20) hablar, usted creerá que fui yo... *(Saca un
par de pantuflas bordadas.)* Y éstas son
para mi viejo, yo misma bordé los
tulipanes. La verdad es que odio los
tulipanes, pero él tiene que tener tulipanes
(25) en todo.
*(La SEÑORITA Y. levanta la vista, con ironía y
curiosidad en su rostro.)*
SEÑORA X.: *(metiendo una mano en cada
pantufla)* Mire qué pies tan pequeños tiene
(30) Bob, ¿cierto? Tiene que ver la manera
encantadora en que camina... usted nunca
lo ha visto en pantuflas, ¿cierto?
(La SEÑORITA Y. se ríe.)
SEÑORA X.: Mire, le enseñaré.
(35) *(Hace que las pantuflas caminen por la mesa y
la SEÑORITA Y. se ríe de nuevo.)*
SEÑORA X.: Pero cuando se enoja, mire,
da patadas en el suelo así. "¡Esas
condenadas muchachas que no pueden
(40) aprender a hacer café! ¡Maldición! Ese
idiota no ha arreglado la lámpara como
debe ser". Luego, entra una bocanada de
aire por debajo de la puerta y sus pies se
enfrían. "¡Maldita sea, está helando y
(45) esos malditos tontos ni siquiera pueden
mantener la estufa caliente!"

*(Frota la suela de una pantufla contra el
empeine de la otra. La SENORITA Y. se ríe a
carcajadas.)*
(50) SEÑORA X.: Y luego llega a casa y tiene que
buscar sus pantuflas que Mary ha puesto
debajo del buró... Bueno, quizás no sea
correcto burlarse así del esposo de una.
De cualquier manera, es un esposo bueno
(55) y querido. Usted debería tener un marido
como él, Amelia. ¿De qué se ríe? ¿Eh?
Y, ya ve, sé que me es fiel. Sí, lo sé. Él
mismo me dijo (¿de qué se ríe?) que
cuando estuve de gira en Noruega esa
(60) horrenda Frederica trató de seducirlo.
¿Puede imaginar algo más abominable?

August Strindberg, *The Stronger.*

35. De acuerdo con la información del pasaje, ¿qué es <u>más probable</u> que la señora X. sienta por su esposo?

(1) Le molesta que le guste coquetear.
(2) Desearía que estuviera menos enojado.
(3) Piensa que es un viejo tonto.
(4) Está pensando en divorciarse de él.
(5) Está feliz de haberse casado con él.

36. ¿Cuál de las siguientes palabras describe <u>mejor</u> a la señora X.?

(1) amigable
(2) agradecida
(3) vengativa
(4) siniestra
(5) manipuladora

37. ¿Por qué la señora X. le dice a la señorita Y. "no sería tan sorprendente que usted me disparara" (líneas 12 y 13)?

(1) La señorita Y. odia a la señora X.
(2) La señorita Y. no es de fiar.
(3) La señora X. piensa que la señorita Y. le tiene rencor.
(4) La señora X. y la señorita Y. han sido enemigas por mucho tiempo.
(5) La señorita Y. es emocionalmente inestable.

38. ¿Cuál de las siguientes palabras describe <u>mejor</u> la relación entre las dos mujeres?

(1) cálida
(2) competitiva
(3) cautelosa
(4) hostil
(5) honesta

39. Si la señorita Y. decidiera dar a conocer sus verdaderos sentimientos por la señora X., ¿cuál de las siguientes afirmaciones es <u>más probable</u> que dijera?

(1) Nunca me importó el Gran Teatro.
(2) Ésa es una terrible imitación de su esposo.
(3) Sé más de lo que te imaginas sobre ti.
(4) Es la persona más chistosa que conozco.
(5) Su esposo es un hombre afortunado.

40. Más adelante en la obra, la señora X. dice "usted sólo se sienta ahí sin moverse... como un gato a la entrada de la ratonera. No puede sacar su presa, ni la puede perseguir, pero puede abusar de ella". Con base en esta información y en el pasaje, ¿cuál de las siguientes palabras describe <u>mejor</u> a la señorita Y.?

(1) astuta
(2) poco inteligente
(3) indiferente
(4) maligna
(5) floja

Las respuestas comienzan en la página 275.

Tabla de análisis del desempeño en la Prueba preliminar
Lenguaje, Lectura

Las siguientes tablas le servirán para determinar cuáles son sus puntos fuertes y débiles en las áreas temáticas y destrezas necesarias para aprobar la Prueba de Lenguaje y Lectura de GED. Consulte la sección Respuestas y explicaciones que empieza en la página 275 para verificar las respuestas que haya dado en la Prueba preliminar. Luego, en la tabla, encierre en un círculo los números correspondientes a las preguntas de la prueba que haya contestado correctamente. Anote el número total de aciertos por área temática y por destreza al final de cada hilera y columna. Vea el número total de aciertos de cada columna e hilera para determinar cuáles son las áreas y destrezas que más se le dificultan. Use como referencia las páginas señaladas en la tabla para estudiar esas áreas y destrezas. Utilice una copia del Plan de estudio de la página 31 como guía de estudio.

Destreza de razonamiento / Área temática	Comprensión	Aplicación	Análisis	Síntesis	Número de aciertos
Textos de no ficción (*Páginas 32 a 97*)	14, 15, 16, 19	21	13, 20	17, 18, 22, 23	_____/11
Ficción (*Páginas 98 a 167*)	30	4, 7, 9	1, 2, 6, 8, 31, 32	3, 5, 10, 11, 12, 33, 34	_____/17
Poesía (*Páginas 168 a 207*)	24, 26		25, 27	28, 29	_____/6
Obras dramáticas (*Páginas 208 a 241*)	35, 37	39	36, 38	40	_____/6
Número de aciertos	_____/9	_____/5	_____/12	_____/14	_____/40

1–32 → Use el *Plan de estudio* de la página 31 para organizar su trabajo en este libro.
33–40 → Use las pruebas de este libro para practicar para la Prueba de GED.

Plan de estudio de lenguaje, Lectura

Las siguientes tablas le ayudarán a organizarse para estudiar después de haber hecho la Prueba preliminar y la Prueba final de Lenguaje y Lectura. Al terminar cada una de estas pruebas, use los resultados que obtuvo en la columna Número de aciertos de su respectiva Tabla de análisis del desempeño para llenar el Plan de estudio. Ponga una marca en la casilla que corresponda al área en la que necesite más práctica. Analice sus hábitos de estudio llevando un control de las fechas en que empiece y termine cada práctica. Estas tablas le ayudarán a visualizar su progreso a medida que practica para mejorar sus destrezas y prepararse para la Prueba de GED.

Prueba preliminar (págs. 15 a 29): Use los resultados de la **Tabla de análisis del desempeño** (pág. 30).

Área temática	Número de aciertos	✓	Números de página	Fecha en que inició	Fecha en que terminó
Textos de no ficción	_____/11				
Ficción	_____/17				
Poesía	_____/6				
Obras dramáticas	_____/6				

Prueba final (págs. 243 a 257): Use los resultados de la **Tabla de análisis del desempeño** (pág. 258).

Área temática	Número de aciertos	✓	Números de página	Fecha en que inició	Fecha en que terminó
Textos de no ficción	_____/10				
Ficción	_____/19				
Poesía	_____/6				
Obras dramáticas	_____/5				

UNIDAD 1

Interpretar los textos de no ficción

Quizás usted lee varios tipos de materiales de no ficción con regularidad. Entre los materiales de no ficción están los periódicos, revistas, libros de texto, biografías, reseñas de televisión y cine, manuales y documentos comerciales. El propósito de este tipo de materiales es transmitir información. La redacción que explica cómo hacer algo o da información es uno de los materiales de lectura más comunes. Por ejemplo, en el lugar de trabajo, es posible que tenga que consultar un manual del empleado para entender una norma relacionada con su trabajo. En su casa, es posible que tenga que leer las instrucciones del funcionamiento de su nuevo aparato de discos compactos.

La Prueba de Lenguaje y Lectura del GED incluirá varios pasajes de no ficción para determinar su comprensión de estos estilos de redacción. En general, los materiales de no ficción son la base de 25 por ciento de las preguntas de la Prueba de Lectura del GED.

Roger Ebert escribe reseñas de cine en su serie regular del periódico Chicago Sun-Times.

Las lecciones de esta unidad son:

Lección 1: **Encontrar la idea principal y los detalles de apoyo**
Encontrar la idea principal y los detalles de apoyo le permitirá entender el punto principal del escritor.

Lección 2: **Resumir las ideas importantes**
Centrar su atención en palabras o frases clave le permitirá traducir lo que lee en información útil.

Lección 3: **Replantear información**
Al expresar la información con sus propias palabras demostrará que entendió los materiales escritos.

Lección 4: **Aplicar ideas**
Aplicar ideas es una manera de extender las ideas de un pasaje de lectura a una nueva situación relacionada.

Lección 5: **Hacer una deducción**
Hacer una deducción consiste en descubrir la información que no se menciona en el pasaje con lo que sí se menciona o sugiere en el pasaje.

Lección 6: **Identificar el estilo y el tono**
El estilo y el tono le ayudarán a entender cómo los escritores se sirven del lenguaje y la estructura de las oraciones para expresarse.

Lección 7: **Sacar conclusiones**
Cuando usted saca una conclusión, interpreta la información para tomar una decisión sencilla y lógica.

Lección 8: **Comparar y contrastar ideas**
Identificar las semejanzas y diferencias entre ideas o cosas puede mostrar cómo están relacionadas.

Lección 9: **Reconocer el punto de vista del autor**
Los intereses personales y conocimientos previos del escritor pueden influir en su opinión sobre un tema.

LECTURAS SELECCIONADAS

- Artículos de periódicos y revistas
- Manuales de trabajo
- Biografías y autobiografías
- Pólizas de garantías y seguros
- Folletos de orientación y otros materiales de capacitación laboral

DESTREZA DE GED Encontrar la idea principal y los detalles de apoyo

idea principal
la idea o punto más importante de un texto

oración temática
la oración que contiene la idea principal

detalles de apoyo
información que apoya o explica la idea principal

deducir
usar pistas para descubrir el significado de palabras

Cuando usted entiende la **idea principal** de un escrito, entiende el punto más importante del escritor. La idea principal puede expresarse al principio, en medio o al final del párrafo o texto.

En muchos párrafos, la idea principal se expresa en una sola oración: la **oración temática.** Con frecuencia, la oración temática se encuentra al comienzo o al final de un párrafo. Si está al comienzo, las demás oraciones del párrafo agregan detalles que apoyan o explican la idea principal. Si la oración temática está al final, los **detalles de apoyo** aparecen al comienzo y luego, se resumen en la oración temática.

En algunas formas de no ficción, la idea principal no se menciona en absoluto y el lector debe **deducir** o descubrir el significado a partir de los detalles que el autor proporciona.

Lea el siguiente pasaje de un artículo y complete el ejercicio de la siguiente página.

Los molinos de viento sólo siguen siendo indispensables en el lejano Oeste. En el campo abierto sirven como postes de guía y señales, tan familiares como los vecinos. La torre de un molino de viento les ha indicado a muchos vaqueros perdidos el camino a casa.

Por lo general, lo primero que ve un vaquero a lo lejos cuando regresa de arrear el ganado es el molino de viento. Comienza a pensar en una bebida refrescante y en una comida caliente mientras el ganado se resguarda en los corrales.

Las mujeres del rancho suelen subirse al molino de viento que les sirve como torre de observación para localizar el regreso de sus vaqueros. Cuando ven una polvareda roja en la intersección de los caminos, saben que los vaqueros están a salvo y que es hora de meter los bollos al horno.

El zumbido del molino de viento es a menudo la única compañía que tienen las mujeres durante todo el día. Las mujeres identifican su timbre y su tono como la voz de un amigo querido y probablemente lo recordarán hasta el día de su muerte.

Los molinos de viento hablan a quienes los escuchan. Rara vez la primavera es silenciosa. Las aspas se sacuden y traquetean mientras el viento del suroeste azota las llanuras agotadas por el invierno. Las tormentas primaverales azotan la tierra; en tanto, un viejo molino de viento enfrenta la furia de la tormenta y se mantiene firme.

Vera Schurer, "Windmills", *Country.*

SUGERENCIA

Ponga atención a los encabezados y títulos; por lo general contienen ideas clave.

1. Marque con una "X" la mejor descripción de la idea principal de este pasaje.

   ——— a. Los molinos de viento bombean agua para uso de la gente y el ganado en el Oeste.

   ——— b. Los molinos de viento no se necesitan en el Este del país.

   ——— c. Los molinos de viento desempeñan un papel importante en la vida del Oeste.

2. Marque con una "X" la frase que dice dónde está la idea principal en este pasaje.

   ——— a. al comienzo

   ——— b. en medio

   ——— c. al final

3. Escriba la oración del pasaje que mejor expresa la idea principal.

   _____

4. Del primer párrafo, mencione dos detalles sobre los molinos de viento que expliquen, describan o apoyen la idea principal.

   _____

5. Del tercer párrafo, mencione un detalle que apoye la idea principal.

   _____

   _____

6. El último párrafo describe cómo "hablan" los molinos de viento. ¿De qué manera este detalle apoya la idea principal? Busque pistas en el cuarto párrafo.

   _____

   _____

Como todos los párrafos contienen ejemplos de la importancia de los molinos de viento en el Oeste, usted acertó si eligió la *opción c* para la pregunta 1. Para la pregunta 2, la *opción a* es la correcta y para la pregunta 3, la respuesta correcta está en el primer párrafo: *Los molinos de viento sólo siguen siendo indispensables en el lejano Oeste*. Entre los detalles que responden a la pregunta 4 están: *los molinos de viento son postes de guía y señales y han indicado a muchos vaqueros perdidos el camino a casa*. La respuesta a la pregunta 5 es: *les sirve como torre de observación*. Una respuesta correcta para la pregunta 6 sería similar a: *El sonido del molino de viento se compara con la voz de un amigo que le hace compañía a la mujer de rancho. Esta función apoya la idea principal de que los molinos de viento son indispensables.*

Lea el siguiente pasaje de un artículo y complete el ejercicio a continuación.

La televisión es malquerida por la industria del cine. Las estrellas de cine y los mejores directores se niegan a trabajar en ella y rara vez admiten que la ven. Los agentes de cine les dicen a sus clientes que es el último recurso para una carrera en apuros. Los escritores e intelectuales la desprecian.

(5)   Pero desde hace algún tiempo, la industria del cine ha sido confrontada con un desagradable hecho de la vida: en términos de valor dramático, relevancia y humor, gran parte de los programas de televisión que se transmiten en el horario de mayor audiencia supera por mucho lo que hay en el cine.

Esto casi siempre se admite de mala gana, pero se admite; en particular, la semana (10) pasada la industria del cine luchó por encontrar cinco películas para nominar para los premios de la Academia...

La televisión no enfrenta tales dificultades.

Una o dos veces por noche, hay programas de TV que son vívidos, poderosos o chistosos, a veces, tienen estas tres cualidades, y no atentan contra la inteligencia de los (15) espectadores adultos...

Quizás la razón más importante por la que la televisión ha superado al cine, según dicen muchos en Hollywood, es que es un medio de escritores, mientras que el cine está dominado por directores.

Bernard Weintraub, "Pssst . . . TV Nudging Movies Aside as High Art. Pass It On," *The New York Times.*

1. Marque con una "X" la idea principal del primer párrafo.

_____ a. La televisión debe respetarse más.

_____ b. La televisión no es tan respetada como el cine.

2. Mencione los cuatro detalles que apoyan la idea principal del primer párrafo.

a. _____

b. _____

c. _____

d. _____

3. ¿Es la idea principal del primer párrafo la misma que la idea principal de todo el pasaje?

_____ a. sí

_____ b. no

4. ¿Cual de las siguientes oraciones expresa la idea principal del pasaje completo?

_____ a. La televisión no entretiene tanto como el cine.

_____ b. La televisión atenta contra la inteligencia de los espectadores.

_____ c. La televisión suele ser mucho mejor que el cine.

_____ d. La televisión no está a la altura de su potencial.

5. ¿Se menciona directamente la idea principal de todo el pasaje o hay que deducirla?

_____ a. Se menciona directamente.

_____ b. Se debe deducir.

6. Un diagrama de Venn le sirve para organizar la información. Con el siguiente diagrama puede mostrar la idea principal del pasaje y los detalles que la apoyan. Uno de los detalles de apoyo aparece como ejemplo. Complete el diagrama con la idea principal y los detalles de apoyo.

DA:

DA:

DA:

Idea principal:

DA:

DA:

Algunos programas de TV no atentan contra la inteligencia de los espectadores.

7. ¿De qué manera el enunciado "La televisión no enfrenta tales dificultades" (línea 12) apoya la idea principal del pasaje?

_____

_____

Las respuestas comienzan en la página 279.

Instrucciones: Elija la respuesta que mejor responda a cada pregunta.

Las preguntas 1 a 4 se refieren al pasaje del artículo siguiente.

¿CÓMO SE COMUNICA ESTA FAMILIA?

En casa, fui un niño muy feliz. Recuerdo que muchas noches escuchaba a mi padre llamar a mi madre en español al regresar del trabajo; sonaba aliviado. En español, mi padre

(5) hablaba con un tono liviano y libre que en inglés nunca le salía. Algunas noches me levantaba bruscamente al escuchar su voz y junto con mis hermanos entrábamos corriendo a la habitación donde estaba con mi madre.

(10) Nuestras risas (¡tan grande era el placer!) se volvían gritos. Al igual que las personas que conocen el dolor de la marginación, transformábamos la conciencia de nuestro estado de marginación social en un consuelo,

(15) el recordatorio de la familiaridad. Emocionados, uníamos nuestras voces en una celebración de sonidos. *Ahora hablamos como nunca lo hacemos en público. Estamos solos... juntos,* me decían las voces a mi alrededor.

(20) Ciertas noches nadie parecía dispuesto a librarse del suspenso en que nos tenían los sonidos. Durante la cena, inventábamos palabras que nos sonaban a español, pero que sólo tenían sentido para nosotros.

(25) Formábamos nuevas palabras con un verbo en inglés al que le agregábamos terminaciones en español. Las instrucciones de mi madre a la hora de ir a dormir parodiaban un tono de burla; o la palabra *sí* podía adquirir, en varios

(30) tonos, la capacidad para trasmitir niveles adicionales de sentimientos. Las lenguas exploraban los bordes de las palabras, especialmente las vocales gordas; y muy contentos emitíamos el redoble del tambor, el

(35) tronido de la *r* en español. Lenguaje de familia: los sonidos de mi familia. Las voces de mis padres, de mis hermanas y de mi hermano. Sus voces que insisten: *tu lugar está aquí.*

Richard Rodríguez, *Hunger of Memory.*

1. ¿Con cuál de los siguientes enunciados se relaciona particularmente la idea principal de este pasaje?

   (1) las tradiciones familiares de la cultura del autor
   (2) la manera en que las palabras unieron a la familia del autor
   (3) el esfuerzo que hizo el autor para aprender inglés
   (4) la preferencia del autor por el español, en lugar del inglés
   (5) la razón por la que la familia del autor creó palabras

2. ¿Cuál de las siguientes palabras describe mejor el tono de este pasaje?

   (1) festivo
   (2) desapegado
   (3) imaginativo
   (4) penoso
   (5) apremiante

3. ¿Qué revela el autor sobre su actitud hacia el español con el enunciado "Las lenguas exploraban los bordes de las palabras, especialmente las de las vocales gordas" (líneas 31 a 33)?

   Piensa que

   (1) es una lengua que evoluciona constantemente.
   (2) es una lengua difícil de hablar bien.
   (3) sus sonidos son exagerados con demasiada frecuencia.
   (4) sus sonidos se relacionan con su significado.
   (5) tiene lazos estrechos con el sentido del tacto.

4. Más adelante en el libro, el autor menciona que "no es posible para ningún niño usar el lenguaje de la familia en la escuela". De acuerdo con el pasaje, ¿qué quiere decir el autor con "lenguaje de familia"?

   (1) un lenguaje que le recuerda a uno del pasado
   (2) el primer lenguaje que una persona aprende
   (3) el lenguaje que transmite emociones privadas
   (4) el lenguaje que pasa por alto las reglas gramaticales
   (5) un lenguaje hablado por una población minoritaria

Las preguntas 5 a 8 se refieren al siguiente pasaje de un artículo.

¿QUÉ TIENEN DE ESPECIAL LOS SEMANARIOS DE NOTICIAS?

Más allá del resultado final, a Wall Street no le importa mucho la calidad editorial; a los periodistas sí y a los demás les debería importar. No porque el periodismo sea
(5) perfecto, sino porque no lo es.

Los semanarios de noticias son el eslabón final de la cadena alimenticia del periodismo. Primero, la radio informa a cada hora las noticias, luego el noticiario de la televisión las
(10) repite y añade imágenes. Los periódicos completan la historia con mayor detalle y, por último, los semanarios de noticias resumen y analizan el conjunto. Para entonces, es posible que el lector sufra una indigestión informativa.
(15) Se requiere de ingenio, reflexión, dotes de comprensión, un poco de cobertura fresca o consulta con expertos y un giro original para añadir algo nuevo. La verdadera tarea del semanario de noticias es ayudar a que el lector
(20) encuentre sentido a su época. Quienes pueden hacer esto conforman un grupo de mentes contenciosas.

Thomas Griffith, "What's So Special About News Magazines?", Revista *Newsweek*.

5. ¿Cuál de las siguientes oraciones es el mejor replanteamiento de la frase "No porque el periodismo sea perfecto, sino porque no lo es." (líneas 4 y 5)?

(1) A la mayoría de los periodistas no les importa la calidad editorial.
(2) Cuidar la calidad editorial puede ayudar a mejorar las ganancias.
(3) Los buenos periodistas no pierden tiempo en tratar de ser perfectos.
(4) Cuidar la calidad editorial puede ayudar a mejorar el periodismo.
(5) Los buenos periodistas se fijan en cuánta gente compra revistas.

6. ¿Cuál es la idea principal del segundo párrafo del pasaje (líneas 6 a 22)?

(1) Toma mucho trabajo hacer una buena revista de noticias.
(2) Otros medios informan las noticias antes que los semanarios de noticias.
(3) Los semanarios de noticias son una colección de reportajes de noticias.
(4) Los semanarios de noticias suelen contener puntos de vista opuestos.
(5) Los semanarios de noticias resumen y analizan las noticias.

7. ¿Por qué el enunciado "sufra una indigestión informativa" (línea 14) es un uso efectivo del lenguaje figurado?

(1) Describe cómo el lector encuentra sentido al mundo.
(2) Sugiere que en la TV aparecen demasiadas noticias.
(3) Recuerda al lector la indigestión por comer en exceso.
(4) Sugiere que los lectores necesitan encontrar nuevas fuentes de información.
(5) Implica que los lectores de revistas deben dejar de ver noticieros de televisión.

8. ¿Qué patrón de organización usa el autor para describir los cuatro medios de comunicación de noticias que conforman el periodismo (líneas 6 a 13)?

(1) orden cronológico: explica el orden en que los medios de comunicación cubren la noticia
(2) clasificación: agrupa ideas similares
(3) comparación y contraste: encuentra semejanzas y diferencias entre los medios de comunicación
(4) causa y efecto: encuentra conexiones entre los sucesos y sus causas
(5) jerarquía: ordena los medios de comunicación por importancia

Las repuestas comienzan en la página 279.

Instrucciones: Ésta es una prueba de práctica que dura diez minutos. Después de que transcurran los diez minutos, ponga una marca en la última pregunta que haya respondido. A continuación, termine la prueba y revise sus respuestas. Si la mayoría de sus respuestas fueron correctas pero no terminó la prueba, trate de responder las preguntas más rápidamente la próxima vez. Elija la respuesta que mejor responda a cada pregunta.

Las preguntas 1 a 4 se refieren al siguiente pasaje de un artículo.

¿QUÉ SUCEDE EN LA FERIA DEL CONDADO?

Las jueces de manualidades forman una asociación de mujeres expertas, la mayoría de ellas no son del condado. Varias de estas mujeres asistieron a la escuela para jueces de
(5) la Iglesia Presbiteriana Augusta y tienen papeles para acreditarlo. A las jueces primerizas se les asignan las galletas, jaleas y mermeladas. Cientos de cosas dulces concursan: platos de "brownies" (bizcochos de
(10) chocolate y nueces), pasteles, mermeladas y jaleas. Parece que sería divertido probarlas hasta que lo piensa dos veces. Las jueces de las jaleas sí se quedaron a comer (gracias a las Niñas Exploradoras de Highland) pero
(15) apenas probaron bocado.

Las jueces de costura de sientan en una mesa mientras los asistentes les llevan prendas de vestir para que examinen las fibras de la tela, puntadas, hilo apropiado, pinzas
(20) lisas, dobleces, dobladillos, pliegues y guarniciones.

—¡Ay, miren! Forró los botones —dice una señora mientras alza el jumper de niña blanco y negro que acaba de revisar.
(25) La segunda jueza saca el bolsillo de un vestido de playa para examinar las puntadas.

—¿Qué se hace cuando los dos son lindos?

—Hay que ser quisquillosa —dice la jueza veterana antes de otorgar el primer premio al
(30) jumper—. No sé cómo es en otros lugares, pero en el condado de Highland, los botones forrados hacen la diferencia.

Las jueces de las conservas de verduras buscan un sello perfecto, y un empaque y
(35) etiqueta atractivos. El líquido debe estar libre de sedimentos y burbujas. El color debe ser natural y los frascos deben ser uniformes y de buena calidad. Mildred Datamore sostiene un frasco de tomates contra la luz y suspira: "Este
(40) año los tomates tienen muchas semillas; es por la sequía".

Donald McCaig, "The Best Four Days in Highland County,"
An American Homeplace.

1. ¿Cuál de las siguientes oraciones sugiere el autor cuando usa la cita: "Hay que ser quisquillosa" (línea 28)?

   (1) La jueza veterana es una persona quisquillosa.
   (2) Los botones forrados son una característica importante de todas las prendas de vestir.
   (3) Una jueza puede otorgar un premio basándose en un detalle pequeño.
   (4) Las jueces de costura suelen apreciar dos prendas de vestir por igual.
   (5) Los pequeños detalles no son el aspecto más importante de una prenda de vestir.

2. ¿Cuál es el factor que más probablemente decidió la asignación del primer premio al jumper de niña blanco y negro?

   (1) sus finas puntadas
   (2) sus pinzas lisas
   (3) sus botones forrados
   (4) su aspecto general
   (5) las fibras de la tela

3. ¿Qué sugiere el autor con la palabra "suspira" (línea 39)?

   (1) La jueza está cansada de degustar muestras.
   (2) Juzgar es un trabajo difícil y a menudo aburrido.
   (3) La jueza piensa que el frasco está defectuoso.
   (4) La jueza no está satisfecha con la cosecha de este año.
   (5) La jueza no recibirá un pago por todo su trabajo.

4. ¿Qué par de palabras describe mejor el estilo de escritura de este artículo?

   (1) seco y académico
   (2) informal y espontáneo
   (3) complejo y técnico
   (4) formal y científico
   (5) ligero y cómico

Las preguntas 5 a 7 se refieren al siguiente pasaje de un artículo.

¿POR QUÉ EL ÉXITO ECHÓ A PERDER A ERNEST HEMINGWAY?

En 1928, la madre de Hemingway le envió por correo un pastel de chocolate junto con la pistola Smith & Wesson calibre 32 con que su padre se había suicidado. Hemingway arrojó la
(5) pistola en un lago profundo de Wyoming "y miró las burbujas que producía al hundirse, hasta reducirse al tamaño de un reloj en el agua transparente hasta que desapareció."

Los detalles del relato son minuciosamente
(10) violentos y su desenlace es evocador e inquietante: la perfección de Hemingway. Y, por supuesto, el agua... de un lago y las truchas de río y la corriente del Golfo; las lluvias después del Caporetto y los interminables baños de
(15) alcohol refractándose en su cerebro. Su estilo era un arroyo con piedras de sustantivos y una superficie con ondulaciones preposicionales...

...Los libros de Ernest Hemingway son más fáciles de entender y amar que su propia vida.
(20) Escribió, desde el inicio de su carrera, una prosa de sencillez enérgica y brillante. Pero su personaje no era sencillo. En uno de sus relatos escribió: "El tema más complicado que conozco desde que soy hombre, es la vida del
(25) hombre". El tema más complicado que conocía era Ernest Hemingway.

...Su vida perteneció tanto a la historia de la publicidad como a la de la literatura. Fue un escritor espléndido que se convirtió en su peor
(30) creación, un engaño y un aburrimiento. Terminó siendo uno de los hombres más famosos del mundo, el Sr. Papa con la barba blanca. Dejó de observar y comenzó a representar un papel...
(35) Aun así, una larga fiesta mítica entre dos explosiones puede ser una buena manera de vivir. La primera explosión tuvo lugar en Fossalta di Piave, en el noreste de Italia, a la medianoche del 8 de julio de 1918. El proyectil
(40) de un mortero de zanja austriaco hirió a Hemingway con 200 y tantos pedazos de metralla... La segunda explosión cumple 25 años este verano. Un día, temprano por la mañana en Ketchum, Idaho, Hemingway (que
(45) sufría de diabetes, nefritis, alcoholismo, depresión severa, hepatitis, hipertensión, impotencia y delirio paranoico, su memoria intacta con los tratamientos de electrochoques)

(50) deslizó dos cartuchos en su pistola Boss de doble cañón... la última criatura que Hemingway derribó fue sí mismo.

La muerte de Hemingway se lloró mayormente como la de una gran celebridad,
(55) su peor lado, y no como el gran escritor que era.

"A Quarter-Century Later, the Myth Endures," *Time Magazine.*

5. De acuerdo con el pasaje, ¿cómo es más probable que el público recuerde a Hemingway en sus últimos años?

(1) como el escritor más distinguido de su tiempo
(2) como un experto en caza mayor
(3) como un corresponsal de guerra
(4) como un experto en corridas de toros
(5) como una estrella internacional

6. ¿Cuál de las siguientes opciones es más probable que el escritor de este artículo haya disfrutado?

(1) una obra de teatro sobre la vida de Hemingway
(2) una biografía de los últimos años de Hemingway
(3) uno de los primeros relatos de Hemingway
(4) un artículo de periódico sobre la fama de Hemingway
(5) una foto de Hemingway representando un papel

7. ¿Cuál es el propósito de los detalles del primer párrafo?

(1) explicar por qué el padre de Hemingway se suicidó
(2) criticar la conducta de Hemingway
(3) presentar un comentario sobre la vida y estilo de redacción de Hemingway
(4) explicar la relación de Hemingway con su madre
(5) explicar por qué Hemingway se volvió una celebridad

Las respuestas comienzan en la página 280.

DESTREZA DE GED **Resumir las ideas importantes**

Usted lee documentos en el trabajo y otros tipos de materiales de no ficción para encontrar la información que necesita. Cuando **resume** las ideas importantes de lo que lee, traduce activamente estas ideas en información utilizable. A menudo resumir se conoce como una "estrategia de lectura activa".

Es probable que usted haya resumido las ideas importantes de material informativo muy a menudo sin darse cuenta. Imagine, por ejemplo, que recibe un memorando en el trabajo sobre las nuevas normas de seguridad. Uno de sus colegas le pregunta lo que dice el memorando y entonces, usted podría responderle: "dice que ahora debemos usar tapones para los oídos en el piso donde está el taller". Usted resumió de manera efectiva los principales puntos del memorando sin dar todos los detalles.

resumir
para expresar los puntos principales de un escrito con sus propias palabras

Cuando usted resume lo que lee, procura responder estas preguntas sobre los puntos importantes: *¿Quién? ¿Qué? ¿Dónde? ¿Cuándo? ¿Por qué?* o *¿Cómo?*

Lea el siguiente pasaje de un memorando y complete el ejercicio a continuación.

A partir del 30 de junio, la compañia de software Digidiseños ofrecerá a todos sus empleados de jornada completa una cobertura de seguro médico. "Jornada completa" constituye una semana laboral de 37.5 horas. La cobertura entra en vigencia a partir del primer día del mes siguiente a la fecha de inicio del empleado. Actualmente, hay dos opciones de seguro médico disponibles: la organización de mantenimiento de la salud, HMO *(Health Maintenance Organization)* y la organización de proveedor preferencial, PPO *(Preferred Provider Organization)*. Ambos planes requieren un deducible anual por individuo asegurado de $250, con un máximo familiar de $750, pero hay otras diferencias importantes en la cobertura. Lea el material adjunto y póngase en contacto con Recursos Humanos si tiene alguna pregunta.

Los encabezados suelen resumir los puntos principales de los materiales informativos. Marque con una "X" el encabezado que resume mejor las ideas importantes de este memorando.

_____ a. Dos nuevos planes de salud están disponibles para los empleados de jornada completa

_____ b. Deducibles anuales para los planes de salud personales y familiares

Usted acertó si eligió la *opción a*. Éste encabezado resume los puntos principales del memorando. La *opción b* contiene detalles, pero no la información más importante.

Lea el siguiente pasaje de un manual del empleado y complete el ejercicio a continuación.

El sistema de correo electrónico de Servicios de Laminado Ochoa es un instrumento empresarial cuyo uso está restringido a las comunicaciones con los clientes y empleados. No es para usarse en correspondencia personal ni para crear, enviar o copiar mensajes ofensivos o inapropiados de cualquier índole.

(5)   Entre las referencias consideradas como ofensivas están aquellas que contienen lenguaje o referencias de tipo sexual, difamaciones raciales, comentarios de identidad sexual o cualquier otro tipo de escrito que aluda de manera ofensiva a la edad, orientación sexual, creencias religiosas o políticas, nacionalidad o discapacidad de una persona. El abuso del sistema de correo electrónico de la empresa puede dar lugar a acción

(10) disciplinaria.

1. ¿A quién está dirigido este pasaje?

_____ a. a los dueños de Servicios de Laminado Ochoa

_____ b. a los empleados de Servicios de Laminado Ochoa

2. Marque con una "X" el punto principal del pasaje.

_____ a. El sistema de correo electrónico de Servicios de Laminado Ochoa es un instrumento empresarial.

_____ b. Los mensajes inapropiados comprenden referencias a la edad o discapacidad de una persona.

3. En una o dos oraciones explique por qué piensa que Servicios de Laminado Ochoa tiene la ideología que se describe en el pasaje.

_____

_____

_____

4. Marque con una "X" los posibles encabezados para este pasaje de manual. Debe marcar más de una opción.

_____ a. Por qué el correo electrónico es una forma efectiva de comunicación empresarial

_____ b. Fundamentos para el despido de empleados de la empresa

_____ c. Usos y abusos del sistema de correo electrónico de la empresa

_____ d. Reglas para el envío de correo electrónicos personales en el trabajo

_____ e. Instrucciones para el uso adecuado del sistema de correo electrónico

_____ f. Usos ilegales del correo electrónico en el trabajo

Las respuestas comienzan en la página 280.

Instrucciones: Elija la respuesta que mejor responda a cada pregunta.

Las preguntas 1 a 4 se refieren al pasaje del artículo siguiente.

¿POR QUÉ LA "RED" ES UN BUEN NOMBRE PARA INTERNET?

La Red o World Wide Web representa el mayor recurso de información del mundo. Pero sin cierta preparación, buscar en la Red puede ser similar a vagar en una biblioteca durante
(5) un apagón: uno sabe que las respuestas están cerca, pero no las puede encontrar.

Con el fin de aprovechar al máximo las capacidades de la Red, es necesario familiarizarse con las herramientas disponibles
(10) y entender bien cómo se emprende una búsqueda. Pensar unos momentos antes de presionar la tecla "buscar" puede cambiar todo.

Los motores de búsqueda

A diferencia de su amigable biblioteca del
(15) barrio, en línea no hay un sistema decimal Dewey, sino una colección de documentos que, según los expertos, pronto serán mil millones. Tampoco hay un índice para la Red, así que encontrar información puede ser una tarea de
(20) enormes proporciones. De ahí que los motores de búsqueda sean herramientas tan esenciales. Los motores de búsqueda permiten encontrar documentos en respuesta a una pregunta. Cada motor mantiene su
(25) propia base de datos creada por programas de computadora o "robots". Estos programas, también llamados "arañas", viajan por la Red (de ahí el sobrenombre) para localizar nuevos sitios, actualizar los viejos y eliminar la base de
(30) datos obsoletos. Al realizar la búsqueda, emplean una técnica de título y localización: las páginas cuyos títulos contienen las palabras que se buscan (palabras clave) son consideradas más relevantes.

Art Daudelin, "Keys to Effective Web Searching", *Physicians Financial News.*

1. ¿Cuál de las siguientes opciones resume la idea principal de este pasaje?

   (1) cómo la Red recibió su nombre
   (2) cómo obtener un trabajo en computadora
   (3) cómo buscar en la Red
   (4) cómo crear un motor de búsqueda
   (5) cómo la Red sustituye a la biblioteca

2. Si quisiera información sobre trabajos de cocina, ¿qué palabras clave resultarían más útiles para obtener resultados?

   (1) técnicas de cocina
   (2) oportunidades de empleo
   (3) oportunidades en el servicio de comida
   (4) escuelas de cocina francesa
   (5) servicios de restauración

3. De acuerdo con la información de este pasaje, ¿Qué deducción puede hacer sobre hacer una búsqueda en la Red?

   (1) La Red es un enorme motor de búsqueda.
   (2) No hay dos motores de búsqueda iguales.
   (3) La Red es una biblioteca electrónica.
   (4) Actualizar sitios de la Red es casi imposible.
   (5) La frecuencia de palabras no es una técnica de búsqueda importante.

4. De acuerdo con la información del artículo, ¿Qué título atraería al mayor número de buscadores interesados a una página de red en particular?

   (1) un título humorístico que haga reír a los lectores
   (2) un título que resuma en una palabra el contenido de la página
   (3) un título que contenga las palabras más importantes de la página
   (4) un título con palabras vívidas y poéticas
   (5) un título general, no específico

Las preguntas 5 a 7 se refieren al siguiente aviso de una empresa.

¿POR QUÉ ES IMPORTANTE ESTA LEY?

Todos los empleados deben ser informados de la ley referente a los beneficios de salud para los ex-empleados.

(5) Como empleador de más de 20 personas, Aviación Universal debe por ley permitir que los "beneficiarios que califican" conserven su seguro de salud después de dejar la empresa debido a ciertos "sucesos calificadores".

(10) Un beneficiario que califica o reúne los requisitos es un empleado o ex-empleado con cobertura de un plan de salud grupal, su esposo o esposa, hijos dependientes o hijo adoptado o nacido cuando el empleado tenía la cobertura. Para un empleado con cobertura,

(15) un "suceso calificador" es el cese voluntario o involuntario (excepto si es despedido por una falta grave de conducta), reducción de horas de empleo o presentación de solicitud de quiebra por parte del empleador. Para un

(20) cónyuge o hijo dependiente significa la pérdida del trabajo del empleado, la muerte del empleado con cobertura, el divorcio o separación legal del empleado con cobertura, el cumplimiento de los requisitos para

(25) Medicare por parte del empleado con cobertura, la pérdida de estatus de un dependiente, o bien, la presentación de solicitud de quiebra por parte del empleador.

Los empleados con cobertura deben ser

(30) informados de sus derechos cuando son contratados y al abandonar Aviación Universal. La cobertura puede durar hasta 18 meses por cese o reducción de horas laborales, hasta 29 meses para ciertos beneficiarios

(35) discapacitados que califican y hasta 36 meses por divorcio o separación.

Una vez que la cobertura es elegida, se pide a los beneficiarios que califican que paguen una prima que incluye una cuota

(40) nominal de administración, el primer día del mes que se aplica la cobertura.

5. ¿Cuál de las siguientes razones es más probable que descalificaría a un empleado para la cobertura de esta póliza?

(1) quiebra de la empresa
(2) pérdida del empleo por reducción de personal
(3) adopción de un hijo
(4) renuncia al empleo
(5) robo de una computadora

6. ¿Qué enunciado resume mejor el pasaje?

(1) La empresa tiene pólizas claras para los ex-empleados.
(2) Los ex-empleados pueden conservar su seguro de salud al dejar la empresa.
(3) Los ex-empleados que califican y sus dependientes pueden conservar su seguro de salud.
(4) Los empleados tienen derecho a tener un seguro de salud.
(5) Al gobierno le preocupa el costo cada vez mayor de los cuidados médicos.

7. ¿Cuáles de las siguientes deducciones sobre las leyes de seguros de salud son apoyadas por el pasaje?

(1) Los dependientes menores de 21 años que no asisten a la escuela pierden la cobertura.
(2) Las empresas con menos de 20 empleados están exentas.
(3) Los empleados cubiertos no pueden conservar su seguro cuando aceptan un nuevo trabajo.
(4) Los ex-empleados deben pagar enormes primas para retener su cobertura.
(5) Las enfermedades que el empleado sufra después de dejar la empresa no están cubiertas.

SUGERENCIA

Al resumir un texto, pregúntese: ¿cuál es la idea más importante? Luego, fíjese en los detalles para ver si apoyan su respuesta. Si no es así, revise su idea.

Las respuestas comienzan en la página 280.

Instrucciones: Ésta es una prueba de práctica que dura diez minutos. Después de que transcurran los diez minutos, ponga una marca en la última pregunta que haya respondido. A continuación, termine la prueba y revise sus respuestas. Si la mayoría de sus respuestas fueron correctas pero no terminó la prueba, trate de responder las preguntas más rápidamente la próxima vez. Elija la respuesta que mejor responda a cada pregunta.

Las preguntas 1 a 9 se refieren al siguiente pasaje del manual del empleado.

¿CUÁL ES LA IMPORTANCIA DE ESTE PROGRAMA?

La mayoría de los problemas personales no desaparecen entre las 9 y las 5. Cuando los empleados experimentan dificultades en el hogar, los problemas generalmente los

(5) acompañan al trabajo. En algunos casos, los empleados enfrentan problemas adicionales en el lugar de trabajo, como presiones de fechas de entrega y conflictos con compañeros de trabajo. Situaciones como éstas pueden

(10) perturbar la capacidad de un empleado para desempeñarse bien en su trabajo u otras actividades.

Son varios los tipos de problemas que pueden afectar el desempeño laboral de un

(15) empleado. Estos problemas pueden ser emocionales, maritales, familiares, ocupacionales, financieros o relacionados con el abuso de sustancias químicas. ¿Cómo puede un empleado abordar problemas como

(20) éstos? Con frecuencia, la asesoría a corto plazo es todo lo que se necesita para ayudarlo a resolver su problema antes de que comience a afectar su desempeño laboral gravemente. Aquí es donde interviene el Servicio de

(25) Asesoría y Referencia para los Empleados, SARE. Este servicio puede ayudar a los empleados a resolver muchos tipos de problemas personales.

El personal de SARE está integrado por

(30) consejeros bien capacitados y se ofrece a través del actual programa de seguro médico. Este beneficio no tiene ningún costo para el empleado ni para los miembros de su familia. Sin embargo, los empleados son responsables

(35) de los costos en que incurran en caso de ser referidos a un profesional fuera del programa SARE. Bajo esta circunstancia, el grupo de seguro médico pagará los mismos cargos

(40) razonables y habituales que pagaría si un empleado fuera tratado por un profesional médico.

Los consejeros de SARE mantienen una estricta confidencialidad. Nadie, incluyendo al

(45) empleador, será informado de la participación del empleado en el programa, a menos que él o ella lo revele. La participación en el programa tampoco pondrá en peligro el trabajo del empleado.

(50) El programa SARE se basa en la auto referencia, es decir, el empleado se refiere a sí mismo. Él o ella comentará el problema con un consejero de SARE, quien determinará el tipo de ayuda que requiere. SARE opera las

(55) 24 horas. Si ninguno de los consejeros puede resolver el problema, el empleado será referido a un profesional calificado fuera del programa.

Durante la participación, el consejero del empleado dará apoyo y seguimiento. En caso

(60) de que fuese necesario referir el empleado a un profesional exterior, las circunstancias financieras del empleado y la ubicación geográfica serán tomadas en cuenta.

En SARE queremos ofrecerle el mejor

(65) servicio posible. Después de todo sabemos escuchar y nos preocupamos.

1. ¿Cuál de las siguientes oraciones resume mejor el pasaje?

(1) Los problemas domésticos pueden afectar el ambiente de trabajo.
(2) Todo lo que los empleados con problemas necesitan es alguien que los escuche.
(3) Hay un programa financiado por el empleador disponible para ayudar a los empleados con problemas.
(4) El seguro de salud incluye salud mental y física.
(5) Los empleadores tienen un gran interés en el bienestar de los empleados.

2. ¿Cuál es la idea principal del segundo párrafo?

El programa SARE

   (1) complementa el programa de seguro médico
   (2) puede ayudar en muchos tipos de problemas
   (3) utiliza un proceso confidencial para la participación
   (4) puede ser de gran ayuda para el empleado medio
   (5) ha ayudado a muchos empleados en el pasado

3. ¿Cuál de las siguientes opciones replantea mejor la frase: "Situaciones como éstas pueden perturbar la capacidad de un empleado para desempeñar bien su trabajo" (líneas 9 a 11)?

Situaciones como éstas pueden

   (1) imposibilitar el desempeño de un buen trabajo
   (2) necesitar una intervención médica
   (3) hacer que al empleado no le importe su desempeño laboral
   (4) dificultar sobresalir en el trabajo
   (5) implicar el despido del empleado

4. ¿Cuál de los siguientes problemas podría resolverse a través del programa SARE?

   (1) un problema con lesión locomotora repetitiva
   (2) la escasez de cuidados infantiles
   (3) tener demasiado trabajo
   (4) sentirse abrumado por un proyecto
   (5) el deseo de jubilarse anticipadamente

5. De acuerdo con el pasaje, ¿qué se puede deducir sobre los directores de la empresa que ofrecen el programa SARE a sus empleados?

   (1) Dan poca importancia a los beneficios de los empleados.
   (2) Piensan que este beneficio ayudará a atraer empleados de alta calidad.
   (3) Quieren que sus empleados tengan un buen desempeño laboral.
   (4) Les piden a sus empleados que dejen sus problemas en casa.
   (5) Quieren referir a sus empleados con problemas con profesionales de fuera del programa.

6. ¿Qué implica la referencia al pago de "cargos razonables y habituales" (líneas 39 y 40)?

Implica que el seguro médico grupal

   (1) cobra cuotas estándar a los empleados
   (2) normalmente no cobra a sus clientes
   (3) no cubrirá los costos que considere demasiado altos
   (4) cubrirá sólo aquellos tipos de tratamientos brindados por los médicos
   (5) pagará la misma cantidad que los cargos médicos normales del empleado

7. De acuerdo con el pasaje, ¿por qué un empleador querría que un programa de asesoría como SARE fuera confidencial?

   (1) Los empleadores no quieren conocer los problemas de los empleados.
   (2) Los empleados tal vez no buscarían ayuda si el programa no fuera confidencial.
   (3) Los empleados deben guardar sus problemas personales para sí mismos.
   (4) Los programas de asesoría como éste son organizaciones independientes.
   (5) Los consejeros se rehúsan a violar la confidencialidad.

8. ¿Qué par de palabras describe mejor el estilo de redacción de este pasaje?

   (1) directo y realista
   (2) parco y académico
   (3) técnico y difícil
   (4) ligero y divertido
   (5) detallado y clínico

9. ¿Cuál de las siguientes opciones describe mejor la organización de este pasaje?

   (1) secuencia de sucesos
   (2) comparación y contraste de información
   (3) enumeración de la información en orden de importancia
   (4) presentación de un problema y su solución
   (5) primero, la presentación de cuestiones conocidas y luego, la presentación de cuestiones desconocidas

Las respuestas comienzan en la página 281.

DESTREZA DE GED Replantear información

replantear
demostrar que entiende
algo al expresarlo con sus
propias palabras

Usted demuestra que entiende algo que leyó cuando lo **replantea** con sus propias palabras. Puede usar esta estrategia de lectura activa para profundizar y reforzar su comprensión de materiales escritos. Usted emplea esta estrategia a menudo en la vida diaria. Por ejemplo, imagine que está ayudando a un amigo o amiga a armar su nuevo escritorio. Usted lee "inserte la espiga A en el agujero A". Su amigo le pide que le explique las instrucciones con mayor claridad, así que le dice: "pon la estaquilla larga en el agujero que conecta la parte de arriba del escritorio con uno de sus lados." Acaba de replantear la información.

Lea el siguiente pasaje de un artículo y complete el ejercicio a continuación.

A pesar de lo llamativo de la Red, el correo electrónico es y ha sido siempre la principal razón por la que la gente se conecta a la Red, seguida de la investigación, según una encuesta realizada por Louis Harris y Asociados. Más de 1.6 mil millones de mensajes no comerciales son enviados por correo electrónico cada día en los Estados Unidos; esto es casi tres veces el número de envíos por correo de primera clase, de acuerdo con un análisis hecho por eMarketer, una firma de investigación del mercado de Internet con sede en la ciudad de Nueva York.

Es fácil ver por qué. El correo electrónico es más barato y rápido que una carta, importuna menos que una llamada telefónica y es más flexible que un fax. Es posible enviar un correo electrónico desde el trabajo, la escuela y la casa, 24 horas al día y, además de texto, es posible intercambiar fotos, mensajes orales e incluso vídeos.

Reid Goldsborough, "We've All Got E-Mail", *The Editorial Eye.*

SUGERENCIA

Para replantear una idea, encuentre la idea principal de un texto y luego, exprésela usando sus propias palabras.

1. Marque con una "X" el enunciado que <u>mejor</u> replantee la idea principal del pasaje.

_____ a. El correo electrónico no se está usando a su máximo potencial.

_____ b. El correo electrónico es superior a muchos otros medios de comunicación.

2. La segunda oración del segundo párrafo menciona tres razones de la popularidad del correo electrónico. Escriba cada razón junto a su replanteamiento correspondiente.

a. más eficiente: _____

b. mejor recibido: _____

c. más adaptable: _____

Usted acertó si eligió la *opción b* para la pregunta 1. Para la pregunta 2 las respuestas correctas son: a. *más barato y rápido que una carta*, b. *importuna menos que una llamada telefónica* y c. *más flexible que un fax.*

Lea el siguiente pasaje de un libro y complete el ejercicio a continuación.

La etapa más importante en la escritura de cartas de negocios es la planeación. La planeación comienza incluso *antes* de que usted escriba. La solidez de una casa depende principalmente de las ideas con que el arquitecto concibió los planos. El mismo principio se aplica al escribir una carta de negocios. La efectividad de la carta dependerá

(5) de la calidad de su preparación. Los siguientes son los pasos lógicos que los escritores de cartas de negocios deben seguir en la etapa de planeación. El seguimiento de estos pasos facilita la creación sistemática de cartas buenas. Los pasos son: seguir la ideología establecida, identificar el objetivo, identificar las necesidades del lector, visualizar al lector, escoger un tipo apropiado de carta y organizar las ideas.

In Plain Words: A Guide to Financial Services Writing.

1. A veces los títulos replantean la información más importante de un texto. ¿Cuál de los siguientes enunciados sería el <u>mejor</u> título para este pasaje?

—— a. La importancia de las cartas de negocios

—— b. El reemplazo de las cartas de negocios por el correo electrónico

—— c. El negocio de escribir cartas efectivas

—— d. Seis pasos lógicos para planear una carta de negocios

2. ¿Cuál de los pasos mencionados en el pasaje se replantea en la frase "decidir la meta"?

_____

3. ¿Qué significa "visualizar al lector" (línea 8)?

_____

4. Escoja la oración del pasaje que se parece más al siguiente replanteamiento y escríbala en la línea a continuación: La planeación exhaustiva produce una carta que cumple su objetivo.

_____

5. En la siguiente línea, replantee la primera oración del pasaje.

_____

Las respuestas comienzan en la página 282.

Instrucciones: Elija la respuesta que mejor responda a cada pregunta.

Las preguntas 1 a 4 se refieren al siguiente pasaje de un artículo.

¿QUÉ ES UN BILLETE PARA BILL GATES?

Considere que Bill Gates, cuya fortuna personal fue recientemente tasada en $40 miles de millones de dólares, hizo su dinero a lo largo de los 22 años desde que fundó

(5) Microsoft. Si suponemos que desde entonces ha trabajado catorce horas por día cada día hábil, eso significa que ha ganado la friolera suma de $500,000 por hora o alrededor de $150 por segundo. A su vez, significa que si

(10) Bill Gates viera o dejara caer un billete de $500, no valdría la pena que se tomara la molestia de invertir los cuatro segundos que se requieren para agacharse y recogerlo.

El índice "billete demasiado pequeño para

(15) Bill" ha aumentado drásticamente con los años. Cuando Microsoft salió a la bolsa en 1986, el nuevo multimillonario habría perdido dejando todo menos los billetes de $5. Recuerdo que al hablar con él en una

(20) conferencia en 1993 pensé: "$31 por segundo, $31 por segundo".

Otra manera de examinar esta asombrosa fortuna es compararla con la de un estadounidense promedio con una fortuna

(25) razonable pero modesta. Pensemos en una persona cuya fortuna ascienda a $100,000. La del Sr. Gates es 400,000 veces más grande, lo cual significa que para Bill, $100,000 (toda la fortuna de la persona) equivale a 25 centavos.

(30) Puede calcular la relación respecto de su propia fortuna. Así que un Lamborghini Diablo nuevo, que cuesta unos $250,000, equivaldría a 63 centavos en la moneda de Bill Gates. ¿Y la computadora portátil de 233 MHz,

(35) completamente equipada, con multimedia, matriz activa y pantalla de 1024 × 768? Un centavo. ¿Y una linda casa en una ciudad de ricos como Palo Alto, California? $2. Es posible que usted pueda comprar un boleto de avión

(40) en un Boeing 747 por $1,200, tarifa completa. En la moneda de Bill, el Sr. Gates podría comprar tres aviones 747: uno para él, uno para su esposa, Melinda y otro para su hija pequeña Jennifer Katharine.

Brad Templeton, "It's Net Worth It", "Bill Gates Wealth Index".

1. ¿Qué quiere decir el autor con el enunciado "El índice 'billete demasiado pequeño para Bill' ha aumentado drásticamente con los años" (líneas 14 a 16)?

   (1) El valor de Gates es mayor, así que su tiempo es más valioso.
   (2) Gates tiene que trabajar más para ganar más.
   (3) Gates se ha vuelto más generoso con su dinero.
   (4) Probablemente Gates gane menos en el futuro.
   (5) Gates gana mucho más que el estadounidense promedio.

2. ¿Cuál es el tono de este artículo?

   (1) de felicitación
   (2) de envidia
   (3) crítico
   (4) de molestia
   (5) humorístico

3. ¿Qué quiere decir el autor con el enunciado "(toda la fortuna de la persona) equivale a 25 centavos" (líneas 28 y 29)?

   (1) Gates trata a los demás como si no tuvieran mucho valor.
   (2) El estadounidense promedio no puede costearse artículos de lujo.
   (3) Gates gasta fortunas sin pensarlo dos veces.
   (4) Una fortuna modesta es para Gates como cambio de bolsillo.
   (5) La mayoría de los estadounidenses no ahorran suficiente dinero.

4. De acuerdo con el pasaje, ¿qué enfoque es más probable que el autor utilizaría para describir la distancia de la Tierra a la Luna?

   (1) mediante lenguaje muy técnico
   (2) mediante comparaciones
   (3) mediante exageraciones para enfatizar
   (4) describiría distintos puntos de vista
   (5) enunciaría la información de manera realista

Las preguntas 5 a 8 se refieren a la siguiente póliza de garantía.

¿QUÉ CUBRE ESTA GARANTÍA?

TECNOLOGÍAS DE CÓMPUTO

garantiza que este producto está libre de materiales defectuosos o defectos de fabricación y reemplazará o reparará esta
(5) unidad o cualquiera de sus partes si resulta defectuosa con el uso o servicio normal <u>dentro del año posterior a la fecha de compra.</u> Nuestra obligación bajo esta garantía es la reparación o reemplazo del aparato defectuoso
(10) o cualquiera de sus partes. Esta garantía se considerará anulada en caso de alteración de la unidad, de su mantenimiento inadecuado o uso indebido, negligencia o daño accidental. No hay garantías adicionales a las que se
(15) enuncian en este párrafo.

EXCLUSIONES: Esta garantía limitada no es válida para reparaciones o reemplazos que se deban a cualquier causa más allá del control de Tecnologías de Cómputo. Éstas
(20) incluyen, pero no están limitadas a: cualquier mal funcionamiento, desperfectos o fallas que en opinión de la empresa hayan sido ocasionadas por un servicio no autorizado, mantenimiento inadecuado, uso contrario a las
(25) instrucciones proporcionadas, transporte o accidentes de tránsito, modificación o reparación por parte del usuario, abuso, mal uso, descuido, accidente, incendio, inundación u otros desastres naturales, voltaje incorrecto,
(30) daños superficiales, partes eliminadas o desfiguradas y desgaste por uso normal.

La garantía limitada no se aplica a los daños ocasionados durante el desempaque y la instalación; desplazamiento del producto
(35) para su reparación; o reinstalación del producto después de su reparación.

A discreción de la empresa, un cargo por mano de obra puede ser impuesto a los productos cuya reparación haya sido solicitada
(40) bajo la garantía limitada y en los que no se haya encontrado falla alguna.

Esta garantía le brinda derechos legales específicos y usted también puede tener otros derechos que varían de un estado a otro.

5. ¿Qué oración expresa <u>mejor</u> la idea principal del segundo párrafo?

(1) Cualquier cliente que descomponga una computadora debe comprarla.
(2) La garantía sólo cubre los desperfectos de manufactura.
(3) La garantía no es válida si el comprador descompone la computadora.
(4) La garantía cubre únicamente reparaciones más allá del control de Tecnologías de Cómputo.
(5) Los compradores deben manejar la computadora con cuidado.

6. ¿Cuál es el propósito de esta cláusula de garantía?

(1) describir las condiciones en que la empresa reemplazará o reparará el producto
(2) eximir a la empresa de la responsabilidad de reemplazar o reparar el producto
(3) garantizar que los compradores estén completamente satisfechos
(4) servir como prueba de que el producto pasó por una inspección cuidadosa antes de ser vendido
(5) explicar que el fabricante no hará devoluciones ni cambios

7. Para que un fabricante cumpla con la garantía, ¿cuál de los siguientes criterios es <u>más probable</u> que el comprador deba reunir?

(1) ser residente de los Estados Unidos
(2) dar prueba de la fecha de compra
(3) demostrar que el producto estaba defectuoso
(4) regresar el producto al lugar de la compra
(5) llenar un cuestionario sobre los hábitos de compra

8. ¿Qué par de palabras describe <u>mejor</u> el estilo de este documento?

(1) informal y coloquial
(2) vago y engañoso
(3) severo y amenazante
(4) aburrido y repetitivo
(5) formal y legal

Las respuestas comienzan en la página 282.

Instrucciones: Ésta es una prueba de práctica que dura diez minutos. Después de que transcurran los diez minutos, ponga una marca en la última pregunta que haya respondido. A continuación, termine la prueba y revise sus respuestas. Si la mayoría de sus respuestas fueron correctas pero no terminó la prueba, trate de responder las preguntas más rápidamente la próxima vez. Elija la respuesta que mejor responda a cada pregunta.

Las preguntas 1 a 9 se refieren al siguiente pasaje de una póliza de seguro.

¿QUÉ CUBRE SU PÓLIZA DE AUTOMÓVIL?

Incluso las pólizas de seguros de automóviles más básicas contienen un número de disposiciones clave. Éstas son: seguros contra terceros, restricciones y declaraciones,
(5) cobertura de gastos médicos, cobertura por motoristas no asegurados o con poca cobertura, seguro contra choques y contra todo riesgo.

El seguro contra terceros lo protege a usted
(10) de los daños que su auto ocasione a otras personas, daños por los que usted es legalmente responsable. Si ocurre un accidente en el que alguien resulta herido o muerto, este seguro lo cubre a usted y a los
(15) miembros de su familia o parientes que vivan con usted bajo las siguientes circunstancias:
• Usted conduce su propio automóvil.
• Usted conduce otro automóvil con el permiso de su propietario.
(20) • Un miembro de su familia o pariente conduce su automóvil con su permiso.

El seguro contra terceros paga al asegurado los costos de defensa legal, fianzas y primeros auxilios de emergencia a los
(25) heridos. Paga a las personas que usted haya herido, daños a la propiedad, pérdida de servicios, heridas corporales, enfermedades, servicios médicos y muerte.

Los límites expresan las cantidades
(30) máximas por las que usted está cubierto. Las declaraciones indican los límites que usted ha escogido, los vehículos que está asegurando, las enmiendas a los contratos de base y otra información que se atenga a los hechos y que
(35) usted declare en la solicitud. Por ejemplo, los límites de la póliza 100/300/100 indican la cantidad máxima a pagarse por persona debido a heridas corporales, el total a ser pagado por accidente debido a heridas
(40) corporales y el límite a ser pagado por daños a la propiedad que usted haya ocasionado.

La cobertura de gastos médicos paga el tratamiento médico de emergencia requerido después de un accidente. Este tratamiento se
(45) paga independientemente de la persona que haya ocasionado el accidente. Cubre al asegurado, a los pasajeros y miembros de la familia bajo la cobertura. Paga por los siguientes servicios: rayos X, cirugía,
(50) ambulancia, médicos, hospital y gastos fúnebres.

La cobertura por motoristas no asegurados o con poca cobertura paga los daños ocasionados a usted y a su propiedad por otro
(55) conductor que no tiene un seguro adecuado para pagar todos los daños ocasionados o que no posee ningún seguro. Lo cubre a usted, a los pasajeros y miembros de la familia bajo la cobertura por heridas corporales, enfermedad
(60) y muerte. La cobertura del daño a la propiedad no está disponible en todos los estados.

La cobertura contra choques paga por daños a su automóvil que resulten de un accidente con otro auto u objeto. Paga la reparación del auto
(65) hasta su valor real en efectivo, teniendo en cuenta la antigüedad, uso y desgaste.

La cobertura contra todo riesgo se aplica a la mayor parte de los otros daños a su automóvil. Puede escoger los límites de estas
(70) coberturas así como el monto de su deducible, que es la cantidad que usted acepta pagar de su bolsillo antes de que la compañía de seguros lo reembolse.

1. ¿Qué oración replantea mejor el punto clave de este pasaje?

    (1) Todo propietario de un automóvil deber estar asegurado.
    (2) Asegurar un automóvil es un mal necesario.
    (3) Todos los contratos de seguros de automóviles tienen ciertas características básicas.
    (4) El seguro contra terceros es más importante que el seguro contra choques.
    (5) Quienes estén cubiertos con un seguro tienen varias opciones para escoger.

2. Imagine que tiene un seguro contra terceros para su automóvil. ¿A cuál de los siguientes conductores protegería según lo que dice el pasaje?

(1) a su hijo, quien vive con usted y conduce su propio auto
(2) a su hijo, quien tomó su auto sin permiso
(3) a usted mientras maneja el auto que su vecino le prestó
(4) al amigo a quien usted le prestó el auto
(5) al amigo que se estrelló contra su auto

3. De acuerdo con la información del pasaje, ¿cuál de las siguientes opciones puede considerarse una "declaración" (línea 31) de una póliza de seguros?

(1) la cantidad que usted pagará por el seguro del auto
(2) el tipo de seguro que usted escoge y las disposiciones que contiene
(3) el monto más alto que la compañía de seguros pagará si daña a alguien
(4) la información basada en hechos sobre la compañía de seguros
(5) una declaración que define las violaciones del contrato

4. De acuerdo con la descripción del pasaje de la frase "seguro contra terceros" (líneas 9 a 28), ¿cuál de las siguientes opciones tiene el mismo significado?

Cobertura cuando el asegurado

(1) es culpable de causar el accidente
(2) es responsable de los daños
(3) está seriamente herido
(4) no tiene cobertura adecuada
(5) tiene permiso para conducir el auto

5. Se salió del camino y se estrelló contra un árbol que se cayó y le rompió un brazo a un peatón. ¿Qué tipo de cobertura pagaría por la visita del peatón al hospital?

(1) contra terceros
(2) gastos médicos
(3) por motoristas no asegurados o con cobertura baja
(4) choques
(5) contra todo riesgo

6. Imagine que es dueño de un auto viejo que no vale mucho. ¿Qué coberturas son las que probablemente menos le convendrían?

(1) contra terceros y gastos médicos
(2) por motoristas con poca cobertura y contra terceros
(3) choques y gastos médicos
(4) contra todo riesgo y gastos médicos
(5) choques y contra todo riesgo

7. Imagine que pidió dinero prestado para comprar un auto nuevo. ¿Qué coberturas son las que probablemente le exigiría la compañía de préstamos?

(1) contra terceros y por motoristas con poca cobertura
(2) gastos médicos y por motoristas con poca cobertura
(3) contra todo riesgo y choques
(4) por motoristas no asegurados o con poca cobertura
(5) contra terceros y gastos médicos

8. El "deducible" (línea 70) es la cantidad de dinero que usted acepta pagar antes de que la compañía de seguros empiece a pagar. ¿En qué le puede beneficiar un deducible alto?

(1) Le puede dar mayor cobertura.
(2) Puede disminuir el pago del seguro.
(3) Puede mejorar su liquidez.
(4) Puede reducir pequeños reclamos factibles de subir el costo del seguro.
(5) Puede disminuir su riesgo ante la compañía de seguros.

9. ¿Qué patrón de organización se utiliza en este pasaje para presentar las características básicas de una póliza de seguros de automóvil?

(1) organizar las características en una secuencia u orden cronológico
(2) comparar y contrastar las diferentes características
(3) explicar las características en orden de importancia
(4) describir un problema y ofrecer una solución
(5) mostrar relaciones de causa y efecto

Las respuestas comienzan en la página 283.

DESTREZA DE GED **Aplicar las ideas**

Aplicar ideas significa usar la información que se lee. Por ejemplo, cuando usted sigue los pasos de una receta para preparar cierto platillo, toma las palabras y las lleva a la práctica, en otros términos, las aplica. Muchos materiales de lectura de la vida diaria requieren el uso de esta destreza.

aplicar ideas
la capacidad para extraer la información que lee y transferirla a una nueva situación

Lea el siguiente pasaje de un manual de orientación del empleado y complete el ejercicio a continuación.

Uno de los principales cambios en los beneficios que entra en vigencia el primero de enero es el ajuste de la Empresa de las contribuciones de los empleados a su cuenta 401(k). La razón de este beneficio es animar a los empleados a contribuir a sus propias cuentas de jubilación adicionalmente a los aportes que hace la compañía. Los empleados pueden hacer esto mediante aplazamientos optativos de sus sueldos a sus cuentas 401(k). Por cada dólar invertido hasta el uno por ciento del salario base sobre el siguiente año, la compañía abonará un dólar. Esto representa un rendimiento inmediato de su inversión del 100 por ciento. Por cada dólar que invierta hasta el siguiente 1 por ciento de su salario base la compañía abonará 50 centavos: un rendimiento de su inversión del 50 por ciento. Todas las contribuciones se hacen antes de impuestos.

SUGERENCIA

Aplicar ideas es un proceso de dos pasos. Paso 1: Asegúrese de que entiende la idea principal o los detalles de apoyo. Paso 2: Aplique esa información a la nueva situación.

1. Complete los espacios en blanco con la palabra correcta de la siguiente lista.

banco   dinero   401(k)   sueldo

1. De acuerdo con el pasaje, un aplazamiento optativo es

_____ que es tomado de su

_____ cada periodo de pago y depositado en su

cuenta _____.

2. ¿Cuál de las siguientes actividades es similar a un aplazamiento optativo?

_____ a. retiros regulares de una cuenta de ahorros

_____ b. reuniones regulares con un consejero de inversiones

_____ c. depósitos regulares a una cuenta de ahorros

3. ¿Qué otra cuenta tendría el mismo propósito que la cuenta 401(k)?

_____ a. cuenta de ahorros

_____ b. cuenta corriente

_____ c. bonos del gobierno

_____ d. cuenta individual de jubilación

_____ e. acciones

Usted acertó si eligió *dinero, sueldo* y *401(k)* en la pregunta 1. La respuesta de la pregunta 2 es la *opción c* porque ambas involucran ahorrar dinero regularmente. La respuesta de la pregunta 3 es la *opción d*; tanto las cuentas de jubilación individuales como las cuentas 401(k) implican ahorrar dinero para el retiro.

Lea el siguiente pasaje de un manual de cuidados de plantas y complete el ejercicio a continuación.

Las enfermedades ocasionadas por hongos son transmitidas de una planta a otra a través del aire circulante, las manos, las macetas sucias, sembradoras y canastas.

Como regla general, las infecciones por hongos empiezan si usted se descuida con el cuidado diario de las condiciones de bienestar de las plantas. Por ejemplo, si permite que

(5) las temperaturas suban por arriba de los 75° o por debajo de los 50° durante largos periodos y que la humedad sobrepase el 60%. Otras causas son el riego excesivo, la falta de luz, poco espacio entre las macetas y la falta de aire.

Si el cuidado de sus plantas se vuelve parte de su rutina diaria tanto como sus tareas cotidianas, hay pocas probabilidades de que tenga estos problemas.

(10) Como regla, estas enfermedades ocasionan que el tejido de las plantas se vuelva suave y blando, que las hojas se pudran y se tornen grises o cafés, o rizadas y se cubran de un polvo blanco. En el caso de algunas enfermedades ocasionadas por hongos, aparecen manchas, marcas y depresiones. Si usted no trata estas enfermedades de inmediato, terminarán por matar a sus plantas.

Jerry Baker, *Jerry Baker's Happy, Healthy House Plants.*

1. Marque con una "X" la conclusión que puede sacarse de este artículo.

—— a. Es menos probable que las plantas de las macetas colgantes tengan infecciones por hongos.

—— b. Las plantas de las zonas tropicales tienen mayor riesgo de contraer infecciones por hongos.

—— c. Las plantas pueden morirse a causa de infecciones por hongos.

2. Explique su respuesta a la pregunta 1.

_____

3. El pasaje menciona que las manos de una persona pueden ocasionar que las plantas se infecten con hongos. ¿Por qué sucede esto?

_____

4. Marque con una "X" el significado de uno de los siguientes dichos que se parezca más al de la oración del tercer párrafo (líneas 8 y 9).

—— a. Persona prevenida vale por dos.

—— b. Hay que romper el huevo antes de hacer la tortilla.

—— c. Si cuidas tus centavos, tus millones se cuidarán solos.

—— d. Al que madruga, Dios lo ayuda.

5. Explique su respuesta a la pregunta 4.

_____

_____

Las respuestas comienzan en la página 284.

Instrucciones: Elija la respuesta que mejor responda a cada pregunta.

Las preguntas 1 a 3 se refieren al siguiente pasaje de una guía de beneficios del empleado.

¿CUALES SON LAS CARACTERÍSTICAS DE ESTE PLAN?

La compañía se complace y enorgullece de anunciar la adición de beneficios para los cuidados de la vista a nuestro excepcional paquete de beneficios. Estamos orgullosos de
(5) ser una de las compañías más progresistas y cordiales con los empleados en Estados Unidos. Nuestro lema es: "¡Cuidamos a nuestros empleados y ellos cuidan de nosotros!". Con esta idea en mente, hemos
(10) agregado los siguientes beneficios. Por favor, revíselos detenidamente y, si tiene preguntas, contacte a nuestro departamento de Recursos Humanos.

La compañía se inscribirá en el Plan de
(15) cuidados para la vista, una de las mayores redes en el área metropolitana. Todos los empleados actualmente inscritos en el plan médico de la compañía entrarán automáticamente en la cobertura. Para lograr
(20) esto, la compañía aumentará la prima del seguro de salud del empleado por $10 al mes o $120 al año. El plan requiere el pago de un deducible de $50 al año por familia, después del cual la red paga 90 por ciento de los
(25) cargos cubiertos.

Con el fin de recibir el coseguro del 90 por ciento, los empleados deben acudir a los oftalmólogos, optometristas u ópticas que participan en la red de cuidados para los ojos.
(30) A los empleados que opten por consultar a profesionales fuera de la red se les reembolsará un 75 por ciento.

Bajo este plan, el reemplazo de lentes (anteojos y lentes de contacto) está permitido
(35) cada 12 meses, pero sólo si es necesario debido a un cambio en la receta o daños en los lentes. Los marcos pueden cambiarse cada 24 meses. La cirugía láser con propósitos meramente estéticos no está cubierta en el
(40) plan. Por favor, contacte a Recursos Humanos para obtener un formulario de inscripción, una descripción de los beneficios y una lista de los profesionales participantes.

1. De acuerdo con el pasaje, ¿cuál de las siguientes opciones define un "coseguro" (línea 26)?

Es la cantidad que

(1) paga el plan de seguro
(2) paga la compañía del empleado
(3) debe pagar una segunda aseguradora
(4) paga el empelado
(5) debe pagar el optómetra

2. De acuerdo con la descripción de la compañía en el primer párrafo, ¿cuál de las siguientes oraciones es la descripción más probable de la política de la compañía respecto del permiso por paternidad (tiempo libre que se da a los nuevos padres)?

(1) No se concede permiso por paternidad, a menos que se tome días por enfermedad o días personales acumulados.
(2) Se concede un permiso de hasta 6 meses si el padre es el principal cuidador.
(3) El permiso por paternidad puede concederse por un periodo ilimitado de tiempo.
(4) El permiso por paternidad se concede sólo para los hijos biológicos.
(5) El permiso por paternidad no se concede más que como licencia sin goce de sueldo.

3. ¿Por cuál de las siguientes razones se puede deducir que la compañía promueve la consulta con los profesionales de la vista aprobados?

(1) Están mejor calificados que los profesionales fuera de la red.
(2) La compañía recibe una cuota por cada empleado que les refiere.
(3) Consultarlos ayuda a regular los costos del seguro.
(4) No cobran en exceso a sus pacientes.
(5) Las autoridades de salubridad les han otorgado calificaciones profesionales altas.

Las preguntas 4 a 7 se refieren al siguiente pasaje de un manual del empleado.

¿CUAL ES LA VENTAJA DEL BUZÓN DE VOZ?

Si se usa correctamente, el buzón de voz es una herramienta que aumenta su eficiencia personal y la productividad de su compañía. Cuando se trata de dejar mensajes en el buzón
(5) de voz, su lema deberá ser: "estar preparado". Hemos constatado que un buen número de llamadas comerciales no llega a su destino. Quizás usted también ha sospechado que un mensaje detallado es más de lo que una
(10) recepcionista puede manejar. Aquí es donde entra en escena el buzón de voz.

La mayoría de los sistemas de buzón de voz le permiten dejar un mensaje de corta o larga duración. Incluso aquellos que ponen un
(15) límite a la duración del mensaje suelen dar un minuto o más. Esto es suficiente aun para el mensaje más detallado. Aprovéchelo.

Algunas personas, incluso aquellas que se sienten cómodas con las contestadoras, se
(20) exasperan cuando les responde un buzón de voz. Después de unas cuantas malas experiencias con personas que se esconden detras de su buzón de voz, cualquiera podría sentirse decepcionado. Las personas que se
(25) esconden detrás del buzón de voz dejan que la máquina conteste sus llamadas incluso cuando están en su oficina y no están ocupadas y después, no contestan las llamadas.

Lo que hay que recordar sobre el mensaje
(30) de voz es que no es una máquina que lo aleja de la persona con quien quiere hablar; no si la compañía está usando el sistema correctamente. El buzón de voz evita que una secretaria o recepcionista apurada lo haga
(35) esperar después de pedirle su nombre y número telefónico y que le cuelgue antes de que pueda dejar un mensaje.

Madeleine Bodin, "Using Voice Mail: A Help or a Hindrance to Your Telephone Effectiveness?", *Using the Telephone More Effectively.*

4. De acuerdo con el pasaje, ¿cuál es el principal objetivo del buzón de voz?

(1) reemplazar a una secretaria o recepcionista
(2) aliviar un sistema telefónico ocupado
(3) recibir información
(4) aumentar la eficiencia y productividad
(5) evitar que las personas que llaman esperen indefinidamente

5. ¿Cuál de las siguientes opciones se parece más al buzón de voz según se describe en el pasaje?

(1) un cajero automático
(2) una computadora casera
(3) una calculadora
(4) un termostato digital
(5) un sistema de alarma para oficinas

6. De acuerdo con el pasaje, ¿qué es lo más probable que el autor considere un uso incorrecto del buzón de voz?

(1) dejar un mensaje en el buzón de voz en lugar de hablar directamente con la persona
(2) dejar un mensaje después de hora a un cliente que vive en un huso horario[1] diferente
(4) dejar un mensaje largo y detallado
(5) usar el buzón de voz en lugar de dejar un mensaje con la recepcionista

7. ¿Qué palabra describe mejor el estilo de este pasaje?

(1) humorístico
(2) directo
(3) elaborado
(4) técnico
(5) seco

[1] huso horario: cada una de las partes en que se divide la superficie terrestre y que tienen la misma hora

Las respuestas comienzan en la página 284.

Instrucciones: Ésta es una prueba de práctica que dura diez minutos. Después de que transcurran los diez minutos, ponga una marca en la última pregunta que haya respondido. A continuación, termine la prueba y revise sus respuestas. Si la mayoría de sus respuestas fueron correctas pero no terminó la prueba, trate de responder las preguntas más rápidamente la próxima vez. Elija la respuesta que mejor responda a cada pregunta.

Las preguntas 1 a 9 se refieren al siguiente pasaje de una guía de redacción.

¿POR QUÉ ES TAN TRABAJOSO REVISAR?

Tenga por seguro que los últimos cinco minutos que dedica a su carta o memorando son definitivamente más valiosos que los primeros cinco.

(5) Desafortunadamente, muchos escritores comerciales omiten esos cinco minutos. El resultado es conocido. Cartas y memorandos llenos de errores de hecho, lógicos, de ortografía, gramática y puntuación. Los errores

(10) de tono son también graves: esos mensajes enredados o insignificantes que, con unos momentos de revisión habrían sido (y deberían haber sido) reconsiderados.

¿Le gusta revisar? Es mucho pedir, sobre

(15) todo si el hecho de escribir no está entre sus actividades favoritas.

A veces los escritores tienen la noción equivocada de que la revisión en sí misma es una forma de asesinato en la que pulgada por

(20) pulgada se aniquila el formidable flujo del primer borrador. Asocian la revisión con un tal Sr. o Srta. Campos, maestros de inglés muy quisquillosos que tuvieron en algún momento de su educación.

(25) Contraste ese modo de pensar negativo con las actitudes de otros creadores hacia sus propias obras. Un pintor considera que al dar los últimos toques a una pintura la perfecciona. Un músico aspira a revisar con gusto las notas

(30) para la partitura final; sin esta revisión, su interpretación podría sonar como uñas rasgando un pizarrón. Los escritores deben aprender a revisar con placer.

La revisión final de cartas y memorandos

(35) puede ser más digerible si se hace en cinco rápidos pasos.

Paso 1: ¿Sobresale su mensaje principal? Vuelva a leer su carta o memorando desde el punto de vista del lector. ¿Puede localizar

(40) rápidamente el enunciado claro y conciso de la idea principal? ¿O está por toda la página, medio enterrado en largos párrafos?

Soluciones: exprese su mensaje principal con oraciones breves y directas. Escriba el

(45) mensaje principal en un párrafo corto. Diga a su lector cuando llegue a la idea principal.

Paso 2: ¿Será su lenguaje atractivo para el lector?

Piense en las palabras que ha utilizado su

(50) carta o memorando. ¿Cómo interpretará el lector esas palabras? ¿Sonará muy burocrático su mensaje? ¿Demasiado académico o informal? Soluciones: confíe en las palabras sencillas y comunes para transmitir su mensaje.

(55) Utilice jerga o verborrea intelectual sólo cuando tales palabras comuniquen el mensaje mejor que otras. Lea su mensaje en voz alta.

Paso 3: ¿Se relacionan sus ideas de manera lógica y persuasiva...? Solución: al

(60) releer su mensaje, parafrasee mentalmente lo esencial de su idea en cada párrafo...

Paso 4: ¿Tiene su carta o memorando errores comunes de ortografía? Soluciones: use un corrector ortográfico pero no confíe en

(65) él para corregir formas incorrectas de palabras ("solo" se refiere a solitario, pero "sólo" significa únicamente). Lea su documento en voz alta para descubrir palabras omitidas. Lea su carta o memorando de atrás para adelante

(70) para detectar errores de ortografía.

Paso 5: ¿Cómo se ve su carta o memorando en la página? La "apariencia" final de su documento es tan importante como el arduo trabajo que ha invertido en su lenguaje y

(75) contenido... Soluciones: pida a un compañero de trabajo o amigo que revise su borrador final y le haga sugerencias para mejorarlo.

Deje a un lado el documento por unas horas y luego, revíselo y léalo cuando usted

(80) lo desee. Lo que en el momento de la composición se veía "bastante bien" puede necesitar revisión unas horas más tarde.

Arthur H. Bell and Cherie Kester, "Changing and Rearranging", *Writing Effective Letters and Memos.*

1. Según los autores, ¿cuál es la etapa más importante de la redacción de una carta de negocios o memorando?

   (1) planear
   (2) escribir
   (3) corregir
   (4) revisar
   (5) volver a escribir

2. ¿Qué actitud piensan los autores que los escritores deben fomentar sobre el proceso de revisión?

   La actitud de un

   (1) maestro
   (2) abogado
   (3) artista
   (4) asesino
   (5) científico

3. De acuerdo con el pasaje, ¿cuál de las siguientes palabras describe mejor el proceso de revisión?

   (1) quisquilloso
   (2) crítico
   (3) perfeccionista
   (4) consiste en parafrasear
   (5) consiste en asesinar

4. ¿Cuál sería el mejor título para este pasaje?

   (1) Revisión en cinco pasos sencillos
   (2) Escribir es revisar
   (3) Escribir es volver a escribir
   (4) Por qué los escritores odian revisar
   (5) Revisión: el primer paso en la volver a escribir

5. Mark Twain dijo una vez que: "la diferencia entre la palabra correcta y la palabra casi correcta es igual a la diferencia entre un relámpago y una luciérnaga." ¿A qué paso del proceso de revisión se aplica más esta cita?

   (1) Paso 1
   (2) Paso 2
   (3) Paso 3
   (4) Paso 4
   (5) Paso 5

6. De acuerdo con el pasaje, ¿por qué el sistema del corrector ortográfico no es infalible?

   (1) La mayoría de los escritores no saben usarlo.
   (2) A veces pasa por alto las palabras mal escritas.
   (3) No detecta errores de contexto.
   (4) No sustituye a una corrección humana cuidadosa.
   (5) La mayoría de los escritores olvidan usarlo.

7. ¿A cuál de las siguientes expresiones se parece más el paso 5 del proceso de revisión?

   (1) A quien le caiga el sello, que se lo ponga.
   (2) Ayúdate que yo te ayudaré
   (3) Cuando en Roma, haz como los romanos.
   (4) Vestida para ganar.
   (5) La belleza cuesta.

8. ¿Qué par de palabras describe mejor el estilo de redacción de este pasaje?

   (1) cordial e informal
   (2) seco y académico
   (3) técnico y difícil
   (4) conciso y directo
   (5) humorístico y palabroso

9. ¿En qué patrón está organizado principalmente este pasaje?

   (1) exposición de los sucesos por causa y efecto
   (2) comparación y contarse de la información
   (3) exponer un problema y dar su solución
   (4) enumerar elementos en orden de importancia
   (5) comentar los elementos conocidos antes que los desconocidos

Las respuestas comienzan en la página 284.

DESTREZA DE GED **Hacer una deducción**

En ocasiones, cuando usted lee textos de no ficción los hechos están implícitos o sugeridos. En tales casos debe descubrir lo que el autor dice a partir de la información que se menciona y se sugiere. Esta destreza se conoce como **hacer una deducción**.

hacer una deducción
usar información que se menciona y sugiere para descubrir una idea que no se menciona

En la lección 1, usted aprendió que en ciertos estilos de escritura de no ficción la idea principal no se menciona directamente. Cuando el autor no menciona directamente la idea principal, usted debe hacer una deducción para descubrirla.

Lea el siguiente pasaje de un artículo y complete el ejercicio a continuación.

SUGERENCIA

Para deducir la idea principal de un párrafo, identifique el tema y los detalles de apoyo. Cuando vea cómo se relacionan el tema y los detalles, podrá determinar la idea principal.

Era a principios de la década de 1980... Un experto que estaban entrevistando en la sección de noticias dijo que en 20 años, gracias a las computadoras, la semana laboral promedio iba a reducirse a 20 horas. Los Estados Unidos se convertiría en un país de ocio y cultura. Íbamos a tener más tiempo para cumplir nuestros sueños. Las computadoras iban a revolucionar la medicina, los negocios, la comunicación, el gobierno, la educación; iban a facilitar nuestra existencia más de lo que podríamos imaginar y a librarnos de las ansiedades que nos acosan...

Saltemos al presente, el año 2000. Las computadoras personales han proliferado. Las PC saturan cada vez más hogares en los Estados Unidos y las compañías de Internet dominan el mercado de valores. Las computadoras han allanado el terreno para hacer extraordinarias investigaciones en genética y física cuántica, así como para la exploración del espacio. Pero trabajamos más horas, tenemos prisa y estamos más nerviosos que nunca.

Y después se habla de la semana laboral de 20 horas...

Victor Landa, "My 20-hour Workweek Never Arrived", ©2000 Hispanic Link News Service.

1. Marque con una "X" la idea principal implícita en este pasaje.

_____ a. Las computadoras han revolucionado muchas áreas de la vida moderna.

_____ b. A pesar de las predicciones que indican lo contrario, las computadoras hicieron que la vida sea más ajetreada que nunca.

2. Marque con una "X" cada detalle que lo ayudó a responder a la pregunta 1. Marque más de una opción.

_____ a. Un experto predijo que las computadoras reducirían la semana laboral medio a 20 horas.

_____ b. Las compañías de Internet desempeñan un rol importante en el mercado de valores.

_____ c. Trabajamos en la actualidad más que nunca.

Usted acertó si escogió la *opción b* para la pregunta 1. Para la pregunta 2, los detalles que apoyan la idea principal son las *opciones a y c*.

Lea el siguiente pasaje de un artículo y complete el ejercicio a continuación.

Twyla Tharp trabaja estos días sin compañía propia y, hasta que las estructuras de los impuestos cambien, sin una base de apoyo permanente. Cuando presenta un espectáculo, como el que actualmente ofrece en la Academia Brooklyn, el escenario está vacío, los bailarines visten ropas de práctica y bailan con música grabada y el precio de

(5) los boletos está rebajado. A Twyla Tharp le sienta bien la "austeridad", como a pocas coreógrafas. Pero el panorama económico que los bailarines enfrentan hoy día no es muy prometedor. Recientemente, a la hora de la comida en una cafetería del centro, Twarp se negó a hablar del tema: "Todo el mundo sabe lo mal que está y lo mal que se pondrá. Es aburrido. Me trae un consomé, por favor. Y, por cierto, ¿alguna vez estuvo mejor?"

Arlene Croce, "Twyla Tharp Looks Ahead and Thinks Back", *The New Yorker.*

1. Marque con una "X" el tema de este párrafo.

_____ a. danza

_____ b. las artes

_____ c. negocios

_____ d. teatro

2. De acuerdo con la información del párrafo, ¿qué significado puede deducir de la frase "la austeridad" (línea 5)?

_____ a. Los bailarines de Tharp emplean músicos y vestuario sólo en los espectáculos.

_____ b. Las obras de Tharp tienen que ver con el tema de la lucha económica.

_____ c. Tharp tiene poco dinero para montar espectáculos.

_____ d. Tharp y sus bailarines son realmente pobres.

3. Marque con una "X" el enunciado que mejor expresa la idea principal del párrafo.

_____ a. El arte de Tharp es floreciente debido a una economía muy sólida.

_____ b. La economía está obligando a los bailarines de Tharp a abandonar su arte.

_____ c. Las leyes sobre impuestos penalizan a quienes apoyan las artes.

_____ d. Debido a la economía, el futuro del arte de Tharp es sombrío.

4. Diga cuatro detalles que muestran cómo se vieron afectados los espectáculos de Tharp.

a. _____

b. _____

c. _____

d. _____

Las respuestas comienzan en la página 285.

Instrucciones: Elija la respuesta que mejor responda a cada pregunta.

Las preguntas 1 a 4 se refieren al siguiente pasaje de una biografía.

¿CUÁNTAS CARAS TIENE UN HOMBRE?

Whiteside tenía razón. Todas las características del líder mayoritario y presidente Lyndon Baines Johnson que, desplegadas en el escenario nacional, eran tan
(5) singulares y llenas de vitalidad: su deslumbre, su capacidad para ser incluyente y manipular a los hombres, el tejemaneje. Todas estas son características que los estudiantes de San Marcos habían visto. Y la similitud se extendía
(10) a aspectos del hombre menos públicos. Los métodos que Lyndon Johnson utilizó para llegar al poder en el Capitolio fueron los mismos que usó en College Hill y la similitud fue más allá que el robo de una elección. En
(15) San Marcos, el poder residía en las manos de un solo hombre mayor. Johnson le había rogado a ese hombre que le diera una oportunidad para hacerle sus encargos, había buscado hacerle más encargos, le había
(20) ofrecido escucharlo cuando se sentía comunicativo y lo había acompañado cuando se sentía solo. También lo había adulado; su adulación, plagada de halagos tan extravagantes y descarados (hábiles) que
(25) maravillaron a sus coetáneos. La amistad de este único hombre mayor lo acorazó contra la enemistad de sus coetáneos, le dio suficiente poder para que dejara de importarle lo que los demás pensaban de él. En Washington, los
(30) nombres de sus patrones, los hombres de mayor edad que le confirieron poder a Johnson, serían más famosos: Rayburn, Russell, Roosevelt; pero la técnica sería la misma.

Robert A. Caro, *The Years of Lyndon Johnson: The Path to Power.*

1. De acuerdo con el pasaje, ¿Cuál es la opinión del autor sobre Lyndon Johnson?

   El autor

   (1) admira su talento en campaña
   (2) cree que era interesado
   (3) lo cataloga como uno de los mejores presidentes de Estados Unidos
   (4) piensa que no estaba calificado para servir
   (5) odia lo que representaba

2. De acuerdo con el pasaje, ¿cuál de las siguientes características explica mejor cómo Lyndon Johnson llegó al poder?

   (1) Tenía carácter.
   (2) Su presencia era vívida.
   (3) Era extravagante.
   (4) Era adulador.
   (5) Era un apantallador.

3. De acuerdo con el pasaje, ¿qué deducción puede hacer sobre las amistades de Lyndon Johnson?

   (1) Tenía más cosas en común con hombres de mayor edad que con sus coetáneos.
   (2) Intentaba hacerse amigo de los hombres que podían ayudarlo.
   (3) Tenía poco respeto por sus coetáneos.
   (4) Los hombres mayores le desagradaban pero de todos modos buscaba su amistad.
   (5) Sólo se hacía amigo de hombres poderosos.

4. El presidente Johnson logró la aprobación de más leyes de derechos civiles que cualquier otro presidente de Estados Unidos. ¿Qué idea clave de este pasaje está apoyada por este hecho?

   (1) A Johnson no le importaban las opiniones de los demás.
   (2) Johnson podía andar en tejemanejes.
   (3) Johnson era descarado.
   (4) Johnson quería agradar.
   (5) Johnson era un gran hombre.

Las preguntas 5 a 7 se refieren al siguiente pasaje de una editorial.

¿POR QUÉ ESTOS EDIFICIOS ESTÁN AMENAZADOS?

Los edificios del área de Washington Square Park ofrecen un vistazo único al pasado de nuestra ciudad.

El carácter turístico de éste y otros barrios
(5) del centro está bajo una amenaza creciente. Hay un auge de edificaciones residenciales en los circuitos sur, oeste y en el lado norte. En general, esto es algo grandioso para nuestra ciudad. Pero, ¿qué tal si un potencial sitio de
(10) construcción ya está ocupado por hermosos edificios?

Lamentablemente, a veces la respuesta a esta pregunta está en el ruido de una bola de demolición. No importa que un pedazo de
(15) terreno ya esté ocupado por mansiones victorianas o por una atractiva sucesión de edificios italianos de tres pisos de la década de 1870. En respuesta a tales preocupaciones, los nuevos edificios suelen construirse con un estilo
(20) muy atractivo. "Hacemos incluso arte deco... ¿o qué tal un diseño Beaux Arts? Éstas podrían ser las palabras de un promotor inmobiliario.

Dadas estas opciones, debemos conservar los edificios de la década de 1870 en cada
(25) ocasión. En tales casos ningún edificio nuevo, sin importar lo elegante del diseño, puede mejorar lo que ya está construido allí. Este principio se aplica a un posible nuevo proyecto en la intersección de las calles Dearborn y
(30) Elm, en el área de Washington Square Park.

Un término de moda relacionado con el desarrollo es "mal aprovechado". Puede escucharlo cuando alguien hace referencia a un terreno que no ha alcanzado su más alto
(35) potencial para generar impuestos.

Claro, una estructura nueva con muchos pisos generará más impuestos inmobiliarios; pero cuando en el mercado haya demanda para edificios como éstos, deben ser
(40) construidos *primero* en lugares *no históricos*.

...Se deben equilibrar los derechos de los propietarios con los del bien común. Este bien comprende conservar la belleza y la historia, así como lograr los beneficios económicos que
(45) resultan de la conservación aunque a veces sean intangibles.

Michael C. Moran, "Saving downtown's gems", *Chicago Tribune*.

5. ¿Cuál de las siguientes ideas es el mejor replanteamiento de la última oración del pasaje?

(1) Conservar las propiedades históricas reporta dólares considerables provenientes del turismo.
(2) La conservación histórica está directamente relacionada con el crecimiento económico de la ciudad.
(3) El interés del público tiene prioridad sobre los intereses privados.
(4) Los beneficios de la conservación no siempre pueden medirse en dólares y centavos.
(5) No hay comparación entre los dólares de impuestos producidos y los dólares del turismo gastados.

6. De acuerdo con la información del pasaje, ¿cuál es la preocupación más probable de los promotores inmobiliarios?

(1) aumentar los impuestos a la propiedad recaudadas por la ciudad
(2) aumentar los espacios disponibles para oficinas
(3) obtener beneficios de los nuevos proyectos de construcción
(4) mantener el carácter de los barrios
(5) aliviar la escasez de viviendas de precio accesible

7. ¿Cuál es el propósito general de esta editorial?

(1) despertar la conciencia de la importancia de conservar los edificios históricos
(2) estimular el turismo mediante el fomento de la historia de la ciudad
(3) criticar a los funcionarios de las zonas de la ciudad
(4) detener todas las construcciones en la zona del centro
(5) impresionar a los lectores con el conocimiento del autor sobre los estilos arquitectónicos

SUGERENCIA

Para descubrir una idea principal implícita, lea todo el pasaje. ¿Cuál parece ser la actitud del autor respecto a su tema? ¿Qué insinúa el autor? Hacerse este tipo de preguntas pueden ayudarlo a encontrar pistas que le sirvan para determinar la idea principal.

Las respuestas comienzan en la página 285.

Instrucciones: Ésta es una prueba de práctica que dura diez minutos. Después de que transcurran los diez minutos, ponga una marca en la última pregunta que haya respondido. A continuación, termine la prueba y revise sus respuestas. Si la mayoría de sus respuestas fueron correctas pero no terminó la prueba, trate de responder las preguntas más rápidamente la próxima vez. Elija la respuesta que mejor responda a cada pregunta.

Las preguntas 1 a 9 se refieren al siguiente pasaje de una biografía.

¿ADÓNDE IRÁ ISHI?

El rostro negro del Demonio del hombre blanco se abalanzó hacia la plataforma, sacando nubes de chispas y humo y llenando los oídos con su voz apagada y gimiente. Mill
(5) Creek y Deer Creek estaban en el rango de alcance del sonido de esa voz; dos veces al día Ishi la había escuchado desde que podía recordar y cientos de veces había visto al tren serpentear abajo de él.
(10) De niño le tenía miedo y su madre lo tranquilizaba diciéndole que era un Demonio que seguía a los hombres blancos adonde quiera que iban, pero los indios no tenían por qué temerle; nunca los molestaba.
(15) Hoy, Ishi se preguntaba cosas. Nunca había estado tan cerca de él; era más grande, ruidoso y veloz de lo que había creído. ¿Sabría el Demonio que él era indio? Ishi vestía ropas de hombres blancos y llevaba el cabello corto,
(20) como ellos. Sería mejor observar desde una pequeña distancia, desde el refugio de un árbol o arbusto, como estaba acostumbrado; por lo menos hasta estar seguro de lo que su amigo decía, que Demonio siempre se
(25) mantenía en sus vías y que transportaba personas de un lugar a otro sin peligro alguno. Se paró detrás de un álamo que estaba junto a la plataforma. El Demonio se paró junto a la estación y se detuvo por completo. Ishi vio que
(30) era tal como su amigo le había dicho: no se salía de sus vías. Los hombres blancos, que tienen mayores razones para temerle, no dieron señales de inquietud; más bien subían y bajaban de él y uno de ellos se sentó en su
(35) cabeza y saludó a los que estaban abajo. Ishi regresó a la plataforma y no hizo objeción alguna para subir con Waterman. Se había aventurado demasiado para regresar, además,

no quería hacerlo; iría adonde su nuevo amigo
(40) lo llevara.
Durante el viaje, Ishi permaneció sentado en silencio. La velocidad del tren le pareció emocionante y también las colinas, campos y casas que veía pasar deprisa por la ventana.
(45) Rehuía los ojos de los extraños que iban en el vagón, borraba su cercanía evitando mirarlos directamente. El Demonio los llevó rápidamente por sus vías y después de unas horas subieron en un ferry que los llevó junto
(50) con motor, vagones y pasajeros a través del estrecho Carquinez. Waterman le explicó que ahí era donde los ríos Sacramento y San Joaquín se unen y fluyen hasta la bahía para luego cruzar el Golden Gate y llegar hasta el
(55) océano. Como todos los indios del interior, Ishi sabía que ése era el destino de los arroyos y ríos de su tierra, pero al igual que otras personas del interior no sabía con exactitud cuál era la travesía real del río, ya que sus
(60) informantes habían adquirido ese conocimiento por tradición y después de mucho insistir a cualquiera que hubiera visto la boca del río o el océano. Lamentó dejar el tren en Oakland Mole, pero más adelante había
(65) otras maravillas: otro viaje en ferry, esta vez a través de la bahía de San Francisco y después de eso un gran paseo en tranvía al Museo de Antropología.

Theodora Kroeber, *Ishi in Two Worlds: A Biography of the Last Wild Indian in North America.*

1. ¿Quién o qué era "Demonio" de acuerdo con este pasaje?

   (1) Ishi
   (2) un tren
   (3) Waterman
   (4) un tranvía
   (5) un barco

2. ¿Cuál de las siguientes técnicas de redacción se usa en el pasaje?

Está escrito

(1) como si la autora supiera lo que Ishi está pensando
(2) como si Ishi estuviera contando la historia a un público
(3) como si Ishi hubiera escrito la historia en forma de un diario
(4) como si la autora no entendiera cómo se siente Ishi
(5) como si fuera un reportaje de periódico

3. De acuerdo con la información del pasaje, ¿qué palabra describe mejor cómo se siente la autora respecto del tema?

(1) temerosa
(2) confundida
(3) comprensiva
(4) aburrida
(5) enojada

4. ¿Cuál de las siguientes oraciones logra la descripción del tren en el pasaje?

(1) Explica por qué a los hombres blancos les gustan los trenes.
(2) Enfatiza que el tren parecía estar vivo.
(3) Demuestra que los trenes son malignos.
(4) Demuestra la belleza y el poder de la tecnología.
(5) Sugiere la razón del fracaso del ferrocarril.

5. ¿Cuál de las siguientes opciones describe mejor a Ishi?

(1) A menudo extraña a su madre.
(2) Trata de evitar situaciones desconocidas.
(3) Tiene muchos amigos cercanos.
(4) Nunca se había imaginado que viajaría en un tren.
(5) Cree todo lo que le dicen.

6. ¿A cuál de las siguientes opciones es más probable que se refiera la frase "apagada y gimiente" (línea 4)?

(1) al ruido de los pasajeros al subir y bajar del tren
(2) al traqueteo de las ruedas del tren
(3) al ruido que Ishi hacía de pequeño para imitar el sonido del tren
(4) al silbido del tren
(5) a las nubes de humo y chispas que salían del tren

7. De acuerdo con el pasaje, ¿qué reacción es más probable que Ishi tuviera al viajar en un taxi?

(1) resistencia a experimentar otra invención del hombre blanco
(2) emoción ante otra nueva experiencia
(3) decepción de que el taxi no se mueva tan rápido como el tren
(4) molestia por la sustitución de los antiguos medios de transporte
(5) deseo de obtener un trabajo de chofer de taxi

8. De acuerdo con el pasaje, ¿cuál de las siguientes oraciones es la mejor explicación de por qué la ruta del tren es tan importante para Ishi?

(1) Será la única vez que experimente un viaje en tren.
(2) Le da tiempo para conocer a Waterman.
(3) Le permite experimentar el trayecto de los ríos y arroyos.
(4) Le permite experimentar la tecnología.
(5) Es su medio para llegar a San Francisco.

9. De acuerdo con la información del pasaje, ¿por qué Ishi se pregunta si el Demonio sabría que él era indio (líneas 17 a 18)?

(1) Ishi creía que el Demonio odiaba a los indios.
(2) Ishi quería que el Demonio se fijara en él.
(3) Ishi quería que el Demonio pensara que era un hombre blanco.
(4) Ishi no quería que el Demonio lo siguiera.
(5) Ishi no quería que el Demonio se enojara.

Las respuestas comienzan en la página 286.

DESTREZA DE GED Identificar el estilo y el tono

El estilo y el tono son dos aspectos importantes de la redacción. El **estilo** es la manera en que un escritor escribe, es decir, el tipo de palabras que elige y la manera en que las ordena para formar oraciones y párrafos. Los escritores escogen el estilo de redacción más adecuado para el tema que escriben. El estilo de un escritor a veces indica cómo se siente sobre el tema. El **tono** resulta del estilo; es el sentimiento que el escritor quiere transmitir a través del texto. La selección de las palabras revela el tono, que a su vez refleja las actitudes y sentimientos del autor sobre un tema.

estilo
la manera en que el escritor escribe: las palabras y estructuras de las oraciones usadas para transmitir ideas

tono
la actitud del escritor revelada por las palabras que escoge

Lea el siguiente pasaje de un ensayo personal y complete el ejercicio a continuación.

Antes de mudarme al oeste de Dakota del Sur, no sabía nada sobre la lluvia. No sabía que podía caer con demasiada fuerza, suavidad, calidez o frío, demasiado temprano o demasiado tarde. Y tampoco sabía que podía caer muy poca en el momento justo o mucha en el momento equivocado y viceversa.

No sabía que una llovizna al final de una tarde calurosa, a una temperatura de 100 grados o más, podía literalmente quemar el trigo, cocerlo en su tallo y arruinar la cosecha.

Nunca había visto una lluvia persistente y lenta caer sobre la cosecha, hacer brotar de nuevo los granos sobre la franja y convertirlos en inservibles como cultivo comercial.

Kathleen Norris, "Rain", *Dakota*.

1. ¿Cuál de las siguientes características describen el estilo del primer párrafo? Marque con una "X" todas las que aplican.

   _____ a. repetición de una palabra clave

   _____ b. oraciones cortas y sencillas

   _____ c. el punto de vista de la primera persona

   _____ d. uso de antónimos

SUGERENCIA

Escuche los "sonidos" de las palabras. ¿Qué emoción comunican?

2. Marque con una "X" las dos palabras que describen el estilo de este pasaje.

   _____ a. técnico

   _____ b. sencillo

   _____ c. informal

3. ¿Qué palabra describe mejor el tono del pasaje?

   _____ a. serio

   _____ b. sarcástico

   _____ c. sentimental

Usted acertó si eligió las *opciones a, c* y *d* para la pregunta 1. Las respuestas correctas a la pregunta 2 son las *opciones b* y *c*; la respuesta correcta a la pregunta 3 es la *opción a*.

Lea el siguiente pasaje de un discurso y complete el ejercicio a continuación.

La verdad es que tengo suerte ¿Quién no consideraría un honor haber conocido a Jacob Ruppert? Y a Ed Barow, el fundador del imperio más grande de béisbol. Seis años con ese maravilloso amigo, Miller Huggins; y los siguientes nueve con un líder destacado, un estudiante de psicología, listo, que hoy es el mejor entrenador de béisbol: ¡Joe
(5) McCarthy!

La verdad es que tengo suerte. Cuando los Gigantes de Nueva York, el equipo por el que uno daría hasta la vida por vencer y viceversa, te envía un regalo, es lo máximo. Cuando desde los cuidadores hasta los chicos de blanco te recuerdan con trofeos, es lo máximo.

(10) Cuando tienes una maravillosa suegra que se pone de tu parte cuando peleas con su propia hija, es lo máximo. Cuando tienes una madre y un padre que trabajaron durante toda su vida para darte una educación y fortalecer tu cuerpo, es una bendición. Cuando tienes una esposa que ha sido una fortaleza y ha demostrado más valor del que nunca soñaste existiera, es lo más maravilloso que conozco.

(15) Así que cierro diciendo que tal vez haya tenido un periodo difícil, ¡pero tengo mucho por qué vivir!

"Baseball Great Lou Gehrig, Suffering from a Fatal Disease, Thanks His Fans and Considers Himself the 'Luckiest Man on the Face of the Earth'", *In Our Own Words: Extraordinary Speeches of the American Century*.

1. Marque con una "X" la palabra que describe mejor el lenguaje del pasaje.

       —— a. exagerado

       —— b. coloquial

       —— c. intelectual

2. Marque con una "X" la palabra que describe mejor el tono del pasaje.

       —— a. triste

       —— b. irónico

       —— c. sincero

3. Diga dos frases que se repitan con énfasis en este pasaje

   _____

   _____

4. Marque con una "X" la palabra que describe mejor el estilo de este pasaje.

       —— a. formal

       —— b. informal

       —— c. complejo

Las respuestas comienzan en la página 287.

Instrucciones: Elija la respuesta que mejor responda a cada pregunta.

Las preguntas 1 a 4 se refieren al pasaje del ensayo siguiente.

¿CÓMO HACE UN POETA Y MAESTRO PARA CALIFICAR A SUS ESTUDIANTES?

Hay dos maneras de acercarse a la poesía. Una de ellas es escribir poesía. Algunas personas piensan que quiero que la gente escriba poesía, pero no es así; no

(5) necesariamente. Sólo quiero que la gente escriba poesía si quiere escribir poesía. Nunca alenté a alguien que no quisiera escribir poesía a hacerlo y no siempre he animado a quienes sí querían hacerlo.

(10) Sería como estar en nuestro propio funeral. Según dicen la vida no es fácil, nada fácil...

Por fortuna, hay otra manera de acercarse a la poesía y es, leyéndola, pero no como lingüística, ni historia, sólo como poesía.

(15) Determinar cuánto una persona se ha acercado a la poesía es cosa difícil para un maestro. ¿Cómo sé si leyendo a Keats una persona se ha acercado a él? Para mí es difícil saberlo. Después de un año entero viviendo

(20) con mis estudiantes y algunos poetas, no sabía bien si se habían acercado al punto en cuestión. A veces una sola observación me lo decía todo.

Una observación era su calificación anual;

(25) tenía que serlo porque era lo único que me indicaba lo que quería saber. Y eso basta, si la observación era correcta, si se acercó lo suficiente. Creo que una persona puede hacer veinte observaciones tontas si hizo una buena

(30) en algún momento del año. Su calificación dependerá de esa buena observación.

Robert Frost, "Education by Poetry", *The Selected Prose of Robert Frost*.

1. ¿Qué es lo que Frost quiere decir con "acercarse a la poesía" (línea 1)?

   (1) estar cerca de los grandes poetas
   (2) llevar una vida poética
   (3) ser capaz de recitar poesía
   (4) entender la poesía
   (5) traducir poesía

2. De acuerdo con el pasaje, ¿cuál de las siguientes ideas describe mejor lo que Frost piensa sobre la enseñanza y la comprensión de la poesía?

   (1) Ambas son inexactas y no científicas.
   (2) Ambas requieren conocimiento científico.
   (3) Ambas se benefician de la fe religiosa.
   (4) Ambas son una pérdida de tiempo.
   (5) Ambas son temas para los lingüistas.

3. ¿Cuál de los siguientes enunciados resumen mejor las ideas de Frost sobre poner calificaciones?

   (1) Un estudiante que no desea escribir poesía no tendrá una buena calificación.
   (2) Un estudiante debe ser exacto en su entendimiento de un poema.
   (3) Calificar la comprensión de poesía de un estudiante es difícil y circunstancial.
   (4) Un estudiante que hace más de 20 observaciones tontas reprobará.
   (5) Calificar la comprensión de poesía de un estudiante a veces puede requerir un año entero.

4. ¿Qué par de palabras describe mejor el estilo de redacción del ensayo?

   (1) formal e informativo
   (2) seco y complejo
   (3) técnico y científico
   (4) emotivo y artístico
   (5) serio y coloquial

Las preguntas 5 a 8 se refieren al siguiente pasaje de un discurso.

¿CUÁL ES LA META DE ESTE LÍDER PARA SU PAÍS?

¡Nosotros hemos esperado demasiado nuestra libertad! Ya no podemos esperar más. Es el momento de intensificar la lucha en todos los frentes. Relajar nuestros esfuerzos ahora

(5) sería un error que las generaciones por venir no podrán perdonar. La vista de la libertad levantándose en el horizonte debe alentarnos a redoblar nuestros esfuerzos. Sólo la acción masiva y disciplinada puede asegurar nuestra

(10) victoria.

Nosotros hacemos un llamado a nuestros compatriotas blancos para que se unan a nosotros en el desarrollo de una nueva Sudáfrica. El movimiento por la libertad es un

(15) albergue político también para ustedes. Hacemos un llamado a la comunidad internacional para que continúe la campaña para aislar el régimen del *Apartheid*. Levantar las sanciones ahora sería correr el riesgo de

(20) abortar el proceso hacia la erradicación total del apartheid.

Nuestra marcha hacia la libertad es irreversible. Nosotros no debemos permitir que el miedo se interponga en nuestro camino. El

(25) sufragio universal en el padrón[1] electoral de una Sudáfrica unida, democrática y no racial es el único camino a la paz y la armonía racial.

En conclusión, quiero recurrir a las palabras que pronuncié durante mi juicio en

(30) 1964. Hoy son tan verdaderas como lo fueron entonces. Cito: "He luchado contra la dominación de los blancos y contra la dominación de los negros. He mantenido el ideal de una sociedad democrática y libre en la

(35) que todas las personas vivan juntas en armonía y con oportunidades iguales. Es un ideal que espero lograr y por el que espero vivir. Pero de ser necesario, es un ideal por el que estoy dispuesto a morir. ¡*Amandla*

(40) (poder)!"

_____
[1] padrón: nómina de las personas que habitan un lugar

Nelson Mandela, Cape Town, 11 February 1990, "Our March to Freedom Is Irreversible", *The Penguin Book of Twentieth-Century Speeches*.

5. ¿Qué pide el orador de este pasaje a los sudafricanos?

(1) acudir a las urnas a votar
(2) aumentar sus esfuerzos para acabar con el apartheid
(3) darse por vencidos en la lucha por derechos igualitarios
(4) ser pacientes con el régimen del apartheid
(5) pedir ayuda a la comunidad internacional

6. ¿Cuál de las siguientes frases se acerca más al significado de la frase "libertad levantándose en el horizonte" (líneas 6 y 7)?

La libertad

(1) está fuera de alcance
(2) es como el amanecer de un nuevo día
(3) espera cerca
(4) es inevitable
(5) se vislumbra

7. ¿Cuál es el principal efecto que el orador causa con la repetición del pronombre "nosotros"?

(1) Lo pone al nivel de la gente común.
(2) Enfatiza la necesidad de trabajar juntos.
(3) Mueve el centro de atención en el orador.
(4) Establece un contraste con el uso de la "primera persona" en los dos últimos párrafos.
(5) Demuestra el desinterés del orador.

8. ¿Cuál de las siguientes palabras describe mejor el tono del discurso?

(1) de disculpa
(2) aristocrático
(3) desafiante
(4) apasionado
(5) hostil

SUGERENCIA

Fíjese en los tipos de oraciones del pasaje. Las oraciones cortas con verbos fuertes a menudo indican un tono de apremio.

Las respuestas comienzan en la página 287.

Instrucciones: Ésta es una prueba de práctica que dura diez minutos. Después de que transcurran los diez minutos, ponga una marca en la última pregunta que haya respondido. A continuación, termine la prueba y revise sus respuestas. Si la mayoría de sus respuestas fueron correctas pero no terminó la prueba, trate de responder las preguntas más rápidamente la próxima vez. Elija la respuesta que mejor responda a cada pregunta.

Las preguntas 1 a 8 se refieren al siguiente pasaje de un ensayo.

¿ES POSIBLE RECUPERAR LOS PLACERES DEL PASADO?

Un verano, cerca de 1904, mi padre alquiló un lugar para acampar en un lago en Maine y nos llevó a todos a pasar el mes de agosto. Pescamos la polilla que nos transmitieron unos
(5) gatitos y tuvimos que untarnos extracto Pond's en los brazos y las piernas por la mañana y por la noche y mi padre se volteó en una canoa con toda la ropa puesta; pero aparte de eso las vacaciones fueron todo un éxito y desde
(10) entonces nos pareció que no había ningún lugar en el mundo como aquel lago en Maine. Cada verano regresábamos, siempre el 1 de agosto y por un mes. Desde entonces, me he vuelto un hombre de mar, pero hay días de
(15) verano en que las incansables mareas y el aterrador frío marino con el incesante viento soplando tarde y noche me hacen anhelar la placidez de un lago en el bosque. Hace unas semanas, esta sensación se volvió tan fuerte
(20) que me compré un par de anzuelos y una cucharilla y regresé al lago donde solíamos ir con la intención de pasar una semana pescando y visitando los sitios que solíamos frecuentar.
(25) Llevé conmigo a mi hijo; él nunca había metido la nariz en agua dulce y sólo había visto hojas de lirios acuáticos desde las ventanas de los trenes. Camino al lago, empecé a preguntarme cómo estaría; si el
(30) tiempo habría arruinado ese lugar único y sagrado: las calas y arroyos, las colinas detrás del sol, los campamentos y senderos detrás de ellos. Estaba seguro de que el camino pavimentado había dado con él y comencé a
(35) preguntarme qué otras desolaciones habría sufrido. Es curioso lo que uno puede recordar sobre lugares como éste dejando que la mente recorra los recovecos que llevan al pasado. Uno recuerda algo y de repente eso lo lleva a
(40) recordar otra cosa. Creo que lo que recuerdo mejor es el olor a madera de la habitación y el aroma a bosque húmedo que atravesaba la malla temprano por la mañana, cuando el lago estaba frío y quieto. Las mamparas del
(45) campamento eran delgadas y no llegaban hasta el techo de los cuartos; como siempre era el primero en levantarme, me vestía sin hacer ruido para no despertar a los demás y salía a hurtadillas. Me subía en la canoa y
(50) remaba siguiendo la costa de cerca, bajo la sombra de los pinos. Recuerdo que tenía mucho cuidado de no pegar el remo contra el borde de la canoa por temor a perturbar la quietud de catedral.
(55) El lago no era lo que uno llamaría virgen. Había cabañas desparramadas a lo largo de la costa y la región era agrícola, pero la costa del lago era muy boscosa. Algunos granjeros de las cercanías tenían cabañas, así que uno
(60) podía vivir en la costa y comer en la granja. Eso es lo que mi familia hacía. Aunque el lago no era virgen, no estaba perturbado y era bastante grande; tenía lugares que parecían infinitamente remotos y primitivos, por lo
(65) menos para un niño.
Tenía razón sobre el pavimento, llegaba a media milla de la costa. Pero, cuando regresé con mi hijo y acampamos cerca de una granja para pasar un verano como los que yo
(70) conocía, supe que sería muy parecido a lo que había vivido antes. Lo sabía; la primera mañana, acostado en la cama oliendo la habitación y escuchando al niño salir silenciosamente para recorrer la costa en bote.
(75) Empecé a alimentar la ilusión de que él era yo y entonces, por simple transferencia, yo era mi padre. Esta sensación persistió y siguió aflorando durante el tiempo que estuvimos allí.
No era un sentimiento completamente
(80) nuevo, pero en ese ambiente se hizo mucho más fuerte. Me pareció que llevaba una doble vida. Podía estar en medio de una simple

acción, como recoger una caja con carnada o apoyar un tenedor; o podía estar diciendo algo
(85) cuando de pronto no era yo, sino mi padre, el que decía las palabras o hacía el ademán. Me produjo una extraña sensación.

E.B. White, "Once More to the Lake", *One Man's Meat.*

1. ¿Cuál de las siguientes características describe este pasaje como redacción informal?

    (1) Es muy serio y decoroso.
    (2) Se lee como un informe científico.
    (3) Su tono es urgente y emotivo.
    (4) Su tono no presenta complicaciones y es informal.
    (5) Su tono es frío e impersonal.

2. ¿Qué es lo que el autor quiere decir con "el camino pavimentado había dado con él" (líneas 33 y 34)?

    (1) El camino ya no estaría allí.
    (2) La civilización hubiera llegado al lago.
    (3) Una fábrica de alquitrán se hubiera construido allí.
    (4) Ocurrieron pocos cambios allí.
    (5) Nadie hubiera pavimentado el camino todavía.

3. ¿Qué es lo que el autor quiere decir cuando menciona que su hijo "nunca había metido la nariz en agua dulce" (líneas 25 y 26)?

    (1) que su hijo era muy bueno en natación
    (2) que su hijo odiaba el agua
    (3) que su hijo nunca había estado en el agua
    (4) que su hijo nunca había nadado en un lago
    (5) que su hijo estaba acostumbrado a las piscinas

4. ¿Cuál de las siguientes expresiones plantea mejor la idea principal de este pasaje?

    (1) De tal palo tal astilla.
    (2) No hay nada nuevo bajo el sol.
    (3) Entre más cambian las cosas, más permanecen igual.
    (4) El niño es padre del hombre.
    (5) Un hijo sabio hace un padre feliz.

5. ¿Cuál de las siguientes oraciones refleja de manera más convincente los sentimientos del autor?

    (1) Sólo está contento cuando pasa tiempo al aire libre.
    (2) Desaprueba de todos los signos de progreso.
    (3) Busca recuperar las alegrías de su juventud.
    (4) Está aburrido de las vacaciones en el mar.
    (5) Le apasiona la pesca en agua dulce.

6. ¿Cuál de los siguientes enunciados explica mejor lo que el autor quiere decir con "doble vida" (líneas 81 y 82)?

    (1) Estaba desarrollando dos personalidades.
    (2) Estaba experimentando el lago desde su propia perspectiva y la de su padre.
    (3) Se estaba volviendo un hombre de mar y un hombre de agua dulce.
    (4) Él y su hijo estaban viviendo juntos.
    (5) Su hijo se estaba volviendo como él mientras estaban en el lago.

7. ¿Cuál de las siguientes oraciones explica mejor la afirmación del autor "Me produjo una extraña sensación" (líneas 86 y 87)?

    (1) Le pareció extraño que nada hubiera cambiado en el lago.
    (2) Sintió el espíritu de su padre durante las vacaciones.
    (3) Se dio cuenta de lo mucho que los niños adoptan de las costumbres de sus padres.
    (4) Tuvo la premonición de que moriría pronto.
    (5) Sintió que se convertía en el hombre que su padre fue.

8. ¿Cuál es el propósito principal del primer párrafo?

    (1) presentar la situación básica que el ensayo desarrollará
    (2) situar al lector en un clima emocional para experimentar los recuerdos del autor
    (3) describir la relación del autor con su padre
    (4) establecer el tema del ensayo
    (5) describir la relación del autor con su hijo

Las respuestas comienzan en la página 287.

DESTREZA DE GED **Sacar conclusiones**

Cuando usted **saca conclusiones,** considera los hechos de una situación determinada y luego, piensa en explicaciones razonables para esos hechos. Considere la siguiente situación: coloca una rebanada de pan en el tostador y baja la palanca para que se tueste. Después de un minuto regresa y encuentra que el tostador está frío y el pan está sin tostar. Desconecta el tostador y lo conecta a otro tomacorriente. Esta vez el tostador funciona a la perfección. Basándose en el hecho de que el tostador funcionó en el segundo tomacorriente, concluye que hay un problema con el primer tomacorriente.

sacar conclusiones
tomar decisiones basadas en todos los hechos de una situación determinada

Lea el siguiente pasaje de un artículo y responda las preguntas que se presentan a continuación.

Tal vez deberíamos dar aplausos por los brazos de Linda Hamilton. Después de que la actriz de "Terminator 2" mostró sus bíceps hace ocho años, cada vez más mujeres se atreven a hacer todo tipo de deporte. Las mujeres practican el levantamiento de pesas, boxeo, escalada en roca, artes marciales y todo tipo de ejercicio vigoroso que antes sólo conocían los hombres. "Ya no hay distinción de género para hacer ejercicio" dice Radu, un entrenador de la ciudad de Nueva York entre cuyos clientes está Cindy Crawford. No se trata sólo de la vanidad, aunque la posibilidad de hacer desaparecer la celulitis para siempre es sin duda parte del atractivo del ejercicio extremo. La Dra. Miriam Nelson, autora de *Strong Women Stay Young (Las mujeres fuertes permanecen jóvenes),* dice que las rutinas de ejercicio intenso también previenen la osteoporosis y la depresión y desarrollan la autoestima: "La conexión entre la mente y el cuerpo se encuentra allí". Y además, está el incentivo de saber que cualquier cosa que él haga, es probable que una la haga mejor.

"Living Well", *Newsweek.*

SUGERENCIA

Para sacar una conclusión correcta, haga una lista de todos los hechos disponibles y luego, piense en explicaciones razonables para esos hechos.

1. ¿Cuál de las siguientes conclusiones apoya este pasaje?

       _____ a. El ejercicio intenso es la forma más popular de ejercicio entre las mujeres de hoy.

       _____ b. El ejercicio intenso es bueno para todos.

       _____ c. El ejercicio intenso tiene varios beneficios para las mujeres.

2. ¿Cuáles son los dos detalles del pasaje que apoyan su elección para la pregunta 1?

_____

_____

Usted acertó si eligió la *opción c* para la pregunta 1. Es posible que haya elegido los siguientes detalles para la pregunta 2: *la posibilidad de desaparecer la celulitis para siempre* y *prevenir la osteoporosis y la depresión, así como desarrollar la autoestima.*

Lea el siguiente pasaje de una biografía y complete el ejercicio a continuación.

Ahí estaba ese hombre, Louis Armstrong, justo antes de la hora en que el espectáculo debía comenzar, esperando en silencio. Iba muy elegante, con chaqueta de vestir y su trompeta Selmer. La banda estaba lista (no habían ensayado) y él estaba a punto de tocar. "¿Dónde está el dinero?" dijo Collins repentinamente. Si no me dan el dinero, Louis no

(5) toca. El promotor tenía una gran multitud y no había problema, así que le ofreció un cheque a Collins, pero éste se mantuvo firme: si no hay dinero, no hay Louis. Debe haber sido humillante para Louis, aunque no dio muestras de ello; se quedó viendo al piso y siguió balanceando su trompeta en la mano mientras las cosas se arreglaban. Parecía totalmente desapegado ante la escena del hombre demacrado, con un cigarro en la boca

(10) que exigía el dinero de inmediato o nada de espectáculo. Calculo que habría unas dos mil personas allí dentro; el promotor fue a su oficina y regresó con varias bolsas que tenían monedas de media corona inglesa, de plata al menos y las puso enfrente de Collins. "Ahí está su dinero" le dijo a Collins. Y recuerdo que pensé: "no sabe cómo contarlo".

Max Jones and John Chilton, *Louis, The Louis Armstrong Story 1900–1971.*

1. ¿Qué conclusión se puede sacar de este pasaje?

_____ a. Collins es el promotor del espectáculo de Armstrong.

_____ b. Armstrong y Collins con frecuencia discuten en público.

_____ c. Collins maneja el dinero de Armstrong.

_____ d. Collins es uno de los más grandes admiradores de Armstrong.

2. Marque con una "X" cada hecho que apoya esta conclusión.

_____ a. Collins exige al promotor que le pague.

_____ b. Armstrong esperó que el asunto se solucionara.

_____ c. Una enorme multitud vino a escuchar tocar a Armstrong.

_____ d. El promotor fue a su oficina por el dinero.

3. ¿Por cuál de las siguientes razones puede concluir que esta escena no ocurrió en los Estados Unidos? Marque con una "X" todas las respuestas posibles.

_____ a. La palabra "cheque" no se usa en Estados Unidos.

_____ b. Collins se rehusó a aceptar un cheque y exigió efectivo.

_____ c. El promotor regresó con varias bolsas que tenían monedas de media corona inglesa de plata.

_____ d. La banda no había ensayado.

_____ e. El escritor pensó que Collins no sabía cómo contar el dinero.

Las respuestas comienzan en la página 288.

Instrucciones: Elija la respuesta que mejor responda a cada pregunta.

Las preguntas 1 a 3 se refieren al siguiente pasaje de un artículo.

¿QUIÉN CONDUCE ESTE PROGRAMA?

Cualquier persona que visite en Burbank las oficinas de producción de "E.R.", la serie de televisión médica, no sabría decir de inmediato quién es la fuerza conductora que está detrás
(5) del mayor éxito de la televisión durante varios años.

No es Michael Crichton, el novelista y guionista que creó el programa y escribió el episodio piloto (y se fue casi inmediatamente a
(10) escribir más novelas). No es Steven Spielberg, cuya compañía de televisión Amblin llevó el proyecto a unos estudios grandes, a la Warner Brothers. No es Leslie Moonves, la presidenta de la Warner Brothers Television, que produce
(15) el programa para la NBC.

Es un hombre llamado John Wells, un guionista de televisión veterano, más notablemente conocido por "China Beach". En todo momento, el Sr. Wells supervisa el
(20) contenido y la ejecución de por lo menos cuatro episodios de una hora en varias etapas de su desarrollo, desde el guión hasta la filmación, edición y posproducción. Las tramas futuras de la serie también son su
(25) responsabilidad... En términos del gremio, el Sr. Wells es el administrador de "E.R."

Al menos durante los últimos 10 años, la persona con ese título no oficial ha sido la verdadera autora o creadora de la serie de
(30) televisión. Día a día, el o la administradora del programa toma todo tipo de decisiones referentes a la serie: guiones, tono, actitud, aspecto y dirección. Él o ella supervisa el reparto, el diseño de la producción y el
(35) presupuesto; asimismo, escoge a los directores y estrellas invitadas, defiende el programa de la intromisión de la cadena televisiva o compañía productora y, cuando es necesario, cambia su curso.
(40) Aún en este medio de notoria colaboración, los administradores de los programas son responsables de lo que los espectadores ven en la pantalla. Sin embargo, casi todas las personas que están del otro lado del tubo
(45) desconocen su verdadera posición e influencia.

Andy Meisler, "The Man Who Keeps *E.R.*'s Heart Beating", *The New York Times*.

1. De acuerdo con el pasaje, ¿cuál de las siguientes conclusiones puede sacarse sobre la producción de una serie de televisión?

   (1) Los administradores de programas y los guionistas comparten la responsabilidad del éxito de un programa.
   (2) Las productoras a menudo interfieren con la administración del programa.
   (3) Los administradores de programas son unas de las personas más importantes de la televisión.
   (4) La creación de un programa exitoso a menudo es una cuestión de suerte.
   (5) Los guionistas veteranos son responsables de los programas de televisión.

2. ¿Cuál de las siguientes responsabilidades puede un administrador de programa delegar a otra persona?

   (1) escribir un programa piloto para un nuevo programa relacionado
   (2) contratar actores
   (3) aprobar el guión de un episodio
   (4) reducir los salarios de los actores
   (5) cambiar el lugar de filmación

3. La ironía se define como la diferencia entre lo que se esperaba fuera verdad y lo que realmente fue. ¿Cuál de las siguientes oraciones es más irónica en este pasaje?

   (1) La persona más importante en la filmación de una serie de televisión es el director.
   (2) La fuerza conductora detrás de *E.R.* es en gran parte desconocida para los televidentes.
   (3) A los administradores de programas no les gusta colaborar.
   (4) El administrador de programa supervisa más de un programa a la vez.
   (5) *E.R.* sigue siendo uno de los programas de televisión más vistos.

Las preguntas 4 a 7 se refieren al siguiente pasaje de un artículo.

¿QUÉ PASA EN EL HOTEL ROOSEVELT?

A las siete de la noche estaba exhausto y empapado en lluvia y sudor. Caminé hacia el Roosevelt con la esperanza de encontrar una habitación para hacer un breve descanso, pero
(5) en lugar de aceptar huéspedes, el hotel estaba evacuándolos. Las luces estaban apagadas y la amenaza de una explosión por una fuga de gas había aumentado en toda la zona demolida. Se había anunciado otra advertencia
(10) de la posibilidad de un segundo tornado. El vestíbulo estaba congestionado de personas temerosas que esperaban en silencio la siguiente explosión.

El conmutador[1] del Roosevelt tenía un
(15) circuito telefónico en operación. La operadora llamó al Hotel Raleigh que estaba calle arriba y reservó habitaciones para Roy Miller y para mí, aunque no sabía en ese momento dónde estaba Roy. La siguiente ocasión que lo vi, me
(20) dijo que había manejado hasta Hillsboro, a unas 35 millas de distancia, para llamar por teléfono a su esposa y tranquilizarla sobre su seguridad. Estaba que echaba humo.

"Manejo 70 millas para llamar a mi esposa",
(25) dijo, "le digo: 'querida, estoy bien, estoy a salvo. Ya no te preocupes.' '¿Y qué obtengo a cambio?' Que me diga: '¿Quién está preocupada? Tú siempre has estado bien. ¿Por qué tienes que llamarme de larga
(30) distancia para decírmelo?'" "Roy Miller, ¿qué te traes?" dijo la Sra. Miller, quien no se había enterado de la tormenta.

———————
[1] conmutador: centralita telefónica

Ira A. J. Baden relatado a Robert H. Parham, "Forty-five Seconds Inside a Tornado", *Man Against Nature.*

SUGERENCIA

Al sacar conclusiones, descarte las explicaciones que los hechos no apoyan.

4. ¿Cuál de las siguientes conclusiones resume más precisamente la situación general descrita en el pasaje?

(1) Los hombres se preocupan por lo que sus esposas pensarán.
(2) El Hotel Raleigh tiene mucha clientela durante la tormenta.
(3) La gente estaba reaccionando a los efectos del tornado.
(4) El tornado había cortado el servicio telefónico cerca de la ciudad.
(5) Los tornados pueden ocasionar fugas de gas.

5. ¿Por qué la Sra. Miller respondió a su esposo de esa manera?

(1) No le tenía miedo a los tornados.
(2) Estaba demasiado preocupada por los tornados cercanos a ella para pensar en su esposo.
(3) No le importaba su esposo.
(4) Se había dormido durante el tornado.
(5) No entendía por qué su esposo la había llamado.

6. ¿Cuál de las siguientes palabras describe <u>mejor</u> el tono de este pasaje?

(1) suspenso
(2) cómico
(3) trágico
(4) acongojado
(5) juguetón

7. ¿Cuál de las siguientes frases describe el estilo de escritura de este pasaje?

Está escrito en un estilo de

(1) leyenda urbana.
(2) artículo de periódico.
(3) testimonio de un testigo.
(4) entrevista de televisión.
(5) informe policíaco.

SUGERENCIA

Para sacar conclusiones de un pasaje es posible usar los propios conocimientos y experiencia en combinación con los hechos que se mencionan.

Las respuestas comienzan en la página 288.

Instrucciones: Ésta es una prueba de práctica que dura diez minutos. Después de que transcurran los diez minutos, ponga una marca en la última pregunta que haya respondido. A continuación, termine la prueba y revise sus respuestas. Si la mayoría de sus respuestas fueron correctas pero no terminó la prueba, trate de responder las preguntas más rápidamente la próxima vez. Elija la respuesta que mejor responda a cada pregunta.

Las preguntas 1 a 4 se refieren al siguiente pasaje de un libro de no ficción.

¿DÓNDE ESTÁ EL BORDE DE LA NADA?

Mi madre era Athabascan, nació alrededor de 1875, en un pequeño poblado de la desembocadura del río Higatza, a un día de caminata al norte del Círculo Ártico. La región
(5) era bastante salvaje, con tormentas de nieve y temperaturas de sesenta bajo cero durante todos los meses del invierno; inundaciones en primavera cuando el hielo se desprendía cubriendo la tundra con pantanos mullidos que
(10) permitía a los hombres navegar por los ríos, pero que en verano les impedía transportar un bote de un río a otro si la distancia entre ellos era de más de una milla.

La gente era muy similar a su tierra. Desde
(15) los primeros tiempos, en Alaska hubo malos sentimientos entre los indios y los esquimales y aquí ambos vivían juntos, siempre incitándose al odio y a la violencia. Si un indio se desorientaba y traspasaba el límite que
(20) dividía los dos terrenos de caza tras la pista de un caribú, al poco tiempo su gente prepararía una celebración en su memoria, ya que era casi seguro que lo matarían de un tiro o se lo llevaría la corriente de agua y su cuerpo
(25) destrozado sería abandonado a los buitres. Naturalmente, esto era válido en ambos sentidos. Posteriormente, en la década de 1890, los exploradores encontraron oro al oeste, en la península Seward y el hombre
(30) blanco llegó destrozando todo a su paso. Era malo como un oso, nunca lo pensaba dos veces cuando se trataba de engañar o robar a los nativos o inclusive matar a una familia completa si necesitaba su grupo de perros,
(35) cualquier cosa con tal de llegar a Nome y alcanzar el oro de esas playas.

James Huntington y Lawrence Elliott, *On the Edge of Nowhere.*

1. ¿Cuál de las siguientes conclusiones puede sacarse del enunciado de los autores "La gente era muy similar a su tierra" (línea 14)?

   (1) El hombre blanco engañaba y robaba.
   (2) Las facciones de las personas eran duras y su piel estaba curtida.
   (3) Un hombre que moría en manos de un enemigo no era enterrado.
   (4) La gente era tan violenta como el clima.
   (5) La gente resistía los inviernos fríos.

2. De acuerdo con las claves del contexto, ¿cuál es el significado más probable de la frase "prepararía una celebración en su memoria" (líneas 21 y 22)?

   (1) preparar una danza de celebración
   (2) preparar una ceremonia especial
   (3) preparar un tazón ceremonial
   (4) preparar una cena de bienvenida a casa
   (5) preparar una fiesta anual

3. De acuerdo con el pasaje, ¿qué sucedió cuando se descubrió oro en la península Seward?

   (1) Tanto los indios como los esquimales hicieron fortunas.
   (2) El hombre blanco invadió las tierras de los nativos.
   (3) La violencia entre los indios y los esquimales disminuyó.
   (4) La región fue domesticada.
   (5) El hombre blanco comenzó a trabajar con los indios y los esquimales.

4. ¿Cuál de las siguientes razones es más probable que explique por qué los autores titularon este libro *On the Edge of Nowhere (Al borde de la nada)*?

   La tierra que los autores describen

   (1) no se ubica en ningún mapa
   (2) es fácil perderse en ella
   (3) se ubica en una región muy remota
   (4) sólo existe en la imaginación de los autores
   (5) hoy día está despoblada

Las preguntas 5 a 8 se refieren al siguiente pasaje de una crítica.

¿CUÁLES SON LAS PINTURAS MÁS VALORADAS?

Sin duda alguna, la personalidad más relumbrante del renacimiento en Italia y el pionero en su nueva y magnífica forma de expresión fue Leonardo da Vinci. Desde joven
(5) mostró aptitud para todo, así como un encanto irresistible y una fuerza y belleza que se han vuelto casi legendarias. Con el tiempo, este brillante niño sería no sólo uno de los artistas destacados del siglo XVI, sino también su
(10) mayor colaborador al avance de las ideas modernas. Leonardo poseía una gama de talentos artísticos, era arquitecto, escultor y músico. También dominaba las Matemáticas, la Geología, Ingeniería, Anatomía y todas las
(15) ciencias conocidas en su época y en las que realizó trabajos originales. Más que cualquier otra persona, da Vinci "había logrado el dominio de todos los ámbitos del conocimiento". Pasó la primera parte de su
(20) vida en Florencia y luego vivió en Milán por varios años mientras trabajaba en muchos proyectos importantes, entre ellos, *La virgen de las rocas* y *La última cena*. Éste último (quizás la pintura más conocida en el mundo)
(25) es uno de los ejemplos más sublimes del recinto geométrico rígido. Todo se dirige hacia adentro, hacia la cabeza de Cristo, incluso los ademanes expresivos de sus manos. A pesar del gran alboroto dentro de la obra, se
(30) mantiene un control formal completo...
En la *Mona Lisa*, una de las pinturas más mencionadas y sobrevaloradas de todos los tiempos, se evidencia el mismo equilibrio de forma monumental y sentimiento lírico. Su
(35) sentido poético, evidente en esta obra y en muchas otras, es sin duda una cualidad de Leonardo. Tiene poco que ver con el retrato, es decir, con el análisis de la modelo. Si se considera parte de la propia personalidad del
(40) pintor y no la de la petulante señora, la pintura adquiere un significado distinto. Ciertamente es misteriosa, pero también lo son las otras pinturas de Leonardo. Para este artista, todas las cosas, humanas y divinas, eran temas
(45) adecuados para el análisis inquisitivo de su extraordinaria mente.

Bernard Myers, *Fifty Great Artists*.

5. ¿Qué significa que da Vinci "había logrado el dominio de todos los ámbitos del conocimiento" (líneas 17 a 19)?

(1) que era un hombre brillante
(2) que estaba confundido por las posibilidades de carrera
(3) que tenía intereses variados
(4) que se sentía infeliz como pintor
(5) que no podía concentrarse en un tema

6. De acuerdo con el pasaje, ¿cuál de los siguientes enunciados describe por qué la *Mona Lisa* es misteriosa?

(1) Se usaron colores oscuros y lúgubres.
(2) Todo se dirige hacia la cabeza de la dama.
(3) Esta cualidad es común al estilo de da Vinci.
(4) La dama de la pintura es de alguna manera petulante.
(5) Da Vinci analizó a la modelo antes de pintarla.

7. ¿Cuál de las siguientes frases es más probable que sea verdad sobre el autor de acuerdo con el pasaje?

(1) Es un artista.
(2) Es un reconocido crítico de arte.
(3) Es una autoridad en Renacimiento.
(4) Colecciona obras de da Vinci.
(5) Tiene una galería de arte.

8. ¿Qué enunciado contrasta en forma precisa *La última cena* y la *Mona Lisa* de acuerdo con las opiniones expresadas en el pasaje?

(1) Ambas pinturas siguen siendo relativamente desconocidas.
(2) Los críticos han sobrevalorado la *Mona Lisa*.
(3) La *Mona Lisa* es una mala pintura; *La última cena* es una pintura grandiosa.
(4) La *Mona Lisa* es una buena pintura; *La última cena* es una pintura grandiosa.
(5) La *Mona Lisa* fue pintada mucho antes que *La última cena*.

Las respuestas comienzan en la página 289.

DESTREZA DE GED **Comparar y contrastar ideas**

Cuando usted **compara** ideas, busca en qué se parecen. Cuando usted **contrasta** ideas, busca en qué se diferencian. Los escritores a menudo usan comparaciones y contrastes para organizar ideas de acuerdo con sus semejanzas y diferencias. Ciertas palabras suelen indicar cuando se comparan o contrastan dos cosas.

comparar
mostrar en qué se parecen las cosas

contrastar
mostrar en qué se diferencian las cosas

Lea los siguientes párrafos y complete el ejercicio a continuación.

La TV comercial, que alguna vez fue la reina indiscutible del entretenimiento y la información, enfrenta una seria amenaza de la televisión por cable y al parecer está perdiendo la batalla. La TV por cable con un número de canales aparentemente infinito, brinda a su público televidente un extenso menú de programación, mientras que la TV comercial se limita a recalentar lo que sirven las "cuatro grandes" cadenas.

En su esfuerzo por captar el interés del público estadounidense, la TV por cable se ha distinguido por transmitir programas más imaginativos, arriesgados y reflexivos, a diferencia de los programas insípidos, predecibles e insultantes que la TV comercial define como "entretenimiento". En un débil esfuerzo por competir con un medio que claramente ha encontrado su audiencia, la TV comercial ha optado por innovar cada vez más y más hasta producir programas que alcanzaron nuevos niveles bajos en buen gusto.

SUGERENCIA

Estas palabras clave indican similitudes: *y, también, de la misma manera, además, asimismo.* Estas palabras clave indican diferencias: *aunque, sin embargo, aún, pero, por otro lado, por el contrario, mientras que, contra, en contraste con.*

1. Este pasaje contrasta _____ con

   _____ .

2. ¿Qué palabras en la última oración del primer párrafo

   indican un contraste? _____

3. Haga una lista de las tres palabras del segundo párrafo que describen la TV por cable y las tres palabras que describen la TV comercial.

   TV por cable   TV comercial

   _____   _____

   _____   _____

   _____   _____

Usted acertó si eligió las palabras *TV comercial* y *TV por cable* en la pregunta 1. Para la pregunta 2, las palabras que indican un contraste son *mientras que.* En la pregunta 3, usted acertó si eligió las palabras *imaginativos, arriesgados* y *reflexivos* en el caso de la TV por cable y las palabras *insípidos, predecibles* e *insultantes* para la TV comercial.

Lea el siguiente pasaje de un libro de no ficción y complete el ejercicio a continuación.

—Veamos —dijo Applebaum—, ¿alguna vez le has dicho a un chofer de taxi: "Siga a ese auto y no lo pierda?"

—Realmente, no.

—Bueno, si lo hubieras hecho, el taxista te hubiera mandado a pasear. Ningún taxista
(5) está de humor para seguir un auto porque eso significa que se involucrará. Pero, en la TV parece como si ningún taxista tuviera otra cosa mejor que hacer que conducir a 90 millas por hora a través de una calle donde recién llovió para seguir a un auto lleno de encapuchados. Y lo peor de todo es que los niños se lo creen.

—¿Qué más has descubierto?

(10) —Los niños tienen un concepto distorsionado de lo que realmente son las salas de emergencia de los hospitales. Cuando en los programas de televisión llevan a un niño a una sala de emergencia, cuatro doctores llegan corriendo a vendarle la pierna. En una situación de la vida real, el niño se quedaría esperando en una banca dos horas antes de ver a un internista. En la televisión, siempre hay una cama disponible cuando un niño la
(15) necesita. Lo que los niños de este país no saben es que a veces hay que esperar tres días para tener una cama en el hospital y luego, hay que dejar un depósito de $500 en efectivo para que te la den.

Art Buchwald, "Unreality of TV", *The Buchwald Stops Here*.

1. De acuerdo con el pasaje, ¿con qué se contrasta a la TV?

_____ a. con el cine

_____ b. con el mundo real

_____ c. con la fantasía

2. En el tercer párrafo (líneas 4 a 8), ¿cuáles son los dos temas que se comparan y contrastan?

a. _____

b. _____

3. ¿Qué palabra en el tercer párrafo es una clave de que se están contrastando dos cosas?

_____

4. De acuerdo con el pasaje, ¿qué enunciado compara en forma precisa la vida real con la televisión?

_____ a. La televisión y la vida real a menudo son indistinguibles.

_____ b. La televisión no muestra cómo son las cosas en la vida real.

_____ c. La televisión y la vida real tienen muchos lugares y cosas en común.

Las respuestas comienzan en la página 290.

Instrucciones: Elija la respuesta que mejor responda a cada pregunta.

Las preguntas 1 a 3 se refieren al pasaje de una crítica de libro.

¿POR QUÉ SE HIZO FAMOSO ESTE DUELO?

En *Duel* (*Duelo*), Thomas Fleming llena un vacío que muchos estadounidenses tienen de nuestra historia antigua...

Fleming se sirve del famoso duelo entre
(5) [Aaron] Burr y [Alexander] Hamilton para hacer un examen detallado de los asuntos de la nación entre 1795 y la muerte de Burr, en 1836...

Tanto Burr como Hamilton tenían defectos,
(10) ambos eran ambiciosos en exceso y representaban serias amenazas para el nuevo equilibrio de la nación. Fleming tiene el crédito de haberlos retratado por lo que fueron sin dejar de transmitir una imagen peculiarmente
(15) simpática de ellos.

Ya había transcurrido un buen tiempo desde los actos heroicos de Hamilton en la guerra, cuando Fleming lo presenta. Hamilton había vuelto a practicar la abogacía privada en
(20) Nueva York sin haber cumplido ninguna de sus dos metas más anheladas: la formación de un gobierno central sólido y un lugar duradero a la cabeza. Estaba atormentado por las deudas y apenas apegado al liderazgo del Partido
(25) Federalista...

Por otro lado, Burr había estado cerca de la presidencia en 1800, cuando él y Thomas Jefferson obtuvieron 73 votos electorales cada uno. Burr sólo hubiera tenido que persuadir a
(30) unas cuantas personas de cambiar sus posturas y el cargo habría sido suyo. Sin embargo, por razones personales complejas, optó por no hacer el esfuerzo y Jefferson fue declarado presidente.
(35) En 1804, Burr estaba en Nueva York haciendo un último esfuerzo por ganar el control del estado en las elecciones para gobernador. Pero su oponente de toda la vida, George Clinton, lo derrotó de nuevo. Hamilton
(40) contribuyó de manera significativa al resultado y precipitó las conspiraciones vengativas de Burr...

Con una sola bala, Burr selló su destino, ser marginado de la sociedad para siempre. A

(45) Hamilton, envejecido pero animoso, le fue negado su último deseo de cuidar de su familia.

Lowe Bibby, "'Duel' comes to terms with our nation's early history", *The Associated Press*.

1. ¿Cuál fue el resultado del famoso duelo entre Hamilton y Burr?

    (1) Hamilton hirió al impopular Burr.
    (2) Tanto Hamilton como Burr resultaron gravemente heridos.
    (3) Burr mató a Clinton, su enemigo de toda la vida.
    (4) Hamilton mató a Burr y fue encarcelado.
    (5) Burr mató al envejecido Hamilton.

2. De acuerdo con el pasaje, ¿qué oración compara correctamente a Burr y a Hamilton?

    (1) Ninguno de los dos estuvo cerca de ganar la presidencia.
    (2) Los dos eran marginados.
    (3) Burr era más peligroso para la nación.
    (4) Ambos buscaban el poder.
    (5) Ambos eran federalistas.

3. ¿Cuál de los siguientes enunciados es más probable que represente la actitud de Fleming hacia estos dos hombres?

    (1) Piensa que Hamilton era más agradable que Burr.
    (2) Admira la fuerte ambición de Burr.
    (3) Le parece que el país sufrió un daño con la derrota de Hamilton para presidente.
    (4) Siente simpatía por los dos hombres.
    (5) Cree que Burr merecía volverse un marginado.

SUGERENCIA

Para contrastar dos personas, haga una lista de los adjetivos diferentes u opuestos que se utilizan para describirlos.

Las preguntas 4 a 7 se refieren al siguiente pasaje de un libro de no ficción.

¿CUÁL ES LA DEFINICIÓN DE UNA FOTOGRAFÍA BELLA?

En las primeras décadas de la fotografía, se esperaba que las fotografías fueran imágenes idealizadas. Éste es todavía el objetivo de la mayoría de los fotógrafos
(5) aficionados para quienes una fotografía bella es una fotografía de algo bello, como una mujer o una puesta de sol. En 1915, Edward Steichen fotografió una botella de leche en una escalera de incendios de un vecindario, uno de
(10) los primeros ejemplos de una idea bastante diferente de lo que es una fotografía bella. Desde la década de 1920, los profesionales ambiciosos, es decir, aquellos cuyas obras se exponen en los museos, se han mantenido
(15) lejos de los temas líricos y exploran conscientemente materiales sencillos, de mal gusto e inclusive desabridos. En las últimas décadas, la fotografía ha logrado revisar en cierto modo y para beneficio de todos, las
(20) definiciones de lo bello y lo feo de acuerdo con los parámetros propuestos por Whitman. Si, con las palabras de Whitman, "cada objeto, condición, combinación o proceso preciso muestra belleza", se vuelve superficial señalar
(25) a unas cosas como bellas y a otras no. Si "todo lo que una persona hace o piensa tiene consecuencias", se vuelve arbitrario considerar que algunos momentos de la vida son importantes y otros son triviales.
(30) Fotografiar es dar importancia. Quizás no hay ningún tema que no se pueda embellecer; además, no hay manera de impedir la tendencia inherente en todas las fotografías de otorgar valor a sus temas. Pero, es posible
(35) modificar el mismo significado de valor, como ha sucedido en la cultura contemporánea de la imagen fotográfica, que ha sido una parodia del evangelio de Whitman. En las mansiones de la cultura predemocrática, alguien
(40) fotografiado es una celebridad. En el ámbito de la experiencia estadounidense, como cataloga Whitman con pasión y evalúa Warhol con indiferencia, todo el mundo es una celebridad. Ningún momento es más importante que otro;
(45) ninguna persona es más interesante que otra.

Susan Sontag, *On Photography*.

4. ¿Cuál es el tono de este pasaje?

   (1) argumentativo
   (2) persuasivo
   (3) descriptivo
   (4) explicativo
   (5) analítico

5. De acuerdo con el pasaje, ¿cuál es el objetivo de muchos fotógrafos profesionales contemporáneos?

   (1) hacer fotografías bellas y líricas
   (2) fotografiar imágenes precisas de lugares
   (3) fotografiar temas cotidianos
   (4) hacer fotografías ordinarias y sin gusto
   (5) hacer fotografías que se expongan en museos

6. De acuerdo con la información dada en las líneas 42 y 43 sobre Whitman y Warhol, ¿cuál de las siguientes comparaciones es más precisa?

   Whitman es a Warhol lo que

   (1) un fotógrafo es a un tema
   (2) una celebridad es a una no celebridad
   (3) la belleza es a la fealdad
   (4) algo especial es a algo ordinario
   (5) el sentimiento es a la indiferencia

7. De acuerdo con el pasaje, ¿con cuál de los siguientes enunciados sería más probable que Whitman estuviera de acuerdo?

   (1) Todo ser tiene dignidad y valía.
   (2) Las mejores fotografías no están en los museos.
   (3) Los temas más feos a menudo son los más bellos.
   (4) El arte debe estar basado en los sentimientos más que en la razón.
   (5) Muchas personas son superficiales.

Las respuestas comienzan en la página 290.

Instrucciones: Ésta es una prueba de práctica que dura diez minutos. Después de que transcurran los diez minutos, ponga una marca en la última pregunta que haya respondido. A continuación, termine la prueba y revise sus respuestas. Si la mayoría de sus respuestas fueron correctas pero no terminó la prueba, trate de responder las preguntas más rápidamente la próxima vez. Elija la respuesta que mejor responda a cada pregunta.

Las preguntas 1 a 8 se refieren al siguiente pasaje de una columna de periódico.

¿QUÉ DISTINGUE A ESTOS DOS HOMBRES?

Realmente había que buscar pistas para la dinámica carrera demócrata por la presidencia en la primera sesión televisada de preguntas y respuestas con el vicepresidente Al Gore y el
(5) ex senador Bill Bradley...

Los televidentes que se perdieron la final de la Serie Mundial vieron a dos hombres altos, uno de ellos (Gore) bien trajeado y el otro (Bradley) con un traje que le quedaba mal,
(10) responder inteligentemente las preguntas serias sobre política provenientes de una habitación llena de votantes de New Hampshire.

...No era Bradley, quien no era favorito,
(15) contra Gore, el favorito. El ex senador del estado de Nueva Jersey habló sobre sus iniciativas legislativas durante 18 años en el Capitolio tanto como Gore habló de su trabajo durante más de dos décadas en Washington.

(20) Tampoco era el nuevo demócrata Gore contra el antiguo demócrata Bradley. Gore argumentó que el plan de asistencia de salud de Bradley agotaría todo el excedente del presupuesto proyectado y luego, mucho más.

(25) Pero, el vicepresidente propuso suficientes programas nuevos que hizo que el presidente republicano por New Hampshire, Steve Duprey, se despidiera de los reporteros y que escribiera un comunicado de prensa que
(30) sostenía convincentemente que ambos hombres "habían gastado todo el excedente de un billón de dólares en 60 minutos de transmisión de televisión nacional".

...En cuanto a estilo personal, las
(35) diferencias eran más claras. Bradley estuvo, como de costumbre, callado al punto del retraimiento[1] y trató a las personas que le hacían preguntas con respeto pero sin buscar familiaridad. Gore se esforzó mucho más por
(40) causar una impresión. Subió al estrado con ímpetu y durante los 15 minutos que precedieron el inicio de la transmisión por

televisión invitó al público a hacerle preguntas, arrastrando al reacio Bradley a un ejercicio de
(45) precalentamiento no programado.

Pero Gore no supo cuándo parar. Sus esfuerzos humorísticos no tuvieron éxito, sus indagaciones sobre las familias de los interrogadores parecían superficiales... Al final,
(50) cuando dio las gracias a los votantes de New Hampshire por la "gran experiencia de aprendizaje" al realizar campaña para obtener sus votos, era casi una caricatura del político complaciente[2].

(55) El momento más revelador casi no llamó la atención. Cuando se les preguntó sobre líderes y liderazgo, Gore y Bradley citaron tres modelos a seguir. Las opciones de Gore fueron seguras y predecibles: Lincoln por sus
(60) valores, FDR por su poder de persuasión y Lyndon Johnson por el alcance de su agenda nacional. No corrió ningún riesgo de ofender con esos nombres, pero tampoco fue original.

Las opciones de Bradley fueron distintas:
(65) Jimmy Carter por su veracidad[3], Woodrow Wilson por su visión del futuro y Mijael Gorbachov por su valentía.

Esos tres hombres fueron sin duda visionarios...

(70) Pero es un extraño panteón[4] de hombres ilustres. Quizás a Bradley, quien se califica a sí mismo como un líder de "grandes ideas", no se le ocurrió pensar que sus modelos intentaron hacer demasiado y al poco tiempo perdieron el
(75) apoyo de la opinión pública y su posición en el poder. Los tres eran hombres muy inteligentes cuyas ideas todavía persisten, pero sus fracasos eclipsaron sus logros. ¿Hay algún mensaje de advertencia allí?

---

[1] retraimiento: timidez

[2] complaciente: dispuesto a hacer cosas para agradar a otros   [3] veracidad: verdad

[4] panteón: sala de héroes

David Broder, "Holding the applause," *The Washington Post Writers Group.*

1. De acuerdo con el autor, ¿qué tienen los dos candidatos en común?

   (1) Ambos son altos y pensadores superficiales.
   (2) Ambos están bien trajeados y son profesionales.
   (3) Ambos son relativamente recién llegados a Washington.
   (4) Ambos se describen a sí mismos como demócratas nuevos.
   (5) Ambos dieron la impresión de gastar mucho dinero.

2. De acuerdo con el pasaje, ¿cuál de las siguientes oraciones contrasta más efectivamente los estilos personales de los dos hombres?

   (1) Bradley no es un favorito; Gore es un favorito.
   (2) Bradley es reservado; Gore es amigable.
   (3) Gore se esforzó por impresionar al público; Bradley no.
   (4) Gore tiene sentido del humor; Bradley no.
   (5) Bradley es serio; a Gore le falta lo esencial.

3. De acuerdo con el autor, ¿cuál de las siguientes opciones muestra en forma más clara la personalidad de cada candidato?

   (1) los modelos políticos que escogieron
   (2) sus posturas sobre la economía
   (3) sus planes para el excedente del presupuesto
   (4) sus visiones para el plan de salud nacional
   (5) su conducta para con el público

4. De acuerdo con el pasaje, ¿por cuáles de las siguientes razones es más probable que Gore haya iniciado una sesión improvisada de preguntas y respuestas antes de la transmisión?

   (1) Gore quería avergonzar a Bradley.
   (2) Gore tenía más información para transmitir que el tiempo destinado para ello en el debate.
   (3) Gore quería dar la impresión al público de ser accesible.
   (4) Gore dio muestras de entusiasmo genuino.
   (5) Gore no podía esperar a comenzar a hablar al público.

5. ¿Qué es lo más probable que el autor quiera decir con la frase "Gore no supo cuándo parar" (línea 46)?

   (1) Gore tiende a preocuparse demasiado.
   (2) Gore estaba molestando a Bradley.
   (3) Gore ofendía a las personas.
   (4) A Gore a menudo se le va la mano.
   (5) Gore parecía poco sincero.

6. De acuerdo con el autor, ¿cuál de las siguientes palabras describe mejor los modelos de liderazgo que Gore escogió?

   (1) inspiradores
   (2) originales
   (3) inaceptables
   (4) inesperados
   (5) inofensivos

7. ¿Qué par de párrafos se centra principalmente en las similitudes entre los candidatos?

   (1) párrafos 1 y 2
   (2) párrafos 3 y 4
   (3) párrafos 4 y 5
   (4) párrafos 6 y 7
   (5) párrafos 8 y 9

8. ¿Cuál de los siguientes puntos de vista está apoyado por el enunciado del escritor "Realmente había que buscar pistas para la dinámica carrera demócrata por la presidencia en la primera sesión televisada de preguntas y respuestas" (líneas 1 a 4)?

   (1) No valía la pena ver el debate.
   (2) El contraste entre los candidatos no era tan definido como se esperaba.
   (3) Los candidatos ocultaron más información de la que revelaron al público.
   (4) Los candidatos evadieron bien los puntos clave de la campaña.
   (5) Los republicanos ofrecen una opción más clara de candidatos que los demócratas.

Las respuestas comienzan en la página 290.

DESTREZA DE GED Reconocer el punto de vista del autor

punto de vista
la actitud u opinión de un escritor sobre un tema

La actitud o **punto de vista** de un escritor sobre un tema a menudo influye la forma en que trata un tema. Por ejemplo, es probable que a un crítico de cine le desagraden las comedias pero le gusten los dramas. Es posible que ese mismo crítico dijera más cosas positivas sobre una película dramática que sobre una humorística. Los lectores pueden identificar el punto de vista de un autor basándose en pistas sobre los antecedentes o intereses del escritor, el vocabulario que usa, y los detalles muestran las cosas que le agradan y le desagradan.

Lea el siguiente pasaje de un artículo y complete el ejercicio a continuación.

 SUGERENCIA

Busque las palabras con carga positiva o negativa que indiquen cómo se siente un escritor sobre un tema.

Las improvisaciones de Hines son *siempre* asombrosas y atrevidas. Nos lleva hacia direcciones impredecibles: corta las frases en lugares inesperados, cambia periodos de descanso por movimientos en toda la extensión de la palabra mientras se desliza por la superficie de su estudio. Hines es un bailarín de tap fuerte y serio; se encorva sobre sus pies y mantiene baja la cabeza como un luchador, escucha y enfoca su atención y la nuestra en el sonido de sus pies. No se mueve con gracia ni ligereza (aunque cuando quiere hace que sus pies susurren palabras de amor), pero Hines es más que excepcional en el mundo del tap, es un artista sexy y con carácter. De todos los bailarines de tap que conozco, quizá Hines es el más ingenioso debido a su carácter intrépido. Está promocionando la tecnología del tap casi por sí solo y es un verdadero modernista en cuanto al uso de los ritmos. Con frecuencia, arranca frases a un ritmo para crear tensión; en los pies de un bailarín de menos experiencia sería caótico, pero en los de Hines es excitante.

Sally R. Sommer, "Superfeet", *The Village Voice*.

1. ¿Cuál es la actitud de este crítico hacia el baile tap de Hines?

_____ a. indiferente

_____ b. desfavorable

_____ c. admiradora

2. Haga una lista con las palabras y frases del pasaje que son claves del punto de vista del crítico.

_____

_____

_____

Usted acertó si eligió la *opción c* para la pregunta 1. Para la pregunta 2, las claves son: *asombrosas, atrevidas, excepcional, sexy, con carácter, ingenioso, intrépido, verdadero modernista* y *excitante*. Cada una de estas pistas dice algo muy positivo sobre el baile de Hines.

Lea el siguiente pasaje de un artículo de revista y complete el ejercicio a continuación.

En la actualidad, hay una paradoja en el seno de los informes del tiempo: la gente mira el estado del tiempo en la TV porque parece real, de una manera que los escándalos políticos y los giros del mercado de valores no siempre lo son. Pero, entre más vemos el estado del tiempo en la TV, menos tiempo le dedicamos. Uno se sintoniza con el

(5) movimiento de la energía que rodea la Tierra (la corriente de chorro, el flujo de la presión alta proveniente del Polo Norte, la trayectoria de una tormenta) al mismo tiempo que se desconecta con el tiempo de allá afuera.

Recuerdo que estaba parado en la batería de Charleston, Carolina del Sur, mientras esperaba la llegada de Floyd: miércoles 15 de septiembre de 1999. El viejo pueblo estaba

(10) desierto de manera inquietante, las ventanas de las grandiosas casas georgianas estaban protegidas con tablas de madera cortadas como figuras neoclásicas. Los equipos de TV estaban alineados a lo largo del murallón de piedra y había paparazzis del clima que esperaban frente al océano la llegada de la celebridad. El productor de un canal del tiempo, Dwight Woods, intentó hacer una toma: la bahía de Charleston con el fuerte

(15) Sumter al fondo. No le gustó, así que decidió ver si el puerto deportivo que Bruce Fauzer, el operador del camión para el satélite, había observado antes ofrecía mejores fotos. Mientras Jefferson Morrow, el meteorólogo, se subía al camión señaló el cielo y dijo: "Por cierto, ahí está el huracán".

Miré hacia arriba y ahí estaba. Se podía ver la nube, una inmensa columna negra que

(20) se alzaba por lo menos a cincuenta mil pies de altura. Era increíble, de tamaño casi bíblico, sobre todo si la contrastaba con la foto televisada por satélite que había visto durante tanto tiempo. La televisión sencillamente no puede transmitir la inmensidad del clima: esa sensación que nace con sólo mirar hacia el cielo.

John Seabrook, "Selling the Weather", *The New Yorker.*

1. ¿Qué es lo que el autor insinúa sobre sí mismo en este pasaje?

    a. Vive en una zona donde los huracanes son comunes.

    b. Mira con frecuencia los informes del tiempo.

    c. Alguna vez trabajó como reportero de televisión.

2. Marque con una "X" las palabras que describen mejor la actitud del autor sobre el tiempo (en contraposición con la cobertura del tiempo en la televisión).

    ——— a. fascinado y confundido

    ——— b. obsesionado y preocupado

    ——— c. emocionado y muy ansioso

3. ¿Cuál de las siguientes opciones describe mejor el punto de vista del autor sobre los programas de pronósticos del tiempo por televisión?

    a. Son informativos, pero ligeramente aburridos.

    b. Están llenos de defectos, pero entretenidos.

    c. Son interesantes, pero un poco artificiales.

4. Mencione dos detalles del pasaje que apoyen su respuesta a la pregunta 3.

    a. _____

    b. _____

Las respuestas comienzan en la página 291.

Instrucciones: Elija la respuesta que mejor responda a cada pregunta.

Las preguntas 1 a 3 se refieren al pasaje de una reseña de película.

¿ES UN ÉXITO *ENRIQUE V*?

Las obras de Shakespeare muy rara vez son adaptadas al cine porque o son realizadas con bajos presupuestos, o bien, parecen obras de teatro. Es sorprendente que *Enrique V*,
(5) aunque no es la mejor obra de Shakespeare, sea una de las pocas películas en que Shakespeare no sólo parece un gran dramaturgo, sino también un experimentado guionista.

(10) Mucho se debe a la actuación de Kenneth Branagh, un actor inglés poco conocido cuya identificación con Enrique V equivale a la de Laurence Olivier con Hamlet. Kenneth tiene el papel estelar y mientras dirige, adapta la obra
(15) manejando la transición psicológica del príncipe Hal al rey Enrique durante las heroicas campañas del gobernante en Francia. Branagh es lo suficientemente joven en sus facciones que reflejan un aspecto juvenil y lo
(20) suficientemente viejo para proyectar el carisma de un rey. Incluso, si uno logra seguir el lenguaje isabelino, sus inflexiones naturales y elocuentes, así como los detalles de su dirección muestran de manera clara lo que él y
(25) su gran reparto quieren transmitir.

La película está llena de fotografías bellas que no se limita en ningún momento a decorar. De hecho, el escenario del siglo XV le da un aspecto medieval tosco y primitivo. Aunque las
(30) escenas de la batalla son dramáticas, sus detalles muestran el sufrimiento, las penas y la pequeñez de los hombres de Enrique. La película incluso nos inspira con su heroísmo en las batallas. Después de todo, sus guerras eran
(35) más un deporte que un medio de aniquilación.

Enrique V surge como una película épica de primera clase, tan entretenida que no necesita dar disculpas por basarse en una obra de hace 400 años. Las únicas decepciones son Paul
(40) Scofield, cuya representación del rey francés es sorprendentemente rígida y los últimos 10 minutos de la película, cuando Enrique corteja a su futura esposa Catalina, están innecesariamente llenos de afecto. Pero, la

(45) culpa es tanto de Shakespeare como de Branagh.

David Patrick Stearms, "Majestic *Henry V* does justice to the bard", *USA Today*.

1. ¿Qué enunciado expresa mejor la opinión del crítico sobre la película *Enrique V*?

    (1) Contiene secuencias de acción realistas.
    (2) Es tan buena como otras películas basadas en obras de Shakespeare.
    (3) Es una película entretenida.
    (4) Es una adaptación deficiente de la obra original.
    (5) Tiene un gran reparto.

2. ¿Cuál de las siguientes oraciones expresa más correctamente la idea principal del segundo párrafo?

    (1) Branagh es un actor tan bueno como Olivier.
    (2) Branagh es perfecto para el papel de Enrique V.
    (3) Branagh será un actor más conocido como resultado de la película.
    (4) Branagh es director y actor.
    (5) Branagh realmente estudia el papel de Enrique V.

3. ¿En qué se parecen el primer y último párrafo de esta reseña?

    (1) En ambos se critica la obra *Enrique V* de Shakespeare.
    (2) Se resumen escenas de la película.
    (3) Branagh recibe el mérito de haber rescatado la película.
    (4) Se ataca la reputación de Shakespeare.
    (5) El crítico dice que sus expectativas no fueron satisfechas.

SUGERENCIA

Para identificar el punto de vista del autor, separe en el texto los hechos de las opiniones. La relación entre los hechos y las opiniones puede darle una buena idea del punto de vista del autor.

Las preguntas 4 a 6 se refieren al siguiente pasaje de una reseña.

¿TIENE ESTA PELÍCULA UN ÉXITO ESPECTACULAR?

Hay pocos actores buenos en Amor y básquetbol *(Love and Basketball)*, pero la mayor parte del tiempo se tienen que quedar en la banca. Cuatro actores talentosos (Alfre

(5)   Woodward, Dennis Haysbert, Debbi Morgan y Harry J. Lennix) representan el papel de los padres de las figuras principales y resultan más interesantes que los jóvenes enamorados que son el centro de la película.

(10)   Por no decir que los actores principales Sanaa Lathan y Omar Epps son menos que adecuados para representar el papel de basquetbolistas que tardan mucho, mucho tiempo para darse cuenta que se aman tanto

(15)   como aman el básquetbol. Lathan y Epps son atractivos (aunque parecen bastante bajos de estatura para sus papeles) en su representación de chicos de barrio que crecen juntos y son tan unidos como carne y uña. Los

(20)   actores hacen lo posible para dar vida a esos personajes sombríos, pero carecen de ventajas y su lucha resulta ser mucho más predecible que un juego típico de básquetbol.

Aunque el trabajo de la escritora y directora

(25)   Gina Prince-Bythewood es fluido y pulido, particularmente si se considera que es su primera película, la estructura del argumento es torpe. La película se divide en cuatro periodos, como un juego de básquetbol, pero

(30)   imponer estructura a un cuento lleno de divagaciones resulta arbitrario. Los conflictos de la niñez que nunca fueron mencionados de pronto se convierten en complicaciones del argumento a la mitad de la película y unas

(35)   cuantas escenas después se resuelven de la misma manera brusca. Un juego de básquetbol jugado al estilo póquer parece emocionante en los avances, pero carece de chispa en la película porque los competidores

(40)   ya son amantes cuando representan la escena.

Por el tipo de tema, Amor y básquetbol tiene cierto interés y cualquier persona que tenga curiosidad por saber cómo viven los

(45)   jugadores de básquetbol en la universidad y en sus años como jugadores profesionales aprenderá algunas cosas, aunque no muchas. Sin embargo, una historia de amor que tiene al básquetbol como telón de fondo es tan poco común que no resulta necesario justificar su

(50)   carácter fácil y predecible. Uno desearía que el productor Spike Lee hubiera intervenido para dar frescura a los diálogos...

Andy Seiller, "'Love and Basketball' misses the net", *USA Today.*

4. ¿Cuál de los siguientes enunciados expresa la opinión general del crítico sobre la película?

(1) Es una historia de amor atractiva, aunque defectuosa.
(2) Se basa en una combinación conocida de deportes y romance que no funciona.
(3) No logra adecuadamente retratar el primer amor.
(4) Relata exitosamente la historia de un jugador de básquetbol que llega a la madurez.
(5) Es una historia creíble y realista de un amor en la adolescencia.

5. ¿Cuál es el efecto de la repetición que hace el autor de la palabra "mucho" en la frase "basquetbolistas que tardan mucho, mucho tiempo en darse cuenta que se aman" (líneas 13 y 14)?

(1) Expresa el entusiasmo del crítico por su tema.
(2) Sugiere que hay un ritmo lento y pesado en la película.
(3) Muestra que el crítico es muy paciente.
(4) Quiere insinuar que la película es en realidad demasiado breve.
(5) Sugiere que los personajes principales son cautelosos en cuanto al amor.

6. ¿Cuál de los siguientes cambios es más probable que hubiera generado en el crítico una reacción más favorable hacia la película?

(1) si cambiaran los actores principales
(2) si el director tuviera más experiencia
(3) si el tema no estuviera relacionado con el básquetbol
(4) si el ambiente fuera en la ciudad y no en los barrios
(5) si la estructura del argumento fuera distinta

Las respuestas comienzan en la página 291.

Instrucciones: Ésta es una prueba de práctica que dura diez minutos. Después de que transcurran los diez minutos, ponga una marca en la última pregunta que haya respondido. A continuación, termine la prueba y revise sus respuestas. Si la mayoría de sus respuestas fueron correctas pero no terminó la prueba, trate de responder las preguntas más rápidamente la próxima vez. Elija la respuesta que mejor responda a cada pregunta.

Las preguntas 1 a 9 se refieren al siguiente pasaje de una crítica.

¿CÓMO LEE LA TELEGUÍA ESTE AUTOR?

Lo primero que hago cuando tomo la *Teleguía* (*TV Guide*) en el supermercado es arrancar los abundantes anuncios comerciales. No me molestan los anuncios, sino cómo están

(5) impresos, ya que dificultan de manera fastidiosa la localización de las páginas importantes. Después de quitar los obstáculos, me dispongo a echar un vistazo a la programación para identificar los programas que veré y los que

(10) grabaré para después recuperarlos. Debido al número de canales descritos, revisar cada programa es frustrante, sobre todo si se desea hacer una lista de películas distintas a las ofrecidas exclusivamente en los canales de

(15) cable de primera. Sería mucho más fácil distinguir las películas y sin duda para los aficionados a los deportes, si *Teleguía* ofreciera programaciones completas por separado para satisfacer ambos intereses. Si se considera la

(20) diversidad de los programas de interés especial, también se podría adoptar un esquema similar para anunciar las noticias y eventos especiales para niños.

Sin culpa alguna, *Teleguía* enumera sólo

(25) los títulos de los programas transmitidos por la cadena A&E, Discovery Channel, Disney Channel y absolutamente nada de C-Span. Con excepción de Disney Channel, cada canal vende su propia guía de programación

(30) mensual por $15.00 a $30.00 al año (La revista Disney Channel Magazine está incluida en la cuota mensual del cable)...

Los programas de Discovery Channel son continuamente interesantes. El que más

(35) sobresale es la serie de Gus MacDonald's sobre la arqueología y evolución de la fotografía fija y su muy estimulante historia del cine antiguo en este país y en el extranjero, además de una variedad de documentales

(40) extranjeros, entre lo que se incluyen aquellos

que exploran todos los aspectos de la vida y de las épocas del Imperio británico. Sin embargo, no justifican el gasto extra de una guía de programación ya que muchos son

(45) repeticiones. Lo mismo sucede con A&E, aunque es peor. Las repeticiones son, por ejemplo, más frecuentes que los nuevos programas. Mientras que una ocasional película en lengua extranjera es considerada

(50) como algo extra, lo que no es bienvenido es la frecuencia con que transmiten películas sin algunas escenas para ahorrar tiempo...

Algunos de los programas más importantes de la televisión son transmitidos por los

(55) canales C-Span y como tal debería aparecer en *Teleguía* y en todos los periódicos, pero no es así. Por lo tanto, la guía mensual de C-Span no tiene precio, salvo por los inevitables cambios de último momento en la

(60) programación.

Lo que se necesita es una guía exhaustiva de televisión semanal que describa, con profundidad, los programas de todos los canales de un área determinada; una guía

(65) cuya información esté organizada de tal manera que permita al televidente acceder a ella con pocas dificultades.

Chris Buchman, "The Television Scene", *Films in Review*.

1. De acuerdo con el pasaje, ¿cuál de los siguientes canales es más probable que sea el favorito del autor?

   (1) A&E
   (2) Disney Channel
   (3) Discovery Channel
   (4) los canales de deportes
   (5) los canales de noticias

2. ¿En qué parte del pasaje menciona el autor su idea más importante?

   (1) en el primer párrafo
   (2) en el último párrafo
   (3) en el párrafo del medio
   (4) en el párrafo del medio y en los últimos párrafos
   (5) en el primer y último párrafo

3. ¿Cuál es la idea principal del pasaje?

   El autor

   (1) piensa que la programación en el canal C-Span es muy importante
   (2) quisiera guías de programación más detalladas y enfocadas en intereses particulares
   (3) no le gustan las opciones de programación ni con el número de repeticiones del canal A&E
   (4) quiere que la gente compre *Teleguía*
   (5) desea que más gente comparta sus hábitos de lectura y de programas

4. ¿Cuál de los siguientes enunciados expresa mejor la opinión del autor sobre A&E?

   (1) Su programación es mucho mejor que la del canal C-Span.
   (2) Es necesario tener una guía de programación especial para sus transmisiones.
   (3) Su guía de programación es un desperdicio de dinero.
   (4) Transmite unos de los mejores programas de la televisión.
   (5) No debe verse nunca.

5. ¿Cuál de las siguientes palabras describe mejor el tono del pasaje?

   (1) informativo
   (2) enojado
   (3) humorístico
   (4) abrumador
   (5) complacido

6. ¿Cuál de las siguientes opciones es la mejor explicación de la opinión del autor sobre los anuncios comerciales de *Teleguía*?

   (1) Son los únicos aspectos malos de la *Teleguía*.
   (2) Son la mejor parte de la *Teleguía*.
   (3) Demuestran su opinión sobre el papel que desperdician las revistas nacionales.
   (4) Presentan su opinión sobre las virtudes y limitaciones de la *Teleguía*.
   (5) Dan a *Teleguía* ventaja sobre la competencia.

7. ¿Cuál de las siguientes palabras describe mejor el estilo de redacción de esta crítica?

   (1) técnico
   (2) superficial
   (3) metódico
   (4) decorativo
   (5) económico

8. De acuerdo con la información del pasaje, ¿cuál es la razón más probable para que la *Teleguía* no contenga listas completas?

   (1) *Teleguía* enumera sólo los canales comerciales y los canales cable que pagan una cuota.
   (2) *Teleguía* dedica espacio considerable a las películas de los canales de primera.
   (3) *Teleguía* no tiene espacio para describir cada programa de cada canal.
   (4) *Teleguía* contiene muchos anuncios que ocupan espacio.
   (5) *Teleguía* debe competir con las guías de programación de los canales de cable.

9. De acuerdo con el autor, ¿cuál de las siguientes palabras describe mejor a la *Teleguía*?

   (1) reflexiva
   (2) detallada
   (3) superficial
   (4) confusa
   (5) sesgada

Las respuestas comienzan en la página 292.

Unidad 1 Repaso acumulativo Interpretar los textos de no ficción

Instrucciones: Elija la respuesta que mejor responda a cada pregunta.

Las preguntas 1 a 4 se refieren al siguiente pasaje de un artículo.

¿QUÉ PUEDE HACER WILLIE CON UN TACO DE BILLAR?

El anciano desaparece las bolas de la mesa con su taco de billar hecho a medida, como si fuera un niño con resortera y las rayadas y las lisas parecían como cuervos que

(5) descansaban en un cable de teléfono. *Clic, clic, clic.* Cuando la mesa de billar quedó despejada, Willie Mosconi, de 74 años de edad, encoge los hombros y dice: "Un juego fácil". Juega enfrente de la tienda Sears del centro comercial

(10) Northridge en Milwaukee; la leyenda del billar hace otra exhibición.

—Podría hacer algo para que no metiera ninguna bola —le dice Mosconi al público mientras arregla una jugada con truco para

(15) una señorita que eligió de la audiencia. Casi 200 personas están mirando, si se cuentan a los transeúntes cansados de hacer compras y a los que suben por las escaleras mecánicas. Resulta que la mujer *no logra* meter ni una

(20) bola, a pesar de que Mosconi ha ordenado las bolas de modo que meta seis con un simple tiro. Después de tres intentos fallidos y otros tantos acomodos tediosos, el hombre del espectáculo se impacienta y el Tiburón que

(25) hay en Mosconi emerge.

—¿Alguna vez ha jugado este juego? —le pregunta a la mujer en un tono que claramente quiere decir "Claro que lo *ha jugado, ¿verdad?*"

—No —responde la mujer.

(30) El Tiburón toma el taco que la mujer sostiene, en realidad se lo quita de un jalón y ella se escabulle entre el público y desaparece detrás de una maceta que tiene una palmera. Luego, Mosconi, el vendedor, se contiene y

(35) recuerda que está ahí para convencer a la gente de comprar mesas de billar y hacer amigos para Sears.

—Gracias —le dice a la palmera—. Este... aprendamos de la señorita.

Steve Rushin, "In Pool, the Shark Still Leaves a Wide Wake", *Sports Illustrated.*

1. ¿Cuáles son las dos cosas que se comparan en la frase "las rayadas y las lisas parecían como cuervos que descansaban en un cable de teléfono" (líneas 3 a 5)?

   (1) el taco y las bolas
   (2) la disposición en la mesa de billar y la disposición de los cables telefónicos
   (3) los pájaros a los que Willie les pega con la resortera y las bolas a las que les pega en la mesa de billar
   (4) las bolas sobre la mesa de billar y los pájaros que están a punto de recibir un golpe
   (5) las bolas sobre la mesa y las personas que ven la exhibición

2. ¿Cuál de las siguientes opciones explica mejor por qué el sobrenombre de Mosconi es el Tiburón?

   (1) Es amable y paciente.
   (2) Tiene cabello gris acero y se mueve rápidamente.
   (3) Es feroz con su presa.
   (4) Le gusta lastimar a sus oponentes físicamente.
   (5) Es un excelente vendedor.

3. ¿Qué es lo más probable que se quiera decir al comparar a Mosconi con un "niño con resortera" (línea 3)?

   (1) Jugar billar es fácil.
   (2) Mosconi se está divirtiendo.
   (3) Mosconi tenía buena puntería de niño.
   (4) Los jugadores de billar pueden ser descuidados.
   (5) A los cuervos se les puede pegar con bolas de billar.

4. De acuerdo con la descripción de la conducta de Mosconi en este pasaje, ¿cuál de las siguientes generalizaciones es válida?

   (1) Las apariciones de celebridades reúnen con seguridad a una multitud.
   (2) Las promociones con celebridades garantizan la venta de un producto.
   (3) El estatus de celebridad no califica automáticamente a alguien para vender un producto.
   (4) Las celebridades se sienten cómodas jugando más de un papel.
   (5) Las celebridades se desempeñan mejor vendiéndose a sí mismas que cuando venden un producto.

Las preguntas 5 a 7 se refieren al siguiente pasaje de un manual.

¿POR QUÉ ESTÁ GANANDO POPULARIDAD EL TRABAJO TEMPORAL?

El campo del trabajo temporal es bastante diferente de los demás en el ámbito de su complejidad. En realidad, es una industria que abarca muchas industrias. El trabajo temporal
(5) se puede clasificar en cuatro categorías: oficina, industrial, médico y técnico/profesional. Bajo estos cuatro rubros[1] hay numerosos puestos de trabajo y ocupaciones. La industria del trabajo temporal es la única en la que los trabajadores
(10) de la construcción, químicos, técnicos de rayos X y operadores de conmutador pueden entrar bajo la dirección de un solo empleador: un servicio de trabajo temporal.

En términos más sencillos, el trabajo
(15) temporal consiste en trabajar para una empresa que paga un salario por hora y todos los costos relacionados con el seguro de empleo: FICA, incapacidad, compensación del trabajador, incentivos, etc. El servicio temporal
(20) envía a una persona contratada a realizar trabajos de corto o largo plazo a una de las organizaciones que forman parte de su cartera de clientes; y al cliente se le cobra un cargo por hora por el servicio que recibe. Un
(25) empleado temporal *nunca* es el empleado de la organización, individuo o empresa donde realiza el trabajo. Un empleado temporal *siempre* es el empleado de la empresa de trabajo temporal que lo envía a trabajar.
(30) Echamos un vistazo al personal de las cuatro categorías de trabajo temporal. No es nada nuevo descubrir que el personal de oficinas esté a la cabeza; este sector constituye 63 por ciento del total de la nómina temporal
(35) por año. Le sigue la industria laboral con un 15.8 por ciento de la población; asistencia de salud, con 10.8 por ciento y no muy atrás, técnico/profesional con 10.8 por ciento.

Un servicio de trabajo temporal tiene una
(40) estructura única porque es tanto una empresa del sector privado como un intermediario laboral. Como empresa del sector privado tiene su propio mercado y vende su producto a una variedad de clientes. Como intermediario
(45) laboral, un servicio de trabajo temporal puede influenciar la oferta y demanda de los clientes a quienes presta el servicio.

---

[1] rubros: ámbitos, áreas de especialización

William Lewis y Nancy Schuman, "Temping: Who, What, and Why", *The Temp Worker's Handbook.*

5. ¿Cuál es la idea principal del primer párrafo?

La industria del trabajo temporal

(1) es otro nombre para la industria del empleo
(2) es una organización que agrupa a muchas industrias
(3) es el mayor empleador en el mundo
(4) ha crecido enormemente en los últimos 10 años
(5) es el "empleador como último recurso" para mucha gente

6. Si el supervisor de un trabajador temporal lo acosara durante su trabajo, ¿a quién podría presentarle una queja?

(1) a la persona que lo acosa
(2) al jefe de la persona que lo acosa
(3) al departamento de recursos humanos de su lugar de trabajo
(4) al supervisor con quien se reporta en la compañía cliente
(5) al servicio temporal para quien trabaja

7. De acuerdo con el pasaje, ¿Qué conclusión puede sacar sobre la industria del trabajo temporal?

(1) Sufre percepciones negativas.
(2) Es incapaz de competir favorablemente con la fuerza de trabajo permanente y de tiempo completo.
(3) Sus trabajadores pronto estarán de regreso en los registros de desempleo.
(4) Ofrece salarios excelentes.
(5) Ofrece oportunidades casi para cualquier profesión.

Las preguntas 8 a 11 se refieren al siguiente pasaje de una póliza de seguros.

¿QUÉ CUBRE UN SEGURO DE INQUILINOS?

El seguro de inquilinos es una modalidad importante que muchos inquilinos pasan por alto. Dos términos clave que se usan para tratar el tema sobre el seguro de inquilinos son
(5) *peligro* y *riesgo*. Los peligros son las causas potenciales de una pérdida, como un incendio, tormenta, granizo, robo y vandalismo. El riesgo es la posibilidad de sufrir una pérdida.

Otros dos términos clave relacionados con
(10) el seguro de inquilinos son *valor real monetario* y *cobertura de costo de reemplazo*. Ambos se relacionan con la manera en que se soluciona una demanda de pérdida de propiedad.

En muchos estados, *valor real monetario*
(15) significa que en caso de pérdida, a usted se le pagará el costo de reemplazo actual menos la depreciación (desgaste debido a los años y al uso). La cantidad total que recibirá está sujeta a los términos de su póliza.

(20) La *cobertura de costo de reemplazo* significa que en caso de pérdida, a usted se le pagará el costo en que incurra para reemplazar la propiedad dañada con una propiedad nueva similar; el costo está sujeto
(25) a los términos de su póliza.

Otros términos clave de una póliza de seguro de inquilinos son: *deducible*, la parte de la pérdida que el asegurado pagará de su bolsillo y los *límites* de la cobertura, las
(30) cantidades máximas que la aseguradora pagará al titular de la póliza por una pérdida incluida en la cobertura. Si los límites de la cobertura se mantienen bajos, el costo del seguro se mantendrá bajo.

(35) El seguro de inquilinos ofrece las siguientes opciones de cobertura: protección a la propiedad personal, protección de responsabilidad familiar y protección médica para invitados. La protección de propiedad
(40) personal protege contra pérdidas de bienes *muebles*. La protección de responsabilidad familiar protege contra ciertas demandas de responsabilidad realizadas contra usted debido a daño a la propiedad o daño corporal que
(45) usted haya ocasionado accidentalmente. La protección médica a invitados es el reembolso de gastos en que se incurra si invitados a su casa sufren heridas, independientemente de quién tuvo la culpa.

8. ¿Qué enunciado resume mejor el pasaje?

(1) El seguro de inquilinos y el seguro de propietarios difieren en muchas áreas clave.
(2) Para todos los inquilinos es prudente tener un seguro de inquilinos.
(3) Las pólizas de seguro de inquilinos pueden proteger a los inquilinos de varias maneras.
(4) Hay un plan de seguros de inquilinos a la medida de cada bolsillo.
(5) Después del seguro de automóviles, el seguro de inquilinos es el tipo de cobertura más popular.

9. De acuerdo con la información de este pasaje, ¿cuál de los siguientes tipos de seguros debería comprar una persona con una gran colección de muñecas valiosas?

(1) seguro de inquilinos con cobertura de costo de reemplazo
(2) seguro de inquilinos con valor real monetario
(3) una póliza con un deducible alto
(4) una póliza con protección de responsabilidad familiar
(5) seguro contra incendios

10. ¿Cuál es el punto de vista del autor sobre los seguros de inquilinos?

(1) La protección de responsabilidad familiar es costosa.
(2) Muchas personas desearían haber comprado un seguro de inquilinos.
(3) La gente debe elegir límites de cobertura que mantengan la prima baja.
(4) Todos los inquilinos deben considerar la compra de un seguro de inquilinos.
(5) Los inquilinos corren más riesgo que los propietarios.

11. ¿Qué par de palabras describe mejor el estilo de redacción del pasaje?

(1) legal y técnico
(2) informativo y directo
(3) académico y aburrido
(4) informal y coloquial
(5) ligero y dinámico

Las preguntas 12 a 15 se refieren al siguiente pasaje de una guía de negocios.

¿POR QUÉ SON TAN IMPORTANTES LAS DESTREZAS TELEFÓNICAS?

El secreto para usar en forma efectiva el teléfono es *planear*. Sin embargo, a muchos de nosotros nos parece poco natural planear una llamada telefónica. Estamos acostumbrados a

(5) levantar el teléfono para hablar con familiares y amigos cuando tenemos ganas. Planear una llamada telefónica es poco natural en una situación social. Para la mayoría de nosotros, usar el teléfono es una destreza social, no una

(10) destreza de negocios.

Las reglas son distintas para las llamadas telefónicas de negocios. Hacer una llamada de negocios exige las mismas destrezas que se usan en una reunión, al escribir un

(15) memorándum o una carta de negocios. Requiere pensar y planear.

Es fácil planear las llamadas que uno hace a otras personas, pero es más difícil pensar cómo planear las llamadas que las demás

(20) personas le hacen a uno. Planear las llamadas que entran es posible y necesario. Lo primero que se debe planear es cómo contestar el teléfono.

Al contestar el teléfono

(25) Muchos expertos en eficiencia telefónica consideran que los primeros 10 a 15 segundos de una llamada telefónica establecen el tono de toda la conversación. Es fácil entonces entender por qué la manera en que uno

(30) contesta el teléfono es importante. De acuerdo con Gail Cohen, presidente del Centro de Aprendizaje de Telemarketing y asesor telefónico, "usted debe contestar el teléfono con algunas palabras clave para que las

(35) personas que llamen sepan que se han comunicado al lugar adecuado."

Contestar el teléfono con un brusco "¿Qué quiere?" dará un tono negativo a la conversación. Debe contestar el teléfono con

(40) una frase que sea agradable y profesional.

Nancy Friedman, una asesora de comunicaciones con sede en St. Louis, que tiene como sobrenombre "doctora telefónica", dice que la frase clave debe tener tres cosas:

(45) • un saludo
• el nombre de la empresa o del departamento
• su nombre

Madeline Bodin, "Basic Telephone Skills", *Using the Telephone More Effectively.*

12. Según la autora, ¿cuál es la razón principal por la que las personas no planean sus llamadas telefónicas de negocios?

(1) Les gusta ser espontáneas.
(2) Consideran a las llamadas telefónicas una destreza social.
(3) Creen que es una pérdida de tiempo.
(4) Están demasiado ocupadas para dedicarle tiempo.
(5) Confían en el buzón de voz.

13. De acuerdo con la autora, ¿por qué son importantes los primeros 10 a 15 segundos de una llamada telefónica?

(1) Le dicen a la persona que llama que ha marcado el número correcto.
(2) Le dan tiempo a quien contesta de planear lo que va a decir.
(3) Permiten a la persona que llama saber de qué humor está quien contesta.
(4) Le dan tiempo a la persona que llama de expresar lo que quiere.
(5) Determinan qué tan exitosa será la conversación.

14. ¿Cuál de los siguientes enunciados sería el mejor título para este pasaje?

(1) Cómo las destrezas telefónicas deficientes dañan los negocios
(2) Etiqueta telefónica adecuada
(3) Planear una llamada telefónica es como planear una carta
(4) Consejos para contestar el teléfono de manera efectiva
(5) Cómo diferenciar una llamada telefónica social de una de negocios

15. ¿Cuál de las siguientes palabras describe mejor el estilo de redacción del pasaje?

(1) formal
(2) académico
(3) coloquial
(4) humorístico
(5) técnico

Las preguntas 16 a 18 se refieren al siguiente pasaje de una crítica.

¿TUVO ÉXITO ESTA ADAPTACIÓN A LA TELEVISIÓN?

Katherine Anne Porter se refirió a la gran escritora estadounidense Willa Cather con las siguientes palabras: "una figura curiosamente inquebrantable y monumental, virtuosa en su
(5) arte y símbolo de virtud; como ciertas iglesias o mujeres ejemplares, veneradas y luego olvidadas."

Adiós al olvido. Aunque por mucho tiempo las magníficas novelas de Willa Cather han
(10) sido una parte importante de los cursos de literatura estadounidense, rara vez han sido filmadas. En realidad, la señorita Cather se opuso categóricamente a las dramatizaciones de su obra cuando estaba viva. Quizás
(15) entendía las dificultades inherentes a la transferencia de su prosa casi perfecta a un escenario o pantalla. Sin embargo, recientemente se ha remediado esta negligencia... la cadena USA presentará una
(20) adaptación de quizás una de las novelas más populares de esta escritora *My Antonia* (*Mi Antonia*)...

Cualquier adaptación de *Mi Antonia* quedará entorpecida debido a la incapacidad
(25) de reproducir la prosa lírica y soñadora de Willa Cather. Para compensar esto, hay unos cuantos doblajes tomados casi directamente del texto...

Esta excelente adaptación también
(30) presenta magníficas vistas de praderas (pastos de un verde brillante, maíz alto, trigo dorado, cielos abiertos) que casi compensan la ausencia de la prosa. La pradera de Nebraska, muy parecida a la campiña inglesa de las
(35) novelas de Thomas Hardy, es casi un personaje en sí mismo y la extrema pobreza de Shimerda también es más evidente en la pantalla que en la novela.

En general, es una maravillosa introducción
(40) para quienes no conocen a Willa Cather y para sus admiradores, encontrarse con esta película de televisión es como correr hacia un amigo que hacía mucho tiempo no se veía.

James Martin, "O Pioneers", *America*.

16. De acuerdo con el pasaje, ¿cuál de los siguientes enunciados explica mejor la dificultad de adaptar las novelas de Cather a la televisión?

(1) Cather se oponía a todas las dramatizaciones de sus novelas.
(2) Es difícil captar la belleza de la escritura de Cather en la televisión.
(3) Los cinematógrafos tenían dificultad para encontrar un lugar para filmar en Nebraska.
(4) Ninguna persona de la industria televisiva había oído hablar de *Mi Antonia*.
(5) Se han olvidado las novelas de Cather.

17. ¿Qué es lo que el autor quiere decir cuando menciona que ver *Mi Antonia* es como "como correr hacia un amigo que hacía mucho tiempo no se veía" (líneas 42 y 43)?

(1) Algunos televidentes se sentirán cómodos y familiares con la historia.
(2) Los televidentes que necesiten una introducción a Cather se sentirán bienvenidos.
(3) El programa es una excelente introducción a la obra de Cather.
(4) La adaptación a la televisión es un programa cálido y amigable.
(5) Willa Cather y Katherine Anne Porter eran amigas.

18. ¿Qué sugiere la descripción que hace Katherine Anne Porter sobre Willa Cather?

(1) Era una mujer con una moral superior.
(2) Su obra sólo trata temas religiosos.
(3) Su obra está renaciendo en las universidades de todo el país.
(4) Es una figura destacada de la literatura estadounidense.
(5) Simboliza la escritora estadounidense no reconocida.

Las preguntas 19 a 23 se refieren al siguiente pasaje de un ensayo.

¿CONTRATARÍA A ESTE HOMBRE?

En cuanto a mi propio negocio, mis empleadores no quieren siquiera el tipo de topografía que podría hacer con gran satisfacción. Prefieren que haga mi trabajo de
(5) manera ordinaria y no demasiado bien, qué digo, no del todo bien. Cuando digo que hay varias maneras de medir, mi empleador comúnmente me pregunta cuál le dará más tierra, no cuál es la más correcta. Una vez
(10) inventé una regla para medir cargas de leña y quise introducirla en Boston, pero la persona que medía allí me dijo que los vendedores no querían que su madera se midiera con precisión y que él ya era demasiado preciso
(15) para ellos, así que medían la madera en Charlestown, antes de cruzar el puente.

El objetivo del trabajador debe ser, no ganarse la vida ni obtener un "buen empleo", sino desempeñar bien un determinado trabajo;
(20) e incluso, en un sentido monetario, sería económico para la ciudad pagar a sus trabajadores tan bien que no sintieran que trabajan por bajos salarios o sólo para ganarse la vida, sino con fines científicos o inclusive
(25) éticos. No contrate a una persona que hace su trabajo por dinero, contrate a una que lo haga por gusto.

Henry David Thoreau, "Life Without Principle", *Major Writers of America.*

19. ¿Por qué el autor a veces se siente insatisfecho con su trabajo?

(1) No le pagan lo suficientemente bien.
(2) No necesita el dinero.
(3) Sus clientes no siempre quieren su mejor esfuerzo.
(4) Sus clientes a menudo van con otros topógrafos.
(5) No ha sido capaz de inventar otra regla de medición.

20. De acuerdo con el pasaje, ¿cuál de las siguientes opiniones es más probable que el autor tenga sobre algunos de sus clientes?

(1) Critican su trabajo demasiado.
(2) Les gusta Charlestown más que Boston.
(3) No le pagan lo suficiente.
(4) Son un poco deshonestos.
(5) Son muy flojos.

21. De acuerdo con el pasaje, ¿cuál sería la reacción más probable del autor si le ofrecieran un trabajo que consistiera en hacer algo que no le gusta?

(1) aceptar el trabajo por dinero
(2) rechazar el trabajo
(3) aceptarlo pero hacerlo mal
(4) pedir más dinero
(5) contratar a alguien para hacer el trabajo

22. De acuerdo con el pasaje, ¿qué enunciado contrasta correctamente a Thoreau (el autor) y a sus empleadores?

(1) Thoreau trabaja mucho y sus empleadores no.
(2) Thoreau y sus empleadores son topógrafos.
(3) A Thoreau le encanta su trabajo y a sus empleadores no.
(4) Thoreau prefiere precisión y sus empleadores prefieren dinero.
(5) Thoreau inventa nuevas reglas y sus empleadores le roban sus ideas.

23. ¿Cuál es la idea principal del último párrafo?

(1) A los trabajadores no deben importarles el dinero ni las cosas materiales.
(2) Las ciudades deben pagar bien a los trabajadores.
(3) Los trabajadores deben hacer lo que les gusta y recibir una buena paga por ello.
(4) Los trabajadores que reciban una buena paga disfrutarán sus trabajos.
(5) Las ciudades deben contratar personas cuyo sentido ético sea muy elevado.

Las preguntas 24 a 27 se refieren al siguiente pasaje de una autobiografía.

¿CÓMO ERA SER ESCLAVO DURANTE LA GUERRA?

No iba a la escuela mientras era esclavo, pero recuerdo que en varias ocasiones acompañé a una de mis jóvenes amas hasta la puerta de la escuela para cargarle sus libros.

(5)   La imagen de varias docenas de niños y niñas en un salón de clases dedicados al estudio me causó una profunda impresión y tuve la sensación de que ir a la escuela para estudiar sería más o menos como entrar en el paraíso.

(10)   Hasta donde recuerdo, la primera noticia que tuve del hecho de que éramos esclavos y que nuestra libertad estaba bajo discusión, fue una madrugada en que me desperté cuando mi madre, inclinada frente a sus hijos, rezaba

(15)   fervientemente por el éxito de Lincoln y sus ejércitos y porque un día ella y sus hijos pudieran ser libres. En este sentido, nunca he logrado entender cómo los esclavos del sur, tan ignorantes como eran las masas en cuanto

(20)   a libros o periódicos, fueron capaces de mantenerse informados de manera tan precisa y completa sobre los grandes problemas nacionales que agitaban el país. Desde la época en que Garrison, Lovejoy y otros

(25)   comenzaron a agitar por la libertad, los esclavos del sur mantuvieron un estrecho contacto con el progreso del movimiento. Aunque yo era sólo un niño durante los preparativos de la Guerra Civil y durante la

(30)   guerra en sí misma, ahora recuerdo el murmullo de las conversaciones que, ya entrada la noche, mi madre y otros esclavos de las plantaciones mantenían. Estas conversaciones demostraban que entendían la

(35)   situación y que se mantenían informados sobre los sucesos a través de lo que se denominaba el "telégrafo descompuesto".

Booker T. Washington, *Up from Slavery*.

24.   ¿Quiénes fueron Garrison y Lovejoy de acuerdo con la información del pasaje?

(1)   amigos del autor
(2)   miembros del gabinete de Lincoln
(3)   oponentes famosos de la esclavitud
(4)   acaudalados propietarios de esclavos
(5)   agitadores

25.   De acuerdo con el pasaje, ¿cuál es la actitud del autor hacia la comprensión que los esclavos tenían de la Guerra Civil?

(1)   dubitativa
(2)   le impresiona
(3)   le decepciona
(4)   le irrita
(5)   le encanta

26.   De acuerdo con el contexto, ¿qué es el "telégrafo descompuesto"? (línea 37)

(1)   mensajes telegráficos enviados de norte a sur
(2)   cables de telégrafo que estaban descompuestos
(3)   un medio para transmitir la información de persona a persona
(4)   un conducto directo de los puestos de comando de las fuerzas de la Unión
(5)   un medio de comunicación mediante códigos secretos

27.   El autor de este pasaje, Booker T. Washington, transformó el Instituto Tuskegee en una universidad importante y prestigiosa. ¿Qué cualidad mencionada en el pasaje refleja este logro?

(1)   el ferviente deseo del autor por la libertad
(2)   el deseo del autor por fama
(3)   la falta de escolaridad del autor
(4)   el profundo interés del autor en la educación
(5)   el contacto del autor con esclavos informados

Las respuestas comienzan en la página 292.

Tabla de análisis del desempeño en el repaso acumulativo
Unidad 1 ● Interpretar textos de no ficción

Consulte la sección Respuestas y explicaciones que empieza en la página 292 para verificar sus respuestas al Repaso acumulativo de la Unidad 1. Luego, use la siguiente tabla para identificar las destrezas en las que necesite más práctica.

En la tabla, encierre en un círculo los números correspondientes a las preguntas que haya contestado correctamente. Anote el número de aciertos para cada destreza y luego súmelos para calcular el número total de preguntas que contestó correctamente en el Repaso acumulativo. Si cree que necesita más práctica, repase las lecciones de las destrezas que se le dificultaron.

Preguntas	Número de aciertos	Destreza	Lecciones para repasar
5, 8, 12, 13, 14, 16, 19, 23, 24	_____/9	Comprensión	1, 2, 3, 5, 7, 8
6, 9, 21	_____/3	Aplicación	4
1, 2, 3, 7, 10, 17, 20, 25, 26	_____/9	Análisis	3, 7, 8, 9
4, 11, 15, 18, 22, 27	_____/6	Síntesis	5, 6, 7, 8
TOTAL DE ACIERTOS: _____/27			

UNIDAD 2

Entender la ficción

La ficción es una forma de redacción que relata una historia. Un escritor de ficción crea un mundo con su imaginación. Las obras más comunes de ficción son las novelas y los cuentos. La ficción puede tratar cualquier tema: aventuras, romance, deportes, misterio o una combinación de ellos.

Las selecciones y preguntas de este libro son muy similares a las de la Prueba de GED. Cuando curse el GED, no se le pedirá que sepa quién escribió una determinada obra ni que recuerde términos especiales. Leerá selecciones de varios tipos de literatura y responderá las preguntas para demostrar que entendió lo que leyó. Recuerde confiar en su sentido común y en lo que ha aprendido a partir de la experiencia.

Entender la ficción es una parte importante para pasar la Prueba de Lenguaje y Lectura del GED. Las preguntas sobre los pasajes de ficción constituyen aproximadamente el 75% de las preguntas de la prueba.

Alice Walker ha sido muy aclamada por sus relatos. Entre otros reconocimientos, ha recibido el premio Pulitzer por su novela El color púrpura (The Color Purple).

Las lecciones de esta unidad son:

Lección 10: Descubrir el significado a partir del contexto
Usted puede usar pistas para ayudarse a descubrir el significado de palabras o frases desconocidas.

Lección 11: Identificar los elementos del argumento
Identificar los elementos del argumento le permite entender cuáles son los sucesos más importantes de una historia y cómo se encadenan entre sí.

Lección 12: Aplicar ideas
Una manera de demostrar su comprensión de un personaje o idea de una historia es aplicar lo que ha aprendido a una situación relacionada.

Lección 13: Identificar causas y efectos
Una parte de entender una historia consiste en ser capaz de identificar las causas de los sucesos y los efectos que resultan de ellas.

Lección 14: Analizar los personajes
Para analizar los personajes de una historia, examine lo que dicen, hacen y piensan, así como lo que otros personajes dicen sobre ellos.

Lección 15: Analizar el tono
Analizar el tono supone entender la actitud del autor hacia los personajes y los sucesos.

Lección 16: Identificar el lenguaje figurado
Identificar el lenguaje figurado le permite apreciar la manera en que los escritores de ficción usan las palabras para crear imágenes vívidas.

Lección 17: Hacer deducciones
Captar el significado global de una historia a menudo supone hacer deducciones de lo que el escritor dice directamente, o "leer entre líneas".

Lección 18: Comparar y contrastar
Determinar mediante comparaciones y contrastes en qué se parecen y en qué se diferencian los personajes y las situaciones, es una destreza importante para la comprensión de una obra de ficción.

Lección 19: Interpretar el tema
Interpretar el tema, la idea central de un cuento o novela, requiere hacer múltiples inferencias sobre las opiniones y la perspectiva del escritor.

ESCRITORES DE FICCIÓN SELECCIONADOS

- Julia Álvarez
- Rudolfo Anaya
- Jane Austen
- Toni Cade Bambara
- Charles Dickens
- William Faulkner
- Langston Hughes
- Amy Tan
- Mark Twain

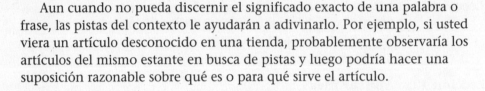

DESTREZA DE GED **Descubrir el significado a partir del contexto**

contexto

las palabras u oraciones que rodean a las palabras

Cuando los escritores presentan situaciones o palabras desconocidas, puede basarse en las palabras y frases que las rodean, o **contexto,** para descubrir su significado. Estas palabras y frases pueden estar en la misma oración o en un grupo de oraciones cercanas. Busque pistas en esas palabras que le permitan entender lo que lee.

Aun cuando no pueda discernir el significado exacto de una palabra o frase, las pistas del contexto le ayudarán a adivinarlo. Por ejemplo, si usted viera un artículo desconocido en una tienda, probablemente observaría los artículos del mismo estante en busca de pistas y luego podría hacer una suposición razonable sobre qué es o para qué sirve el artículo.

Lea el siguiente pasaje de una novela y complete el ejercicio a continuación.

Para descubrir el significado de palabras desconocidas de un pasaje, sustitúyalas por palabras que conoce. Si las palabras tienen sentido dentro del contexto, ha acertado en la definición.

Mark revisó lentamente el cuarto de máquinas, verificando todo dos veces. Lavó los platos en la cocina y los colocó con cuidado detrás de las pequeñas rejillas que servían para sostenerlos con fuerza durante los temporales. Revisó el diario, guardó los mapas, tendió las literas, limpió el refrigerador y cerró las portillas. Cuando terminó y salió a cubierta a esperar las canoas, el sol estaba muy alto.

Margaret Craven, *I Heard the Owl Call My Name.*

1. ¿Dónde está Mark cuando hace estas cosas?

_____

Subraye las claves de contexto que lo ayudaron a responder la pregunta.

Las claves de contexto le indican que Mark está en un bote o barco. Las palabras *cuarto de máquinas, cocina, temporales, diario, literas, portillas, cubierta* y *canoas* se relacionan con la navegación.

2. Según las claves de contexto del pasaje, ¿qué es un temporal?

_____ a. una brisa suave

_____ b. un viento fuerte

Usted acertó si eligió la *opción b, un viento fuerte.* Es necesario sujetar los platos para evitar que se rompan cuando los vientos fuertes sacuden el bote.

Lea el siguiente pasaje de una novela y complete el ejercicio a continuación.

Al echar un vistazo a la interminable calle Brooklyn, uno piensa que esas piedras de color café rojizo son una sola casa que se refleja a través de un tren de espejos, sin medianeras entre ellas, sólo vastas habitaciones abriéndose inacabables unas dentro de las otras. Pero de cerca, bajo la espesa hiedra, cada casa aparece con
(5) algo propio que la distingue. Algún toque gótico, románico, barroco o griego triunfa entre el revoltijo victoriano. Aquí, las columnas jónicas enmarcan las ventanas y las gárgolas fruncen el ceño hacia el sol. Allá, unas cornisas decoradas con follaje esculpido y otras con cabezas de gorgonas. Muchas casas tenían ventanas en saliente o cantería gótica; unas cuantas ostentaban torrecillas que se elevaban muy alto sobre los techos. Sin
(10) embargo, todas compartían la misma monotonía color café; todas parecían estar condenadas a la confusión de su diseño.

Paule Marshall, *Brown Girl, Brownstones.*

1. a. Marque con una "X" el significado de la palabra *interminable* que aparece en la línea 1.

_____ insegura

_____ desconocida

_____ infinita

   b. Marque con una "X" la otra palabra de la primera oración que sea la mejor pista para descubrir el significado de *interminable*.

_____ vistazo

_____ espejos

_____ inacabables

2. Marque con una "X" a qué se refieren los términos *gótico, románico, barroco* y *griego* que aparecen en las líneas 5 a 9.

_____ tipos de gárgolas

_____ estilos de diseño

_____ tipos de techos

3. a. Marque con una "X" el significado de *torrecillas* como se usa en "unas cuantas ostentaban torrecillas" (línea 9).

_____ flores de jardín

_____ torres pequeñas

   b. Explique las pistas del contexto que le sirvieron para elegir la respuesta 3a. _____

_____

4. Fíjese en la palabra *monotonía* (línea 10). Escriba dos pistas que lo ayuden a determinar su significado.

_____

_____

Las respuestas comienzan en la página 295.

Instrucciones: Elija la respuesta que mejor responda a cada pregunta.

Las preguntas 1 a 5 se refieren al siguiente pasaje de una novela.

¿CUÁLES FUERON LOS PRIMEROS PARTIDOS EN LOS ESTADOS UNIDOS?

Durante la última sesión del Tercer Congreso dirigí la polémica en el Senado sobre la ratificación del tratado de Jay con Inglaterra. El tratado estaba esbozado con
(5) poca fluidez y con desventaja para nosotros. En realidad, contenía una cláusula que nos prohibía exportar algodón en barcos estadounidenses. De hecho, el tratado nos hacía una colonia de nuevo; también revelaba
(10) por primera vez la profunda e irreconciliable división entre el partido republicano y el federalista, ahora eran partidos políticos reales, no simplemente facciones. Uno era pro francés y el otro pro británico; uno quería una
(15) confederación de los estados laxa y el otro, una administración central fuerte; uno estaba constituido por granjeros independientes aliados con trabajadores urbanos y el otro estaba dedicado al comercio y a la
(20) manufactura. Uno era Jefferson, el otro era Hamilton.

Gore Vidal, *Burr: A Novel.*

1. ¿Qué significa la palabra *esbozado* en la frase "esbozado con poca fluidez" (líneas 4 y 5)?

   (1) trazado
   (2) redactado
   (3) dibujado
   (4) esquematizado
   (5) bosquejado

2. ¿Qué es la "polémica en el Senado", mencionada en la línea 2?

   (1) la campaña del narrador para ser electo
   (2) la rebelión contra Inglaterra
   (3) el desacuerdo entre los partidos sobre el tratado
   (4) el argumento entre el narrador y Jefferson
   (5) la disputa sobre si se permitirían los partidos políticos

3. ¿Cuál de las siguientes técnicas narrativas se usa en el pasaje?

   (1) descripción del conflicto entre un personaje y la naturaleza
   (2) relato de la historia a través de un personaje
   (3) presentación de los personajes hablando en su propio dialecto
   (4) uso del diálogo para revelar personalidades
   (5) uso de la retrospección para dar antecedentes

4. ¿Cuál de las siguientes palabras describe mejor al narrador?

   (1) modesto
   (2) dogmático
   (3) tímido
   (4) desinformado
   (5) heroico

5. De acuerdo con el pasaje, ¿cuál de las siguientes fue una diferencia clave entre el partido republicano y el federalista?

   (1) el apoyo a la exportación de algodón en barcos estadounidenses
   (2) las personalidades de sus líderes
   (3) las posturas sobre la relación entre los estados y el gobierno central
   (4) las decisiones de sus miembros de transformarse en partidos políticos
   (5) las posturas en cuanto a volver a ser una colonia

Las preguntas 6 a 10 se refieren al siguiente pasaje de una novela.

¿CUÁL ES EL TRABAJO DE ESTE HOMBRE?

Era un placer quemar.
Era un placer especial ver cosas consumidas, ennegrecidas y cambiadas. Al empuñar la boquilla de latón —esa gran pitón[1]
(5) que escupía el veneno del queroseno sobre el mundo— la sangre se le agolpó en la cabeza y sus manos eran las de un asombroso director que ejecuta todas las sinfonías del fuego para derribar los andrajos y ruinas carbonizadas de
(10) la historia. Con el simbólico casco numerado 451 sobre la impasible cabeza, y los ojos inyectados de una sola llama anaranjada ante el pensamiento de lo que estaba por venir, abrió la llave y la casa fue engullida por un
(15) fuego devorador que tiñó el cielo del atardecer de rojo, amarillo y negro. Avanzó a grandes pasos entre un enjambre de luciérnagas; sobre todo, hubiera querido, como en el viejo chiste, ensartar un malvavisco en una vara y meterlo
(20) en el horno mientras los libros, aleteando como palomas, morían en la entrada y en el césped de la casa. Mientras los libros se elevaban en relucientes torbellinos y se dispersaban en un viento oscurecido por el incendio.

_____

[1] pitón: tipo de serpiente venenosa

Ray Bradbury, *Fahrenheit 451.*

6. De acuerdo con la información que proporciona el pasaje, ¿qué está haciendo el personaje?

    (1) combatiendo un gran incendio de una casa
    (2) dirigiendo una sesión de entrenamiento para bomberos
    (3) quemando una pila de basura en el basurero municipal
    (4) quemando una casa llena de libros
    (5) supervisando una demostración de juegos artificiales

7. ¿Cuál de los siguientes trabajos es más probable que disfrutara el personaje de este pasaje?

    (1) director de orquesta
    (2) trabajador de construcción
    (3) trabajador de demolición
    (4) bibliotecario
    (5) chef

8. ¿Cuál de las siguientes técnicas usa el autor para dar vida al pasaje?

    (1) imágenes detalladas
    (2) diálogo humorístico
    (3) narración en primera persona
    (4) conflicto entre los personajes
    (5) sentido del humor

9. ¿Cuál es el significado del enunciado "la casa fue engullida por un fuego devorador" (líneas 14 y 15)?

    (1) Las llamas bajaron de la parte superior de la casa.
    (2) Las llamas envolvieron inmediatamente a la casa.
    (3) Las llamas sobre el césped de repente iluminaron la casa.
    (4) La casa se derrumbó mientras el fuego la convertía en cenizas.
    (5) La casa resplandeció a la luz de las llamas.

10. ¿A qué se refiere la frase "esa gran pitón que escupía el veneno del queroseno" (líneas 4 y 5)?

    (1) al personaje, que se siente como una serpiente venenosa lista para atacar
    (2)   a una serpiente venenosa que estaba en el jardín
    (3) a una manguera que hace pensar en una serpiente
    (4) a las llamas que se curvan hacia arriba como una serpiente a punto de atacar
    (5) a la corriente de agua que se rocía sobre el fuego y parece una serpiente escupiendo

SUGERENCIA

Para descubrir lo que sucede en un pasaje complejo, procure pasar por alto las palabras y frases descriptivas y centre su atención en las palabras de acción (verbos). Estas palabras pueden indicar lo que hace el personaje.

Las preguntas comienzan en la página 295.

Instrucciones: Ésta es una prueba de práctica que dura diez minutos. Después de que transcurran los diez minutos, ponga una marca en la última pregunta que haya respondido. A continuación, termine la prueba y revise sus respuestas. Si la mayoría de sus respuestas fueron correctas pero no terminó la prueba, trate de responder las preguntas más rápidamente la próxima vez. Elija la respuesta que mejor responda a cada pregunta.

Las preguntas 1 a 7 se refieren al siguiente pasaje de una novela.

¿CÓMO COMBATE ESTE HOMBRE LA TV COMERCIAL?

Años antes, había inventado un módulo que apagaba automáticamente el sonido en cuanto aparecía un comercial en la televisión.
Al principio no era un aparato reconocedor de
(5) contexto, simplemente supervisaba la amplitud de la onda transportadora. A los anunciantes de TV les había dado por aumentar el volumen de sus anuncios y transmitirlos con mayor *claridad auditiva* que el de los programas que
(10) eran sus vehículos nominales. La noticia del módulo de Hadden se difundió de boca en boca. La gente empezó a hablar de una sensación de alivio, de una gran carga que les quitaban de encima e incluso de un sentimiento
(15) de alegría al verse liberadas del bombardeo de anuncios durante las seis a ocho horas al día que el estadounidense promedio está frente al aparato de televisión. Antes de que la industria de los anuncios de televisión pudiera dar una
(20) respuesta coordinada, la popularidad del Adnix se había vuelto desenfrenada. Obligaba a los anunciantes y a las cadenas de televisión a buscar nuevas opciones de estrategias de transporte de ondas, cada una de las cuales
(25) Hadden contrarrestaba con un nuevo invento. A veces inventaba circuitos para frustrar estrategias que a las agencias y cadenas todavía no se les había ocurrido; y luego decía que les estaba ahorrando el trabajo de inventar
(30) cosas, a un gran costo para los accionistas, que en todo caso estaban condenadas al fracaso. A medida que el volumen de sus ventas aumentaba, seguía bajando los precios. Era una especie de guerra electrónica y él
(35) estaba ganando.

Trataron de demandarlo, de imputarle algo acerca de una confabulación en las restricciones del comercio. Tenían suficiente poder político para que su moción de despido
(40) inmediato fuera denegada, pero no la influencia suficiente para ganar el caso. El juicio había obligado a Hadden a investigar los códigos legales relevantes. Poco después, a través de una agencia conocida

(45) de Madison Avenue y de la que ahora era un importante socio capitalista, solicitó anunciar su propio producto en la televisión comercial. Después de unas cuantas semanas de controversia, sus comerciales fueron
(50) rechazados. Demandó a las tres cadenas y en este juicio fue capaz de probar confabulación en las restricciones del comercio. Recibió una enorme suma que en aquella época era un récord para casos de esta índole y que
(55) contribuyó a la transferencia en arrendamiento de las cadenas originales.

Por supuesto, siempre había personas que disfrutaban de los comerciales y que no necesitaban el Adnix, pero eran una minoría
(60) cada vez más reducida. Hadden hizo una gran fortuna extirpando[1] la transmisión de anuncios; también se hizo de muchos enemigos...

Cuando posteriormente Hadden desarrolló los chips de reconocimiento de contexto, le
(65) pareció obvio que sus aplicaciones eran mucho más amplias, desde la educación, la Ciencia y la Medicina, hasta la inteligencia militar y el espionaje industrial. A partir de este asunto se establecieron las posturas para el
(70) famoso juicio *Estados Unidos contra Hadden Cybernetics*. Uno de los chips de Hadden fue considerado demasiado bueno para la vida civil y, siguiendo la recomendación de la Agencia de Seguridad Nacional, las
(75) instalaciones y el equipo personal destinados a la producción del chip de reconocimiento de contexto más avanzado pasaron al control del gobierno. Simplemente era demasiado importante leer el correo ruso. Sólo Dios sabe,
(80) le dijeron, qué pasaría si los rusos pudieran leer nuestro correo.

---

[1] quitando definitivamente una cosa perjudicial

Carl Sagan, *Contact*.

1. ¿Qué sugiere sobre la personalidad de Hadden el detalle de las líneas 24 y 25 "cada una de las cuales Hadden contrarrestaba con un nuevo invento"?

    (1) A Hadden le gusta molestar a la gente.
    (2) Hadden es persistente.
    (3) Hadden es taimado.
    (4) Hadden es flojo.
    (5) Hadden no es digno de confianza.

2. ¿A qué se refiere la frase "vehículos nominales" (línea 10)?

    (1) comerciales de TV
    (2) un tipo de auto muy publicitado en los anuncios de TV
    (3) anuncios de TV de auto y otros vehículos
    (4) programas de televisión
    (5) anuncios con mayor claridad auditiva

3. De acuerdo con el pasaje, ¿qué es el "Adnix"?

    (1) un aparato que silencia los comerciales de TV
    (2) una máquina que reconoce voces
    (3) un chip de computadora que sirve para espionaje
    (4) un aparato para quitar claridad auditiva a los comerciales
    (5) un chip de computadora que ocasiona un corto circuito en los comerciales

4. De acuerdo con el pasaje, ¿cuál de estos enunciados es más probable que describa la actitud de Hadden hacia la televisión?

    (1) La calidad de los comerciales debe mejorarse.
    (2) Las cadenas de televisión deben producir más programas educativos.
    (3) Las cadenas de televisión no observan los intereses de los televidentes.
    (4) La gente es muy cuidadosa con lo que ve en la televisión.
    (5) Los televidentes deben tolerar los comerciales como un mal necesario.

5. De acuerdo con los detalles de este pasaje, ¿cuál es su tema o mensaje?

    (1) los peligros de ver demasiada televisión
    (2) la naturaleza indeseable de los comerciales
    (3) la superioridad de la televisión pública sobre la televisión comercial
    (4) el funcionamiento de la mente de un inventor
    (5) los beneficios de la televisión comercial

6. ¿Cuál de los siguientes aspectos de la televisión comercial desaprobaría más Hadden?

    (1) el uso de groserías o expresiones inapropiadas durante las horas de mayor audiencia
    (2) la poca representación de las minorías en los programas de mayor audiencia
    (3) la violencia y el sexo
    (4) la aceptación de "comerciales informativos" para promocionar productos
    (5) la falta de una clara diferenciación entre noticias y entretenimiento

7. De acuerdo con el pasaje, ¿cuál fue el punto central del juicio *Estados Unidos contra Hadden Cybernetics*?

    (1) Las cadenas de televisión se negaron a sacar al aire los comerciales de Hadden.
    (2) Hadden quería usar su chip para espiar a sus competidores.
    (3) El gobierno de EE.UU. quería evitar que Hadden usara su chip para recopilar información militar.
    (4) El gobierno de EE.UU. quería controlar la producción y uso del chip de Hadden.
    (5) Estados Unidos quería que Hadden dejara de producir chips que bloquearan los comerciales.

Las respuestas comienzan en la página 295.

DESTREZA DE GED **Identificar los elementos del argumento**

El **argumento** se refiere a lo que les ocurre a los personajes de una historia y al orden en que estos sucesos tienen lugar. Por medio del argumento, los escritores organizan los sucesos para crear una historia creíble e interesante.

argumento
el orden de los sucesos de una historia y las relaciones entre ellos

El argumento se desarrolla en distintas etapas que se identifican como principio, medio y final. El principio, o **exposición,** presenta a los personajes, el ambiente, y otros detalles y claves de una situación por lo general inestable. En el medio se plantean las **peripecias** que crean el **conflicto;** la tensión del relato va en aumento. El punto de mayor intensidad de las peripecias se llama **clímax,** después del cual el conflicto se resuelve y se llega al final o **desenlace.**

Lea el siguiente resumen de un argumento y complete el ejercicio a continuación.

SUGERENCIA

Al identificar los elementos del argumento, busque los personajes importantes y los conflictos que puedan influir en las consecuencias de los sucesos.

Un joven se cuela en una fiesta y se siente atraído por una hermosa muchacha. A pesar de la enemistad que hay entre sus familias, los dos se enamoran y se casan en secreto. El primo de la muchacha mata al amigo del joven amante con motivo de un insulto. Para vengar la muerte de su amigo, el joven mata al primo de su esposa y huye. Mientras tanto, la familia de la muchacha intenta obligarla a casarse con otro hombre. El día de su boda toma una droga que la hace parecer muerta; la llevan a la tumba familiar, donde se reunirá con su amante al despertar. El amante llega, piensa que está muerta y bebe un veneno para quitarse la vida. La muchacha despierta y al ver a su amante muerto se mata con una daga. Después de descubrir el destino de los amantes, las familias acaban con su enemistad.

Identifique cada elemento del argumento escribiendo *E* para exposición, *P* para peripecias, *C* para conflicto, *Cl* para clímax y *D* para desenlace.

_____ a. Un joven y una muchacha se enamoran.

_____ b. El primo de la muchacha mata al amigo de su amante.

_____ c. Las familias acuerdan acabar con su enemistad.

_____ d. La muchacha se suicida con una daga

_____ e. Las familias de los amantes se odian.

Usted acertó si eligió *E* en la *opción a* porque es información importante sobre los personajes que se presentan al inicio. La respuesta de la *opción b* es *P* porque es una peripecia que genera o agudiza el conflicto. *D* es la respuesta para la *opción c* porque es el desenlace de la historia. *Cl* es la respuesta de la *opción d* porque es el punto en el que la acción alcanza su intensidad máxima, y *C* es la respuesta de la *opción e* porque es el conflicto subyacente que genera la tensión en la historia.

Lea el siguiente pasaje de un cuento y complete el ejercicio a continuación.

El joven Goodman Brown salió a la calle del pueblo de Salem cuando el sol se ponía, pero después de cruzar el umbral se volvió para darle un beso de despedida a su joven esposa. Y Fe, como acertadamente se llamaba su esposa, asomó su linda cabeza a la calle dejando que el viento jugara con las cintas rosadas de su cofia mientras llamaba a

(5) Goodman Brown.

"Mi amor", susurró suavemente y con un dejo de tristeza cuando sus labios estuvieron cerca de la oreja de él", te suplico que pospongas tu viaje hasta el amanecer y que duermas en tu cama esta noche. Una mujer sola se ve acosada por tales sueños y pensamientos que a veces tiene miedo de sí misma. Te lo ruego, querido esposo, quédate

(10) conmigo esta noche, de todas las noches del año.

Nathaniel Hawthorne, "Young Goodman Brown".

1. ¿Dónde tiene lugar la conversación?

   _____

2. ¿Cuándo tiene lugar?

   _____

3. Mencione tres detalles sobre el personaje Fe.

   a. _____

   b. _____

   c. _____

4. Marque con una "X" los detalles del pasaje que son indicios de la situación inestable que puede originar un conflicto.

   _____ a. La esposa tiene miedo de quedarse sola.

   _____ b. La esposa le ruega a su esposo que se quede.

   _____ c. El esposo se va cuando está oscureciendo.

   _____ d. La cofia de la esposa tiene cintas rosadas.

   _____ e. El esposo es descrito como joven.

SUGERENCIA

Para identificar información importante para el argumento, fíjese en cómo están ordenados los sucesos. Pregúntese si las tensiones entre los personajes aumentan o disminuyen después de un determinado suceso. Esto le permitirá localizar el clímax del relato.

Las respuestas comienzan en la página 296.

Instrucciones: Elija la respuesta que mejor responda a cada pregunta.

Las preguntas 1 a 4 se refieren al siguiente pasaje de un cuento.

¿ADÓNDE IRÁN DE VACACIONES?

La abuela no quería ir a Florida. Quería visitar a unos parientes que vivían en el este de Tennessee y aprovechaba cada ocasión para tratar de hacer cambiar de opinión a
(5) Bailey. Bailey era el hijo con quien vivía, su único hijo; estaba sentado en el borde de su silla, inclinado sobre la sección naranja de deportes del *Diario* que estaba sobre la mesa.
—Mira Bailey —le dijo—. Aquí, lee esto —y
(10) se quedó parada con una mano sobre su débil cadera y la otra sacudiendo el periódico frente a la calva de su hijo—. Este tipo que se hace llamar El Misfit se escapó de la Penitenciaría Federal y se fue para Florida y aquí dice lo que
(15) le hizo a esa gente. Léelo y verás. Yo no llevaría a mis hijos a un lugar donde hay un criminal así suelto. Me remordería la conciencia.
Bailey no levantó la mirada, así que ella se
(20) volvió hacia la madre de los niños, una mujer joven que vestía pantalones y cuya cara era tan ancha e inocente como una col; en la cabeza llevaba una pañoleta verde con las puntas atadas como orejas de conejo. Estaba
(25) sentada en el sofá y le daba de comer al bebé albaricoques de un frasco.
—Los niños ya han estado en Florida —dijo la vieja—. Deberían llevarlos a otro lugar para que conozcan varias partes del mundo y sean
(30) abiertos. Nunca han estado en el este de Tennessee.
La madre de los niños no pareció escucharla pero John Wesley, un niño de ocho años robusto y con lentes, le dijo:
(35) —Si no quieres ir a Florida, ¿por qué no te quedas en casa? —él y la pequeña June Star estaban leyendo la tira cómica del periódico en el piso.

Flannery O'Connor, "A Good Man Is Hard to Find", *A Good Man Is Hard to Find and Other Stories.*

1. De acuerdo con el pasaje, ¿cuál de las siguientes palabras describe mejor a la abuela?

    (1) egoísta
    (2) preocupada
    (3) inocente
    (4) tímida
    (5) abnegada

2. ¿Cómo reaccionan los otros miembros de la familia al comportamiento de la abuela?

    (1) Se burlan de ella.
    (2) No le hacen caso la mayor parte del tiempo.
    (3) La excluyen de sus actividades.
    (4) La dejan salirse con la suya.
    (5) La desafían abiertamente.

3. ¿Cuál de las siguientes situaciones se parece más a la situación del pasaje?

    (1) una conferencia en la que los maestros hablan sobre la mejor manera de educar a los niños
    (2) una reunión en la que el jefe trata de cambiar la opinión del personal sobre una cuestión
    (3) una reunión en la que los vecinos votan para frenar el crimen en su comunidad
    (4) una reunión familiar en que los familiares se expresan su amor
    (5) un salón de clases en donde los estudiantes comparten sus opiniones sobre sucesos actuales

4. ¿Cuál es la principal manera en que el personaje de la abuela es revelado en este pasaje?

    (1) la descripción de su aspecto
    (2) los antecedentes sobre su familia en Tennessee
    (3) los detalles sobre lo que le gusta leer
    (4) las explicaciones sobre lo que los demás personajes piensan de ella
    (5) los diálogos que muestran su manera de hablar

Las preguntas 5 a 7 se refieren al siguiente pasaje de un cuento.

¿POR QUÉ ESTE NIÑO ESTÁ EN PROBLEMAS?

Ella era una mujer grande con una gran bolsa que contenía todo menos martillo y clavos. Tenía una gran correa y la llevaba cruzada al hombro. Eran como las once de la
(5) noche, estaba oscuro y la mujer caminaba sola cuando un niño corrió detrás de ella y trató de arrebatarle la bolsa. La correa se rompió con el brusco jalón, pero su propio peso combinado con el peso de la bolsa hicieron que el niño
(10) perdiera el equilibrio. En lugar de despegar a toda velocidad como había esperado, cayó de espaldas sobre la acera y quedó con las piernas levantadas. La mujer grande simplemente se dio vuelta y lo pateó en el
(15) trasero de sus pantalones vaqueros. Luego se agachó, levantó al niño de la camiseta y lo sacudió hasta que los dientes le castañetearon. Después le dijo:
—Niño, recoge mi cartera y tráemela.
(20) Todavía lo tenía sostenido con fuerza, pero se inclinó lo suficiente para dejarlo agachar y recoger su bolsa. Luego le dijo:
—¿No te da vergüenza?
—Sí —dijo el niño todavía sostenido de la
(25) camiseta.
—¿Por qué lo hiciste? —le preguntó la mujer.
—No era mi intención —le respondió el niño.
(30) —¡Eso es mentira!
Para entonces, dos o tres personas que pasaban por ahí se habían detenido y se habían quedado mirándolos.
—Si te suelto, ¿correrás? —preguntó la
(35) mujer.
—Sí —respondió el niño.
—Entonces no te suelto —le dijo la mujer sin largarlo.
—Señora, lo siento —murmuró el niño.
(40) —¡Hum! Tienes la cara sucia. Me dan ganas de lavártela. ¿No hay nadie en tu casa que te diga que te la laves?
—No —dijo el niño.
—Entonces esta tarde quedará limpia —
(45) dijo la mujer y emprendió la marcha arrastrando al atemorizado niño tras de sí.

Langston Hughes, "Thank You, M'am", *Short Stories*.

5. ¿Cuál de las siguientes palabras describe mejor a la mujer de este pasaje?

(1) mala
(2) miedosa
(3) generosa
(4) cuidadosa
(5) deshonesta

6. De acuerdo con el pasaje, ¿qué es más probable que la mujer le haga al niño?

(1) llevarlo a la casa de ella y darle de comer
(2) acompañarlo a su casa y hablar con sus padres
(3) entregarlo a la policía
(4) ofrecerle dinero y decirle que se vaya
(5) hacerle una advertencia y dejarlo ir

7. De acuerdo con el título (Gracias, señora) y con la manera en que la mujer trata al niño en el pasaje, ¿cuál es la resolución más probable de la historia?

(1) Más tarde el niño roba a la mujer y termina en la cárcel.
(2) La mujer se da cuenta que cometió un error al ser amable con el niño.
(3) El niño trata de ser amable y le ayuda a la mujer en sus quehaceres domésticos.
(4) La mujer contrata al niño para ayudarle en su tienda.
(5) La mujer ayuda al niño a hacer algo de su vida.

Las preguntas comienzan en la página 296.

Instrucciones: Ésta es una prueba de práctica que dura diez minutos. Después de que transcurran los diez minutos, ponga una marca en la última pregunta que haya respondido. A continuación, termine la prueba y revise sus respuestas. Si la mayoría de sus respuestas fueron correctas pero no terminó la prueba, trate de responder las preguntas más rápidamente la próxima vez. Elija la respuesta <u>que mejor responda</u> a cada pregunta.

Las preguntas <u>1 a 6</u> se refieren al siguiente pasaje de una novela.

¿POR QUÉ DISIENTEN ESTAS MUJERES?

Naomi dejó caer sobre su regazo el abanico de cartón de la casa funeraria Gilchrist y examinó a su hija que estaba tirada en la cama envuelta en la calma perfecta como la

(5) que antecede al revuelo. Quería simple y llanamente preguntarle "¿quién es?", pero no podía soportar el pensamiento de escuchar una mentira y algo le decía que Esther interpretaría su curiosidad como intromisión. Naomi tomó el

(10) abanico y sintió la tibieza del aire en su mejilla tan triste como un beso de despedida. El teléfono sonó y Esther dijo:
—Si es Bruce, dile que no estoy.
—No voy a mentir por ti, jovencita. Ya estás

(15) bastante grande para hacerlo tú misma.
El teléfono sonó varias veces con una persistencia que Esther asoció con Bruce. Lo había conocido en Howard; era un educado joven universitario de Newark, New Jersey que

(20) quería ser abogado y que aburría a Esther más de lo que ella hubiera imaginado posible. Finalmente, después de doce timbrazos, el teléfono dejó de sonar.
—¿Y bueno, qué tiene de malo este Bruce?

(25) —preguntó Naomi.
—¡Es tan joven!
—Joven, bueno, tú eres joven. ¿Qué quieres? ¿Un hombre? No estás lista para eso. Un hombre ahora sólo te haría daño.

(30) —Tú te casaste a los diecisiete.
—Sí, y ojalá no lo hubiera hecho. Eso no significa que estuviera preparada. De donde yo soy, era lo único que una muchacha podía hacer para demostrar su valía.

(35) —Es que no puedo soportar a Bruce. No tiene imaginación.

—A veces lamento que vayas a la universidad. Vienes a casa a arrojar esas palabras como si tuvieran algo que ver con la

(40) vida. Un hombre no necesita imaginación para amar a una mujer. Necesita mirarla a los ojos y apreciarla por todo lo que es cuando la encuentra. Olvídate de fantasías y de sueños y de lo que piensas que debe tener; un hombre

(45) tiene que ver a una mujer tal como es y amarla de todos modos.
—La imaginación te dio todo lo que tienes.
—El hambre me dio lo que tengo. Cuando una tiene hambre hace casi cualquier cosa,

(50) pero cuando es la imaginación la que manda, una se vuelve quisquillosa.

Marita Golden, *Long Distance Life.*

1. De acuerdo con el pasaje, ¿qué puede deducirse sobre la relación entre Naomi y Esther?

   (1) No se caen bien.
   (2) Es estrecha.
   (3) Coinciden en casi todo.
   (4) Han compartido experiencias similares.
   (5) No se respetan.

2. ¿Cuál de las siguientes opciones describe <u>mejor</u> el conflicto subyacente entre las dos mujeres?

   (1) Tienen ideas distintas sobre el amor.
   (2) Naomi busca controlar el futuro de su hija.
   (3) Esther piensa que su madre es chapada a la antigua.
   (4) A Naomi no le agrada el nuevo novio de su hija.
   (5) Naomi y su hija no tienen nada en común.

3. De acuerdo con la charla entre Naomi y Esther, ¿cuál de las siguientes es la mejor conclusión que puede sacarse sobre Naomi?

   (1) No quiere que Esther sea feliz.
   (2) Teme que Esther cometa los mismos errores que cometió ella.
   (3) Está enojada porque Esther ya no la escucha.
   (4) No apoya el hecho de que Esther tenga una educación universitaria.
   (5) Piensa que Esther se preocupa demasiado por el dinero.

4. Si Bruce visitara a Naomi, ¿cuál sería la reacción más probable de Naomi?

   Naomi

   (1) simularía que Esther no está en casa
   (2) Intentaría persuadir a Esther para que hablara con él
   (3) le diría que se fuera
   (4) le pediría que se casara con Esther
   (5) lo interrogaría sobre sus estudios

5. ¿Cuál de los siguientes sucesos resolvería mejor el conflicto que se plantea en este pasaje?

   (1) Esther decide darle una oportunidad a Bruce.
   (2) Naomi acepta sus errores pasados.
   (3) Esther y Naomi deciden respetar sus diferencias.
   (4) Esther decide que nunca se casará.
   (5) Naomi se inscribe en la universidad para realizar sus sueños.

6. ¿Cuáles de las siguientes ideas están contrastadas más claramente en este pasaje?

   (1) conocimiento e ignorancia
   (2) apertura y confidencialidad
   (3) verdad y mentira
   (4) juventud y experiencia
   (5) confianza y miedo

Las preguntas 7 a 8 se refieren al siguiente pasaje de un cuento.

¿QUÉ ESPERA ESTE HOMBRE?

Ese año comieron lasaña en la cena de Día de Acción de Gracias. Lasaña sin carne, de lata.

(5) —No hay nada como el olor de una buena ave en el horno —dijo Mike padre al aspirar y limpiarse las botas en el tapete de la entrada.

—¿Papá? Este... —susurró Janet.

—¿Sí, señorita?

—Nada, olvídalo. Feliz Día de Acción de
(10) Gracias, papá. Déjame ayudarte con el abrigo. Todavía tengo unas cosas que hacer en la cocina. Mike regresará en cualquier momento. Te dejaré con Shawn para que se conozcan.

Lo había olido durante toda la mañana. Lo
(15) había olido cuando se despertó en la recámara que rentó cerca de la escuela en el sur de Boston donde trabajaba como preceptor de medio tiempo. Fresco, traído de la leñera donde se lo había guardado durante la noche
(20) para mantenerlo húmedo. Lo había olido mientras el autobús cruzaba la línea estatal y entraba en Maine. La piel dorándose, las primeras gotitas resbalando por los lados.

W. D. Wetherell, "If a Woodchuck Could Chuck Wood".

7. De acuerdo con la información del pasaje, ¿qué relación tiene Janet con Mike padre?

   (1) hija
   (2) nuera
   (3) hijastra
   (4) nieta
   (5) sobrina

8. ¿Qué hecho importante sobre la familia puede deducir a partir de los dos primeros párrafos?

   (1) A la familia le gusta cocinar todos juntos.
   (2) La familia no celebra los días festivos.
   (3) La familia está pasando tiempos difíciles.
   (4) La familia prefiere la comida italiana.
   (5) La familia piensa que Mike padre está perdiendo contacto con la realidad.

Las respuestas comienzan en la página 296.

Lección 12

DESTREZA DE GED **Aplicar ideas**

Una manera de demostrar su comprensión de lo que lee es **aplicar** la información que proporciona a una situación relacionada. En ficción, los escritores crean personajes que por lo general actúan de manera coherente. Basándose en las acciones de los personajes, sus motivaciones y reacciones a los sucesos de la historia, usted puede predecir cómo podrían reaccionar en situaciones nuevas. Aplicar información a un nuevo contexto puede ayudarle a entender mejor los personajes y el argumento de la historia.

aplicar
transferir la información a una nueva situación

SUGERENCIA

Las preguntas que le piden predecir lo que un personaje diría o haría por lo general son preguntas de aplicación.

Lea el siguiente pasaje de un cuento y complete el ejercicio a continuación.

...Mi talento consistía en poder hacer dinero siempre. Tenía habilidad para eso, poco común en Chippewa. Desde el comienzo me distinguí en eso y todos lo reconocieron. Por ejemplo, yo era el único niño a quien dejaban entrar en el Hall de la Legión Americana para lustrar zapatos; y una Navidad vendí de puerta en puerta ramos espirituales para la misión. Las monjas me dejaron quedarme con un porcentaje. Una vez que empecé, parecía que cuanto más ganaba, más fácil venía el dinero. Todos lo fomentaban. Cuando tenía quince años conseguí un trabajo de lavaplatos en el Café Joliet y allí fue donde se presentó mi primera gran oportunidad.

Louise Erdrich, "The Red Convertible", *Love Medicine*.

1. De acuerdo con el pasaje, ¿para qué trabajo estaría más calificado el personaje si se ofreciera como voluntario en un albergue para personas sin hogar?

   _____ a. cocinero en el comedor del albergue

   _____ b. recaudador de fondos

Usted acertó si eligió la *opción b, recaudador de fondos*. El pasaje dice que el talento del personaje es hacer dinero; por lo tanto, lo más probable es que estuviera más calificado para recaudar fondos.

2. De acuerdo con el pasaje, ¿cuál de los siguientes dichos populares se aplicaría mejor al personaje según su relación con el dinero?

   _____ a. Tiene un cocodrilo en el bolsillo.

   _____ b. Todo lo que toca se convierte en oro.

Usted acertó si eligió la *opción b, Todo lo que toca se convierte en oro*. El pasaje dice que siempre podía hacer dinero, que tenía habilidad para eso.

Lea el siguiente pasaje de un texto de ficción y complete el ejercicio a continuación.

Mi madre creía que en Estados Unidos cualquiera podía ser lo que quisiera. Abrir un restaurante, trabajar para el gobierno u obtener una buena jubilación, comprar una casa casi sin poner dinero, hacerse rico, volverse famoso en un instante.

—Claro que también puedes ser un prodigio —me dijo una vez, cuando tenía nueve
(5) años—. Se puede ser la mejor en cualquier cosa. ¿Qué sabe la tía Lindo? Su hija es la mejor sólo en astucia.

Todas las esperanzas de mi madre estaban en Estados Unidos. Llegó aquí en 1949, después de perder todo en China: su madre, su padre, la casa familiar, su primer esposo y dos hijas, bebitas gemelas. Pero nunca miró hacia el pasado con pesar. Había tantas
(10) maneras de mejorar las cosas.

Amy Tan, "Two Kinds", *The Joy Luck Club.*

1. Si la madre se enterara de que su hija había comprado varios billetes de lotería, ¿cómo sería más probable que reaccionara?

_____ a. Se enojaría con su hija por gastar el dinero.

_____ b. Desearía que pasara lo mejor y esperaría que la hija ganara.

2. De acuerdo con el pasaje, ¿cuál de las siguientes acciones es la que más concuerda con el carácter de la madre?

_____ a. negar a su hija la oportunidad de tomar clases de violín

_____ b. animar a los miembros de la casa a votar

_____ c. ahorrar dinero para regresar a China y reconstruir su vida

_____ d. volverse un miembro activo de un partido político

3. De acuerdo con el pasaje, marque con una "X" los tres enunciados con los que la madre podría estar de acuerdo.

_____ Rara vez la gente progresa en la vida.

_____ La prosperidad está a la vuelta de la esquina.

_____ Las cosas podrían ser mucho peor de lo que son.

_____ Cuando más oscuro está es porque va a amanecer.

4. Escriba una oración del pasaje que apoye sus repuestas a la pregunta 3.

_____

_____

Las respuestas comienzan en la página 297.

Instrucciones: Elija la respuesta que mejor responda a cada pregunta.

Las preguntas 1 a 3 se refieren al siguiente pasaje de una novela.

¿CÓMO CELEBRARÁN?

Corrí calle abajo, desde la parada del autobús ocho hasta mi casa, que estaba a la vuelta de la esquina. El otoño se dejaba notar poco a poco en los árboles de nuestra
(5) manzana, y algunos empezaban a tener una tonalidad marrón.

A duras penas podía contener mi excitación mientras subía la escalera de mi casa y corría por la sala de estar hacia la cocina.
(10) Mamá, inclinada sobre los fogones y las ollas, tarareaba una canción.

—Tendré el pasaporte en un mes, más o menos —dije, sacando una fotocopia de la solicitud para que la viera.
(15) La miró como si contuviera un número ilimitado de posibilidades.

—Podemos celebrarlo con una sopa de huesos bien cargada —dijo—. Justo ahora la estoy preparando.
(20) En la olla que estaba en los fogones había trozos de huesos de vaca cociéndose en agua hirviendo.

Mamá creía que su sopa de huesos curaba todo tipo de enfermedades. Creía incluso que
(25) podría obrar el milagro de separar a Caroline de Eric, su novio de las Bahamas. Desde que anunció que estaba prometida, habíamos cenado sopa de huesos todas y cada una de las noches.
(30) —¿Has tomado sopa? —le pregunté bromeando a Caroline cuando salió de su habitación.

—Esa sopa me pone de los nervios —me susurró ella al oído, al pasar junto a mí para
(35) coger un vaso de agua del grifo.

Edwidge Danticat, *¿Krik? ¡Krak!*

1. De acuerdo con en el pasaje, ¿cuál de las siguientes sería la reacción más probable de la madre si Caroline rompiera su compromiso con su novio?

   La madre de Caroline

   (1) pensaría que la sopa de huesos fue la responsable
   (2) iría a las Bahamas a encontrar un esposo para Caroline
   (3) le pediría a su otra hija que pospusiera el viaje
   (4) embrujaría al novio
   (5) regañaría a Caroline por cometer un error

2. ¿Por qué la narradora le pregunta a Caroline si tomó sopa?

   (1) Le preocupa que Caroline no coma suficiente.
   (2) Espera que Caroline rompa su compromiso.
   (3) Les gusta reírse de las creencias de su madre.
   (4) Quiere que Caroline celebre.
   (5) Disfrutan de lo que su madre cocina.

3. ¿Cuál de las siguientes puede deducir sobre la madre con base en la manera en que responde a los planes de su hija?

   (1) Quiere que sus hijas se queden en casa.
   (2) Espera que sus hijas sean grandes cocineras como ella.
   (3) Apoya las decisiones de sus hijas.
   (4) Se preocupa por el futuro de sus hijas.
   (5) Desearía que sus hijas fueran más tolerantes con otras culturas.

SUGERENCIA

Para responder las preguntas de aplicación, lea cada opción y busque detalles como conductas o creencias. Elimine las opciones que contengan detalles que no encajan con el personaje.

Las <u>preguntas 4 a 7</u> se refieren al siguiente pasaje de una novela.

¿QUÉ PASA ANTES DE QUE ESTE NIÑO EMPIECE LA ESCUELA?

—Hoy es el primer día de clase para Antonio.

—¡Uy! Otro gasto. Dicen que en California de la tierra mana leche y miel...

(5) —¡De cualquier tierra mana leche y miel si la trabajan manos honradas! —replicó mi madre— Mira lo que han hecho mis hermanos con las tierras bajas de El Puerto...

— ¡Ay, mujer, siempre tus hermanos! ¡En

(10) esta loma sólo crecen rocas!

—¡Ay! ¿Y quién tiene la culpa de que hayamos comprado una loma que no vale nada? No podías comprar tierra fértil junto al río, no, tenías que comprar este pedazo de,

(15) de...

—Del llano —terminó mi padre.

—¡Sí!

—Es hermoso —dijo con satisfacción.

—¡No vale nada! Mira qué duro trabajamos

(20) en el jardín todo el verano, y ¿para qué? ¡Dos canastas de chile y una de maíz! ¡Bah!

—¡Aquí hay libertad!

—¡Trata de poner eso en las loncheras de tus hijos!

(25) —Así que Tony va a la escuela hoy, ¿eh? —dijo él.

—Sí, y debes hablar con él.

—Estará bien.

—Debe saber el valor de su educación —

(30) insistió ella—. Debe saber lo que puede llegar a ser.

—Un sacerdote.

—Sí.

—Para tus hermanos —su voz era fría.

(35) —¡No metas a mis hermanos en esto! Son hombres honrados. Siempre te han tratado con respeto. Fueron los primeros colonizadores del Llano Estacado, los Luna fueron quienes llevaron el otorgamiento del gobierno mexicano

(40) para establecerse en el valle. Para eso se necesita valor...

Rudolfo Anaya, *Bless Me, Ultima.*

4. De acuerdo con los detalles de las líneas 29 a 38, ¿cuál es la ocupación de los tíos de Antonio?

(1) pescadores
(2) jornaleros
(3) ganaderos
(4) sacerdotes
(5) funcionarios del gobierno

5. De acuerdo con este pasaje, ¿cuál de las siguientes opciones haría más feliz a la madre de Antonio?

(1) divorciarse de su esposo y mudarse con sus hermanos
(2) sacar a su hijo de la escuela para que ayude en la granja
(3) vender su tierra y mudarse cerca del río
(4) renunciar a la ciudadanía mexicana
(5) que Antonio se mudara con sus hermanos a El Puerto

6. ¿Qué indica la afirmación de la madre "trata de poner eso en las loncheras de tus hijos" (líneas 23 y 24) sobre lo que opina de su esposo? Ella piensa que es

(1) testarudo
(2) flojo
(3) sensible
(4) poco práctico
(5) irrespetuoso

7. ¿Cuál de las siguientes opciones caracteriza <u>mejor</u> el estilo del autor en este pasaje?

(1) oraciones largas y complejas
(2) lenguaje formal y académico
(3) énfasis en el diálogo
(4) partes detalladas y descriptivas
(5) uso frecuente del humor

Las respuestas comienzan en la página 297.

Instrucciones: Ésta es una prueba de práctica que dura diez minutos. Después de que transcurran los diez minutos, ponga una marca en la última pregunta que haya respondido. A continuación, termine la prueba y revise sus respuestas. Si la mayoría de sus respuestas fueron correctas pero no terminó la prueba, trate de responder las preguntas más rápidamente la próxima vez. Elija la respuesta que mejor responda a cada pregunta.

Las preguntas 1 a 9 se refieren al siguiente pasaje de una novela.

¿CÓMO SE LLEVA ESTA FAMILIA?

—¡Hola, papi! —gritó Feather. Estaba tan emocionada de verme después de todas esas horas de sueño que corrió directo a mí, golpeándose la nariz contra mi rodilla. Empezó
(5) a llorar y la levanté. Jesús entró en el cuarto, silencioso como la neblina. Era pequeño para sus 15 años, liviano y seguro. Era el corredor de fondo estrella de la Preparatoria Hamilton. Me sonrió sin decir palabra.
(10) Jesús no había dicho nada en los trece años que llevaba de conocerlo. A veces me escribía notas, generalmente sobre dinero que necesitaba y eventos escolares a los que yo debía asistir. Los médicos decían que estaba
(15) sano y que podía hablar si quería. Todo lo que podía hacer era esperar.

Jesús se hizo cargo del desayuno mientras yo arrullaba a Feather y la sostenía cerca de mí.
(20) —Me lastimas —me dijo lloriqueando.

—¿Qué quieres de comer, crema de maní o salami? —le pregunté.

Feather era gruesa y de piel morena clara. Sentía los ruidos de su estómago en mi pecho
(25) y en su cara podía ver que no sabía si llorar o correr a la mesa.

—¡Déjame ir! ¡Déjame ir! —dijo empujándome los brazos para bajarse a su silla.
(30) Una vez sobre la pila de directorios telefónicos, Jesús le puso enfrente una rebanada de pan untada con mermelada de fresa.

—Tuve un sueño —dijo Feather, y por un
(35) momento se quedó con la mirada perdida. La luz que entraba por la ventana de la cocina tornó casi transparentes sus ojos ambarinos y su cabello dorado—. Soñé, soñé —continuó— que anoche había un hombre aterrador en la
(40) casa.

—¿Qué tipo de hombre? —extendió las manos y abrió bien los ojos para decir que no sabía—. No lo veía; lo oía, solamente.

Walter Mosley, *Black Betty*.

1. ¿Cuál es la relación entre el narrador y Feather?

   El narrador es su

   (1) madre
   (2) padre
   (3) hermana
   (4) hermano
   (5) hijo

2. ¿Cuál de las siguientes es la razón más probable de la primera reacción de Feather al ver al narrador?

   (1) Está feliz de verlo cuando se despierta en la mañana.
   (2) Está celosa de Jesús y de sus logros.
   (3) Quiere que él le prepare el desayuno.
   (4) Tiene miedo del hombre desconocido que está en la casa.
   (5) Además de Jesús, quiere tener a alguien más con quien hablar.

3. De acuerdo con la descripción "Jesús entró en el cuarto silencioso como la neblina" (líneas 5 y 6), ¿cómo es probable que sea Jesús?

Jesús es

(1) taimado
(2) tranquilo
(3) servicial
(4) pequeño
(5) miedoso

4. De acuerdo con el pasaje, ¿qué puede deducirse de Jesús?

(1) Sus cuerdas vocales están lastimadas, lo cual le imposibilita hablar.
(2) Es responsable de cocinar en la casa.
(3) Ha optado por no hablar con la gente.
(4) Está en peligro de abandonar la escuela.
(5) No puede administrar bien su dinero

5. De acuerdo con el pasaje, ¿cuál de las siguientes explica mejor la relación entre Jesús y el narrador?

(1) Jesús es el hijo del narrador.
(2) El narrador conoce a Jesús desde que nació.
(3) Jesús es hijo de un vecino.
(4) El narrador le da casa a Jesús.
(5) Jesús y el narrador son hermanos.

6. De acuerdo con el pasaje, ¿cuál de las siguientes palabras describe mejor a Jesús?

(1) franco
(2) informal
(3) quejumbroso
(4) ambicioso
(5) responsable

7. ¿Qué le preocupa a Feather?

(1) Se golpeó la nariz contra la rodilla de su padre.
(2) No quiere comer crema de maní.
(3) Tiene hambre.
(4) Tuvo un sueño inquietante.
(5) No le gusta Jesús.

8. De acuerdo con el pasaje, ¿cómo se describiría a esta familia en términos actuales?

(1) una familia de acogida
(2) una familia de un solo padre
(3) una familia disfuncional
(4) una familia extensa
(5) una familia aislada

9. ¿Cuál es el efecto de la descripción de la relación del narrador con Feather y Jesús?

La descripción

(1) hace que el lector se pregunte sobre el paradero de su esposa
(2) motiva al lector a preocuparse por la vida familiar del personaje
(3) muestra un lado más tierno y acogedor de él
(4) lo hace desagradable para el lector
(5) hace que el lector cuestione su trabajo y estilo de vida

Las respuestas comienzan en la página 298.

Lección 13

DESTREZA DE GED **Identificar causa y efecto**

causa
una acción que hace que ocurra otra cosa

efecto
el resultado de una acción

La **causa** es la acción inicial (un pensamiento, una palabra o un hecho) que hace que ocurra otra cosa. El **efecto** es la consecuencia o el resultado de esa acción. Una causa suele tener más de un efecto, o un efecto puede tener más de una causa. A veces, el vínculo entre causa y efecto no es obvio, y hay que pensar con detenimiento en cómo están relacionados los acontecimientos.

Los escritores de ficción usan causas y efectos para crear sus cuentos y relatos. Si presta atención a las causas y efectos de un relato, entenderá mejor el argumento.

Lea el siguiente pasaje de una novela y complete el ejercicio a continuación.

Doña Berta lloró mucho, suplicó mucho, y llegó a comprender que el dueño de su bien único tenía bastante paciencia aguantándola, aunque no tuviera bastante corazón para ablandarse. Sin embargo, ella esperaba que Dios la ayudase con un milagro; se prometió sacar agua de aquella peña, ternura de aquel canto rodado[1] que el millonario llevaba en el pecho. Así, se conformó por lo pronto con que la dejara, mientras el cuadro no fuera trasladado a América, ir a contemplarlo todos los días; y de cuando en cuando también habría de tolerar que le viese a él, al ricachón, y le hablase y le suplicase de rodillas... A todo accedió el hombre, seguro de no dejarse vencer, ¡es claro!, porque era absurdo.

_____
[1] canto rodado: roca

Leopoldo Alas ("Clarín"), "Doña Berta".

SUGERENCIA

Puede identificar una relación de causa y efecto al preguntar por qué ocurrió algo y cuáles fueron sus resultados.

1. El millonario, dueño del cuadro, deja que Doña Berta vaya a contemplarlo todos los días. ¿Cuál es la causa de este efecto?

   _____ a. El millonario estaba seguro de no dejarse vencer.

   _____ b. Doña Berta llora mucho y suplica mucho.

Usted acertó si eligió la _opción b_. Doña Berta se promete ablandar al millonario, y con sus lágrimas y súplicas lo consigue.

2. Doña Berta esperaba que Dios la ayudara con un milagro. ¿Cuál es el efecto de esta causa?

   _____ a. El millonario llevaba en el pecho un canto rodado.

   _____ b. El millonario accedió a que ella fuera a ver el cuadro.

Usted acertó si eligió la _opción b_. La fe de Doña Berta hace que tenga paciencia y prosiga con su estrategia de enternecer al millonario.

Lea el siguiente pasaje de una novela y complete el ejercicio a continuación.

...Para el setenta cumpleaños de su padre, la hija menor, Sofía, quería que la celebración fuera en su casa. Su hijo había nacido ese verano y no quería viajar en noviembre con un bebé de cuatro meses y una niña pequeña. Y sin embargo, tampoco quería ser la única de todas las hijas que estuviera ausente, porque estaba hablando con
(5)   su padre por primera vez desde que había escapado con su esposo, hacía seis años. De hecho, el viejo había ido a verla —a ver a su nieto, más bien— ya dos veces. Era un gran suceso que Sofía hubiera tenido un hijo. Era el primer varón que nacía en la familia en dos generaciones. De hecho, el bebé se llamaría como su abuelo, Carlos, y su segundo nombre sería el nombre de soltera de Sofía; y así, sucedería lo que el viejo nunca había
(10) esperado con su "harem de cuatro hijas", como le gustaba decir en broma, ¡su nombre continuaría en este nuevo país!

Julia Álvarez, "The Kiss", *How the* García Girls *Lost Their Accents.*

1. Marque con una "X" las dos causas por las cuales Sofía quiere que la fiesta de su padre sea en su casa.

   _____ a. Le gusta dar fiestas sorpresa.

   _____ b. No quiere viajar en noviembre con niños pequeños.

   _____ c. Le está poniendo a su hijo el nombre de su padre.

   _____ d. No quiere perderse la celebración.

2. Elija la causa más razonable del distanciamiento de Sofía y su padre.

   _____ a. Huyó para casarse.

   _____ b. Primero tuvo una hija.

3. Marque con una "X" todas las causas probables de las visitas que el abuelo había hecho a su hija.

   _____ a. El bebé es el primer varón que nace en la familia en dos generaciones.

   _____ b. El bebé lleva el nombre del abuelo.

   _____ c. El abuelo quiere reconciliarse con Sofía.

   _____ d. El abuelo tiene una relación cercana con su hija.

   _____ e. El abuelo disfruta de los viajes.

4. Escriba un efecto del hecho de que Sofía le haya puesto al niño el nombre de su padre.

   _____

   _____

   _____

Las respuestas comienzan en la página 298.

Instrucciones: Elija la respuesta que mejor responda a cada pregunta.

Las preguntas 1 a 4 se refieren al siguiente pasaje de un cuento.

¿QUÉ INVADIÓ LA GRANJA?

Salió para reunirse con el viejo, pisando con cuidado entre los insectos. Se quedaron parados mirando. En lo alto, el cielo estaba azul, azul y despejado.

(5) —Bonito —dijo el viejo Stephen con satisfacción.

"Bueno, tal vez estemos arruinados, tal vez estemos en bancarrota, pero no cualquiera ha visto un ejército de langostas abanicando sus
(10) alas al amanecer", pensó Margaret.

A lo lejos, sobre las colinas, se veía una mancha de color rojo tenue en el cielo, engrosada y extendida.

—Allá van —dijo el viejo Stephen—. Allá, al
(15) sur, va el ejército principal.

De los árboles y de toda la tierra que los rodeaba, las langostas alzaban el vuelo. Parecían pequeños aeroplanos maniobrando para el despegue, probando sus alas para ver
(20) si estaban suficientemente secas. Se fueron. Una corriente café rojiza se levantaba de las millas de arbustos, terrenos y tierra. De nuevo, la luz del sol se ensombreció.

Y conforme se aligeraba el peso que las
(25) ramas sostenían, no quedaba nada, sólo varas. No quedaba nada verde, nada. Toda la mañana los tres estuvieron mirando cómo la corteza color café se adelgazaba, se rompía y se disolvía, y volaba para reunirse con el
(30) ejército principal, que ahora era una mancha café rojiza en el cielo sureño. Las tierras que antes habían estado cubiertas de verde, las tiernas plantas estaban estériles y desnudas. Todos los árboles despojados, un paisaje
(35) devastado; sin verde, nada verde en ninguna parte.

Doris Lessing, "A Mild Attack of Locust", *The Habit of Loving*.

1. ¿Qué efecto tuvieron las langostas sobre la tierra?

(1) La dejaron sin hojas.
(2) La tornaron de un color café rojizo.
(3) Levantaron nubes de polvo.
(4) Rompieron ramas de los árboles.
(5) La llenaron de manchas.

2. ¿A qué se refiere la frase "una mancha de color rojo tenue" (líneas 11 y 12)?

(1) al color rosáceo del amanecer
(2) al polvo que levanta un grupo de soldados
(3) a los colores del atardecer
(4) a una nube de langostas
(5) a los pesticidas que rocían los fumigadores

3. ¿Cuál de los siguientes conflictos se destaca en el pasaje?

(1) entre personas
(2) entre un individuo y la sociedad
(3) entre una sociedad y otra
(4) entre seres humanos y la naturaleza
(5) entre los seres humanos y la tecnología

4. ¿Cuál de los siguientes detalles se emplea con mayor frecuencia a lo largo del pasaje?

(1) color
(2) textura
(3) tamaño
(4) forma
(5) sonido

SUGERENCIA

Pregúntese "¿qué sucedió?" La respuesta es un efecto. Luego, pregúntese "¿por qué sucedió?" La respuesta es la causa.

Las preguntas 5 a 9 se refieren al siguiente pasaje de una novela.

¿EN QUÉ HAN CAMBIADO ESTAS PERSONAS?

La mañana del treceavo sueño de la enfermedad en el campamento de los Comedores Solitarios, Alarde de Tontos y su padre, Cabalga en la Puerta, salieron a

(5) caminar por la aldea. Fueron de pabellón en pabellón llamando a la gente que estaba adentro. Todavía había muchos enfermos y moribundos, pero el número de víctimas nuevas había disminuido. La furia de las

(10) costras blancas estaba cediendo. Parecía imposible que fuera a durar tan poco tiempo y dejar tantos muertos o cicatrices de por vida debidas a las llagas supurantes. Otros caminaban con desgano bajo el tibio sol o sólo

(15) se sentaban afuera de sus pabellones. No había nada del bullicio que normalmente llenaba las mañanas invernales en el campamento. Las personas no se saludaban. Si se encontraban en el camino que iba al río,

(20) se salían del camino y daban un rodeo, hasta que llegaban mucho más adelante. Si se encontraba a un niño jugando con los niños de una familia muy golpeada por el espíritu maligno, se lo llamaba y se lo reprendía. Pero

(25) una mujer vieja, la única sobreviviente de su pabellón, que se sentaba a llorar y escarbar la tierra congelada hasta que los dedos se le descarnaban y sangraban, fue quien hizo que la gente se percatara del grado de sus

(30) pérdidas. Poco a poco emergieron del profundo vacío de la enfermedad y la muerte y vieron que se habían transformado en un pueblo distinto.

James Welch, *Fools Crow.*

5. ¿Qué le ha pasado a la gente del pueblo?

   (1) Se están muriendo de hambre.
   (2) Son víctimas de un desastre natural.
   (3) Han contraído una enfermedad infecciosa.
   (4) Tienen miedo de abandonar sus pabellones.
   (5) Están en guerra con otro pueblo.

6. ¿A cuál de las siguientes situaciones se parece más un aldeano que elude a otro para evitar entrar en contacto con el espíritu maligno?

   (1) a una persona que contrae una terrible enfermedad
   (2) a una persona que toma una nueva ruta para evitar a alguien que le desagrada
   (3) a una persona que lleva puesta una mascarilla para evitar microbios
   (4) a una persona que deja un camino para caminar por el bosque
   (5) a una persona que estornuda cerca de otra y le transmite un resfriado.

7. ¿Cuál cree la gente que es la causa de sus problemas?

   (1) la invasión del hombre blanco a su territorio
   (2) la presencia de un espíritu maligno
   (3) un castigo de los dioses
   (4) la contaminación del río
   (5) estar obligados a vivir muy juntos

8. Las líneas 32 y 33 dicen que "se habían transformado en un pueblo distinto". ¿Cuál de los siguientes es el cambio más probable?

   (1) Estaban tristes y desanimados.
   (2) Sus rostros tenían cicatrices de por vida.
   (3) Estaban felices de haber sobrevivido.
   (4) Decidieron unirse a otro campamento.
   (5) Ya no les importaba lo que les pasara.

9. ¿Cuál es el efecto de relatar la historia principalmente desde el punto de vista de los aldeanos?

   (1) Distancia a los lectores de los sucesos de la historia.
   (2) Permite a los lectores entender cómo se sienten los personajes.
   (3) Sugiere que a la gente le gustaba comentarse todo lo que pasaba.
   (4) Predispone a los lectores contra el hombre blanco.
   (5) Demuestra que a los aldeanos les desagradan las personas de fuera.

Las respuestas comienzan en la página 298.

Instrucciones: Ésta es una prueba de práctica que dura diez minutos. Después de que transcurran los diez minutos, ponga una marca en la última pregunta que haya respondido. A continuación, termine la prueba y revise sus respuestas. Si la mayoría de sus respuestas fueron correctas pero no terminó la prueba, trate de responder las preguntas más rápidamente la próxima vez. Elija la respuesta que mejor responda a cada pregunta.

Las preguntas 1 a 9 se refieren al siguiente pasaje de una novela.

¿TIENEN LA MISMA SUERTE EN EL AMOR ESTAS DOS HERMANAS?

Sin embargo, esa desdicha por la cual años enteros de felicidad no podían brindar compensación se suavizó poco después, al observar cómo la belleza de su hermana

(5) despertaba de nuevo la admiración de su anterior enamorado. Al entrar, éste no le había hablado sino poco, pero cada cinco minutos parecía prestarle cada vez más atención. La encontró tan bella como el año pasado, de tan

(10) buen carácter y sencilla, aunque no tan conversadora. Jane estaba ansiosa porque no se percibiera diferencia alguna en ella y realmente estaba persuadida de que hablaba tanto como siempre, pero su mente estaba tan

(15) ocupada que no siempre se percataba de su silencio.

Cuando los caballeros se levantaron para marcharse, la Sra. Bennet no olvidó su deliberada amabilidad y los invitó a cenar en

(20) Longbourn a los pocos días, invitación que ellos aceptaron...

En cuanto se marcharon, Elizabeth salió para recobrar sus ánimos o, en otras palabras, para meditar sin interrupción sobre aquellas

(25) cosas que debían atemperarlos. La conducta del Sr. Darcy la asombraba y la desconcertaba.

—¿Por qué vino —se preguntaba— si sólo vino a estar callado, serio e indiferente?

(30) No podía explicárselo de manera satisfactoria.

—Si podía ser amable y agradable con mis tíos en la ciudad, ¿por qué no conmigo? Si me tiene miedo, ¿por qué vino aquí? Y si ya no le

(35) importo, ¿por qué estuvo callado? ¡Hombre perturbador, perturbador! No he de pensar más en él.

Esta resolución la mantuvo involuntariamente por corto tiempo debido a

(40) que su hermana llegó con una mirada alegre, lo cual revelaba que estaba más satisfecha con sus visitantes que Elizabeth.

—Ahora —dijo— que este primer encuentro ha pasado, me siento completamente

(45) tranquila. Conozco mi propia fortaleza y ya no me avergonzaré de nuevo cuando venga. Me alegro de que cene aquí el martes. Entonces se hará público que por ambas partes nos encontramos como conocidos ordinarios e

(50) indiferentes.

—Sí, en verdad muy indiferentes —dijo Elizabeth riendo— ¡Ah, Jane, ten cuidado!

—Querida Elizabeth, no puedes creerme tan débil como para considerarme en peligro.

(55) —Creo que estás en gran peligro de que te ame como siempre.

Jane Austen, *Pride and Prejudice.*

1. ¿Cuál de las siguientes palabras describe mejor lo que Elizabeth siente por el Sr. Darcy?

   (1) atracción
   (2) envidia
   (3) gratitud
   (4) respeto
   (5) desconfianza

2. ¿Cómo se siente Jane después de la visita?

   (1) poco impresionada
   (2) superior
   (3) abrumada por la emoción
   (4) tímida y torpe
   (5) más segura de sí misma

3. ¿Por qué Elizabeth está decepcionada?

   (1) Su hermana coquetea con el Sr. Darcy.
   (2) El Sr. Darcy no le ha hecho caso.
   (3) El Sr. Darcy se preocupa mucho por ella.
   (4) Su madre se inmiscuye en la visita de los hombres.
   (5) El Sr. Darcy ha sido grosero con sus parientes.

4. A partir de la visita de los hombres, ¿cuál de las siguientes conclusiones puede sacarse?

   (1) El Sr. Darcy es terriblemente tímido.
   (2) El Sr. Darcy había mostrado interés por ella anteriormente.
   (3) El Sr. Darcy está en peligro de enamorarse de Jane.
   (4) Las dos hermanas sufrirán desilusiones en el amor.
   (5) Jane es más coqueta que Elizabeth.

5. De acuerdo con el pasaje, ¿qué es más probable que Elizabeth haga en el futuro?

   (1) Le pedirá disculpas al Sr. Darcy por su conducta grosera.
   (2) Estará preocupada pensando en el Sr. Darcy.
   (3) Tratará de convencer a Jane de que deje a su novio.
   (4) Dejará de hablarle a su tío y a su tía.
   (5) Perderá todas las esperanzas de romance.

6. De acuerdo con el pasaje, ¿qué descripción caracteriza mejor la relación entre Elizabeth y Jane?

   (1) crítica y competitiva
   (2) distante pero educada
   (3) cercana y cariñosa
   (4) turbulenta y problemática
   (5) frágil pero se hace más profunda

7. ¿Cuál de las siguientes opciones describe mejor lo que Elizabeth quiere decir con la frase "Sí, en verdad muy indiferentes" (línea 51)?

   (1) Está elogiando a Jane por su conducta.
   (2) Está describiendo la actitud del Sr. Darcy.
   (3) Está ironizando la afirmación de Jane sobre su indiferencia.
   (4) Está dando su opinión sobre la cena planeada.
   (5) Está compartiendo sus observaciones sobre la Sra. Bennet.

8. ¿Los pensamientos de qué personaje de este pasaje se ocultan al lector?

   (1) los de Elizabeth
   (2) los de Jane
   (3) los de los visitantes de Jane
   (4) los del Sr. Darcy
   (5) los de la Sra. Bennet

9. ¿En qué se parecen Jane y el Sr. Darcy?

   (1) Ninguno de los dos se muestra comunicativo el día de la visita.
   (2) Ambos cuestionan a Elizabeth sobre su conducta.
   (3) Ninguno de los dos desea ir a Longbourn.
   (4) Ambos parecen particularmente alegres después de la visita.
   (5) Ambos parecen disfrutar de molestar a Elizabeth.

Las respuestas comienzan en la página 299.

DESTREZA DE GED **Analizar los personajes**

Los escritores de ficción crean personas, o **personajes,** para capturar el interés del lector. Hay varias maneras de descubrir cosas sobre los personajes en la literatura. Para desarrollar personajes, los escritores describen su aspecto, comportamiento, pensamientos y palabras, así como lo que los demás personajes dicen de ellos.

personajes
las personas que aparecen en una obra de ficción

Lea el siguiente pasaje de una novela y complete el ejercicio a continuación.

El Sr. Chadband es un hombre grande y muy rubio, con una sonrisa amplia y la apariencia general de tener una buena cantidad de grasa en su sistema... El Sr. Chadband se desplaza silenciosa y pesadamente[1], no de manera muy distinta a un oso que ha aprendido a caminar erguido. Los brazos lo entorpecen mucho, como si fueran poco prácticos y quisiera postrarse; la cabeza le transpira mucho, y nunca habla sin antes alzar su manaza[2], como en señal de que va a iluminar a quienes lo escuchan.

—Amigos míos —dice el Sr. Chadband—, ¡que haya paz en esta casa! ¡Para el amo, para el ama, para las doncellas y para los jóvenes! Amigos míos, ¿por qué deseo la paz? ¿Qué es la paz? ¿Es acaso la guerra? No. ¿Es lucha? No. ¿Es encantadora y amable y hermosa y agradable y serena y alegre? ¡Ah, sí! Por lo tanto, amigos míos, deseo la paz para ustedes y para los suyos.

---

[1] pesadamente: lentamente y con movimientos torpes por estar excesivamente gordo o por cansancio o agotamiento excesivo, distracción o enajenación
[2] manaza: mano grande

Charles Dickens, *Bleak House.*

Las acciones de los personajes no siempre concuerdan con sus palabras. Al igual que en la vida real, usted tendrá que juzgar si los personajes son honestos y confiables.

1. Marque con una "X" todas las opciones que puedan aplicarse al Sr. Chadband.

   _____ a. es un hombre de pocas palabras

   _____ b. es sermoneador

   _____ c. es presumido

   _____ d. frunce mucho el ceño

2. Subraye las frases descriptivas del pasaje que le digan algo sobre el carácter del Sr. Chadband.

Usted acertó si eligió las *opciones b* y *c.* El Sr. Chadband habla como si estuviera dando un sermón y se comporta como si fuera a iluminar a su público. Algunas de las frases que usted pudo haber subrayado son: *una sonrisa amplia; la apariencia general de tener una buena cantidad de grasa en su sistema,* y *nunca habla sin antes alzar su manaza.*

Lea el siguiente pasaje de una novela y complete el ejercicio a continuación.

—Es bien sabido que las personas de ojos grises son celosas.

—Te dije que no estaba celosa —dijo Frankie mientras caminaba deprisa por el cuarto—. No podría estar celosa de uno sin estar celosa de ambos. Los asocio a los dos juntos.

(5) —Bueno, yo sentí celos cuando mi hermano adoptivo se casó —dijo Berenice—. Admito que cuando John se casó con Clorina lancé la advertencia de que le arrancaría las orejas a ella. Pero ya ves que no lo hice. Clorina tiene unas orejas inigualables y ahora la quiero.

—J A —dijo Frankie— Janice y Jarvis. ¿No es de lo más extraño?

(10) —¿Qué?

—J A —respondió— Sus nombres comienzan con J A.

—¿Y? ¿Qué tiene?

Frankie dio vueltas y vueltas alrededor de la mesa de la cocina.

—Si tan sólo me llamara Jane —dijo—. Jane o Jasmine.

(15) —No te sigo —dijo Berenice.

—Jarvis y Janice y Jasmine. ¿Ves?

—No —dijo Berenice.

Carson McCullers, *The Member of the Wedding.*

1. Marque con una "X" lo que sugiere sobre su estado de ánimo el hecho de que Frankie camine sin parar por el cuarto.

    _____ a. Tiene energía nerviosa contenida.

    _____ b. Es grosera con Berenice.

    _____ c. Quiere bajar unas cuantas libras.

2. Marque con una "X" el enunciado que mejor describe los sentimientos de Frankie.

    _____ a. Frankie se siente excluida porque Jarvis y Janice se van a casar.

    _____ b. Frankie siente que Janice no es lo suficientemente buena para su hermano Jarvis.

3. Explique su respuesta a la pregunta 2.

    _____

    _____

    _____

4. ¿Qué logra el diálogo en este pasaje?

    _____ a. Resolver el conflicto entre Frankie y Berenice.

    _____ b. Contrastar las emociones de Frankie y Berenice.

Las respuestas comienzan en la página 300.

Instrucciones: Elija la respuesta que mejor responda a cada pregunta.

Las preguntas 1 a 4 se refieren al siguiente pasaje de un cuento.

¿POR QUÉ COMPRA VENENO ESTA MUJER?

—Quiero un poco de veneno —le dijo al farmacéutico. En ese entonces tenía más de treinta años y todavía era una mujer menuda, aunque más delgada que de costumbre, de

(5) ojos negros y altivos en un rostro cuya carne se tensaba en las sienes y órbitas tal como uno imaginaría a un farero[1].

—Quiero un poco de veneno —dijo.

—Sí, señorita Emily. ¿De qué clase? ¿Para

(10) ratas y animales así? Yo le recom...

—Quiero el mejor que tenga. No me importa de qué clase.

El farmacéutico nombró varios.

—Matarán de todo hasta un elefante. Pero

(15) lo que usted quiere es...

—Arsénico —dijo la señorita Emily— ¿Es bueno?

—Es... ¿arsénico? Sí, señorita. Pero lo que usted quiere...

(20) —Quiero arsénico.

El farmacéutico la miró y a su vez ella lo miró, erguida y con la cara como una bandera tirante.

—Claro —dijo el farmacéutico— si eso es

(25) lo que quiere. Pero la ley exige que me diga para qué lo va a usar.

La señorita Emily sólo se le quedó viendo, inclinó la cabeza hacia atrás para verlo directamente a los ojos hasta que él apartó la

(30) mirada y se fue a buscar el arsénico y lo envolvió.

[1] farero: empleado o vigilante de un faro

[2] parco: moderado en el uso o concesión de las cosas

[3] suspicaz: propenso a tener sospechas y desconfianza

William Faulkner, "A Rose for Emily", *Collected Stories of William Faulkner*.

1. ¿Qué se quiere decir cuando se describe la cara de la señorita Emily como "bandera tirante" (líneas 22 y 23)?

   (1) Emily está a punto de llorar.
   (2) Emily que está muy tensa.
   (3) Emily que parece solitaria.
   (4) Emily que parece bastante frágil.
   (5) Emily que está extrañamente pálida.

2. De acuerdo con el pasaje, ¿cómo es más probable que la señorita Emily caminara en un cuarto atestado de gente?

   (1) con cuidado, procurando no pegarle a nadie
   (2) pisando con energía
   (3) con timidez, con la cabeza gacha y dando pasos cortos
   (4) con seguridad, con la cabeza en alto
   (5) con torpeza, a veces tropezando con la gente

3. De acuerdo con el pasaje, ¿cuál de las siguientes descripciones caracteriza mejor a la señorita Emily?

   (1) No puede decidirse.
   (2) Es abierta con respecto a su vida.
   (3) Le avergüenza que en su casa haya ratas.
   (4) Su ingreso es limitado.
   (5) Intimida a otras personas.

4. De acuerdo con los diálogos de este pasaje, ¿en qué se diferencia la conducta de la señorita Emily de la del farmacéutico?

   (1) La señorita Emily es malhumorada y el farmacéutico es amigable.
   (2) La señorita Emily es comunicativa y el farmacéutico es parco[2].
   (3) La señorita Emily es contundente y el farmacéutico es complaciente.
   (4) La señorita Emily es tranquila y el farmacéutico es impaciente.
   (5) La señorita Emily es racional y el farmacéutico es suspicaz[3].

Las preguntas 5 a 7 se refieren al siguiente pasaje de un cuento.

¿QUÉ CLASE DE PERSONA ES LA ABUELA WEATHERALL?

Zafó su muñeca de los dedos regordetes y meticulosos del doctor Harry y se subió la sábana hasta la barbilla. Ese mocoso debería andar en pantalones cortos. ¡Un médico rural
(5) con anteojos sobre la nariz!

—Ahora váyase, tome sus libros escolares y váyase. No me pasa nada.

El doctor Harry le puso una manaza tibia como un almohadón sobre la frente, donde la
(10) vena bifurcada¹ y verde bailaba y le hacía temblar los párpados.

—Vamos, vamos, pórtese bien y pronto se podrá levantar.

—Así no se le habla a una mujer de casi
(15) ochenta años sólo porque está enferma. Respete a sus mayores, jovencito.

—Bien, señorita, discúlpeme —el doctor Harry le dio palmaditas en la mejilla—. Pero tengo que prevenirla, ¿verdad? Usted es muy
(20) fuerte, pero debe cuidarse o se sentirá mal y le pesará.

—No me diga cómo me sentiré. En este momento estoy levantada, moralmente hablando. Es Cornelia. Tuve que guardar cama
(25) para librarme de ella.

Sentía los huesos flojos, flotando en la piel; y el doctor Harry flotaba como un globo al pie de la cama. Flotaba, se ajustaba el chaleco y balanceaba sus lentes con cordel.
(30) —Bueno, quédese donde está. Seguro que no le hará daño.

—Siga su camino y cuide a sus enfermos —dijo la abuela Weatherall—. Deje en paz a las mujeres sanas. Lo llamaré si lo necesito.
(35) ¿Dónde estaba usted hace cuarenta años, cuando me recuperé del edema² y de la neumonía? Ni siquiera había nacido. No haga caso de lo que dice Cornelia—gritó, pues el doctor Harry parecía flotar hasta el techo y
(40) salir—. ¡Yo misma pago mis cuentas y no tiro el dinero en tonterías!

Quiso despedirse con la mano, pero el esfuerzo era demasiado. Los ojos se le cerraron como una cortina oscura que cae
(45) alrededor de la cama. La almohada se levantó y flotó debajo de ella, agradable como una hamaca en la brisa. Escuchó el susurro de las hojas afuera. No, alguien agitaba periódicos.
(50) No, Cornelia y el doctor Harry murmuraban. Se despabiló de golpe, pensando que le susurraban al oído.

—¡Ella nunca estuvo así, *nunca*!

—Bien, ¿qué se puede esperar?
(55) —Sí, ochenta años...

¹ bifurcada: dividida en los ramales
² edema: hinchazón en una parte del cuerpo

Katherine Ann Porter, "The Jilting of Granny Weatherall", *Flowering Judas and Other Stories*.

5. ¿Cuál de las siguientes opciones es probablemente verdadera sobre la abuela?

(1) Está más sana ahora que cuando era joven.
(2) Está mucho más enferma de lo que dice.
(3) Cree que los médicos bien valen lo que cobran.
(4) Es capaz de moverse con facilidad.
(5) Piensa que Cornelia es una excelente mujer.

6. ¿Cuál de las siguientes opciones describe mejor el tono del médico?

(1) comprensivo pero firme
(2) distante pero científico
(3) amable pero inseguro
(4) serio y lúgubre
(5) brillante y alegre

7. ¿Cuál de las siguientes opciones revela más sobre el carácter de la abuela Weatherall?

(1) lo que otros dicen de ella
(2) lo que ella dice
(3) lo que ella piensa
(4) lo que los demás hacen en su presencia
(5) lo que ella siente

Las respuestas comienzan en la página 300.

Instrucciones: Ésta es una prueba de práctica que dura diez minutos. Después de que transcurran los diez minutos, ponga una marca en la última pregunta que haya respondido. A continuación, termine la prueba y revise sus respuestas. Si la mayoría de sus respuestas fueron correctas pero no terminó la prueba, trate de responder las preguntas más rápidamente la próxima vez. Elija la respuesta que mejor responda a cada pregunta.

Las preguntas 1 a 11 se refieren al siguiente pasaje de una novela.

¿QUÉ DECÍA EL TESTAMENTO DEL ABUELO BLAKESLEE?

—Quiero que mi entierro le recuerde a mi gente que la muerte no siempre es algo horrible. Dios inventó la muerte. Está en el plan de Dios que ocurra. Así que cuando llegue mi
(5) hora no quiero ningún viaje al emporio[1] de Birdsong ni a ningún otro. Vestir a un muerto para que parezca vivo no funciona...

—No quiero ningún ataúd. Es un desperdicio de dinero. Lo que realmente me
(10) gustaría es que me envolvieran en dos o tres costales de comida y me arrojaran a la tierra. Pero eso sería muy molesto para todos ustedes, así que usen la caja de pino que está en el piso de arriba de la tienda y que el cajón
(15) de la señorita Mattie Lou puso de moda. La he estado guardando. Y aunque no me importaría que me plantaran en la parcela para verduras o en cualquier otro lugar, creo que después nadie querría comer lo que creciera allí. Sea
(20) como sea, llévenme de la casa directo al cementerio.

—De nada sirve que le paguen a Birdsong por esa carroza fúnebre. Pídanle a Loomis que lleve su camión, sobre todo si hace calor, mi
(25) consejo es que no pierdan tiempo.

Mamá estaba escandalizada y se tapaba la boca con las manos. Mary Toy se había puesto blanca como una hoja. La tía Loma parecía emocionada, como si estuviera viendo una
(30) obra de teatro de terror. Yo misma me sentía emocionada. Me preguntaba si era una broma práctica del abuelo o un sermón. Quizás después de dar su opinión había escrito una posdata diciendo que una vez muerto
(35) realmente no le importaría qué tipo de funeral tuviera. Pero lo dudaba...

Papá siguió leyendo.

—Quiero que Loomis y ellos caven mi tumba justo al lado de la señorita Mattie Lou.
(40) No quiero a ningún sermoneador que no sea él, pero no lo dejen dar un sermón. Duraría horas. Sólo dejen que le rece a Dios para que reconforte a mi familia...

Papá siguió leyendo.
(45) —No quiero a nadie en el entierro excepto a ustedes y a los de la tienda que quieran ir. No pongan *No está muerto, sino durmiendo* en mi lápida. Escriban *Muerto, no durmiendo*. No me molestará para nada estar muerto a seis
(50) pies bajo tierra, pero detesto que suene como si me hubieran enterrado vivo.

---

[1] emporio: establecimiento comercial grande

Olive Ann Burns, *Cold Sassy Tree.*

1. De acuerdo con el pasaje, ¿qué es probable que el abuelo Blakeslee pensara sobre la muerte?

   Pensaba que la muerte es

   (1) el final de todo
   (2) el comienzo de una nueva vida
   (3) un desperdicio de dinero
   (4) normal y natural
   (5) un poco aterradora

2. De acuerdo con el pasaje, ¿qué tipo de persona era el abuelo Blakeslee?

   (1) convencional en su conducta
   (2) muy vanidoso en cuanto a su apariencia
   (3) consciente de lo que los demás esperan
   (4) despreocupado de lo que piensa la sociedad
   (5) pesimista y negativo ante la vida

3. ¿Cuál de las siguientes actividades es más probable que el abuelo Blakeslee disfrutara?

   (1) asistir a una cena formal
   (2) pasar una tarde tranquila en casa
   (3) tener una gran fiesta en su honor
   (4) ir de compras a una gran tienda
   (5) escuchar un largo sermón

4. ¿Cuál de las siguientes opciones expresa mejor la idea principal del pasaje?

   (1) El abuelo Blakeslee no quiere alboroto en su funeral.
   (2) La muerte nos llega a todos.
   (3) El emporio de Birdsong es demasiado caro.
   (4) Los funerales deben ser sencillos y solemnes.
   (5) El autor del testamento no quiere que lo vistan cuando muera.

5. ¿Cuál es el principal objetivo del segundo párrafo del pasaje?

   (1) Hacer un contraste con el primer párrafo del pasaje.
   (2) Explicar por qué el abuelo Blakeslee cree que está mal vestir a una persona que está muerta.
   (3) Explicar por qué el abuelo Blakeslee quiere ir al cementerio.
   (4) Dar detalles específicos que apoyen la idea principal del pasaje.
   (5) Explicar la razón por la cual el abuelo Blakeslee tiene guardada una caja de pino.

6. ¿Cuál de las siguientes opciones expresa mejor por qué las mujeres se impresionaron al oír el testamento?

   (1) Pensaron que el abuelo Blakeslee les estaba jugando una broma.
   (2) Pensaron que los comentarios y deseos del abuelo Blakeslee eran extraños.
   (3) Las hirió el hecho de que el abuelo Blakeslee quisiera que Loomis diera el sermón.
   (4) Esperaban recibir mucho dinero.
   (5) Las decepcionó lo que el abuelo Blakeslee quería que se pusiera en su lápida.

7. ¿Cuál de los siguientes trabajos es más probable que haya desempeñado el abuelo Blakeslee?

   (1) dependiente de una tienda
   (2) empleado de una funeraria
   (3) granjero
   (4) ministro
   (5) abogado

8. ¿Cuál de las siguientes palabras describe mejor el tono del pasaje?

   (1) alegre
   (2) morboso
   (3) triste
   (4) solemne
   (5) franco

9. ¿Principalmente mediante cuál de las siguientes técnicas la autora define el carácter del abuelo Blakeslee?

   (1) informando lo que la familia opina de él
   (2) haciéndolo "hablar desde la tumba"
   (3) describiéndolo detalladamente
   (4) transmitiendo sus pensamientos íntimos
   (5) haciendo referencia a sus acciones

10. ¿Cuál de las siguientes es la mejor descripción de la última voluntad y testamento del abuelo Blakeslee?

    (1) una cachetada para sus herederos
    (2) un ataque a la religión organizada
    (3) una aprobación del movimiento que propone regresar a la naturaleza
    (4) la última broma de un bromista práctico
    (5) una crítica humorística de la industria funeraria

11. ¿Cuál es el principal efecto de frases como "De nada sirve" (línea 22) y "no pierdan tiempo" (línea 25)?

    (1) Muestran que el abuelo Blakeslee no era un hombre inteligente.
    (2) Crean la impresión de que al abuelo Blakeslee le gusta hablar.
    (3) Crean la impresión de que el abuelo Blakeslee escribió su testamento deprisa.
    (4) Dan la impresión de que el abuelo Blakeslee realmente está hablando.
    (5) Crean la impresión de que el abuelo Blakeslee era un hombre autoritario.

Las respuestas comienzan en la página 300.

DESTREZA DE GED **Analizar el tono**

Cuando usted habla, el **tono** de su voz revela su actitud, es decir, qué siente sobre el tema y su público. El tono de un escritor también transmite sus sentimientos sobre el tema. Las palabras de un escritor pueden sugerir emociones o actitudes como seriedad, humor, enojo o simpatía. El **clima emocional** es la atmósfera de una obra literaria, es el sentimiento que el autor quiere que el lector experimente. El clima emocional puede ser igual o diferente del tono. Los escritores suelen usar descripciones para generar estos sentimientos. A medida que lea, busque estas pistas: cómo usa el autor palabras descriptivas y cómo se desarrolla la historia hasta su conclusión.

tono
los detalles presentes en la obra de un escritor que sugieren qué siente sobre el tema

clima emocional
la atmósfera transmitida por las palabras que el escritor elige

Lea el siguiente pasaje de un cuento y complete el ejercicio a continuación.

Durante todo un día de otoño gris, sombrío y silencioso, cuando las nubes se cernían pesadas y opresoras en los cielos, había yo cruzado solo, a caballo, por un terreno singularmente lóbrego de la campiña; y al final me encontré, cuando las sombras de la noche iban cayendo, a la vista de la melancólica Casa de Usher. No sé cómo fue, pero en cuanto la vi, una sensación de insufrible tristeza invadió mi espíritu... Era una sensación glacial, un abatimiento, una náusea del corazón...

Edgar Allan Poe, "The Fall of the House of Usher", *The Fall of the House of Usher and Other Writings*.

La elección de las palabras es una pista para determinar el tono de un texto de ficción.

1. Marque con una "X" la palabra que mejor describe el tono de este pasaje.

_____ a. confuso

_____ b. enojado

_____ c. fúnebre

2. Subraye las palabras de la primera línea del pasaje que sugieren el tono del autor.

3. El pasaje tiene lugar al inicio de la noche. ¿En qué cree que contribuye la hora del día al clima emocional?

_____

_____

Usted acertó si eligió las *opción c* para la pregunta 1 y si subrayó *gris, sombrío* y *silencioso* para la pregunta 2. La hora del día contribuye al clima emocional porque muchas personas asocian el oscurecimiento del cielo con miedo o tristeza.

Lea el siguiente pasaje de un cuento y complete el ejercicio a continuación.

Sé lo que se dice de mí y puede ponerse de mi parte o de la de ellas, eso es asunto suyo. Es mi palabra contra la de Eunice y la de Olivia-Ann, y debe quedar bastante claro para cualquiera que tenga un buen par de ojos quién está alerta. Sólo quiero que los ciudadanos de EE.UU. conozcan los hechos, eso es todo.

(5)   Los hechos: el domingo 12 de agosto de este año de Nuestro Señor, Eunice trató de matarme con la espada que su papá usó en la Guerra Civil y Olivia-Ann cortó todo el lugar con un cuchillo para cerdos de catorce pulgadas. Y esto, por no mencionar muchas otras cosas.

Todo empezó hace seis meses, cuando me casé con Marge. Ésa fue la primera cosa

(10)   que hice mal. Nos casamos en Mobile, tan sólo cuatro días después de habernos conocido. Los dos teníamos dieciséis años y ella estaba visitando a mi prima Georgia. Ahora que he tenido mucho tiempo para pensarlo, por nada del mundo logro entender cómo pudo gustarme. No es guapa, no tiene cuerpo, ni cerebro, absolutamente nada. Pero Marge es una rubia natural y tal vez ésa sea la respuesta.

Truman Capote, "My Side of the Matter", *The Grass Harp and A Tree of Night and Other Stories.*

1. Marque con una "X" la <u>mejor</u> descripción del tono de este pasaje.

_____ a. afligido

_____ b. defensivo

_____ c. serio

2. Marque con una "X" las dos afirmaciones del primer párrafo que contribuyen <u>más</u> al tono del pasaje.

_____ a. "Sé lo que se dice de mí"

_____ b. "puede ponerse de mi parte o de la de ellas"

_____ c. "eso es asunto suyo"

_____ d. "Es mi palabra contra la de Eunice y la de Olivia-Ann"

3. La actitud del autor hacia el narrador es una parte importante del tono del pasaje, ¿qué sentimiento o impresión transmite el autor sobre el narrador?

_____ a. Que puede no ser completamente confiable.

_____ b. Que se le debe tomar muy en serio.

_____ c. Que es una víctima inocente.

4. Mencione uno o más detalles del tercer párrafo que apoyen su respuesta a la pregunta 3.

_____

_____

Las respuestas comienzan en la página 301.

Instrucciones: Elija la respuesta que mejor responda a cada pregunta.

Las preguntas 1 a 4 se refieren al siguiente pasaje de una novela.

¿CUÁL ES LA IMPORTANCIA DE LA DECISIÓN DE CARTER DRUSE?

El centinela que dormía sobre un montículo de laureles era un joven de Virginia llamado Carter Druse. Era hijo único de padres ricos y había conocido toda la buena vida y
(5) refinamiento que el gusto y la riqueza de la campiña montañosa del oeste de Virginia podían ofrecer. Su casa estaba a unas cuantas millas de donde él se encontraba ahora. Una mañana se levantó de la mesa del desayuno y
(10) dijo de manera callada pero seria:

—Padre, ha llegado a Grafton un regimiento de la Unión. Voy a unírmele.

Su padre alzó la cabeza leonina, miró un momento a su hijo en silencio y contestó:
(15) —Bien, vaya señor, y pase lo que pase, haga lo que considere su deber. Virginia, para quien usted es un traidor, debe continuar su camino sin usted. Si los dos estamos vivos cuando la guerra termine, hablaremos más del
(20) asunto. Su madre, como le ha informado el médico, está en una situación sumamente crítica; en el mejor de los casos, estará con nosotros unas cuantas semanas a lo más, pero este tiempo es precioso. Sería mejor no
(25) perturbarla.

Así, Carter Druse hizo una reverencia a su padre, quien le devolvió el saludo con una cortesía majestuosa que enmascaraba un corazón deshecho, y dejó la casa de su niñez
(30) para prestar servicio como soldado. Al poco tiempo, su conciencia y valor, así como sus acciones devotas y audaces, le valieron un lugar entre sus compañeros y oficiales; y gracias a estas cualidades y a cierto
(35) conocimiento de la región fue seleccionado para el arriesgado servicio que actualmente prestaba en el puesto de avanzada más extremo.

Ambrose Bierce, *A Horseman in the Sky.*

1. ¿Cuál de las siguientes opciones describe mejor al padre de Carter Druse?

   (1) un hombre despiadado a quien su esposa e hijo le importan poco
   (2) un individuo demandante
   (3) un cobarde que quiere evadir sus responsabilidades
   (4) un hombre de honor que respeta las creencias de su hijo
   (5) un hombre pobre de gustos sencillos y educación limitada

2. ¿Cuál de las siguientes acciones concordaría con el carácter de Carter Druse tal como se describe en el pasaje?

   (1) huir de una batalla
   (2) mentir a uno de sus oficiales
   (3) mantener una promesa difícil
   (4) desertar del ejército Confederado
   (5) robarle a su padre

3. ¿Cuál de las siguientes opciones describe mejor el tono del pasaje?

   (1) amenazante
   (2) formal
   (3) envidioso
   (4) cómico
   (5) conversador

4. ¿Cuál de las siguientes realidades sobre la Guerra Civil destaca la decisión de Carter Druse?

   (1) La guerra condujo a que la parte oeste de Virginia se separara del estado.
   (2) La guerra ocasionó más muertos que ninguna otra guerra.
   (3) La guerra dividió incluso a las familias más unidas.
   (4) La guerra produjo héroes insólitos.
   (5) La guerra se libró principalmente en el Sur.

Las preguntas 5 a 8 se refieren al siguiente pasaje de un cuento.

¿POR QUÉ LA HERMANA DE ESTA MUJER SE VA DE SU CASA?

Yo me llevaba de maravilla con Mamá, Papá-papi y Tío Rondó hasta que volvió a casa mi hermana Stella-Rondó, que se había separado de su marido. ¡El señor Whitaker! Fui

(5) yo la que salió primero con el señor Whitaker cuando aparecio en China Grove haciendo fotos de ésas de "Pose usted mismo", pero Stella-Rondó consiguió separar. Le dijo que yo era asimétrica, ya sabeis, más grande de un

(10) lado que de otro; que no es más que una malintencionada mentira. Yo soy normal. Stella-Rondó es justo doce meses más pequeña que yo y precisamente por eso siempre ha sido la niña mimada.

(15) Ella conseguía siempre lo que se le antojaba, para luego destrozarlo. Papá-papi le regaló un precioso collar cuando tenía ocho años y lo rompió jugando al béisbol a los nueve.

(20) Y en cuanto se casó se marchó de casa, lo primero que se le ocurrió fue separarse. ¡Del señor Whitaker! El fotógrafo de ojos saltones en quien decía que confiaba tanto. Y volvió a casa desde uno de esos pueblecitos de allá de

(25) Illinois y, ante nuestra absoluta sorpresa, con una hija de dos años.

Mamá se llevó un susto de muerte, según dijo, cuando la vio aparecer.

—Te presentas aquí con esta niñita rubia

(30) tan preciosa de la que ni a tu propia madre habías dicho una palabra —dice Mamá—. Me avergüenzo de ti —pero se veía que no se avergonzaba de ella.

Y Stella-Rondó va y sin inmutarse se quita

(35) muy tranquila aquel *sombrero*; tendrían que haberlo visto. Y va y dice:

—Pero mamá, Shirley-T es adoptada. Puedo demostrarlo.

—¡¿Cómo?! —dice mamá; pero yo dije sólo

(40) "¡Mmmmm!".

Yo estaba en la cocina, intentando que dos pollos dieran para cinco personas y, además, para una niñita absolutamente inesperada.

Eudora Welty, "Por qué vivo en una oficina de correos", *Una cortina de follaje y otros relatos.*

5. ¿Qué quiere decir la narradora con las palabras "intentando que dos pollos dieran para cinco personas" (líneas 41 y 42)?

Ella no tenía suficiente

(1) número de recetas para satisfacer el gusto de todos
(2) comida para alimentar a todos
(3) tiempo para ir a comprar comestibles
(4) número de cobijas de plumas para todas las camas
(5) espacio en la cocina para preparar la cena

6. ¿Qué es más probable que la narradora haga si el señor Whitaker se presenta?

(1) regañarlo por huir con su hermana menor
(2) negarse a dejarlo entrar
(3) decirle lo decepcionada que está de él
(4) hacer lugar en la mesa para una sexta persona
(5) preguntarle si Stella-Rondó dice la verdad sobre la niña

7. ¿Cuál de las siguientes palabras describe mejor el tono del pasaje?

(1) dramático
(2) de suspenso
(3) superficial
(4) serio
(5) irritante

8. ¿Cuál de las siguientes palabras describe mejor la actitud de la narradora hacia Stella-Rondó?

(1) protectora
(2) resentida
(3) de apoyo
(4) desconfiada
(5) preocupada

Para entender el tono, "escuche" cómo los personajes de la historia dirían sus diálogos.

Las respuestas comienzan en la página 301.

Instrucciones: Ésta es una prueba de práctica que dura diez minutos. Después de que transcurran los diez minutos, ponga una marca en la última pregunta que haya respondido. A continuación, termine la prueba y revise sus respuestas. Si la mayoría de sus respuestas fueron correctas pero no terminó la prueba, trate de responder las preguntas más rápidamente la próxima vez. Elija la respuesta que mejor responda a cada pregunta.

Las preguntas 1 a 10 se refieren al siguiente pasaje de una novela.

¿ESTÁ TENIENDO ESTA FAMILIA UNA CENA AGRADABLE?

—George está en el pueblo, papá; ha ido con la Guardia Montada y regresará para la cena.

—¿Ah sí? ¿En verdad? No permitiré que la
(5) cena se demore por su causa, Jane —y diciendo esto, el honorable hombre se dejó caer en su silla especial; y luego, el extremo silencio que reinaba en su refinado y bien amueblado salón sólo fue interrumpido por el
(10) tic-tac del gran reloj francés.

Cuando marcó las cinco en un pesado tono catedralicio, el Sr. Osborne tiró con violencia de la campana a su mano derecha y el mayordomo llegó a todo correr.
(15) —¡La cena! —rugió el Sr. Osborne.

—El Sr. George no ha llegado, señor —dijo el hombre.

—Al diablo el Sr. George. ¿No soy yo el amo de esta casa? ¡LA CENA! —dijo el Sr.
(20) Osborne frunciendo el ceño. Amelia tembló. Una comunicación telegráfica pasó entre las otras tres damas. La obediente campana de los pisos más bajos comenzó a tocar para anunciar la comida. Una vez que el tañido
(25) cesó, el jefe de familia metió las manos en los bolsillos de su gran abrigo azul con botones metálicos y, sin esperar otro anuncio, bajó las escaleras solo y a grandes pasos.

—¿Y ahora qué pasa, querida? —preguntó
(30) una de ellas cuando se levantaron y comenzaron a caminar con sigilo detrás del señor.

—Supongo que los fondos están bajando —murmuró la señorita Wirt; y así, temblorosa y
(35) en silencio, esta compañía femenina siguió a su sombrío líder.

Ocuparon sus lugares en silencio. Él masculló una bendición que sonó tan áspera como una maldición. Las grandes cubiertas de
(40) plata fueron retiradas. Amelia temblaba, ya que estaba sentada junto al terrible Osborne y del otro lado faltaba George.

—¿Sopa? —dijo el Sr. Osborne en tono sepulcral al tomar el cucharón y fijar los ojos
(45) en ella. Después de servirles a ella y a los demás, no habló por un rato.

—Llévese el plato de la señorita Sedley —dijo por fin—. No puede tomar la sopa... y tampoco yo. Está espantosa. Hicks, llévese la
(50) sopa; y Jane, despide mañana a la cocinera.

Una vez que concluyó sus observaciones sobre la sopa, el Sr. Osborne hizo unos cuantos comentarios cortantes con respecto al pescado...

William Makepeace Thackeray, *Vanity Fair.*

1. ¿Cuál de las siguientes palabras describe mejor a las hijas del Sr. Osborne?

   (1) temerosas
   (2) esnob
   (3) consideradas
   (4) amigables
   (5) obedientes

2. ¿A qué se refiere la frase "caminar con sigilo" que aparece en la línea 31?

   (1) caer con gracia
   (2) murmurar con cuidado
   (3) tropezar torpemente
   (4) correr rápidamente
   (5) caminar cuidadosamente

3. De acuerdo con el pasaje, ¿cuál de las siguientes opciones es la explicación que da otro personaje sobre la conducta del Sr. Osborne?

(1) Está enojado con George por llegar tarde.
(2) Está descontento con la comida que se sirvió en la cena.
(3) Su posición en la casa ha sido desafiada.
(4) Es posible que esté perdiendo dinero en sus inversiones.
(5) Está enojado por tener que esperar la cena.

4. De acuerdo con el pasaje, ¿cómo reaccionaría Osborne si una de sus hijas llegara tarde a una cita importante con él?

(1) Caminaría nerviosamente de un lado al otro.
(2) La despediría sin verla.
(3) Le daría un sermón sobre la importancia de ser puntual.
(4) La perdonaría sin pensarlo dos veces.
(5) Esperaría pacientemente a que llegara.

5. ¿Cuál de las siguientes palabras describe mejor el clima emocional de este pasaje?

(1) alegre
(2) melancólico
(3) cómico
(4) tenso
(5) tranquilo

6. De acuerdo con el contexto, ¿a qué es probable que se refiera la frase "el Sr. Osborne hizo unos cuantos comentarios cortantes con respecto al pescado" (líneas 52 a 54)?

(1) El Sr. Osborne estaba ordenándoles a sus hijas que probaran el pescado.
(2) El Sr. Osborne estaba impresionado por la manera en que la cocinera había preparado el pescado.
(3) El Sr. Osborne no parecía satisfecho con el pescado.
(4) El Sr. Osborne no tenía mucho qué decir sobre el pescado.
(5) El Sr. Osborne intentaba iniciar una conversación en la cena.

7. ¿Cuál de las siguientes opciones indica mejor la falta de calidez de Osborne?

(1) la referencia al Sr. Osborne como "jefe de la familia" (línea 25)
(2) cuando el Sr. Osborne se llama a sí mismo "amo de esta casa" (línea 19)
(3) la referencia al miedo de Amelia cuando se sienta junto a él
(4) cuando Jane llama a su padre "papá" (línea 1)
(5) el hecho de que Osborne se niegue a llamar a sus hijas por sus nombres

8. Osborne le dice a su hija que despida a la cocinera, ¿qué sugiere esto sobre su carácter?

(1) Es extremadamente intolerante.
(2) Antes era un gourmet.
(3) Tiene poco gusto para la comida.
(4) Es muy aprehensivo.
(5) Tiene debilidad por las burlas.

9. ¿Quién es George?

Es

(1) un conocido de la familia
(2) un general de la Guardia Montada
(3) el verdadero amo de la casa
(4) uno de los hermanos de Jane
(5) el socio del Sr. Osborne

10. ¿Cuál de las siguientes opciones describe mejor la actitud del narrador hacia el Sr. Osborne?

El Sr. Osborne es

(1) un hombre serio
(2) un hombre admirable
(3) un hombre paciente
(4) una hombre gruñón
(5) un hombre terrible

Las respuestas comienzan en la página 302.

lenguaje figurado
palabras usadas de manera imaginativa para crear imágenes vívidas

símil
comparación entre dos personas, lugares, o cosas, conectadas con palabras y expresiones del tipo de *como, tan... como..., semejante a..., al igual que...* etc.

metáfora
comparación que presenta una cosa como otra

símbolo
una persona, lugar o cosa que representa a otra

Los escritores suelen crear imágenes vívidas mediante palabras. Esta técnica se llama **lenguaje figurado.** La mayor parte del lenguaje figurado se basa en comparaciones que comunican algo. Un **símil** hace una comparación por medio de las palabras *como* o *al igual que.* Por ejemplo, el enunciado "su cabello era como un mal sueño" es un símil. Por otro lado, una **metáfora** hace una comparación al expresar que una cosa es otra, por ejemplo, "su cabello era una pesadilla".

Un tercer tipo de lenguaje figurado es el **símbolo:** una persona, lugar o cosa que representa una idea más amplia. Por ejemplo, el ingenio de un personaje puede sugerirse mediante una referencia frecuente a un zorro.

El lenguaje figurado es distinto del lenguaje literal. El lenguaje literal es objetivo; no crea efectos por medio de exageraciones. La descripción "María es muy alta" es un enunciado literal; sin embargo, "María sobresale como un rascacielos" es un enunciado figurado.

Lea el siguiente pasaje de un cuento y complete el ejercicio a continuación.

Su madre no sabía cómo pintarse la cara; sólo se ponía todo el maquillaje y probablemente ni siquiera sabía que se veía como un payaso viejo y cansado. Por mejillas tenía dos tomates rojos y por labios fresas rojas. El contorno de las cejas estaba trazado con un lápiz negro y se veía horrible. Nunca entendí por qué se pintaba tanto la cara.

Enedina Cásarez Vásquez, "The House of "Quilts", *Daughters of the Fifth Sun.*

1. Marque con una "X" el tipo de lenguaje figurado que se usa en "se veía como un payaso viejo y cansado".

_____ a. símil

_____ b. símbolo

_____ c. metáfora

2. ¿Qué clave le ayudó a responder la pregunta 1? _____

3. Escriba dos metáforas del pasaje.

_____

_____

SUGERENCIA

Para identificar el lenguaje figurado, busque comparaciones entre cosas diferentes. ¿De qué manera el escritor sugiere que se parecen?

Usted acertó si eligió *símil* en la pregunta 1. La palabra clave es *como.* Dos metáforas son *tomates rojos* para las mejillas y *fresas rojas* para los labios.

Lea el siguiente pasaje de una novela y complete el ejercicio a continuación.

Los tractores vinieron por las carreteras hasta llegar a los campos, igual que orugas, como insectos, con la fuerza increíble de los insectos. Reptaron sobre la tierra, abriendo camino, avanzando por sus huellas, volviendo a pasar sobre ellas. Tractores Diesel que parecían no servir para nada mientras estaban en reposo y tronaban al moverse, para
(5) estabilizarse después en un ronroneo. Monstruos de nariz chata que levantaban el polvo revolviéndolo, a través de las cercas y de los portones, cayendo y saliendo de los barrancos sin modificar la dirección. No corrían sobre el suelo, sino sobre sus propias huellas, sin hacer caso de las colinas, los barrancos, los arroyos, las cercas, ni las casas.

John Steinbeck, *Las uvas de la ira.*

1. Marque con una "X" las dos cosas que se comparan en las líneas 1 y 2.

    _____ a. tractores e insectos

    _____ b. tractores y fuerza

    _____ c. caminos y campos

2. Marque con una "X" el tipo de comparación que se hace en las líneas 1 y 2.

    _____ a. metáfora

    _____ b. símil

3. Marque con una "X" el verbo que efectúa la comparación.

    _____ a. reptaron

    _____ b. preparando

    _____ c. rodando

4. ¿Qué palabra se usa en lugar de *tractor* en la línea 5 para hacer una comparación (metáfora)?

    _____

5. Marque con una "X" la razón más probable por la que el autor usa la palabra *hocico*.

    _____ a. para hacer creíble la historia

    _____ b. para dar a las máquinas calidad humana

    _____ c. para mostrar el parecido de las máquinas con los seres vivos

6. Marque con una "X" como símbolo de qué usa el autor la palabra *tractor*.

    _____ a. como símbolo de destrucción

    _____ b. como símbolo de progreso

    _____ c. como símbolo de libertad

Las respuestas comienzan en la página 303.

Instrucciones: Elija la respuesta que mejor responda a cada pregunta.

Las preguntas 1 a 4 se refieren al siguiente pasaje de un cuento.

¿EN QUÉ SE PARECEN LOS INSECTOS A LOS SERES HUMANOS?

El Dr. Nahum Fischelson caminaba de un lado a otro de su buhardilla de la calle del Mercado, en Varsovia.[1] El Dr. Fischelson era un hombre encorvado y de baja estatura con
(5) barba grisácea y bastante calvo, excepto por unos cuantos mechones de pelo que le quedaban en la nuca. Su nariz estaba tan torcida como un pico y sus ojos eran grandes, oscuros y vibrantes, parecidos a los de algún
(10) pájaro enorme. Era una calurosa noche de verano, pero el Dr. Fischelson llevaba puesto un abrigo negro que le llegaba hasta las rodillas y un cuello rígido con corbata de moño. Caminaba despacio de la puerta a la ventana
(15) de la buhardilla que estaba en lo alto de la habitación inclinada. Era necesario subir varios escalones para mirar afuera. Sobre la mesa había un candelabro con una vela prendida y en torno a la llama zumbaban insectos
(20) variados. De vez en cuando, una criatura volaba demasiado cerca de la llama y sus alas se chamuscaban, o bien, una se incendiaba y resplandecía en la mecha por un instante. En momentos como éste, el Dr. Fischelson hacía
(25) una mueca y su arrugado rostro temblaba mientras se mordía los labios bajo su alborotado bigote. Finalmente sacó un pañuelo de su bolsillo y lo agitó cerca de los insectos.

—Váyanse de allí, tontos, imbéciles —los
(30) reprendió—. No encontrarán calor aquí, sólo se quemarán.

Los insectos se dispersaron, pero un segundo después ya estaban de regreso y una vez más rodeaban la temblorosa llama. El Dr.
(35) Fischelson se limpió el sudor de su arrugada frente y suspiró:

—Al igual que los seres humanos, sólo desean el placer del momento.

───────────

[1] la ciudad más grande de Polonia

Isaac Bashevis Singer, "The Spinoza of Market Street".

1. De acuerdo con las pistas de este pasaje, ¿qué tipo de habitación es una buhardilla?

   (1) un comedor
   (2) un sótano
   (3) un cuarto dentro de un dormitorio
   (4) un cuarto en un ático
   (5) una suite de un penthouse

2. De acuerdo con el pasaje, ¿cómo es más probable que el Dr. Fischelson reaccionara ante un gato callejero que apareciera en su puerta?

   (1) Lo espantaría.
   (2) Llamaría al centro de control de animales.
   (3) Lo cuidaría.
   (4) Le regañaría.
   (5) Trataría de patearlo.

3. ¿Qué características del Dr. Fischelson son comparadas con las de un pájaro?

   (1) nariz y ojos
   (2) cabeza y pies
   (3) ojos y cuello
   (4) nariz y pies
   (5) pies y ojos

4. ¿Qué tono tiene el pasaje?

   (1) temeroso
   (2) violento
   (3) agorero
   (4) tonto
   (5) doloroso

Para crear símbolos, los escritores usan palabras e imágenes de maneras originales. ¿Se repite una imagen o una palabra? Si es así, generalmente tiene un significado más amplio.

Las preguntas 5 a 9 se refieren al siguiente pasaje de un cuento.

¿QUÉ PASÓ CON EL AMOR ENTRE AMBOS?

...Había una carta sobre la mesa que decía:
"Querido, te envío este pequeño ramo de
flores como obsequio de Pascua... Puse las
flores un rato en nuestro libro favorito, Byron[1],
(5) justo en el poema que más nos gusta y ahora
te las envío. Guárdalas siempre como recuerdo
mío y, si algo nos separara, presiona estas
flores contra tus labios y mi espíritu estará
contigo, impregnando [llenando] tu corazón de
(10) inenarrable [indescriptible] amor y felicidad".
...Muy lejos, en una ciudad distante, un
hombre miraba descuidadamente un
descolorido ramo de flores atado con un listón
azul y un rizo de cabello. Hizo una pausa para
(15) meditar un rato y luego se volvió hacia la mujer
de aspecto majestuoso que holgazaneaba
ante el fuego y le preguntó:
—Esposa, ¿tú me las enviaste?
Ella lo miró con sus grandes ojos negros y
(20) con un ademán de inefable desdén le contestó
lánguidamente [lentamente]:
—Sabes muy bien que no soporto las
flores. ¿Cómo podría enviar tal basura
sentimental a alguien? Arrójalas al fuego.
(25) Y las campanas de Pascua repicaron un
réquiem solemne mientras las llamas
lengüeteaban con lentitud las descoloridas
violetas. ¿Fue una mera extravagancia de la
esposa o realmente su esposo suspiró... una
(30) prolongada y temblorosa exhalación de
remembranza?

_____
[1] poeta romántico inglés

Alice Moore Dunbar Nelson, *Violets.*

5. De acuerdo con el pasaje, ¿por qué la emisora
envía las flores?

    (1) para declarar su amor por la poesía
    (2) para demostrar sus sentimientos por Byron
    (3) para expresar su desdén por la esposa
    (4) para instar al destinatario a regresar con ella
    (5) para demostrarle al destinatario que lo ama

6. De acuerdo con el pasaje, ¿qué es más probable
que la esposa hiciera si su esposo le enviara una
docena de rosas?

    (1) tirarlas al bote de la basura
    (2) gritarle por haber desperdiciado el dinero
    (3) colocarlas cerca de la chimenea
    (4) agradecerle su amabilidad
    (5) compartirlas con el remitente

7. ¿Qué sugiere el enunciado de las líneas 29 a 32
sobre el carácter del esposo?

    "¿Fue una mera extravagancia de la esposa o
    realmente su esposo suspiró... una prolongada y
    temblorosa exhalación de remembranza?"

    (1) Puede ser menos olvidadizo que su esposa.
    (2) Puede ser menos rencoroso que su esposa.
    (3) Puede ser menos emotivo que su esposa.
    (4) Puede ser más imaginativo que su esposa.
    (5) Puede ser más sentimental que su esposa.

8. ¿Qué enunciado describe mejor la diferencia entre
la emisora y la esposa?

    (1) La emisora es trabajadora, mientras que la
         esposa es vaga.
    (2) La emisora es religiosa, mientras que la
         esposa es mundana.
    (3) La emisora es atenta, mientras que la esposa
         es olvidadiza.
    (4) La emisora es tímida, mientras que la esposa
         es extrovertida.
    (5) La emisora es sentimental, mientras que la
         esposa es altanera.

9. ¿A quién o qué simboliza el ramo de flores?

    (1) la Pascua
    (2) a la esposa
    (3) la poesía de Byron
    (4) a la emisora
    (5) la basura sentimental

Las respuestas comienzan en la página 303.

Instrucciones: Ésta es una prueba de práctica que dura diez minutos. Después de que transcurran los diez minutos, ponga una marca en la última pregunta que haya respondido. A continuación, termine la prueba y revise sus respuestas. Si la mayoría de sus respuestas fueron correctas pero no terminó la prueba, trate de responder las preguntas más rápidamente la próxima vez. Elija la respuesta que mejor responda a cada pregunta.

Las preguntas 1 a 11 se refieren al siguiente pasaje de un cuento.

¿ESTA MUJER VIVE EN UN MUNDO DE SUEÑOS?

Las ventanas del salón daban a un balcón con vista al jardín. A lo lejos, contra el muro, había un peral alto y esbelto en pleno florecimiento; se erguía perfecto, como inmóvil
(5) contra el cielo verde jade[1]. Berta no podía evitar sentir, aun desde esa distancia, que no tenía ni un solo capullo o pétalo descolorido. Más abajo, en los arriates[2] del jardín, los tulipanes rojos y amarillos mecidos de flores
(10) parecían inclinarse hacia el anochecer. Un gato gris, con la panza a rastras, avanzó por el césped, y uno negro, su sombra, lo siguió. Esta escena, tan penetrante y fugaz, dio a Berta un curioso escalofrío.
(15) —¡Qué criaturas tan espeluznantes son los gatos! —balbuceó antes de alejarse de la ventana y comenzar a caminar de arriba abajo...

Qué fuerte se sentía el olor de los junquillos[3]
(20) en la cálida habitación. ¿Demasiado fuerte? Ah, no. Y sin embargo, como embelesada, se dejó caer en un sofá y se presionó los ojos con las manos.

—¡Soy demasiado feliz, demasiado feliz!
(25) —murmuró.

Y le pareció ver sobre sus párpados el hermoso peral con sus flores bien abiertas como símbolo de su propia vida.

Realmente, realmente lo tenía todo. Era
(30) joven; Harry y ella estaban tan enamorados como siempre, se llevaban espléndidamente y realmente eran buenos amigos. Tenía un bebé adorable. No tenían que preocuparse por el dinero y la casa y el jardín eran totalmente

(35) satisfactorios. En cuanto a los amigos —escritores, pintores y poetas modernos y entusiastas de la vida social—, eran justo la clase de amigos que quería. Y luego, estaban los libros y la música, además, había
(40) encontrado un modisto maravilloso, irían al extranjero en el verano y la nueva cocinera preparaba las "omelettes" más exquisitas...

—¡Soy absurda! ¡Absurda! —se levantó, pero se sintió bastante mareada, bastante
(45) ebria. Debe ser la primavera.

Sí, era la primavera. Ahora estaba tan cansada que no podía arrastrarse escaleras arriba para ir a vestirse.

Vestido blanco, collar de cuentas de jade,
(50) zapatos y medias verdes. No era intencional. Había pensado en esta combinación horas antes de pararse en la ventana del salón.

---

[1] jade: piedra preciosa de color verde
[2] arriates: lugar en el que se ponen plantas de adorno junto a las paredes de un jardin o patio
[3] junquillos: planta que tiene flores amarillas

Katherine Mansfield, "Bliss", *The Short Stories of Katherine Mansfield*.

1. ¿A qué hora tiene lugar la escena de este pasaje?

   (1) temprano por la mañana
   (2) a mediodía
   (3) en la tarde
   (4) en las primeras horas de la noche
   (5) en la noche

2. ¿En cuál de los siguientes colores se hace más énfasis a lo largo del pasaje?

   (1) blanco
   (2) gris
   (3) verde
   (4) negro
   (5) amarillo

3. ¿Cuál de las siguientes es la razón más probable de que Berta se sienta mareada?

    (1) Ha tomado demasiados cócteles.
    (2) Está abrumada por la emoción.
    (3) El olor de los junquillos le ha afectado.
    (4) Siente la fiebre de la primavera.
    (5) Está molesta después de ver a los gatos.

4. De acuerdo con la información que proporciona este pasaje, ¿en cuál de las siguientes actividades es más probable que Berta participara?

    (1) visitar galerías de arte
    (2) ir a cacerías de zorros
    (3) cepillar gatos
    (4) limpiar la casa
    (5) preparar platillos de alta cocina

5. ¿Cuál de las siguientes opciones caracteriza la redacción de este pasaje?

    (1) rico en diálogos
    (2) dependencia de verbos de acción
    (3) emoción cuidadosamente controlada
    (4) palabras sensoriales
    (5) oraciones cortas y económicas

6. ¿Por qué Berta ve al peral como un símbolo de su vida?

    (1) Parece perfecto, al igual que las circunstancias de ella.
    (2) Es alto y esbelto, al igual que ella.
    (3) Pronto dará frutos, y ella está embarazada.
    (4) Está creciendo y cambiando, al igual que ella.
    (5) Proyecta una sensación de tranquilidad, y ella es tranquila.

7. ¿Qué efecto producen los gatos al arrastrase por el jardín?

    (1) jugueteo
    (2) desasosiego
    (3) terror
    (4) tristeza
    (5) tranquilidad

8. ¿Cuál es el significado más probable de las líneas 50 a 52: "No era intencional. Había pensado en esta combinación horas antes de pararse en la ventana del salón"?

    (1) Los colores de la ropa que pensaba ponerse combinaban con su entorno.
    (2) Los colores de la ropa que pensaba ponerse combinaban con su estado de ánimo.
    (3) Berta no creía en coincidencias.
    (4) Berta ensayaba lo que les diría a quienes elogiaran su atuendo.
    (5) Berta tramaba hacer algo malo.

9. ¿Qué efecto tiene la repetición "Realmente, realmente lo tenía todo" en la línea 29?

    (1) Muestra lo feliz que es Berta.
    (2) Enfatiza la confianza que siente Berta.
    (3) Indica que Berta oculta algo.
    (4) Da un indicio de que en realidad Berta no está enamorada de Harry.
    (5) Sugiere que algo falta en la vida de Berta.

10. ¿Qué efecto tiene en el clima emocional la estación (primavera) en la que se desarrolla la historia?

    (1) Contribuye a crear una sensación fresca y novedosa.
    (2) Contribuye a crear una sensación de irrealidad.
    (3) Contribuye a crear una sensación alegre y juguetona.
    (4) Hace que el peral sea un símbolo más efectivo.
    (5) Da la sensación de un nuevo comienzo para Berta.

11. De acuerdo con el pasaje, ¿cuál de las siguientes palabras es más probable que el narrador usara para describir a Berta?

    (1) inteligente
    (2) ingenua
    (3) negligente
    (4) sensible
    (5) odiosa

Las respuestas comienzan en la página 303.

DESTREZA DE GED **Hacer deducciones**

En la vida diaria, a menudo nos encontramos con situaciones en las que no tenemos toda la información que se necesita. En tales casos, debemos tomar decisiones basadas en los datos disponibles, así como en nuestros conocimientos y experiencia previa. Esta destreza se llama **hacer deducciones.** También podemos hacer deducciones al leer textos de ficción. Primero, descubra lo que el autor sugiere, y luego trate de determinar, según su propia comprensión, lo que indirectamente dijo el autor. Los escritores suelen sugerir o dar a entender información sobre los personajes, el escenario, la atmósfera y el tono.

hacer una deducción reunir pistas o detalles para llegar a una conclusión lógica cuando los hechos no se mencionan directamente.

Lea el siguiente pasaje de un cuento y complete el ejercicio a continuación.

Los niños grandes me llaman Mercury porque soy la más veloz del vecindario. Todo el mundo lo sabe, excepto dos personas que sabemos la verdad: mi padre y yo. Papá puede ganarme de casa a la avenida Ámsterdam aun dándome una ventaja inicial de dos bombas de agua y corriendo con las manos en los bolsillos y chiflando. Pero esa es información privada. Porque, ¿se pueden imaginar a un hombre de treinta y cinco años metiéndose en unos pantalones cortos para jugar con niñitos en las carreras? Y en lo que hace a los demás, para ellos soy la más veloz y eso va también para Gretchen, quien salió con el cuento de que ganará la medalla del primer lugar este año. Ridículo.

Toni Cade Bambara, "Raymond's Run", *Gorilla, My Love.*

SUGERENCIA

Para hacer deducciones, busque las palabras clave de un pasaje y agregue a ellas lo que ya sabe por experiencia personal.

1. Escriba *I* junto al enunciado que sea un dato y *D* junto al enunciado que sea una deducción.

  _____ a. La narradora tiene buen sentido del humor.

  _____ b. El padre de la narradora puede correr más rápido que ella.

2. Marque con una "X" todos los enunciados que apoyan la deducción de que la narradora se tiene mucha confianza como corredora.

  _____ a. "Papá puede ganarme hasta la avenida Ámsterdam"

  _____ b. "Yo soy la más veloz del vecindario"

  _____ c. "Ridículo"

Usted acertó si eligió *deducción* para la *opción a*. El pasaje no menciona esto directamente, pero la narradora hace dos comentarios humorísticos sobre su padre, así que usted puede deducir que tiene un buen sentido del humor. La *opción b* es un *dato* que la narradora menciona. Para la pregunta 2, debió haber marcado *b* y *c*. Sólo una persona segura de su capacidad diría que es la más veloz del vecindario y que es ridículo que alguien piense que puede ser vencida.

Lea el siguiente pasaje de un cuento y complete el ejercicio a continuación.

Si Jimmie hubiera estado allí, habría podido leer esos papeles y explicarle a ella lo que decían. Entonces, Ayah habría sabido que no debía firmarlos nunca. Los médicos regresaron al día siguiente y trajeron un policía de la OAI [Oficina de Asuntos Indígenas]. Le dijeron a Chato que tenían la firma de ella y que eso era lo único que necesitaban.

(5) Excepto por los niños. Ella escuchó a Chato con resentimiento; lo odiaba cuando le decía que había sido la vieja, su abuela, que había muerto durante el invierno escupiendo sangre, la que le había contagiado la enfermedad a los niños.

—No escupen sangre —dijo con frialdad—. Los blancos mienten.

Mantuvo cerca de sí a Ella y a Danny, listos para correr de nuevo a las colinas.

(10) —Primero quiero a un curandero —le dijo a Chato sin verlo. Él negó con la cabeza.

—Es demasiado tarde. El policía está con ellos. Firmaste el papel —su voz era amable.

Leslie Marmon Silko, "Lullaby", *Storyteller.*

1. Marque con una "X" la deducción más razonable que pueda hacer a partir de las líneas 1 a 3.

_____ a. Jimmie es más listo que Ayah.

_____ b. Ayah no se molestó en leer los papeles.

_____ c. Ayah no sabe leer.

2. Marque con una "X" una de las siguientes deducciones que puedan hacerse razonablemente a partir del pasaje.

_____ a. Ella y Danny no están muy enfermos porque no escupen sangre.

_____ b. Los médicos son muy comprensivos.

_____ c. Ella y Danny tienen una enfermedad peligrosa.

_____ d. Ayah está demasiado enferma para cuidar de Ella y Danny.

3. En una o dos oraciones, explique su respuesta a la pregunta 2.

_____

_____

4. Ayah no confía en los médicos. Busque en el pasaje dos enunciados que apoyen esta deducción y escríbalos en las siguientes líneas.

_____

_____

_____

_____

Las respuestas comienzan en la página 304.

Instrucciones: Elija la respuesta que mejor responda a cada pregunta.

Las preguntas 1 a 4 se refieren al siguiente pasaje de una novela.

¿QUÉ SIENTE EL NARRADOR POR ESTA MUJER?

...Me puso otra vez la ropa nueva, y yo no hacía más que sudar y sudar y sentirme aprisionado. Y bueno, después, todo lo mismo otra vez: la viuda tocó la campanilla para

(5) anunciar la cena y tuve que ir corriendo. Ya en la mesa, no pude empezar a comer de inmediato, tuve que esperar a que ella bajara la cabeza y refunfuñara no sé qué de los alimentos, aunque en realidad no les pasaba

(10) nada. Bueno, salvo que los habían cocinado por separado. En el bote de la basura es distinto, todo se junta, las salsas se mezclan y así todo sabe mejor.

Después de la cena la viuda sacó su libro y

(15) me leyó lo de Moisés y los juncos; yo estaba como loco por conocer toda la historia. Pero al poco rato se le ocurrió decirme que Moisés había muerto hacía muchísimo tiempo; entonces dejó de importarme lo que le pasara

(20) porque a mí los muertos no me hacen ninguna gracia.

Al poco tiempo me dieron ganas de fumar y le pedí permiso a la viuda, pero no me lo dio. Me dijo que era una mala costumbre y que

(25) además no era sano, y que debía procurar no fumar más. Hay personas así, se oponen a una cosa sin saber nada de ella. Ahí estaba la viuda, preocupadísima por Moisés, que ni era pariente suyo, ni le servía a nadie porque

(30) estaba muerto; y luego, iba y me reclamaba que hiciera algo bueno. Y, además, ella tomaba rapé[1]; claro, eso sí estaba bien porque era ella quien lo hacía.

[1] rapé: tipo de tabaco

Mark Twain, *The Adventures of Huckleberry Finn.*

1. ¿Qué intenta la viuda hacerle al narrador?

   (1) adoptarlo
   (2) reformarlo
   (3) enojarlo
   (4) burlarse de él
   (5) entretenerlo

2. De acuerdo con la información que proporciona el pasaje, ¿qué comida disfrutaría más el narrador?

   (1) un hotdog
   (2) puré de papas
   (3) un plato de estofado de res
   (4) queso y galletas
   (5) ensalada fresca y verde

3. ¿Cuál de las siguientes palabras describe mejor el tono del pasaje?

   (1) misterioso
   (2) formal
   (3) serio
   (4) alegre
   (5) coloquial

4. ¿Cuál es el principal efecto de la jerga con la que el autor se expresa?

   (1) Da pistas sobre el tiempo y el lugar.
   (2) Crea un contraste con el discurso de la viuda.
   (3) Crea un personaje agradable.
   (4) Crea una situación humorística.
   (5) Facilita la comprensión del pasaje.

SUGERENCIA

Para repasar la destreza de hacer deducciones, pregúntese: "¿Hay pistas en el pasaje que apoyan mi deducción? Si es así, ¿cuáles son?"

Las preguntas 5 a 8 se refieren al siguiente pasaje de un cuento.

¿POR QUÉ ESTÁ TAN MOLESTO EL TÍO LUIS?

Poco antes de que empezara el primer grado nos mudamos de Los Rafas a la ciudad. Esto creó un revuelo familiar que dejó sentimientos de rencor por mucho tiempo.

(5) —Crees que eres demasiado bueno para nosotros —le gritó el tío Luis a papá en español—, ¡sólo porque terminaste la escuela superior y tienes un trabajo en la ciudad! ¡Dios mío! Nos criamos en el campo. Nuestros

(10) padres y abuelos se criaron en el campo. Si el campo de Nuevo México era lo bastante bueno para ellos...

Papá estaba de pie y sostenía firmemente su taza con el platito, los nudillos se le ponían

(15) blancos de tan fuerte que los agarraba, como si toda la sangre se le hubiera subido a la cara, brillante y roja. Pero aun cuando estaba enojado, papá era educado con su hermano mayor.

(20) —Estaré mucho más cerca del trabajo y Josie podrá ir con el carro a comprar cosas de vez en cuando. Seguiremos viniendo los fines de semana. Sólo son cinco millas.

El tío Luis miró incrédulo a su alrededor. Mi

(25) tía trató de no mirarlos, ni a él ni a mi papá; mientras tanto, la abuela fumaba en su mecedora un cigarrillo hecho a mano. Estaba ciega y no podía ver la rabia en los rostros de los hombres, pero no estaba sorda. Empezó a

(30) mecerse más rápido y yo supe que de un momento a otro les gritaría a los dos.

—Está mucho más cerca del trabajo —repitió papá.

Antes de que el tío Luis pudiera gritar otra

(35) vez, la abuela arrojó exasperada una bocanada de humo.

—Es un hombre adulto, Luis. Con esposa y niños. Puede vivir donde quiera.

—Pero ¿y el...

(40) Iba a decir el huerto junto a la casa de la abuela. Le pertenecía a papá y todos esperaban que algún día construyera una casa allí. La abuela cortó al tío en seco:

—¡Basta!

Nash Candelaria, "The Day the Cisco Kid Shot John Wayne", *The Day the Cisco Kid Shot John Wayne*.

5. De acuerdo con la información que proporciona el pasaje, ¿cual de las siguientes afirmaciones es más probable que sea verdad con respecto al tío Luis?

(1) Espera heredar el huerto de la abuela.
(2) Nunca terminó la escuela superior.
(3) Tiene un gran trabajo en la ciudad.
(4) Considera que su hermano es un modelo a seguir.
(5) Desearía que la abuela se mudara a la ciudad.

6. De acuerdo con este pasaje, ¿cómo es probable que reaccionara el padre ante una persona que no coincide con él?

(1) Abandonaría la habitación enojado.
(2) Balbucearía nerviosamente al tratar de explicar.
(3) Justificaría su postura con calma.
(4) Levantaría la voz y menearía el puño.
(5) Se negaría discutir el asunto.

7. De los personajes de este pasaje, ¿cuál reacciona ante la mudanza de manera más sorprendente para los otros miembros de la familia?

(1) el narrador
(2) el padre
(3) la tía
(4) la abuela
(5) el tío

8. ¿Cuáles de las siguientes ideas se contrastan con mayor claridad en el pasaje?

(1) tradición y autodeterminación
(2) conocimiento e ignorancia
(3) respeto y falta de respeto
(4) verdad y mentira
(5) orgullo y vergüenza

SUGERENCIA

Use la destreza de hacer deducciones para entender el significado de lo que no se dice.

Las respuestas comienzan en la página 304.

Instrucciones: Ésta es una prueba de práctica que dura diez minutos. Después de que transcurran los diez minutos, ponga una marca en la última pregunta que haya respondido. A continuación, termine la prueba y revise sus respuestas. Si la mayoría de sus respuestas fueron correctas pero no terminó la prueba, trate de responder las preguntas más rápidamente la próxima vez. Elija la respuesta <u>que mejor responda</u> a cada pregunta.

Las <u>preguntas 1 a 9</u> se refieren al siguiente pasaje de un cuento.

¿QUIÉN ES LA NUEVA SOLISTA DEL CORO?

En la fila central de las cantantes estaba Alma Way. Todo el mundo tenía la vista fija en ella y se disponía a escucharla con oídos críticos. Era la nueva primera soprano.

(5) Candace Whitcomb, la anterior, había cantado en el coro durante cuarenta años, pero recientemente había sido despedida. El público opinaba que su voz ya estaba demasiado cascada y era vacilante en las notas altas.

(10) Hubo muchas quejas y, después de una larga deliberación, los dirigentes de la iglesia le dieron a conocer su decisión, lo más gentilmente posible, a la antigua cantante. Había cantado por última vez el domingo

(15) pasado y Alma Way había sido contratada para ocupar su lugar. Con excepción del organista, la primera soprano era la única integrante del numeroso coro que recibía una paga. El salario era muy modesto, pero aun así, el

(20) pueblo lo consideraba cuantioso para una mujer joven. Alma era del pueblo colindante de East Derby y en el área tenía buena reputación como cantante.

Ahora sus solemnes ojos azules miraban

(25) fijamente; su rostro, delicado, que había sido bonito, palideció; las flores azules de su sombrero temblaron; las diminutas manos enguantadas que sostenían firmemente el libro de canto se sacudieron perceptiblemente; pero

(30) cantó con valor. Esa formidable montaña del mundo, la falta de confianza en sí misma y la timidez, se alzaban ante ella, pero sus nervios estaban preparados para la ascensión. En la mitad del himno ejecutó un solo; su voz resonó

(35) profundamente dulce; la gente asentía con admiración; pero de repente, hubo una conmoción; todos miraron hacia las ventanas del lado sur de la iglesia. Por encima del rumor del viento y de los pájaros, por encima de las

(40) dulces notas de Alma Way, emergió otra voz femenina cantando otro himno, en otro tono.

—Es ella —cuchichearon las mujeres, medio pávidas, medio sonrientes.

La cabaña de Candace Whitcomb quedaba

(45) cerca del lado sur de la iglesia. Estaba tocando el órgano de su casa y cantaba para ahogar la voz de su rival. A Alma se le cortó la respiración y por poco se detiene; el libro de canto se movió como abanico; luego continuó.

(50) Pero el prolongado y ronco zumbido del órgano, aunado al estridente clamor de la otra voz eran más fuertes que todo lo demás.

Cuando el himno hubo terminado, Alma se sentó. Se sentía desfallecida; la mujer que

(55) estaba a su lado le puso una menta en la mano.

—No vale la pena hacerle caso —le susurró enérgicamente. Alma trató de sonreír; abajo, entre el público, un joven la miraba con

(60) una especie de intensa compasión.

En el último himno, Alma ejecutó otro solo y, de nuevo, el órgano vecino zumbó por encima del preciso y delicado acompañamiento del órgano de la iglesia y,

(65) una vez más, la voz de Candace Whitcomb rugió en otro tono.

Mary Wilkins Freeman, "A Village Singer".

1. ¿Por qué Candace Whitcomb se quedó en su casa a tocar el órgano y cantar?

   (1) No se sentía bien ese día.
   (2) Pidió el día para que la nueva solista diera una audición.
   (3) Tenía que ensayar para el día siguiente.
   (4) Sentía envidia por la nueva solista.
   (5) Había decidido jubilarse.

2. ¿Cuál de los siguientes es el significado de la oración "Esa formidable montaña del mundo, la falta de confianza en sí misma y la timidez, se alzaban ante ella, pero sus nervios estaban preparados para la ascensión" (líneas 30 a 33)?

(1) Alma había escalado montañas antes.
(2) Alma estaba preparada para vencer su miedo.
(3) Alma no confiaba en que su voz alcanzara las notas altas.
(4) Alma creía que sentirse nerviosa antes de una interpretación era normal.
(5) Alma sentía que el camino al podium era como escalar una montaña.

3. ¿Cuál de las siguientes opciones explica mejor el significado de la frase "medio pávidas" en la línea 43?

(1) Las bocas de las mujeres estaban medio abiertas.
(2) La mitad de las mujeres estaban en contra de Alma.
(3) Las mujeres sonreían apenas.
(4) Las mujeres trataban de permanecer en silencio.
(5) Las mujeres estaban horrorizadas.

4. ¿Por qué Alma se sintió desfallecida (línea 54)?

(1) Estaba exhausta después de su maravillosa interpretación.
(2) Estaba mareada por el calor que hacía en la iglesia.
(3) Estaba nerviosa porque un joven del público la miraba.
(4) Se sentía débil por la tensión de tener que competir con el canto de Candace.
(5) Tenía miedo de que el canto de Candace fuera mejor que el suyo.

5. Si Alma dejara de cantar en el coro, ¿qué sería más probable que hiciera Candace?

(1) trataría de convencer a Alma de que regresara
(2) trataría de reintegrarse como solista del coro
(3) le pediría a Alma que cantara a dúo con ella
(4) se disculparía con Alma por haberla hecho sentir mal
(5) seguiría cantando en su cabaña

6. ¿Cuál de los siguientes detalles del pasaje ayudan a entender la atmósfera emocional de la iglesia?

(1) "su voz ya estaba demasiado cascada y era vacilante" (líneas 8 y 9)
(2) "la primera soprano era la única integrante del numeroso coro que recibía una paga (líneas 17 y 18)
(3) "Todo el mundo tenía la vista fija en ella y se disponía a escucharla con oídos críticos" (líneas 2 a 4)
(4) "en el área tenía buena reputación como cantante" (líneas 22 y 23)
(5) "Era la nueva primera soprano" (línea 4)

7. ¿Cuál de los siguientes aspectos de la personalidad de Alma puede conocerse a partir del pasaje?

(1) Está dispuesta a enfrentar un reto.
(2) Es vanidosa en cuanto a su belleza.
(3) Resiente la competencia.
(4) No valora su talento.
(5) Suele ser pesimista.

8. ¿Cuál de las siguientes descripciones caracteriza mejor el estilo de este pasaje?

(1) seco y académico
(2) soso y poco emotivo
(3) irónico y bromista
(4) informal y serio
(5) complejo y confuso

9. De acuerdo con el pasaje, ¿cuál de los siguientes pares muestra la misma relación que la existente entre la voz de Candace y la de Alma?

(1) la voz de un cuervo y la de un águila
(2) la voz de un águila y la de un colibrí
(3) la voz de un colibrí y la de un cuervo
(4) la voz de un búho y la de un ave cantora
(5) la voz de un cuervo y la de un canario

Las respuestas comienzan en la página 305.

Lección 18

DESTREZA DE GED Comparar y contrastar

comparar
mostrar en qué se parecen las cosas

contrastar
mostrar en qué se diferencian las cosas

Identifique las comparaciones buscando palabras clave, como por ejemplo, *como, al igual que, también, comparado con* y *de igual manera.* Identifique los contrastes buscando palabras clave como *a diferencia de, sin embargo, pero, por otro lado* y *por el contrario.*

Cuando se **comparan** cosas, se muestra en qué se parecen. Cuando se las **contrasta,** se muestra en qué se diferencian. Uno de los placeres de leer ficción está en seguir el desarrollo de los personajes. Los escritores comparan y contrastan el carácter y la forma de ser de los personajes de una historia para transmitir al lector una imagen vívida de ellos. El desarrollo de los personajes también puede ayudar a discernir el conflicto de la historia.

Al leer un texto de ficción, el proceso de comparar y contrastar puede ayudarle a entender mejor lo que lee.

Lea el siguiente pasaje de una novela y complete el ejercicio a continuación.

El señor Bennet era una mezcla tan singular de viveza, humor sarcástico, reserva y capricho, que la experiencia de veintitrés años no le había bastado a su mujer para descifrar su carácter. Ella era menos difícil de conocer. Era una mujer de entendimiento limitado, poca instrucción y temple incierto. Cuando se hallaba descontenta se imaginaba nerviosa. La empresa de su vida consistía en casar a sus hijas; sus solaces eran ir de visita y las noticias.

Jane Austen, *Pride and Prejudice.*

1. Encierre en un círculo la palabra subrayada que sea correcta en la siguiente oración.

   Este párrafo <u>compara</u>/<u>contrasta</u> al Sr. y a la Sra. Bennet.

2. Marque con una "X" la oración que contrasta dos cosas.

   _____ a. El Sr. Bennet es más difícil de comprender que su esposa.

   _____ b. A la Sra. Bennet le encantan el chismorreo y las visitas.

   _____ c. La Sra. Bennet está confundida por sus propios sentimientos.

3. Subraye la oración del pasaje que indica que se hará un contraste entre los personajes.

Usted acertó si en la pregunta 1 encerró en un círculo *contrasta.* El pasaje muestra las diferencias entre los personajes. En la pregunta 2, la *opción a* es la respuesta correcta. En la pregunta 3, usted debió subrayar *Ella era menos difícil de conocer.* El énfasis en la palabra *ella* combinado con la palabra *menos* le indican que se está haciendo un contraste entre ella y el Sr. Bennet.

Lea el siguiente pasaje de una novela y complete el ejercicio a continuación.

Ray Pearson y Hal Winters eran peones que trabajaban en una granja a tres millas al norte de Winesburg. Los sábados a la tarde iban a la ciudad a vagar por las calles con otros compañeros de la región.

Ray era un hombre callado y bastante nervioso, de unos cincuenta años, con barba
(5) color café y hombros completamente desarrollados por la dureza del trabajo. Su carácter era tan distinto al de Hal Winters como dos hombres pueden ser diferentes.

Ray era en general un hombre serio y su esposa era de complexión pequeña y aspecto y voz afilados. Los dos vivían junto con media docena de niños de piernas flacas en una casa de madera en ruinas situada junto al arroyo que pasaba detrás de la granja
(10) Wills, donde Ray trabajaba.

Hal Winters, su compañero de trabajo, era un tipo... Hal era un tipo malo. Todos lo decían. Había tres muchachos Winters en esa familia: John, Hal y Edward, todos ellos, tipos grandes de hombros amplios... todos peleadores y mujeriegos y, en general, malos en todos los sentidos.
(15) Hal era el peor de todos y siempre estaba dispuesto a hacer alguna maldad.

Sherwood Anderson, *Winesburg, Ohio.*

1. Marque con una "X" una semejanza entre Ray y Hal.

_____ a. Son de la misma edad.

_____ b. Trabajan en el mismo lugar.

2. Escriba una semejanza más entre los dos hombres.

_____

3. En este pasaje también se contrasta a Ray con Hal. Escriba la oración que le indica que se está haciendo un contraste de los dos hombres.

_____

4. Mencione cuatro diferencias entre Ray y Hal. (Pista: Puede subrayarlos o enumerarlos al releer el pasaje.)

Ray   **Hal**

a. _____   _____

b. _____   _____

c. _____   _____

d. _____   _____

Las respuestas comienzan en la página 306.

Instrucciones: Elija la respuesta que mejor responda a cada pregunta.

Las preguntas 1 a 3 se refieren al siguiente pasaje de una novela.

¿DÓNDE ESTÁN ESTOS DOS NIÑOS?

Ralph se sumergió y buceó con los ojos abiertos. El borde arenoso de la poza se alzaba como la ladera de una colina. Se volteó apretándose la nariz, mientras una luz dorada
(5) danzaba y se quebraba sobre su rostro. Piggy se decidió por fin. Se quitó los pantolones y quedó desnudo: una desnudez pálida y carnosa. Bajó de puntillas por el lado de arena de la poza y allí se sentó, cubierto de agua
(10) hasta el cuello, sonriendo con orgullo a Ralph.
—¿Es que no vas a nadar?
Piggy meneó la cabeza.
—No sé nadar. No me dejaban. El asma...
—¡Al diablo tu asma!
(15) Piggy aguantó con humilde paciencia.
—No sabes nadar bien.
Ralph chapoteó de espaldas alejándose del borde; sumergió la boca y sopló un chorro de agua al aire. Alzó después la barbilla y dijo:
(20) —A los cinco años ya sabía nadar. Me enseño papá. Es teniente de navío en la Marina y cuando le den permiso vendrá a rescatarnos. ¿Qué es tu padre?
Piggy se sonrojó al instante.
(25) —Mi padre ha muerto —dijo deprisa—, y mi madre...
Se quitó las gafas y buscó en vano algo para limpiarlas.
—Yo vivía con mi tía. Tiene una confitería.
(30) No sabes la de dulces que me daba. Me daba todos los que quería. ¿Oye, y cuando nos va a rescatar tu padre?
—En cuanto pueda.
Piggy salió del agua chorreando y, desnudo
(35) como estaba, se limpió las gafas con un calcetín. El único ruido que ahora les llegaba a través del calor de la mañana era el largo rugir de las olas que rompían contra el arrecife.

William Golding, *El señor de las moscas.*

1. ¿Qué les pasó a los dos muchachos de este pasaje?

   (1) Los secuestraron.
   (2) Se escaparon de su casa.
   (3) Se han quedado varados.
   (4) Han ido a un campamento de verano.
   (5) Se escaparon de un reformatorio.

2. De acuerdo con los detalles del pasaje, ¿qué es más probable que Piggy hiciera si lo molestaran por usar lentes?

   (1) buscar pleito con quien lo atormenta
   (2) decírselo a una persona adulta
   (3) tomar parte y reírse de él mismo
   (4) sufrir en silencio
   (5) irse llorando

3. ¿En qué se parecen Ralph y Piggy?

   (1) Al parecer se envidian.
   (2) Ambos han crecido sin su madre.
   (3) Ambos creen que el padre de Ralph los rescatará.
   (4) Ambos aprendieron a nadar a temprana edad.
   (5) Ambos sufren de asma.

SUGERENCIA

Para identificar los patrones de comparación y contraste, subraye los adjetivos con que se describe a los personajes. Pregúntese si las palabras descriptivas referentes a un personaje son similares a las que describen a otro. Si son similares, se trata de una comparación; si son distintas, se trata de un contraste.

Las preguntas 4 a 8 se refieren al siguiente pasaje de una novela.

¿EN QUÉ SE DIFERENCIAN ESTAS DOS ISLAS?

A veinte millas de la ciudad, un par de enormes huevos, de contornos idénticos y separados únicamente por una bahía de cortesía, se proyectan en el cuerpo de agua

(5) salada más domesticado del hemisferio occidental, el gran corral acuático del paso de Long Island. No son óvalos perfectos (como el huevo de la historia de Colón, sino achatados en los extremos de contacto), sin embargo, su

(10) parecido físico debe ser fuente de confusión perpetua para las gaviotas que los sobrevuelan. Para los desalados, un fenómeno más fascinante son sus diferencias en cada detalle, excepto la forma y el tamaño.

(15) Yo vivía en el Huevo Occidental, el... bueno, la isla que estaba menos a la moda, aunque ésta es una etiqueta de lo más superficial para expresar el singular y no poco siniestro contraste entre ellas. Mi casa estaba en la

(20) punta extrema del huevo, tan sólo a cincuenta yardas del paso y apretujada entre dos inmensas casas que se rentaban por doce o quince mil la temporada. La que estaba a mi derecha era un modelo colosal bajo cualquier

(25) criterio; una imitación objetiva de algún Hotel de Ville de Normandía, con una flamante torre en un lado bajo una fachada de hiedra silvestre y una piscina de mármol y más de cuarenta acres de césped y jardín. Era la mansión de

(30) Gatsby o, mejor dicho, dado que no conocía al Sr. Gatsby, era una mansión habitada por un caballero con ese nombre. Mi casa era una monstruosidad, pero una monstruosidad pequeña que había sido pasada por alto, así

(35) que yo disfrutaba de una vista del agua, una vista parcial del jardín de mi vecino y la consoladora proximidad de millonarios: todo por ochenta dólares.

Al otro lado de la bahía de cortesía, las

(40) blancas casas del Huevo Oriental de moda destellaban en el agua...

F. Scott Fitzgerald, *The Great Gatsby.*

4. ¿A qué se refiere el autor cuando usa la palabra *desalados* (línea 12)?

(1) a las gaviotas
(2) a los pilotos de las aerolíneas
(3) a los prisioneros
(4) a los habitantes
(5) a los sirvientes

5. ¿En qué se parecen las dos islas?

(1) Están a la moda.
(2) Tienen la misma forma y tamaño.
(3) Son raras y un poco siniestras.
(4) Sólo hay mansiones en ellas.
(5) Son superficiales.

6. ¿A qué lugar se parecen más las islas Huevo Oriental y Huevo Occidental?

(1) a dos países colindantes cuyos habitantes tienen las mismas costumbres
(2) a dos lados de la misma ciudad, uno para la clase alta y otro para la clase media
(3) a dos países vecinos que se han declarado la guerra
(4) a dos clubes exclusivos que sólo aceptan miembros acaudalados
(5) a dos habitaciones en la misma mansión, una para la familia y otra para los invitados.

7. ¿Qué da a entender el autor sobre las mansiones de la isla Huevo Occidental?

(1) Son más viejas que las de la isla Huevo Oriental.
(2) Se rentan sólo una parte del año.
(3) Han sido transformadas en hoteles.
(4) Están diseñadas como castillos franceses.
(5) Son más pequeñas que las de la isla Huevo Oriental.

8. ¿Cuál de las siguientes opciones caracteriza el estilo de este pasaje?

(1) oraciones cortas e incisivas
(2) detalles vívidamente descriptivos
(3) acción muy animada
(4) lenguaje cuidadosamente controlado
(5) uso frecuente de jerga

Las respuestas comienzan en la página 306.

Instrucciones: Ésta es una prueba de práctica que dura diez minutos. Después de que transcurran los diez minutos, ponga una marca en la última pregunta que haya respondido. A continuación, termine la prueba y revise sus respuestas. Si la mayoría de sus respuestas fueron correctas pero no terminó la prueba, trate de responder las preguntas más rápidamente la próxima vez. Elija la respuesta que mejor responda a cada pregunta.

Las preguntas 1 a 11 se refieren al siguiente pasaje de una novela.

¿EN QUÉ SE DIFERENCIAN ESTAS HERMANAS?

La señorita Brooke tenía esa clase de belleza que un vestido pobre es capaz de realzar. Su mano y su muñeca estaban tan finamente formadas que podía vestir con
(5) mangas no menos desprovistas de estilo que las de la santísima virgen a los ojos de los pintores italianos; y su perfil, estatura y porte parecían adquirir más dignidad de la sencillez de sus prendas, que por el lado de la moda
(10) provinciana le confería la conmoción de una cita refinada de la Biblia (o de uno de nuestros poetas mayores) en un párrafo de un periódico actual. Por lo general, se decía de ella que era extraordinariamente inteligente, pero con la
(15) añadidura de que su hermana Celia tenía más sentido común. Sin embargo, Celia llevaba apenas más adornos y, sólo para los observadores cercanos, su vestido difería del de su hermana y tenía una sombra de
(20) coquetería en su disposición; para la señorita Brooke, vestir de manera sencilla se debía a diversas condiciones, casi todas compartidas por su hermana. El orgullo de ser damas tenía algo que ver con ello: las relaciones de los
(25) Brooke, sin ser precisamente aristocráticas, eran sin duda "buenas"; si se investiga una o dos generaciones atrás, no se encuentra ningún antepasado relacionado con jardines ni parcelas, ni a nadie por debajo de un almirante
(30) o clérigo... Jovencitas de tal cuna que viven en una casa de campo silenciosa y asisten a una iglesia de pueblo apenas un poco más grande que un salón, consideraban las ropas llamativas como la ambición de la hija de un
(35) vendedor ambulante...

La opinión rural sobre las nuevas damas, aun entre las personas de las cabañas, estaba generalmente a favor de Celia, cuyo aspecto era considerado más amable e inocente,
(40) mientras que los grandes ojos de la señorita Brooke parecían, al igual que su religión, demasiado raros y llamativos. ¡Pobre Dorotea! Comparada con ella, el aspecto inocente de Celia reflejaba astucia y mucho mundo, una
(45) mente humana es mucho más sutil que las telas externas que conforman una especie de arreglo deslumbrante o de carátula...
Era abierta, apasionada y no sentía la más mínima admiración por su persona; en efecto,
(50) era bonito ver cómo su imaginación adornaba a su hermana Celia con atractivos que, en conjunto, eran superiores a los suyos y, si un caballero aparecía en Grange por algún otro motivo que ver al Sr. Brooke, ella concluía que
(55) debía estar enamorado de Celia: Sir James Chettam, por ejemplo, a quien constantemente consideraba desde el punto de vista de Celia, debatiendo en su interior si sería bueno para Celia aceptarlo.

George Eliot, *Middlemarch*.

1. ¿Qué se quiere decir con la frase "esa clase de belleza que un vestido pobre es capaz de realzar" (líneas 1 a 3)?

   (1) La señorita Brooke no pensaba mucho en su apariencia.
   (2) El vestido pobre de la señorita Brooke desmerece su belleza.
   (3) El vestido pobre de la señorita Brooke hacía aun más notable su belleza.
   (4) La señorita Brooke se tranquilizó al ver que la gente la encontraba bella.
   (5) La señorita Brooke se vestía pobremente para ser tan bella.

2. ¿Qué otra manera hay de decir "una mente humana es mucho más sutil que las telas externas que conforman una especie de arreglo deslumbrante o de carátula" (líneas 44 a 47)?

   (1) Bonita es quien actúa bien.
   (2) Cuidado con las personas de aspecto inocente.
   (3) El intelecto es más importante que el cuerpo.
   (4) Las apariencias pueden engañar.
   (5) El verdadero ser de una persona no cambia.

3. ¿Con qué se compara a la señorita Brooke?

   (1) un poeta
   (2) una cita refinada
   (3) un párrafo
   (4) un pintor francés
   (5) una figura bíblica

4. ¿Qué razón se da en el pasaje para justificar la elección de las hermanas de vestirse con prendas sencillas?

   (1) Son muy pobres.
   (2) No quieren llamar la atención.
   (3) Tratan de vestirse como damas.
   (4) No les interesa la ropa.
   (5) Viven en una zona rural.

5. De acuerdo con el pasaje, ¿cuál sería la reacción más probable de Dorotea ante una propuesta de matrimonio?

   Dorotea

   (1) se sentiría halagada
   (2) rechazaría la oferta
   (3) desconfiaría de los motivos de su pretendiente
   (4) pensaría que es un error
   (5) se sentiría feliz

6. ¿Cuál de las siguientes palabras describe el carácter de Dorotea?

   (1) coqueta
   (2) vanidosa
   (3) modesta
   (4) temperamental
   (5) celosa

7. ¿Qué sugiere la afirmación de que Celia tiene más sentido común que Dorotea?

   Dorotea es

   (1) tonta
   (2) descuidada
   (3) realista
   (4) torpe
   (5) poco práctica

8. ¿Cuál es una diferencia entre Celia y Dorotea?

   (1) Dorotea es más inocente que Celia.
   (2) Celia es más tímida que Dorotea.
   (3) Celia es más bella que Dorotea.
   (4) Dorotea es más popular que Celia.
   (5) Dorotea está más a la moda.

9. De acuerdo con el pasaje, ¿a quién consideraría la familia Brooke un buen esposo para Celia?

   (1) a un modista inteligente
   (2) a un tendero amable
   (3) a un panadero rico
   (4) a un ministro distinguido
   (5) a un relojero culto

10. ¿Cuál de las siguientes descripciones caracteriza el estilo del pasaje?

   (1) oraciones largas y complejas
   (2) abundancia de detalles realistas
   (3) diálogos largos y enérgicos
   (4) fidelidad al dialecto regional
   (5) imágenes verbales precisas

11. ¿Cuál de las siguientes palabras describe mejor la actitud del narrador hacia Dorotea?

   (1) burlona
   (2) respetuosa
   (3) comprensiva
   (4) incrédula
   (5) desdeñosa

Las respuestas comienzan en la página 306.

DESTREZA DE GED **Interpretar el tema**

tema
la idea general sobre la vida que se deduce de un cuento o una novela

moraleja
una lección que uno puede aplicar a su propia vida

Al leer, pregúntese si el autor intenta darle un consejo o expresar una verdad.

El **tema** es la idea general sobre la vida o la naturaleza humana que un cuento o una novela revela. A veces, el tema se compara con una **moraleja** de la historia, una lección cuyo propósito es enseñar a distinguir entre el bien y el mal. Sin embargo, por lo general el tema no se expresa directamente, sino que hay que deducirlo. Tampoco el tema suele indicarle al lector cómo comportarse, sino que simplemente expresa las opiniones del autor sobre la vida.

Lea el siguiente pasaje de una fábula y complete el ejercicio a continuación.

Un Águila se abatió sobre una Serpiente y la agarró con la intención de llevársela para devorarla. Pero la Serpiente fue más rápida que el Águila y al momento la rodeó. Así comenzó una lucha de vida o muerte entre ambas. Un labrador que fue testigo del encuentro, se acercó a ayudar al Águila y logró liberarla de la Serpiente. Entonces el Águila pudo escapar. En venganza, la Serpiente escupió veneno en el cuerno[1] del labrador. Cansado por el esfuerzo, el hombre se disponía a saciar[2] su sed con un trago del cuerno cuando el Águila se lo arrancó de la mano y el contenido se derramó en la tierra.

_____
[1] cuerno: vasija para beber hecha de un cuerno   [2] saciar: satisfacer

Aesop's Fables, "The Serpent and the Eagle."

1. Marque con una "X" la razón por la cual el águila le arrancó la bebida de las manos del hombre que estaba sediento.

_____ a. El águila todavía seguía enojada por su pelea con la Serpiente.

_____ b. El águila hizo eso para proteger al hombre.

2. Marque con una "X" el enunciado que expresa <u>mejor</u> la moraleja de esta fábula.

_____ a. Pájaros de un mismo plumaje vuelan juntos.

_____ b. Favor con favor se paga.

_____ c. Los amigos se prueban en las grandes ocasiones.

3. Explique brevemente por qué eligió esa respuesta para la pregunta 2.

_____

Usted acertó si eligió la _opción b_ en la pregunta 1. La bebida estaba envenenada. La respuesta correcta a la pregunta 2 es la _opción b_. Su explicación a la pregunta 3 puede ser algo así: _La ayuda del labrador al águila resultó en que el águila le salvara la vida._

Lea el siguiente pasaje de un cuento y complete el ejercicio a continuación.

Cuando a un hombre se le ocurre que la naturaleza no le da importancia y no considera que el universo quedaría mutilado si se deshiciera de él, su primer impulso es arrojar ladrillos al templo y, luego, odiar profundamente el hecho de que no haya ladrillos ni templos. Cualquier manifestación visible de la naturaleza seguramente sería ridiculizada
(5) con sus burlas.

Luego, si no hay nada de qué reírse, el hombre siente, quizás, el deseo de confrontar una personificación[1] y deshacerse en súplicas, inclinado sobre una rodilla y con las manos suplicantes, diciendo: "Sí, pero siento amor por mí".

Una fría estrella en el cielo de una noche de invierno es la palabra que siente que ella
(10) le transmite. A partir de ese momento conoce el patetismo[2] de su situación.

Los hombres del bote no habían discutido estos asuntos, pero sin duda habían reflexionado sobre ellos en silencio y según sus principios. Rara vez había una expresión en sus rostros, salvo la de total fatiga. Si se hablaba era solo sobre asuntos del bote.

_____

[1] personificación: un objeto al que se le da forma humana   [2] patetismo: dolor trágico

Stephen Crane, "The Open Boat," *The Portable Stephen Crane.*

1. Marque con una "X" qué siente el hombre de este pasaje respecto de la naturaleza.

_____ a. indiferencia

_____ b. enojo

2. Marque con una "X" la mejor descripción de la naturaleza de acuerdo con el pasaje.

_____ a. acogedora

_____ b. vengativa

_____ c. indiferente

3. Marque con una "X" la frase que mejor describe la relación entre la humanidad y la naturaleza de acuerdo con el pasaje.

_____ a. una continua lucha de poder

_____ b. un equilibrio de poder

_____ c. a la naturaleza no le importan los seres humanos

4. Marque con una "X" la opción que mejor exprese el tema de este pasaje.

_____ a. Los seres humanos son como granos de arena en una playa.

_____ b. Los seres humanos son los reyes de la montaña.

_____ c. Los seres humanos son hermanos en espíritu con la naturaleza.

5. Explique por qué eligió esa opción como respuesta a la pregunta 4 escribiendo una frase del primer párrafo que le haya ayudado a llegar a su respuesta.

_____

Las respuestas comienzan en la página 307.

Instrucciones: Elija la respuesta que mejor responda a cada pregunta.

Las preguntas 1 a 4 se refieren al siguiente pasaje de una novela.

¿QUÉ INVADIÓ RICHMOND?

Un carnaval de esperanza invadió Richmond. McClellan se quedó en el Desembarco de Harrison. Se dejó caer allí como una rana llena de perdigones[1]. No se
(5) movió ni hacia delante ni hacia atrás; parecía aprisionado por su propio peso. Richmond estaba a salvo. Las iglesias ofrecían servicios, la gente gritaba "Gloria in Excelsis" y Lee, en lugar de ser el chivo expiatorio, ahora era el
(10) héroe.

Mientras tanto, Lutie y todos a su alrededor ofrecían plegarias de acción de gracias al Todopoderoso; ella imaginaba las semanas de batallas como el matadero de los héroes. Las
(15) listas de los muertos eran atroces. Las mejores familias del Sur habían perdido a sus esposos, hijos y hermanos. Prácticamente todos habían sufrido los estragos de la guerra, especialmente porque las clases altas
(20) dirigieron los regimientos, brigadas y divisiones. La guadaña[2] de la muerte había reducido el número de líderes, de ricos y de hombres de talento en igual medida que a los arrendatarios menores, tenderos e incluso a
(25) los vagabundos que buscaban redimirse por medio del servicio militar. Todos habían muerto por igual, y la Muerte, como siempre, había escogido a sus víctimas con toda imparcialidad. Lutie solía considerar a la
(30) Muerte como a una fuerza personal, el dios del inframundo, Hades o Plutón. Curiosamente, Plutón también era el dios de las riquezas. Todos los días uno negocia con este dios, pero al final, lo mejor del trato es para él. Apartó esa
(35) noción ornamentada y mítica. La muerte en estos días era una trilladora[3]: alguien accionaba las aspas y ya no se detenía.

---

[1] perdigón: grano de plomo que sirve como munición

[2] guadaña: instrumento que se usa para segar

[3] trilladora: máquina que se usa para separar el grano de la paja

Rita Mae Brown, *High Hearts*.

1. ¿Por qué Lutie ofreció plegarias de acción de gracias (línea 12)?

   (1) Estaba rezando por los soldados que habían muerto en la guerra.
   (2) Estaba agradecida de que la guerra hubiera terminado.
   (3) Estaba agradecida de que Richmond no hubiera sido atacada.
   (4) Estaba agradecida de que la muerte no hubiera llegado a Richmond.
   (5) Estaba rezando para que Lee ganara la guerra.

2. Si la imagen final que Lutie tiene de la "Muerte" (líneas 35 y 36) se modernizara, ¿cuál de las siguientes imágenes tendría un significado similar?

   (1) un éxito en Wall Street
   (2) un buldózer
   (3) un ventilador eléctrico
   (4) un juego de computadora
   (5) un político rico

3. ¿Qué da a entender la autora cuando compara a McClellan con una "rana llena de perdigones" (línea 4)?

   (1) Las tropas de McClellan estaban a punto de atacar Richmond.
   (2) McClellan había sido herido en la batalla.
   (3) McClellan tenía la simpatía del pueblo.
   (4) McClellan no era digno de confianza.
   (5) McClellan parecía incapaz de movilizar sus fuerzas.

4. ¿Cuál de las siguientes opciones expresa mejor el tema de este pasaje?

   (1) La guerra es un empleador que brinda iguales oportunidades.
   (2) Poco después de la guerra viene la paz.
   (3) La guerra es un instrumento de muerte.
   (4) Lutie estaba cansada de la guerra.
   (5) El dios de la muerte es el dios de las riquezas.

Las preguntas 5 a 9 se refieren al siguiente pasaje de prosa.

LA NATURALEZA

Le gustaba al niño ir siguiendo, paciente,
día tras día, el brotar oscuro de las plantas y
de sus flores. La aparición de una hoja,
plegada aún y apenas visible su verde
(5) traslúcido junto al tallo donde ayer no estaba,
le llenaba de asombro, y con ojos atentos,
durante largo rato, quería sorprender su
movimiento, su crecimiento invisible, tal otros
quieren sorprender, en el vuelo, cómo mueve
(10) las alas el pájaro.
Tomar un renuevo tierno de la planta adulta
y sembrarlo aparte, con mano que él deseaba
de aire blando y suave, los cuidados que
entonces requería, mantenerlo a la sombra los
(15) primeros días, regar su sed inexperta a la
mañana y al atardecer en tiempo caluroso, le
embebían de esperanza desinteresada.
Qué alegría cuando veía las hojas romper
al fin, y su color tierno, que a fuerza de
(20) transparencia casi parecía luminoso, acusando
en relieve las venas, oscurecerse poco a poco
con la savia más fuerte. Sentía como si pertar
sobre la tierra fundamental, tal un dios, la
forma antes dormida en el sueño de lo
inexistente.

Luis Cernuda, *Ocnos seguido de Variaciones sobre tema.*

5. ¿Cuál es la idea principal de este pasaje?

(1) El niño ha cortado todas las plantas de su
jardín.
(2) El niño acaba de tener una pesadilla.
(3) El niño se está volviendo loco.
(4) El niño admira la naturaleza.
(5) El niño le teme al crecimiento de las plantas.

6. De acuerdo con el pasaje, ¿qué es más probable
que el niño disfrutara?

(1) tocar la guitarra
(2) tener un acuario
(3) construir una casa en un árbol
(4) reparar una bicicleta
(5) jugar con un tren eléctrico

7. ¿Qué sugiere la frase "tomar un renuevo tierno de
la planta adulta y sembrarlo aparte, con mano que
él deseaba de aire blando y suave" (líneas 11 a
13)?

El niño

(1) es muy cuidadoso al sembrar
(2) aplasta suavemente el renuevo
(3) acaricia el renuevo al sembrarlo
(4) está distraído al sembrar el renuevo
(5) siembra con brusquedad el renuevo

8. ¿Qué palabra describe mejor el tono de este
pasaje?

(1) serio
(2) admirativo
(3) juguetón
(4) sarcástico
(5) jubiloso

9. ¿Qué palabras describen mejor el lenguaje del
pasaje?

(1) agresivo
(2) sobrio
(3) sencillo
(4) poético
(5) coloquial

SUGERENCIA

Las imágenes y símbolos que un escritor usa
pueden ser claves del tema. ¿Se hace
referencia a algún símbolo de manera
repetida? Si es así, éste símbolo podría indicar
el tema del texto.

Las respuestas comienzan en la página 307.

Instrucciones: Ésta es una prueba de práctica que dura diez minutos. Después de que transcurran los diez minutos, ponga una marca en la última pregunta que haya respondido. A continuación, termine la prueba y revise sus respuestas. Si la mayoría de sus respuestas fueron correctas pero no terminó la prueba, trate de responder las preguntas más rápidamente la próxima vez. Elija la respuesta que mejor responda a cada pregunta.

Las preguntas 1 a 10 se refieren al siguiente pasaje de una novela.

¿POR QUÉ PARA ESTE NARRADOR LA GUERRA TODAVÍA ESTÁ VIVA?

Todos tenemos un momento en la historia que es especialmente nuestro. Es el momento en que las emociones alcanzan el influjo más poderoso sobre nuestro ser y después, cuando
(5) alguien dice "el mundo de hoy" o "la vida" o "la realidad" uno asume que se hace referencia a ese momento, aun si han pasado cincuenta años. A través de sus emociones desencadenadas, el mundo dejó una huella en
(10) uno, y uno lleva para siempre la impronta de ese momento pasajero.

Para mí, ese momento (cuatro años equivalen a un momento en la historia) fue la guerra. La guerra fue y es realidad para mí.
(15) Todavía vivo y pienso instintivamente en su atmósfera. Éstas son algunas de sus características: Franklin Delano Roosevelt es el presidente de Estados Unidos y siempre lo ha sido. Los otros dos líderes eternos son
(20) Winston Churchill y José Stalin. Estados Unidos no es, nunca ha sido y nunca será lo que las canciones y poemas dicen, una tierra de abundancia. El nilón, la carne, la gasolina y el acero son raros. Hay demasiados empleos
(25) pero no suficientes trabajadores. El dinero es muy fácil de ganar, pero bastante difícil de gastar porque no hay mucho que comprar. Los trenes siempre se demoran y siempre están llenos de "militares". La guerra siempre se
(30) hará muy lejos de Estados Unidos y nunca terminará. No hay nada en Estados Unidos que permanezca en su sitio por mucho tiempo, incluyendo a las personas que siempre se están yendo o están de permiso. En Estados
(35) Unidos la gente llora a menudo. Los dieciséis años son la edad clave, crucial y natural para un ser humano, y las personas de las demás edades están jerarquizadas de manera ordenada por delante y por detrás de uno,
(40) como un armonioso escenario para los que tienen dieciséis en el mundo. Cuando uno tiene dieciséis años, los adultos se sienten

ligeramente impresionados y casi intimidados por uno. Éste es un rompecabezas que
(45) finalmente se resuelve cuando te percatas de que ellos vislumbran tu futuro militar —luchar por ellos. Tú no lo vislumbras. En Estados Unidos desperdiciar algo es inmoral. Los cordeles y el papel aluminio son tesoros. Los
(50) periódicos siempre están repletos de mapas extraños y nombres de ciudades, y cada tantos meses la Tierra parece tambalearse cuando ves algo en los periódicos, como cuando Mussolini, quien casi parecía uno de los
(55) líderes eternos, sale en una fotografía colgado de un gancho de carnicero. Todo el mundo escucha las transmisiones de noticias cinco o seis veces al día. Todas las cosas agradables, todos los viajes, deportes, espectáculos, buena
(60) comida y prendas finas, escasean, siempre han escaseado y siempre escasearán. En el mundo sólo hay pequeños fragmentos de placer y lujo, y hay algo poco patriótico en disfrutarlos. Todos los países extranjeros son
(65) inaccesibles, excepto para los militares; son difusos, distantes y enclaustrados, como si estuvieran detrás de una cortina de plástico. En Estados Unidos, el color de la vida que prevalece es un verde oscuro y opaco llamado
(70) verde oliva. Ese color siempre es respetable y siempre es importante. Casi todos los demás colores corren el riesgo de ser antipatrióticos.

John Knowles, *A Separate Peace*.

1. ¿Cuál es la idea principal del primer párrafo?

   (1) Las emociones pueden influir en el cuerpo.
   (2) La gente no debe vivir en el pasado.
   (3) La gente debe aprender más sobre la historia.
   (4) La vida en Estados Unidos no es todo lo que se dice que es.
   (5) La visión del mundo de una persona está moldeada por eventos clave.

2. ¿Cuál de las siguientes opciones replantea mejor las líneas 51 a 53: "cada tantos meses la Tierra parece tambalearse cuando ves algo en los periódicos"?

    (1) Cada tantos meses los terremotos sacuden la Tierra.
    (2) Cada tantos meses estalla una bomba.
    (3) Cada tantos meses Estados Unidos ataca a otro país.
    (4) Cada tantos meses ocurre algo que conmueve al mundo.
    (5) Cada tantos meses hay un nuevo período de escasez.

3. ¿Con cuál de los siguientes enunciados es más probable que el narrador estuviera de acuerdo?

    (1) La política forja alianzas peculiares.
    (2) No hay mejor momento que el presente.
    (3) El tiempo es algo que nunca entenderemos.
    (4) El momento histórico afecta al individuo.
    (5) El tiempo no se detiene para nadie.

4. ¿Qué hace el narrador para que el lector entienda cómo se siente respecto de la guerra?

    (1) explica que los adultos se sentían intimidados por los soldados
    (2) habla de la guerra como si estuviera ocurriendo ahora
    (3) se refiere a líderes mundiales famosos
    (4) describe claramente sus emociones
    (5) hace que la guerra aparezca como algo romántico y atractivo

5. ¿Cuál es el principal propósito de la descripción que hace el narrador de la Segunda Guerra Mundial?

    (1) recordar sucesos que ocurrieron durante su adolescencia
    (2) describir circunstancias de Estados Unidos que permanecen con nosotros
    (3) criticar el estado de los asuntos mundiales
    (4) proponer un regreso a los "viejos tiempos"
    (5) pronunciarse en contra de los horrores de la guerra

6. De acuerdo con el pasaje, ¿por qué los años de la guerra afectaron al narrador de esa manera?

    (1) Era joven e impresionable.
    (2) Admiraba la política de Roosevelt.
    (3) El dinero era fácil de ganar.
    (4) Todo el mundo estaba muy triste.
    (5) Temía tener que ir al frente como soldado.

7. ¿Cuál de las siguientes palabras describe mejor el tono de este pasaje?

    (1) crítico
    (2) optimista
    (3) sentimental
    (4) expectante
    (5) serio

8. ¿Cuál de las siguientes opciones describe mejor el estilo de este pasaje?

    (1) formal y académico
    (2) ingenioso y sarcástico
    (3) comprometedor y colorido
    (4) realista y repetitivo
    (5) florido e inspirador

9. ¿Cuál de los siguientes es el principal efecto del estilo del autor en este pasaje?

Ayuda a

    (1) apelar al sentido patriótico del lector
    (2) transmitir los horrores de la guerra
    (3) a que los estadounidenses valoren lo que tienen
    (4) indicar la monotonía impuesta por la guerra
    (5) revelar el modo de pensar de un adolescente de dieciséis años

10. ¿Cuál de los siguientes enunciados expresa mejor el punto de vista del narrador?

    (1) Todo el mundo tiene quince minutos de fama.
    (2) Quienes no recuerden el pasado están condenados a repetirlo.
    (3) Los "viejos tiempos" no siempre fueron buenos.
    (4) El mundo está demasiado con nosotros.
    (5) Siempre habrá guerras y rumores de guerra.

Las respuestas comienzan en la página 308.

Instrucciones: Elija la respuesta que mejor responda a cada pregunta.

Las preguntas 1 a 5 se refieren al siguiente pasaje de un cuento.

¿QUÉ TIPO DE OPINIONES TIENE ESTE PADRE?

Tus opiniones sobre la guerra no me son indiferentes, Jack. Tampoco soy indiferente a tus opiniones sobre el estado del mundo en general. Por la manera en que te peinas y te
(5) vistes, sí encuentro difícil diferenciar entre quién llevará el rol masculino y quién el femenino en tu matrimonio, si tú o esa jovencita con la que dices que te vas a casar. Pero ni siquiera eso me parece ofensivo. Y no
(10) trato de hacer bromas pesadas a costa de ti. Perdóname si mis observaciones parecen demasiado personales. Confieso que no te conozco tan bien como un padre *debería* conocer a su hijo, y tal vez parezca que me
(15) tomo libertades...
Jack, sinceramente no sé cuándo decidí dedicarme a la enseñanza universitaria. Había considerado hacer otras cosas, como una carrera en el ejército o en la marina. Sí,
(20) hubiera podido ir a Annapolis o a West Point. Esos puestos eran demasiado deseados en los años de la Depresión y mi familia aún tenía unas cuantas relaciones políticas. Sin embargo, una cosa era cierta; para mí los
(25) negocios estaban tan fuera de cuestión como la política lo estuvo para mi padre. A un hombre honrado, después lo entendería, le esperan muchos sufrimientos allí. Sí, considerando la historia de nuestra familia, una
(30) torre de marfil no sonaba nada mal para un hombre honrado, para un hombre serio...

Peter Taylor, "Dean of Men", *The Collected Stories*.

1. ¿Qué es probable que sintiera el padre si fuera invitado a la boda de Jack?

(1) desilusión
(2) resentimiento
(3) diversión
(4) alegría
(5) miedo

2. ¿Cuál de las siguientes afirmaciones es más probable que sea cierta sobre el pasado del narrador?

(1) Se hizo profesor universitario de mala gana.
(2) Era extremadamente convencional.
(3) Tuvo una corta carrera en el ejército.
(4) No siguió los pasos de su padre.
(5) Su padre no era honrado.

3. ¿Cuál es el principal efecto de la frase "torre de marfil" (línea 30)?

(1) Enfatiza que el narrador quería escapar a un mundo más seguro.
(2) Muestra cuánto respeta el narrador la universidad donde trabaja.
(3) Muestra que el narrador se percata de que no ha sido un buen padre.
(4) Refleja la opinión del narrador de que Jack no enfrenta la vida real.
(5) Muestra cuánto tienen en común el narrador y su hijo.

4. Si Jack le dijera a su padre que quiere ser vegetariano, ¿cuál sería la reacción más probable de su padre, de acuerdo con la información que proporciona el pasaje?

(1) Le diría a Jack que actúa de modo ilógico.
(2) Concluiría que Jack está actuando por rebeldía.
(3) Asumiría que es la esposa la que está induciendo a Jack a hacerlo.
(4) Asumiría que Jack cambiaría de opinión al poco tiempo.
(5) Haría lo posible por aceptar las opiniones de Jack.

5. ¿Cuál de las siguientes palabras describe mejor el tono de este pasaje?

(1) mordaz
(2) serio
(3) acusador
(4) provocador
(5) humorístico

Las preguntas 6 a 9 se refieren al siguiente pasaje de un cuento.

¿QUÉ HA PASADO POR ALTO ESTE RECIÉN LLEGADO?

El hombre lanzó una mirada al camino que había recorrido. El Yukón tenía una milla de ancho y estaba oculto bajo tres pies de hielo. Encima de todo ese hielo había otros tantos
(5) pies de nieve. Era de un blanco puro y se extendía en suaves ondulaciones donde se habían formado los atascos de hielo de la temporada de los grandes fríos. Al norte y al sur, hasta donde llegaba la mirada, blanco sin
(10) interrupción, salvo por una línea delgada y oscura que se curvaba y torcía alrededor de la isla cubierta de abetos hacia el sur, y que se curvaba y torcía hacia el norte, donde desaparecía detrás de otra isla cubierta de
(15) abetos. Esta delgada línea era el sendero —el sendero principal— que recorría rumbo al sur quinientas millas para llegar al paso Chilkoot, en Dyea, y al agua salada; y que rumbo al norte recorría setenta millas hasta Dawson, y
(20) todavía más al norte mil millas hasta Nulato y, por último, mil millas y otras quinientas hasta St. Michael, en el mar de Bering.

Pero nada de esto —el misterioso sendero que llegaba muy lejos, la ausencia del sol en el
(25) cielo, el tremendo frío y la extrañeza y novedad que en todo ello había— impresionó al hombre. No porque estuviera acostumbrado a esto desde mucho tiempo atrás; era un recién llegado a esa tierra, un *chechaquo*, y éste era
(30) su primer invierno. El problema con él era que no tenía imaginación. Era rápido y avispado para las cosas de la vida, pero sólo para las cosas, no para su relevancia. Cincuenta grados bajo cero significaban ochenta y tantos
(35) grados por debajo del punto de congelación. Un hecho de esta índole le impresionaba en el sentido de que hacía frío y resultaba molesto, pero eso era todo.

Jack London, "To Build a Fire".

6. De acuerdo con el pasaje, ¿cuál de las siguientes situaciones es más probable que forme parte del conflicto de esta historia?

(1) una lucha psicológica en el interior del personaje
(2) una lucha entre el personaje y otra persona
(3) una lucha entre el personaje y la sociedad
(4) una lucha entre el personaje y las fuerzas de la naturaleza
(5) una lucha entre el personaje y su destino

7. ¿Cuál es la idea principal del segundo párrafo?

(1) El hombre estaba sobrecogido por la magnificencia de su entorno.
(2) El hombre sufría congelación e hipotermia.
(3) El hombre no entendía el peligro de la situación.
(4) El hombre tenía mucha experiencia sobre cómo actuar en un clima tan frío.
(5) El hombre tenía frío y hambre.

8. De acuerdo con la información que proporciona el pasaje, ¿qué es el Yukón (líneas 2 y 3)?

(1) una vasta región despoblada
(2) un mar interior
(3) un río congelado
(4) un sendero congelado
(5) una pradera cubierta de nieve

9. ¿Cuál de los siguientes recursos caracteriza el estilo del pasaje?

(1) estructura compleja de las oraciones
(2) oraciones breves y cortadas
(3) detalles visuales vívidos
(4) uso mínimo del diálogo
(5) descripciones floridas y elaboradas

SUGERENCIA

Para identificar la idea principal, lea todo el pasaje y pregúntese: "¿Sobre qué está escribiendo el autor?" Éste es el tema. Luego, pregúntese: "¿Qué es lo más importante que dice el autor sobre el tema?" Ésta es la idea principal.

Las preguntas 10 a 13 se refieren al siguiente pasaje de un cuento.

¿POR QUÉ VISTE DE NEGRO ESTA MUJER?

Debí suponer que algo en el interior de
Doña Ernestina se había roto en cuanto la vi
vestida con su traje de viuda; era el centro de
atención de todas. Vestía de *luto*[1] riguroso:
(5) negro de los pies a la cabeza, incluyendo la
mantilla...
Doña Ernestina simplemente esperó a que
yo me uniera a las otras dos que estaban
reclinadas contra las máquinas antes de
(10) continuar su explicación de lo que había
pasado el día anterior, cuando le llevaron la
noticia de Tony hasta su puerta. Hablaba con
calma; su rostro reflejaba una expresión altiva
que, junto con su hermoso vestido negro, le
(15) daba un aire de duquesa ofendida. Estaba
pálida, pálida, pero su mirada era salvaje. El
oficial le había dicho que, cuando llegara el
momento, enterrarían a Tony con "todos los
honores militares"; y que por lo pronto le
(20) enviaban la medalla y la bandera. Pero ella
había dicho *"no, gracias"* al funeral y había
mandado de vuelta la bandera y las medallas
con las palabras *"ya no vive aquí"*. "Dígale al
Sr. Presidente de Estados Unidos que yo digo:
(25) *no, gracias"*. Luego se quedó esperando
nuestra reacción.
Lidia negó con la cabeza, indicando que
no sabía qué decir. Y Elenita me miró
deliberadamente para obligarme a expresar
(30) nuestras condolencias, para asegurar a Doña
Ernestina que había hecho exactamente lo que
cualquiera de nosotros habría hecho en su
lugar: sí, todas habríamos dicho *"no, gracias"* a
cualquier presidente que hubiera tratado de
(35) pagar la vida de un hijo con unas cuantas
chucherías y una bandera doblada.

---

[1] las expresiones en bastardilla aparecen en
español en el original

Judith Ortiz Cofer, "Nada", *The Latin Deli: Prose and
Poetry.*

SUGERENCIA

Responda las preguntas de aplicación
mediante el proceso de eliminación. Lea
cada respuesta para descartar las que no
concuerdan con el personaje o con la
situación. Así podrá determinar mejor la
respuesta correcta.

10. ¿Por qué la narradora comienza a pensar que
algo se ha "roto" dentro de Doña Ernestina?

(1) Había hablado de la muerte de su hijo con
demasiada calma.
(2) Estaba vestida demasiado bien para una
ocasión triste.
(3) Estaba vestida como una viuda de luto.
(4) Su único hijo había muerto en Vietnam.
(5) Había devuelto la bandera y las medallas a
los militares.

11. De acuerdo con la información que proporciona
este pasaje, si el presidente invitara a Doña
Ernestina a una ceremonia en honor a los
héroes de guerra, ¿cuál sería su reacción <u>más</u>
<u>probable</u>?

Doña Ernestina

(1) iría a la ceremonia vestida con su traje de
viuda
(2) se negaría a asistir a la ceremonia
(3) le rogaría al presidente que pusiera fin a la
guerra
(4) le pediría al presidente que diera un
discurso sobre su hijo
(5) le agradecería al presidente que le rindiera
homenaje a su hijo

12. ¿Cuál de las siguientes detalles describe <u>mejor</u>
el estado emocional de Doña Ernestina?

(1) Estaba vestida de negro de los pies a la
cabeza.
(2) La expresión de su cara era altiva.
(3) Parecía una duquesa.
(4) Su mirada era salvaje.
(5) Devovió la bandera y las medallas.

13. ¿Qué técnica usa la autora para dar autenticidad
al pasaje?

(1) narración en tercera persona
(2) el nombre de un presidente
(3) lenguaje formal
(4) frases en español
(5) lenguaje figurado

Las preguntas 14 a 17 se refieren al siguiente pasaje de una novela.

¿POR QUÉ JOHN SE DISTRAE CON SU NUEVO MAESTRO?

De niño, John nunca había prestado atención en las sesiones dominicales de catequesis y siempre olvidaba el texto dorado, lo que enfurecía a su padre. Alrededor de la época de
(5) su catorceavo cumpleaños, debido a las presiones conjuntas de la iglesia y de su familia para conducirlo al altar, se esforzó por mostrarse más serio y por lo tanto menos conspicuo.[1] Pero se distraía con su nuevo
(10) maestro, Elisha, que era sobrino del pastor y había llegado recientemente de Georgia. Elisha no era mucho mayor que John, tenía sólo diecisiete, y él ya estaba salvado y era un pastor. John se quedaba mirándolo durante
(15) toda la clase; admiraba el timbre de su voz, mucho más profundo y viril que el suyo; admiraba la esbeltez, gracia, fuerza y lobreguez que Elisha lucía en su traje dominical, y se preguntaba si algún día sería
(20) santo como Elisha lo era. Pero no seguía la lección y, cuando a veces Elisha hacía una pausa para hacerle alguna pregunta, John se sentía avergonzado y confundido, se le humedecían las palmas de las manos y el
(25) corazón le latía como un martillo. Entonces, Elisha le sonreía y lo reprendía con dulzura, y la clase continuaba.

Roy tampoco se sabía nunca su lección de catecismo, pero en su caso era diferente, ya
(30) que nadie esperaba de Roy lo que se esperaba de John. Todo el mundo rezaba siempre para que el Señor cambiara el corazón de Roy, pero era de John de quien se esperaba que fuera bueno, un buen ejemplo.

_____
[1] conspicuo: notorio

James Baldwin, *Go to Tell It on the Mountain.*

14. ¿Qué quiere decir el autor con la frase "presiones conjuntas de la iglesia y de su familia para conducirlo al altar" (líneas 6 y 7)?

(1) La presión de sus padres está alejando a John de su casa.
(2) La iglesia ha estado presionando a John para que se integre como miembro.
(3) Los padres de John lo han estado presionando para que se incorpore a la iglesia.
(4) La iglesia y la familia están presionando a John para que sea pastor.
(5) La iglesia y la familia están presionando a John para que se case.

15. ¿Cuál de los siguientes es el efecto principal que Elisha tiene sobre John?

(1) John se siente inspirado para trabajar más duro.
(2) John tiene dificultades para concentrarse en sus lecciones.
(3) John trata de hacerse notar.
(4) John decide convertirse en pastor.
(5) Las manos de John sudan y el corazón le palpita.

16. ¿Con quién se compara y contrasta a John en este pasaje?

(1) con su padre
(2) con su madre
(3) con su hermano Roy
(4) con su maestro Elisha
(5) con su pastor

17. ¿Cuál de los siguientes recursos caracteriza el estilo de este pasaje?

(1) uso de muchas palabras descriptivas
(2) uso frecuente de lenguaje figurado
(3) dependencia del dialecto
(4) detalles de humor
(5) narración en primera persona en todo el pasaje

Las preguntas 18 a 23 se refieren al siguiente pasaje de una novela.

¿QUÉ TIPO DE MUJER ES ÉSTA?

Helene Wright era una mujer admirable —al menos en Medallion, lo era. De cabello abundante recogido atrás, ojos oscuros arqueados en una inquisición[1] perpetua[2]

(5) sobre los modales de la gente. Una mujer que ganó todas las batallas sociales con presencia y convencida de lo legítimo de su autoridad. Como en ese entonces no había iglesia católica en Medallion, se integró a la iglesia

(10) para negros más conservadora. Y ejerció poder. Helene era la persona que nunca se daba vuelta en la iglesia cuando alguien llegaba tarde; Helene fue quien estableció la costumbre de las flores de temporada en el

(15) altar; Helene fue quien introdujo los banquetes de bienvenida para los veteranos negros. Sólo perdió una batalla: la pronunciación de su nombre. La gente del Bottom se negaba a decir Helene; la llamaban Helen Wright y hasta

(20) ahí.

Su vida era satisfactoria en todos los aspectos. Le gustaba su casa y disfrutaba manipular a su hija y a su esposo. A veces, suspiraba justo antes de dormirse, pensando

(25) que realmente se había alejado lo suficiente de la Casa Sundown.

Así, con emociones extremadamente mezcladas, leyó una carta del Sr. Henri Martin en la que le describía la enfermedad de su

(30) abuela y le sugería que acudiera de inmediato. No quería ir, pero no podía hacer caso omiso de la súplica tácita[3] de la mujer que la había salvado.

---

[1] inquisición: cuestionamiento
[2] perpertua: constante   [3] tácita: silenciosa

Toni Morrison, *Sula*.

18. ¿Cuál de las siguientes palabras describe mejor a este personaje?

(1) tímida
(2) crítica
(3) tolerante
(4) rica
(5) poco confiable

19. De acuerdo con la información que proporciona el pasaje, ¿qué sería más importante para Helene?

(1) ayudar a la iglesia
(2) estar en control
(3) estar bien vestida
(4) rendir homenaje a los veteranos de guerra
(5) mantener la casa limpia

20. ¿Por qué Helene Wright tenía tanto poder sobre su iglesia?

(1) Tenía ideas excelentes.
(2) Era muy segura de sí misma.
(3) Había sido miembro de ella toda su vida.
(4) Tenía buenos modales.
(5) Era muy conservadora.

21. Según su personalidad, tal como se describe en el pasaje, ¿cuál de las siguientes descripciones sería más adecuada para la casa de Helene?

(1) cálida y acogedora
(2) llena de flores artificiales
(3) sucia y desarreglada
(4) decorada con gusto
(5) sobria y apenas amueblada

22. De acuerdo con la información que proporciona el pasaje, ¿cuál de los siguientes enunciados describe mejor a Helene?

(1) Es muy querida por la gente de Bottom.
(2) Es sumisa ante su esposo.
(3) Estuvo en problemas en algún momento de su vida.
(4) No está a la altura de sus responsabilidades.
(5) Está insatisfecha con su vida.

23. De acuerdo con el pasaje, ¿cuál es la actitud del narrador hacia Helene Wright?

(1) divertida
(2) desaprobadora
(3) respetuosa
(4) agresiva
(5) admirativa

Las preguntas 24 a 28 se refieren al siguiente pasaje de una novela.

¿QUÉ ES LO QUE VE REALMENTE DON QUIJOTE?

—¿Qué gigantes? —dijo Sancho Panza.

—Aquellos que allí ves —respondió su amo— de los brazos largos, que los suelen tener algunos de casi dos leguas[1].

—Mire vuestra merced[2] —respondió Sancho— que aquellos que allí se parecen no son gigantes, sino molinos de viento, y lo que en ellos parecen brazos son las aspas, que, volteadas del viento, hacen andar la piedra del molino.

—Bien parece —respondió don Quijote— que no estás cursado[3] en esto de las aventuras: ellos son gigantes; y si tienes miedo, quítate de ahí, y ponte en oración en el espacio que yo voy a entrar con ellos en fiera y desigual batalla.

Y diciendo esto, dio de espuelas a su caballo Rocinante, sin atender a las voces que su escudero Sancho le daba, advirtiéndole que, sin duda alguna, eran molinos de viento, y no gigantes, aquellos que iba a acometer[4]. Pero él iba tan puesto[5] en que eran gigantes, que ni oía las voces de su escudero Sancho, ni echaba de ver, aunque estaba ya bien cerca, lo que eran; antes iba diciendo en voces altas:

—Non fuyades[6], cobardes y viles criaturas; que un solo caballero es el que os acomete.

---

[1] leguas: medida de longitud

[2] vuestra merced: usted

[3] no estás cursado: no sabes

[4] acometer: atacar

[5] puesto: convencido

[6] Non fuyades: No huyan

Miguel de Cervantes Saavedra, "El ingenioso hidalgo Don Quijote de La Mancha".

SUGERENCIA

Para sacar una conclusión, haga una lista de todos los hechos que conoce y busque explicaciones lógicas de los hechos. Descarte las que no estén respaldadas por el texto.

24. ¿Cuál de las siguientes opciones describe mejor la actitud de Sancho hacia Don Quijote en este pasaje?

(1) ira
(2) amor
(3) credulidad
(4) rencor
(5) respeto

25. ¿Por qué decide Don Quijote luchar contra los molinos?

(1) Cree que son gigantes.
(2) Quiere enseñarle una lección a Sancho.
(3) No le gustan.
(4) Está representando una obra de teatro.
(5) Para distraerse, porque se aburren.

26. ¿En qué se parecen los molinos a gigantes?

(1) Ambos aparecen de repente.
(2) Ambos huyen cuando los amenazan.
(3) Ambos son útiles para los campesinos.
(4) Ambos tienen brazos largos.
(5) Ambos abundaban por los campos de España.

27. ¿Qué tipo de efecto crea el autor al usar imágenes descriptivas en este pasaje en el diálogo entre Don Quijote y Sancho?

(1) una impresión fría y científica
(2) una impresión realista y directa
(3) un clima emocional de ensueño y lirismo
(4) una impresión solemne
(5) la impresión de que el autor sabe más que los personajes

28. ¿Cuál de las siguientes opciones caracteriza el estilo del pasaje?

(1) descuidado
(2) grosero y provocativo
(3) breve y seco
(4) detallado y sensual
(5) humorístico

Las preguntas 29 a 32 se refieren al siguiente pasaje de un cuento.

¿QUÉ PIENSA ROSICKY DEL CEMENTERIO?

Después de recorrer ocho millas, llegó al cementerio, situado justo al borde de su henar. Detuvo los caballos y se quedó quieto en el asiento de la carreta, mirando a su alrededor
(5) cómo nevaba. Más allá, en la colina, podía ver su casa, encogida y con el huerto en la parte posterior y el molino de viento en la anterior, y hacia abajo, sobre la suave pendiente de la colina, las hileras de tallos de maíz
(10) amarillentos que se destacaban contra el blanco campo. La nieve caía sobre el maizal, los pastos y el henar, constantemente, con muy poco viento; una nieve hermosa y seca. El cementerio estaba rodeado tan sólo de una
(15) ligera valla de alambre y estaba todo cubierto de pasto rojo muy crecido. La fina nieve que se posaba sobre el pasto, sobre los pocos árboles de hoja perenne[1] y sobre las lápidas se veía muy hermosa.
(20) Era un cementerio bonito, reflexionaba Rosicky, entre acogedor y hogareño, ni atiborrado ni triste, y con una gran extensión alrededor. Si uno se recuesta en el largo pasto, puede ver todo el arco del cielo, escuchar las
(25) carretas pasar; y en el verano, la podadora de césped traqueteando hasta la valla de alambre. Y tan cerca de casa. Más allá, después del maizal, su techo y su molino de viento se veían tan bien que se prometió a sí
(30) mismo atender al médico y cuidarse. Estaba terriblemente encariñado con su casa, lo admitía. No estaba ansioso por abandonarla. Y era un alivio pensar que nunca tendría que ir más allá del límite de su propio henar. La nieve
(35) que caía sobre su corral y sobre el cementerio parecía unir las cosas, y todas eran antiguas vecinas en el cementerio, la mayoría amigas; no había nada por lo cual sentirse incómodo o avergonzado. La vergüenza era el sentimiento
(40) más desagradable que Rosicky conocía. No la experimentaba con frecuencia, sólo con ciertas personas que no comprendía en absoluto.

---

[1] perenne: planta que vive más de dos años

Willa Cather, "Neighbor Rosicky" *Obscure Destinies*.

29. De acuerdo con el carácter de Rosicky tal como se establece en el pasaje, ¿cómo es más probable que enfrentara su propia muerte?

(1) con arrepentimiento por no haber vivido plenamente
(2) con resignación, sabiendo que no puede hacer nada
(3) con negación, rechazando creer en que se muere
(4) con enojo, preguntando por qué tiene que morirse
(5) en paz, sabiendo que no dejaría su tierra

30. El cementerio y la granja son contiguos y están cubiertos de nieve. ¿Qué es lo que sugiere esta imagen, que apoya el tema del pasaje?

(1) El invierno es la estación de la muerte.
(2) La nieve trae la muerte a los seres vivos de la granja.
(3) Todo queda enterrado en uno u otro momento.
(4) La vida y la muerte existen lado a lado en este mundo.
(5) La gente empezará a enterrar a sus muertos en el corral.

31. ¿Cuál de las siguientes opciones describe mejor el tono del pasaje?

(1) reconfortante
(2) acongojado
(3) optimista
(4) crítico
(5) misterioso

32. ¿Cuál de las siguientes opciones caracteriza mejor el estilo del pasaje?

(1) imágenes muy descriptivas
(2) oraciones cortas y activas
(3) lenguaje florido
(4) palabras poco comunes
(5) uso de la exageración

Las respuestas comienzan en la página 309.

Tabla de análisis del desempeño en el repaso acumulativo
Unidad 2 • Ficción

Consulte la sección Respuestas y explicaciones que empieza en la página 309 para verificar sus respuestas al Repaso acumulativo de la Unidad 2. Luego, use la siguiente tabla para identificar las destrezas en las que necesite más práctica.

En la tabla, encierre en un círculo los números correspondientes a las preguntas que haya contestado correctamente. Anote el número de aciertos para cada destreza y luego súmelos para calcular el número total de preguntas que contestó correctamente en el Repaso acumulativo. Si cree que necesita más práctica, repase las lecciones de las destrezas que se le dificultaron.

Preguntas	Número de aciertos	Destreza	Lecciones para repasar
2, 6, 7, 8, 14, 15, 18, 20, 24	____/9	Comprensión	10, 11, 13, 14, 16, 17, 19
1, 4, 11, 21, 29	____/5	Aplicación	12
3, 10, 12, 16, 19, 22, 25, 26, 27, 30, 31	____/11	Análisis	10, 11, 13, 14, 15, 16, 17, 18
5, 9, 13, 17, 23, 28, 32	____/7	Síntesis	11, 15, 17, 19
TOTAL DE ACIERTOS: ____/32			

Entender la poesía

La poesía es un tipo especial de escritura en el que el lenguaje descriptivo se usa para crear imágenes o sensaciones. La poesía estimula las emociones, los sentidos y la imaginación de la persona que la lee. Puede leer poemas en libros o revistas, y puede escribirlos para expresar sus emociones o, a veces, para contar una historia. Cuando escucha música, está escuchando una forma de poesía en la letra de las canciones. Mientras que la prosa, ya sea ficción o ensayo, usa oraciones y párrafos, la poesía utiliza líneas y grupos de líneas llamados versos y estrofas.

La comprensión de la poesía lo ayudará a aprobar la Prueba de Lenguaje y Lectura del GED. Algunas de las preguntas en este examen estarán relacionadas con la poesía.

Pablo Neruda utilizó su inspirada imaginación para crear metáforas que le dan vida a su poesía.

Las lecciones en esta unidad son:

Lección 20: **Identificar los efectos del ritmo y la rima**
Las personas que escriben poesía acomodan cuidadosamente las palabras en formas o patrones especiales. Dos de estos patrones son el ritmo y la rima.

Lección 21: **Interpretar el lenguaje figurado**
Los poetas usan el lenguaje figurado para crear imágenes en la mente de sus lectores. Gran parte del lenguaje figurado de la poesía se basa en comparaciones fuera de lo común. Otra forma de lenguaje figurado consiste en dar cualidades humanas a objetos que no son humanos.

Lección 22: **Interpretar símbolos e imágenes**
Los símbolos en la poesía representan ideas importantes. Los símbolos pueden ser personas, objetos, eventos o cualquier otra cosa que aparezca en el poema. Las imágenes en un poema estimulan los sentidos de la persona que lo lee: la vista, el gusto, el tacto, el olfato y el oído.

Lección 23: **Hacer deducciones**
La capacidad de hacer deducciones es necesaria para leer poesía. Para apreciar un poema, necesita poder "leer entre líneas" para interpretar el significado del poema.

Lección 24: **Interpretar el tema**
El tema es la idea central de una obra literaria. El tema de un poema expresa una opinión o creencia específica acerca de un campo más general.

POETAS SELECCIONADOS

- Alfonsina Storni
- Sor Juana Ines de la Cruz
- Federico García Lorca
- Magaly Quiñones
- Samuel Serrano
- Porfirio Barba Jacob
- José Coronel Urtecho
- Pablo Neruda
- César Vallejo

DESTREZA DE GED **Identificar los efectos del ritmo y la rima**

ritmo
patrón creado por la cantidad de sílabas, la acentuación de las palabras y la puntuación

rima
repetición de las mismas letras al final de las palabras para relacionar dos o más palabras entre sí

En la poesía, el sonido respalda al significado. Las palabras de un poema comunican ideas; el sonido de estas palabras comunica sentimientos unidos a las ideas. Los poetas acomodan cuidadosamente las palabras en formas especiales, o patrones, para crear "efectos de sonido". Dos tipos de patrones son el **ritmo** y la **rima.**

Todos los poemas tienen ritmo o compás. El compás puede ser rápido o lento, regular o irregular. El ritmo consiste principalmente en un patrón de sílabas tónicas. Para entender cómo funciona, lea lentamente la frase: "Volverán las oscuras golondrinas /de tu balcón sus nidos a colgar". Fíjese cómo las sílabas tónicas se alternan para crear un ritmo especial.

Otra forma en la que los poetas crean ritmo en un poema es a través de la puntuación. Las comas, puntos, o la ausencia de puntuación tanto dentro como al final de un verso, afectan el sonido y el ritmo de un poema.

Muchos poemas también tienen rima. La rima se crea al repetir los sonidos al final de las palabras, como en *flama* y *rama*. A veces, el final de una palabra suena parecido pero no rima completamente, como en *tarde* y *hable*. Tanto la rima completa como la parcial (llamadas consonante y asonante) unen partes de un poema en un patrón. El ritmo y la rima dan forma al poema y crean una impresión en la persona que lo lee.

Lea el siguiente fragmento de un poema y complete el ejercicio que se presenta a continuación.

Para notar mejor el ritmo y la rima de un poema, léalo en voz alta. ¿Le parece que los versos van rápido o despacio? ¿Tienen algunas palabras sonidos similares? Estos patrones lo ayudarán a relacionar las ideas o sentimientos del poema.

INTENSIDAD Y ALTURA

Quiero escribir, pero me sale espuma,
Quiero decir muchísimo y me atollo;
no hay cifra hablada que no sea suma,
no hay pirámide escrita, sin cogollo.

César Vallejo, *Poemas Humanos.*

1. Llene los espacios con palabras del poema.

   La palabra *espuma* rima con _____ .

2. ¿Qué efecto tiene la puntuación en el ritmo del poema? Marque con una "X" su respuesta.

   _____ a. Le da un ritmo lento y tranquilo.

   _____ b. Le da un ritmo brusco y abrupto.

Si escribió que *espuma* rima con *suma*, su respuesta a la pregunta 1 es correcta. Si dice las palabras en voz alta, puede escuchar la rima. En la pregunta 2, su respuesta es correcta si escogió la *opción b.*

Lea el siguiente poema y complete el ejercicio que se presenta a continuación.

¿DE QUIÉN ES LA SILLA VACÍA?

LA SILLA QUE AHORA NADIE OCUPA

Con la vista clavada sobre la copa
se halla abstraído el padre desde hace rato,
pocos momentos hace rechazó el plato
del cual apenas quiso probar la sopa.

(5) De tiempo en tiempo, casi furtivamente,
llega en silencio alguna que otra mirada
hasta la vieja silla desocupada,
que alguien, de olvidadizo, colocó enfrente.

Y, mientras se ensombrecen todas las caras,
(10) cesa de pronto el ruido de las cucharas
porque insistentemente, como empujado
por esa idea fija, que no se va,
el menor de los chicos ha preguntado:
"¿cuándo será el regreso de la mamá?"

Evaristo Carriego, "La canción del barrio".

1. Escriba tres pares de palabras del poema que tengan rima consonante. Luego escriba un par de palabras que tengan rima asonante.

   Rima consonante: _____

   Rima asonante: _____

2. Marque con una "X" la oración que describe mejor la puntuación de este poema.

   _____ a. La puntuación es regular.

   _____ b. La puntuación es irregular.

3. Marque con una "X" la oración que describe mejor el efecto creado por el patrón rítmico.

   _____ a. El ritmo es ligero y vivaz, como el de un banquete.

   _____ b. El ritmo es lento y opresivo, como el de una comida fúnebre.

Las respuestas comienzan en la página 311.

Instrucciones: Elija la respuesta que mejor responda a cada pregunta.

Las preguntas 1 a 4 se refieren al siguiente poema.

¿QUÉ REPRESENTA LA SERPIENTE?

SERPENTINA

En mis sueños de amor ¡yo soy serpiente!
Gliso[1] y ondulo como una corriente;
dos píldoras de insomnio y de hipnotismo
son mis ojos; la punta del encanto
(5) es mi lengua... ¡y atraigo como el llanto!
Soy un pomo de abismo.

Mi cuerpo es una cinta de delicia,
glisa y ondula como una caricia...

Y en mis sueños de odio ¡soy serpiente!
(10) Mi lengua es una venenosa fuente;
mi testa[2] es la luzbélica[3] diadema,
haz de la muerte, en un fatal soslayo[4] con mis
pupilas; y mi cuerpo en gema
¡es la vaina del rayo!

(15) Si así sueño mi carne, así es mi mente:
Un cuerpo largo, largo de serpiente,
Vibrando eterna, ¡voluptuosamente![5]

———————
[1] glisar: palabra adaptada del francés, o
"galicismo", que significa: resbalar,
escurrirse
[2] testa: cabeza
[3] luzbélica: diabólica
[4] soslayo: de reojo
[5] voluptuosamente: sensualmente

Delmira Agustini, "Serpentina".

1. De las siguientes oraciones, ¿cuál expresa mejor lo que dice la primera estrofa?

    (1) Cuando amo, soy cruel y peligrosa.
    (2) Cuando duermo, tengo pesadillas en que me transformo en serpiente.
    (3) Me gusta imaginar que soy tan fascinante como las serpientes lo son para mí.
    (4) Mi alma es incomprensible.
    (5) Los hombres deben cuidarse de las mujeres bellas y tentadoras.

2. ¿Qué método utiliza la autora para crear ritmo en la segunda estrofa (líneas 7 y 8)?

    (1) Usa el mismo patrón rítmico que en las demás estrofas.
    (2) Usa rima consonante.
    (3) Usa rima asonante.
    (4) Repite las mismas palabras o palabras similares.
    (5) Repite las palabras al inicio de cada verso.

3. ¿Qué efecto crea la autora al usar palabras y frases entre signos de exclamación?

    (1) Crea un ritmo muy dramático.
    (2) Crea un ambiente de gran tranquilidad.
    (3) Da una sensación de pesadez y monotonía.
    (4) Da una sensación de asombro ante las imágenes.
    (5) Crea una impresión de simplicidad.

4. ¿Qué diferentes sensaciones y estados de ánimo crean la primera y la tercera estrofas?

    La tercera estrofa (líneas 9 a 14) es más

    (1) siniestra
    (2) sugestiva
    (3) triste
    (4) alegre
    (5) tranquila

Las preguntas 5 a 7 se refieren al siguiente poema.

¿QUÉ PAPEL TIENEN LAS MUJERES?

REDONDILLAS

Hombres necios, que acusáis
a la mujer sin razón,
sin ver que sois la ocasión
de lo mismo que culpáis;

(5)   si con ansia sin igual
solicitáis su desdén,
¿por qué queréis que obren bien
si las incitáis al mal?

Combatís su resistencia,
(10)   y luego con gravedad
decís que fue liviandad
lo que hizo la diligencia.

Parecer quiere el denuedo
de vuestro parecer loco
(15)   al niño que pone el coco
y luego le tiene miedo.

Sor Juana Inés de la Cruz, *Poesías de
Sor Juan Inés de la Cruz Antología.*

5. ¿Cuál es el significado más probable de la palabra "ocasión" en "sin ver que sois la ocasión" (línea 3)?

   (1) suceso
   (2) causa
   (3) oportunidad
   (4) lugar
   (5) consecuencia

SUGERENCIA

Los poetas muchas veces usan el ritmo para crear el ambiente de un poema. Piense en cómo la música usa el ritmo para crear sentimientos tristes, románticos o alegres.

6. ¿Cuál de las siguientes oraciones describe mejor el tema del poema?

   (1) los hombres buscan la perfección en las mujeres
   (2) los hombres y las mujeres tienen intereses distintos
   (3) las exigencias de los hombres son contradictorias
   (4) las mujeres son como niños pequeños
   (5) los hombres son como niños pequeños

7. De las siguientes cualidades ¿cuál cree que más apreciaría la escritora de este poema?

   (1) la franqueza
   (2) la justicia
   (3) la belleza
   (4) la inteligencia
   (5) la discreción

Las respuestas comienzan en la página 311.

Instrucciones: Ésta es una prueba de práctica que dura diez minutos. Después de que transcurran los diez minutos, ponga una marca en la última pregunta que haya respondido. A continuación, termine la prueba y revise sus respuestas. Si la mayoría de sus respuestas fueron correctas pero no terminó la prueba, trate de responder las preguntas más rápidamente la próxima vez. Elija la respuesta que mejor responda a cada pregunta.

Las preguntas 1 y 2 se refieren al siguiente poema.

¿QUÉ REPRESENTA EL MAR?

DEJADME LLORAR ORILLAS DEL MAR

La más bella niña
de nuestro lugar,
hoy viuda y sola
y ayer por casar,
(5) viendo que sus ojos
a la guerra van,
a su madre dice
que escucha su mal:
Dejadme llorar
(10) orillas del mar.

Pues me diste, madre,
en tan tierna edad
tan corto el placer,
tan largo el pesar,
(15) y me cautivastes
de quien hoy se va
y lleva las llaves
de mi libertad.
Dejadme llorar
(20) orillas del mar.

Luis de Góngora y Argote, *Poesías de Luis de Góngora.*

1. De las siguientes opciones, ¿cuál expresa mejor la idea principal del poema?

   La joven lamenta

   (1) la pérdida de su libertad
   (2) la pérdida de su juventud
   (3) la pérdida de su esposo
   (4) su soledad
   (5) la incomprensión de su madre

2. ¿Qué efecto tiene el ritmo constante del poema (líneas 2, 4, 6, 8, 10)?

   El ritmo

   (1) imita el llanto
   (2) evoca el vaivén de las olas
   (3) parece un torrente rápido y fuerte
   (4) recuerda el redoble de un tambor
   (5) parece el tañido de una campana

Las preguntas 3 y 7 se refieren al siguiente poema.

¿DE DÓNDE VIENE EL POETA?

EL SILBO DE AFIRMACIÓN EN LA ALDEA

Alto soy de mirar a las palmeras,
Rudo de convivir con las montañas...
Yo me vi bajo y blando en las aceras
de una ciudad espléndida de arañas.
(5) Difíciles barrancos de escaleras,
calladas cataratas de ascensores,
¡qué impresión de vacío!
ocupaban el puesto de mis flores,
los aires de mis aires y mi río.

(10) Yo vi lo más notable de lo mío
llevado del demonio, y Dios ausente.
Yo te tuve en el lejos del olvido,
aldea, huerto, fuente en que me vi al descuido:
huerto, donde me hallé la mejor vida,
(15) aldea, donde al aire y libremente,
en una paz larga y tendida.
Pero volví en seguida
mi atención a las puras existencias
de mi retiro hacia mi ausencia atento,
(20) y todas sus ausencias
me llenaron de luz el pensamiento.

Iba mi pie sin tierra, ¡qué tormento!,
vacilando en la cera de los pisos,
con un temor continuo, un sobresalto,
(25) que aumentaban los timbres, los avisos,
las alarmas, los hombres y el asfalto.
¡Alto!, ¡Alto!, ¡Alto!, ¡Alto!

Miguel Hernández, "Miguel Hernández, *El hombre y su poesía*".

3. ¿Cuál de las siguientes oraciones describe <u>mejor</u> el tema del poema?

   (1) El recuerdo de algo querido puede consolarnos de su pérdida.
   (2) El campo es mejor que la ciudad.
   (3) La vida en la ciudad tiene peligros comparables a los del campo.
   (4) La ausencia deja una sensación de gran vacío.
   (5) El poeta ha olvidado la aldea de donde vino.

4. El poeta tiene una impresión de vacío

   (1) al recordar el aire, las montañas y los ríos de su aldea
   (2) porque la ciudad no le inspira el mismo sentimiento que el campo
   (3) porque nota que su fuerza ha decaído
   (4) porque siente que ha caído en una trampa, como la tela de una araña
   (5) porque tiene miedo

5. ¿A qué se refiere el poeta cuando dice "lo más notable de lo mío" (línea 10)?

   (1) a su sentimiento religioso
   (2) a todo lo que ha olvidado
   (3) a su vida en la aldea, el huerto y la fuente
   (4) a su carácter descuidado
   (5) a la ausencia de las cosas queridas

6. Comparada con la primera estrofa, ¿qué sensación produce la última estrofa?

   (1) pesadez y tristeza
   (2) consuelo y alegría
   (3) seguridad y comodidad
   (4) sorpresa y enojo
   (5) desilusión

7. ¿A qué crees que compararía el poeta el tráfico de automóviles de la ciudad?

   (1) a una parvada de gansos
   (2) a un hormiguero
   (3) a una manada en estampida
   (4) a un arroyo
   (5) al cielo nocturno

Las respuestas comienzan en la página 312.

DESTREZA DE GED **Interpretar el lenguaje figurado**

A veces no es fácil entender la poesía. Una de las razones es que la poesía tiene su propio lenguaje, es decir, usa las palabras en una forma diferente a la mayoría de los otros tipos de redacción. El **lenguaje figurado** es una de las herramientas que usan los poetas para que su redacción sea distintiva. En el lenguaje figurado se usan palabras ordinarias en formas poco comunes. Los poetas usan el lenguaje figurado para un propósito específico. La exageración, por ejemplo, es un tipo de lenguaje figurado. Si el poeta dice que las estrellas del cielo están tan cerca que las puede tocar, está exagerando para expresar lo cercano que siente el cielo nocturno. Las personas que escriben poesía también usan la **personificación,** y le dan cualidades humanas a animales, objetos o ideas, como en esta oración: "Los árboles danzaban con el viento".

Otros tipos de lenguaje figurado son las metáforas y los símiles, que usted estudió en la lección 16. Si presta atención al lenguaje figurado de un poema, podrá comprender mejor su significado.

lenguaje figurado
lenguaje que combina palabras ordinarias de formas nuevas con un propósito específico

personificación
tipo de lenguaje figurado que da atributos humanos a cosas que no son humanas

SUGERENCIA

Si una descripción o comparación no puede entenderse de forma literal, probablemente se trata de lenguaje figurado. Busque descripciones o comparaciones fuera de lo común y use su imaginación para encontrar su significado.

Lea el siguiente poema y responda las preguntas a continuación.

¿QUÉ LE PASA A LA LUNA?

SEGUNDO VIOLÍN

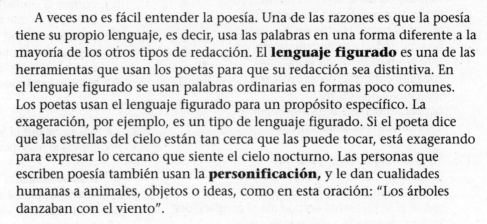

La luna te desampara
y hunde en el confín remoto
su punto de huevo roto
que vierte en el mar su clara.

Medianoche van a dar,
y al gemido de la ola,
te angustias, trémula y sola,
entre mi alma y el mar.

Leopoldo Lugones, *Segundo Violín.*

¿Qué acción sugiere el verso "la luna te desampara"?

_____ a. La luna se encuentra en lo alto del cielo.

_____ b. La luna se está ocultando.

Si escogió la *opción b*, su respuesta es correcta. Este verso sugiere que la luna ha abandonado a la persona de la que habla el poema, dejándola desamparada.

Lea el siguiente poema y responda las preguntas que se presentan a continuación.

¿QUIÉN ES EL ÁNGEL VERDE?

APOGEO DEL APIO

Del centro puro que los ruidos nunca
Atravesaron, de la intacta cera,
Salen claros relámpagos lineales,
Palomas con destino de volutas[1],
(5) hacia tardías calles con olor
a sombra y a pescado.
Son las venas del apio! Son la espuma, la risa,
¡Los sombreros del apio!

Son los signos del apio, su sabor
(10) de luciérnaga, sus mapas
de color inundado,
y cae su cabeza de ángel verde,
y sus delgados rizos se acongojan,
y entran los pies del apio en los mercados
(15) de la mañana herida, entre sollozos,
y se cierran las puertas a su paso,
y los dulces caballos se arrodillan.

—————————

[1] voluta: adorno con forma de espiral o caracol

Pablo Neruda, *Residencia en la tierra.*

1. ¿Cuál de los siguientes es un ejemplo de personificación? Marque con una "X" la respuesta correcta.

    _____ a. El apio ríe.

    _____ b. El apio crece.

2. ¿A qué compara el autor las venas del apio en el poema? Marque con una "X" la respuesta correcta.

    _____ a. a pescados

    _____ b. a relámpagos

    _____ c. a ruidos

3. ¿Qué sugiere el verso "palomas con destino de volutas"? Marque con una "X" la respuesta correcta.

    _____ a. Las hojas del apio parecen volar.

    _____ b. Las hojas del apio son el alimento preferido de las palomas.

4. ¿De quién son los "delgados rizos" que "se acongojan" (línea 13)? Marque con una "X" la respuesta correcta.

Los rizos pertenecen al apio, comparado con un _____.

Las respuestas comienzan en la página 313.

Instrucciones: Elija la respuesta que mejor responda a cada pregunta.

Las preguntas 1 y 2 se refieren al siguiente poema.

¿QUÉ SORPRENDE CUANDO PASA LA TORMENTA?

CUANDO CESE LA TORMENTA

Cuando cese la tormenta y barra el viento
    la osatura[1] de las nubes,
verás que en la borrasca las plantas
    se arrollaron sobre sí,
(5)   para sobrevivir, empollaron pájaros en su seno;
cuando vuele el primero, habrá sorpresa,
ya se te habrá olvidado que los pájaros son
    frutas emplumadas de música;
cuando bese la flor, habrá sorpresa,
(10)   ya se te habrá olvidado que las flores
    son panales alcorzados[2] de labios.
Nadie sabe cuánto dura una tormenta, pero
    evocada,
nos sorprende su efímera[3] existencia.

_____

[1] osatura: esqueleto
[2] alcorzados: empalagoso por ser excesivamente
    amable
[3] efímera: breve, corto, fugaz

Samuel Serrano, *Ritual del recluso* o *Canto rodado.*

1. ¿Qué significado tiene la imagen "los pájaros son frutas emplumadas de música" (líneas 7 y 8)?

  (1) Los pájaros tienen colores semejantes a los de las frutas.
  (2) La música parece emanar de las plumas de los pájaros.
  (3) Los pájaros se alimentan del fruto de las plantas.
  (4) Los pájaros parecen crecer de las plantas.
  (5) Las frutas están llenas de las plumas de los pájaros.

2. De las siguientes oraciones, ¿cuál expresa mejor el significado de "Nadie sabe cuánto dura una tormenta, pero / evocada, / nos sorprende su efímera existencia" (líneas 12 a 14)?

  (1) El clima es un fenómeno impredecible.
  (2) En el recuerdo, los problemas del pasado parecen más pequeños.
  (3) Es difícil creer en la existencia de los problemas cuando ya pasaron.
  (4) La duración de una tormenta es sorprendente.
  (5) Las tormentas son cosas pasajeras.

Las preguntas 3 a 5 se refieren al siguiente poema

¿DE QUÉ SE HA DADO CUENTA EL POETA?

SONETO XX

¡Cuántas veces te me has engalanado[1],
clara y amiga Noche! ¡Cuántas llena
de oscuridad y espanto la serena
mansedumbre[2] del cielo me has turbado!

(5) Estrellas hay que saben mi cuidado
y que se han regalado con mi pena;
que entre tanta beldad[3], la más ajena
de amor, tiene su pecho enamorado.

Ellas saben amar, y saben ellas
(10) que he contado su mal llorando el mío,
envuelto en los dobleces de tu manto.

Tú, con mil ojos, Noche, mis querellas
oye, y esconde; pues mi amargo llanto
es fruto inútil que al amor envío.
_____

[1] engalanado: adornado
[2] mansedumbre: tranquilidad, sosiego
[3] beldad: belleza

Francisco de la Torre, "Soneto XX".

3. ¿Cuál de las siguientes oraciones describe mejor las similitudes entre las cualidades de la noche y las estrellas y las de una persona?

(1) La noche lleva un manto y se adorna con estrellas para estar elegante.
(2) Las estrellas sufren por amor como el poeta y son compasivas.
(3) Las estrellas son los ojos de la noche.
(4) Las estrellas saben amar, como el poeta.
(5) La noche puede oír y esconder los lamentos del poeta enamorado.

4. ¿A cuál de las siguientes se parecen más las estrellas en este poema?

(1) objetos inanimados que hay que contemplar con telescopio
(2) faros potentes que asustan al poeta
(3) joyas valiosas e inalcanzables
(4) personas enamoradas y compasivas
(5) focos que no funcionan

5. ¿Cuál de las siguientes sugiere mejor el tema central del poema?

El poeta

(1) de ahora en adelante, dejará de lamentarse, porque es inútil
(2) cree que su amada lo ignora y confía sus penas a la noche
(3) de ahora en adelante, vivirá de día únicamente
(4) de ahora en adelante, sólo contará sucesos felices
(5) ha pasado de una vida rica a otra de pobreza

SUGERENCIA

Recuerde que los poetas a menudo quieren que sus lectores vean el mundo de una forma diferente. Para entender cómo lo logran, busque palabras comunes que se utilicen de forma figurada.

Las respuestas comienzan en la página 313.

Instrucciones: Ésta es una prueba de práctica que dura diez minutos. Después de que transcurran los diez minutos, ponga una marca en la última pregunta que haya respondido. A continuación, termine la prueba y revise sus respuestas. Si la mayoría de sus respuestas fueron correctas pero no terminó la prueba, trate de responder las preguntas más rápidamente la próxima vez. Elija la respuesta que mejor responda a cada pregunta.

Las preguntas 1 a 9 se refieren al siguiente poema.

¿QUÉ HAY EN ESTE BOLSILLO?

EN UN BOLSILLO DE NERVAL

Hoy me ausentaré de mí, me excusaré de mi presencia,
diré adiós a mi envoltura
y seré más amigo de ese otro ser que me amortaja.
Hoy tengo una cita:
(5)　Me encontraré con el reflejo que me busca,
con el cuchillo que me acecha;
dibujaré con más amor mi herida
para que allí anides y te pierdas.
Hoy salgo de mí, me digo adiós,
(10)　dejo mi rostro como prueba de partida,
me evaporo entre la bruma y resucito.
Camino hacia la huella que se borra,
me persigo por los senderos del bosque:
soy el ladrido y la fuga sin fin del jabalí;
(15)　también la flecha y el salto del venado.
Me encuentro en la mosca que me bebe.
Desaparezco entre un farol que agiganta la niebla
y sigo siendo la bufanda que me ahorca.
Hoy no me esperes porque la noche será negra y blanca.

Juan Gustavo Cobo Borda, *El animal que duerme en cada uno y otros poemas.*

1. ¿A quién se refiere el poeta cuando dice "ese otro ser que me amortaja" (línea 3)?

   (1) a sí mismo
   (2) a su fantasma
   (3) a sus antepasados
   (4) a su amante
   (5) al mundo

2. ¿Qué sugiere el poeta cuando dice "me encontraré con el reflejo que me busca" (línea 5)?

   El poeta quiere decir que

   (1) buscará una vida más satisfactoria.
   (2) se encontrará con su propia muerte.
   (3) saldrá a buscar a quien lo persigue.
   (4) se encontrará con su amada.
   (5) se contemplará en una fuente de agua.

3. ¿Cuál de los siguientes enunciados describe mejor la intención del poeta?

    (1) No sabe qué hacer de su vida.
    (2) Se acerca voluntariamente a su muerte.
    (3) Piensa en rehacer su vida en otra parte.
    (4) Quiere acercarse a la naturaleza.
    (5) Está cambiándose de casa.

4. ¿Qué efecto tiene el verso "soy el ladrido y la fuga sin fin del jabalí" (línea 14)?

    (1) Muestra que el poeta se siente perseguido.
    (2) Indica que el poeta es a la vez el cazador y la presa.
    (3) Representa la personalidad dividida del poeta.
    (4) Muestra la identificación del poeta con los animales.
    (5) Enuncia el gusto por la cacería del poeta.

5. De los siguientes enunciados del poema, ¿cuál expresa la realidad de la muerte del poeta?

    (1) "Hoy salgo de mí, me digo adiós" (línea 9)
    (2) "y sigo siendo la bufanda que me ahorca" (línea 18)
    (3) "me evaporo entre la bruma y resucito" (línea 11)
    (4) "diré adiós a mi envoltura" (línea 2)
    (5) "Camino hacia la huella que se borra" (línea 12)

6. ¿Cuál de las siguientes es la mejor descripción del tono del poema?

    (1) funesto e irrevocable
    (2) sarcástico y amargo
    (3) casual y alegre
    (4) melancólico y ligero
    (5) nostálgico y triste

7. ¿Cuál de las siguientes opciones describe mejor el significado del verso "diré adiós a mi envoltura" (línea 2)?

    (1) Abandonaré las convenciones sociales.
    (2) Dejaré las apariencias falsas.
    (3) Dejaré mi ropa.
    (4) Dejaré mi casa.
    (5) Dejaré mi cuerpo.

8. Si el poeta leyera el poema en público, ¿cuál de las siguientes frases sería la presentación más probable?

    (1) Había una vez
    (2) El objetivo del siguiente poema
    (3) El lector apreciara
    (4) Esta es una anécdota graciosa
    (5) Sus últimas palabras

9. De las siguientes opciones, ¿cuál describe mejor la opinión del poeta acerca de la muerte?

    (1) un encuentro terrible
    (2) una noche obscura
    (3) un encuentro destinado
    (4) un viaje sin fin
    (5) una bruma cegadora

Las respuestas comienzan en la página 313.

DESTREZA DE GED **Interpretar símbolos e imágenes**

En un poema, un **símbolo** es una palabra o frase que representa una idea importante, como por ejemplo la juventud, la edad, la vida, la muerte o la esperanza. Muchas veces es difícil identificar a los símbolos fuera de su contexto. Los símbolos en un poema pueden ser una persona, un objeto, un evento o cualquier otra cosa y pueden representar una o más ideas.

Una **imagen** estimula la imaginación del lector. Las imágenes recrean sensaciones perceptivas de la vista, el gusto, el tacto el olfato y el oído. Los poetas usan palabras que los lectores pueden asociar con su propia experiencia para crear imágenes.

símbolo
una imagen poderosa que representa a una persona, lugar o cosa más allá del objeto al que describe

imagen
representación mental creada por el uso imaginativo de las palabras

SUGERENCIA

Para identificar símbolos, busque imágenes que se repiten o que están estrechamente relacionadas. La repetición de una imagen muchas veces indica su simbolismo.

Lea el siguiente poema y responda las preguntas que se presentan a continuación.

FLOR NOCTURNA

Hay una flor que en la noche
nace —¡lucero en la rama!—
y su blancura derrama
en silencioso derroche.
(5)   En las tinieblas es broche
de una luz estremecida
que, entre las sombras hundida,
enardece su blancor:
es paloma vuelta flor
(10) que en la obscuridad se anida.

Elías Nandino, *Conversación con el mar.*

1. ¿Qué ideas sugieren las imágenes de este poema? Marque con una "X" la respuesta correcta.

_____ a.   contraste intenso entre la luz y la oscuridad

_____ b.   suave mezcla de luz y sombra

2. ¿Qué sensación crean los versos "es paloma vuelta flor / que en la oscuridad se anida"?

_____ a.   temor de lo que se esconde en la oscuridad

_____ b.   asombro ante la magia de la naturaleza

La *opción a* es la respuesta correcta a la pregunta 1. El poema entero habla del contraste entre lo negro de la noche (tinieblas, sombra, oscuridad) y la blanco de la flor *(lucero, luz, blancura, blancor).* La *opción b* es la respuesta correcta a la pregunta 2. Aunque la imagen de algo que anida en la oscuridad es tenebrosa, no hay en el resto del poema ningún indicio de amenaza. La imagen de la flor transformada en paloma evoca la magia y el asombro del hablante ante la naturaleza.

Lea el siguiente poema y responda a las preguntas que se presentan a continuación.

¿QUÉ PASA EN EL CAMPO DE OLIVOS?

PAISAJE

El campo
de olivos
se abre y se cierra
como un abanico.
(5) Sobre el olivar
hay un cielo hundido
y una lluvia oscura
de luceros fríos.
Tiembla junco y penumbra
(10) a la orilla del río.
Se riza el aire gris.
Los olivos,
están cargados
de gritos.
(15) Una bandada
de pájaros cautivos,
que mueven sus larguísimas
colas en lo sombrío.

Federico García Lorca, "Poesías selectas".

1. La imagen del campo de olivos como un abanico en movimiento (líneas 1 á 4) se explica en los versos siguientes porque

   _____ a. Está temblando.

   _____ b. Está oscureciendo.

2. ¿Qué simbolizan los "luceros fríos" (línea 8)?

   _____ a. las gotas de la lluvia

   _____ b. el cielo de la noche

   _____ c. las aves en el cielo

3. Escriba tres palabras del poema que estimulen los sentidos del tacto y la audición.

   _____

   _____

   _____

4. Marque los siguientes enunciados con una *V* si son verdaderos y con una *F* si son falsos.

   _____ a. El "cielo hundido" (línea 6) representa la cúpula celeste.

   _____ b. El paisaje del olivar está lleno de movimiento y actividad.

   _____ c. Las imágenes del río, los juncos y el aire evocan una sensación que simboliza la quietud.

   _____ d. El verso "Los olivos están cargados / de gritos" (líneas 12 y 13) se refiere a los truenos de la tormenta.

Las respuestas comienzan en la página 314.

Instrucciones: Elija la respuesta que mejor responda a cada pregunta.

Las preguntas 1 y 2 se refieren al siguiente poema.

¿QUIÉN SE PUDRE SIN MADURAR?

LA PERA VERDE Y PODRIDA

Iba un día con su abuelo
paseando un colegial,
y debajo de un peral
halló una pera en el suelo.
(5) Mírala, cógela, muerde,
mas presto[1] arroja el bocado
que muy podrida de un lado
estaba, y del otro, verde.
¿Abuelo, como será,
(10) decía el chico escupiendo,
que esta pera que estoy viendo
podrida aunque verde está?
El anciano con dulzura
dijo, vínole ese mal
(15) por caerse del peral
sin que estuviese madura.
Lo propio[2] sucede al necio
que estando en la adolescencia
desatiende la prudencia
(20) de sus padres con desprecio.
Al que en sí propio confía
como en recurso fecundo[3]
e ignorando lo que es mundo
engólfase[4] en él sin guía.
(25) Quien así intenta negar
la veneración[5] debida
en el campo de la vida
se pudre sin madurar.

---

[1] presto: rápido
[2] lo propio: lo mismo
[3] fecundo: completo
[4] engólfase: se lanza
[5] veneración: respeto

Concepción Arenal, "La pera verde y podrida".

1. ¿Cuál de las siguientes oraciones describe mejor el significado de "Al que en sí propio confía / como en recurso fecundo" (líneas 21 y 22)?

   (1) Los adolescentes son necios e imprudentes.
   (2) Los jóvenes tienen que aprender de los demás para crecer.
   (3) A los jóvenes les encanta comer peras.
   (4) Los ancianos prefieren comer peras blandas.
   (5) Los jóvenes deben confiar únicamente en sí mismos.

2. ¿Cuál de las siguientes opciones describe mejor lo que representa la pera verde y podrida?

   (1) una persona que no ha madurado del todo y que ya no lo hará
   (2) un consejo de nuestros abuelos
   (3) el desprecio que no se debe sentir por los propios padres
   (4) una enseñanza del anciano del poema
   (5) la vida cotidiana de los jóvenes

SUGERENCIA

Confíe en las emociones que transmiten las imágenes y símbolos de un poema, sobre todo en una primera lectura.

Las preguntas 3 a 5 se refieren al siguiente poema.

¿ADÓNDE VA EL RÍO?

ELEGÍAS DEL AMADO FANTASMA I

Inclinada, en tu orilla, siento cómo te alejas.
Trémula como un sauce contemplo tu corriente
formada de cristales transparentes y fríos.
Huyen contigo todas las nítidas imágenes,
(5)   el hondo y alto cielo,
los astros imantados, la vehemencia
ingrávida del canto.

Con un afán inútil mis ramas se despliegan,
se tienden como brazos en el aire
(10)   y quieren prolongarse en bandadas de pájaros
para seguirte adonde va tu cauce.

Eres lo que se mueve, el anisia que camina,
La luz desenvolviéndose, la voz que se desata.

(15)   Yo soy sólo la asfixia quieta de las raíces
Hundidas en la tierra tenebrosa y compacta.

Rosario Castellanos, "Bella dama sin piedad y otros poemas".

3. ¿Por qué huye "el hondo y alto cielo" (línea 5)?

(1) El recuerdo ya es borroso.
(2) Se mueve con el reflejo del agua.
(3) Está anocheciendo.
(4) El sauce lo persigue.
(5) Hay viento.

4. De las siguientes opciones, ¿cuál explica mejor el símbolo evocado en la segunda estrofa?

(1) Si amas algo, déjalo ir.
(2) Cada uno a su elemento.
(3) Somos impotentes ante la separación de la muerte.
(4) Es posible superar la barrera de la muerte.
(5) Querer es poder.

5. De los siguientes pares de ideas, escoja las que más claramente se contrastan en el poema.

(1) el movimiento y la inmovilidad
(2) el ansia y la tranquilidad
(3) la alegría y la furia
(4) la vida y la muerte
(5) el recuerdo y el olvido

Las respuestas comienzan en la página 314.

Instrucciones: Ésta es una prueba de práctica que dura diez minutos. Después de que transcurran los diez minutos, ponga una marca en la última pregunta que haya respondido. A continuación, termine la prueba y revise sus respuestas. Si la mayoría de sus respuestas fueron correctas, pero no terminó la prueba, trate de responder las preguntas más rápidamente la próxima vez. Elija la respuesta que mejor responda a cada pregunta.

Las preguntas 1 a 8 se refieren al siguiente poema.

¿QUIÉN DESTILA MIEL?

SONETO IX

Quien ve las blancas y hermosas rosas
de mano virginal recién cogidas
y con diversos tallos retejidas,
guirnaldas bellas hacen y olorosas;

(5) quien gusta de las aves más preciosas
las tiernas pechuguillas convertidas
en líquidos manjares, y comidas
suaves, odoríferas[1], sabrosas;

y quien panales albos[2] destilando
(10) la rubia miel de la amarilla cera,
a lo que al gusto y vista más provoca,

pues tal es de mi ninfa[3] el rostro, cuando
mi vista de la suya reverbera[4]
y bebo las palabras de su boca.

_____
[1] odoríferas: olorosas
[2] albos: blancos o claros
[3] ninfa: mujer hermosa
[4] reverbera: libera destellos

Francisco de Figueroa, "Soneto IX".

1. ¿Qué sugiere el poema sobre la mujer de quien está enamorado el poeta (la "ninfa")?

   (1) Es una joven rubia.
   (2) Trabaja en una florería haciendo guirnaldas de rosas.
   (3) Es una joven cocinera.
   (4) Se ha transformado en abeja.
   (5) Es una joven nadadora.

2. ¿Cuál de las siguientes oraciones describe mejor el significado de "a lo que al gusto y vista más provoca" (línea 11)?

   (1) Soy muy glotón y me encanta la miel por su gusto y su aspecto.
   (2) El rostro y las palabras de mi amada son un gusto para los sentidos.
   (3) Mi amada me tienta con el olor y el sabor de su cuerpo.
   (4) Me encantan los platos que me prepara mi amada.
   (5) A mi amada y a mí nos encanta comer mucho y bien.

3. ¿Qué quiere decir el poeta con "cuando/mi vista de la suya reverbera" (líneas 12 y 13)?

   (1) Mis ojos son como espejos que reflejan la luz de mi amada.
   (2) La luz del verano es tan intensa que no veo bien al aire libre.
   (3) Mi amada es invisible.
   (4) El color de la piel de mi amada resalta de día.
   (5) El sol me deslumbra al reflejarse en el mar.

4. De acuerdo con la información del poema, ¿cuál de las siguientes opciones expresa más probablemente lo que desea el poeta?

   (1) hacer guirnaldas de rosas
   (2) pintar un retrato de su amada
   (3) pasear por el campo entre las abejas
   (4) invitar a su amada a un banquete delicioso
   (5) abrazar y besar a su amada

5. ¿Cuál de las siguientes opciones describe mejor lo que representa la miel?

   (1) la dulzura de la amada
   (2) el plato preferido del amante
   (3) el esfuerzo y el trabajo del amante
   (4) el esfuerzo y el trabajo de las abejas
   (5) el amor imposible de alcanzar

6. ¿Qué sentidos estimula la lectura del poema en las dos primeras estrofas?

   (1) la vista, el olfato y el gusto
   (2) el oído y la vista
   (3) el tacto y el olfato
   (4) el olfato y el gusto
   (5) el oído y el tacto

7. ¿Cuál de las siguientes palabras describe mejor el tono del poema?

   (1) enojado
   (2) tranquilo
   (3) desesperado
   (4) paciente
   (5) sensual

8. ¿Cuál de las siguientes opciones expresa más probablemente el significado de la frase "bebo las palabras de su boca" (línea 14)?

   El poeta

   (1) se siente atrapado en su propio cuerpo
   (2) disfruta de escuchar a la joven
   (3) teme no poder decirle a su amada lo que siente por ella
   (4) tiene sed pero no se atreve a decirlo
   (5) debe esforzarse por oír lo que su amada le dice en voz baja

Las respuestas comienzan en la página 314.

DESTREZA DE GED **Hacer deducciones**

deducción
la idea que se forman los lectores a partir de la información implícita y explícita

Hay poemas que son como acertijos, y hay que adivinar lo que el poeta sugiere para entenderlos por completo. Luego, usted debe tomar una decisión de acuerdo con su propia interpretación de lo que el poema dice indirectamente. Al considerar la información, puede tomar una decisión lógica acerca de qué trata el poema, pero en ocasiones los datos no están explícitos, y tendrá que decidir basándose en la información explícita e implícita. Esto se llama hacer una **deducción**.

Su deducción puede ser razonable y aun así no ser correcta. Cuando lea un poema, asegúrese de hacer deducciones empleando todas las pistas que éste ofrece: las palabras que escoge el poeta para crear ciertas imágenes.

Lea el siguiente fragmento de un poema y complete el ejercicio a continuación.

Fíjese en lo que está implícito en el poema y luego añádalo a lo que se expresa directamente, para hacer una deducción a partir de la información tanto explícita como implícita.

ROMANCE

¡No te tardes que me muero,
carcelero,
no te tardes que me muero!

Bien sabes que la tardanza
trae gran desconfianza:
ven y cumple mi esperanza.
¡Carcelero,
no te tardes que me muero!

Juan del Encina, "Romance".

1. ¿A qué se parece más el fragmento anterior? Marque con una "X" la respuesta correcta.

_____ a. un misterio

_____ b. un chiste

2. ¿Quién es el carcelero del poema, de acuerdo con sus deducciones? Marque con una "X" la respuesta correcta.

_____ a. el vigilante de una cárcel

_____ b. el amado ausente

3. Encierre en un círculo las pistas o claves del poema en las que se base para responder a la pregunta 2.

La *opción* a es la respuesta correcta a la pregunta 1. El poema es como un misterio, porque no se sabe quién es el carcelero. La *opción b* es la respuesta correcta a la pregunta 2. En la pregunta 3, las pistas señaladas con un círculo pueden ser las palabras y frases que indican el deseo de estar pronto junto al "carcelero": *no te tardes que me muero, la tardanza trae gran desconfianza,* y *cumple mi esperanza.*

Lea el poema siguiente y responda las preguntas que se presentan a continuación.

¿QUÉ ES UNA ISLA?

POEMA CI

La criatura de isla paréceme, no sé por qué, una
criatura distinta. Más leve, más sutil,
más sensitiva.
Si es flor, no la sujeta la raíz; si es pájaro, su cuerpo
(5)   deja un hueco en el viento; si es niño, juega
a veces con un petrel[1], con una nube...
La criatura de isla trasciende siempre al mar que la
rodea y al que no la rodea.
Va al mar, viene del mar y mares pequeñitos se
(10)   amansan en su pecho, duermen a su calor
como palomas.
Los ríos de la isla son más ligeros que los otros ríos.
Las piedras de la isla parece que van a salir
volando...
(15)   Ella es toda de aire y de agua fina. Un recuerdo de sal,
de horizontes perdidos, la traspasa en cada ola, y
una espuma de barco naufragado le ciñe la cintura,
le estremece la yema de las alas...
Tierra firme llamaban los antiguos a todo lo que no
(20)   fuera isla. La isla es, pues, lo menos firme,
lo menos tierra de la Tierra.

_____
[1] petrel: tipo de ave

Dulce María Loynaz, "Poemas sin nombre".

1. Qué deducciones puede hacer sobre la "criatura de isla" de las líneas 1 a 6? Marque con una "X" la respuesta correcta.

    _____ a. Es semejante a una flor, un pájaro y a un niño.

    _____ b. Evoca un sentimiento especial en la hablante poética.

2. Subraye las palabras en las líneas 1 a 6 que respaldan su respuesta a la pregunta 1.

3. ¿Qué describen las líneas 15 a 18?

_____

4. El poema sugiere que las islas

    _____ a. son más ligeras que otros lugares.

    _____ b. están pesadamente ancladas al fondo del mar.

5. Encierre en un círculo las palabras que respaldan su respuesta a la pregunta 4.

Las respuestas comienzan en la página 315.

Instrucciones: Elija la respuesta que mejor responda a cada pregunta.

Las preguntas 1 a 4 se refieren al siguiente poema.

¿CUÁL ES EL "OTRO JUEGO"?

AJEDREZ I

En su grave rincón, los jugadores
Rigen las lentas piezas. El tablero
Los demora hasta el alba en su severo
Ámbito en que se odian dos colores.

(5)   Adentro irradian mágicos rigores
Las formas: torre homérica, ligero
Caballo, armada reina, rey postrero,
Oblicuo alfil y peones agresores.

Cuando los jugadores se hayan ido,
(10) Cuando el tiempo los haya consumido,
Ciertamente no habrá cesado el rito.

En el Oriente se encendió esta guerra
Cuyo anfiteatro es hoy toda la tierra.
Como el otro, este juego es infinito.

Jorge Luis Borges, "El otro, el mismo".

1. ¿Cuál de las siguientes opciones describe mejor el efecto de las imágenes sugeridas en las líneas 1 a 4 en el ambiente del poema?

   El ambiente es

   (1) soñoliento y aburrido
   (2) alegre y festivo
   (3) triste y serio
   (4) lóbrego y fatal
   (5) violento y sanguinario

2. ¿Cuál es la razón más probable por la que el poeta atribuye "mágicos rigores" a la forma de las piezas (línea 5)?

   (1) Se trata de un juego intelectual.
   (2) La forma de las piezas tiene valor histórico.
   (3) Las piezas controlan a los jugadores.
   (4) Las piezas son parte de un ritual mágico.
   (5) El juego sobrevivirá a los jugadores.

3. El verso "Cuyo anfiteatro es hoy toda la tierra" (línea 13) se refiere a que

   (1) el juego rige la vida en la tierra.
   (2) el juego es una estrategia de guerra.
   (3) el juego se conoce en todo el mundo.
   (4) los jugadores viajan mucho.
   (5) el juego requiere conocimientos de geografía.

4. ¿Cuál de las siguientes opciones expresa mejor el tema del poema?

   (1) El juego del ajedrez es infinito.
   (2) El mundo es semejante a un juego de ajedrez.
   (3) El ajedrez es un juego difícil de aprender.
   (4) Los jugadores son seres mortales.
   (5) El ajedrez es un juego lleno de magia.

Las <u>preguntas 5 a 7</u> se refieren al siguiente poema.

¿QUIÉN PUEDE DESPERTAR AL GENIO?

RIMA VII

Del salón en el ángulo oscuro,
de su dueño tal vez olvidada,
silenciosa y cubierta de polvo
veíase el arpa.

(5)   ¡Cuánta nota dormía en sus cuerdas,
como el pájaro duerme en las ramas,
esperando la mano de nieve
que sabe arrancarla!

¡Ay!, pensé: ¡cuántas veces el genio
(10) así duerme en el fondo del alma,
y una voz, como Lázaro, espera
que le diga: "¡Levántate y anda!"

Gustavo Adolfo Bécquer, *Rimas y leyendas.*

5. ¿Cuál de las siguientes sería <u>más probablemente</u> una opinión del poeta?

   (1) Muy pocas personas son talentosas.
   (2) Todos somos genios latentes.
   (3) Muchos artistas tienen sentimientos religiosos.
   (4) Si una planta no se riega, jamás florecerá.
   (5) El talento requiere estímulos.

SUGERENCIA

Para hacer deducciones, actúe como detective. ¿Puede detectar un significado oculto? ¿Qué tienen en común los detalles del poema?

6. ¿Cuál de las siguientes expresa <u>mejor</u> el significado de "Levántate y anda" (línea 12) en el poema?

   (1) el talento bien aprovechado
   (2) la experiencia religiosa
   (3) el despertar artístico
   (4) el despertar de la muerte
   (5) el despertar a la vida

7. De los siguientes pares de imágenes, ¿cuáles se comparan más claramente en el poema?

   (1) el arpa y el pájaro
   (2) Lázaro y el genio
   (3) el arte y la religión
   (4) el arpa y el genio
   (5) la mano y la rama

Las respuestas comienzan en la página 315.

Instrucciones: Ésta es una prueba de práctica que dura diez minutos. Después de que transcurran los diez minutos, ponga una marca en la última pregunta que haya respondido. A continuación, termine la prueba y revise sus respuestas. Si la mayoría de sus respuestas fueron correctas pero no terminó la prueba, trate de responder las preguntas más rápidamente la próxima vez. Elija la respuesta que mejor responda a cada pregunta.

Las preguntas 1 a 10 se refieren al siguiente poema.

¿DÓNDE ESTÁ LA CEIBA?

A LA CEIBA DE PONCE

Ese árbol hembra siempre ha estado ahí,
con su corteza limpia,
con su copa tendida a ras del aire,
con sus caderas curvas saltando sobre el suelo.

(5) Porque no es un árbol más, fíjese bien,
no hay falda de montaña
ni tejado ni seto que la cubra
y además, trae un aire sereno y circunspecto[1]
como si siempre hubiera estado ahí,
(10) por encima del hombro, por encima del viento.

Dicen que es la mansión de Atabey,
que en su tronco, en su fronda,
hay casa para todos,
el lagarto, la hormiga, la araña, la bromelia,
(15) el breve colibrí...,
y cuentan que al principio de los tiempos
de su cuerpo pendía la faz del firmamento.

Esa inmensa, magnífica montura
donde los niños sin caballo juegan,
(20) esas monumentales coyunturas
donde el anciano halla reposo
y el cansado hila un rezo,
es la ceiba que vive desde siempre
en el umbral vidrioso de este pueblo.

(25) La ceiba americana, la prodigiosa ceiba
que, como un acto de misericordia,
supera las fatigas de la noche,
conversa con las islas de la sombra
y en el vaso sureño del recuerdo
(30) desborda las cuadernos de mi infancia.
La ceiba que se yergue como sombra liviana
sobre las altas yerbas...

_____
[1] circunspecto: prudente, comedido

Magaly Quiñones, *Nombrar.*

1. ¿Cuál de las siguientes explica mejor por qué la poetisa se refiere al árbol como un "árbol hembra" (línea 1)?

   (1) Representa a una diosa.
   (2) Pertenece a una mujer.
   (3) Tiene aspecto maternal.
   (4) Tiene una silueta femenina.
   (5) Los animales se cobijan en él.

2. De las siguientes oraciones, ¿cuál describe mejor la impresión de las imágenes del poema?

   La ceiba es

   (1) un árbol muy productivo
   (2) un árbol conocido y ancestral
   (3) una especie de árbol rara
   (4) un árbol extinto
   (5) un árbol legendario

3. ¿Qué evoca la imagen en "y cuentan que al principio de los tiempos / de su cuerpo pendía la faz del firmamento" (líneas 16 y 17)?

   (1) es un árbol antiguo
   (2) es un árbol muy alto
   (3) sus raíces son muy profundas
   (4) las estrellas parecen colgar de sus ramas
   (5) es un árbol imaginario

4. ¿Cuál de las siguientes opciones describe mejor el ambiente del poema?

    (1) alegre y juguetón
    (2) sombrío y pesado
    (3) grave y fatigado
    (4) asombrado y nostálgico
    (5) grandioso y reverente

5. De acuerdo al contexto ¿qué quiere decir "por encima del hombro" (línea 10)?

    (1) la ceiba es más alta que la hablante poética
    (2) la poetisa ha dejado a la ceiba atrás
    (3) al mirar hacia el pasado, la ceiba siempre está presente
    (4) no hay nada que pueda derribar al gran árbol
    (5) la hablante tiene la sensación de que la ceiba la sigue

6. ¿A qué se refiere la poetisa cuando dice que la ceiba "desborda los cuadernos de mi infancia" (línea 30)?

    (1) Explica el tamaño del árbol.
    (2) Describe sus actividades infantiles.
    (3) Habla sobre una inundación.
    (4) Representa su niñez.
    (5) Está presente en sus recuerdos.

7. ¿Cuál de los siguientes versos indica la familiaridad de la poetisa con la ceiba?

    (1) Porque no es un árbol más, fíjese bien,
    (2) Dicen que es la mansión de Atabey
    (3) Esa inmensa, magnífica montura
    (4) La ceiba americana, la prodigiosa ceiba
    (5) es la ceiba que vive desde siempre

8. ¿Cuál describe mejor el tema del poema?

    (1) Los árboles son símbolos culturales.
    (2) Es importante conservar la naturaleza.
    (3) La ceiba un árbol antiguo.
    (4) La ceiba un árbol de singular presencia.
    (5) La ceiba un árbol con personalidad.

9. Si el árbol representara a una persona, ¿cuál de las siguientes sería?

    (1) el padre
    (2) la hermana
    (3) la madre
    (4) la hija
    (5) la abuela

10. ¿Cuál es el significado simbólico más probable de "las altas hierbas" (línea 32)?

    (1) el campo
    (2) la infancia
    (3) el pueblo natal
    (4) los años pasados
    (5) el umbral

Las respuestas comienzan en la página 316.

DESTREZA DE GED **Interpretar el tema**

tema
la idea central de una obra literaria, o el mensaje esencial sobre la vida que el autor desea comunicar

Si un poema empieza con las palabras "El amor te dejará cicatrices", podemos estar bastante seguros de que su **tema** o idea central tiene que ver con el lado doloroso del amor. Si, por el contrario, leemos "El amor es un capullo de rosa", esperaremos un tema diferente. El tema de un poema expresa una opinión o creencia específica acerca de un asunto más general. En los ejemplos anteriores, el asunto es el amor, pero el tema es lo que el poeta tiene que decir acerca del amor. Por ejemplo, el tema podría ser que "el amor es una experiencia dolorosa" (las cicatrices) o "el amor es delicado y todo lo contiene en potencia" (un capullo de rosa).

Generalmente, el tema de un poema no se establece directamente, por lo que hay que deducirlo. Para deducir el tema, hay que decidir de qué trata (el asunto) y, a continuación, considerar qué tiene que decir el poeta acerca de ese asunto. ¿Qué lenguaje figurado e imágenes emplea para describirlo? ¿Qué comparaciones se hacen? ¿Qué sentidos están implicados? Todos estos elementos son claves importantes para descubrir el tema.

Lea el siguiente poema y responda las preguntas a continuación.

117

Para identificar el tema de un poema, pregúntese a sí mismo: "¿Qué está diciendo el poeta acerca de la vida?" Trate de resumir el tema en una sola oración.

> Entre estas cuatro paredes
> yo solo y un volcán.
> Nadie nos apagará.
>
> Yo solo sobre este lecho
> de escarcha, y mi volcán.
> Nadie nos apagará.
>
> Miguel Hernández, "117".

1. Marque con una "X" el asunto principal del fragmento.

    _____ a. los volcanes

    _____ b. la soledad

2. Marque con una "X" el tema del fragmento.

    _____ a. En la soledad, se reafirman la voluntad y la pasión.

    _____ b. La soledad hace olvidarlo todo y dejar de amar.

Si escogió la *opción b,* su respuesta a la pregunta 1 es correcta. La frase *yo solo* se repite dos veces en el fragmento, y la frase *Entre estas cuatro paredes* también evoca la soledad. En la pregunta 2, su respuesta es correcta si escogió la *opción a.* La *opción b* es incorrecta porque el poema no indica que en la soledad el poeta olvide o deje de amar, sino todo lo contrario. El volcán representa el corazón apasionado del poeta, que promete no dejar de sentir intensamente.

Lea el poema siguiente y responda las preguntas que se presentan a continuación.

¿QUIÉN ES MÁS FIRME?

SONETO 50

Aquel peñasco a quien el mar azota
por verle en su dureza castigado,
y sólo encuentra, a fuerza de obstinado,
la espuma en su rigor deshecha y rota;

(5) aquel a cuya cumbre no alborota
tanto triste suspiro articulado,
que en ecos vuelven al opuesto lado,
porque en su seno la piedad no acota[1];

comparando a mi amor su resistencia,
(10) en su inmovilidad querrá decirme
que es igual su constancia a mi paciencia.
En vano, ¡oh peña!, intentas persuadirme:
Tan noble amor no admite competencia:
Tú más duro serás, él es más firme.

_____

[1] acotar: ampararse o apoyarse en un
motivo o cosa

Eugenio Gerardo Lobo, *Biografía y obra de Eugenio
Gerardo Lobo.*

1. ¿Cuál es el campo general de este poema? Marque con una "X" la respuesta correcta.

   _____ a. la armonía de las fuerzas de la naturaleza

   _____ b. la resistencia de las fuerzas de la naturaleza

2. ¿Cuál es la idea más importante que el poeta expresa sobre el campo general? Marque con una "X" la respuesta correcta.

   _____ a. Su amor es más firme que una roca.

   _____ b. La naturaleza es más fuerte que el ser humano.

3. ¿Cómo contribuye la cuarta estrofa al tema del poema?

   _____ a. Intenta persuadir a la peña de la firmeza de su amor.

   _____ b. Compara la dureza de la peña a la firmeza de su amor.

4. Mencione tres palabras en la última estrofa (líneas 9 a 14) que son pistas para descubrir el tema.

   _____

   _____

Las respuestas comienzan en la página 317.

Instrucciones: Elija la respuesta que mejor responda a cada pregunta.

Las preguntas 1 a 3 se refieren al siguiente poema.

¿QUÉ SE HA LIBERADO?

PUDIERA SER

Pudiera ser que todo lo que en verso he sentido
No fuera más que aquello que nunca pudo ser,
No fuera más que algo vedado y reprimido
De familia en familia, de mujer en mujer.

(5) Dicen que en los solares de mi gente, medido
Estaba todo aquello que se debía hacer...
Dicen que silenciosas las mujeres han sido
De mi casa materna... Ah, bien pudiera ser...

A veces en mi madre apuntaron antojos
(10) De liberarse, pero, se le subió a los ojos
Una honda amargura, y en la sombra lloró.

Y todo eso mordiente, vencido, mutilado
Todo eso que se hallaba en su alma encerrado,
Pienso que sin quererlo lo he libertado yo.

Alfonsina Storni, "Poesías Completas".

1. ¿Cuál de los siguientes enunciados sobre la poetisa puede deducirse de lo que dice el poema?

   La poetisa

   (1) es diferente de su madre
   (2) se siente complacida
   (3) está arrepentida
   (4) es igual que su madre
   (5) fue a la universidad

2. ¿Cuál enunciado describe mejor el tono del poema?

   (1) pesado y triste
   (2) alegre y coloquial
   (3) amargo y compungido
   (4) reflexivo y sombrío
   (5) perspicaz y mordiente

3. ¿Cuál de las siguientes oraciones expresa mejor el tema del poema?

   (1) Las mujeres de antes debían guardar silencio.
   (2) Las mujeres oprimidas no tenían forma de expresión.
   (3) La poesía puede expresar el dolor de quienes sufren en silencio.
   (4) Las madres y las hijas pueden confiar una en la otra.
   (5) La poesía es una forma de expresión artística.

SUGERENCIA

Si el tema o mensaje de un poema no es explícito, busque pistas que le ayuden a investigar de qué trata el poema. El tono y las imágenes que usa un poeta son dos formas en las que el tema puede expresarse.

Las preguntas 4 y 5 se refieren al siguiente poema.

¿QUÉ ES LA DESPEDIDA?

NEGACIÓN DEL ADIÓS

Pueda mi corazón y nunca pueda
desventanar la infancia de la aurora,
escapar de tu red enredadora
por la espuma del mar o por su rueda.

(5)   Mi vida en el silencio no se queda
ni mi mano en tu mano de pastora.
Ni el naranjal ni el corazón te llora
cuando mi amor en ti se desenreda.

Si bajaras las anclas del olvido
(10)   por antiguo temor o por descuido
siga detrás tu corazón abierto.

Y si el adiós nos toca aunque no quiera
quede para olvidar la primavera
y el mismo adiós entre nosotros muerto.

Pedro Rivera.

4. ¿Cuál de las siguientes opciones expresa mejor el tema del poema?

(1) El corazón puede sobrevivir el fin de un amor.
(2) El corazón no puede sobrevivir el fin de un amor.
(3) El corazón nunca dice adiós.
(4) El amor es una cosa pasajera.
(5) El amor despierta temores antiguos.

5. ¿Cuál de las siguientes frases expresa mejor el significado de "quede para olvidar la primavera (línea 13)?

(1) la primavera es el renacimiento de la vida
(2) vendrán otras estaciones del amor
(3) será necesario seguir adelante
(4) ya vendrán otras primaveras
(5) habrá que olvidar todo lo vivido

Las respuestas comienzan en la página 317.

Instrucciones: Ésta es una prueba de práctica que dura diez minutos. Después de que transcurran los diez minutos, ponga una marca en la última pregunta que haya respondido. A continuación, termine la prueba y revise sus respuestas. Si la mayoría de sus respuestas fueron correctas pero no terminó la prueba, trate de responder las preguntas más rápidamente la próxima vez. Elija la respuesta que mejor responda a cada pregunta.

Las preguntas 1 y 2 se refieren al siguiente poema.

¿QUÉ EFECTO TIENE EL AMOR?

OVILLEJOS[1]

¿Quién menoscaba[2] mis bienes?
 ¡Desdenes[3]!
¿Y quién aumenta mis duelos[4]?
 ¡Los celos!
(5) ¿Y quién prueba mi paciencia?
 ¡Ausencia!
De ese modo en mi dolencia
ningún remedio me alcanza,
pues me matan las esperanzas,
(10) desdenes, celos y ausencia.

¿Quién me causa este dolor?
 ¡Amor!
¿Y quién mi gloria repugna?
 ¡Fortuna!
(15) ¿Y quién consiente mi duelo?
 ¡El cielo!
De ese modo yo recelo[5]
morir deste[6] mal extraño,
pues se aúnan en mi daño,
(20) amor, fortuna y el cielo.

¿Quién mejorará mi suerte?
 ¡La muerte!
Y el bien de amor, ¿quién le alcanza?
 ¡Mudanza!
(25) Y sus males, ¿quién los cura?
 ¡Locura!
De ese modo no es cordura[7]
querer curar la pasión,
cuando los remedios son
muerte, mudanza y locura.

---

[1] ovillejos: combinación métrica de este poema
[2] menoscaba: reduce, deteriora
[3] desdenes: desprecios
[4] duelos: penas
[5] recelo: sospecho
[6] deste: de este
[7] no es cordura: no es sensato o lógico

Miguel de Cervantes, "Ovillejos".

1. ¿Cuál de las siguientes oraciones expresa <u>mejor</u> el tema del poema?

 (1) El amor, aunque no sea correspondido, es una pasión incontrolable.
 (2) El amor hace muy desgraciadas a las personas.
 (3) Los enamorados son locos que disfrutan sufriendo.
 (4) Las personas no deben enamorarse hasta conocerse muy bien.
 (5) Ojos que no ven, corazón que no siente.

2. ¿Cuáles de las siguientes ideas están contrastadas <u>más</u> claramente en el poema?

 (1) la ausencia y la presencia
 (2) el amor y el desamor
 (3) el bien y el mal
 (4) la tristeza y la alegría
 (5) la juventud y la vejez

¿A DÓNDE VA EL ESPÍRITU?

EL VIAJE DEFINITIVO

(1) Y yo me iré. Y se quedarán los pájaros cantando.
Y se quedará mi huerto con su verde árbol,
y con su pozo blanco.

Todas las tardes el cielo será azul y plácido,
(5) y tocarán, como esta tarde están tocando,
las campanas del campanario.

Se morirán aquellos que me amaron
y el pueblo se hará nuevo cada año;
y lejos del bullicio distinto, sordo, raro
(10) del domingo cerrado,
del coche de las cinco, de las siestas del baño,
en el rincón secreto de mi huerto florido y encalado,
mi espíritu de hoy errará, nostálgico...

Y yo me iré, y seré otro, sin hogar, sin árbol
(15) verde, sin pozo blanco,
sin cielo azul y plácido...
Y se quedarán los pájaros cantando.

Juan Ramón Jiménez, *Canción.*

3. ¿Qué idea sugiere la frase "Y se quedarán los pájaros cantando" (líneas 1 y 2)?

   (1) Los pájaros tienen un canto hermoso.
   (2) La vida seguirá su curso.
   (3) La vida no será igual sin el canto de los pájaros.
   (4) Los pájaros no son migratorios.
   (5) El hablante no quiere llevarse a los pájaros.

4. De las siguientes oraciones, ¿cuál describe mejor lo que el poeta quiere decir con "mi espíritu de hoy errará, nostálgico" (línea 14)?

   (1) El espíritu se sentirá perdido.
   (2) El hablante se siente nostálgico.
   (3) El hablante no se irá nunca de ese huerto.
   (4) El espíritu permanece aunque el cuerpo muera.
   (5) El hablante recordará ese momento para siempre.

5. ¿Qué efecto tienen los varios versos que inician con "Y..." en el poema?

   (1) Dan una impresión de continuidad.
   (2) Dan una impresión de algo inacabado.
   (3) Enumeran varias cosas.
   (4) Dan una impresión de rapidez.
   (5) Unen una oración con la siguiente.

6. ¿Cuál de los siguientes enunciados expresa mejor el tema del poema?

   (1) El mundo es ingrato con los individuos.
   (2) Es difícil dejar atrás lo que amamos.
   (3) El mundo permanece, los individuos pasan.
   (4) La vida nos despoja de todo lo que tenemos.
   (5) Nada es nuestro para siempre.

Las respuestas comienzan en la página 317.

Unidad 3 Repaso acumulativo Entender la poesía

<u>Instrucciones</u>: Elija la respuesta que <u>mejor responda</u> a cada pregunta.

Las <u>preguntas 1 a 6</u> se refieren al siguiente poema.

¿QUÉ ES LO QUE SABE EL POETA?

DEL TRANSCURSO

Miro hacia atrás, hacia los años, lejos,
Y se me ahonda tanta perspectiva
Que del confín apenas sigue viva
La vaga imagen sobre mis espejos.

(5) Aún vuelan, sin embargo, los vencejos[1]
En torno de unas torres, y allá arriba
Persiste mi niñez contemplativa.
Ya son buen vino mis viñedos viejos.
Fortuna adversa o próspera no auguro.
(10) Por ahora me ahínco en mi presente,
Y aunque sé lo que sé, mi afán no taso[2].

Ante los ojos, mientras, el futuro
Se me adelgaza delicadamente,
Más difícil, más frágil, más escaso.

    ————————
    [1] vencejo: tipo de ave
    [2] tasar: restringir

Jorge Guillén, "Que van a dar a la mar".

1. ¿Cuál de los siguientes describe la rima en el poema?

  (1) Todos los versos tienen la misma rima.
  (2) El ritmo se crea mediante palabras repetidas.
  (3) Tiene rima completa y parcial.
  (4) Todos los versos tienen rima completa, es un patrón regular.
  (5) No todos los versos riman, se trata de un patrón desigual.

2. ¿En qué momento de su vida se halla el poeta?

  (1) la juventud
  (2) la edad madura
  (3) la adolescencia
  (4) la infancia
  (5) la vejez

3. ¿Qué tipo de música acompañaría bien a este poema?

  (1) triste y dramática
  (2) alegre y vivaz
  (3) pausada y seria
  (4) vigorosa y emocionante
  (5) dulce y romántica

4. ¿Cuál es la función principal de la imagen de las torres (línea 6)?

  (1) Representa la lejanía de su niñez.
  (2) Representa la vida del hablante.
  (3) Contrasta con la imagen de aves que vuelan a su alrededor.
  (4) Representa la muerte.
  (5) Recuerda un paisaje antiguo.

5. ¿Qué simbolizan los espejos (línea 4)?

  (1) visiones
  (2) fotografías
  (3) ojos
  (4) lagos
  (5) recuerdos

6. ¿A qué se refieren las palabras "Más difícil, más frágil, más escaso" (línea 14)?

  (1) a la lejana infancia
  (2) al tiempo pasado en la vida del hablante
  (3) al tiempo de vida que le queda al poeta
  (4) a los momentos difíciles que recuerda el hablante
  (5) a la vida en general

Las preguntas 7 y 10 se refieren al siguiente poema.

¿QUÉ PREOCUPA AL POETA?

LO FATAL

Dichoso el árbol que es apenas sensitivo,
y más la piedra dura, porque esa ya no siente,
pues no hay dolor más grande que el dolor de ser vivo,
ni mayor pesadumbre que la vida consciente.

(5)   Ser, y no saber nada, y ser sin rumbo cierto,
y el temor de haber sido, y un futuro terror...
Y el espanto seguro de estar mañana muerto,
Y sufrir por la vida, y por la sombra, y por

lo que no conocemos y apenas sospechamos,
(10) y la carne que tienta con sus frescos racimos,
y la tumba que aguarda con sus fúnebres ramos,

¡y no saber adónde vamos,
ni de dónde venimos... !

Rubén Darío, *Cantos de vida y esperanza: Otros poemas, XLI*

7. Según el poeta ¿de qué se libran el árbol y la piedra?

(1) de experimentar sentimientos
(2) de la muerte
(3) de la vida
(4) de tener conciencia
(5) del dolor

8. Cuál de las siguientes disciplinas sería más probable que le interesara al poeta de este poema?

(1) la botánica
(2) la filosofía
(3) la teología
(4) la geología
(5) la lingüística

9. ¿Qué contrastan más claramente las imágenes de "frescos racimos" y "fúnebres ramos" (líneas 10 y 11)?

(1) el cuerpo y el alma
(2) las etapas en el ciclo de vida de las plantas
(3) el nacimiento y la muerte
(4) la vida y la muerte
(5) la juventud y la vejez

10. ¿Cuál de las siguientes expresa mejor el tema del poema?

(1) Sólo los seres humanos tienen conciencia de su propia muerte.
(2) La conciencia de la muerte es el dolor más grande de la vida.
(3) La vida es un valle de lágrimas.
(4) La muerte llega demasiado pronto.
(5) Es mejor vivir sin pensar en el futuro.

SUGERENCIA

Para entender mejor el ritmo y el significado de un poema, preste atención a la puntuación dentro y al final de cada verso.

Las preguntas 11 a 14 se refieren al siguiente poema.

¿QUÉ REPRESENTA LA CASA?

LA CASA DEL DOLOR

Es posible que el dolor sea una casa
de techo altivo[1] y puerta con cerrojo,
donde estás tan a gusto, a veces,
que no escuchas el filo del acero
(5) rasgando los tapices,
suspenso[2] por el aire perfumado:
es heliotropo[3] mezclado con azufre,
busca posarse en los rincones;
la ventana se alza
(10) entre el límite y tú.
Arduo[4] paseo, en el silencio las escuchas,
voces de otros tiempos,
leña para el dolor
siempre hambriento de ti,
(15) exigente como un recién nacido.
Ya lo amas.
La puerta se entreabre y tú la cierras:
No hay nada que temer.

_____
[1] altivo: orgulloso
[2] suspenso: eliminado
[3] heliotropo: planta de flores aromáticas
[4] arduo: difícil

Amparo Arróspide, "La casa del dolor".

11. ¿Qué imagen usa la autora para describir el dolor (líneas 1 a 10)?

   (1) una casa llena de polvo
   (2) una casa sin puertas ni ventanas
   (3) una casa cerrada
   (4) una tapicería
   (5) una ventana al borde de un abismo

12. ¿Cuál de las siguientes oraciones explica mejor que las voces de otros tiempos son "leña para el dolor/siempre hambriento de ti" (líneas 13 y 14)?

   (1) Tu tristeza se alimenta de recuerdos.
   (2) En tu casa hace mucho frío y tienes hambre.
   (3) Alguien te dice que cortes leña porque hace frío.
   (4) Estás enfermo y tienes alucinaciones.
   (5) Tus abuelos están de visita y tienen frío.

13. ¿A qué se compara el dolor (línea 15)?

   (1) a un amante del pasado
   (2) a una persona hambrienta
   (3) a una chimenea que alimentas con leña
   (4) a un recién nacido a quien amas
   (5) a un bebé que ha nacido muerto

14. ¿Qué simboliza "la puerta" que "se entreabre" (línea 17)?

   (1) en boca cerrada, no entran moscas
   (2) los padres del bebé están fuera esperándote
   (3) un ladrón quiere entrar en la casa a robar
   (4) dejaste la puerta de la casa mal cerrada
   (5) la posibilidad de dejar de sentir dolor

Las preguntas 15 y 18 se refieren al siguiente poema.

¿QUÉ ES LA POMPA DE JABÓN?

CANCION DEL TIEMPO Y EL ESPACIO

El dulce niño pone el sentimiento
entre la pompa de jabón que fía
el lirio de su mano a la extensión.
el dulce niño pone el sentimiento.
(5)   y el contento en su pompa de jabón.

Yo pongo el corazón —¡pongo el lamento!—
entre la pompa de ilusión del día,
en la mentira azul de la extensión...
El dulce niño pone el sentiemiento
(10) y el contento. Yo pongo el corazón...

Porfirio Barba Jacob, "Poemas intemporales".

15. ¿Cuál de las siguientes opciones representa mejor el "tiempo y el espacio" a los que alude el título?

   (1) la pompa de jabón y el niño
   (2) el sentimiento, el contento y el corazón
   (3) el niño, el poeta adulto y el cielo
   (4) la extensión y la mentira
   (5) la pompa, la extensión y el lirio

16. De las siguientes imágenes ¿cuales se contrastan más claramente en el poema?

   (1) la fragilidad y la magnitud
   (2) el sentimiento y el corazón
   (3) la dulzura y la fragilidad
   (4) la inocencia y el desengaño
   (5) la confianza y la dulzura

17. ¿Qué simboliza la pompa de jabón?

   (1) el lamento
   (2) la dulzura
   (3) el corazón
   (4) la mentira
   (5) la ilusión

18. ¿Cuál de las siguientes describe mejor el ritmo del poema?

   (1) un vals
   (2) una balada
   (3) una canción
   (4) una marcha
   (5) un pasodoble

¿CÓMO SE SIENTE ESTA MUJER?

VIGILIA

Él duerme. Evapora razones y memoria.
Duerme la noche obediente y plena en los balcones.
Mas yo no duermo,
está su sangre demasiado cerca.
(5) No es él, es su efigie cabal[1]
la que contemplo en el sueño de náufrago
y en esta agua
reconozco todas las que mis ojos vieron.
Él huye en la voz que nos nombra
(10) de la noche que ocurre.
Él sueña con la mano apoyada en la piel del tambor.
Quizá yo esté en su párpado pudiendo ser otra,
muchas otras razones. Timbal[2] de retirada en el combate,
el beso del perdón
(15) o carne de manzana.
Quizá nunca tendré las claves del tumulto,
su razón del ayer y de esta noche,
lo que espera de mí en mi paso de hormiga.

Mas no importa. No pido ninguna variación.
(20) He dormido bastante a la izquierda del ángel.

_____
[1] efigie cabal: imagen, representación fiel
[2] timbal: especie de tambor

Lola Méndez, _La razón cotidiana._

19. Al principio del poema, ¿qué relación existe entre las dos personas?

  (1) Son compañeros de universidad.
  (2) Son compañeros de trabajo.
  (3) Son una pareja.
  (4) Son desconocidos.
  (5) Son compañeros de juegos.

20. ¿Cuál de las siguientes frases describe mejor el estado de ánimo que el poema expresa?

  (1) serenidad con dudas
  (2) indiferencia
  (3) enorme indignación
  (4) tristeza abrumadora
  (5) alegría desbordante

21. Basándote en los primeros versos, ¿cuál de las siguientes opciones es la mejor manera de volver a expresar la frase "está su sangre demasiado cerca" (línea 4)?

  (1) Él se muestra indiferente a mí esta noche y yo no duermo.
  (2) Su cercanía hace que me pregunte muchas cosas y por eso no duermo.
  (3) Él duerme por los dos y por eso no me hace falta dormir.
  (4) Él está muerto y desangrándose junto a mí, por eso no duermo.
  (5) Él duerme en un hospital donde acaban de extraerle sangre; no duermo por el nerviosismo.

22. ¿Qué simboliza la piel del tambor donde él apoya la mano (línea 11)?

   (1) La mujer sospecha que él es infiel y ama a otras mujeres.
   (2) Él está siempre como dormido y no se da cuenta dónde pone las manos.
   (3) Él es un fugitivo y esconde un arma bajo la piel del tambor.
   (4) Él es músico y de día toca el tambor y los timbales.
   (5) La piel del vientre de la mujer.

23. ¿Cuál de las siguientes es la explicación más probable de que la mujer se compare a sí misma con una hormiga (línea 18)?

   (1) Él es muy perezoso y ella es muy trabajadora.
   (2) Él es un ángel para ella, por lo que en comparación, ella siente que su vida es como un paso de hormiga.
   (3) La mujer es muy humilde y él es muy orgulloso.
   (4) Él duerme y ella camina en silencio por la casa para no despertarle.
   (5) Él la amenazó y ella se siente tan indefensa como un insecto.

24. ¿Cuál de las siguientes deducciones puede hacer sobre las relaciones de la autora antes de conocerlo a él?

   (1) Ella sólo lo ha conocido a él.
   (2) Ella ha tenido otras parejas.
   (3) Antes de conocerlo, ella formó pareja con otros ángeles.
   (4) Antes de conocerlo, ella siempre dormía a la derecha de su pareja.
   (5) Su marido naufragó en un accidente y ella se quedó viuda.

25. ¿Cuál de las siguientes explica mejor la función de la frase "Él huye en la voz que nos nombra" (línea 9)?

   Mostrar que

   (1) él es un fugitivo de la justicia
   (2) su sueño es una huída del presente donde ella lo contempla
   (3) al despertar él no la reconocerá
   (4) alguien los está llamando pero él no se da cuenta
   (5) es mejor que las parejas estén dormidas o despiertas al mismo tiempo

26. Si la mujer del poema pudiera dar una lección sobre la vida a otra más joven, ¿cuál de las siguientes frases sería más probable que dijera?

   (1) No se puede prever el rumbo de la vida.
   (2) Cuando se ama, hay que estar siempre vigilante.
   (3) En la vida hay situaciones maravillosas y se encuentran seres extraordinarios.
   (4) Todos los hombres son iguales y no vale la pena enamorarse.
   (5) Los hombres que amamos nos engañan siempre.

27. ¿Cuál de las siguientes describe mejor las emociones de la mujer a lo largo del poema?

   (1) contemplación, soledad, curiosidad, conformidad y tranquilidad
   (2) alegría, satisfacción, indiferencia y nostalgia
   (3) ternura, miedo, desesperación, conformidad y tranquilidad
   (4) serenidad, nostalgia, miedo e indiferencia
   (5) tristeza, curiosidad, indignación y miedo

Las preguntas 28 a 30 se refieren al siguiente poema.

¿QUÉ CANTA EL VIENTO?

NIHIL NOVUM

No busques nada nuevo, ¡oh mi canción!;
nada hay oculto bajo el rascacielo,
nada en la máquina que sube al cielo,
nada ha cambiado desde Salomón.

(5) Es muy antiguo el hombre y su pasión,
guarda en el nuevo día el viejo anhelo,
bajo la nueva noche igual desvelo
y el mismo palpitar del corazón.

No te engañen los nuevos continentes,
(10) con sus plantas, sus bestias y sus gentes,
ni sus canciones con su nuevo acento.

Todo lo que dice algo y está dicho:
sólo nos queda el aire y su capricho
de vagos sones que se lleva el viento.

José Coronel Urtecho, "Nihil novum".

28. ¿Cuál de los siguientes describe mejor la rima y el ritmo del poema?

(1) El ritmo es pausado y las rimas parciales.
(2) Todos los versos tienen rima completa.
(3) El ritmo es ligero y no hay rima.
(4) El ritmo es entrecortado y todos los versos riman.
(5) El ritmo es constante y todos los versos riman.

29. ¿Cuál de las siguientes frases describe mejor lo que se contrasta en la segunda estrofa?

(1) el día y la noche
(2) los mismos sentimientos en épocas distintas
(3) sentimientos diferentes en las mismas épocas
(4) el anhelo y el desvelo
(5) el hombre antiguo y el moderno

30. ¿De las siguientes oraciones, ¿cuál expresa mejor el tema del poema?

(1) La experiencia humana se repite.
(2) No vale la pena explorar nuevos lugares.
(3) La vida moderna es parecida a la antigua.
(4) A todos nos preocupan las mismas cosas.
(5) Las canciones no expresan la experiencia humana.

SUGERENCIA

Al leer un poema, preste atención a los ejemplos y detalles que el poeta usa: son pistas que permiten descubrir el significado del poema.

Las respuestas comienzan en la página 318.

Tabla de análisis del desempeño en el repaso acumulativo
Unidad 3 ● Poesía

Consulte la sección Respuestas y explicaciones que empieza en la página 318 para verificar sus respuestas al Repaso acumulativo de la Unidad 3. Luego, use la siguiente tabla para identificar las destrezas en las que necesite más práctica.

En la tabla, encierre en un círculo los números correspondientes a las preguntas que haya contestado correctamente. Anote el número de aciertos para cada destreza y luego súmelos para calcular el número total de preguntas que contestó correctamente en el Repaso acumulativo. Si cree que necesita más práctica, repase las lecciones de las destrezas que se le dificultaron.

Preguntas	Número de aciertos	Destreza	Lecciones para repasar
2, 6, 7, 11, 19, 21	_____/6	Comprensión	21, 22, 23, 24
3, 8, 26	_____/3	Aplicación	22, 23
1, 4, 5, 9, 12, 14, 16, 17, 22, 23, 24, 25, 28, 29	_____/14	Análisis	20, 21, 22, 23
10, 13, 15, 18, 20, 27 30	_____/7	Síntesis	23, 24
TOTAL DE ACIERTOS:	_____/30		

UNIDAD 4

Entender las obras dramáticas

La obra dramática es un estilo de literatura destinado a ser interpretada por actores. Los personajes en la obra dramática enfrentan conflictos y luchan por resolver cuestiones importantes. La escenografía, la música, los gestos y el diálogo se combinan para crear un clima y expresar ideas. El diálogo o conversación entre los personajes apoya el argumento y revela cómo son los personajes. Las obras dramáticas contienen acotaciones que dan información sobre lo que hace un personaje mientras habla.

En esta unidad, ustedes aprenderán a analizar una obra dramática usando el lenguaje hablado y no hablado de la obra. La Prueba de Lenguaje y Lectura del GED incluirá selecciones de obras dramáticas para determinar cuál es su comprensión de este estilo literario. En general, el 75 por ciento de las preguntas de la Prueba de Lenguaje y Lectura del GED están relacionadas con la literatura.

A August Wilson se le otorgó el Premio Pulitzer de teatro por sus obras dramáticas sobre la experiencia afro americana.

Las lecciones de esta unidad son:

Lección 25: **Entender el argumento**
Identificar los elementos del argumento le
permitirá entender qué hechos de la obra son
los más importantes y cómo se relacionan los
hechos entre sí.

Lección 26: **Deducir el personaje**
Es posible que analizar lo que los personajes
dicen, hacen y piensan y prestar atención a lo
que los demás personajes dicen acerca de ellos
le sirva para lograr una comprensión más
profunda de la obra.

Lección 27: **Entender la motivación**
Entender la motivación de un personaje
significa entender por qué el personaje dice o
hace algo. Es posible que analizar las razones de los actos de
un personaje lo ayude a seguir el argumento y a entender
mejor el significado de la obra.

Lección 28: **Interpretar el tema**
Para interpretar el tema de una obra hay que responder a la
pregunta "¿Cuál es la idea más importante que la obra quiere
transmitir?"

OBRAS DE TEATRO QUE SE SELECCIONARON

- Lilian Hellman
- Beth Henley
- Henrik Ibsen
- Sam Shepard
- Wendy Wasserstein
- August Wilson

DESTREZA DE GED Entender el argumento

argumento
los sucesos de una obra dramática y el orden en que están organizados.

Al igual que un cuento, una obra dramática tiene un comienzo, una parte intermedia y un final. Los acontecimientos de una obra y el orden en que se desarrollan, desde el inicio hasta la terminación, constituyen el **argumento.**

En un argumento típico, la **exposición** da información previa o antecedentes y presenta el ambiente y los personajes de la obra. A medida que la obra se desarrolla, se producen **complicaciones** que crean un **conflicto,** es decir, un problema que se necesita resolver. El punto en que el conflicto alcanza su pico es el **clímax.** Representa el punto culminante de la obra. Después de eso, la tensión disminuye y los problemas que no se resolvieron durante el clímax llegan a su fin en la **resolución.**

Lea el siguiente resumen de una obra dramática y complete los siguientes ejercicios.

Dos íntimos amigos, Valentino y Proteo, se enamoran de Silvia, la hija del Duque de Milán. El duque, sin embargo, quiere que su hija se case con un hombre llamado Thurio, a quien Silvia no ama. Proteo traiciona a su amigo Valentino y lo hace desaparecer del reino. Silvia decide que quiere estar con Valentino y se escapa al bosque para unírsele. Proteo persigue a Valentino y a Silvia. Proteo captura a Silvia y está a punto de vencerla cuando Valentino la rescata. Valentino entonces perdona a Proteo por su comportamiento. Llega el padre de Silvia. El duque está impresionado por la conducta honorable de Valentino y le da el consentimiento para que se case con Silvia. Proteo, mientras tanto, se da cuenta de los errores de su comportamiento y se alegra de casarse con su ex novia, Julia.

1. ¿Cuál de los siguientes detalles proviene de la exposición de la obra? Marque con una "X" la respuesta correcta.

   _____ a. Silvia huye al bosque.

   _____ b. Valentino y Proteo son íntimos amigos.

   _____ c. Valentino perdona a Proteo.

2. Escriba una descripción del clímax de la obra en el espacio en blanco.

   _____

3. ¿Cuál de los siguientes detalles proviene de la resolución de la obra? Marque con una "X" la respuesta correcta.

   _____ a. Proteo captura a Silvia.

   _____ b. El duque permite que Silvia y Valentino se casen.

Usted acertó si eligió la *opción b* para la pregunta 1 y la *opción b* para la pregunta 3. En el caso de la pregunta 2, es posible que haya escrito algo así como *Valentino rescata a Silvia de Proteo.*

SUGERENCIA

Para determinar las complicaciones en un argumento, preste atención a las circunstancias o sucesos que le hacen la vida más difícil a los personajes. Para identificar los conflictos, analice las reacciones de los personajes frente a las complicaciones.

Lea el siguiente pasaje de una obra dramática y complete el ejercicio que se presenta a continuación.

MINNIE: ¿Un regalo? ¿A hora tan temprana del día? ¿Puedo abrirlo?

SOPHIE: Pregúntale a Fan.

FAN: Ábrelo.

MINNIE: *(Leyendo, pero confundida)* Pero, ¿qué quiere decir esto?

FRANK: Es una escritura.

SOPHIE: Es la escritura de la parte que te corresponde de este terreno. Has cumplido veintiún años.

SEÑORITA LEAH: Toda mujer de color debe tener una parcela de tierra que pueda reclamar como suya.

FRANK: ¿Sabes cuánto vale esa tierra?

SOPHIE: Estamos interesados en comprar más tierra, no en vender la que tenemos.

FRANK: Bien, por lo que ese tipo blanco me contó en el tren, no todos por acá piensan lo mismo. Escuché que algunos de tus vecinos piensan hacer ofertas bastante generosas.

SEÑORITA LEAH: ¡Especuladores!

FRANK: Están ofreciendo $500 por acre.

SEÑORITA LEAH: No lo puedo creer.

FRANK: ¿Eso al menos no te hace más receptiva a la idea? Podrías ser una mujer muy rica.

SOPHIE: Y yo estaría ahí parada, en el medio de Kansas sin tener un lugar al que considerar mi casa. No se puede cultivar trigo en un acre de dinero.

FRANK: Hay muchas tierras alrededor por lo que pude ver. ¿Cuál es la diferencia?

SOPHIE: La diferencia es que nosotros somos los dueños de esta tierra. Nos guste o no y cualquiera que intente decir lo contrario se va a encontrar enterrado en ella.

Pearl Cleage, *Flyin' West.*

1. Marque con una "X" las oraciones que dan información proveniente de la exposición de esta escena.

   _____ a. Frank piensa que se debería vender la tierra por dinero.

   _____ b. Es el cumpleaños de Minnie.

   _____ c. El regalo es una escritura de una parte de la tierra familiar.

2. Nombre a los dos personajes entre los que hay mayor conflicto.

   _____

   _____

3. Marque con una "X" la complicación que se desarrolla en esta escena.

   _____ a. El regalo de cumpleaños de Minnie es una parcela de tierra.

   _____ b. Minnie abre su regalo a primera hora del día.

Las respuestas comienzan en la página 320.

Instrucciones: Elija la respuesta que mejor responda a cada pregunta.

Las preguntas 1 a 4 se refieren al siguiente pasaje de una obra dramática.

¿CÓMO ACTÚAN ESTAS MUJERES ENTRE SÍ?

CHICK:... ¡Ah! ¡Ah! ¡Ah! Casi me olvidaba. Este es un regalo para ti. ¡Feliz cumpleaños para Lenny, de los Buck Boyles! *(Ella toma un paquete envuelto de su cartera y se lo da a LENNY.)*

(5)

LENNY: Pero, gracias, Chick. Me encanta que recuerdes mi cumpleaños todos los años.

CHICK: *(con modestia)* Bueno, emm, es que es mi manera de ser, supongo. Así es como me criaron. Bueno, ¿por qué no dejas de dar vueltas y abres el regalo?

(10)

LENNY: Está bien. *(Empieza a desenvolver el regalo.)*

CHICK: Es una caja de caramelos, cremitas surtidas.

(15)

LENNY: Caramelos, eso es siempre un lindo regalo.

CHICK: Y a ti también te gustan los dulces, ¿verdad?

(20)

LENNY: Así parece.

CHICK: Bueno, me alegro que te guste.

LENNY: Me gustan.

CHICK: ¡Ah! Hablando de regalos, ¿recuerdas ese vestidito de lunares que le compraste a Peekay el mes pasado cuando cumplió los cinco?

(25)

LENNY: ¿El rojo y blanco?

CHICK: Sí, ése; bueno, la primera vez que lo puse en la máquina de lavar, no te miento, la primera vez, quedó todo desarmado. Esos lunarcitos blancos, es como que se desprendieron todos en el agua.

(30)

LENNY: *(apesadumbrada)* ¡No me digas! Bueno, le voy a comprar otras cosas, entonces, un juguetito.

(35)

CHICK: ¡Ah, no, no, no, no, no! ¡Ni me lo digas! Sólo quería que sepas para que no vuelvas a ese lugar y no gastes la plata que tanto te cuesta ganar en esa marca de vestido. Esas marcas baratas no duran. Discúlpame, no en estas máquinas de lavar modernas.

(40)

Beth Henley, *Crimes of the Heart.*

1. De acuerdo con el pasaje, ¿cuál de los siguientes sucesos es más probable que ocurra si Lenny le compra a Peekay un juguete?

   (1) Peekay inmediatamente romperá el juguete.
   (2) Lenny criticará a Peekay.
   (3) Lenny le contará a Chick cuánto le costó el juguete.
   (4) Chick criticará el juguete.
   (5) Chick se negará a darle el juguete a Peekay.

2. ¿Con cuál de los siguientes enunciados es más probable que Lenny este de acuerdo?

   (1) Si no puedes ser amable, entonces sé cortés.
   (2) La honestidad es la mejor política.
   (3) El regalo que te dan nunca es el que quieres.
   (4) Después de mala suerte viene la buena suerte.
   (5) No critiques a los demás por tus propios errores.

3. ¿Cuál de las siguientes ideas explica mejor por qué la obra incluye el diálogo sobre el "vestidito de lunares"? (líneas 23 a 42)?

   (1) para expresar el disgusto de Peekay
   (2) para demostrar lo detallista que es Chick
   (3) para mostrar el buen gusto de Lenny
   (4) para describir a Chick como desconsiderada
   (5) para resaltar el conocimiento de Chick sobre telas

4. ¿Qué revela esta escena sobre la personalidad de Lenny?

   (1) Tiene pensamiento propio.
   (2) Prefiere los caramelos a otros regalos.
   (3) Suele decir lo que los demás quieren que diga.
   (4) Siempre se acuerda del cumpleaños de Chick.
   (5) Tiene mucho dinero.

Las preguntas 5 a 8 se refieren al siguiente pasaje de una obra dramática.

¿QUÉ HIZO NORA POR SU MARIDO?

SRA. LINDE:... Una esposa no puede pedir
dinero prestado sin el consentimiento de
su marido.

NORA: *(meneando la cabeza)* Ah, pero cuando
(5)   se trata de una esposa con algo de sentido
de los negocios... una esposa que sabe
arreglárselas, en ese caso...

SRA. LINDE: Pero, Nora, no te entiendo...

NORA: No es necesario. Yo no dije que pedía
(10)   dinero prestado. Tal vez lo obtuve de otra
manera. *(acomodándose en el sofá)* hasta
incluso podría obtenerlo de algún
admirador. Cualquier persona lo bastante
atractiva como yo...

(15) SRA. LINDE: ¡No seas tan tonta!

NORA: Ahora debes estar muriéndote de
curiosidad, Kristine.

SRA. LINDE: Escúchame, Nora querida, ¿no
hiciste algo apresuradamente, no?

(20) NORA: *(incorporándose)* ¿Es una actitud
atolondrada salvarle la vida al marido?

SRA. LINDE: Me parece que fue atolondrado
hacer algo sin contárselo...

NORA: Pero el hecho era que él no se debía
(25)   enterar de nada. ¡Santo cielo, no te das
cuenta! Se suponía que él ni siquiera tenía
que saber lo desesperadamente enfermo
que está. Los médicos se acercaron a mí
para decirme que su vida estaba en
(30)   peligro, que la única manera de salvarlo
era viajar al sur por un tiempo. ¿Crees que
no intenté hablarlo con él primero?
Empecé a tirar sugerencias sobre lo lindo
que sería que me llevaran a un viajecito en
(35)   el exterior, como sucede con otras jóvenes
esposas. Lloré, rogué. Le dije que él debía
demostrar un poco de consideración por
mi estado y dejarme hacer algo que me
gusta. Y entonces sugerí que podría sacar
(40)   un préstamo. Pero eso casi lo sacó de sus
cabales, Kristine. Dijo que eso era una
frivolidad mía, que era su obligación como
esposo no ceder a todos mis caprichos y
fantasías (creo que esas palabras usó).
(45)   Muy bien, pensé, de alguna manera tienes
que salvarte. Y fue entonces que encontré
la forma.

Henrik Ibsen, *A Doll's House.*

5. De acuerdo con el diálogo de la escena, ¿qué par de palabras describe <u>mejor</u> la personalidad de Nora?

(1) humilde y obediente
(2) histérica, entra en pánico
(3) arrogante y maldita
(4) tiene recursos y es decidida
(5) infantil e impulsiva

6. ¿Cuál de las siguientes palabras describe <u>mejor</u> el tono del pasaje?

(1) de miedo
(2) de secreto
(3) desesperanzado
(4) optimista
(5) humorista

7. De acuerdo con el pasaje, ¿qué sería lo <u>más probable</u> que la Sra. Linde haría si una amiga le pidiera esconder un sobre que contiene documentos importantes?

(1) sentirse muy ofendida
(2) ofrecer ayuda de alguna otra manera
(3) sentirse honrada por el gesto de confianza
(4) aceptar el pedido con entusiasmo
(5) insistir que su amiga sea franca

8. ¿Por qué Nora quiere viajar al sur?

(1) Quiere hacer un viaje.
(2) Quiere hacer lo que es mejor para la salud de su marido.
(3) Quiere tomarse un descanso del humor de su marido.
(4) Quiere ahorrar dinero.
(5) Quiere dejar su hogar y empezar una vida mejor.

Las respuestas comienzan en la página 320.

Instrucciones: Ésta es una prueba de práctica que dura diez minutos. Después de que transcurran los diez minutos, ponga una marca en la última pregunta que haya respondido. A continuación, termine la prueba y revise sus respuestas. Si la mayoría de sus respuestas fueron correctas pero no terminó la prueba, trate de responder las preguntas más rápidamente la próxima vez. Elija la respuesta que mejor responda a cada pregunta.

Las preguntas 1 a 11 se refieren al siguiente pasaje de una obra dramática.

¿SE PUEDE CONFIAR EN ESTA NIÑA?

MARY: *(Sin levantar la vista)* No estoy mintiendo. Salí a caminar y vi las flores, lucían hermosas y no sabía que era tan tarde.

(5) KAREN: *(impacientemente)* ¡Basta, Mary! No me interesa oír ese ridículo cuento otra vez. Yo *sé* que sacaste las flores del "zafacón" de basura. Lo que quiero saber es por qué piensas que tienes que mentir

(10) al respecto.

MARY: *(empezando a lloriquear)* Yo *corté* las flores cerca de lo de Conway. Nunca me cree. Le cree a todo el mundo menos a mí. Siempre es lo mismo. Me hace lío por todo

(15) lo que digo. Todo lo que hago está mal.

KAREN: Sabes que eso no es cierto. *(Se acerca a MARY, la abraza, espera hasta que deje de lloriquear)* Mira, Mary, mírame. *(Levanta el rostro de MARY con su mano)*

(20) Vamos a ver si nos entendemos. Si tú sientes que tienes que hacer una caminata o que simplemente no puedes venir a clase o que te gustaría ir al pueblo sola, ven y dímelo, haré el esfuerzo y te

(25) comprenderé. *(sonrisas)* No digo que siempre voy a estar de acuerdo en que hagas exactamente lo que quieres hacer, pero yo también tuve sentimientos como esos, en realidad a todo el mundo le pasa

(30) lo mismo y yo te comprendería. Pero de esta manera, estas mentiras que dices, hace que esta situación sea incorrecta.

MARY: *(mirando fijamente a KAREN)* Saqué las flores cerca del maizal de Conway.

(35) KAREN: *(mira a MARY, suspira, retrocede hacia el escritorio y permanece allí un momento)* Bueno, parece que no hay otra vuelta contigo; tendrás que ser castigada. Te quedarás sola en los períodos de

(40) recreación durante las dos próximas semanas. Sin cabalgar y sin hockey. No abandones la escuela por ninguna razón que sea. ¿Está claro?

MARY: *(cuidadosamente)* ¿El sábado también?

(45) KAREN: Sí.

MARY: Pero usted dijo que podía ir a las carreras de barcos.

KAREN: Lo siento, pero no puedes ir.

MARY: Se lo diré a mi abuela. Le contaré cómo

(50) me tratan todos aquí y cómo me castigan por cada cosita que hago. Se lo diré. Voy a...

SRA. MORTAR: ¡Pero, le pegaría en las manos!...

(55) KAREN: *(volviéndose desde la puerta, ignorando el comentario de la* SRA. MORTAR. *Dirigiéndose a* MARY*)* Ve arriba, Mary.

MARY: No me siento bien.

(60) KAREN: *(fastidiada)* Ve arriba, ahora.

MARY: Tengo un dolor. Lo tuve toda la mañana. Me duele justo aquí. *(señalando vagamente en dirección de su corazón)* Realmente me duele.

(65) KAREN: Pídele a la Srta. Doble que te dé un poco de agua caliente con bicarbonato de sodio.

MARY: Pero me duele mucho. Nunca sentí esto antes.

(70) KAREN: No creo que sea muy grave.

MARY: ¡Mi corazón! ¡Es mi corazón! No está funcionando o algo parecido. No puedo respirar. *(Respira hondo y se cae torpemente al piso.)*

Lillian Hellman, *The Children's Hour.*

1. ¿Cuál de las siguientes frases describe mejor a Karen?

(1) estricta y correcta
(2) dura y exigente
(3) amable y capaz de perdonar
(4) razonable y firme
(5) se intimida fácilmente

2. ¿Cuál de las siguientes frases describe mejor a Mary?

   (1) solitaria e incomprendida
   (2) patética y victimizada
   (3) amigable y abierta
   (4) de pocas luces y lerda
   (5) solapada y no cooperativa

3. De acuerdo con la información de este pasaje, ¿cuál sería la manera más probable de comportarse de Mary en un trabajo?

   Mary

   (1) pondría excusas al entregar un trabajo tarde
   (2) tendría demasiado miedo como para expresar su opinión
   (3) lo abandonaría después de unos pocos días
   (4) trabajaría mucho para ser promovida
   (5) podría comunicarse bien con sus compañeros de trabajo

4. ¿Cuál de las siguientes palabras describe mejor el clima en esta escena?

   (1) armonioso
   (2) de suspenso
   (3) tenso
   (4) triste
   (5) despreocupado

5. De acuerdo con este pasaje, cuál de las siguientes oraciones describe mejor la actitud de Mary hacia Karen?

   (1) Mary duda sobre los sentimientos de Karen.
   (2) A Mary no le interesa Karen.
   (3) Mary trata de manipular a Karen.
   (4) Mary quiere ganarse el afecto de Karen.
   (5) Mary no confía en Karen.

6. ¿Qué sugiere la acotación "mirando fijamente a Karen" (línea 33)?

   (1) Mary no se avergüenza de mentir.
   (2) Mary está enojada por ser acusada injustamente.
   (3) Mary quiere tranquilizar a Karen.
   (4) Mary quiere que Karen la comprenda más.
   (5) Mary trata de comprender a Karen.

7. ¿Cuál de las siguientes oraciones es la razón más probable de la caída de Mary al piso?

   (1) Está contrariada y se desmayó.
   (2) Tiene una dolencia cardíaca.
   (3) No le gusta lo que le dijo Karen.
   (4) No quiere que la Sra. Mortar le pegue.
   (5) Quedó exhausta después de su larga caminata.

8. De acuerdo con el pasaje, ¿qué sería lo más probable que la Sra. Mortar hiciera si estuviera a cargo de Mary?

   (1) se comportaría con Mary igual que Karen
   (2) trataría a Mary más benignamente que Karen
   (3) le daría a Mary un castigo sumamente duro
   (4) haría un esfuerzo por razonar con Mary
   (5) expulsaría a Mary del colegio

9. De acuerdo con el pasaje, ¿qué se puede deducir sobre la relación de Karen con la Sra. Mortar?

   (1) A Karen no le interesan las opiniones de la Sra. Mortar.
   (2) La Sra. Mortar es la amiga íntima de Karen en la que confía.
   (3) Karen se cuida de no herir los sentimientos de la Sra. Mortar.
   (4) Karen en última instancia respeta a la Sra. Mortar.
   (5) La Sra. Mortar fue profesora de Karen.

10. De acuerdo con el pasaje, ¿qué sería lo más probable que Mary hiciera para conseguir lo que quiere?

    (1) rogar y suplicar para conseguir lo que quiere
    (2) decir la verdad y esperar lo mejor
    (3) hacerse la enferma para que se compadezcan de ella
    (4) actuar como si Karen le interesara
    (5) intentar negociar para conseguir lo que quiere

11. De acuerdo con el pasaje, ¿qué es lo más probable que Karen haga ahora?

    (1) llamar a la abuela de Mary
    (2) llamar al médico
    (3) dar una reprimenda a la Sra. Mortar
    (4) esperar que Mary decida levantarse
    (5) pedir a alguien que lleve a Mary a su habitación

Las respuestas comienzan en la página 321.

DESTREZA DE GED **Deducir el personaje**

personajes
las personas que participan en los sucesos de la obra

protagonista
el personaje central, que lucha para resolver uno o más conflictos

Los **personajes** de obras dramáticas son personas de ficción que participan en los sucesos de una obra. El personaje principal se llama **protagonista.** La acción y el conflicto principal de la obra se centran en este personaje. Los demás personajes con que el protagonista se encuentra ayudan a producir el clímax.

¿Qué se puede aprender sobre los personajes de una obra? Primero, es posible saber sobre ellos por lo que dicen en su **diálogo** con otros personajes. El diálogo puede revelar lo que los personajes sienten o piensan. También puede revelar detalles sobre el pasado de los personajes.

Segundo, puedes conocer cosas sobre los personajes a través de sus actos. Las **acotaciones** son palabras entre paréntesis que describen los gestos, movimientos y las expresiones de los personajes. Es posible que las acotaciones también ofrezcan detalles sobre el vestuario o la escenografía. Por ejemplo, una descripción de un personaje que viste un traje arrugado con los cordones de un zapato desatados sirve para comprender la clase de persona que es el personaje.

Para entender a un personaje, analice lo que hace y dice. Observe las acotaciones referidas al personaje. Luego, busque claves en el diálogo de los demás personajes; tome nota de lo que dicen acerca de él o de ella.

Lea el siguiente pasaje de una obra y complete el ejercicio que se encuentra a continuación.

AUSTIN: No quiero que me hablen más de eso, ¿bueno? Vayan a decírselo a los ejecutivos. Díganselo a alguien que lo transforme en un paquete comercial o en algo. Una serie de TV. No me lo digan a mí.

SAUL: Pero también quiero seguir con tu proyecto, Austin. No es que no podamos hacer los dos. Somos grandecitos para eso, ¿verdad?

AUSTIN: ¿"Nosotros"? ¡No puedo hacer los dos! No sé nada de "nosotros".

LEE: *(a SAUL)* ¡Ves, qué te dije! No es para nada considerado.

SAUL: Austin, no tiene sentido que vayamos a otro guionista con esto. Simplemente no tiene sentido. Ustedes son hermanos. Se conocen. Hay una familiaridad con el material que de otra manera sería imposible.

AUSTIN: ¡No hay familiaridad con el material! ¡Ninguna! No sé lo que es "El País de lo Tornados". No sé lo que es "El Cuello del Cisne". ¡Y no quiero saberlo! *(señalando a* LEE) ¡Es un buscavidas! ¡Más buscavidas que tú! Si no lo ves, entonces...

Sam Shepard, *True West.*

Marque con una "X" en la respuesta que describe mejor la actitud de Agustín hacia Saúl en este pasaje.

_____ a. desafiante

_____ b. cooperador

Usted acertó si eligió la *opción a.* Austin se niega a cooperar con el plan de Saul sobre la participación de Austin en este proyecto.

Lea el siguiente pasaje de una obra y complete el ejercicio que se encuentra a continuación.

Alejo está sentado a la derecha de la mesa del comedor. Orlando está parado a la izquierda de Alejo. Ahora es teniente comandante. Viste una capa del ejército, pantalones de montar y botas. Leticia está parada a la izquierda. Tiene un vestido que sugiere la moda de los años 40.

LETICIA: ¡Qué! ¿Yo ir de caza? ¿Piensas que le dispararía a un ciervo, el animal más bello del mundo? ¿Crees que destruiría a un ciervo? Por el contrario, correría por el campo y gritaría, agitando mis brazos como una loca para asustarlos y así evitar que los cazadores los alcancen. Correría delante de las balas y dejaría que los locos cazadores me maten, porque estaría en el trayecto de las balas, detendría las balas con mi cuerpo. No entiendo cómo alguien puede dispararle a un ciervo.

ORLANDO: *(A Alejo.)* ¿Entiendes lo que dijo? Tú, que eres su amigo, ¿puedes entender eso? ¿No crees que eso es locura? Ella está loca. Díselo, pensará que el loco eres tú. *(A Leticia.)* ¡La caza es un deporte! ¡Una destreza! No hables de lo que no sabes nada. ¿Acaso tienes que tener opinión sobre cada maldita cosa? ¿Por qué no cierras la boca cuando no sabes de lo que estás hablando? *(Orlando sale por la derecha.)*

María Irene Fornes. *The Conduct of Life.*

1. ¿Quién es el protagonista del pasaje?

   _____

2. Enumere tres detalles que el diálogo revela sobre el protagonista.

   a. _____

   b. _____

   c. _____

3. ¿Qué revelan las acotaciones sobre el trabajo de Orlando y su manera de vestirse?

   _____

4. Marque con un "X" el enunciado que describe mejor a Orlando.

   _____ a. una persona sumisa e insegura

   _____ b. un marido amable y amoroso

   _____ c. un matador cruel

   _____ d. un hombre autoritario, seguro

Las respuestas comienzan en la página 321.

Instrucciones: Elija la respuesta que mejor responda a cada pregunta.

Las preguntas 1 a 3 se refieren al siguiente pasaje de una obra.

¿SE PREOCUPA AMANDA REALMENTE POR LOS SENTIMIENTOS DE LAURA?

AMANDA: Pensé que eras una persona adulta; pero parece que estaba equivocada. *(Cruza lentamente hasta el sofá, se hunde en él y mira fijamente a LAURA.)*

(5) LAURA: Por favor no me mires así, madre. *(AMANDA cierra los ojos y baja la cabeza. Cuenta hasta diez.)*

AMANDA: ¿Qué vamos a hacer, qué va a ser de nosotras, cuál será nuestro futuro?

(10) LAURA: ¿Sucedió algo, madre? *(AMANDA respira profundamente y saca nuevamente el pañuelo. Se pasa el pañuelo sobre la cara dándose golpecitos.)* Madre, ¿Sucedió algo?

(15) AMANDA: Estaré bien en un minuto, estoy simplemente confundida, *(Cuenta hasta cinco)* por la vida...

LAURA: Madre, me gustaría que me dijeras qué sucedió.

(20) AMANDA: Como sabes, esta tarde se suponía que era la ceremonia para asumir mi cargo en la sociedad patriótica de las Hijas de la Revolución Americana. Pero hice una parada en la escuela superior de
(25) administración Rubicam para hablar con tus profesores sobre tu resfrío y preguntarles cómo marchaban tus estudios.

LAURA: Ah...

AMANDA: Fui a ver a la instructora de
(30) mecanografía y me presenté como tu madre. No sabía quién eras. "¿Wingfield?", contestó. "¡No tenemos ninguna estudiante inscrita con ese nombre en la escuela!"
(35) Le aseguré que sí, le dije que tú ibas a las clases desde principios de enero.

"Me pregunto", dijo, "si usted se refiere a esa joven muy tímida que dejó la escuela después de una asistencia de pocos días".

Tennessee Williams, *The Glass Menagerie.*

1. De acuerdo con el pasaje, ¿por qué razón es más probable que Laura le pide a su madre que no la mire fijo (línea 5)?

   (1) Quiere avergonzar a su madre.
   (2) Es una persona muy tímida.
   (3) Está enojada con su madre.
   (4) Está molesta sobre la escuela.
   (5) Quiere cambiar de tema.

2. ¿Cuál de las siguientes oraciones explica mejor por qué Amanda dice las palabras que comienzan con "¿Qué vamos a hacer..." (líneas 8 y 9)?

   (1) Está disgustada porque perdió el dinero de la enseñanza de Laura.
   (2) Quiere producir un efecto dramático.
   (3) Quiere reconfortar a Laura.
   (4) Teme que haya sucedido una tragedia.
   (5) Está orgullosa de Laura.

3. ¿Cuál de los siguientes enunciados explica mejor la función de las acotaciones "*Cuenta hasta diez*" (línea 7) y "*Cuenta hasta cinco*" (líneas 16 y 17)?

   Estas acotaciones indican que

   (1) Amanda le pide a Laura que cuente para tranquilizarse
   (2) Amanda está esperando que Laura hable
   (3) Laura trata de calmar a Amanda
   (4) Amanda hace una pausa mientras piensa qué va a decir a continuación
   (5) Amanda se siente desvanecer y hace una pausa para tomar aire

Las preguntas 4 a 8 se refieren al pasaje siguiente de una obra.

¿QUÉ CLASE DE MAESTRA ES LA HERMANA MARÍA INÉS?

HERMANA MARY AGNES: Bien, Mary Thomas, ¿no te parece que deberías cortarte esos flequillos? Recuerdo la historia de una jovencita que tenía un

(5) peinado que le gustaba mucho... Creo que ustedes le dicen la colmena. ¿Cómo pueden ver detrás de todo ese pelo? Bien, volviendo al punto, nunca se lavaba el pelo porque no quería arruinarse el peinado.

(10) Dos meses después, fue a ver al médico... Eugene, ¿por favor deja de sacudirlo? Gracias...

MARÍA TERESA: ¿Qué pasó con la chica de la colmena?

(15) HERMANA MARY AGNES: ¿Quién?... ah... sí. Bueno, cuando fue a ver al médico, él le encontró piojos en toda la cabeza, que además estaban comiéndole el cerebro. Ahora todos queremos ver tu hermosa

(20) cara, ¿verdad, querida?

COLLEEN: Si, todos queremos ver tu hermosa cara, ¿verdad Eddie?

MARÍA TERESA: Cáete muerta. Me parece que es hora de cambiar de clases,

(25) Hermana.

HERMANA MARY AGNES: Gracias querida. Déjame ver.

ELIZABETH: Hermana, ¿busca algo? ¿Busca sus lentes?

(30) HERMANA MARY AGNES: Sé que los puse en algún lugar... a ver, sólo un segundo...

ELIZABETH: Hermana, los tiene colgando del cuello.

HERMANA MARY AGNES: Tienes razón. Los

(35) puse ahí para no olvidarme. ¿No es curioso?

MARÍA TERESA: Histérica, nos estamos muriendo. Déjenme salir de aquí.

HERMANA MARY AGNES: Ya *es* hora de

(40) cambiar de clases. ¿Quieres que te acompañe?

COLLEEN: No. Está enfrente, atravesando el salón. Eh, Hermana, gracias otra vez.
(COLLEEN y MARÍA TERESA *salen.*)

(45) HERMANA MARY AGNES: Que tengas una linda tarde. Adiós, Loretta.

ELIZABETH: Dije que mi nombre es Elizabeth.

Casey Kurti, *Catholic School Girls.*

4. ¿Qué palabra describe mejor a la Hermana Mary Agnes?

(1) creativa
(2) agresiva
(3) optimista
(4) eficiente
(5) distraída

5. De acuerdo con el pasaje, si la Hermana Mary Agnes tuviera que usar ropa común de calle, ¿qué tipo de ropa sería la que más probablemente se pondría?

(1) ropa brillante y osada
(2) ropa de moda
(3) ropa planchada y limpia
(4) ropa cómoda
(5) ropa juvenil

6. ¿Qué palabra describe mejor el clima de esta escena?

(1) despreocupado
(2) tenso
(3) afligido
(4) sereno
(5) jovial

7. De acuerdo con el pasaje, ¿cuál de los siguientes enunciados describe mejor lo que María Teresa quiere?

(1) hacerse un nuevo peinado
(2) ganarse el afecto de la Hermana Mary Agnes
(3) gustarles a sus compañeras
(4) cambiar de clases
(5) vengarse de alguien

8. ¿Por qué la Hermana Mary Agnes cuenta la historia del peinado colmena?

(1) para asustar a la clase
(2) para ver si puede hacer reír a la clase
(3) para lograr que María Teresa se corte el pelo
(4) para amenazar a María Teresa
(5) para hacer algo con los pocos minutos que quedan de hora de clase

Las respuestas comienzan en la página 322.

Instrucciones: Ésta es una prueba de práctica que dura diez minutos. Después de que transcurran los diez minutos, ponga una marca en la última pregunta que haya respondido. A continuación, termine la prueba y revise sus respuestas. Si la mayoría de sus respuestas fueron correctas pero no terminó la prueba, trate de responder las preguntas más rápidamente la próxima vez. Elija la respuesta que mejor responda a cada pregunta.

Las preguntas 1 a 10 se refieren al siguiente pasaje de una obra dramática.

¿POR QUÉ NO SE PONEN DE ACUERDO TROY Y COREY?

TROY: Bueno ya lo terminé. Ahora ve y tráeme las tablas. *(Pausa.)* Tu madre me dice que te aceptaron en un equipo de fútbol escolar. ¿Es cierto?

(5) COREY: Sí. El entrenador Zellman dijo que el reclutador vendrá para hablar contigo. Quiere que firmes los papeles del permiso.

TROY: Se suponía que deberías trabajar ahí en el A&P. ¿No que trabajarías después de la

(10) escuela?

COREY: El Sr. Stawicki dice que me guardará el trabajo hasta después que termine la temporada de fútbol. Dice que desde la semana que viene puedo trabajar los fines

(15) de semana.

TROY: ¿Pensé que nos habíamos entendido sobre este asunto del fútbol? Tu obligación es hacer tus tareas y continuar con el trabajo en el A&P. No estuviste en todo el

(20) día del sábado. No hiciste ninguna de tus tareas... y ahora apareciste con esto de dejar el trabajo.

COREY: Voy a trabajar los fines de semana

TROY: ¡Tienes la maldita razón! Y no hay

(25) ninguna necesidad de que nadie venga aquí para hablarme de firmar nada.

COREY: Pero, papi... No puedes hacer eso. El tipo está viniendo desde Carolina del Norte.

(30) TROY: ¡Al diablo, qué me importa de dónde viene! Ese blanco no va a llevarte a ningún lado con ese fútbol, de ninguna manera. Vete y conséguete esos libros de contabilidad para poder progresar en ese

(35) A&P o aprende a arreglar carros o a construir casas o algo, conséguete un oficio. Así, te vas a tener algo tuyo que nadie te puede sacar. Vas a continuar y aprender a usar tus manos como la gente.

(40) En lugar de sacarles la basura a los demás.

COREY: Saco buenas notas, papi. Por eso es que el reclutador quiere hablarte. Tengo que seguir sacando buenas notas para

(45) que me recluten. De esta manera, voy a ir a la universidad. Voy a tener una oportunidad...

TROY: Primero vas a poner tu trasero de nuevo en A&P y recuperar el trabajo.

(50) COREY: El Sr. Stawicki ya contrató a otro porque le dije que iba a jugar fútbol.

TROY: Tú eres el tonto más grande que conozco... dejar que otro te saque el trabajo para poder jugar al fútbol. ¿De

(55) dónde sacarás la plata para invitar a tu amiguita y hacer otras cosas? ¿Qué clase de tontería es eso de que otro te saque tu trabajo?

COREY: Voy a seguir trabajando los fines de

(60) semana.

TROY: No... no. Mueve tu trasero de aquí y búscate otro trabajo.

COREY: ¡Vamos, papi! Tengo que practicar. No puedo trabajar después de la escuela y

(65) jugar al fútbol también. El equipo me necesita. Eso dijo el entrenador Zellman...

TROY: No me importa lo que un don nadie dice. El que manda soy yo... ¿está claro? Acá el patrón soy yo. Se hace lo yo digo.

August Wilson, *Fences.*

1. ¿De qué acusa Troy a Corey?

   (1) de tener notas bajas en el colegio
   (2) de negarse a hablar con el reclutador
   (3) de gastar demasiado dinero
   (4) de no hacer sus tareas
   (5) de trabajar demasiadas horas en A&P

2. ¿Cómo se siente Troy por la decisión de Corey?

(1) Troy está muy contento con la decisión de Corey.
(2) Troy está feliz por Corey pero le preocupan sus estudios.
(3) Troy se opone a la decisión de Corey de jugar al fútbol.
(4) Troy cree que Corey no tiene dinero suficiente para pagar la universidad.
(5) Troy piensa que Corey debería dejar el colegio y trabajar todo el día en A&P.

3. ¿Cuál de las siguientes frases describe mejor lo que Corey quiere?

(1) llegar a ser gerente de A&P
(2) ir a la universidad
(3) casarse con su novia
(4) hacer lo que Troy piensa que es lo mejor
(5) encontrar otro trabajo

4. ¿Cuál de las siguientes frases describe mejor el clima general del pasaje?

(1) resignado y deprimido
(2) enojado y amargo
(3) de prohibición y miedo
(4) apesadumbrado y dolido
(5) tenso y no armonioso

5. De acuerdo con el pasaje, ¿cuál de los siguientes sucesos es más probable que ocurra?

(1) La madre de Corey le dirá al reclutador que no venga.
(2) El Sr. Stawicki despedirá a Corey de A&P.
(3) Corey dejará de hacer sus tareas.
(4) Troy cambiará de idea y hablará con el reclutador.
(5) Corey tratará de razonar con Troy.

6. ¿Cuál es el personaje central del pasaje?

(1) el Sr. Stawicki
(2) Corey
(3) el entrenador de Corey
(4) la madre de Corey
(5) Troy

7. ¿Qué es lo más probable que llevó a Troy a decir: "Ese blanco no va a llevarte a ningún lado con ese fútbol, de ninguna manera" (líneas 31 y 32)?

(1) Troy dirá cualquier cosa para convencer a Corey de volver a su trabajo en A&P.
(2) Troy conoce al entrenador Zellman y sabe que es injusto.
(3) Troy sabe por experiencia que jugar en los deportes escolares no lleva a los estudiantes a ninguna parte.
(4) Troy ha sido tratado injustamente en el pasado y está dando una advertencia a Corey.
(5) Troy teme que Corey no tenga talento suficiente para estar en el equipo.

8. ¿Qué consejo es más probable que Troy le dé a su hijo?

(1) Un padre debe ser duro con su hijo para evitar malcriarlo.
(2) Un líder no sabe más que la persona que lo sigue.
(3) Lo que es bueno para una persona es bueno para todas.
(4) Un verdadero amigo es el que siempre está dispuesto a ayudarte.
(5) Buscar un beneficio inmediato puede tener consecuencias costosas más adelante.

9. ¿Cuál es la razón principal por la que Troy quiere que Corey siga con su trabajo en A&P?

(1) porque no puede costear la enseñanza de Corey
(2) para que Corey continúe con sus tareas
(3) para que Corey tenga un trabajo que nadie se lo saque.
(4) para que Corey no pierda el tiempo yendo a la universidad
(5) porque el fútbol es un deporte peligroso

10. ¿Qué palabra describe mejor la actitud del Sr. Stawicki frente a Corey?

(1) entretenido
(2) desagradecido
(3) incrédulo
(4) disgustado
(5) colaborador

Las respuestas comienzan en la página 322.

DESTREZA DE GED **Entender la motivación**

motivación
la razón que lleva a un personaje a hacer o decir algo

La **motivación** es la razón que hace que un personaje se comporte de determinada manera. La motivación de un personaje nos cuenta cómo es él o ella. Una forma en que las obras dramáticas difieren de las novelas y cuentos cortos es que todo en las obras se dice a través del diálogo y la acción. En una obra, los pensamientos de los personajes no se revelan directamente al lector o al público. En consecuencia, las motivaciones de los personajes son a veces más difíciles de identificar.

Para entender qué es lo que motiva a los personajes de una obra, preste atención a lo que dicen. Pregúntese por qué un personaje hace determinadas afirmaciones y lo que espera lograr a través de ellas. Sin embargo, las motivaciones de los personajes pueden encontrarse no sólo en lo que dicen, sino también en lo que hacen. Es posible que las acotaciones, que describen las acciones de los personajes, también den claves sobre la motivación.

SUGERENCIA

Descubra la motivación de un personaje preguntándose: "¿Por qué este personaje se comporta de esta manera?" Luego, trate de descubrir la verdadera razón detrás de las palabras o acciones del personaje.

Lea el siguiente pasaje de una obra y complete el ejercicio que se encuentra a continuación.

JESSIE (*Parada ahora detrás de* MAMÁ, *tomándole los hombros*): Ahora, cuando escuches el disparo, no quiero que entres. Primero, no podrás entrar por tus propios medios, pero además no quiero que lo intentes. Llama a Dawson, luego a la policía y luego a Agnes. Y después necesitarás hacer algo hasta que alguien llegue, así que lava la olla del chocolate caliente. Lava esa olla hasta que escuches el timbre y no me importa si pasa una hora, tú sigue lavando esa olla.

MAMÁ: Haré las llamadas y luego simplemente me quedaré sentada. Yo no necesitaré estar ocupada en algo. ¿Qué dirá la policía?

Marsha Norman, *'night, Mother.*

1. Marque con una "X" la motivación <u>más probable</u> que tiene la hija para decirle a la madre que lave la olla.

   _____ a. No quiere que su madre oiga llegar a la policía.

   _____ b. No quiere que su madre piense en el disparo.

   _____ c. No quiere que su madre se vea en problemas.

2. Marque con una "X" el enunciado que describe mejor los sentimientos de la hija hacia su madre.

   _____ a. Se preocupa por su madre.

   _____ b. Siente que su madre es demasiado metida.

Usted acertó si eligió la *opción b* para la pregunta 1 y la *opción a* para la pregunta 2. La hija parece preocuparse por su madre. Esto lo indica tanto su gesto de poner las manos en los hombros de la madre como sus palabras, que muestran preocupación por el bienestar de su madre.

Lea el siguiente pasaje de una obra y complete el ejercicio que se encuentra a continuación.

GUSTA: *(súbitamente)* Eddie, hay un pájaro en el techo.

EDDIE: Es un *flamenco*.

GUSTA: Sí, está bien, te creo; es un flamenco. ¿Por qué está en el techo?

EDDIE: Será como un *símbolo* para nosotros, Gloria, por el lugar; como le estaba diciendo a Joey: Borden tiene una vaca, Billingsley, una cigüeña; Firestone...

GUSTA: ¿Cuánto costó ese estúpido pájaro?

EDDIE: Lo que pasa es que este Flamenco Chandelier hecho a mano, artesanal, de sesenta y ocho luces es único en el mundo.

GUSTA: Cuesta imaginar dos. *(Ella va al horno de la cocina; Eddie continúa en las nubes con la fiebre del "día del estreno")*

EDDIE: Gloria, estuve hablando con Joey esta mañana, *se me ocurrió* algo... algo para el *lugar*, algo que nunca *intentamos* antes... ¡una *palabra*, una palabra mágica hará que todo sea diferente!

GUSTA: Incendio.

EDDIE: ¡Publicidad!

GUSTA: Lo quemaremos y cobramos el seguro. El alce *solo* nos permitirá vivir a lo grande *(Sale y se mete en la cocina, fuera de la vista)*

EDDIE: ¡Publicidad! ¡Publicidad, chico! *(Sale y se mete en la cocina, siguiéndola, inspirado; oímos su voz desde adentro, su entusiasmo crece)* Estoy hablando de un aviso pequeño, con clase, con los Clubs, Gloria—sólo una foto de un flamenco, una palabra: *"Salón"*, abajo; y debajo "Canal seis ochenta y uno"... como todos ya *saben*, como si ya tuviera *aceptación* Gloria...

CHARLIE: *(durante lo anterior, elevándose desde la cabina, trasladándose hacia la cocina)* Déjala tranquila, Papi, déjala *sola*, nunca va a *suceder*...

Herb Gardner, *Conversations with My Father.*

1. Escriba en el espacio en blanco la letra del nombre del personaje que coincida con la principal motivación cuando habla.

    a. Eddie   b. Gusta   c. Charlie

    _____ quiere expresar duda sobre la conducta de otro

    _____ tiene la determinación de impedir que alguien haga algo

    _____ espera convencer a alguien para que comparta su punto de vista

2. Cuando Gusta pregunta a Eddie cuánto costó el flamenco, él no le contesta la pregunta directamente. ¿Qué lo motiva a responder de esta manera? Marque con una "X" las dos razones <u>más probables</u>.

    _____ a. Quiere ocultarle exactamente lo caro que costó el flamenco.

    _____ b. Quiere sugerir que le queda mucho dinero para gastar.

    _____ c. Quiere demostrarle que el flamenco valía el precio que pagó por él.

Las respuestas comienzan en la página 323.

Instrucciones: Elija la respuesta que mejor responda a cada pregunta.

Las preguntas 1 a 4 se refieren al siguiente pasaje de una obra.

¿CÓMO PUEDEN TRABAJAR JUNTAS ANNIE Y HELEN?

ANNIE: Aquí es imposible. No puedo enseñarle a una niña que huye.

KELLER: *(desconcertado)* Entonces... te entiendo... ¿qué propones?

(5) ANNIE: Bien, si todos estamos de acuerdo en que es imposible, la siguiente pregunta es ¿qué...

KATE: Srta. Annie, no estoy de acuerdo. Pienso que tal vez usted, subestima a

(10) Helen.

ANNIE: Creo que todos aquí hacen lo mismo.

KATE: Pero ella dobló la servilleta. Sí, aprende, aprende, ¿sabía que empezó a hablar a los 6 meses? Podía decir "agua". Bueno, en

(15) realidad... "guaa" "guaaguaa", pero quería decir agua, sabía lo que la palabra significa y tan sólo tenía seis meses, nunca conocí a una niña así tan... brillante y extrovertida. Todavía lo conserva, en alguna parte ¿no le

(20) parece? Tendría que haberla visto antes de su enfermedad, ¡era una niña con tan buen humor!...

ANNIE: *(Gentilmente)* Ella ha cambiado.

KATE: Srta. Annie, aguántela. Y aguántenos.

(25) KELLER: ¡Nos!

KATE: ¿Por favor? Como la oveja perdida de la parábola, la quiero mucho más.

ANNIE: Srta. Keller, no creo que el peor impedimento de Helen sea su sordera o

(30) ceguera. Creo que es nuestro amor. Y compasión.

KELLER: ¿Y eso qué quiere decir?

ANNIE: Todos ustedes se compadecen de ella y la han cuidado como a una mascota,

(35) ¿por qué? Hasta a un perro se le enseña dónde está el baño. Claro, ahora entiendo por qué ni siquiera deja que me acerque a ella. Es inútil que me esfuerce por enseñarle lengua o cualquier otra cosa

(40) aquí. Quizás podría...

KATE: *(Interrumpe)* Srta. Annie, antes de que usted llegara hablamos de internarla en un asilo.

William Gibson, *The Miracle Worker*.

1. ¿Cuál de las siguientes oraciones explica mejor por qué Kate dice: "Pero ella dobló la servilleta" (línea 12)?

   (1) Está celosa de Helen.
   (2) No quiere que Annie se vaya.
   (3) No quiere preocuparse de Helen.
   (4) Está enojada con el Sr. Keller.
   (5) Está desilusionada con Helen.

2. De acuerdo con lo que dicen los demás personajes sobre Helen, ¿qué palabra describe mejor su conducta?

   (1) no predispuesta
   (2) tímida
   (3) entusiasta
   (4) colaboradora
   (5) amigable

3. ¿Cuál de las siguientes frases del pasaje indica mejor que Annie piensa que hay esperanzas con Helen?

   (1) "Creo que todos aquí hacen lo mismo". (línea 11)
   (2) "Ella ha cambiado". (línea 23)
   (3) "Srta. Keller, no creo que el peor impedimento de Helen sea su sordera o ceguera". (líneas 28 a 30)
   (4) "No puedo enseñarle a una niña que huye". (líneas 1 a 2)
   (5) "Claro, ahora entiendo por qué ni siquiera deja que me acerque a ella". (líneas 36 a 38)

4. ¿Con cuál de los siguientes enunciados sobre niños con discapacidades es más probable que Annie esté de acuerdo?

   (1) No se les puede enseñar lengua.
   (2) Debe dárseles lo que quieren.
   (3) Hay que enseñarles, no tenerles lástima.
   (4) Suelen estar mucho mejor en un asilo.
   (5) Deben ser tratados como mascotas.

Las preguntas 5 a 9 se refieren al siguiente pasaje de una obra.

¿QUÉ TIENEN EN COMÚN ESTOS HOMBRES?

LUKE: Tocas el piano como lo soñaba.

DAVID: Estos días, estuve descubriendo que tú eres bastante bueno. Mamá nunca nos dejó tener un fonógrafo. Nunca jamás
(5) había escuchado ninguno de tus discos, hasta hace poco. Andabas por allá arriba con los mejores Jellyroll Morton y Louis Armstrong y tipos como ésos... Nunca viniste a buscarnos. ¿Por qué?

(10) LUKE: Empecé y quería. Lo pensé un montón de veces.

DAVID: ¿Por qué nunca no lo hiciste? ¿Pensaste que fue bueno deshacerte de nosotros?

(15) LUKE: Esperaba que nunca pensaran eso, nunca.

DAVID: Me pregunto, ¿qué creías que pensaba de ti? Me acordaba de ti, pero nunca podía hablar sobre ti. Algunas
(20) veces escuchaba cosas tuyas, pero nunca podía decir: ¡Ése es mi papá! Tenía mucha vergüenza. Me acordaba cuando algunas veces tocabas algo para mí. Por eso empecé a tocar el piano. Me iba a dormir
(25) soñando cómo tocaríamos juntos algún día, yo con mi piano y tú con tu trombón.

LUKE: David. David.

DAVID: Nunca viniste. Nunca viniste cuando podías hacer algo bueno por nosotros.
(30) Vienes ahora, ahora que no puedes hacer nada bueno por naide. Cada vez que pienso en eso, que pienso en *ti*, quiero llorar y gritar como un bebé. Me haces... ¡ah! Me haces sentir tan mal.

(35) LUKE: Hijo, no te apartes de las cosas que duelen. Las cosas que duelen, a veces son todo lo que tienes. Tienes que aprender a vivir con esas cosas y a usarlas.

James Baldwin, *The Amen Corner*.

5. ¿Qué es lo que David más desea en el mundo?

(1) saber por qué su padre se hizo músico
(2) olvidar a su padre para siempre
(3) ser mejor músico que su padre
(4) saber lo que su padre piensa de él
(5) entender la ausencia de su padre

6. ¿Qué es lo más probable que David quiera decir con "Andabas por allá arriba con los mejores" (líneas 6 y 7)?

(1) Luke era uno de los héroes de David.
(2) Luke vivía en un buen vecindario.
(3) Luke era un gran músico.
(4) Mamá escondió los discos de Luke entre los demás.
(5) Mamá admiraba mucho a Luke.

7. ¿Por qué razón es más probable que David haya empezado a tocar el piano?

(1) Tenía un talento natural para el piano.
(2) Necesitaba ocupar su tiempo libre.
(3) Quería ser un músico famoso.
(4) Fue estimulado por su madre.
(5) Quería estar conectado con su padre.

8. ¿Cuál de las siguientes actitudes describe mejor los sentimientos de David hacia su padre?

(1) admiración y respeto
(2) dolido y enojado
(3) indiferente y confundido
(4) esperanzado y cuestionador
(5) avergonzado y apenado

9. ¿Cuál es el clima general de esta obra?

(1) tranquilo y reconfortante
(2) violento y perturbador
(3) triste y de duelo
(4) despreocupado y alegre
(5) emotivo y sincero

Las respuestas comienzan en la página 323.

Instrucciones: Ésta es una prueba de práctica que dura diez minutos. Después de que transcurran los diez minutos, ponga una marca en la última pregunta que haya respondido. A continuación, termine la prueba y revise sus respuestas. Si la mayoría de sus respuestas fueron correctas pero no terminó la prueba, trate de responder las preguntas más rápidamente la próxima vez. Elija la respuesta que mejor responda a cada pregunta.

Las preguntas 1 a 11 se refieren al siguiente pasaje de una obra.

¿QUÉ BUSCA ESPERANZA?

ESPERANZA:... Ramón, no nos estamos debilitando. Estamos más fuertes que nunca. *(Resopla con hastío.)* Ellos se están debilitando. Pensaron que podrían
(5) quebrar nuestra línea de piquete. Y no pudieron. Y ahora no pueden ganar salvo que consigan algo grande y que sea rápido.

RAMÓN: ¿Cómo qué?

(10) ESPERANZA: No lo sé. Pero siento que está cerca. Es como... como la calma antes de la tormenta. Charley Vidal dice...

RAMÓN: *(explota)* ¡Charley Vidal dice! ¡No me vengas con Charley Vidal!

(15) ESPERANZA: Charley es amigo mío. Necesito amigos. *(Lo mira con extrañeza.)* ¿Por qué tienes miedo de que sea tu amiga?

RAMÓN: No sé de lo que estás hablando.

ESPERANZA: No, no sabes. ¿No has
(20) aprendido nada de esta huelga? ¿Por qué tienes miedo de que esté a tu lado? ¿Todavía piensas que tienes dignidad sólo si yo no la tengo?

RAMÓN: ¿Tú, hablas de dignidad? ¿Después
(25) de lo que estuviste haciendo?

ESPERANZA: Sí. Hablo de dignidad. Los jefes anglos te desprecian y los odias por eso. "Quédate en tu lugar, mexicana sucia", eso es lo que te dicen. Pero, ¿por qué tienes
(30) que decirme a mí "Quédate en *tu* lugar"? ¿Te sientes mejor cuando tienes a alguien que está debajo de ti?

RAMÓN: Cállate, estás diciendo barbaridades. *(Pero* ESPERANZA *se dirige directamente*
(35) *hasta él, hablando ahora con mucha pasión.)*

ESPERANZA: ¿De qué hombre me agarraré para sentirme superior? ¿Y qué conseguiré? No quiero nada más por
(40) debajo de lo que soy. Ya estoy suficientemente abajo. Quiero subir. Y levantar todo conmigo cuando suba...

RAMÓN: *(ferozmente)* ¿Te quedarías quieta?

ESPERANZA: *(gritando)* Y si no lo puedes
(45) entender, eres un tonto, porque ¡no puedes ganar esta huelga sin mí! ¡No puedes ganar *nada* sin mí! *Ramón toma su hombro con una mano y levanta la otra a medias para pegarle. El cuerpo de*
(50) ESPERANZA *se pone rígido. Ella lo mira fijamente, desafiante y resuelta. La mano de* RAMÓN *cae.)*

ESPERANZA: Eso era antes. Jamás vuelvas a intentarlo conmigo, jamás.

Michael Wilson, *Salt of the Earth.*

1. De acuerdo con el pasaje, ¿qué significa "dignidad" para Esperanza?

   (1) tener buenos amigos
   (2) caminar una línea de piquete
   (3) respetarse a uno mismo
   (4) ser independiente
   (5) tener poder sobre los demás

2. Si Esperanza fuera una ejecutiva de negocios, ¿con cuál de los siguientes enunciados sería más probable que estaría de acuerdo?

   Para un negocio es importante

   (1) tener éxito; sin importar a quién daña
   (2) crecer sin arruinar el negocio de otros
   (3) ser más fuerte que la competencia
   (4) evitar el conflicto
   (5) evitar asociaciones con otras empresas

3. ¿Con cuál de las siguientes opciones compara Esperanza la forma en que la trata Ramón?

   con la forma como

   (1) los adultos tratan a los niños
   (2) los obreros tratan a los jefes
   (3) los anglos tratan a los mexicanos
   (4) los humanos tratan a los animales
   (5) los mexicanos tratan a los anglos

4. De acuerdo con el pasaje, ¿qué puede deducir sobre las creencias de Ramón?

   (1) Nadie debería hacer huelga.
   (2) Los obreros y los jefes son aliados.
   (3) Los hombres y las mujeres no pueden ser amigos.
   (4) Las mujeres deben expresarse.
   (5) Los hombres y mujeres juntos ganarán la huelga.

5. ¿Qué enunciado expresa mejor el tema de este pasaje?

   (1) La dignidad humana merece ser defendida.
   (2) La gente debe esforzarse por evitar los conflictos.
   (3) Las huelgas deben ser manejadas en forma razonable y justa.
   (4) Ganar puede parecer la meta más importante.
   (5) Ramón y Esperanza no coinciden en temas básicos.

6. ¿A qué es lo más probable que Ramón se refiera cuando dice: "¿Tú, hablas de dignidad? ¿Después de lo que estuviste haciendo?" (líneas 24 y 25)?

   (1) Esperanza estuvo haciendo trabajos donde no la respetaban.
   (2) Esperanza recientemente se ha avergonzado.
   (3) Esperanza no es una persona seria.
   (4) Esperanza no es confiable.
   (5) Esperanza es amiga de gente desacreditada.

7. ¿Qué decisión toma Esperanza en las líneas 53 y 54?

   (1) Pronto dejará a Ramón.
   (2) Usará a otros para que le ayuden a seguir adelante.
   (3) Instará a los obreros a terminar la huelga.
   (4) No permitirá que Ramón la golpee.
   (5) Se hará amiga de Ramón.

8. ¿Qué es lo más probable que suceda en el futuro de Ramón y Esperanza?

   (1) La relación de Ramón y Esperanza cambiará.
   (2) La huelga fracasará porque no se ponen de acuerdo.
   (3) Ramón se hará amigo de los anglos.
   (4) Esperanza se desestabilizará mentalmente.
   (5) Ramón y Esperanza seguirán con el viejo estilo de hacer cosas.

9. ¿Cuál de las siguientes opciones representa mejor la actitud de Esperanza respecto de la huelga?

   (1) Duda acerca de su eficacia.
   (2) Apoya firmemente la huelga y sus objetivos.
   (3) Se opone a las huelgas bajo cualquier circunstancia.
   (4) Cree que los opositores se están fortaleciendo.
   (5) Cree que Ramón podría ganarla solo.

10. ¿Cuál es el clima general del pasaje?

    (1) encendido
    (2) aburrido
    (3) conversacional
    (4) respetuoso
    (5) inquisitivo

11. De acuerdo con las indicaciones escénicas para Ramón, ¿cuál de las siguientes imágenes describe mejor su personalidad?

    (1) una taza de café hirviente
    (2) un volcán activo
    (3) un animal exhausto
    (4) una ráfaga de viento en una vela
    (5) un zapato viejo

Las respuestas comienzan en la página 324.

DESTREZA DE GED **Interpretar el tema**

La idea principal de una obra se llama **tema**. El tema es el mensaje implícito que el dramaturgo quiere que el lector o el público entiendan sobre la obra. Un ejemplo de tema es "la amistad se basa en la comprensión". No basta con decir que el tema es la amistad. Hay que avanzar un paso más y contestar la pregunta: "¿Qué aspecto de la amistad el dramaturgo quiere transmitir?" Por lo general, el dramaturgo no dice el tema directamente, de manera que el lector o el público es el que decide cuál es.

Recuerde que el tema no es lo mismo que el tema general o un resumen del argumento de la obra. Por ejemplo, imagínese una obra con dos personajes principales: Juan, un republicano y Cintia, una demócrata. Es posible que el tema general sea un romance entre los dos personajes. Pero el tema de esta obra podría ser "el amor puede superar las diferencias".

tema
la idea principal de una obra literaria

Para identificar el tema, pregúntese: "¿Qué dice esta obra sobre la naturaleza humana? ¿Cuál es el punto más importante que el dramaturgo quiere plantear?"

Lea el siguiente pasaje de una obra y complete el ejercicio que se encuentra a continuación.

PETER: ¿Estás enamorado?
SCOOP: ¿Cómo?
PETER: Quisiera pensar que cuando dos personas de nuestra edad se casan, lo hacen porque están enamoradas.
HEIDI: *(toma el brazo de Peter)* Peter es muy romántico.
SCOOP: Ya veo. ¿Es una advertencia ahora?
HEIDI: No.
PETER: *(con voz más alta)* Sí.
SCOOP: Me parece lógico. Lisa se casa con un apuesto abogado judío; Heidi se casa con un cálido pediatra italiano. Todo es intercambiable, ¿verdad? Para responder a tu pregunta de si estoy enamorado, claro, ¿por qué no?
HEIDI: *(aprieta la mano de Peter)* ¿Por qué no?

Wendy Wasserstein, *The Heidi Chronicles.*

Marque con una "X" el enunciado que refleje <u>mejor</u> el tema de este pasaje.

_____ a. Scoop y Heidi son viejos amigos.

_____ b. Peter es demasiado extrovertido.

_____ c. Reaccionar defensivamente con los amigos es contraproducente.

_____ d. El amor es un tema delicado entre algunos amigos.

Usted acertó si eligió la *opción d.* Los amigos parecen querer hablar acerca de sus vidas amorosas, pero a la vez parecen cautelosos de no revelar demasiado. Éste es el mensaje implícito del pasaje.

Lea el siguiente pasaje de una obra y complete el ejercicio que se encuentra a continuación.

ISABEL:... Es asombrosa esa manera que tenéis los soñadores de no ver claro más que lo que está lejos. Dime, Mauricio, ¿de qué color son los ojos de la Gioconda?

MAURICIO: Aceituna oscura.

ISABEL: ¿De qué color son los ojos de las sirenas?

MAURICIO: Verde mar.

ISABEL: ¿De qué color son los míos?

MAURICIO: ¿Los tuyos...? *(Duda. Se acerca a mirar. Ella entorna los párpados. El sonríe desconcertado.)* No lo tomes a mal. Parecerá una desatención, pero te juro que en este momento tampoco sabría decirte cómo son los míos.

ISABEL: Pardos[1], tirando a avellana. Con una chispita de oro cuando te ríes. Con una niebla gris cuando hablas y estás pensando en otra cosa.

MAURICIO: Perdona.

ISABEL: De nada. (Sonríe, dominándose.) Y si mañana, al hacer los baúles, se me resbala algo de entre las manos, "así como sin querer", pierde cuidado que no sera la emoción; sólo será porque he tenido un buen maestro. Gracias, Mauricio.

Alejandro Casona, *Los árboles mueren de pie.*

_____

[1] pardo: marrón

1. Marca con un "X" en la oración que exprese <u>mejor</u> el tema de este pasaje.

_____ a. Los soñadores sólo pueden ver lo que está lejos.

_____ b. El color de los ojos es lo más importante.

_____ c. Lo menos conocido es lo más cercano.

_____ d. No saber cómo son los ojos de alguien cercano puede ser una desatención.

2. Escriba dos detalles del pasaje que apoyen el tema.

_____

_____

3. Marque con un "X" en la frase que refleje mejor el tema general de este pasaje, como lo opuesto del tema principal.

_____ a. relaciones de pareja

_____ b. desatención a lo cercano

Las respuestas comienzan en la página 325.

Instrucciones: Elija la respuesta que mejor responda a cada pregunta.

Las preguntas 1 a 5 se refieren al siguiente pasaje de una obra.

¿ESTÁ CONTENTA LA SRA. DUDGEON?

SRA. DUDGEON:... ¡Ah, es usted, verdad, Sra. Anderson?

JUDITH: *(muy amablemente, casi con aire de superioridad)* Sí. ¿Puedo ayudarla en algo
(5) Sra. Dudgeon? ¿Quiere que la ayude a limpiar la casa antes de que vengan a leer el testamento?

SRA. DUDGEON: *(rígidamente)* Gracias, Sra. Anderson, mi casa está siempre lista para
(10) recibir visitas.

JUDITH: *(con complaciente amabilidad)* Sí, claro que sí. Tal vez usted preferiría que no la importunara justo en este momento.

SRA. DUDGEON: Ah, uno más o menos no
(15) hará diferencia esta mañana, Sra. Anderson. Ahora que está aquí, sería mejor que se quedara. Si no es mucho pedir ¡cierre la puerta! (JUDITH *sonríe, dando a entender "¡Estúpida de mí!" y la*
(20) *cierra con gesto exasperante de estar haciendo algo hermoso y confortante.)* Así está mejor. Debo ir a arreglarme un poco. Supongo que no le importa quedarse aquí parada para recibir a las personas que
(25) lleguen hasta que me termine de arreglar.

JUDITH: *(dándole amablemente permiso)* Ah sí, por supuesto. Déjelo en mis manos, Sra. Dudgeon y tóme su tiempo. *(Cuelga su capa y boina.)*
(30) SRA. DUDGEON: *(casi despectivamente)* Pensé que eso sería más apropiado para usted que limpiar la casa.

George Bernard Shaw, *The Devil's Disciple.*

1. De acuerdo con el pasaje, ¿qué muestran las palabras y actos de la Sra. Dudgeon?

   (1) Es paciente y ha sufrido mucho.
   (2) Es gentil y complaciente.
   (3) Es pura y noble.
   (4) Es punzante y tacaña.
   (5) Es grosera y susceptible.

2. De acuerdo con las acotaciones, ¿Qué par de palabras es la mejor descripción de Judith?

   (1) dulce y sacrificada
   (2) petulante y satisfecha
   (3) tensa y sensible
   (4) deprimida y retraída
   (5) enojada y a la defensiva

3. ¿Cuál de las siguientes oraciones expresa mejor la idea principal de este pasaje?

   (1) Judith ha llegado muy temprano para una fiesta en la casa de la Sra. Dudgeon.
   (2) Judith es una visita inesperada para la lectura de un testamento.
   (3) Judith y la Sra. Dudgeon quieren ser amigas.
   (4) La amabilidad de Judith facilitó una reunión difícil.
   (5) La Sra. Dudgeon está contenta de que Judith haya llegado para ayudar.

4. ¿Cuál de las siguientes palabras describe mejor el clima de este pasaje?

   (1) de duelo
   (2) tenso
   (3) despreocupado
   (4) de suspenso
   (5) de ternura

5. ¿Cuál es la razón más probable de que la Sra. Dudgen dijera: "Pensé que eso sería más apropiado para usted que limpiar la casa" (líneas 31 y 32)?

   (1) No escuchó el ofrecimiento de Judith de ayudar con la limpieza.
   (2) Piensa que Judith es excelente para recibir a la gente.
   (3) Cree que Judith es descuidada.
   (4) Piensa que Judith no fue sincera cuando se ofreció a limpiar.
   (5) Quiere ser amable con Judith.

Las preguntas 6 a 10 se refieren al siguiente pasaje de una obra.

¿QUÉ PROBLEMA TIENE ESTA FAMILIA?

JOSEPHINE: Buen día querida. (EVELYN *enciende la cocina para calentar café. THAYER toma un tazón grande y vierte allí cereales, luego, agrega leche y azúcar)*
(5)   ¿Qué piensas que hice? ¡Dormí de más! No pude dormirme hasta pasadas las seis y media, no sé por cuánto tiempo.
EVELYN: Te fuiste a dormir tarde.
JOSEPHINE: Pero eso es común. Me voy a la
(10)   cama con un buen libro y me quedo leyendo horas, sin poder parar. Gracioso, ¿no? Eso hace dormir a la mayoría de la gente. Tu abuelo no podía leer ni dos páginas que se le cerraban los ojos. Pero
(15)   ese no es mi caso. Yo me despierto más con la excitación de la lectura, me pasa incluso con libros que ya he leído, ¿no es el colmo?
EVELYN: ¿Viste las estrellas fugaces?
(20) JOSEPHINE: No recuerdo ninguna. (THAYER *sale al porche con su tazón de cereales)*
EVELYN: Vi cuatro o cinco cuando volvía a casa el viernes a la noche. Me paré para mirar.
(25) JOSEPHINE: ¡Dios, eso es para pedir un montón de deseos! Se me ocurre que soy demasiado vieja para los deseos. No he buscado una estrella fugaz en años
EVELYN: Lo hiciste anoche.
(30) JOSEPHINE: Ah no. *(agita su cabeza como si la idea fuera absurda)*
EVELYN: *(desconcertada, realmente no puede creer que* JOSEPHINE *no recuerde)* Todos nos quedamos aquí conversando y tú
(35)   fuiste afuera. Dijiste que estabas buscando estrellas fugaces.
JOSEPHINE: *(confundida)* ¿No me digas?
EVELYN: No te acuerdas, ¿verdad?
JOSEPHINE: ¿Sabes que no?
(40) EVELYN: Nos contaste sobre tu abuelo que solía ensayar sus opiniones y todo el mundo se quedaba cautivado. (JOSEPHINE *se ríe entre dientes)* Recuerdas esa parte, ¿verdad?

Elizabeth Diggs, *Close Ties.*

6. ¿Cuál es la actitud de Evelyn para con Josephine?

   (1) Está enfadada con Josephine.
   (2) Siente aprecio por Josephine.
   (3) Es insensible respecto de Josephine.
   (4) Es indiferente con Josephine.
   (6) Se divierte con Josephine.

7. ¿Cuál de las siguientes conclusiones puedes sacar sobre Josephine?

   (1) Cuenta cuentos que no son verídicos.
   (2) Aburre a Evelyn con sus cuentos.
   (3) Es la madre de Thayer.
   (4) Por lo general es madrugadora.
   (5) Está preocupada por algo.

8. Si Evelyn le pregunta a Josephine sobre su infancia, ¿qué es lo más probable que Josephine haga?

   (1) cambiar de tema
   (2) decirle a Evelyn que ese tema no le incumbe
   (3) disfrutar relatando cuentos sobre su juventud
   (4) no acordarse de muchas anécdotas
   (5) decir que preferiría leer un libro

9. ¿Cuál de los siguientes temas generales está más relacionado con el tema principal del pasaje?

   (1) una relación madre-hija
   (2) uno de los problemas del envejecimiento
   (3) una escena de desayuno familiar
   (4) el goce de la lectura
   (5) pedir deseos a las estrellas fugaces

10. ¿Cómo reacciona Josephine a la insistencia de Evelyn de que Josephine había estado mirando las estrellas fugaces la noche anterior?

    (1) con incredulidad
    (2) con humor
    (3) con temor
    (4) con rabia
    (5) con indiferencia

Las respuestas comienzan en la página 325.

Instrucciones: Ésta es una prueba de práctica que dura diez minutos. Después de que transcurran los diez minutos, ponga una marca en la última pregunta que haya respondido. A continuación, termine la prueba y revise sus respuestas. Si la mayoría de sus respuestas fueron correctas pero no terminó la prueba, trate de responder las preguntas más rápidamente la próxima vez. Elija la respuesta que mejor responda a cada pregunta.

Las preguntas 1 a 11 se refieren al siguiente pasaje de una obra.

¿AMA MEDVEDENKO A MASHA?

MEDVEDENKO: ¿Por qué te vistes siempre de negro?

MASHA: Estoy de duelo de por vida. No soy feliz.

(5) MEDVEDENKO: ¿Tú infeliz? No lo entiendo. Tienes buena salud y tu padre no es rico pero tiene comodidades. Mi vida es mucho más difícil de llevar que la tuya. Recibo veintitrés rublos[1] por mes y nada más, y de

(10) eso me descuentan la jubilación, pero no estoy de luto (Se sientan.)

MASHA: No se trata de dinero. Hasta un mendigo puede ser feliz.

MEDVEDENKO: Sí, en teoría si puede, pero no

(15) cuando lo piensas dos veces. Fíjate en mí, con mi madre, mis dos hermanas y mi hermanito y mi salario de veintitrés rublos en total. Bueno, la gente tiene que comer y beber, ¿no es cierto? ¿Tienen que tener té

(20) y azúcar, no? ¿Y tabaco? Y así seguimos y seguimos hacia adelante.

MASHA: (mirando hacia el escenario) La obra comenzará en breve.

MEDVEDENKO: Sí. La actuación estará a

(25) cargo de Nina Zaretchny y la obra fue escrita por Constantine Gavrilovitch. La actriz y la obra están mutuamente enamoradas y hoy sus almas se confunden en un anhelo de crear una

(30) imagen que las dos puedan compartir y que sea auténtica para ambas. Pero mi alma y tu alma no pueden encontrarse en ningún lado. ¿Ves como son las cosas? Te amo; no puedo quedarme en casa porque

(35) siempre estoy deseando estar contigo y por eso, todos los días camino cuatro millas para venir y cuatro para volver y sólo encuentro indiferencia de tu parte. Pero eso es muy normal. No tengo nada,

(40) nosotros somos una familia grande.

¿Quién quiere casarse con un hombre que ni siquiera puede alimentarse?

MASHA: ¡Tonterías! (aspira rapé[2]) Tu amor me toca, pero no puedo corresponderte, eso es todo. (Le ofrece rapé) Sírvete.

(45) MEDVEDENKO: Ahora no. (Una pausa.)

MASHA: ¡Ay, qué cerca está! Habrá tormenta esta noche. Todo lo que tú haces es filosofar o hablar de dinero. Piensas que la

(50) peor miseria que podemos tener es la pobreza. Pero creo que es mil veces más fácil andar en harapos y mendigar el pan que...—Pero tú nunca lo entenderías...

Anton Chekov, *The Sea Gull.*

---

[1] rublo: moneda rusa

[2] rapé: tipo de tabaco

1. ¿Qué oración describe mejor al padre de Medvedenko?

   (1) Generalmente está en la casa con la familia.
   (2) Está fuera de casa trabajando.
   (3) Trabaja mucho todo el día.
   (4) Está enfermo en la casa.
   (5) No vive con la familia.

2. ¿Cuál de las siguientes frases describe mejor a Medvedenko?

   (1) sincero y solitario
   (2) taciturno y arrogante
   (3) despreocupado y dulce
   (4) torpe y no educado
   (5) patético y victimizado

3. ¿Qué es lo que Masha quiere significar cuando dice que el amor de Medvedenko la toca (línea 43 y 44)?

   (1) Está empezando a quererlo nuevamente.
   (2) Aprecia sus sentimientos.
   (3) Está enojada porque no la deja en paz.
   (4) Está luchando para esconder su amor.
   (5) Está dándole esperanzas para el futuro de ambos.

4. ¿Cuál de las siguientes opciones describe mejor la relación entre Masha y Medvedenko?

    (1) amor no correspondido
    (2) amor secreto
    (3) amistad profunda
    (4) respeto mutuo
    (5) se conocen y son amigos

5. ¿Cuál de las siguientes oraciones describe mejor el tema principal que se desarrolla en el pasaje?

    (1) La felicidad no depende del dinero.
    (2) El amor suele ser inesperado.
    (3) La persistencia te ganará a la persona que amas.
    (4) Las personalidades opuestas se atraen mutuamente.
    (6) El dinero hace la vida más fácil.

6. ¿De qué manera el enunciado "Habrá tormenta esta noche" (líneas 47 y 48) contribuye al clima del pasaje?

    Sugiere

    (1) inquietud
    (2) comodidad
    (3) peligro
    (4) súbita libertad
    (5) poder sobrenatural

7. De acuerdo con el pasaje, ¿cuál es el significado más probable de "No puedo quedarme en casa porque siempre estoy deseando estar contigo" (líneas 34 y 35)?

    (1) Medvedenko es infeliz en su casa y ha abandonado a su familia.
    (2) Medvedenko se odia y siente que no merece su casa.
    (3) Medvedenko se siente obligado por el amor a visitar a Masha.
    (4) Medvedenko es mezquino que no compartirá su riqueza con su familia.
    (6) Medvedenko se siente culpable por ver a Masha.

8. ¿Cuál de las siguientes razones es la motivación más probable que tiene Medvedenko cuando dice que la actriz y la obra están mutuamente enamoradas?

    (1) Piensa que esto dará significado extra a la obra.
    (2) Espera que la información cambiará los sentimientos de Masha.
    (3) Disfruta hablar de chismes sobre la gente rica y famosa.
    (4) Piensa que Masha disfrutará de la información.
    (5) Contrasta aquella relación con la que tiene con Masha.

9. ¿Por qué Medvedenko piensa que Masha no se casará con él?

    (1) porque a ella no le gusta Medvedenko
    (2) porque él es pobre
    (3) porque no tienen nada en común
    (4) porque ella es demasiado infeliz
    (5) porque él se preocupa demasiado

10. ¿Cuál de las siguientes opciones es la razón más probable que tiene Medvedenko para rechazar el rapé?

    (1) No le gusta.
    (2) Sabe que la obra está por comenzar.
    (3) Prefiere continuar la conversación.
    (4) Está enojado porque Masha no lo ama.
    (5) No quiere parecer un mendigo.

11. Si Medvedenko fuera un viajante que vende zapatos, ¿qué clase de viajante es más probable que fuera?

    (1) Persistente, tratando de ganarse a los clientes.
    (2) Tímido y sin querer molestar a la gente.
    (3) Se quejaría de los clientes.
    (4) Vendería más zapatos que ningún otro vendedor.
    (5) Se negaría a viajar distancias largas.

Las respuestas comienzan en la página 326.

Instrucciones: Elija la respuesta que mejor responda a cada pregunta.

Las preguntas 1 a 3 se refieren al siguiente pasaje de una obra.

¿QUÉ PIENSA ALCESTE DEL POEMA?

ALCESTE: *(yendo hacia el Oficial).* Bien, entonces, ¿qué es lo que quiere? Adelante, señor.

EL OFICIAL: Señor, quiero dos palabras con

(5) usted.

ALCESTE: Puede hablar, señor.

EL OFICIAL: Sus señorías, los mariscales de Francia, cuyas órdenes traigo, lo citan a presentarse ante ellos de inmediato, señor.

(10) ALCESTE: ¿Quién? ¿Yo, señor?

EL OFICIAL: Usted.

ALCESTE: Y ¿para qué?

PHILINTE: *(a Alceste).* Por este tonto negocio que tiene con Oronte.

(15) CELIMENE: *(a Philinte).* ¿Qué?

PHILINTE: Oronte y Alceste se dijeron algunas palabras sobre cierto poemita que él no aprobó. Los mariscales quieren cortar con este asunto de raíz.

(20) ALCESTE: Bien, *les demostraré* que no estoy conforme.

PHILINTE: Tendrá que obedecer órdenes. Vamos, prepárese.

ALCESTE: ¿A qué entendimiento quieren

(25) que lleguemos? ¿Me condenarán estos caballeros porque no encuentro méritos en el poema que discutimos? No me retractaré de ninguna palabra que dije. Me parece terrible.

(30) PHILINTE: Pero un poco más de amabilidad...

ALCESTE: No cederé ni una pulgada. El poema es deplorable.

PHILINTE: Podría ser un poco más flexible. Vamos.

(35) ALCESTE: Ya voy. Pero nada hará que me retracte.

PHILINTE: Vamos a ver de qué se trata.

ALCESTE: ¡A menos que una orden expresa del Rey me exija que me gusten los versos

(40) que ocasionan todo este problema, por todos los cielos! Seguiré diciendo que son malos y que se debe colgar a la persona que los escribió.

(45) *(A Clitandre y a Acaste que se están riendo.)* ¡Maldita sea, caballeros, no imaginé que estaba diciendo algo tan gracioso!

CELIMENE: ¡Rápido! Vaya donde tiene que ir.

(50) ALCESTE: Me estoy yendo, señora y volveré para retomar nuestro debate.

Moliere, *The Misanthrope.*

1. ¿Cuál es la reacción inicial de Alceste cuando es citado por los Mariscales?

(1) enfado
(2) incredulidad
(3) alegría
(4) ansiedad
(5) miedo

2. ¿Qué quiere decir Philinte cuando le dice a Alceste: "Pero un poco más de amabilidad" (línea 30)?

(1) Trate de ser un poco más amable con la gente.
(2) Esté menos molesto por el poema.
(3) Muestre respeto por los Mariscales.
(4) Cambie de opinión acerca del poema.
(5) Reconozca las buenas cualidades del poema.

3. Si Alceste fuera el juez de un concurso de bizcochos, ¿qué clase de juez sería?

(1) Tendría dificultad en tomar una decisión sobre el bizcocho ganador.
(2) Lo convencerían las elecciones de los demás jueces.
(3) Elegiría confiadamente el bizcocho que para su opinión fuera el mejor.
(4) Fingiría que todos los bizcocho eran fantásticos, aún cuando algunos no lo fueran.
(5) Elegiría el bizcocho hecho por la persona que hizo el mayor de los esfuerzos.

Las preguntas 4 a 7 se refieren al siguiente pasaje de una obra.

¿POR QUÉ ESTÁ ENOJADA LA MADRE?

Habitación pintada de Amarillo.
NOVIO: *(Entrando.)* Madre.
MADRE: ¿Qué?
NOVIO: Me voy.
(5)   MADRE: ¿Adónde?
NOVIO: A la viña. *(Va a salir.)*
MADRE: Espera.
NOVIO: ¿Quiere algo?
MADRE: Hijo, el almuerzo.
(10)   NOVIO: Déjelo. Comeré uvas. Déme la navaja.
MADRE: ¿Para qué?
NOVIO: *(Riendo.)* Para cortarlas.
MADRE: *(Entre dientes y buscándola.)* La
        navaja... Maldita sean todas y el bribón
(15)   que las inventó.
NOVIO: Vamos a otro asunto.
MADRE: Y las escopetas y las pistolas y el
        chuchillo más prequeño, y hasta las
        azadas y los bieldos[1] de la era.
(20)   NOVIO: Bueno.
MADRE: Todo lo que puede cortar el cuerpo
        de un hombre. Un hombre hermoso, con
        su flor en la boca, que sale a las viñas o va
        a sus olivos propios, porque son de él,
(25)   heredados...
NOVIO: *(Bajando la cabeza.)* Calle usted.
MADRE:... y ese hombre no vuelve. O si
        vuelve es para ponerle una palma encima
        o un plato de sal gorda para que no se
(30)   hinche. No sé cómo te atreves a llevar una
        navaja en tu cuerpo, ni cómo yo dejo a la
        serpiente dentro de arcón[2].
NOVIO: ¿Está bueno ya?
MADRE: Cien años que yo viviera, no hablaría
(35)   de otra casa. Primero, tu padre; que me
        olía a clavel y lo disfruté tres años
        escasos. Luego tu hermano. ¿Y es justo y
        puede ser que una cosa pequeña como
        una pistola o una navaja pueda acabar con
(40)   un hombre, que es un toro? No callaría
        nunca. Pasan los meses y la
        desesperación me pica en los ojos y hasta
        en las puntas del pelo.
NOVIO: *(Fuerte.)* ¿Vamos a acabar?

[1] bieldos: instrumentos para recoger la paja
[2] arcón: aumentativo de "arca"

Federico García Lorca. *Bodas de sangre.*

4. ¿Cuál de los siguientes enunciados expresa mejor el tema principal de este pasaje?

(1) Los cuchillos son tan peligrosos como otras armas.
(2) Los hijos frecuentemente ignoran el consejo de sus madres.
(3) La tierra heredada puede traer problemas.
(4) La madre y el padre se amaban.
(5) Las pérdidas violentas en la familia causan tristeza.

5. De acuerdo con la información de este pasaje, ¿cuál de las siguientes opciones describe mejor la preocupación de la madre?

(1) los cuchillos y las pistolas son peligrosos
(2) ella nunca olvidará su tragedia
(3) no puede perdonar a su hijo
(4) realmente no amaba a su marido
(5) su segundo hijo pronto tendrá el mismo destino

6. ¿Qué palabra describe mejor la actitud del hijo hacia su madre?

(1) indiferencia
(2) impaciencia
(3) empatía
(4) enojo
(5) sarcasmo

7. ¿Cuál es el clima general de este pasaje?

(1) de perdón
(2) amoroso
(3) esperanzado
(4) angustiado
(5) tenso

Las preguntas 8 a 11 se refieren al siguiente pasaje de una obra.

¿COINCIDEN ESTOS COMPAÑEROS DE HABITACIÓN SOBRE LA MAYORÍA DE LAS COSAS?

FELIX:... *(Se arrodilla, recoge fichas y las coloca en una caja.)* No te olvides que cocino y limpio y me ocupo de esta casa. ¿Ahorro mucho dinero, verdad?

(5) OSCAR: Sí, pero entonces me tienes despierto toda la noche contándolo.

FELIX: *(Va a la mesa y barre las fichas y cartas y las mete en la caja.)* Ahora espera un minuto. No siempre nos peleamos.

(10) También nos divertimos, ¿verdad?

OSCAR: *(Cruza hasta el sofá.)* ¿Divertirnos? Félix, tener una visión clara en el Canal Dos no es para mí lo que se dice diversión.

(15) FELIX: ¿De qué estás hablando?

OSCAR: Está bien, ¿qué hacemos tú y yo todas las noches? *(Se saca las zapatillas, dejándolas caer en el piso.)*

FELIX: ¿Qué hacemos? ¿Te refieres a

(20) después de cenar?

OSCAR: Así es. Después de comernos nuestro churrasco y de lavar los platos y de sacar brillo a la pileta y de lavar las ollas con su S.O.S. y que las sobras estén

(25) envueltas en papel marca Saran-wrap ¿qué hacemos?

FELIX: *(Termina de limpiar la mesa y pone todo encima de una biblioteca.)* Bien, leemos... conversamos...

(30) OSCAR: *(Se saca los pantalones y los tira al piso.)* No, no. Yo *leo* y ¡*tú* hablas! ...quiero trabajar y tu hablas... Me doy un baño y tú hablas. Me voy a dormir y tú hablas. Logramos arreglar bastante bien tu vida

(35) pero yo sigo buscando un poco de entretenimiento.

FELIX: *(Sacando de la mesa de la cocina las sillas.)* ¿Qué quieres decir? ¿Qué hablo demasiado?

(40) OSCAR: *(Se sienta en el sofá.)* No. no. No me estoy quejando. Tú tienes mucho que decir. Lo que me preocupa es que estoy comenzando a escuchar....

Neil Simon, *The Odd Couple.*

8. ¿Cuál de los siguientes dichos está más próximo a plantear el tema principal de este pasaje?

(1) Los opuestos se atraen.
(2) La belleza sólo está a flor de piel.
(3) El silencio es una virtud.
(4) El hogar es donde está el corazón.
(6) No hay rosa sin espinas.

9. ¿Cuál de las siguientes opciones probablemente disfrutaría menos Felix?

(1) probar una nueva receta
(2) hacer una siesta por la tarde
(3) ordenar los cajones de su cómoda
(4) conciliar su estado de cuenta bancario con la chequera
(5) sacar el polvo a sus muebles

10. ¿Cuál de los siguientes enunciados se aproxima más a lo que Oscar quiere significar cuando le dice a Felix que: "Sí, pero entonces me tienes despierto toda la noche contándolo" (líneas 5 y 6)?

(1) Felix se queda levantado hasta muy tarde por la noche.
(2) Oscar y Felix comparten un dormitorio.
(3) Felix habla sobre la limpieza que hace.
(4) Felix habla sobre el dinero que ahorra.
(5) Oscar es un caso serio de insomnio.

11. De acuerdo con la información del pasaje, ¿cuál de las siguientes oraciones describe el temor de Oscar?

(1) Felix dejará de cocinar y limpiar.
(2) Felix no está ahorrando dinero.
(3) Felix se mudará a otro lugar.
(4) Oscar se está acostumbrando a Felix.
(5) Oscar está empezando a actuar como Felix.

SUGERENCIA

La motivación de un personaje puede revelarse en la forma como él o ella trata a los demás personajes. ¿Habla respetuosamente el personaje a los demás personajes? ¿O es él o ella poco amigable?

Las preguntas 12 a 16 se refieren al siguiente pasaje de una obra.

¿CUÁL ES LA RELACIÓN DE GERTRUDE CON LOS DEMÁS PERSONAJES?

GERTRUDE: *(Saltando para pararse y dirigiéndose al pueblo español).* Pensé que iríamos a caminar por la playa después de almorzar. *(Existe aprehensión*
(5) *en el tono de sus palabras.)* Nunca harán la digestión recostados boca arriba y además seguramente se quedarán dormidos si no se levantan de inmediato. *Recupera su compostura interior mientras*
(10) *da las órdenes.)*

SRA. LÓPEZ: *(gruñendo)* ¡Ay! ¡Caramba! ¿Por qué no duerme, Srta. Eastman? ¿Cuevas?

GERTRUDE: Es malo para usted, realmente. Venga. Vengan todos. ¡Levántense!
(15) ¡Vamos, todo el mundo arriba! *(Hay mucha protesta mientras los servidores y la familia SOLARES luchan por ponerse de pie)* Les prometo que se sentirán mucho mejor después si hacemos una pequeña
(20) caminata por la playa.

VIVIAN: *(Saltando al costado de GERTRUDE de un salto)* ¡Me *encanta* caminar por la playa! (MOLLY *también se ha adelantado para estar junto a su madre.)*
(25) GERTRUDE: *(Pausa. Nuevamente mostrando su aprehensión con una orden)* Ustedes niñas se quedan aquí. O hagan una caminata por los arrecifes si quieren. Pero, ¡tengan cuidado!
(30) FREDERICA: Yo quiero estar con mi mamá.

GERTRUDE: Bien, ven entonces, pero sólo vamos a hacer una caminata corta. ¡Eres una bebé, Frederica López!

SR. SOLARES: Iré en auto hasta la casa para
(35) buscar ese caballo del que estaba hablando. Luego, los alcanzo cuando estén volviendo.

GERTRUDE: No vas a caminar mucho.

Jane Bowles, *In the Summer House.*

SUGERENCIA

Pregúntese qué detalles hacen que un personaje parezca real. ¿Cubre el personaje su boca cuando estornuda?

12. ¿Qué razón da Gertrude para animar a los demás a hacer una caminata?

(1) Quiere que vean el caballo del Sr. Solares.
(2) Quiere mostrarles la playa.
(3) Quiere hacerles hacer algo para que no se aburran.
(4) Ellos necesitan respetar sus deseos.
(5) Necesitan hacer ejercicio físico.

13. De acuerdo con la información del pasaje, ¿quiénes son Vivian y Molly?

(1) Las hijas de la Sra. López
(2) Las hijas de la Srta. Solares
(3) Las hermanas de la Srta. Eastman
(4) Las hijas de Gertrude
(5) Las primas de Frederica

14. De acuerdo con este pasaje, ¿cuál de las siguientes frases describe mejor a Gertrude?

(1) insistente e indolente
(2) despreocupada y amable
(3) insegura y demandante
(4) reservada y leal
(5) exitosa y arrogante

15. ¿Qué palabra describe mejor el clima general del pasaje?

(1) serio
(2) incómodo
(3) con suspenso
(4) alegre
(5) pensativo

16. ¿Cuál de los siguientes enunciados describe mejor la actitud de Gertrude hacia las niñas?

(1) A Gertrude no le gustan las niñas.
(2) Gertrude piensa que los niños no deben juntarse con los adultos.
(3) Gertrude preferiría caminar sin las niñas.
(4) Gertrude siente que las niñas se aburren con los adultos.
(5) Gertrude piensa que las niñas se quejan demasiado.

Las preguntas 17 a 22 se refieren al siguiente pasaje de una obra.

¿ACTÚA ESTE HOMBRE COMO UN ADULTO?

WALTER: ¡Me voy!

RUTH: ¿Adónde?

WALTER: Me voy de esta casa, a alguna parte

RUTH: (Tomando su abrigo) Iré contigo.

(5) WALTER: ¡No quiero que vengas!

RUTH: Tengo algo que preguntarte, Walter.

WALTER: ¡Qué lástima!

MAMÁ: (Todavía con tranquilidad) Walter Lee (Se sienta y finalmente se da vuelta y la

(10) mira) Siéntate.

WALTER: Soy un hombre adulto, Mamá.

MAMÁ: Acá naide no dijo que no seas grande. Pero todavía estás en mi casa y en mi presencia. Y mientras estés aquí, te

(15) dirigirás a tu mujer como corresponde. Ahora siéntate.

RUTH: (Súbitamente) ¡No importa, déjalo ir y que se tome todo hasta que muera! ¡Me revuelve el estómago! (Le arroja su abrigo

(20) a Walter)

WALTER: (Violentamente) ¡Y tú me revuelves también el mío, bebé! (RUTH se va al dormitorio golpeando la puerta tras de sí.) Ese fue mi mayor error.

(25) MAMÁ: (Todavía tranquila) Walter, ¿qué pasa contigo?

WALTER: ¿A mí? ¡A mí no me pasa nada!

MAMÁ: Sí ¿qué te pasa? Algo te consume como a un hombre loco. Ese algo más es

(30) porque no quise darte este dinero. En los últimos años estuve viendo lo que te pasa. Te pones todo nervioso y hasta hay algo de salvaje en tus ojos... (WALTER salta impacientemente al escuchar

(35) sus palabras) Dije que te sientes ahí, ahora, ¡te estoy hablando a ti!

WALTER: Mamá. No necesito tus sermones hoy.

Lorraine Hansberry, *A Raisin in the Sun*.

17. ¿Qué palabra describe mejor el clima general de este pasaje?

(1) apesadumbrado
(2) tenso
(3) tolerante
(4) valiente
(5) juguetón

18. De acuerdo con este pasaje, ¿cuál de las siguientes frases describe mejor a la madre de Walter?

(1) paciente y sufrida
(2) dura y dominante
(3) pasiva y fácil de llevar
(4) lastimera y quejosa
(5) firme y cuidadosa

19. ¿Cuál de las siguientes opciones describe mejor la relación entre Ruth y Walter?

(1) Ruth es dedicada y ama a Walter.
(2) Walter no quiere estar con Ruth.
(3) Ruth está pensando en dejar a Walter.
(4) La pareja está cansada de la interferencia de Mamá.
(5) Walter prefiere a su madre antes que a Ruth.

20. Si Walter le pidiera a Ruth que vaya con él, ¿cuál sería la respuesta más probable que daría Ruth?

(1) negarse a hablar con Walter
(2) descomponerse del estómago
(3) acompañar a Walter y hablar con él
(4) pedirle si su madre podría ir con ellos
(5) sermonear a Walter por su conducta

21. ¿A qué se refiere Walter cuando dice: "Ese fue mi mayor error" (línea 24)?

(1) casarse con Ruth
(2) permitir que Ruth golpee la puerta
(3) beber demasiado
(4) dejar que su madre lo sermonee
(5) no ganar dinero suficiente

Las preguntas 22 a 24 se refieren al siguiente pasaje de una obra.

¿QUÉ DECISIÓN TOMÓ LA SRA. BROOKS Y POR QUÉ?

RUBY: (RUBY y la SRA. BROOKS *entran por la puerta del frente.*) Mira, chica, por Dios que quisiera agarrar a esa persona, quien quiera que sea el que aprieta cada uno de
(5) los botones del ascensor antes de bajarse. La puerta del viejo ascensor que se cierra a golpes en cada piso me saca de quicio. No veo cómo puedes aguantar todo esto tan tranquila, Gladys.

(10) SRA. BROOKS: A veces creo que es mi problema. Soy demasiado tolerante con los demás.

RUBY: Ay, chica.

SRA. BROOKS: Es cierto y tú lo sabes. Dejo
(15) que todo el mundo me lleve por delante.

RUBY: No seas tan dura contigo, Gladys.

SRA. BROOKS: Pero mira, chica, esta mañana tomé la decisión, voy a dejar al Sr. Brooks.

(20) RUBY: Gladys, no es nada grave, ¿verdad? Recuerdas que dejar a un hombre después de tantos años no es la cosa más fácil del mundo.

SRA. BROOKS: Hmmm. Decirme a mí que no
(25) podía comprarme un vestido nuevo para la boda de Gail; esa fue la gota que colmó el vaso.

RUBY: Tú sabes, Gladys, que existe lo que se dice ir desde la nevera hasta la sartén.

(30) SRA. BROOKS: Ah, vamos Ruby, habla en serio.

RUBY: Soy tan serio como el cáncer. En serio, no es que el hombre no trabaja. Todo el mundo sabe que no confundiría ni un
(35) billete.

SRA. BROOKS: Lo que me hace mucho bien. Todo en la casa está a su nombre. El mío no aparece en nada salvo en las deducciones del impuesto a las
(40) ganancias...

SRA. BROOKS: La semana pasada gasté de más en las compras de almacén y hablando sobre un hombre que las llevaba. ¿Pensarías que diecisiete centavos
(45) causarían pánico en la Wall Street?

RUBY: Bueno, Gladys, tú sabes que a veces él tiene buenas intenciones.

SRA. BROOKS: Mi abuelita siempre decía que el camino al infierno está lleno de buenas
(50) intenciones.

RUBY: Mi abuelita siempre decía que todos tenemos un lado bueno.

SRA. BROOKS: Si hay un lado bueno en el Sr. Brooks, hizo magia de Houdini para
(55) desaparecerlo. Porque de seguro que no lo puedo ver.

Charlie Russell. *Five on the Black Hand Side.*

22. ¿Cuál de las siguientes oraciones describe mejor lo que quería decir la abuela de la Sra. Brooks con "el camino al infierno está lleno de buenas intenciones" (líneas 48 a 50)?

    (1) Nunca confíes en las personas que dicen tener buenas intenciones.
    (2) El resultado puede ser malo aún cuando alguien haya tenido buenas intenciones.
    (3) Es evidente que el Sr. Brooks fue siempre una persona mala.
    (4) Gastar demasiado te causará problemas.
    (5) Todas las cosas buenas eventualmente desaparecen.

23. De acuerdo con este pasaje, ¿cuál de los siguientes enunciados se puede deducir sobre la Sra. Brooks?

    (1) Ella pensó durante mucho tiempo en dejar al Sr. Brooks.
    (2) Necesita la aprobación de Ruby antes de dejar al Sr. Brooks.
    (3) No dejará al Sr. Brooks hasta haber encontrado un trabajo.
    (4) Probablemente no deje al Sr. Brooks de ninguna manera.
    (5) Probablemente se mude a vivir con Ruby.

24. ¿Cuál de las siguientes oraciones describe mejor el tema principal de este pasaje?

    (1) Las esposas a veces se quejan innecesariamente.
    (2) A la gente que trabaja mucho a veces no le gusta gastar dinero.
    (3) Los desacuerdos acerca del dinero pueden afectar las relaciones.
    (4) Los amigos no siempre apoyan.
    (5) La gente adinerada también tiene problemas.

Las preguntas 25 a 27 se refieren al pasaje siguiente de una obra.

¿QUÉ OPINA LANE DEL MATRIMONIO?

ALGERNON: ¿Lane, oíste lo que estaba tocando?

LANE: No creí que fuese prudente escuchar, señor.

(5) ALGERNON: Lo siento, por ti. No toco con precisión, cualquiera puede tocar con precisión, yo toco con maravillosa expresión. En cuanto al piano se refiere, el sentimiento es mi fuerte. Conservo la

(10) ciencia de la vida.

LANE: Sí, señor.

ALGERNON: Y hablando de la ciencia de la vida, ¿tiene los sándwiches de pepino cortados para Lady Bracknell?

(15) LANE: Sí señor. (Se los entrega en una bandeja.)

ALGERNON: (los inspecciona, toma dos y se sienta en el sofá) Ah... a propósito, Lane, veo en tu libro de registro que el jueves por

(20) la noche, cuando Lord Shoreman y el Sr. Worthing estuvieron cenando conmigo, se anotaron como consumidas ocho botellas de champagne.

LANE: Sí señor; ocho botellas y una pinta.

(25) ALGERNON: ¿Por qué razón en la casa de un soltero los sirvientes invariablemente se beben el champagne? Lo pregunto sólo por información.

LANE: Lo atribuyo a la calidad superior del

(30) vino, señor. A menudo he observado que en las casas de casados el champagne raras veces es de primera marca.

ALGERNON: ¡Santo cielo! ¿Es el matrimonio tan desmoralizante como eso?

(35) LANE: Creo que es un estado muy agradable, señor. He tenido muy poca experiencia personal al respecto hasta ahora. Me casé sólo una vez. Eso fue como consecuencia de un malentendido que tuve con una

(40) jovencita.

ALGERNON: (lánguidamente) No sé si me interesa saber sobre tu vida familiar, Lane.

LANE: No señor; no es un tema muy interesante. Nunca pienso que lo es.

(45) ALGERNON: Muy natural, estoy seguro. Es suficiente, Lane, gracias.

LANE: Gracias, señor (Sale.)

ALGERNON: Las opiniones de Lane sobre el matrimonio parecen un tanto relajadas.

(50) Realmente, si las clases más bajas no nos dan un buen ejemplo, ¿para qué diablos sirven? Al parecer, no tienen, como clase, absolutamente ningún sentido de responsabilidad moral.

Oscar Wilde. *The Importance of Being Earnest.*

25. Si Lane hubiera escuchado el último comentario de Algernon (líneas 48 a 54), ¿cuál hubiera sido su respuesta más probable?

Lane

(1) se hubiera ido enojado.
(2) hubiera tratado de corregir a Algernon.
(3) hubiera tratado de dar un mejor ejemplo.
(4) le habría contado a los demás sirvientes.
(5) fingiría no haberlo escuchado.

26. De acuerdo con este pasaje, ¿qué es lo más probable que sucedió con el champagne si los sirvientes no lo bebieron?

(1) Lane lo devolvió porque era de baja calidad.
(2) Los sirvientes rompieron varias botellas.
(3) Hubo un error en el registro del libro y se consumió menos champagne.
(4) Algernon y sus invitados lo bebieron en la cena.
(5) Lane se guarda las botellas para él.

27. Más adelante en la obra, Algernon habla con su amigo, Jack, acerca del "negocio" de las propuestas matrimoniales. De acuerdo con esta información y con el pasaje, ¿cuál es la mejor descripción de la actitud de Algernon hacia el matrimonio?

(1) no es romántica
(2) no es práctica
(3) no está interesado
(4) esta esperanzada
(5) es respetuosa

Las respuestas comienzan en la página 327.

Tabla de análisis del desempeño en el repaso acumulativo
Unidad 4 ● Entender las obras dramáticas

Consulte la sección Respuestas y explicaciones que empieza en la página 327 para verificar sus respuestas al Repaso acumulativo de la Unidad 4. Luego, use la siguiente tabla para identificar las destrezas en las que necesite más práctica.

En la tabla, encierre en un círculo los números correspondientes a las preguntas que haya contestado correctamente. Anote el número de aciertos para cada destreza y luego súmelos para calcular el número total de preguntas que contestó correctamente en el Repaso acumulativo. Si cree que necesita más práctica, repase las lecciones de las destrezas que se le dificultaron.

Preguntas	Número de aciertos	Destreza	Lecciones para repasar
1, 5, 11, 12, 13, 19, 23	_____/7	Comprensión	25, 26, 27
3, 9, 10, 20, 25	_____/5	Aplicación	27
2, 6, 8, 14, 16, 18, 21, 22, 26	_____/9	Análisis	25, 26, 27
4, 7, 15, 17, 24, 27	_____/6	Síntesis	28
TOTAL DE ACIERTOS:	_____/27		

Acerca de la Prueba final y la Prueba simulada

Ahora, una vez que termine las páginas de instrucción y práctica correspondientes al libro, usted está listo para tomar la primera de las dos pruebas que se encuentran al final del mismo.

Prueba final

La Prueba final le permitirá evaluar su dominio de los contenidos y destrezas que se han consolidado a lo largo de las unidades. Compare los resultados obtenidos en la Prueba final con los resultados de la Prueba preliminar. Es probable que haya mejorado algunas calificaciones.

En todo caso, siguiendo las instrucciones de la Tabla de análisis del desempeño en la prueba final, podrá identificar fácilmente los campos que necesite repasar. Normalmente, en algunos campos, el desempeño es mejor que en otros. Para aprovechar al máximo el tiempo de estudio, concéntrese en los campos donde necesita practicar más.

Prueba simulada

La Prueba simulada le brinda otra oportunidad para practicar las destrezas de contenido y cognitivas, así como las destrezas para tomar pruebas, antes de presentarse a la Prueba de GED real. Es posible que usted prefiera ajustarse a un tiempo determinado en la Prueba simulada, para simular mejor las circunstancias de la Prueba de GED real.

Permita que transcurra algún tiempo entre la Prueba final, con su repaso correspondiente de los campos seleccionados, y la Prueba simulada. Así obtendrá información útil sobre su dominio de las destrezas aprendidas.

Como comentarios pertinentes, se facilitan las Respuestas y explicaciones enteras de la Prueba final y de la Prueba simulada.

LENGUAJE, LECTURA
Instrucciones

La Prueba final de Lenguaje y Lectura consta de pasajes extraídos de textos de ficción, no ficción, poesía, y obras de teatro. Cada pasaje va seguido de preguntas de selección múltiple sobre las lecturas.

Lea primero cada texto y luego conteste las preguntas. Vuelva al texto todas las veces que necesite para contestar las preguntas.

Cada texto va precedido de una "pregunta general". La pregunta general ofrece un motivo para leer la selección y lo ayudará a orientarse en la lectura. No tiene que contestar estas preguntas generales, sino que están allí para ayudarlo a concentrarse en las ideas presentadas en la lectura.

Se le darán 65 minutos para contestar las 40 preguntas de esta prueba. Trabaje con cuidado, pero no dedique demasiado tiempo a una sola pregunta. Conteste todas las preguntas. Si no está seguro de una respuesta, responda de manera razonable. No se descontarán puntos por respuestas incorrectas.

Cuando se agote el tiempo, ponga una marca en la última pregunta que haya contestado. Esto le servirá de guía para calcular si podrá terminar la verdadera Prueba de GED dentro del tiempo permitido. A continuación termine la prueba.

Registre sus respuestas en una copia de la hoja de respuestas de la página 348. Asegúrese de incluir toda la información requerida en la hoja de respuestas.

Para marcar sus respuestas, en la hoja de respuestas rellene el círculo con el número de la respuesta que considere para cada una de las preguntas de la prueba.

Ejemplo:

Era el sueño de Susana. El color azul metálico resplandecía y brillaba el cromo de las ruedas. El motor había sido limpiado con el mismo esmero. Adentro, luces brillantes iluminaban el tablero de mandos y los asientos estaban tapizados en cuero fino.

¿A qué es <u>más probable</u> que se refiera este párrafo?

(1) a un avión
(2) a un equipo estereofónico
(3) a un automóvil
(4) a un bote
(5) a una motocicleta

La respuesta correcta es "a un automóvil", por lo tanto, en la hoja de respuestas debería haber rellenado el círculo con el número 3 adentro.

No apoye la punta del lápiz en la hoja de respuestas mientras piensa en la respuesta. No haga marcas innecesarias en la hoja. Si decide cambiar una respuesta, borre completamente la primera marca. Rellene un solo círculo por cada respuesta: si señala más de un círculo, la respuesta se considerará incorrecta. No doble ni arrugue la hoja de respuestas.

Una vez terminada esta prueba, utilice la tabla de Análisis del desempeño en la página 258 para determinar si está listo para tomar la verdadera Prueba de GED. Si no lo está, use la tabla para identificar las destrezas que debe repasar de nuevo.

Adaptado con el permiso del *American Council on Education*.

Las preguntas 1 a 6 se refieren al siguiente pasaje de una novela.

¿QUÉ VE Y ESCUCHA SCROOGE EN LA FIESTA DE NAVIDAD?

Primero hubo un juego de la gallina ciega. Y la verdad es que creo que Topper estaba realmente ciego lo mismo que creo que tenía ojos en las botas. Porque la manera en que

(5) perseguía a la hermana regordeta vestida con pechera de encaje era un insulto a la credulidad de la naturaleza humana. Tirando los atizadores de la chimenea, derribando las sillas, tropezando con el piano, asfixiándose

(10) entre las cortinas... dondequiera ella iba, iba él. Siempre sabía dónde estaba la hermana regordeta. No agarraba a nadie más. Si hubieras caído en sus brazos, como algunos hicieron, habría fingido tratar de agarrarte, lo

(15) que habría sido una afrenta a tu inteligencia; y de inmediato se habría escurrido en la dirección de la hermana regordeta.

—Éste es un juego nuevo —dijo Scrooge—. ¡Media hora, Espíritu, sólo media hora!

(20) Era un juego que se llamaba Sí y No, en el cual el sobrino de Scrooge tenía que pensar en algo, y los demás tenían que averiguar en qué estaba pensando; él sólo podía responder a las preguntas diciendo sí o no, según

(25) correspondiera. El torrente de preguntas que llovió sobre él sirvió para elucidar que estaba pensando en un animal, un animal un tanto desagradable, un animal salvaje, un animal que gruñía a veces y hablaba a veces, que

(30) vivía en Londres y caminaba por las calles, que no era parte de un espectáculo, que nadie sacaba a pasear, que no vivía en un zoológico, que nunca lo mataban en los mercados, que no era un caballo, ni un burro, ni una vaca, ni

(35) un toro, ni un tigre, ni un perro, ni un cerdo, ni un gato, ni un oso. Cada vez que le hacían una nueva pregunta, el sobrino lanzaba una sonora carcajada; y estaba tan sumamente divertido que tuvo que pararse del sofá y dar patadas en

(40) el suelo de la risa. Finalmente, la hermana regordeta gritó:

—¡Ya sé qué es! ¡Ya sé qué es, Fred!

—¿Qué es? —gritó Fred.

—¡Es tu tío Scro-o-o-oge!

(45) Y, en efecto, era él...

—Nos ha brindado bastante diversión, de eso no hay duda —dijo Fred—, y seríamos unos malagradecidos si no brindáramos por su salud. Aquí hay un vaso de ponche listo para

(50) brindar en este momento; y yo digo: "¡Por el tío Scrooge!".

—¡Por el tío Scrooge! —gritaron todos...

El tío Scrooge se había puesto tan contento y alegre, que habría brindado por la

(55) inconsciente compañía y les habría dado las gracias en un inaudible discurso, si el Fantasma le hubiera dado tiempo. Pero la escena entera desapareció en el segundo mismo en que su sobrino dijo la última

(60) palabra; y el Fantasma y él se encontraron viajando otra vez.

Charles Dickens, *A Christmas Carol.*

1. ¿Cuál de las siguientes palabras o frases describe mejor a Topper?

    (1) atlético
    (2) obstinado
    (3) resignado
    (4) peligroso
    (5) respetable

2. De acuerdo con la información del pasaje, si Topper fuera a montar a caballo, ¿qué es más probable que haría?

    (1) Cabalgaría solo para tener un poco de paz y tranquilidad.
    (2) Invitaría cortésmente a la hermana regordeta a que lo acompañara.
    (3) Organizaría a un grupo de jinetes, incluyendo a la hermana regordeta.
    (4) Trataría de asustar al caballo de la hermana regordeta para que ella se cayera.
    (5) Retaría a los otros jinetes a una carrera.

3. ¿Por qué Fred brinda por Scrooge?

    (1) Todas las personas de la fiesta aprecian genuinamente a Scrooge.
    (2) Scrooge organizó la fiesta y los juegos.
    (3) Scrooge los ha hecho reír al ser el objeto del juego.
    (4) Todos están contentos porque Scrooge finalmente ha muerto.
    (5) Le da gusto que Scrooge se haya puesto alegre.

4. ¿Cuál de las siguientes opciones se revela respecto a Scrooge en el último párrafo del pasaje?

    Scrooge

    (1) es invisible.
    (2) es torpe.
    (3) está furioso.
    (4) está borracho.
    (5) está disfrazado.

5. ¿Cuáles de los siguientes pares de palabras comparan de la manera más precisa la forma en que Scrooge se comporta en el pasaje con la visión que tienen de él las personas que están participando en el juego?

    (1) resentido y entretenido
    (2) triste y feliz
    (3) juguetón y serio
    (4) tímido y atrevido
    (5) alegre y desagradable

6. ¿Cuál de las siguientes frases describe mejor el estilo del autor?

    (1) simple y directo
    (2) seco y académico
    (3) verboso pero vívido
    (4) solemne pero profundo
    (5) soso y objetivo

Las preguntas 7 a 13 se refieren al siguiente pasaje de una novela.

¿POR QUÉ MURIÓ AMPARO?

Todo me dijo el pobre viejo, todo parece que se ha conjurado[1] contra nosotros desde la época que usted me recuerda. Ya lo sabe usted: Amparo era la niña de nuestros ojos; se (5) había criado aquí desde que nació, casi; era la alegría de la casa. Nunca pudo echar de menos el suyo, porque yo la quería como un padre. Mi hijo se acostumbró también a quererla desde niño, primero como un (10) hermano, después con un cariño más grande todavía. Ya estaba en vísperas[2] de casarse. Yo les había ofrecido lo mejor de mi poca hacienda[3], pues con el producto de mi tráfico me parecía tener más que suficiente para vivir (15) con desahogo[4], cuando no sé qué diablo malo tuvo envidia de nuestra felicidad, y la deshizo en un momento. Primero comenzó a susurrarse que iban a colocar un cementerio por esta parte de San Jerónimo; unos decían (20) que más acá, otros que más allá; y mientras todos estábamos inquietos y temerosos, temblando de que se realizase este proyecto, una desgracia mayor y más cierta cayó sobre nosotros. Un día llegaron aquí en carruaje dos (25) señores. Me hicieron mil y mil preguntas acerca de Amparo, a la cual saqué yo cuando pequeña de la Casa de Expósitos[5]; me pidieron los envoltorios con que la abandonaron y que yo conservaba, resultando (30) al fin que Amparo era hija de un señor muy rico, el cual trabajó con la Justicia para arrancárnosla. Y trabajó tanto, que logró conseguirlo. No quiero recordar siquiera el día que se la llevaron. Ella lloraba como una (35) Magdalena, mi hijo quería hacer una locura y yo estaba como atontado sin comprender lo que me sucedía. ¡Se fue! Es decir, no se fue, porque nos quería mucho para irse; pero se la llevaron, y una maldición cayó sobre esta casa. (40) Mi hijo, después de un arrebato[6] de desesperación espantosa, cayó como en un letargo[7]. Yo no sé decir qué me pasó. Creí que se me había acabado el mundo. Mientras esto sucedió, comenzóse[8] a levantar el cementerio.

(45) La gente huyó de estos contornos[9]. Se acabaron las fiestas, los cantares y la música, y se acabó toda la alegría de estos campos, como se había acabado toda la de nuestras almas. Y Amparo no era más feliz que (50) nosotros. Criada aquí al aire libre, entre el bullicio y la animación de la venta[10], educada para ser dichosa en la pobreza, la sacaron de esta vida y se secó como se secan las flores arrancadas de un huerto para llevarlas a un (55) estrado[11]. Mi hijo hizo esfuerzos increíbles para verla otra vez, para hablarle un momento. Todo fue inútil; su familia no quería. Al cabo la vio, pero la vio muerta: por aquí pasó el entierro. Yo no sabía nada, y no sé por qué me eché a (60) llorar cuando vi el ataúd. El corazón, que es muy leal, me decía a veces: "Esa es joven como Amparo. Como ella, sería también hermosa. ¿Quién sabe si será la misma?" Y era. Mi hijo siguió el entierro, entró en el patio, (65) y al abrirse la caja dio un grito, cayó sin sentido en tierra, y así me lo trajeron. Después se volvió loco, y loco está.

[1] se ha conjurado: ha conspirado
[2] en vísperas: a punto
[3] hacienda: bienes, propiedades
[4] con desahogo: cómodamente
[5] expósito: huérfano
[6] arrebato: furor, especie de ataque emocional
[7] letargo: estado en que no se hace nada
[8] comenzóse: se comenzó
[9] contornos: alrededores
[10] venta: posada, albergue para viajeros
[11] estrado: escenario

Gustavo Adolfo Bécquer, "La venta de los gatos", *Rimas y leyendas*.

7. De acuerdo con el pasaje, ¿qué sentía el viejo por Amparo?

    (1) La quería como un padre.
    (2) Sabía que era hija de un señor muy rico y esperaba una recompensa.
    (3) Esperaba que se casara con su hijo.
    (4) Temía que su hijo se enamorase de ella.
    (5) Creía que era un diablo malo.

8. ¿Cómo reaccionó el hijo cuando el padre de Amparo se la llevó?

    (1) Se echó a llorar desconsoladamente.
    (2) Se desesperó y luego cayó en un letargo.
    (3) Estaba como atontado.
    (4) Se volvió loco.
    (5) Huyó de la venta.

9. ¿Por qué la gente huyó del lugar?

    (1) Se empezó a construir un cementerio.
    (2) Se acabaron las fiestas y toda la alegría de esos campos.
    (3) Hubo una epidemia.
    (4) La gente creía que se había acabado el mundo.
    (5) La gente tenía miedo de la Justicia.

10. ¿Cuál fue la causa más probable de la muerte de Amparo?

    (1) La tristeza por haberla separado de sus seres queridos.
    (2) Se contagió de la epidemia.
    (3) Se había acostumbrado a vivir al aire libre.
    (4) Cantaba y bailaba hasta la madrugada.
    (5) Hacía años que tenía una enfermedad incurable.

11. ¿Cuál es el efecto principal de la muerte de Amparo?

    (1) El ventero y su hijo se enriquecen.
    (2) El ventero y su hijo caen en la pobreza.
    (3) Su entierro pasa por delante de la venta.
    (4) Cae una maldición sobre el ventero y su hijo.
    (5) El hijo del ventero se vuelve loco.

12. ¿Cómo cambian los vecinos del ventero a lo largo del pasaje?

Se vuelven

    (1) muchos menos
    (2) envidiosos de la felicidad del ventero
    (3) más inquietos y temerosos
    (4) más felices y bulliciosos
    (5) menos prósperos

13. ¿Cuál de las siguientes palabras describe mejor el clima emocional del pasaje en su conjunto?

    (1) nostálgico
    (2) tranquilo
    (3) esperanzado
    (4) muy triste
    (5) enojado

¿QUÉ TIPO DE INCENTIVOS DE PAGO OFRECEN LAS EMPRESAS?

Hace muchos años, los únicos empleados a los que se les ofrecían planes de incentivos eran los empleados de ventas, los trabajadores a destajo y los directivos de las empresas. Hoy
(5) en día, la mayor parte de las grandes empresas y muchas firmas más pequeñas ofrecen un paquete de incentivos a todos sus empleados.

Comisiones

(10) El personal de ventas recibe comisiones. Normalmente, las comisiones se basan en un porcentaje de las ventas realizadas. Los vendedores suelen recibir un salario base o paga que les garantiza un ingreso mínimo, lo
(15) cual es particularmente importante durante períodos en los que las comisiones estén por debajo del promedio. En otros tiempos, la mayoría de los vendedores sólo recibían comisiones. Ahora, la mayoría son
(20) remunerados con una combinación de salario y plan de bonos como incentivo.

Planes de bonos

Los planes de bonos siguen muchos modelos diferentes. Es posible que haya un plan de
(25) bonos en toda la empresa por medio del cual cada empleado recibe el mismo bono o diferentes bonos si se cumplen ciertos criterios (como rentabilidad o metas de ventas) durante un período de tiempo específico, normalmente
(30) en una base anual o mensual. La cantidad del bono comúnmente se basa en un porcentaje establecido del salario base de cada empleado.

La mayoría de los bonos se otorgan
(35) periódicamente a menos que se haya alcanzado un logro excepcional. Algunos bonos se otorgan al completar metas preestablecidas.

Planes de salario en riesgo

(40) Los planes de salario en riesgo se usan frecuentemente. Principalmente, son una forma de transferir una fuerza de trabajo o de ventas existente a un plan de remuneración que esté basado primordialmente en
(45) incentivos. Sin embargo, generalmente no funciona como incentivo y muchos participantes de los planes de salario en riesgo no se sienten contentos con su suerte.

Básicamente, en un plan de salario en riesgo
(50) no se garantiza un salario base. Para ganar un salario base, un empleado individual o la compañía en su totalidad debe llegar a una meta de ventas o de ganancias, o alcanzar un rango que normalmente se establece alrededor
(55) del 85 por ciento. Si se llega al 100 por ciento de la meta, los participantes reciben un bono superior al salario base. La mayoría de los planes de salario en riesgo ofrecen niveles de bonos más altos para alcanzar metas más
(60) altas.

Reparto de utilidades

Los planes de reparto de utilidades generalmente se aplican a la compañía en su totalidad y se ponen a disposición de todos los
(65) empleados de tiempo completo que hayan estado con la compañía por una cantidad de tiempo preestablecida. Normalmente, la compañía contribuirá con un pequeño porcentaje de sus ganancias a un fondo
(70) común, el cual se divide entre los empleados elegibles. La división suele estar prorrateada en función del salario base de cada participante. Generalmente, pero no siempre, el reparto de utilidades se determina con una
(75) base anual. Muchas empresas no harán contribuciones al fondo común a menos que las ganancias lleguen a un cierto nivel predeterminado.

Bob Adams, "Incentive Pay Options", *Streetwise Small Business Start-Up*.

14. De acuerdo con el pasaje, ¿por qué los vendedores suelen recibir un salario base y bono de incentivo en lugar de sólo una comisión?

(1) Los montos de las comisiones varían significativamente.
(2) Ganarse una comisión requiere que se inviertan muchas largas horas.
(3) Ganarse una comisión requiere estar con una compañía durante varios años.
(4) Ganarse una comisión requiere que la compañía llegue a un cierto nivel de ganancias.
(5) Los montos de las comisiones sólo son otorgados periódicamente.

15. ¿Cuál de las siguientes oraciones resume mejor los "criterios" (línea 27) que afectan un plan de bonos?

(1) Los empleados reciben bonos si la compañía gana dinero.
(2) Los empleados reciben bonos en una fecha determinada cada año.
(3) A la mayoría de los empleados se les otorgan bonos automáticamente.
(4) Cada empleado recibe un bono en función del número de horas trabajadas.
(5) Los empleados que han estado con una compañía por más tiempo recibirán bonos más grandes.

16. ¿Cuál de las siguientes oraciones explica mejor el plan de salario en riesgo?

(1) Los empleados deben alcanzar sus niveles de ventas anteriores para mantener sus salarios.
(2) Los niveles de salarios base dependen sólo del desempeño individual.
(3) Se garantiza un salario base para todos los empleados.
(4) Los empleados deben alcanzar una meta de ventas para ganar un salario base.
(5) Llegar a las metas de ventas no tiene ningún efecto en los montos de los bonos.

17. De acuerdo con la información de este pasaje, ¿cuál de las siguientes compañías es más probable que un vendedor que siempre consigue ventas muy altas escoja para trabajar?

una compañía que

(1) siempre llegue al 50% de su meta de ventas
(2) ofrezca un plan de bonos de salario en riesgo
(3) brinde un salario base bajo
(4) ofrezca bonos que no estén basados en metas preestablecidas
(5) ofrezca a todos los empleados el mismo bono

18. ¿Cuál de las siguientes frases describe mejor el propósito general del pasaje?

(1) comprobar que los planes de bonos son ineficientes
(2) proveer información acerca de los planes de incentivos
(3) evitar el uso de planes de incentivos
(4) promover los planes de incentivos de reparto de utilidades
(5) mostrar que todos los planes de incentivos son iguales

¿QUÉ BUSCA EL AUTOR?

NO HAY DICHA EN LA TIERRA

De niño, en el vano aliño[1] de la juventud soñando,
pasé la niñez llorando
con todo el pesar de un niño.
Si empieza el hombre penando
(5)   cuando ni un mal le desvela,
¡Ah!
la dicha que el hombre anhela
¿dónde está?

Ya joven, falto de calma,
(10) busco el placer en la vida,
y cada ilusión perdida
me arranca, al partir el alma.
Si en la estación más florida
no hay mal que al alma no duela,
(15) ¡Ah!
la dicha que el hombre anhela
¿dónde está?

La paz con ansia importuna
busco en la vejez inerte,
(20) y buscaré en mal tan fuerte
junto al sepulcro la cuna.
Temo a la muerte, la muerte
todos los males consuela
¡Ah!
(25) la dicha que el hombre anhela,
¿dónde está?

---

[1] vano aliño: adorno inútil

Ramón de Campoamor, "No hay dicha en la tierra".

19. ¿Cuál de las siguientes oraciones es el mejor resumen de la primera estrofa?

El poeta

(1) de niño lloraba mucho
(2) de niño sólo era feliz soñando con ser joven algún día
(3) ya desde su niñez deseaba demasiado
(4) se pregunta dónde está la dicha en la vida humana
(5) era un niño caprichoso y triste

20. Si el poeta pudiera volver a vivir la misma vida, ¿cuál de las siguientes opciones sería más probable que ocurriera?

El poeta

(1) sería una persona muy alegre
(2) buscaría la dicha en las diferentes edades sin encontrarla
(3) pondría fin a su vida antes de llegar a la vejez
(4) sería un joven muy tranquilo
(5) tendría muchas ilusiones que se harían realidad

21. ¿Qué es más probable que quiera decir el poeta con la frase "cada ilusión perdida / me arranca, al partir, el alma" (líneas 11 y 12)?

(1) No quiere tener ninguna ilusión.
(2) Quiere alcanzar sus ilusiones.
(3) Sufre mucho porque no alcanza sus ilusiones.
(4) Sufre porque las personas que quiere se van.
(5) Desea partir adonde nadie lo conozca.

22. ¿Cuál de las siguientes oraciones describe mejor la actitud del poeta hacia la humanidad?

(1) Cree que es mejor que el resto de la humanidad.
(2) Se pregunta si la mayoría de la gente es dichosa.
(3) Envidia a las personas que son felices.
(4) Se identifica con los demás y cree que comparten su suerte.
(5) Espera que la muerte consuele a todos.

23. ¿Cuál de las siguientes frases describe mejor cómo cambian las emociones del poeta de la infancia a la vejez?

(1) primero, soñador; luego, impaciente, y finalmente, temeroso
(2) primero, indignado; luego, ambicioso, y finalmente, temeroso
(3) primero, alegre; luego, furioso, y finalmente, tranquilo
(4) primero, furioso; luego, tierno, y finalmente, humilde
(5) primero, inocente; luego, calculador, y finalmente, agresivo

24. Otro poema del mismo poeta se titula "Ayes del alma". Con base en ese título y en la información de "No hay dicha en la tierra", ¿cuál de las siguientes opciones describe mejor el estado de ánimo de los poemas de Campoamor?

(1) enojado
(2) angustiado
(3) escéptico
(4) satisfecho
(5) atemorizado

¿POR QUÉ EL PADRE DE MARY ESTÁ ENOJADO CON ELLA?

Quién sabe quién le habló a mis padres, si el doctor o la Srta. Presson.

—Tenemos que hablar —dijo papi en su voz más baja, guiándome hacia el cuarto de
(5) estar, pellizcándome con la mano la parte de atrás del cuello—. Mary Meade, parece que esta noche tenemos que hablar un poco sobre economía.

—Sí, señor —dije.

(10) —¿Sabes a qué me refiero?

—No, señor.

—Economía es una palabra grande para... este... um. Este... dinero. Cosas que tienen que ver con el dinero.

(15) Recuerdo sus carraspeos y titubeos más que sus palabras exactas. Pero papi siempre te dejaba parado por un buen tiempo, en lo que decía lo que quería decir, y esa noche me hace recordar tan bien esa palabra,
(20) "economía", que hasta la fecha me hace sentir un nudo en la garganta.

—He dejado que cobres un dólar aquí y un dólar allá en Connell's (pensé que te serviría para aprender algo) pero parece que lo estás
(25) haciendo todas las semanas. Y me gustaría preguntarte por qué necesitas tantos dólares. Ya sé que te gustan los espectáculos en Buckhead y todo eso, pero tú también recibes tu mesada y dinero por cuidar a Robert.

(30) —Sí.

—¿Sí qué?

—Sí, señor.

—Quiero decir, sí, ¿qué estás haciendo con el dinero, Mary Meade?

(35) Miré a papi y abrí la boca. Probablemente, las únicas dos veces en que me he sentido tan aterrorizada como en ese momento fueron aquella vez con Carson y el día antes de mi boda cuando le dije a Clifford Sealew que no
(40) me casaría con él. Sin haberlo planeado, le había mentido a Clifford y le había dicho que había alguien más.

—¿Entonces? —dijo mi padre.

De mi boca abierta, las palabras resbalaron
(45) tan fácilmente como un rezo.

—Le di el dinero a Reina Ester.

A diferencia de Cliff, papi no explotó ni se desmoronó. Dijo algo como "eso pensé" y continuó preguntándome sobre las veces en
(50) que Reina Ester había ido a Connell's conmigo y había tratado de cobrar unos cheques. Luego volvió a concentrarse en mi mentira. Me preguntó si ella me había obligado a darle el dinero.

(55) —¡Ay, no, no, no! —me di cuenta de inmediato del lío en el que me había metido. Vi cómo empezaba a formarse una expresión iracunda en su rostro y vi que esa expresión estaba dirigida a ella—. No, papi. Yo quise
(60) dárselo. No puede conseguir dinero de verdad con tus cheques. Trató y no pudo.

Dijo algo como "eso me han dicho" y se puso dulce conmigo. Esa noche me alabó, lo cual recordaré siempre, y mis temores
(65) desaparecieron. Nos abrazamos y besamos, y me dejó ir ni recuerdo a dónde, habiendo aprendido que mentir vale la pena, mientras él se quedaba en el cuarto de estar sentado en su sillón de cuero...

Elizabeth Seydel Morgan, "Economics", *Downhome*.

25. ¿Por qué el padre de Mary Meade piensa que ella hizo algo malo?

(1) Cobró demasiado en Connell's.
(2) Le habló de manera irrespetuosa.
(3) Canceló su boda con Clifford.
(4) Se gastó toda su mesada.
(5) Aceptó cheques de Reina Ester.

26. ¿Cuál de las siguientes palabras describe mejor al padre?

El padre

(1) es miserable
(2) es indeciso
(3) es fácil de engañar
(4) impone una disciplina férrea
(5) está agradecido con su hija

27. ¿Cómo cambian los sentimientos de Mary en el transcurso de la conversación con su padre?

(1) de miedo a alivio
(2) de miedo a arrepentimiento
(3) de respeto a amor
(4) de respeto a enojo
(5) de miedo a enojo

28. ¿Cuál de las siguientes oraciones describe mejor el tema del pasaje?

(1) Rara vez debe perdonarse una mentira.
(2) A veces, mentir tiene beneficios.
(3) Mentir puede ayudarte a obtener más dinero.
(4) Las mentiras pueden destruir relaciones.
(5) Mentir para ayudar a otros no es una buena idea.

29. De acuerdo con la información de este pasaje, si Mary se enterara de que una amiga abolló accidentalmente el auto de otra persona, ¿qué consejo es más probable que Mary le diera a su amiga?

(1) Ofrece una explicación antes de que te la pidan.
(2) Di que tú no eras la conductora.
(3) Dile al dueño exactamente lo que pasó.
(4) Habla con un abogado antes de admitir tu culpabilidad.
(5) Di que tuviste que virar súbitamente para evitar atropellar a un niño.

30. En una parte posterior del relato, Reina Ester es despedida de su trabajo como sirvienta de la familia de Mary. De acuerdo con esta información y con el pasaje, ¿cuál de las siguientes descripciones acerca de Reina Ester es más probable que sea cierta?

(1) El padre de Mary piensa que no es confiable.
(2) No es una buena empleada.
(3) Es una mala influencia para Mary.
(4) Le ha estado mintiendo a la familia de Mary.
(5) El padre de Mary piensa que es avara.

¿SOBRE QUÉ ESTÁN DISCUTIENDO LINDA Y WILLY?

LINDA: *(quitándole la chaqueta)* ¿Por qué no vas al lugar mañana y le dices a Howard que tienes que trabajar en Nueva York? Eres demasiado complaciente, querido.

(5) WILLY: Si el viejo Wagner estuviera vivo, ¡a estas alturas yo estaría a cargo de Nueva York! Ese hombre era un príncipe, era un hombre magistral. Pero ese muchacho suyo, ese Howard, él no sabe apreciar las

(10) cosas. Cuando me fui al norte la primera vez, ¡la Compañía Wagner ni siquiera sabía dónde está Nueva Inglaterra!

LINDA: ¿Por qué no le dices esas cosas a Howard, querido?

(15) WILLY: *(alentado)* Lo haré, definitivamente lo haré. ¿Tenemos queso?

LINDA: Te voy a preparar un sándwich.

WILLY: No, vete a dormir. Voy a tomar un vaso de leche. Me levantaré de inmediato.

(20) ¿Están los chicos?

LINDA: Están dormidos. Happy sacó a Biff a pasear esta noche.

WILLY: *(interesado)* ¿De verdad?

LINDA: Fue muy lindo verlos rasurándose

(25) juntos en el baño, uno detrás del otro. Y salir juntos. ¿Te das cuenta? Toda la casa huele a loción para afeitarse.

WILLY: Fíjate nada más. Trabajas toda una vida para pagar la casa. Finalmente es tuya y

(30) ahora no hay nadie para vivir en ella.

LINDA: Bueno, querido, la vida es un abandono. Siempre es así.

WILLY: No, no, algunas personas... algunas personas logran algo. ¿Dijo algo Biff

(35) después de que me fui esta mañana?

LINDA: No deberías de haberlo criticado, Willy, sobre todo justo después de que se bajó del tren. No deberías perder los estribos con él.

(40) WILLY: ¿Cuándo diablos perdí los estribos? Simplemente le pregunté si estaba ganando dinero. ¿Eso es criticarlo?

LINDA: Pero, querido, ¿cómo podría estar ganando dinero?

(45) WILLY: *(preocupado y enojado)* Hay un cierto trasfondo en él. Se convirtió en un hombre malhumorado. ¿Se disculpó después de que me fui esta mañana?

LINDA: Estaba alicaído, Willy. Ya sabes cuánto

(50) te admira. Creo que si se encuentra a sí mismo, los dos estarán más contentos y no pelearán más.

WILLY: ¿Cómo puede encontrarse a sí mismo en una granja? ¿Eso es vida? ¿Un peón

(55) de labranza? Al principio, cuando era pequeño, yo pensaba, bueno, un hombre joven, es bueno que se descoque un poco, que tome varios trabajos distintos. Pero ya han pasado más de diez años, ¡y todavía

(60) no ha llegado el momento de que gane más de treinta y cinco dólares en una semana!

LINDA: Se está encontrando a sí mismo, Willy.

WILLY: ¡No encontrarte a ti mismo a los treinta

(65) y cuatro años de edad es una vergüenza!

Arthur Miller, *Death of a Salesman*.

31. ¿Cuál es la actitud de Willy respecto a su hijo Biff?

Piensa que Biff

(1) está perdiendo el tiempo
(2) tiene muchos talentos
(3) lo trata bien
(4) será un buen granjero
(5) debería integrarse a su compañía

32. Si Linda tuviera el trabajo de Willy de vendedora, ¿qué actitud es más probable que tuviera respecto al trabajo?

(1) muy ansiosa
(2) desorganizada
(3) aprensiva
(4) calmada
(5) jubilosa

33. ¿Cuál de las siguientes palabras describe mejor a Willy?

(1) insatisfecho
(2) de trato fácil
(3) generoso
(4) ambicioso
(5) cariñoso

34. ¿Cuál es la actitud de Biff respecto a su padre?

(1) Biff aprecia su sentido del humor.
(2) Biff no lo respeta mucho.
(3) Biff se siente ofendido por sus comentarios.
(4) Biff está enojado con él.
(5) Biff se siente muy apegado a él.

35. En una parte previa de esta obra de teatro, Linda piensa acerca de los "grandes sueños" de Willy, así como en sus "turbulentos deseos interiores". De acuerdo con esta información y con el pasaje, ¿qué es más probable que Willy desee?

(1) trabajar en Nueva York
(2) que sus hijos vivan con él nuevamente
(3) vivir en el campo
(4) que sus logros signifiquen algo
(5) que Biff escoja una buena profesión

¿QUÉ HACE QUE UN MÉDICO SEA BUENO?

La última creación en este género es *Second Opinions,* por Jerome Groopman, un profesor de la Escuela de Medicina de Harvard, jefe de medicina experimental en el

(5) Centro Médico Beth Israel Diaconess y escritor de la revista *New Yorker.* Las ocho viñetas de su breve libro son, como el subtítulo lo indica, "relatos de intuición y elección en el cambiante mundo de la medicina".

(10) La redacción de Groopman es lúcida e interesante, sin la jerga que hace que las revistas médicas resulten inaccesibles para quienes no son especialistas. Escribe sobre pacientes (incluyendo amigos y miembros de

(15) su familia) que experimentan el terror producido por terribles enfermedades y que, para bien o para mal, dependen en gran medida de sus médicos para que los guíen en un viaje incierto e indeseado. En esos

(20) momentos, sugiere Groopman, uno necesita médicos que no sólo estén bien informados médicamente, sino que también sean sabios y bondadosos.

Uno de los relatos más conmovedores de

(25) Groopman narra el descenso de su abuelo Max hacia la demencia y, finalmente, la muerte. Aquí, la Némesis no es la enfermedad en sí, la cual es incurable por "cuchillada, quemadura o veneno" (el argot del autor para

(30) cirugía, radiación o medicamentos), sino un insensible neurólogo quien ve al alguna vez vigoroso hombre como un simple accesorio para escribir un informe de investigación sobre los subtipos de la enfermedad de Alzheimer. El

(35) neurólogo le preguntó con brusquedad al débil hombre algunas preguntas de diagnóstico, realizó exámenes durante un día y luego lo envió a un asilo de ancianos en una camioneta. La familia ni siquiera tuvo la

(40) oportunidad de acompañar a Max al asilo. Este tipo de historias debería motivar a las escuelas de medicina a requerir que todos los estudiantes tomen cursos en humildad, sensibilidad y compasión, e inspirar a muchos

(45) pacientes insatisfechos a darle una copia de *Second Opinions* a los médicos que conozcan.

Otro relato habla de una mujer de edad media cuyo doctor en Hyannis diagnosticó su problema como asma y le dio el tratamiento

(50) correspondiente. Desgraciadamente, tenía leucemia aguda. El doctor, trabajando bajo el "tacaño" sistema de una Organización para el Mantenimiento de la Salud, HMO *(Health Maintenance Organization),* sólo había

(55) realizado pruebas limitadas. Había recomendado el tratamiento "normal" para los síntomas detectados y nunca se disculpó por su error ni por su mala educación. Después de que Groopman y sus colegas de Boston

(60) corrigieron el tratamiento, la mujer se sintió suficientemente bien como para continuar su tratamiento en Hyannis. Pero su destino ya había sido marcado: a pesar de someterse a un caro tratamiento de quimioterapia

(65) experimental (pagado no por la HMO, sino por el gobierno federal), sucumbió rápidamente. Tales casos, que probablemente ocurren miles de veces cada día del año, deberían motivar a los legisladores interesados en esforzarse al

(70) máximo para reformar el sistema de salud de este país, el cual es fabuloso siempre y cuando no nos enfermemos.

Uno de los mensajes importantes del libro es que los pacientes que padecen estados

(75) médicos serios deben protegerse de los médicos que no escuchan o que se apresuran en ofrecer un tratamiento.

Michael F. Jacobson, "The Body Politic", *Boston Magazine.*

36. ¿Bajo qué condiciones propone el crítico que el sistema de salud de la nación funciona mejor?

    (1) si el paciente no se enferma
    (2) si el doctor está entrenado en la especialidad adecuada
    (3) si la enfermedad no requiere hospitalización
    (4) si la enfermedad es fácil de diagnosticar
    (5) si el paciente necesita una segunda opinión

37. De acuerdo con este pasaje, ¿qué es más probable que el crítico haga si se enferma?

    (1) Confiar sólo en su propio juicio para tomar decisiones médicas.
    (2) Negarse a pedirle ayuda a los miembros de su familia.
    (3) Escoger un médico que haya publicado muchos informes.
    (4) Consultar a un médico que ejerza en un hospital de investigación.
    (5) Buscar un médico que trate bien a sus pacientes.

38. ¿Cuál es el punto de vista que el crítico expresa?

    (1) Normalmente, los doctores deberían realizar más pruebas.
    (2) Los doctores deben ser compasivos con sus pacientes.
    (3) Los pacientes rara vez necesitan pedir una segunda opinión.
    (4) Los doctores deben evitar trabajar para las HMO.
    (5) Los pacientes pueden administrar su propia atención a la salud.

39. ¿Qué ideas están contrastadas más claramente en la reseña?

    (1) conocimiento e ignorancia
    (2) confianza y miedo
    (3) habilidad e incompetencia
    (4) verdad y engaño
    (5) bondad e indiferencia

40. Más adelante en la reseña, el crítico dice: "También estaba (en el libro) el tema demasiado frecuente de que tu doctor no es tan bueno como... un doctor de Harvard". De acuerdo con esta información y con el pasaje, ¿cuál es la opinión general del crítico respecto al libro?

    (1) El libro presenta un buen argumento acerca de la atención médica, pero no todos los puntos que menciona son válidos.
    (2) El enfoque del libro es demasiado limitado y debería incluir una discusión de los médicos del país.
    (3) El libro menciona un buen punto, pero usa demasiada terminología médica.
    (4) Los relatos personales del libro son efectivos y prueban que hay pocos doctores calificados.
    (5) El libro muestra que ciertas escuelas de medicina producen doctores más compasivos.

Las respuestas comienzan en la página 329.

Tabla de análisis del desempeño en el repaso acumulativo
Lenguaje, Lectura

Las siguientes tablas le servirán para determinar cuáles son sus puntos fuertes y débiles en las áreas temáticas y destrezas necesarias para aprobar la Prueba de Lenguaje y Lectura del GED. Consulte la sección Respuestas y explicaciones que empieza en la página 329 para verificar las respuestas que haya dado en la Prueba final. Luego, en la tabla, encierre en un círculo los números correspondientes a las preguntas de la prueba que haya contestado correctamente. Anote el número total de aciertos por área temática y por destreza al final de cada hilera y columna. Vea el número total de aciertos de cada columna e hilera para determinar cuáles son las áreas y destrezas que más se le dificultan. Use como referencia las páginas señaladas en la tabla para estudiar esas áreas y destrezas. Utilice una copia del Plan de estudio de la página 31 como guía de repaso.

Destrezas de razonamiento / Área temática	Comprensión	Aplicación	Análisis	Síntesis	Número de aciertos
Textos de no ficción (Páginas 32 a 97)	14, 16, 36	17, 37	15	18, 38, 39, 40	_____/10
Ficción (Páginas 98 a 167)	3, 8, 9, 25	2, 29	1, 4, 7, 10, 11, 26	5, 6, 12, 13, 27, 28, 30	_____/19
Poesía (Páginas 168 a 207)		20	19, 21, 22	23, 24	_____/6
Obras dramáticas (Páginas 208 a 241)		32	31, 33, 34	35	_____/5
Número de aciertos	_____/7	_____/6	_____/13	_____/14	_____/40

1–32 → Use el Plan de estudio de la página 31 para organizar su repaso.
33–40 → ¡Felicidades! ¡Esta listo para presentar la Prueba de GED! Puede practicar más usando la Prueba simulada en las páginas 259 a 274.

LENGUAJE, LECTURA
Instrucciones

La Prueba simulada de Lenguaje y Lectura consta de pasajes extraídos de textos de ficción, no ficción, poesía, y obras de teatro. Cada pasaje va seguido de preguntas de selección múltiple sobre las lecturas.

Lea primero cada texto y luego conteste las preguntas. Vuelva al texto todas las veces que necesite para contestar las preguntas.

Cada texto va precedido de una "pregunta general". La pregunta general ofrece un motivo para leer la selección y lo ayudará a orientarse en la lectura. No tiene que contestar estas preguntas generales, sino que están allí para ayudarlo a concentrarse en las ideas presentadas en la lectura.

Se le darán 65 minutos para contestar las 40 preguntas de esta prueba. Trabaje con cuidado, pero no dedique demasiado tiempo a una sola pregunta. Conteste todas las preguntas. Si no está seguro de una respuesta, responda de manera razonable. No se descontarán puntos por respuestas incorrectas.

Cuando se agote el tiempo, ponga una marca en la última pregunta que haya contestado. Esto le servirá de guía para calcular si podrá terminar la verdadera Prueba de GED dentro del tiempo permitido. A continuación termine la prueba

Registre sus respuestas en una copia de la hoja de respuestas de la página 348. Asegúrese de incluir toda la imformación requerida en la hoja de respuestas.

Para marcar sus respuestas, en la hoja de respuestas rellene el círculo con el número de la respuesta que considere correcta para cada una de las preguntas de la prueba.

Ejemplo:

Era el sueño de Susana. El color azul metálico resplandecía y brillaba el cromo de las ruedas. El motor había sido limpiado con el mismo esmero. Adentro, luces brillantes iluminaban el tablero de mandos y los asientos estaban tapizados en cuero fino.

¿A qué es más probable que se refiera el párrafo?

(1) a un avión
(2) a un equipo estereofónico
(3) a un automóvil
(4) a un bote
(5) a una motocicleta

La respuesta correcta es "a un automóvil", por lo tanto, en la hoja de respuestas debería haber rellenado el círculo con el número 3 adentro.

No apoye la punta del lápiz en la hoja de respuestas mientras piensa en la respuesta. No haga marcas innecesarias en la hoja. Si decide cambiar una respuesta, borre completamente la primera marca. Rellene un solo círculo por cada respuesta; si señala más de un círculo, la respuesta se considerará incorrecta. No doble ni arrugue la hoja de respuestas.

Una vez terminada esta prueba, utilice la tabla de Análisis del desempeño en la página 274 para determinar si está listo para tomar la verdadera Prueba de GED. Si no lo está, use la tabla para identificar las destrezas que debe repasar de nuevo.

Adaptado con el permiso del *American Council on Education*.

Instrucciones: Elija la respuesta que mejor responda a cada pregunta.

Las preguntas 1 a 6 se refieren al siguiente pasaje de una reseña.

¿CÓMO CREA PURA FE UNA NUEVA CLASE DE MÚSICA?

La escena es en el anfiteatro del parque Prospect de Brooklyn: la noche de verano es fresca, la Luna de un elegante color plateado. En el escenario flotan nubes de salvia mientras
(5) los miembros de Pura Fe, un conjunto indígena americano de jazz, se preparan para su espectáculo, quemando hierbas y rezando en un círculo tras bambalinas. Vestidos con cuentas, chalecos y otros atuendos
(10) tradicionales, los siete músicos parecen ser pioneros folclóricos, pero su música (lastimeros cantos indios con arreglos de jazz para tres voces femeninas y sincopados con flautas, tambores, sonajas y campanas) suena
(15) sorprendentemente moderna; de hecho, muchas de sus melodías podrían fácilmente entrar a las listas de popularidad, entre el gospel sudafricano de Ladysmith Black Mambazo y el ritmo más orientado al jazz de
(20) Take 6. Sin embargo, la letra de las canciones de Pura Fe los aparta de la corriente dominante. Con una oreja sintonizada a la historia, han adaptado cantos y canciones que aprendieron de sus abuelos, de otros ancianos
(25) en los *powwows* e incluso de sus propias visiones y sueños. "No somos reliquias... ni recuerdos... ni ecos del pasado", dice una canción. "...Estamos aquí y ahora / una orgullosa nación india / con los espíritus de
(30) nuestros ancestros... juntos, el poder de la oración / trae la medicina de vuelta".

Hace diez años, un grupo de arte indio como Pura Fe (establecido en la tradición, pero progresista artísticamente) habría
(35) sido impensable en los Estados Unidos contemporáneos. Victimados por una represión racial que casi resultó fatal, generaciones enteras de indígenas americanos o bien negaron su identidad por vergüenza o se
(40) refugiaron en separatismos tribales. No fue sino hasta 1978 que la Ley de Libertad Religiosa para los Indígenas Americanos permitió que los indios practicaran, en público y en privado, sus rituales espirituales. Pero la

(45) generación más joven de artistas indígenas americanos, enfrentándose activamente a los estereotipos y a la discriminación, está encontrando nuevas formas de hacer una conexión con su herencia y, al mismo tiempo,
(50) seguir siendo urbanos. Definiéndose a sí mismos como cuidadores de una cultura que prácticamente se ha perdido, se han convertido en un enlace entre dos mundos aparentemente incongruentes.

(55) La música del conjunto Pura Fe no es sólo de indios para indios, insiste Frank Menusan, quien decidió tocar la música de sus ancestros sólo después de realizar un estudio a fondo de la música e instrumentos de otras
(60) culturas. Entre los instrumentos que toca profesionalmente se encuentran la citara del este de la India y la vina, el oud turco y laúdes de cuerda de Afganistán, así cómo toda clase de instrumentos de percusión latinos. Aunque
(65) el grupo Pura Fe sólo utiliza instrumentos indios auténticos como las sonajas peyotes, tambores de troncos de árbol, ocarinas precolombinas y flautas indígenas americanas, es el talento musical de Menusan lo que
(70) incorpora la sensación de frescura a los arreglos del grupo. "Realmente nos estamos esforzando por conservar la integridad de nuestra música", dice. "Y, al mismo tiempo, hacerla más universal. Mucha gente, incluso
(75) los indios, ha estereotipado su propia música como un tamboreo monótono con muchos aullidos. Pero nosotros recibimos las bendiciones de ancianos de muchas afiliaciones tribales quienes creen en lo que
(80) estamos haciendo y lo condonan. Si los conmueve a ellos, dicen, están seguros de que conmoverá a otros".

Pamela Bloom, "Keeping the Faith", *Taxi.*

1. ¿Cuál es una de las maneras en que Pura Fe crea una nueva forma de música indígena americana?

   (1) usando sólo instrumentos indios tradicionales
   (2) cantando cantos lastimeros
   (3) usando arreglos de jazz
   (4) rechazando la síncopa
   (5) usando la cítara asiática

2. ¿Cuál es la razón más probable por la que la autora compara a Pura Fe con Ladysmith Black Mambazo y con Take 6 (líneas 18 a 20)?

   (1) para indicar que Pura Fe es mejor que esos dos grupos
   (2) para dar una idea de cómo suena la música de Pura Fe
   (3) para sugerirle a Pura Fe los sonidos que deberían imitar
   (4) para ridiculizar los intentos de Pura Fe de sonar modernos
   (5) para decir qué música ha adaptado Pura Fe como suya propia

3. A la autora de esta reseña le parece interesante la música de Pura Fe. ¿Cuál de los siguientes detalles del pasaje apoya mejor esta conclusión?

   (1) "...la letra de las canciones de Pura Fe los aparta de la corriente dominante" (líneas 20 a 22)
   (2) "Hace diez años, un grupo de arte indio como Pura Fe... habría sido impensable" (líneas 32 a 35)
   (3) "Mucha gente... ha estereotipado su propia música comó un tamboreo monótono..." (líneas 74 a 76)
   (4) "...han adaptado cantos y canciones que aprendieron de sus abuelos..." (líneas 24 y 25)
   (5) "...nos estamos esforzando por conservar la integridad de nuestra música..." (líneas 71 a 73)

4. De acuerdo con la reseña, ¿qué es lo más probable que Pura Fe haría si escucharan un canto indígena americano que nunca hubieran escuchado antes?

   (1) Lo tocarían usando instrumentos turcos y afganos.
   (2) Le darían arreglos más modernos.
   (3) Se lo enseñarían a sus abuelos y a otros ancianos.
   (4) Lo tocarían para educar al público acerca de la historia indígena americana.
   (5) Lo tocarían sólo frente a un público compuesto por otros indígenas americanos.

5. ¿Cuál es la razón principal por la que la autora incluye información acerca de la historia reciente de los indígenas americanos?

   (1) para explicar por qué se le había prohibido tocar a Pura Fe hasta la fecha
   (2) para hacer que el lector sienta simpatía por Pura Fe
   (3) para explicar cómo Pura Fe desarrolló su estilo particular
   (4) para mostrar que la música de Pura Fe está destinada principalmente a otros indígenas americanos
   (5) para mostrar que Pura Fe es un representante de la generación más joven de indígenas americanos

6. ¿Cómo está organizado el pasaje?

   (1) Una lista específica de temas relacionados con la música va seguida de una discusión a fondo.
   (2) Una serie de afirmaciones generales acerca de la música se presenta sin ningún apoyo específico.
   (3) Los méritos de la música son contrastados con sus defectos.
   (4) Una descripción de la música va seguida de antecedentes históricos y relatos personales.
   (5) Un análisis de la cultura indígena americana va del pasado al presente.

¿ES POSIBLE AMAR CON EL CORAZÓN Y NO CON LA MENTE?

¡No me recuerdes! ¡Siénteme!
Hay sólo un trino entre tu amor y mi alma.
Mis ojos navegan
el mismo azul sin fin donde tú danzas.
(5) Tu arco iris de sueños en mí tiene
siempre pradera abierta entre montañas.
Una vez se perdieron mis sollozos,
y los hallé, abrigados, en tus lágrimas.

¡No me recuerdes! ¡Siénteme!
(10) Un ruiseñor nos tiene en su garganta.
Los ríos que me traje de mis riscos,
desembocan tan sólo por tus playas.
Hay confusión de vuelos en el aire. . .
¡El viento que nos lleva en sus sandalias!
(15) ¡No me recuerdes! ¡Siénteme!
Mientras menos me pienses, más me amas.

Julia Constantina Burgos García, *Canción hacia adentro.*

7. De acuerdo con el poema, ¿qué emoción proyecta la narradora hacia el lector?

(1) le gustaría bailar con él
(2) sufre por él
(3) lo trata de olvidar
(4) lo ama
(5) siempre lo recuerda

8. ¿Qué es lo más probable que la narradora quiera decir con la frase "Hay sólo un trino entre tu amor y mi alma" (línea 2)?

(1) El cariño de su amado está muy cerca de su alma.
(2) Hay pájaros cantando en su alma.
(3) El cariño de su amado y su alma están separados por una gran distancia.
(4) Los cantos de su amado suenan como los trinos de un pájaro.
(5) Un trino separa el amor del alma.

9. De acuerdo con el poema, ¿cuál de las siguientes afirmaciones es cierta?

(1) Cuanto menos se razona, más se ama.
(2) No puedes amar a alguien que no recuerdas.
(3) El olvido produce confusión.
(4) Hay que olvidar para poder amar.
(5) El amor produce amnesia.

10. ¿Qué es lo más probable que la narradora quiera decir con la frase "Los ríos que me traje de mis riscos, / desembocan tan sólo por tus playas" (líneas 11 y 12)?

(1) Todo lo que la narradora posee los deposita en la playa donde vive su amado.
(2) La narradora vivía en un lugar donde había ríos y su amado vivía en la playa.
(3) Todos los ríos llegan al mar.
(4) Siempre se llega al mismo lugar, sin importar donde se empiece.
(5) Todo el amor y todo el ser de la narradora están destinados a su amado.

11. ¿Qué es lo que más le importa a la narradora?

(1) no olvidar a su amado
(2) ser recordada por su amado
(3) ser amada por su amado con la misma intensidad con que ella lo ama a él
(4) vivir la vida junto a su amado
(5) lograr que su amado sienta cuánto lo quiere

Las <u>preguntas 12 a 17</u> se refieren al siguiente pasaje de una obra de teatro.

¿QUÉ CLASE DE VIDA LLEVAN MARTY Y ANGIE?

ANGIE: Bueno, ¿qué quieres hacer hoy en la noche?

MARTY: No sé. ¿Tú qué quieres hacer?

ANGIE: Vaya, por lo visto estamos otra vez en
(5)   lo mismo, ¿eh? Yo te digo: "¿Qué quieres
hacer hoy en la noche?", y tú me dices:
"No sé. ¿Tú qué quieres hacer?" Y al final
terminamos quedándonos en casa con un
par de latas de cerveza, viendo Sid César
(10)   por televisión. Pues bien, te voy a decir lo
que quiero hacer. Quiero llamar a Mary
Feeney. Tú le gustas. (MARTY *alza la
vista de inmediato cuando escucha esto.*)

MARTY: ¿Por qué dices eso?

(15) ANGIE: Me doy cuenta de que le gustas.

MARTY: Sí, claro.

ANGIE: *(Medio levantándose de su asiento.)* La
voy a llamar.

MARTY: Llámala para ti mismo, Angie. Yo no
(20)   tengo ganas de hablar con ella. (ANGIE *se
vuelve a sentar. Ambos siguen leyendo el
periódico por un rato. Luego* ANGIE
levanta la vista de nuevo.)

ANGIE: Hombre, te estás volviendo un
(25)   verdadero plomo, ¿sabías eso?

MARTY: Angie, tengo treinta y seis años de
edad. He buscado una chica todos los
sábados de mi vida. Soy un hombre
pequeño, bajito y gordo y las muchachas
(30)   no se sienten atraídas hacia mí, eso es
todo. No soy como tú. Quiero decir, tú
bromeas y ellas se ríen y te llevas bien con
ellas. Yo sólo me quedo ahí parado como
un insecto. ¿Para qué me voy a mentir a
(35)   mí mismo? Todo el mundo me está
diciendo siempre que me case. Cásate.
Cásate. ¿No crees tú que yo me quiero
casar? Sí me quiero casar. Me vuelven
loco. Ahora bien, no quiero arruinar tu
(40)   sábado por la noche, Angie. Si quieres ir a
algún lado, ve. Yo no quiero ir.

ANGIE: Hombre, a mí también me vuelven
loco. Mi vieja, las únicas palabras que
salen de su boca son: "¿cuándo te vas a
(45)   casar?"

Paddy Chayefsky, *Marty, The Collected Works of Paddy
Chayefsky: The Screenplays.*

12. De acuerdo con el pasaje, ¿cuál es el principal problema de Marty?

    (1) Tiene treinta y seis años de edad.
    (2) Es bajito y gordo.
    (3) No es popular entre las mujeres.
    (4) Se queda parado como un insecto.
    (5) No es como Angie.

13. ¿Cuál de las siguientes palabras describe mejor a Angie?

    (1) optimista
    (2) frustrado
    (3) amargado
    (4) satisfecho
    (5) encantador

14. ¿Cuál de las siguientes palabras describe mejor a Marty?

    (1) enojado
    (2) ingenioso
    (3) derrotado
    (4) manipulador
    (5) humilde

15. De acuerdo con la información del pasaje, ¿cómo es más probable que Marty pasaría el tiempo si inesperadamente le dieran una semana de vacaciones en el trabajo?

    (1) trataría de conseguir una chica para salir
    (2) pensaría en las dichas del matrimonio
    (3) se pasaría todo el día sentado sin hacer nada
    (4) discutiría con Mary Feeney
    (5) haría ejercicio para perder peso

16. ¿Cuál de las siguientes frases describe mejor el tema de este pasaje?

    (1) El matrimonio es un deseo natural para todas las personas.
    (2) Los sábados por la noche pueden resultar aburridos para muchas personas.
    (3) Marty se está perdiendo muchas buenas oportunidades.
    (4) Dos personas no pueden decidir qué hacer un sábado por la noche.
    (5) A veces, las personas solitarias dejan de ser activas socialmente.

17. ¿En qué se diferencia Angie de Marty?

    (1) Angie está menos decidido a cambiar su vida que Marty.
    (2) Angie se siente más cómodo con las mujeres que Marty.
    (3) A Angie lo molesta más su mamá que a Marty.
    (4) Angie desea casarse más que Marty.
    (5) Angie está menos dispuesto a llamar mujeres por teléfono que Marty.

¿ES RAZUMIJIN SERVICIAL CON LA FAMILIA?

Raskólnikov fue el primero en abrir la puerta; la abrió de par en par y se quedó inmóvil bajo el marco, atónito.

Su madre y su hermana se encontraban
(5) sentadas en el sofá y lo habían estado esperando por una hora y media. ¿Por qué no lo había esperado, no había pensado en ellas, a pesar de que justo ese día le habían dado la noticia de que habían partido, se encontraban
(10) en camino y llegarían de inmediato? Habían pasado esa hora y media acosando a Nastasia con preguntas. Nastasia todavía se encontraba parada frente a ellas y, a esas alturas, les había dicho todo lo que sabía. Se habían
(15) puesto fuera de sí de preocupación cuando se enteraron de su "huída" de ese día, enfermo y, según entendieron su relato, ¡delirando! "Santo Cielo, ¿qué le habría pasado?" Las dos habían estado llorando, las dos habían estado
(20) angustiadas por una hora y media.

La entrada de Raskólnikov fue recibida con un grito de alegría, de éxtasis. Las dos se le lanzaron a los brazos. Pero él se quedó impávido, como si estuviera muerto; una
(25) sensación súbita e intolerable se apoderó de él como una descarga eléctrica. No levantó los brazos para abrazarlas, no pudo. Su madre y su hermana lo abrazaron fuertemente, lo besaron, rieron y lloraron. Él dio un paso, se
(30) tambaleó y se cayó al piso, desmayado.

Ansiedad, gritos de horror, gemidos... Razumijin, que estaba parado en la puerta, corrió a la habitación, sostuvo al hombre enfermo en sus fuertes brazos y en un
(35) momento lo recostó en el sofá.

"¡No es nada! ¡No es nada!", les gritó a la madre y a la hermana. "Es sólo un desmayo, una verdadera nimiedad. Justo ahora el doctor dijo que está mucho mejor, ¡que está
(40) perfectamente bien! ¡Agua! ¿Ven? Ya está volviendo en sí, ¡está bien otra vez!"

Y, agarrando a Dunia del brazo tan fuertemente que casi se lo disloca, la hizo inclinarse para ver que Rodión "está bien otra
(45) vez". La madre y la hermana lo miraron con emoción y gratitud, como si fuera su Providencia. Ya Nastasia les había dicho todo lo que este "muy competente joven" había hecho por su Rodia durante su enfermedad...

Fiódor Dostoyevski, *Crime and Punishment.*

18. ¿Cómo reacciona Raskólnikov ante la visita de su familia?

Se siente

(1) contento
(2) infeliz
(3) rencoroso
(4) indiferente
(5) tímido

19. ¿Cuál es la relación entre Raskólnikov y Razumijin?

(1) Razumijin es el doctor de Raskólnikov.
(2) Son socios de negocios.
(3) Razumijin es el hermano de Raskólnikov.
(4) Se conocen bien.
(5) Acaban de conocerse.

20. De acuerdo con su conducta en este pasaje, ¿cómo es más probable que la madre y la hermana reaccionaran si Raskólnikov se recuperara de su enfermedad?

(1) Se enojarían con Raskólnikov por haberse enfermado.
(2) Sentirían que Razumijin es parcialmente responsable por la recuperación de Raskólnikov.
(3) Estarían agradecidas que Raskólnikov siguiera las indicaciones del médico mientras estuvo enfermo.
(4) Se enojarían con Razumijin por no haberles dicho antes que Raskólnikov estaba enfermo.
(5) Sentirían que Raskólnikov estaba destinado a recuperarse desde el principio.

21. ¿Cuál de las siguientes palabras describe mejor el tono de este pasaje?

(1) siniestro
(2) enojado
(3) pacífico
(4) sombrío
(5) agitado

22. En una parte posterior de la historia, Razumijin les suplica a la madre y a la hermana: "Si se quedan... harán que enloquezca, ¡y entonces sólo Dios sabe qué pasará!" De acuerdo con la información del pasaje, ¿cuál es la motivación más probable de Razumijin para decir esto?

(1) Tiene motivos egoístas para mantener a Raskólnikov alejado de su familia.
(2) Prefiere que un doctor se encargue de Raskólnikov mientras esté enfermo.
(3) Sabe que Raskólnikov no soporta a su familia y quiere que se vaya.
(4) Desconfía de la familia de Raskólnikov y quiere que se vaya.
(5) Cree que la madre y la hermana de Raskólnikov son demasiado débiles para ver a Raskólnikov en este estado.

Las preguntas 23 a 28 se refieren al siguiente memorándum.

¿ES QUICK WAX UN BUEN PRODUCTO?

PARA: Ailen Rosen, Directora de Ventas
DE: Patricia Phillips, Territorio 12

Desde su introducción en enero de 1993, Quick Wax no ha tenido éxito en el Territorio 12

(5) y no ha afectado las ventas de nuestro Easy Shine. Conversaciones con consumidores, así como mi propio análisis de Quick Wax, sugieren tres razones por las que este producto no ha podido competir con el nuestro.

(10) 1. Quick Wax no ha recibido la promoción necesaria para un nuevo producto. Los anuncios (principalmente en el radio) han sido esporádicos y no han desarrollado una imagen clara y constante del producto.

(15) Además, el representante de ventas de Quick Wax en el Territorio 12 es nuevo e inexperimentado; los clientes no lo conocen y sus argumentos de ventas (que escuché en una ocasión) son débiles. En mi opinión,

(20) sus esfuerzos no reciben apoyo de su oficina central por medio de llamadas telefónicas o envíos postales.

2. Cuando Quick Wax llega a los estantes de las tiendas, los compradores no lo prefieren

(25) a nuestro producto. Aunque su precio es competitivo con el nuestro, Quick Wax no tiene un paquete atractivo. El contenedor parece más pequeño que el nuestro, aunque, en realidad, contiene la misma

(30) cantidad de 8 onzas. Las letras del paquete de Quick Wax (rojas en un fondo azul) son difíciles de leer, en contraste con las letras blancas en un fondo verde del paquete de Easy Shine.

(35) 3. Nuestras ofertas de compras especiales y mis renovados esfuerzos por brindar un mejor servicio a nuestros actuales clientes han tenido el efecto anticipado de mantener a nuestros clientes satisfechos con nuestro

(40) producto y de reducir la inclinación a tener algo nuevo en existencia.

Copias: L. Goldberger, Director de
          Mercadotecnia
          L. MacGregor, Gerente de Atención
(45)   al Cliente

"Bigelow Wax Company", *The Little, Brown Handbook.*

23. De acuerdo con la información del memorándum, ¿por qué los clientes preferirían normalmente un paquete más grande?

Porque

(1) parece que contiene más producto
(2) tiene una etiqueta que es más fácil de leer
(3) es más fácil de cargar
(4) es más atractivo a la vista
(5) es más fácil de ubicar en el estante de la tienda

24. De acuerdo con la información del memorándum, ¿cuál de las siguientes frases es una razón por la que Easy Shine es un producto exitoso?

(1) ofertas especiales de compra
(2) letras rojas
(3) contenedores pequeños
(4) vendedores nuevos
(5) búsqueda de nuevos clientes

25. Si el Director de Mercadotecnia de Easy Shine tuviera que lanzar al mercado un jabón para el baño, ¿qué enfoque es más probable que tomaría?

El Director de Mercadotecnia

(1) encontraría vendedores nuevos
(2) espiaría en el departamento de ventas de sus competidores
(3) crearía un paquete pequeño y compacto.
(4) colocaría sólo unos pocos anuncios en Internet
(5) se aseguraría de que las letras del paquete fueran fáciles de leer

26. ¿Cómo está organizado el pasaje?

Presenta una serie de

(1) estrategias para preparar una campaña publicitaria
(2) reglas para vender un producto.
(3) afirmaciones objetivas apoyadas por pruebas
(4) ventajas y desventajas de dos productos
(5) argumentos seguidos por relatos descriptivos

27. ¿Cuál de las siguientes palabras describe mejor el propósito de este memorándum?

(1) discutir
(2) examinar
(3) persuadir
(4) instruir
(5) felicitar

28. De acuerdo con la información de este memorándum, ¿cuál es la mejor descripción de la relación entre Easy Shine y Quick Wax?

(1) Son enemigos igualmente equilibrados.
(2) Son socios de negocios.
(3) Dependen uno del otro en ventas.
(4) Han sido competidores por mucho tiempo.
(5) Comparten metas similares.

¿CUÁL ES LA PASIÓN DE LANCE?

Con el tiempo, se hizo evidente que Lance había nacido para manejar el pincel; para la Sra. Mallow, un día cuando el chico llegó a los veinte años, le dio la noticia a su amigo, quien
(5) compartía hasta el más nimio detalle sus problemas y dolores, de que al parecer no quedaría más remedio que aceptar que él adoptara esa profesión. Había sido imposible continuar ignorando el hecho de que él no iba
(10) a obtener ninguna gloria en Cambridge, donde la propia universidad de Brench había durante un año suavizado su tono con él, por el propio bien de Brench. Así que, ¿para qué renovar la vana forma de prepararlo para lo imposible?
(15) Lo imposible (era claro ahora) era que fuera cualquier otra cosa excepto un artista.

—¡Ay, qué cosa, qué cosa! —dijo el pobre Peter.

—¿No lo crees? —preguntó la Sra. Mallow
(20) quien, ya pasados los cuarenta años, aún conservaba sus aterciopelados ojos violeta, su piel satinada y cremosa y su sedoso cabello castaño.

—¿Creer en qué?
(25) —Bueno, pues en la pasión de Lance.

—No sé a qué se refiere con "creer en ella". Ciertamente, nunca ignoré su disposición, desde los primeros tiempos, de hacer trazos y dibujar; pero debo confesar que esperaba que
(30) se tratara de algo pasajero.

—Pero, ¿por qué? —sonrió ella dulcemente— ¿Con su fabulosa herencia? Una pasión es una pasión; aunque, por supuesto, *tú*, querido Peter, no sabes nada de eso. ¿Fue
(35) pasajera la del Maestro?

Peter volteó ligeramente la cabeza y, en su familiar modo amorfo, mantuvo por un momento un sonido entre un silbido ahogado y un tarareo contenido.

(40) —¿Cree que va a ser otro Maestro?

Ella no parecía preparada para llegar tan lejos; sin embargo, de manera general, tenía una confianza maravillosa.

—Sé a qué te refieres con eso. ¿Será
(45) una carrera que provoque los celos y las maquinaciones que en ocasiones han sido demasiado para su padre? Bueno...digamos que así sea, ya que en estos terribles tiempos parece que nada, excepto paparruchas, *puede*
(50) conseguir el éxito y como, con la maldición del refinamiento y la distinción, es muy fácil que uno se encuentre mendigando para poder comer. Pensemos en lo peor: pensemos que *tenga* la desgracia de volar más alto que lo que
(55) el vulgar gusto de sus estúpidos compatriotas puede comprender. Pensemos, de cualquier modo, en la felicidad...la misma que ha tenido el Maestro. Él lo *sabrá*.

Peter se veía compungido. —Ah, pero,
(60) ¿*qué* será lo que sabrá?

Henry James, "The Tree of Knowledge"

29. ¿Quién es el maestro?

    (1) Peter
    (2) el padre de la Sra. Mallow
    (3) el hermano de Lance
    (4) el padre de Lance
    (5) Lance

30. ¿A qué se refieren las líneas "él adoptara esa profesión" (líneas 7 y 8)?

    (1) la profesión que Peter quiere seguir
    (2) la profesión de pintor
    (3) una profesión académica
    (4) la profesión que el padre de Lance quiere que siga
    (5) la profesión de arquitecto

31. ¿Cuál de las siguientes afirmaciones explica mejor el significado de la frase "volar más alto..." (línea 54)?

    Lance podría

    (1) viajar a lugares lejanos
    (2) pintar imágenes de aves en vuelo
    (3) estar adelantado a su tiempo
    (4) desempeñarse mejor de lo esperado
    (5) volverse muy rico

32. ¿Qué punto de vista acerca del arte se expresa en este pasaje?

    (1) El arte creado por gente refinada suele ser muy bueno.
    (2) El buen arte no siempre conlleva grandes riquezas.
    (3) El refinamiento es más importante que el talento artístico.
    (4) La gente refinada generalmente es muy exitosa.
    (5) Las clases altas suelen preferir obras de arte baratas.

33. ¿Cuál es el tono de este pasaje?

    (1) alegre
    (2) chismoso
    (3) cómico
    (4) sombrío
    (5) de suspenso

34. En una parte previa de este relato, el narrador dice: "La idea del Maestro... había permanecido desconocida para Peter de cualquier modo, incluso después de los años". De acuerdo con esta información y con el pasaje, ¿cuál de las siguientes frases describe mejor a Peter?

    (1) No sabe apreciar el arte del Maestro.
    (2) Es hábil para detectar el talento artístico.
    (3) Está celoso de la habilidad artística del maestro.
    (4) Es un mejor artista que el Maestro.
    (5) Es un amigo sumamente crítico.

¿PODRÁ JAMES PERDONAR A PEGGY?

Sin embargo, de vez en cuando podía tener
un encontronazo con algún cliente que
demandara algo ridículo. Quizás alguien quería
que les diera de inmediato un libro tan popular
(5) que los demás habían estado esperándolo por
meses; quizás querían darme una lista de
libros a comprar de una página para que yo los
sacara de los estantes. Quizás querían que no
les cobrara ni un centavo de sus enormes
(10) multas porque habían estado demasiado
ocupados para ir a la biblioteca. (Los clientes
más ridículos siempre me decían lo *ocupados*
que estaban.) Yo decía, amablemente, no.
Ellos decían que sí. Yo me ponía firme. Ellos
(15) se volvían insultantes. Yo me ponía a explicar
mi posición en detalle, ellos pedían hablar con
el gerente... y, entonces, yo inclinaba la cabeza
(me *encantaba* ese momento) y decía: "Yo soy
la Srta. Cort, la directoria de la biblioteca". No
(20) era un título que reclamaba en ninguna otra
ocasión.

Me hubiera encantado decirles: Miren, en
mi biblioteca, como en el Reino de los Cielos,
los groseros y ocupados no reciben
(25) recompensa. Solamente apreciamos los
buenos modales, la paciencia, las buenas
acciones y las grandes desgracias.

Y ocurría una de dos cosas: los clientes
volvían y, o pensaban que yo me había
(30) olvidado de lo que había pasado o ellos
mismos lo habían olvidado, y se sorprendían
cuando yo, amable y sonrientemente, les
recordaba mi nombre.

O nunca volvían.
(35) James y yo no habíamos discutido, pero
sentí que yo había hecho algo mucho peor al
malinterpretar lo que él quería, al darle
Curiosidades médicas [un libro anticuado
acerca de fenómenos físicos]. Podía
(40) perdonarme a mí misma mi torpeza social, mi
timidez a veces limitante, ser una bocona en el
momento menos indicado. Pero no podía
disculparme hacer un trabajo descuidado en la
biblioteca, y de eso es de lo que era culpable:
(45) un cliente (mi mejor, más querido cliente)
necesitaba ayuda para encontrar algo y yo
había llegado a una conclusión
precipitadamente y le había dado libros que
eran más que inútiles. Me había preguntado
(50) una pregunta directa y yo no me había siquiera
acercado a darle una respuesta.

Pero regresó el siguiente viernes, con una
pregunta distinta. Todavía lo recuerdo: quería
saber lo que era un antipapa.
(55) Quizás era el perdón, y quizás era sólo un
olvido adolescente, pero el ver a James esa
tarde me pareció milagroso. *Regresaste*, le dije
y lo envié al fichero ("Busca bajo iglesia
católica, historia") y él dijo: *Claro, Peggy,*
(60) *¿adónde más podría ir?*

Elizabeth McCracken, *The Giant's House.*

35. ¿Qué significa la palabra *posición* en la frase "explicar mi posición" (líneas 15 y 16)?

(1) punto de vista
(2) descripción del trabajo
(3) ubicación física
(4) consejo sobre los libros
(5) insulto dicho de manera amable

36. De acuerdo con este pasaje, ¿qué es lo más probable que Peggy haría si un cliente le dijera que había perdido un libro porque su casa se había quemado?

(1) le compraría un libro similar al cliente
(2) haría que el cliente pagara por el libro
(3) le pediría al cliente que recomendara el libro
(4) le diría al cliente que no se preocupara por el libro
(5) le prohibiría al cliente sacar ningún otro libro

37. ¿Qué sugieren las líneas 42 a 44 respecto al carácter de Peggy?

"Pero no podía disculparme hacer un trabajo descuidado en la biblioteca, y de eso es de lo que era culpable:..."

(1) Es paciente y amable.
(2) Se enorgullece de su trabajo.
(3) Tiene una autoestima muy baja.
(4) Le preocupa mucho tener todo ordenado.
(5) Duda estar en la profesión adecuada.

38. ¿Cuál es la función principal de la primera mitad del pasaje, desde el comienzo hasta "O nunca volvían" (líneas 1 a 34)?

(1) proporcionar una imagen mental de la distribución de la biblioteca
(2) detallar las reglas para sacar libros de la biblioteca
(3) explicar por qué James continuó sacando libros de la biblioteca
(4) describir la personalidad de los distintos clientes de la biblioteca
(5) mostrar por qué Peggy se preocuparía de que James dejara de ir a la biblioteca

39. ¿Cuál de las siguientes oraciones describe mejor la actitud de Peggy hacia los clientes que no siguen las reglas de la biblioteca?

(1) Son personas impacientes que merecen ser insultadas.
(2) Son personas olvidadizas que merecen ser perdonadas.
(3) Son personas desafortunadas que merecen ser ayudadas.
(4) Son personas groseras que merecen ser avergonzadas.
(5) Son personas directas que merecen recibir respuestas.

40. En una parte previa de la novela, la autora dice que James tiene 16 años de edad y mide 7 pies y 5 pulgadas de alto. ¿Cómo apoya esta información el sentimiento de Peggy de que el libro que le dio, *Curiosidades médicas*, es "más que inútiles" (línea 49)?

(1) Peggy teme que el libro le parezca insultante a James.
(2) Peggy cree que James va a pensar que el libro no es interesante.
(3) Peggy descubre que el libro no va a responder la pregunta de James.
(4) Peggy se da cuenta de que James es demasiado joven como para comprender un libro técnico.
(5) Peggy se da cuenta de que el libro sólo contiene información acerca de estaturas promedio.

Las respuestas comienzan en la página 332.

Las siguientes tablas le servirán para determinar cuáles son sus puntos fuertes y débiles en las áreas temáticas y destrezas necesarias para aprobar la Prueba de Lenguaje y Lectura, del GED. Consulte la sección Respuestas y explicaciones que empieza en la página 332 para verificar las respuestas que haya dado en la Prueba simulada. Luego, en la tabla, encierre en un círculo los números correspondientes a las preguntas de la prueba que haya contestado correctamente. Anote el número total de aciertos por área temática y por destreza al final de cada hilera y columna. Vea el número total de aciertos de cada columna e hilera para determinar cuáles son las áreas y destrezas que más se le dificultan.

Destrezas de razonamiento / Área temática	Comprensión	Aplicación	Análisis	Síntesis	Número de aciertos
Textos de no ficción (*Páginas 32 a 97*)	1, 23, 24	4, 25	2, 3, 5	6, 26, 27, 28	_____/12
Ficción (*Páginas 98 a 167*)	29, 35	20, 36	18, 19, 30, 31, 37, 38	21, 22, 32, 33, 34, 39, 40	_____/17
Poesía (*Páginas 168 a 207*)	7, 9	10	8	11	_____/5
Obras dramáticas (*Páginas 208 a 241*)	12	15	13, 14	16, 17	_____/6
Número de aciertos	_____/8	_____/6	_____/12	_____/14	_____/40

1 a 32 → Necesita estudiar más.
33 a 40 → ¡Felicidades! ¡Está listo para presentar la Prueba de GED!

Respuestas y explicaciones

PRUEBA PRELIMINAR (Páginas 15 a 29)

1. **(2) a los sentimientos que hay entre las personas** (Análisis) El pasaje dice que a Helen le atraen las canciones no por razones artísticas y abstractas, sino porque tratan de las alegrías y pesares de la vida. En este caso, la palabra "moneda" se refiere a algo que es intercambiado entre las personas, en particular, sentimientos y emociones. Aunque "moneda" por lo general se refiere a dinero, no hay prueba que apoye ese significado aquí; por lo tanto, las opciones (1), (3) y (5) son incorrectas. No hay pruebas que brinden apoyo para la opción (4).

2. **(1) Helen no debió abandonar la música.** (Análisis) La música de Helen llena su vida de alegría y riqueza, y el narrador pregunta "ay Helen, ¿por qué lo abandonaste?" (líneas 12 y 13). No hay pruebas que apoyen las opciones (2), (4) ni (5). Aunque el narrador sí aprueba y admira cómo canta Helen, no hay suficientes pruebas que sugieran que piensa que ella es la mejor cantante de su época, la opción (3).

3. **(2) siente las emociones profundamente** (Síntesis) El pasaje describe a Helen experimentando la alegría y tristeza evocadas por décadas de canciones sobre la vida. La frase de la pregunta enfatiza estas emociones. El pasaje dice que la petición de Helen para cantar representa su regreso al mundo de la música, así que la opción (1) es incorrecta. No hay pruebas que apoyen las opciones (3) ni (4). Francis sí hace feliz a Helen, sin embargo, la frase en cuestión se refiere tanto a emociones positivas como a negativas. Un "recuerdo insufrible" es doloroso, por lo tanto, la opción (5) no es la mejor respuesta.

4. **(5) quedarse feliz con Francis** (Aplicación) Helen ama a Francis y parece serle leal. También le fue leal a su primer amante hasta que él terminó la relación. La lealtad indica que no abandonaría a Francis. No hay pruebas que apoyen las opciones (1), (3) ni (4). Tampoco hay prueba de que ella sienta la necesidad de pedir permiso a Francis para algo, así que la opción (2) es incorrecta.

5. **(4) nostálgico** (Síntesis) El pasaje se centra en los recuerdos de Helen y en las canciones que ella asocia con esos recuerdos. Aunque las canciones evocan sentimientos de melancolía, la opción (1), y alegría, la opción (3), estos sentimientos sólo forman parte del clima emocional del pasaje. No hay prueba que apoye la opción (2). Las emociones desplegadas en el pasaje son demasiado extremas y variadas para que la opción (5), agradable, sea la mejor descripción de ellas.

6. **(4) está amenazando a Lee Chong** (Análisis) Éstas son afirmaciones veladas que le indican a Lee Chong que Mack y sus amigos pueden dañar su propiedad si no les permite ocuparla. No hay pruebas que apoyen las opciones (1), (2), (3) y (5).

7. **(3) ayudar a apagar el incendio** (Aplicación) El trato que Mack hizo con Lee le permite a él y a sus amigos vivir en la casa de Abbeville. Por lo tanto, su mayor interés es proteger la casa y apagar el fuego. Si el incendio destruyera la casa, ellos tendrían que mudarse, la opción (1). Sin embargo, como no se mudarían a menos que tuvieran que hacerlo, la opción (1) no es la mejor. Mack da a entender que él y sus amigos quemarían la casa sólo si no obtienen lo que quieren; dado que consigue lo que quiere, la opción (2) es incorrecta. No hay pruebas que demuestren apoyo para la opción (4). Aunque hay cierta indicación de que Lee Chong piensa que Mack y sus amigos son capaces de robar, en realidad no roban nada en el pasaje; por lo tanto, la opción tampoco (5) no es la mejor.

8. **(1) útil** (Análisis) Ambas partes obtienen lo que necesitan: Mack y sus amigos tienen una casa donde vivir y Lee Chong tiene la seguridad de que su casa no será destruida. Aunque la conducta de Mack puede considerarse inmoral, la opción (2), probablemente la conducta de Lee Chong no lo sería. La situación podría haberse vuelto peligrosa sólo si Lee Chong no aceptaba dejar vivir a Mack en la casa, así que la opción (3) es incorrecta. No hay pruebas que apoyen las opciones (4) ni (5).

9. **(2) ofrecería precios justos para asegurar muchos clientes** (Aplicación) A juzgar por su conducta en el pasaje, Lee Chong es un hombre práctico que se preocupa más por los beneficios a largo plazo que por las ganancias a corto plazo; por lo tanto, probablemente escogería una estrategia con las mayores probabilidades de brindarle beneficios a la larga. No hay pruebas de favoritismo para con sus amigos; la amistad no forma parte del trato que hizo con Mack; por lo tanto, la opción (1) es incorrecta. No hay pruebas que apoyen la opción (3). No parece ser injusto con los clientes de la tienda de comestibles; por lo tanto, las opciones (4) y (5) son incorrectas.

10. **(4) poder y factibilidad** (Síntesis) El grupo ejerce su poder sobre Lee Chong al amenazar su propiedad, entonces Lee Chong reacciona de manera práctica para protegerla. No hay apoyo para las opciones (1), (2) ni (5). Aunque Mack y sus amigos sí reciben el beneficio de vivir en la casa de Abbeville, este favor por parte de Lee no es del todo voluntario; por lo tanto, la opción (3) no es la mejor respuesta.

11. **(3) Sopesar los riesgos ayuda a tomar buenas decisiones.** (Síntesis) Lee Chong piensa cuidadosamente en las consecuencias negativas y positivas antes de decidir si acepta la propuesta de Mack. Lee decide colaborar con el grupo con tal de no arriesgar su casa. Dado que Lee Chong opta por salvar las apariencias como resultado de tomar el camino que ocasione el menor daño a su propiedad, no es una estrategia débil. Por lo tanto, la opción (1) no es la mejor. Mack y Lee no son amigos, de hecho, Mack obliga a Lee Chong a dejarlo ocupar la propiedad, así que la opción (2) es incorrecta. Lee Chong sí emplea destrezas de negociación para proteger sus intereses, por lo tanto, la opción (4) es incorrecta. Mack consigue un lugar donde vivir al ser injusto con Lee Chong; por lo tanto, la opción (5) también es incorrecta.

12. **(3) tenso** (Síntesis) Lee Chong no está complacido con la visita de Mack y la conversación entre los dos hombres es tensa. No hay pruebas que apoyen las opciones (1) ni (2). Ni Mack ni Lee Chong expresan enojo; por lo tanto, la opción (4) es incorrecta. Es posible que exista una cordialidad superficial, la opción (5), pero esta opción no aborda el conflicto subyacente de la situación.

13. **(2) para mostrar qué tienen los cuentos en común** (Análisis) Todos los cuentos del libro están relacionados entre sí e ilustran algunos efectos importantes de la guerra en los soldados. Para darle sentido a estos efectos, el crítico discute más de un cuento. En particular, menciona dos cuentos en los que la vergüenza juega un papel en la motivación de los soldados. El crítico no es el centro de esta crítica, así que las opciones (1) y (4) son incorrectas. Tampoco hay pruebas que apoyen la opción (3). Aunque al parecer al autor del libro le desagradó la guerra, la opción (5) no explica la estructura de la crítica.

14. **(3) Examina los sentimientos de los soldados.** (Comprensión) El crítico indica que este libro es único porque no sólo habla de los horrores de la guerra, sino también de la valentía de los soldados, de su miedo y vergüenza. La crítica no describe las rutinas de los soldados, así que la opción (1) es incorrecta. El hecho de que el libro esté compuesto de cuentos cortos no se enfatiza como uno de sus puntos fuertes, por lo que la opción (2) es incorrecta. Tampoco hay pruebas que apoyen la opción (4). La crítica se centra en la descripción que el autor hace de las batallas; por lo tanto, la opción (5) es incorrecta.

15. **(2) ser criticado por no ir a la guerra** (Comprensión) El libro describe la vergüenza como la razón por la cual el autor, y quizás otros, prestaron servicio en la guerra, específicamente, vergüenza de ser considerados antipatrióticos. No hay pruebas que apoyen las otras opciones.

16. **(3) debe leerse además de *Las cosas que llevaron*** (Comprensión) El crítico también aplaude esta novela. Describe a los dos libros de O'Brien como "ficción básica sobre Vietnam" (línea 8). No indica que es mejor que *Las cosas que llevaron*, así que la opción (1) es incorrecta. No hay pruebas que apoyen las opciones (2), (4) ni (5).

17. **(5) admirativo** (Síntesis) El crítico dice que el libro está "entre los primeros de la lista de libros de mejor ficción sobre cualquier guerra" (líneas 19 a 21) y que el autor examina los sentimientos de los soldados respecto de la guerra "con sensibilidad y profundidad" (línea 15). Aunque el tema del libro es crudo, la crítica del libro no lo es; por lo tanto, la opción (1) es incorrecta. No hay ningún tipo de prueba que apoye las opciones (2) ni (3). El autor es muy entusiasta con respecto al libro de O'Brien, por lo tanto, la opción (4) no es suficientemente sólida para ser la mejor descripción del tono de la crítica.

18. **(2) la experiencia de la guerra** (Síntesis) La mayor parte de la crítica describe los detalles de la experiencia de la guerra como están escritos en el libro de O'Brien. Aunque algunos de los cuentos pueden estar basados en las experiencias del autor, la crítica dice que son ficticias; por lo tanto, la opción (1) es incorrecta. No se discuten batallas particulares, así que la opción (3) es incorrecta. Tampoco hay ningún tipo de prueba que apoye las opciones (4) ni (5).

19. **(4) Los cineastas se limitan a describir el significado y clima emocional esenciales de una novela.** (Comprensión) Con la frase "A lo único que puede aspirar una adaptación es ser fiel en espíritu" Goldman quiere decir respetar el significado y clima emocional esenciales de una novela; por lo tanto, la opción (4) es la mejor respuesta. La opción (1) es incorrecta porque la cita no indica si las adaptaciones de las novelas son generalmente exitosas. Las opciones (2) y (5) pueden ser ciertas, pero no replantean el significado de las líneas. Aunque la opción (3) es sugerida por la cita, no replantea las palabras de Goldman y por lo tanto es incorrecta.

20. **(4) representa una opción práctica para los cineastas que intentan abarcar novelas enteras** (Análisis) De acuerdo con el autor, una manera en que las novelas pueden simplificarse para el cine es la combinación de dos o más personajes en uno. No hay pruebas que apoyen la opción (1). Aunque el autor sí menciona alteraciones a la trama de una novela, no sugiere que esta técnica sea preferible a crear personajes compuestos. Por esta razón, la opción (2) es incorrecta. El autor no sugiere que el uso de personajes compuestos necesariamente conducirá al éxito o al fracaso de la película, por lo tanto, las opciones (3) y (5) son incorrectas.

21. **(5) tenga una trama cuya estructura sea bastante sencilla** (Aplicación) De acuerdo con el autor, los principales problemas al filmar una novela son que una película no puede ser tan larga ni explorar temas con tanta profundidad. Para ayudar a evitar estos problemas a un cineasta que empieza, el autor probablemente le aconsejaría a él o a ella que escogiera una novela con una trama sencilla. En el pasaje no hay pruebas directas que apoyen la opción (1). El autor cree que una novela con un gran número de personajes, la opción (2) o una que se desarrolle por un largo período de tiempo, la opción (3), es más difícil de filmar, no más fácil. Por lo tanto, ninguna de estas opciones es la mejor respuesta. El autor menciona específicamente que el trabajo de un cineasta se facilita cuando el público ha leído el libro, lo cual invalida la opción (4).

22. **(3) tiene un estilo menos académico que el resto del texto** (Síntesis) Los estilos de los dos escritores son bastante distintos. Compare el lenguaje informal de la cita "Pero estamos hablando de una rebanada pequeña, pequeñísima" (líneas 24 y 25) con el lenguaje más académico del resto del pasaje: "las limitaciones bastante severas que se imponen a la extensión de una película" (líneas 1 y 2). Ninguno de los pasajes usa mucho el lenguaje figurado y ambos expresan ideas similares, por lo tanto, las opciones (1) y (2) son incorrectas. Aunque la cita sí ofrece un ejemplo específico, el resto del pasaje no presenta estadísticas. Por esta razón, la opción (4) no es la mejor respuesta. La opción (5) es incorrecta porque la cita asume que los lectores desconocen por lo menos algunos aspectos de la industria del cine, como la extensión de un guión.

23. **(2) explicar algunas de las dificultades de basar una película en una novela** (Síntesis) El pasaje se centra en los problemas que enfrentan los cineastas al filmar novelas, como las limitaciones relacionados con el tiempo y la complejidad. La opción (1) no tiene apoyo en el texto. El autor no sugiere que las novelas son fuentes pobres para películas, sólo que pueden presentar retos; por esta razón, la opción (3) no es la mejor respuesta. Aunque el autor dice que los personajes a veces están combinados y que las tramas menores pueden ser eliminadas en las versiones cinematográficas de las novelas, ninguna de estas ideas es el enfoque central del autor; por lo tanto, las opciones (4) y (5) también son incorrectas.

24. **(3) Tanto las olas como la suerte son inconstantes.** (Comprensión) En la última estrofa, la mujer revela que en su vida la abandonó la suerte (la fortuna "inconstante"), dejándola abandonada tras haberla tentado, como las olas. Las opciones (1) y (4) son incorrectas porque, sin ser falsas, son incompletas. La opción (2) es incorrecta porque la suerte no actúa a impulsos del viento, ni tiene relevancia en el poema. La opción (5) es incorrecta porque no está respaldada por el texto.

25. **(2) Las olas le mojan los pies a la mujer.** (Análisis) La mujer pasea por la orilla de una hermosa playa ("mar azul", "transparentes olas"), donde las olas rompen mansamente ("hasta mis pies rodando"). Las olas ("tentadoras"), que la "besan" y la "buscan", le tocan suavemente o "lamen" el borde de las plantas de los pies. Las opciones (1) y (4) no están respaldadas por el texto. Las opciones (3) y (5) son incorrectas porque "inquietas" se refiere a las olas, no a la mujer.

26. **(3) el mar** (Comprensión) El mar está presente desde el primer verso y se lo nombra de diversos modos ("mar azul", "linfa transparente"). La mujer quiere seguir las olas que la llaman y la atraen, por la planicie del mar azul, que en lenguaje figurado es una "llanura líquida". Por tanto, las demás opciones son incorrectas.

27. **(1) Se siente decepcionada.** (Análisis) La afirmación "ellas de mí se burlan" (línea 12) va seguida por la última estrofa, donde la poetisa manifiesta que las olas huyen abandonándola a la lucha "inacabable" de la vida ("las tristes playas de la vida"). Las opciones (2) y (3) son incorrectas porque en el texto se dice lo contrario. Las opciones (4) y (5) no están respaldadas por el texto.

28. **(4) decepcionantes** (Síntesis) Las olas tientan a la mujer a seguirlas hacia sus "salas húmedas" (línea 8), pero se hundiría si lo hiciera. La besan y huyen, desilusionándola. En la última estrofa, se sugiere que la vida de la mujer ha sido triste y que la fortuna, como las olas, la ha abandonado. La opciones (1) y (5) son incorrectas, sin ser falsas, por incompletas. Las opciones (2) y (3) son incorrectas porque no están respaldadas por el texto.

29. **(2) melancólico** (Síntesis) La segunda parte del poema expresa tristeza, por contraste con la primera. La poetisa no parece estar charlando pero tampoco se muestra ceremoniosa ni pomposa. Por tanto, las opciones (1) y (3) son incorrectas. La opción (4) es incorrecta porque el poema expresa lo contrario. La opción (5) no está respaldada por el texto.

30. **(1) Se había quedado sin ideas.** (Comprensión) Ethan había pedido un adelanto de su paga pero le fue negado. Ya no podía pensar en otra manera de obtener el adelanto, así que se despidió de Hale y se fue. El pasaje no indica que Ethan no estuviera calmado, la opción (2), o sin trabajo, la opción (3). En ningún momento Ethan admite ante Hale que realmente necesita un adelanto. No deja de fingir, por lo tanto, la opción (4) es incorrecta. Si Ethan pierde respeto por Hale, no da muestras de ello; por lo tanto, la opción (5) es incorrecta.

31. (2) Están relacionados mediante negocios. (Análisis) Hale es el empleador de Ethan; parecen tener una relación cordial entre empleador y empleado. No hay prueba de que no se caigan bien, la opción (1). Aunque hay cierta prueba de que se conocen desde hace varios años, el descontento de Ethan sugiere que no son buenos amigos; por lo tanto, la opción (3) es incorrecta. No hay prueba que apoye la opción (4). Hale sabe cuánto tiempo lleva casado Ethan, lo cual indica que se conocen desde hace algún tiempo. Por lo tanto, la opción (5) es incorrecta.

32. (3) independiente (Análisis) Ethan no puede admitir que necesita el dinero o la ayuda de Hale. Esto indica que es una persona independiente. No hay pruebas que apoyen las otras opciones.

33. (4) orgullo y sinceridad (Síntesis) Ethan es demasiado orgulloso para admitir que realmente necesita el dinero, en otras palabras, es demasiado orgulloso para ser completamente sincero. Aunque la petición de Ethan es rechazada ningún personaje se comporta generosamente, por lo tanto, la opción (1) no es la mejor. Los hombres no son amigos cercanos y aunque Ethan no admite lo mucho que necesita el dinero, no le miente a Hale; por lo tanto, la opción (2) es incorrecta. El pasaje no enfatiza ni la confianza ni la inseguridad; por lo tanto, la opción (3) es incorrecta. Aunque Ethan necesita dinero, hay poca prueba de que Hale sea un hombre rico, salvo el hecho de que es el empleador de Ethan. Por el contrario, prácticamente sugiere que podría necesitar una prórroga para pagarle a Ethan; por lo tanto, la opción (5) no es la mejor respuesta.

34. (4) poco práctico (Síntesis) Hale está construyendo una casa para Ned y Ruth; le está costando tanto que sugiere que tal vez se demore un poco en pagarle a Ethan. El hecho de que Hale lleve un gemelo de diamantes en su camisa también indica que quizás vive un poco por arriba del alcance de sus medios y por lo tanto es poco práctico al gastar su dinero. Hale parece de alguna manera interesado en Ethan y en su situación; por lo tanto, la opción (1) es incorrecta. Aunque Hale podría desear una prórroga para pagarle a Ethan, no hay indicación de que sea mezquino, la opción (2). No hay prueba en el pasaje de que Hale sea diestro con el dinero; por lo tanto, la opción (3) es incorrecta. Es posible que sea un poco egoísta, ya que quiere demorarse en pagarle a Ethan para construir una casa para Ned y Ruth. Sin embargo, no pregunta si Ethan tiene problemas de dinero, y Ethan se percata de que si admitiera su dificultad económica, sería más probable que Hale lo ayudara. Estos detalles indican que Hale no es completamente egoísta; por lo tanto, la opción (5) no es la mejor respuesta.

35. (5) Está feliz de haberse casado con él. (Comprensión) La señora X. dice que él es "un esposo bueno y querido" (líneas 54 y 55). El pasaje menciona que una mujer trató de seducir al esposo de la señora X., pero no hay prueba de que él estuviera coqueteando con ella, así que la opción (1) es incorrecta. Aunque la señora X. menciona la cólera de su esposo no se queja al respecto, por lo tanto, la opción (2) es incorrecta. No hay pruebas que apoyen las opciones (3) y (4).

36. (5) manipuladora (Análisis) La señora X. alega que ella no "intrigó" contra la señorita Y. para que la sacaran del Gran Teatro, pero sus protestas no son muy creíbles. La señora X. puede parecer amigable, pero asusta a la señorita Y. con una pistola y se ríe de su esposo, lo que indica que la cordialidad no es genuina. Por lo tanto, la opción (1) no es la mejor respuesta. No hay pruebas que apoyen la opción (2). La señora X. sí parece un tanto amenazadora, pero su conducta no es suficientemente extrema para que sea calificada como "vengativa" o "siniestra"; por lo tanto, las opciones (3) y (4) no son las mejores.

37. (3) La señora X. piensa que la señorita Y. le tiene rencor. (Comprensión) Según la señora X., la señorita Y. piensa que ella trató de sacarla del Gran Teatro. Por esta razón, la señora X. cree que la señorita Y. le tiene rencor. Es posible que la señorita Y. realmente odie a la señora X., la opción (1), pero en el pasaje no hay pruebas directas que apoyen esto. No hay pruebas en el pasaje que apoyen las opciones (2) y (5). La señora X. y la señorita Y. pueden ser enemigas, pero aun si lo son, no hay prueba de que su rivalidad sea de mucho tiempo; por lo tanto, la opción (4) no es la mejor respuesta.

38. (3) cautelosa (Análisis) La señorita Y. es muy cauta respecto de ser directa con la señora X.; la señora X. está convencida de que la señorita Y. le guarda rencor. Cualquier cordialidad entre ellas es meramente superficial, así que la opción (1) es incorrecta. La señora X. sí parece desear lucirse frente a la señorita Y. Sin embargo, como la señorita Y. no demuestra una conducta similar, la opción (2) es incorrecta. Ninguna de las dos mujeres es abiertamente desagradable, pero las dos parecen ocultar algo; por lo tanto, las opciones (4) y (5) son incorrectas.

39. (3) Sé más de lo que te imaginas sobre ti. (Aplicación) La señorita Y. sabe que muy probablemente la señora X. la obligó a salirse del Gran Teatro. Además, la señorita Y. se ríe cuando la señora X dice que su esposo ha sido fiel, como si supiera algo que la señora X. desconoce. Hay razones para creer que a la señorita Y. le importaba el Gran Teatro, así que la opción (1) es incorrecta. La señorita Y. se ríe de cuando la señora X. imita a su esposo, así que la opción (2) es incorrecta. Los sentimientos de la señorita Y. parecen ir más allá de la diversión, así que la opción (4) no es la mejor respuesta. No hay pruebas que apoyen la opción (5).

40. **(1) astuta** (Síntesis) Un gato a la entrada de una ratonera es suficientemente astuto para esperar silenciosamente la salida de su presa. De la misma manera, en el pasaje, la señorita Y. se sienta en silencio para que la señora X. hable y revele información. En el pasaje no hay apoyo para las opciones (2), (4) ni (5). La señorita Y. no es indiferente, prueba de ello es que le presta atención a la señora X. y se ríe de sus bromas; por lo tanto, la opción (3) es incorrecta.

UNIDAD 1: INTERPRETAR LOS TEXTOS DE NO FICCIÓN

Lección 1

Enfoque en las destrezas de GED (Páginas 36 y 37)

1. **b.** La televisión no es tan respetada como el cine.

2. **a.** Las estrellas de cine y los mejores directores suelen negarse a trabajar en la televisión.
   b. Rara vez admiten que la ven.
   c. Los agentes de cine aconsejan a sus clientes que es el último recurso para carreras en apuros.
   d. Los escritores e intelectuales la desprecian.

3. **b.** no.

4. **c.** La televisión suele ser mucho mejor que el cine.

5. **a.** Se menciona directamente.

6. En el círculo central rotulado "idea principal" usted debió escribir algo como *La televisión es a menudo mucho mejor que el cine.*

   En los otros círculos es posible que haya incluido los siguientes detalles de apoyo:
   * *Algunos programas de TV son vívidos, impactantes o chistosos.*
   * *Hay por lo menos uno o dos buenos programas todas las noches.*
   * *La televisión no tiene problemas para nominar programas para premios.*
   * *La televisión es un medio de escritores.*

7. Es posible que su respuesta sea parecida a la siguiente: *Si la industria de la televisión no tiene problemas para nominar programas para premios, entonces la calidad general de la televisión debe ser elevada.*

Práctica de GED (Páginas 38 y 39)

1. **(2) la manera en que las palabras unieron a la familia del autor** (Comprensión) El pasaje se centra en cómo los sonidos del español hablado unieron más a la familia del autor. La opción (1) es incorrecta porque el autor no habla de su cultura en general, sólo de su familia. Como el pasaje no habla de los esfuerzos del autor por aprender inglés, la opción (3) es incorrecta. No hay evidencias directas que apoyen la opción (4). Aunque el autor describe la invención de palabras, esta actividad no es el punto principal del pasaje, por lo tanto, la opción (5) se descarta.

2. **(1) festivo** (Síntesis) El autor recuerda sucesos alegres de una manera que permite al lector compartir su experiencia. Las emociones expresadas en el pasaje contradicen la opción (2). Aunque algunos de los sucesos que el autor describe pueden ser imaginativos (como la invención de palabras), el lenguaje académico que emplea no lo es. Por lo tanto, la opción (3) es incorrecta. El autor no expresa pena porque su niñez ha pasado, ni insta al lector a la acción. Por lo tanto, las opciones (4) y (5) también son incorrectas.

3. **(5) tiene lazos estrechos con el sentido del tacto.** (Análisis) La descripción del autor sobre el español hablado hace pensar en que la lengua puede tocar físicamente las palabras. Aunque las opciones (1) y (2) pueden ser ciertas, el pasaje no las apoya. No hay evidencias de que la opción (3) es correcta. El autor no sugiere que el sonido del español tenga en sí mismo significado para él y su familia, sin embargo, el enunciado de la pregunta se relaciona con el "sentir" del lenguaje, más que con el sonido, así que la opción (4) es incorrecta.

4. **(3) el lenguaje que transmite emociones privadas** (Síntesis) En el pasaje, el autor describe cómo el lenguaje hablado por su familia los unió y los hizo sentirse parte de un grupo único y privado. La opción (1) es demasiado amplia para describir lo que el autor quiere decir con "lenguaje de la familia". Las opciones (2) y (5) no tienen sentido en el contexto del enunciado que se cita en la pregunta. Aunque la familia a veces pasaba por alto las reglas gramaticales al inventar palabras (opción 4), esta opción es demasiado estrecha para encajar en la definición de "lenguaje de la familia".

5. **(4) Cuidar la calidad editorial puede ayudar a mejorar el periodismo.** (Comprensión) Las líneas que preceden a la cita de la pregunta son "a Wall Street no le importa mucho la calidad editorial; a los periodistas sí y a los demás les debería importar" (líneas 1 a 3). La cita de la pregunta es una continuación de este pensamiento, que a la gente le debería importar la calidad editorial porque el periodismo no es perfecto. Esto implica que cuidar la calidad puede ayudar a mejorar el periodismo. La opción (1) es lo opuesto. La opción (2) puede ser verdadera, pero no se discute en el pasaje. No hay apoyo en el pasaje para las opciones (3) y (5).

6. **(5) Las semanarios de noticias resumen y analizan las noticias.** (Análisis) El párrafo habla de la posición y función de los semanarios de noticias en la "cadena alimenticia del periodismo" (línea 7). Dice que "los semanarios de noticias resumen y analizan el conjunto" (líneas 12 y 13) y describe lo que se requiere para hacerlo. Las opciones (1), (3) y (4) pueden ser verdaderas pero no se desarrollan en el pasaje. La opción (2) es un detalle, no la idea principal.

7. **(3) Recuerda al lector la indigestión por comer en exceso.** (Análisis) La sugerencia figurada compara el recibir demasiada información con la molestia de comer en exceso. La opción (1) no tiene apoyo. La opción (2) puede ser verdadera en general, pero otros medios de comunicación además de la televisión son parte del problema en cuestión. La opción (4) sólo se añade al problema. La opción (5) no se sugiere.

8. **(1) orden cronológico: explica el orden en que los medios de comunicación cubren la noticia** (Síntesis) En el segundo párrafo, cuando se describe la "cadena alimenticia", el autor usa la palabra "primero" al hablar de la radio, la palabra "luego" al referirse a los noticieros de televisión y "por último" al referirse a las revistas de noticias. Esto indica el uso de una secuencia u orden cronológico.

Prueba corta de GED (Páginas 40 y 41)

1. **(3) Una jueza puede otorgar un premio basándose en un detalle pequeño.** (Comprensión) El párrafo anterior hace surgir la pregunta de cómo escoger entre dos buenas concursantes. Este párrafo contiene la frase que explica cómo decide la jueza: se centra en un detalle de las prendas ausente en las demás, esto es, los botones cubiertos. No hay evidencias de que la jueza veterana sea, en general, una persona quisquillosa, así que la opción (1) es incorrecta. La opción (2) es incorrecta porque no hay evidencias de que todas las prendas de vestir requieran botones. Los botones adquirieron importancia cuando todo lo demás era igual. La opción (4) es verdadera, pero no es sugerida por la palabra "quisquillosa", así que es incorrecta. "Quisquillosa" sugiere lo opuesto de la opción (5), por lo tanto, es incorrecta.

2. **(3) sus botones forrados** (Análisis) El hecho de que la jueza mencione que en "el condado de Highland los botones forrados hacen la diferencia" (líneas 31 y 32) sugiere que los botones son un factor importante en la decisión. No hay ninguna evidencia de que las opciones (1), (2) y (5) sean características sobresalientes del jumper, así que son todas incorrectas. El hecho de que las jueces se vuelvan quisquillosas o se fijen en detalles muy pequeños sugiere que esta no es la razón, así que la opción (4) es incorrecta.

3. **(4) La jueza no está satisfecha con la cosecha de este año.** (Análisis) Un suspiro puede ser signo de pena o desagrado. La opción (1) puede ser verdadera pero el pasaje no brinda evidencias que apoyen esta opción. Las opciones (2) y (5) pueden ser verdaderas pero no indican que la jueza está suspirando porque está aburrida o porque no le están pagando. No hay evidencias para la opción (3).

4. **(2) informal y espontáneo** (Síntesis) Los diálogos del pasaje, así como el tema del artículo, una feria de condado, apoyan la descripción de una redacción informal y espontánea. Ninguna de las otras opciones describe correctamente el estilo del escrito.

5. **(5) como una estrella internacional** (Comprensión) Como Hemingway se presentaba a sí mismo más como una celebridad que un escritor, la gente comenzó a considerarlo una estrella. Su talento literario, la opción (1), estaba en segundo lugar. Las opciones (2), (3) y (4) son objetivas pero no se mencionan en el pasaje.

6. **(3) uno de los primeros relatos de Hemingway** (Aplicación) El crítico expresa su preferencia por las primeras obras de Hemingway en las líneas 20 a 22, las opciones (1), (2), (4) y (5) se refieren a la vida de Hemingway, sobre la que el crítico no escribe favorablemente.

7. **(3) presentar una discusión sobre la vida y estilo de redacción de Hemingway** (Análisis) El primer párrafo da un ejemplo del estilo de redacción de Hemingway y describe un suceso importante en su vida. Las opciones (1) y (4) no se mencionan en el pasaje. El primer párrafo no critica la conducta de Hemingway, la opción (2), ni explica por qué se convirtió en una celebridad, la opción (5).

Lección 2
Enfoque en las destrezas de GED (Página 43)

1. **b.** los empelados de Servicios de Laminado Ochoa

2. **a.** El sistema de correo electrónico de Servicios de Laminado Ochoa es un instrumento empresarial.

3. Es posible que haya escrito algo como *La empresa no quiere que sus empleados pierdan tiempo con correos electrónicos personales mientras están en el trabajo. Tampoco quiere que los empleados usen el correo electrónico de la empresa para escribir mensajes ofensivos porque tal conducta perjudica la imagen de la empresa.*

4. **c.** Usos y abusos del sistema de correo electrónico de la empresa
   e. Instrucciones para el uso adecuado del sistema de correo electrónico

Práctica de GED (Páginas 44 y 45)

1. **(3) cómo buscar en la Red** (comprensión) El pasaje describe lo confuso que puede ser encontrar información en la Red y da algunas pistas e información sobre el uso de los motores de búsqueda. La opción (1) es un detalle del pasaje pero no describe la idea principal, así que es incorrecta. Las opciones (2) y (5) no están apoyadas por el pasaje, así que son incorrectas. La opción (4) es incorrecta porque el pasaje dice cómo usar un motor de búsqueda, pero no cómo crearlo.

2. **(3) oportunidades en el servicio de comida**
(Aplicación) Las palabras *servicio de comida* indican que esta opción tiene que ver con cocinar y la palabra *oportunidades* sugiere trabajos. Las opciones (1) y (4) darían información sobre cocinar y aprender a cocinar, pero no sobre empleos; por lo tanto, son incorrectas. La opción (2) daría información sobre todos los tipos de trabajos y ya que esta información no sería específica a los trabajos de cocina, no es la mejor opción. La opción (5) daría información sobre empresas que suministran alimentos, no sobre trabajos, así que es incorrecta.

3. **(3) La Red es una biblioteca electrónica.**
(Análisis) El pasaje describe la Red como "el mayor recurso de información del mundo" (líneas 1 y 2), lo cual sugiere que es una enorme biblioteca electrónica. La opción (1) no es un enunciado verdadero y es incorrecta. El pasaje no apoya las opciones (2) y (4), así que son incorrectas. La opción (5) es lo opuesto a lo que se menciona en el artículo, así que es incorrecta.

4. **(3) un título que contenga las palabras más importantes de la página** (Aplicación) El pasaje menciona que, al buscar, los motores de búsqueda tratan de encontrar documentos que contengan en el título las palabras clave (líneas 30 a 35). Por lo tanto, para facilitar encontrar un documento, el título de la página debe incluir dos o tres palabras clave importantes. Dado que cada persona usa distintas palabras clave, es conveniente poner más de una palabra importante en el título. Las opciones (1), (4) y (5) no permitirían a los motores de búsqueda encontrar documentos de manera efectivas, por lo tanto, son incorrectas. La opción (2) atraería a algunas personas interesadas, pero el uso de una sola palabra limitaría el número de personas que encontrarían la página.

5. **(5) robo de una computadora** (Comprensión) El pasaje menciona que los ex-empleados califican para cobertura en la mayoría de las circunstancias, excepto "falta grave de conducta" (líneas 16 y 17). Las opciones (1) y (2) son problemas con la empresa, no con la conducta del empleado y por lo tanto, no descalificarían al empleado. Las opciones (3) y (4) se describen en el pasaje como situaciones en las que el empleado calificaría para beneficios; por lo tanto son incorrectas.

6. **(3) Los ex-empleados que califican y sus dependientes pueden conservar su seguro de salud.** (Comprensión) La opción (1) es demasiado general para describir la idea principal del pasaje y por lo tanto es incorrecta. La opción (2) es verdadera pero está incompleta porque el pasaje también describe cómo los dependientes de ex-empleados pueden conservar el seguro. La opción (4) es demasiado general. La opción (5) no está desarrollada en el pasaje.

7. **(2) Las empresas con menos de 20 empleados están exentas.** (Análisis) La ley exige a Jefstream Airways proveer la cobertura descrita porque es "un empleador con más de 20 personas" (línea 4). Usted puede deducir de este enunciado que a las empresas con menos de 20 empleados no se les exige otorgar esta cobertura. El pasaje no menciona ningún detalle de apoyo para las demás opciones.

Prueba corta de GED (Páginas 46 y 47)

1. **(3) Hay un programa financiado por el empleador disponible para ayudar a los empleados con problemas.** (Comprensión) Las líneas 26 a 28 presentan al programa SARE como un programa que ayuda a los empleados a resolver sus problemas personales. El resto del pasaje prosigue con la descripción del programa. Las opciones (1), (4) y (5) son enunciados verdaderos, pero no resumen todo el pasaje. La opción (2) es una opinión que el pasaje no menciona.

2. **(2) puede ayudar en muchos tipos de problemas** (Comprensión) la primera oración del párrafo presenta el tema. Luego, el escritor menciona los tipos de problemas que pueden afectar el desempeño laboral y después dice que el programa SARE está diseñado para ayudar a los empleados a resolver tales problemas. Ninguna de las otras opciones son verdaderas sobre el pasaje.

3. **(4) dificultar sobresalir en el trabajo** (Comprensión) El primer párrafo menciona que los problemas en casa no resueltos pueden acompañar a los empleados al trabajo. Esto sugiere que pueden impedir que un empleado desempeñe bien sus capacidades. La opción (1) es demasiado firme en el contexto de este enunciado y por lo tanto no es correcta. La opción (3) no puede asumirse o deducirse a partir del enunciado, así que es incorrecta. Las opciones (2) y (5) no están apoyadas por la información del pasaje.

4. **(4) sentirse abrumado por un proyecto** (Aplicación) El programa está diseñado para manejar los problemas emocionales. Sentirse abrumado es una reacción emocional y la asesoría puede ayudar. Las opciones (1), (2) y (3) no involucran emociones así que son incorrectas. La opción (5), aunque involucra emociones, no es necesariamente un problema y entonces es incorrecta.

5. **(3) Quieren que sus empleados tengan un buen desempeño laboral.** (Análisis) El pasaje menciona que los problemas del exterior pueden interferir con la "capacidad de un empleado para desempeñarse bien" (líneas 10 y 11). El pasaje sugiere lo opuesto de la opción (1). La opción (2) puede ser verdadera, pero no se menciona o implica en el pasaje. La opción (4) es incorrecta porque el pasaje menciona que la empresa sabe que a menudo esto no es posible. La opción (5) es opuesta al primer curso de acción que la empresa recomienda.

6. **(3) no cubrirá los costos que considere demasiado altos** (Análisis) En el contexto de la oración, las palabras "razonables" y "habituales" se refieren a cargos que no sean excesivos y que la mayoría de los profesionales médicos esperarían que un paciente pague. Las opciones (1), (2), (4) y (5) no se mencionan ni están implícitas en la información del pasaje.

7. **(2) Los empleados tal vez no buscarían ayuda si el programa no fuera confidencial.** (Análisis) El pasaje implica que el empleador quiere que sus empleados obtengan ayuda porque sus problemas personales pueden afectar su trabajo. Los empleados no buscarían ayuda si otras personas, especialmente, los empleadores se enteraran de sus problemas personales. Las opciones (1), (4) y (5) pueden ser verdaderas pero no explican por qué un empleador querría que el programa permaneciera confidencial. Por lo tanto, son incorrectas. El pasaje no apoya la opción (3), así que es incorrecta.

8. **(1) directo y realista** (Síntesis) El pasaje está escrito con un lenguaje claro y directo que el empleado medio puede entender; el propósito de SARE es discutido con franqueza. Ninguna de las otras opciones describe correctamente el estilo en que el pasaje está escrito.

9. **(4) presentación de un problema y su solución** (Síntesis) El pasaje comienza con una presentación del tema de los problemas personales y su efecto sobre el desempeño laboral de un empleado. Luego, describe los tipos de problemas que los empleados experimentan y ofrece una solución para ayudar a los empleados a resolverlos. Esto claramente demuestra un patrón de organización basado en el problema y su solución. Aunque el pasaje sí discute los pasos que conforman la asesoría de SARE, esto es sólo una pequeña parte del pasaje y no lo describe como un todo. Por lo tanto, la opción (1) es incorrecta. La opción (2) no está apoyada por la información del pasaje. La ayuda disponible para tratar los problemas es tan importante como los problemas en sí mismos; por lo tanto, la opción (3) es incorrecta. Aunque es posible que los problemas sean más familiares para los lectores que la ayuda potencial, la opción (5) no describe de manera efectiva el patrón de organización del pasaje.

Lección 3
Destreza de GED (Página 49)

1. **d.** Seis pasos lógicos para planear una carta de negocios

2. identificar el objetivo

3. imaginarse al lector

4. La efectividad de su carta dependerá de la calidad de su preparación.

5. Su respuesta debe parecerse a la siguiente: *La planeación es el paso más importante en la redacción de una carta de negocios.*

Práctica de GED (Páginas 50 y 51)

1. **(1) El valor de Gates es mayor, así que su tiempo es más valioso.** (Comprensión) El pasaje describe cómo, en 1986, no valía la pena que Bill Gates recogiera un billete de $5, ahora no vale la pena que pierda tiempo recogiendo un billete de $500. El pasaje no indica que Bill Gates tendrá que trabajar más, por lo tanto, la opción (2) es incorrecta. Es posible que la opción (3) sea verdadera, pero el pasaje no la menciona. No hay ideas de apoyo para la opción (4) en el pasaje. La opción (5) es verdadera, pero no replantea las líneas dadas en la pregunta y por la tanto no es la opción correcta.

2. **(5) humorístico** (Síntesis) El autor describe con humor la enorme cantidad de dinero que gana Bill Gates. Por ejemplo, crea una imagen de Bill Gates perdiendo su tiempo por recoger un billete de $500. El autor no parece felicitar a Bill Gates, ni parece tenerle envidia o criticarlo, por lo tanto, las opciones (1), (2) y (3) son incorrectas. Tampoco hay evidencia de que el autor esté molesto por la fortuna de Gates, la opción (4).

3. **(4) Una fortuna modesta es para Gates como cambio de bolsillo.** (Análisis) Esta sección del pasaje está dedicada a comparar lo que el dinero significa para un estadounidense promedio con lo que la misma cantidad significa para Bill Gates. No hay apoyo en el pasaje para la opción (1). Aunque las opciones (2) y (5) pueden ser verdaderas, no replantean las líneas del pasaje. El autor sugiere que Gates podría gastar fortunas sin pensarlo dos veces, pero no hay evidencias de que así lo haga.

4. **(2) mediante comparaciones** (Aplicación) El autor emplea comparaciones a lo largo del pasaje para enfatizar cuánto dinero hace Bill Gates y cómo su capacidad para ganar dinero ha aumentado con los años. Por lo tanto, probablemente usaría comparaciones para describir una gran distancia, como la que hay entre la Tierra y la Luna. El autor sí emplea un lenguaje técnico para describir una computadora de vanguardia, pero la mayor parte del lenguaje del pasaje no es técnico, por lo tanto, la opción (1) es incorrecta. El autor no exagera la riqueza de Gates, opción (3), ni describe distintos puntos de vista, la opción (4). El autor no se limita a enunciar hechos sobre la riqueza de Gates, se asegura que el lector entiende la dimensión de la fortuna de Gates. Por lo tanto, la opción (5) no es la mejor.

5. **(2) La garantía sólo cubre desperfectos de manufactura.** (Comprensión) El párrafo describe con detalle todas las circunstancias bajo las cuales la

empresa no se hace responsable por los desperfectos o daños; estos incluyen cualquier cosa que suceda después de la fabricación, por ejemplo, daños sufridos durante el transporte. Una persona con esta garantía ya habría comprado el artículo en cuestión, así que la opción (1) es incorrecta. La opción (3) es verdadera, pero sólo es un detalle del párrafo así que es incorrecta. La opción (4) es opuesta a lo que dice el párrafo así que es incorrecta. La opción (5) es una cuestión de opinión, no una idea que se da en el párrafo, así que es incorrecta.

6. **(1) describir las condiciones en que la empresa reemplazará o reparará el producto** (Comprensión) El propósito de esta garantía se menciona en la primera oración del primer párrafo. La opción (2) es verdadera sólo en ciertas circunstancias. Las opciones (3) y (5) no se mencionan en la garantía. La opción (4) no es verdadera de acuerdo con la información que aparece en la póliza de garantía.

7. **(2) dar prueba de la fecha de compra** (Análisis) La garantía es valida sólo durante el año siguiente a la compra. Por lo tanto, aún cuando no está especificado en la póliza de garantía es razonable esperar que el comprador proporcione una prueba de la fecha de compra para que la empresa acceda a los términos del acuerdo de garantía. No es probable que las opciones (1), (3) y (5) sean criterios que el comprador deba reunir para que el fabricante cumpla con el acuerdo de garantía. La opción (4) podría ser un criterio, pero en el pasaje no se hace referencia a este requisito.

8. **(5) formal y legal** (Análisis) En el acuerdo se emplea terminología legal, por ejemplo, "obligación" y "exclusiones". Las oraciones son largas y complejas. Si el estilo es aburrido o no es una cuestión de opinión, así que la opción (4) no es la mejor respuesta. Ninguna de las otras opciones está apoyada por los detalles dados en la póliza de garantía.

Prueba corta de GED (Páginas 52 y 53)

1. **(3) Todos los contratos de seguros de automóviles tienen ciertas características básicas.** (Comprensión) La idea clave del pasaje se menciona en la primera oración: *Incluso las pólizas de seguros de automóviles más básicas contienen un número de disposiciones clave.* Las opciones (1), (2) y (4) son opiniones que no están incluidas en el pasaje. La opción (5) es un enunciado verdadero, pero no expresa la idea principal del pasaje.

2. **(3) a usted mientras maneja el auto que su vecino le prestó** (Aplicación) El pasaje declara que el seguro contra terceros cubre al asegurado cuando conduce otro automóvil con permiso. La opción (1) es incorrecta porque su hijo tiene que estar manejando su auto para entrar en la cobertura. La opción (2) es incorrecta porque su hijo no tenía permiso de tomar prestado el auto y entonces no

entra en la cobertura. Las opciones (4) y (5) son incorrectas porque, según este pasaje, el seguro contra terceros no cubre a amigos.

3. **(3) el monto más alto que la compañía de seguros pagará si daña a alguien** (Análisis) El pasaje menciona que las declaraciones incluyen los límites, esto es, los montos máximos por los que está cubierto (líneas 29 y 30). Las demás opciones no se mencionan en la descripción de las declaraciones.

4. **(2) es responsable de los daños** (Comprensión) El pasaje menciona que el daño a terceros es "daños por los que usted es legalmente responsable" (líneas 11 y 12) y luego, habla de lo que esto incluye. Las opciones (1), (3) y (5) son demasiados específicas y por lo tanto son incorrectas. El pasaje no apoya la opción (4).

5. **(1) contra terceros** (Análisis) El pasaje menciona que el seguro contra terceros paga por "primeros auxilios de emergencia a los heridos" (líneas 24 y 25). La cobertura médica paga tratamiento médico sólo "al asegurado y a los pasajeros y miembros de la familia que entran en la cobertura" (líneas 46 a 48), así que no cubriría a un peatón. Por lo tanto, la opción (2) es incorrecta. La opción (3) es incorrecta porque la cobertura médica paga por daños infligidos al asegurado y a su propiedad. Las opciones (4) y (5) son incorrectas porque tienen que ver con el daño al automóvil no al peatón.

6. **(5) choques y contra todo riesgo** (Análisis) El pasaje menciona que la cobertura contra choques paga por daños al automóvil del asegurado que resulta de un accidente con otro auto u objeto y que la cobertura contra todo riesgo aplica a la mayor parte del resto de los daños al automóvil del asegurado. También menciona que la cantidad pagada para reparar el carro se basa en su antigüedad, uso y desgaste. Usted puede inferir que para un auto viejo esta cantidad sería menor que el costo de reparar el auto y menor que la cantidad de las primas acumuladas.

7. **(3) contra todo riesgo y choques** (Análisis) Un automóvil sirve como garantía para el préstamo que financia su compra. Por lo tanto, la compañía está muy interesada en que se mantenga una cobertura contra todo riesgo y choques para que el auto pueda ser reparado en la eventualidad de daños. Esto permite a la compañía mantener el vehículo hasta que se pague el préstamo.

8. **(2) Puede disminuir el pago del seguro.** (Síntesis) Entre más pague el asegurado en deducibles para cubrir una pérdida, menor será lo que tiene que pagar la aseguradora. Esto tendería a disminuir los pagos de los seguros o primas. La opción (1) probablemente es el efecto opuesto que un deducible aumentado tiene sobre la cobertura. La opción (3) no necesariamente es verdadera. La opción (4) es verdadera, pero beneficia más a la

compañía de seguros que a la persona asegurada. La opción (5) es incorrecta porque la cantidad del deducible no tiene nada que ver con el riesgo del conductor de sufrir un accidente.

9. **(3) explicar las características en orden de importancia** (Síntesis) Al presentar los tipos de coberturas, el pasaje comienza con la más importante, el seguro contra terceros. Luego, describe las coberturas menos importantes, como la cobertura de gastos médicos y la cobertura por menos del valor real/no asegurado. Finaliza con las más prescindibles, la cobertura contra choques y la cobertura contra todo riesgo.

Lección 4

Enfoque en las destrezas de GED (Página 55)

1. **c.** Las plantas pueden morirse a causa de infecciones por hongos.

2. Respuesta de muestra: Las zonas tropicales tienen temperaturas y humedad elevadas durante largos periodos de tiempo. Ambos factores ponen en riesgo a las plantas de infectarse con hongos.

3. Respuesta de muestra: Las manos de una persona pueden transmitir infecciones por hongos a las plantas si la persona manipuló previamente una planta ya infectada con hongos, o bien, si manipuló una maceta en la que solía haber una planta infectada.

4. **a.** Persona prevenida vale por dos.

5. Respuesta de muestra: Si ahora dedica un poco de tiempo para evitar un problema, más tarde no tendrá que invertir mucho tiempo en solucionarlo.

Práctica de GED (Páginas 56 y 57)

1. **(1) paga el plan de seguro** (Comprensión) La última oración del segundo párrafo define la cláusula de coseguro como 90 por ciento de los cargos cubiertos que la red (a la que pertenece el plan de seguro) paga.

2. **(2) Se concede un permiso de hasta 6 meses si el padre es el principal cuidador.** (Aplicación) El pasaje menciona que la compañía es progresista y cordial con los empleados. Esto coincide con un permiso por paternidad generoso. Las opciones (1), (4) y (5) no son generosas, así que son incorrectas. La opción (3) está lejos de ser generosa; no sería práctico para ninguna compañía ofrecer una cantidad ilimitada de tiempo.

3. **(3) Consultarlos ayuda a regular los costos del seguro.** (Análisis) La contención de los costos es una razón de peso para que los empleadores fomenten la consulta de ciertos proveedores de cuidados de la salud. No hay nada en el pasaje que sugiera que los profesionales de la vista aprobados estén más calificados que los que no están

aprobados. Por lo tanto, la opción (1) es incorrecta. La opción (4) implica que los profesionales fuera de la red cobran en exceso a sus pacientes, una generalización que no tiene bases. Los hechos del pasaje no apoyan las opciones (2) y (5).

4. **(4) aumentar la eficiencia y productividad** (Comprensión) La primera línea del pasaje dice "Si se usa correctamente, el correo de voz es una herramienta que aumenta su eficiencia personal y la productividad de su compañía". Las opciones (1), (2) y (3) no son beneficios de la tecnología que se mencionen en el pasaje. La opción (5) es un beneficio que se cita pero no es el principal propósito del correo de voz según lo que se dice al inicio del pasaje.

5. **(1) un cajero automático** (Aplicación) Los cajeros automáticos disminuyen la carga de trabajo de los cajeros de los bancos y de esta manera agilizan o hacen más eficientes los trámites bancarios de los clientes. Esto se asemeja al papel que juega el correo de voz tal como se describe en el pasaje; reduce la carga de trabajo de las recepcionistas y secretarias y ayuda a las personas con quienes establece contacto. Las opciones (2) y (3) tienen algunos aspectos en común con el correo de voz: son avances tecnológicos y realizan tareas de manera más eficiente y rápida. Sin embargo, ninguno de los dos sustituye la necesidad de una persona para hacer el trabajo tan eficientemente como el correo de voz o los cajeros automáticos, por lo tanto, no son las mejores opciones. Las opciones (4) y (5) tienen poco en común con el correo de voz así que son incorrectas.

6. **(1) dejar un mensaje en el correo de voz en lugar de hablar directamente con la persona** (Aplicación) Según el autor, el objetivo del correo de voz es permitir a una persona dejar un mensaje cuando no puede hablar con quien desea hacerlo, no evitar hablar con esa persona. Las opciones (2) a (5) son usos aceptables del correo de voz con base en la información del pasaje.

7. **(2) directo** (Síntesis) El pasaje menciona los beneficios y usos apropiados del correo de voz de manera clara y entendible. El pasaje no apoya ninguna de las otras opciones.

Prueba corta de GED (Páginas 58 y 69)

1. **(4) revisar** (Comprensión) Todo el artículo está enfocado en la importancia de la revisión. Ninguno de los otros pasos del proceso de redacción se discute con el mismo detalle.

2. **(3) artista** (Comprensión) El párrafo (5) del pasaje recomienda a los escritores desarrollar el modo de pensar de los pintores y músicos, que con gusto revisan su trabajo y consideran que es un paso importante. El pasaje no apoya las opciones (1), (2)

y (5). La opción (4) se menciona como una actitud que los escritores deben evitar, no fomentar, así que es incorrecta.

3. **(3) perfeccionista** (Comprensión) Al contrastar la actitud de un escritor de cartas de negocios con respecto al proceso de revisión con la de un pintor, los autores se refieren a los toques finales que el pintor da a su obra para perfeccionarla. Esto sugiere que al revisar detenidamente una carta de negocios en busca de errores, un escritor puede perfeccionarla.

4. **(1) Revisión en cinco pasos sencillos** (Análisis) El pasaje detalla el proceso de revisión al dar a los escritores cinco pasos sencillos a seguir. El primer párrafo del pasaje implica que la revisión puede llevar tan sólo unos cinco minutos; por lo tanto, sólo es una parte del proceso de redacción y la opción (2) es incorrecta. La opción (3) puede ser un enunciado verdadero sobre el proceso de redacción pero el pasaje no lo enfatiza. La opción (4) aborda sólo un aspecto del proceso de revisión: los escritores le tienen aversión. La opción (5) es incorrecta porque el pasaje no sugiere que la revisión es el primer paso de volver a escribir.

5. **(2) Paso 2** (Aplicación) La frase de Twain se refiere al uso de las palabras y el Paso 2 del pasaje aborda las palabras que se usan en una carta o memorando. La opción (1) se refiere a la idea principal del mensaje, la opción (3) se refiere a la coherencia de la carta, la opción (4) se refiere a los errores superficiales y la opción (5) al aspecto de la carta en la página.

6. **(3) No detecta errores de contexto.** (Análisis) Los correctores ortográficos corrigen las faltas de ortografía, sin embargo, no detectan correctamente las palabras usadas en contextos equivocados. La opción (1) no aborda la pregunta. En el pasaje no hay evidencias que apoyen la opción (2). La opción (4) es un enunciado verdadero pero no explica por qué la función del corrector ortográfico no es infalible. La opción (5) describe un error cometido por un escritor, no un problema con el mecanismo del corrector ortográfico.

7. **(4) Vestida para ganar.** (Aplicación) El paso 5 tiene que ver con el aspecto de un documento en la página. Implica que un documento que se "ve" bien será efectivo de la misma manera en que una persona que se viste bien lo será en los negocios.

8. **(1) cordial e informal** (Síntesis) Los autores se refieren al lector en primera persona a lo largo del pasaje y describen la revisión en términos ligeros. Ninguna de las otras opciones describen correctamente el estilo del pasaje.

9. **(3) exponer un problema y dar su solución** (Síntesis) El pasaje presenta el problema en los primeros dos párrafos: los escritores no revisan su trabajo con miras a corregirlo. El resto del pasaje está dedicado a dar soluciones al problema.

Lección 5
Enfoque en las destrezas de GED (Página 61)

1. **a.** danza

2. **c.** Tharp tiene poco dinero para montar espectáculos.

3. **d.** Debido a la economía, el futuro del arte de Tharp es sombrío.

4. **a.** No hay dinero para escenarios.
   b. Los bailarines visten con ropa de práctica en lugar de vestuario.
   c. La música es grabada.
   d. Los precios de los boleros han sido reducidos.

Es posible mencionar que Tharp trabaja sin su propia compañía y sin una base de apoyo permanente.

Práctica de GED (Páginas 62 y 63)

1. **(2) cree que era interesado** (Comprensión) El autor describe cómo Johnson se hizo amigo de un hombre mayor en la universidad y lo aduló para obtener poder. Esto sugiere que Johnson usaba a las personas para obtener lo que quería. El talento de Johnson para hacer campaña no se menciona en el pasaje, así que la opción (1) es incorrecta. Las opciones (3), (4) y (5) no están apoyadas por los hechos del pasado.

2. **(4) Era adulador.** (Comprensión) El autor usa palabras derivadas de adular dos veces en una oración (líneas 22 y 23). Esto indica que el autor cree firmemente que Johnson se servía de la adulación para obtener lo que quería. Las opciones (1) y (2) no se usan para describir a Johnson. La opción (3) se usa para describir la adulación de Johnson, no para referirse a su persona. La opción (5) se usa para describir a Johnson, pero no explica cómo llegó al poder.

3. **(2) Intentaba hacerse amigo de los hombres que podían ayudarlo.** (Análisis) El autor describe cómo Johnson se hacía amigo de hombres mayores que lo ayudaban a adquirir poder. Aunque Johnson sí se hizo amigo de hombres poderosos, en el pasaje no hay evidencias que sugieran que no hizo otro tipo de amistades. Por lo tanto, la opción (5) es incorrecta. El pasaje no apoya las otras opciones.

4. **(2) Johnson podía andar en tejemanejes.** (Síntesis) Para lograr que el Congreso apruebe programas, los presidentes deben ser capaces de persuadir a los legisladores que los apoyen, lo cual es un tipo de tejemaneje. La opción (1) es incorrecta porque probablemente esto dificultaría la aprobación de una ley. Aunque ser descarado

posiblemente podría contribuir a la aprobación de leyes, no es una característica lo suficientemente fuerte para lograr la aprobación de una ley. Por lo tanto, la opción (3) es incorrecta. La opción (4) es incorrecta porque el pasaje sugiere que las únicas personas que a Johnson le importaba agradar eran las que podían ayudarlo. La opción (5) es una opinión que el pasaje no apoya.

5. **(4) Los beneficios de la conservación no siempre pueden medirse en dólares y centavos.** (Comprensión) La frase "beneficios económicos" se refiere a hacer dinero. A partir del contexto de la oración, usted puede inferir que la palabra *intangible* significa "no medible con dinero". Ninguna de las otras opciones tiene sentido en el contexto del pasaje.

6. **(3) obtener beneficios de los nuevos proyectos de construcción** (Análisis) El escritor menciona que los promotores inmobiliarios a menudo están deseosos de imitar un cierto estilo e implica que describen algunos edificios históricos en términos de que no llegan a "su más alto potencial para generar impuestos" (líneas 34 y 35). Esto sugiere que los promotores inmobiliarios están más preocupados por hacer dinero que por conservar los barrios históricos. La opción (1) puede ser verdadera, pero no sería una preocupación principal de los promotores inmobiliarios. Ellos tratan de sacar beneficios y no trabajan para la ciudad. Las opciones (2) y (5) no se mencionan en el pasaje. La opción (4) es la preocupación del autor de la editorial, no la de los promotores inmobiliarios.

7. **(1) despertar la conciencia de la importancia de conservar edificios históricos** (Síntesis) Toda la editorial se enfoca en la importancia de conservar edificios históricos que ofrecen una mirada única al pasado de la ciudad. Ninguna de las otras opciones refleja el propósito general de la editorial.

Prueba corta de GED (Páginas 64 y 65)

1. **(2) un tren** (Comprensión) Los detalles del pasaje llevan al lector a deducir que el "Demonio" es un tren: viaja sobre vías, saca humo y se detiene en una estación. Las opciones (1) y (3) son incorrectas porque se refieren a personas. Las opciones (4) y (5) son incorrectas porque la descripción del "Demonio" claramente se refiere a un tren, no a un tranvía ni a un barco.

2. **(1) como si la autora supiera lo que Ishi está pensando** (Análisis) La biógrafa escribe como si viera a través de los ojos de Ishi. La opción (2) es incorrecta porque Ishi no está contando su propia historia. Las opciones (3) y (5) no tienen apoyo. El autor parece conocer bien a Ishi, así que la opción (4) es incorrecta.

3. **(3) comprensiva** (Análisis) La descripción del nerviosismo del hombre denota comprensión. La opción (1) puede referirse a Ishi en un momento, pero no a la autora. No hay apoyo para las opciones (2), (4) y (5).

4. **(2) Enfatiza que el tren parecía estar vivo.** (Análisis) Las palabras de la descripción se refieren al tren como si tuviera rasgos humanos. No hay apoyo para la opción (1). La opción (3) se sugiere al llamar demonio al tren, pero la autora está diciendo que Ishi ve los trenes como poderosos y aterradores, no malignos. No hay apoyo para la opción (4). La opción (5) no tiene nada que ver con el pasaje.

5. **(4) Nunca se había imaginado que viajaría en un tren.** (Comprensión) El pasaje en su conjunto sugiere esta idea. Por ejemplo, se apoya en lo que la madre de Ishi le dice sobre los trenes, que no tienen nada que ver con los indios. La opción (1) puede ser verdadera, pero el pasaje no la sugiere. La opción (2) es opuesta a lo que se sugiere. No hay apoyo para las opciones (3) y (5).

6. **(4) al silbido del tren** (Análisis) Esta frase se refiere al ruido que el tren hace al entrar en la estación. La opción (1) es incorrecta porque hace referencia al ruido del tren, no al de la gente. La opción (2) es incorrecta porque un traqueteo es distinto de un gemido. El ruido no es de Ishi, así que la opción (3) es incorrecta. Las nubes no hacen ruidos, así que la opción (5) es incorrecta.

7. **(2) emoción ante otra nueva experiencia** (Comprensión) Como Ishi disfrutó del viaje en tren y se refirió al ferry y al tranvía como a "maravillas", es probable que le emocionaría viajar en taxi. Por lo tanto, la opción (1) es incorrecta. La opción (3) es incorrecta porque, a pesar de que a Ishi le parece emocionante la velocidad del tren, no es una parte principal de sus impresiones sobre sus viajes. Las opciones (4) y (5) no se desarrollan en el pasaje.

8. **(3) Le permite experimentar el trayecto de los ríos y arroyos.** (Análisis) En las líneas 51 a 64, Ishi señala que ahora puede ver cómo los arroyos y ríos de su tierra llegan al mar. Ninguna de las personas que conoce había visto esta ruta. No queda claro si Ishi volverá a viajar alguna vez en tren, así que la opción (1) es incorrecta. La opción (2) no se menciona en el pasaje. Aunque la opción (4) puede ser verdadera, la autora no la señala como una razón que justifique la importancia que Ishi le da a la ruta. La opción (5) es verdadera pero no indica por qué la ruta es importante para Ishi.

9. **(4) Ishi no quería que el Demonio lo siguiera.** (Análisis) La madre de Ishi le dijo que el Demonio seguiría a los hombres blancos pero que nunca molestaría a los indios. Puede sacar la conclusión de que Ishi quiere que el Demonio sepa que él es indio para que no lo siga. No hay ideas de apoyo en el pasaje para las demás opciones.

Lección 6

Enfoque en las destrezas de GED (Página 67)

1. **b.** coloquial

2. **c.** sincero

3. La verdad es que tengo suerte, es lo máximo; cuando tienes

4. **b.** informal.

Práctica de GED (Páginas 68 y 69)

1. **(4) entender la poesía** (Comprensión) Para Frost, "acercarse a la poesía" significa entender "el punto en cuestión" (líneas 21 y 22). No hay evidencias que apoyen las opciones (1), (2), (3) y (5).

2. **(1) Ambas son inexactas y no científicas.** (Comprensión) El hecho de que para Frost la mejor indicación de que un estudiante entiende poesía sea una "observación correcta" (línea 27) demuestra el carácter inexacto y no científico de su enseñanza y comprensión. No hay evidencias que apoyen las opciones (2), (3), (4) y (5).

3. **(3) Calificar la comprensión de poesía de un estudiante es difícil y circunstancial.** (Análisis) A partir del pasaje usted puede concluir que Frost piensa que calificar la comprensión que una persona tiene de la poesía no es una tarea fácil. Frost dice que es posible que una calificación dependa de una sola observación, siempre y cuando ésta sea buena. La opción (1) es incorrecta porque Frost dice que no piensa que todos deben escribir poesía. La opción (2) es incorrecta porque se puede deducir que para Frost, calificar la comprensión de poesía de un estudiante no es algo exacto ni sencillo. La opción (4) es una mala interpretación del pasaje. La opción (5) es verdadera sobre el sistema de calificación de Frost, pero no es el mejor resumen de sus ideas.

4. **(5) serio y coloquial** (Síntesis) El tema, la comprensión de la poesía, es serio, pero el autor escribe acerca de él como si estuviera hablando con el lector. La opción (1) es incorrecta porque el lenguaje usado no es formal. Las opciones (2), (3) y (4) no caracterizan el estilo en que está escrito el pasaje.

5. **(2) aumentar sus esfuerzos para acabar con el apartheid** (Comprensión) En el primer párrafo, el orador dice que es "momento de intensificar la lucha en todos los frentes" (líneas 3 y 4) y que "la vista de la libertad levantándose en el horizonte debe alentar [a su gente] a redoblar [sus] esfuerzos" (líneas 6 a 8). Esto significa que deben aumentar sus esfuerzos para acabar con el apartheid. El orador cree que el sufragio universal (derecho a votar) es importante, pero el sufragio no es el punto central del discurso. Por lo tanto, la opción (1) es incorrecta. Las opciones (3) y (4) son opuestas a lo que el orador pide. Mandela pide ayuda a otras naciones, pero no está pidiendo a sus seguidores que soliciten esta ayuda. Por lo tanto, la opción (5) es incorrecta.

6. **(5) se vislumbra** (Análisis) Mandela dice a lo largo de este pasaje que la libertad está al alcance pero que todos deben trabajar juntos para conseguirla. Como la libertad está al alcance, la opción (1) es incorrecta. Aunque la opción (2) puede ser verdadera, no es el significado que el orador busca expresar en la frase y por lo tanto es incorrecta. Las opciones (3) y (4) son incorrectas porque dan la impresión de que la gente no necesita trabajar para conseguir la libertad.

7. **(2) Enfatiza la necesidad de trabajar juntos.** (Análisis) El uso frecuente de la palabra "nosotros" enfatiza el hecho de que acabar con el apartheid es una lucha en común en la que todos los sudafricanos deben participar para ganar su libertad. La opción (1) es incorrecta porque no hay ninguna indicación en el pasaje que sugiera que el orador no pertenece a la gente común. Las opciones (3) y (4) no son los efectos principales del uso del pronombre. La opción (5) describe al orador pero no explica la efectividad de la repetición de pronombre "nosotros".

8. **(4) apasionado** (Síntesis) El orador hace un llamamiento emotivo a la gente para que siga luchando contra el apartheid. El último párrafo, en el que dedica su vida a la causa, transmite su pasión. Ninguna de las otras opciones describe con eficacia el tono del discurso.

Prueba corta de GED (Páginas 70 y 71)

1. **(4) Su tono no presenta complicaciones y es informal.** (Síntesis) El estilo informal y coloquial del autor es típico del ensayo informal. No hay evidencias en el pasaje que apoyen las opciones (1), (2), (3) y (5).

2. **(2) La civilización hubiera llegado al lago.** (Comprensión) "El camino pavimentado" es una carretera (civilización) que se construyó para llegar al lago. El autor teme que el lago ya no sea un lugar apartado. No hay evidencia que apoye las opciones (1) y (3). Las opciones (4) y (5) son lo opuesto a las preocupaciones del autor.

3. **(4) que su hijo nunca había nadado en un lago.** (Comprensión) El autor afirma que llevó a su hijo al lago porque nunca había pasado unas vacaciones a la orilla de un lago. No hay evidencia que apoye las opciones (1) y (2). La opción (3) es incorrecta porque el autor da a entender que su hijo ha estado en el mar. La opción (5) puede ser verdadera, pero las referencias del autor al mar sugieren lo opuesto.

4. **(3) Entre más cambian las cosas, más permanecen igual.** (Aplicación) En las líneas 28 a 33, el autor se pregunta si el tiempo ha cambiado su lugar de vacaciones veraniegas. En las líneas 67 a 71, dice que cuando él y su hijo se instalaron cerca de una granja, supo que sería muy parecido a lo que había sido antes, a pesar de que ahora es adulto y va con su propio hijo. Hay ciertas evidencias que apoyan las opciones (1), (2) y (4), pero la opción (3) es la expresión que capta de manera más convincente la idea principal del pasaje. La opción (5) está relacionada con el pasaje.

5. **(3) Busca recuperar las alegrías de su juventud.** (Análisis) En las líneas 23 y 24 el autor se refiere a visitar los sitios que solían frecuentar. En las líneas 40 a 65 repasa los recuerdos que obviamente son queridos para él y se pregunta con nostalgia si las cosas seguirán iguales. Su temor de que las cosas hayan cambiado sugiere su anhelo por recuperar su juventud. Hay cierta evidencia que apoya las opciones (1), (2), (4) y (5), pero la opción (3) es la que está mejor apoyada por el pasaje.

6. **(2) Estaba experimentando el lago desde su propia perspectiva y la de su padre.** (Análisis) Como el hijo del autor ha desarrollado comportamientos similares a los del autor cuando era niño, el autor se percata que su experiencia en el lago tiene que ver no sólo con identificarse con su niñez sino también con su padre. Las opciones (1) y (4) son incorrectas porque son interpretaciones literales de las palabras del autor. El autor no indica un conflicto entre sus sentimientos hacia el mar y el lago; por lo tanto, la opción (3) es incorrecta. La opción (5) puede ser verdadera, pero no es a lo que el autor se refiere.

7. **(5) Sintió que se convertía en el hombre que su padre fue.** (Análisis) El pasaje explica la extraña sensación con la frase "de pronto no era yo, sino mi padre, el que decía las palabras o hacía el ademán" (líneas 85 y 86). El pasaje no apoya las demás opciones.

8. **(1) presentar la situación básica que el ensayo desarrollará** (Síntesis) El primer párrafo proporciona los antecedentes y comunica al lector lo que el autor desarrollará en el ensayo. La opción (2) puede ser el resultado de la presentación de la situación básica, pero no es el propósito del primer párrafo. La opción (3) es incorrecta porque el tema se desarrolla en los párrafos subsiguientes. La opción (5) es incorrecta porque el primer párrafo no introduce al hijo del autor.

Lección 7
Enfoque en las destrezas de GED (Página 73)

1. **c.** Collins maneja el dinero de Armstrong.

2. **a.** Collins exige al promotor que le pague.
   b. Armstrong esperó a que el asunto se solucionara.
   d. El promotor fue a su oficina por el dinero.

3. **a.** La palabra "cheque" no se usa en Estados Unidos.
   c. El promotor regresó con varias bolsas que tenían monedas de media corona inglesa de plata.
   e. El escritor pensó que Collins no sabía cómo contar el dinero.

Práctica de GED (Páginas 74 y 75)

1. **(3) Los administradores de programas son unas de las personas más importantes de la televisión.** (Análisis) El autor afirma que el administrador del programa es más influyente que los guionistas o dirigentes de las compañías de producción; por lo tanto, la opción (1) es incorrecta. Como el pasaje no dice que las compañías de producción siempre se entrometen, la opción (2) es incorrecta. La opción (4) es lo opuesto de lo que el pasaje da a entender. No hay evidencia que apoye la opción (5).

2. **(1) escribir un programa piloto para un nuevo programa relacionado** (Aplicación) El pasaje define las responsabilidades del administrador de programa para una serie que ya está en producción. No sugiere que el administrador del programa sea responsable de un nuevo programa basado en una serie existente; por lo tanto, es probable que el administrador del programa delegara esto a otra persona. Todas las demás opciones son descritas como responsabilidades del administrador del programa.

3. **(2) La fuerza conductora detrás de *E.R.* es en gran parte desconocida para los televidentes.** (Síntesis) Uno esperaría que la persona más influyente en la producción de una serie de televisión popular tuviera un perfil elevado, como el productor o el director; sin embargo, en realidad es una persona desconocida por la mayoría de los televidentes. La opción (1) no es verdadera con base en el pasaje. El pasaje no menciona ni da a entender la opción (3). Las opciones (4) y (5) no ilustran ironía.

4. **(3) La gente estaba reaccionando a los efectos del tornado.** (Comprensión) Esta opción comprende las acciones de todas las personas que aparecen en el pasaje. Las opciones (1), (2), (4) y (5) se refieren a detalles del pasaje, no a la situación general.

5. **(5) No entendía por qué su esposo la había llamado.** (Comprensión) La Sra. Miller no se había preocupado por su esposo porque no sabía que había motivo de preocupación. La opción (1) es muy improbable. Para la mayoría de la gente los tornados son aterradores. No hay evidencias que apoyen las opciones (2) y (3). Aunque es claro que la Sra. Miller no sabía sobre el tornado, no hay evidencias de que estuviera dormida cuando esto sucedió, la opción (4).

6. **(1) suspenso** (Síntesis) El primer párrafo describe los efectos posteriores al tornado y termina con la anticipación de la posibilidad de un segundo tornado, lo cual genera suspenso. El suspenso se mantiene en el segundo párrafo cuando el narrador dice que desconocía el paradero de su amigo. Las opciones (2) y (5) son inadecuadas para describir el tono de tal acontecimiento devastador. La opción (3) es incorrecta porque aunque el tornado fue un suceso desafortunado, no se describe como una tragedia. La opción (4) es incorrecta porque no se mencionan muertes causadas por el tornado.

7. **(3) testimonio de un testigo** (Síntesis) El pasaje está narrado en primera persona y relaciona los sucesos desde la perspectiva de una persona. Esto se asemeja al testimonio de un testigo. La opción (1) es incorrecta porque no hay evidencia de que los sucesos descritos en el pasaje sean exagerados o falsos. Un artículo de periódico no estaría escrito en primera persona, así que la opción (2) es incorrecta. Una entrevista de televisión consistiría en preguntas y respuestas; por lo tanto, la opción (4) es incorrecta. No hay evidencia en el pasaje que sugiera que el hablante esta relatando su historia a la policía así que la opción (5) también es incorrecta.

Prueba corta de GED (Páginas 76 y 77)

1. **(4) La gente era tan violenta como el clima.** (Comprensión) El pasaje dice que la región era salvaje y describe ejemplos de un clima severo y violento. Luego, describe a la gente como enojada y violenta. Las opciones (1) y (3) no tienen nada que ver con la tierra. La opción (2) es incorrecta porque el aspecto de la gente no se describe en el pasaje. La opción (5) es verdadera pero no responde la pregunta.

2. **(2) preparar una ceremonia especial** (Comprensión) El pasaje dice que era casi seguro que "lo matarían de un tiro o se lo llevaría la corriente de agua" (líneas 23 y 24) y hace referencia al "cuerpo destrozado" (líneas 24 y 25). Esto indica que la celebración en su memoria es algún tipo de ceremonia funeraria. Las opciones (1), (4) y (5) se refieren a ocasiones felices, no a la muerte, que es una ocasión triste, así que son incorrectas. No hay apoyo para la opción (3).

3. **(2) El hombre blanco invadió las tierras de los nativos.** (Análisis) El hombre blanco "llegó destrozando todo a su paso" (líneas 29 y 30) después del descubrimiento de oro y se lo considera malo como un oso. Por lo tanto, usted puede concluir que el hombre blanco invadió tierras habitadas por los indios y esquimales. Las opciones (1) y (4) pueden ser verdaderas pero no se mencionan en el pasaje. Aunque la opción (3) puede ser una inferencia lógica, no hay evidencia en el pasaje que la apoye. Las líneas 27 a 36 mencionan la crueldad del hombre blanco, así que el pasaje no apoya la opción (5).

4. **(3) se ubica en una región muy remota** (Análisis) El pasaje describe la ubicación como un día de caminata al norte del Círculo Ártico, un área de la Tierra cercana al Polo Norte. La opción (1) no se menciona ni se da a entender en el pasaje. Aunque el escritor menciona que la gente a veces se perdía, el pasaje no da a entender que fuera fácil perderse en esa tierra, lo cual hace que la opción (2) sea incorrecta. En el pasaje no hay evidencias que apoyen las opciones (4) y (5).

5. **(3) que tenía intereses variados** (Comprensión) "Había logrado el dominio de todos los ámbitos del conocimiento" (líneas 17 a 19) significa que tenía un deseo de conocimiento. El genio de da Vinci no se limitaba a una sola área. La crítica se refiere a "una aptitud para todo" (línea 5) y afirma que "todas las cosas, humanas y divinas, eran temas adecuados." (líneas 43 a 45). Aunque la opción (1) puede ser verdadera, no es el significado de la líneas 17 a 19. Las opciones (2), (4) y (5) sugieren cualidades que la crítica no apoya.

6. **(3) Esta cualidad es común al estilo de da Vinci.** (Comprensión). El pasaje dice que el sentido poético en la pintura es una cualidad de da Vinci y que muchas de sus pinturas son misteriosas. No hay apoyo en el pasaje para la opción (1). La opción (2) es incorrecta porque esta frase se usa para describir *La última cena*, no la *Mona Lisa*. La opción (4) puede ser verdadera pero no explica por qué la pintura es misteriosa; y la opción (5) es lo opuesto de lo que se describe en el pasaje.

7. **(2) Es un reconocido crítico de arte.** (Análisis) El autor evalúa inteligentemente dos de las pinturas más famosas de da Vinci: *La última cena* y la *Mona Lisa*, alabando una y criticando la opinión popular de la otra. Esto sugiere que el autor es un crítico de arte. No hay evidencias que apoyen las otras opciones.

8. **(4) La *Mona Lisa* es una buena pintura; *La última cena* es una pintura grandiosa.** (Análisis) El autor dice que la *Mona Lisa* está sobrevalorada pero que aun así tiene un "equilibrio de forma monumental y sentimiento lírico" (líneas 33 y 34). Esto indica que piensa que la *Mona Lisa* es una buena pintura, aunque no tan buena como muchas personas creen; esto contrasta con su elevada opinión de *La última cena*: "uno de los ejemplos más sublimes del recinto geométrico" (líneas 25 y 26). La opción (1) es incorrecta porque ambas pinturas son conocidas en todo el mundo. La opción (2) es incorrecta porque no contrasta las dos pinturas. La opción (3) es incorrecta porque el autor no parece pensar que la *Mona Lisa* es una mala pintura, sólo que está sobrevalorada. No hay evidencia en el pasaje que apoye a la opción (5).

Lección 8

Enfoque en las destrezas de GED (Página 79)

1. **b.** con el mundo real

2. **a.** los taxistas de la vida real
   b. los taxistas de la TV

3. pero

4. **c.** La televisión y la vida real tienen muchos lugares y cosas en común.

Práctica de GED (Páginas 80 y 81)

1. **(5) Burr mató al envejecido Hamilton.**
   (Comprensión) El pasaje dice que Burr selló su destino con una bala y que Hamilton no podría cuidar de su familia (líneas 43 a 47); esto indica que Burr mató de un tiro a Hamilton. No hay evidencia en el pasaje que apoye a las otras opciones.

2. **(4) Ambos buscaban el poder.** (Análisis) El pasaje describe a ambos hombres como excesivamente ambiciosos. La opción (1) es incorrecta porque sólo Burr estuvo cerca de ganar la presidencia. La opción (2) es incorrecta porque sólo Burr era considerado un marginado. La opción (3) es incorrecta porque ambos hombres son descritos como potencialmente peligrosos para la nación; la opción (5) es incorrecta porque sólo Hamilton era federalista.

3. **(4) Siente simpatía por los dos hombres.**
   (Análisis) El tercer párrafo da crédito a Fleming por retratar tanto a Burr como a Hamilton correctamente y al mismo tiempo transmitir una imagen agradable de ellos (líneas 12 a 15). Esto sugiere que sentía simpatía por ambos sujetos. La información del pasaje no apoya ninguna de las otras opciones.

4. **(5) analítico** (Síntesis) La autora examina la percepción cambiante de la belleza en la historia reciente de la fotografía de una manera intelectual y analítica. No es argumentativa; por lo tanto, la opción (1) es incorrecta. La autora sí expresa opiniones y ofrece evidencias para apoyarlas, sin embargo, no parece persuadir a los lectores. Por lo tanto, la opción (2) es incorrecta. Describe su percepción de cómo las ideas sobre la belleza han cambiado; sin embargo, su discusión es mucho más profunda que una mera descripción; por lo tanto, la opción (3) no es la mejor. Aunque explica ciertas ideas, la opción (4), éste no es su enfoque principal.

5. **(3) fotografiar temas cotidianos**
   (Comprensión) El pasaje dice que los fotógrafos ambiciosos "exploran conscientemente materiales sencillos, de mal gusto e inclusive desabridos" (líneas 15 a 17). Las fotografías que resultan de esta exploración pueden ser bellas o líricas, pero la belleza o las cosas líricas no son el objetivo principal del fotógrafo; por lo tanto, la opción (1) es incorrecta. No hay evidencia en el pasaje que apoye la opción (2). El pasaje dice que estos fotógrafos exploran temas sencillos y desabridos pero no que las fotografías resultantes sean en sí mismas sencillas y desabridas; por lo tanto, la opción (4) es incorrecta. Los fotógrafos probablemente sí quieren que sus fotografías se expongan en museos, pero el pasaje no indica que éste sea su objetivo principal; por lo tanto, la opción (5) es incorrecta.

6. **(5) el sentimiento es a la indiferencia**
   (Síntesis) El pasaje describe la experiencia estadounidense "como cataloga Whitman con pasión y evalúa con indiferencia Warhol" (líneas 41 a 43). Las dos palabras importantes de este enunciado son "pasión" e "indiferencia"; sugieren la idea de que Whitman está lleno de sentimiento y Warhol es indiferente. Las otras opciones contienen palabras que se relacionan con ideas del pasaje, pero no con las descripciones de los dos hombres.

7. **(1) Todo ser tiene dignidad y valía.**
   (Aplicación) El pasaje menciona que Whitman cree que cada tema tiene belleza y que las acciones e ideas de cada persona son importantes. Por lo tanto, es probable que crea que todas las cosas y seres vivientes tienen dignidad y son valiosas. No hay evidencias en el pasaje que apoyen las otras opciones.

Prueba corta de GED (Páginas 82 y 83)

1. **(5) Ambos dieron la impresión de gastar mucho dinero.** (Análisis) Las líneas 26 a 33 dicen que el presidente republicano de New Hampshire escribió un comunicado de prensa en el que mencionaba como ambos hombres "habían gastado todo el excedente de un billón de dólares en los 60 minutos de transmisión de televisión nacional". Este enunciado indica que ambos candidatos gastan mucho. Las opciones (1), (2), (3) y (4) no son verdaderas.

2. **(2) Bradley es reservado; Gore es amigable.**
   (Análisis) El pasaje dice que Bradley era "como de costumbre, callado al punto del retraimiento" (líneas 36 y 37), lo cual sugiere reserva y que Gore interactuaba con el público para causar una impresión, lo cual indica una personalidad amigable. La opción (1) es incorrecta porque, de acuerdo con el autor, las etiquetas de "no favorito" y "favorito" no describen de manera precisa la experiencia de los candidatos. La opción (3) es incorrecta porque el pasaje dice que Gore se esforzó mucho más que Bradley para causar una impresión, no que Bradley no se esforzó por causar una impresión. No hay evidencias en el pasaje que apoyen las opciones (4) y (5).

UNIDAD 1

3. **(1) los modelos políticos que escogieron** (Comprensión) El autor menciona que el momento más revelador casi no llamó la atención. Luego, continúa con la descripción de los modelos de los candidatos. La opción (2) no se menciona en el pasaje y por lo tanto es incorrecta. Las opciones (3) y (4) se mencionan pero no se enfatizan o discuten en detalle y por lo tanto son incorrectas. La opción (5) se discute ampliamente pero no se describe como la que ofrece mayor comprensión de las personalidades de los candidatos; por lo tanto, es incorrecta.

4. **(3) Gore quería dar la impresión al público de ser accesible.** (Análisis) Gore respondía las preguntas del público; el autor da a entender que Gore hizo esto para que las personas sintieran que él las escuchaba. El pasaje no apoya las opciones (1), (2) y (5). El autor dice que "Gore se esforzó mucho más por causar una impresión" (líneas 39 y 40), lo cual muestra que Gore no actuaba de manera particularmente espontánea o genuina; por lo tanto, la opción (4) es incorrecta.

5. **(4) A Gore a menudo se le va la mano.** (Comprensión) Cuando alguien no puede parar significa que no reconoce cuando las cosas van bien y no debe exagerar. El pasaje no apoya las opciones (1), (2), (3) ni (5).

6. **(5) inofensivos** (Análisis). El autor describe las opciones de Gore (Lincoln, Roosevelt y Johnson) como seguras, predecibles, poco originales y sin riesgo de ofender a nadie. Las opciones (1), (2), (3) y (4) no se adecuan a esta descripción.

7. **(2) párrafos 3 y 4** (Análisis) El párrafo 3 describe que los candidatos tienen casi la misma experiencia en Washington. El párrafo 4 sugiere que ambos se gastarían el excedente del presupuesto proyectado en programas federales costosos. Las otras opciones son incorrectas porque uno o ambos párrafos no se centran en las similitudes entre los candidatos.

8. **(2) El contraste entre los candidatos no era tan definido como se esperaba.** (Síntesis) Las líneas 1 a 3 sugieren que la falta de diferencias claras entre los candidatos hace que sea difícil distinguirlos. De acuerdo con la información presentada en el pasaje, las opciones (1), (3), (4) y (5) no son apoyadas.

Lección 9
Enfoque en las destrezas de GED (Página 85)
1. **b.** Mira con frecuencia los informes del tiempo.

2. **a.** fascinado y confundido

3. **c.** Son interesantes, pero un poco artificiales.

4. Es posible que sus respuestas incluyan los siguientes detalles del pasaje:
   El autor compara a los reporteros que cubren el tiempo con los reporteros que cubren las celebridades.

El autor está muy familiarizado con las imágenes del huracán Floyd que se mostraron por satélites en los noticieros de televisión.

Según su propia experiencia, el autor dice que los noticieros de televisión no pueden transmitir a los televidentes el tamaño y poder real de un huracán.

Práctica de GED (Páginas 86 y 87)
1. **(3) Es una película entretenida.** (Análisis) Se puede encontrar la opinión del crítico en las líneas 37 a 39. Aunque la opción (1) es una opinión del crítico, la opción (3) describe mejor su opinión de la película como un todo. El crítico no apoya las opciones (2) y (4). La opción (5) es un hecho, no una opinión.

2. **(2) Branagh es perfecto para el papel de Enrique V.** (Análisis) El párrafo describe cómo Branagh se identifica con el papel, participa en muchos aspectos de la película y parece y suena perfecto para el papel. El párrafo no apoya las opciones (1) y (3). Las opciones (4) y (5) son detalles del párrafo pero no la idea principal.

3. **(1) En ambos se critica la obra *Enrique V* de Shakespeare.** (Síntesis) En el primer párrafo, el crítico no se refiere a *Enrique V* como a una de sus mejores obras. En el último párrafo, describe los últimos 10 minutos de la película, cuando Enrique corteja a su futura esposa, como innecesariamente llenos de afecto y adjudica parte de la culpa a Shakespeare. La opción (2) es incorrecta porque sólo el último párrafo resume una escena de la película. Las opciones (3), (4) y (5) no son verdades sobre la reseña.

4. **(1) Es una historia de amor atractiva, aunque defectuosa** (Comprensión) El crítico señala varios elementos atractivos de la película, entre ellos se incluye un elenco sólido, una dirección fluida y un tema interesante. Sin embargo, también indica varias fallas, como los personajes oscuros, luchas predecibles y una estructura torpe de la trama. En conjunto, estos puntos sugieren que la película, aunque atractiva, tiene imperfecciones. El crítico no menciona ni da a entender la opción (2). La opción (3) no es verdadera; el crítico no insinúa que la película sea un fracaso total. Las opciones (4) y (5) son demasiado positivas; ninguna de ellas toma en cuenta los muchos defectos que se mencionan en la reseña.

5. **(2) Sugiere que hay un ritmo lento y pesado en la película.** (Análisis) Al hacer énfasis en el largo tiempo que los enamorados tardaron en estar juntos, el crítico sugiere que el ritmo de la película es demasiado lento. La opción (1) es incorrecta porque el crítico no muestra entusiasmo hacia la película. No hay evidencia en el pasaje que apoye las opciones (3) y (5). La opción (4) indica un efecto opuesto al intencionado.

6. **(5) si la estructura del argumento fuera distinta** (Aplicación) Una de las críticas principales de la película es que el argumento está estructurado de manera torpe. Esto sugiere que se podría haber mejorado la película con un argumento estructurado de manera distinta. Los detalles de la crítica no apoyan ninguna de las otras opciones.

Prueba corta de GED (Páginas 88 y 89)

1. **(3) Discovery Channel** (Análisis) En el tercer párrafo, el autor dice que los programas "del Discovery Channel son continuamente interesantes" (líneas 33 y 34) y luego, comenta ampliamente programas particulares. Esto sugiere que es posible que este canal sea el favorito del autor. En el pasaje hay poca o ninguna evidencia para apoyar las otras opciones.

2. **(5) en el primer y último párrafo** (Síntesis) Sólo los párrafos 1 y 5, el primero y el último del pasaje, expresan el punto de vista del autor que una guía de televisión semanal exhaustiva con listas detalladas sobre cualquier área serían una gran ayuda para los televidentes.

3. **(2) quisiera guías de programación más detalladas y enfocadas en intereses particulares** (Comprensión) El autor comenta las limitaciones de la mayoría de las guías de programación y la necesidad de una guía que abarque "los programas de todos los canales" (líneas 63 y 64). Las opciones (1) y (3) son detalles del pasaje y no las ideas más importantes, así que son incorrectas. No hay evidencia que apoye la opción (4). La opción (5) es incorrecta porque el autor comenta sus propios hábitos para expresar su opinión; no intenta convencer a los demás de imitar su conducta.

4. **(3) Su guía de programación es un desperdicio de dinero.** (Análisis) Las líneas 45 a 48 comentan por qué el gran número de programas repetidos en el canal A&E no compensan el precio adicional de la guía de programación de ese canal. La opción (2) es lo opuesto a esta idea; por lo tanto, es incorrecta. La opción (1) es incorrecta porque contradice lo que quiere transmitir el pasaje. No hay evidencia que apoye la opción (4). Aunque el autor critica el canal A&E, no se puede decidir del pasaje la opción (5).

5. **(1) informativo** (Síntesis) El autor proporciona la información de manera directa e informativa. La opción (2) es incorrecta porque el autor parece frustrado pero no enojado. El autor no usa el humor en esta discusión; por lo tanto, la opción (3) es incorrecta. La opción (4) es incorrecta porque el autor está molesto, más que abrumado. El autor se muestra complacido con las listas de programas de televisión disponibles, así que la opción (5) es incorrecta.

6. **(4) Presentan su opinión sobre las virtudes y limitaciones de la *Teleguía*.** (Análisis) El autor utiliza el cuento de arrancar los anuncios como una forma de presentar los puntos fuertes y débiles de las listas de la *Teleguía*. La opción (1) es incorrecta porque el autor enumera otras limitaciones. La referencia del autor a los anuncios como "obstáculos" indica que le desagradan; por lo tanto, la opción (2) es incorrecta. No hay evidencia que apoye las opciones (3) y (5).

7. **(3) metódico** (Síntesis) El autor expone su argumento mediante la explicación metódica de cómo usa la *Teleguía*. Describe los distintos canales, los programas que transmiten y la manera en que los programas aparecen en las listas. Su selección de palabras para describir el proceso y la manera cuidadosa en que aborda el tema permiten catalogar su estilo de redacción como serio y metódico. Ninguna de las otras opciones describe correctamente el estilo de redacción del comentario.

8. **(3) *Teleguía* no tiene espacio para describir cada programa de cada canal.** (Análisis) El pasaje dice que es frustrante revisar la programación debido a los "números de canales descritos" (línea 11). También dice que esto no es culpa de *Teleguía* (línea 24). Estas pistas dan a entender que hay tantos canales que no hay espacio suficiente para enumerarlos. No hay evidencia en el pasaje que apoye las opciones (1) y (2). Las opciones (4) y (5) son verdaderas, pero no explican por qué las listas no están completas.

9. **(3) superficial** (Comprensión) El autor menciona que *Teleguía* se limita a enumerar los títulos de los programas de muchos canales. Ésto se considera como superficial o poco profundo. En el pasaje no hay evidencia que apoye las opciones (1) y (5). La opción (2) es lo contrario de lo que sugiere el pasaje. La opción (4) puede ser verdadera pero no es el centro de la discusión del pasaje.

Unidad 1 Repaso acumulativo
(Páginas 90 a 96)

1. **(4) las bolas sobre la mesa de billar y los pájaros que están a punto de recibir un golpe** (Análisis) En este caso el escritor mezcla lenguaje literal, la descripción de las bolas, con lenguaje figurado, comparar las bolas con los cuervos. La opción (1) incluye al taco de billar, así que es incorrecta. No hay evidencias que apoyen las opciones (2) y (5). La opción (3) es incorrecta porque confunde el lenguaje figurado con el lenguaje literal.

2. **(3) Es feroz con su presa.** (Análisis) Mosconi trata a sus oponentes de manera similar a la que un tiburón trata a su presa. La segunda mitad del pasaje revela su impaciencia, así que la opción (1) es incorrecta. El pasaje no apoya la opción (2). La opción (4) confunde el lenguaje literal con el lenguaje figurado. Aunque la opción (5) puede ser correcta, no tiene relación con la comparación de Mosconi y el tiburón.

3. **(2) Mosconi se está divirtiendo.** (Análisis) El símil se refiere a un niño que juega. Pegarle a algo con una resortera es difícil, así que la opción (1) es incorrecta. Las opciones (3) y (4) no tienen apoyo en el pasaje. La opción (5) confunde el lenguaje figurado con el literal.

4. **(3) El estatus de celebridad no califica automáticamente a alguien para vender un producto.** (Síntesis) La manera ruda en que Mosconi se comportó con la mujer sin experiencia y el darse cuenta del propósito por el que estaba allí apoyan esta generalización. La opción (1) es incorrecta porque no hay evidencias de que la aparición de Mosconi atrajera una multitud, que según el pasaje incluía a transeúntes y personas que estaban en las escaleras eléctricas. Las opciones (2) y (5) son opiniones que los hechos del pasaje no apoyan. La opción (4) es incorrecta porque no se describe que Mosconi esté cómodo jugando más de un papel.

5. **(2) es una organización que agrupa a muchas industrias** (Comprensión) Las líneas 3 y 4 mencionan que la industria del trabajo temporal en realidad abarca muchas industrias, lo cual significa que agrupa industrias. La opción (1) es incorrecta porque las dos industrias no son iguales. Las opciones (3), (4) y (5) no se mencionan ni se dan a entender en el pasaje.

6. **(5) al servicio temporal para quien trabaja** (Aplicación) El pasaje menciona que "un empleado temporal *nunca* es el empleado" de un lugar en donde él o ella está trabajando (líneas 24 a 27) y que "*siempre* es el empleado de la empresa de trabajo temporal" (líneas 27 a 29). Por lo tanto, es sensato llevar la queja al empleador, esto es, al servicio de trabajo temporal. De acuerdo con esto, las otras opciones son incorrectas porque no involucran al empleador del trabajador.

7. **(5) Ofrece oportunidades casi para cualquier profesión.** (Análisis) El pasaje describe las cuatro categorías de empleo temporal y los muchos tipos de trabajos que incluyen. No hay apoyo en el pasaje para las demás opciones.

8. **(3) Las pólizas de seguros de inquilinos pueden proteger a los inquilinos de varias maneras.** (Comprensión) El pasaje describe el seguro de inquilinos, los términos relacionados con él y los peligros contra los cuales protege a los titulares de la póliza. La opción (1) es incorrecta porque el pasaje no discute el seguro de propietarios. La opción (2) es una opinión que el pasaje no apoya. La opción (4) es un argumento de vendedor y la opción (5) es una afirmación que no puede sustentarse con la información del pasaje.

9. **(1) seguro de inquilinos con cobertura de costo de reemplazo** (Aplicación) El pasaje dice que este tipo de seguro pagará para remplazar la propiedad perdida "con una propiedad nueva similar" (líneas 23 y 24). La opción (2) es incorrecta porque este tipo de cobertura paga el costo de reemplazo menos la depreciación. El hecho de que los artículos sean viejos podría significar que este tipo de seguro pagaría muy poco por su pérdida. La opción (3) es incorrecta porque un deducible es una característica de muchos tipos de seguros, no una tipo de póliza. La opción (4) es incorrecta porque este tipo de seguro es para demandas en contra del asegurado, no pérdidas sufridas por el asegurado. La opción (5) solamente cubre un solo tipo de peligro.

10. **(4) Todos los inquilinos deben considerar la compra de un seguro de inquilinos.** (Análisis) El pasaje dice que muchos inquilinos pasan por alto esta modalidad (línea 2) y pasa a describir las muchas cosas que cubre. El pasaje no apoya las opciones (1) ni (5). La opción (2) puede ser verdadera para personas que hayan sufrido pérdidas, pero el pasaje no la menciona ni la da a entender. Por lo tanto, es incorrecta. La opción (3) se menciona en el pasaje pero no es recomendada; por lo tanto, es incorrecta.

11. **(2) informativo y directo** (Síntesis) El pasaje define términos comúnmente usados en las pólizas de seguros de inquilinos y explica los distintos tipos de coberturas de una manera directa. Ninguna de las otras opciones describe correctamente el estilo en que está escrito.

12. **(2) Consideran a las llamadas telefónicas una destreza social.** (Comprensión) Las líneas 8 a 10 dicen que "Para la mayoría de nosotros, usar el teléfono es una destreza social, no una destreza de negocios". Ninguna de las otras opciones se mencionan en el pasaje como razones que expliquen el fracaso de planear una llamada telefónica.

13. **(5) Determinan qué tan exitosa será la conversación.** (Comprensión) Las líneas 25 a 28 dicen que los primeros 10 a 15 segundos de una llamada telefónica establecen el tono de la conversación. Esto es lo mismo que decir que este período breve de tiempo determina qué tan exitoso será el intercambio. Ninguna de las otras opciones se menciona en el pasaje.

14. **(4) Consejos para contestar el teléfono de manera efectiva** (Comprensión) El pasaje da sugerencias para el uso efectivo del teléfono en un negocio. La opción (2) es incorrecta porque el pasaje sólo discute un aspecto de la etiqueta telefónica. Ninguna de las otras opciones se discute en el pasaje.

15. **(3) coloquial** (Síntesis) El autor usa la primera persona en todo el texto, lo cual da un tono coloquial y cordial al pasaje. Ninguna de las otras opciones describe correctamente el estilo en que el pasaje está escrito.

16. **(2) Es difícil captar la belleza de la escritura de Cather en la televisión.** (Comprensión) A lo largo del pasaje, el crítico discute la dificultad de adaptar la prosa de Cather a la televisión. Aunque la opción (1) es verdadera, no evitó que la obra de Cather fuera adaptada. No hay apoyo para la opción (3). Las opciones (4) y (5) son incorrectas porque el crítico afirma que las novelas de Cather han sido "una parte importante de los cursos de literatura estadounidense" (líneas 10 y 11).

17. **(1) Algunos televidentes se sentirán cómodos y familiares con la historia.** (Análisis) El último párrafo del pasaje sugiere esto. Las otras opciones pueden ser verdaderas, pero ninguna es lo que las líneas 39 y 43 sugieren.

18. **(4) Es una figura destacada de la literatura estadounidense.** (Síntesis) Las palabras con que Porter describe a Cather, como "inquebrantable", "virtud monumental" y "símbolo" sugieren una presencia sobresaliente en la literatura estadounidense. La opción (1) no es correcta porque es una valoración negativa, que Porter no sostiene. No hay fundamentos en el pasaje para las opciones (2) y (3). Porter sugiere que la obra de Cather fue olvidada, pero no va tan lejos como para decir que es un símbolo de la escritora estadounidense no reconocida, la opción (5).

19. **(3) Sus clientes no siempre quieren su mejor esfuerzo.** (Comprensión) El ejemplo sugiere que los clientes están más interesados en ahorrar o hacer dinero; el autor está más interesado en la calidad. Las opciones (1) y (2) son incorrectas porque el dinero no es su preocupación principal y porque el lector no se entera de cuánto dinero gana o necesita. No hay evidencias para la opción (4). La opción (5) no es verdadera.

20. **(4) Son un poco deshonestos.** (Análisis) El autor dice que su empleador "comúnmente le pregunta cuál le dará más tierra, no cuál es la más correcta" (líneas 8 y 9). Los empleadores no critican su trabajo, la opción (1), ni le pagan menos, la opción (3). El pasaje no apoya las opciones (2) y (5).

21. **(2) rechazar el trabajo** (Aplicación) Con base en los enunciados de las líneas 25 a 27, el narrador rechazaría un trabajo antes que hacer un trabajo que no le gusta. Aparentemente el dinero no es importante para el narrador, así que la opción (1) es incorrecta. La opción (3) es incorrecta porque el narrador obviamente está orgulloso de su trabajo. No hay apoyo para las opciones (4) y (5).

22. **(4) Thoreau prefiere precisión y sus empleadores prefieren dinero.** (Síntesis) Thoreau parece deseoso de hacer el tipo de medición "más correcta" (línea 9); además, inventó una regla para medir madera, pero fue rechazada porque era demasiado precisa. Por otro lado, uno de los empleadores de Thoreau quiere el tipo de medición "que le dará más tierra" (líneas 8 y 9), señal de que está más interesado en la ganancia personal. Las opciones (1), (3) y (5) son incorrectas porque en el pasaje no hay evidencia de que los empleadores de Thoreau no trabajen duro, no les guste su trabajo o roben las ideas de Thoreau. La opción (2) es incorrecta porque menciona un parecido y no hace un contraste.

23. **(3) Los trabajadores deben hacer lo que les gusta y recibir una buena paga por ello.** (Comprensión) El último párrafo del pasaje dice que el mejor trabajador para contratar es el que "lo haga por gusto" (línea 27). También dice que las ciudades deben pagar bien a los trabajadores. La opción (1) no se menciona claramente en el pasaje y entonces es incorrecta. La opción (2) es un detalle que está en el párrafo pero no la idea principal completa, así que es incorrecta. El párrafo puede en cierta manera sugerir la opción (4) pero no es la idea principal. El párrafo no sugiere la opción (5); la palabra "ético" se usa para hacer referencia al sentimiento que un trabajador bien pagado puede tener para con su trabajo.

24. **(3) oponentes famosos de la esclavitud** (Comprensión) Las líneas 24 y 25 se refieren a Garrison, a Lovejoy y a otros luchadores por la libertad. Esto sugiere que ambos hombres fueron abolicionistas que lucharon por derrocar la institución de la esclavitud. No hay evidencias en el pasaje que apoyen las opciones (1), (2), (4) y (5).

25. **(2) le impresiona** (Análisis) El autor dice que nunca podría entender cómo los esclavos "fueron capaces de mantenerse informados de manera tan precisa y completa" (líneas 20 a 22). Esto demuestra que estaba impresionado. Las opciones (1), (3) y (4) son incorrectas porque su actitud hacia el entendimiento de los esclavos es claramente positiva. La opción (5) exagera la actitud del autor, así que es incorrecta.

26. **(3) un medio para transmitir la información de persona a persona** (Análisis) Las líneas 30 a 33 hacen referencia al "murmullo de las conversaciones que, ya entrada la noche, mi madre y otros esclavos de las plantaciones mantenían", lo cual indica que "entendían la situación". Esto sugiere que "telégrafo descompuesto" es otro término para la comunicación de boca a boca. Ninguna de las otras opciones tiene sentido en el contexto del término.

27. **(4) el profundo interés del autor en la educación** (Síntesis) Las líneas 5 a 7 dicen que "la imagen de varias docenas de niños y niñas en un salón de clases dedicados al estudio causó una

profunda impresión [en el autor]". Esto sugiere que la impresión fue duradera y muy probablemente motivó al autor a seguir una carrera en educación. Las opciones (1) y (5) no tienen ninguna relación con el seguimiento de una carrera en educación por parte del autor. En el pasaje no hay apoyo para la opción (2). La opción (3) podría inspirar un deseo de aprender, pero no necesariamente se relaciona con seguir una carrera en educación.

UNIDAD 2: ENTENDER LA FICCIÓN
Lección 10
Enfoque en la destreza de GED (Página 101)

1. **a.** infinita
   b. inacabables

2. estilos de diseño

3. **a.** torres pequeñas
   b. Las torrecillas "se elevaban muy alto sobre los techos", lo cual da un indicio de que son torres

4. Sus respuestas pueden incluir las siguientes: compartían, misma, color café.

Práctica de GED (Páginas 102 y 103)

1. **(2) redactado** (Comprensión) Aunque las cinco opciones son sinónimos de "esbozado", sólo la opción (2) tiene sentido en el contexto de la oración.

2. **(3) el desacuerdo entre los partidos sobre el tratado** (Análisis) La polémica en el Senado era sobre la ratificación del tratado de Jay. No hay evidencias que soporten las opciones (1), (4) ó (5). El pasaje da a entender que las colonias ya se habían revelado contra Inglaterra; por lo tanto, la opción (2) es incorrecta.

3. **(2) relato de la historia a través de un personaje** (Análisis) La historia está narrada por un solo personaje. En el pasaje no se usan diálogos, dialecto ni retrospección. El conflicto es entre los dos partidos políticos.

4. **(2) dogmático** (Análisis) La manera en que describe el tratado de Jay, esbozado con poca fluidez, y la desventaja para Estados Unidos indica la solidez de sus opiniones. El pasaje no apoya las opciones (1), (3), (4) y (5).

5. **(3) las posturas sobre la relación entre los estados y el gobierno central** (Síntesis) El pasaje dice que "uno quería una confederación de los estados laxa y el otro, una administración central fuerte" (líneas 14 a 16). El pasaje no apoya ninguna de las otras opciones.

6. **(4) quemando una casa llena de libros** (Comprensión) El pasaje describe a un hombre quemando una casa (líneas 14 a 16) y describe los libros que se están quemando (líneas 20 a 24). La opción (1) es incorrecta porque la manguera rocía queroseno, no agua. Las opciones (2), (3) y (5) no tienen apoyo en el pasaje.

7. **(3) trabajador de demolición** (Aplicación) El hombre disfruta destruyendo cosas con fuego. Un trabajador de demolición también destruye cosas. Las opciones (1) y (2) se relacionan con la construcción o la reparación, que es lo opuesto a la destrucción. La opción (4) no tiene apoyo en el pasaje y se refiere sólo a la mención de los libros. La opción (5) no se relaciona de ninguna manera con el pasaje.

8. **(1) imágenes detalladas** (Análisis) El autor describe la imagen de un hombre, una casa y unos libros. Las opciones (2), (3), (4) y (5) no tienen lugar en el pasaje.

9. **(2) Las llamas envolvieron inmediatamente a la casa.** (Comprensión) La casa rociada con queroseno ha sido incendiada. La opción (1) es incorrecta porque las llamas se elevan, no descienden. La opción (3) es incorrecta porque la casa en sí misma, no sólo el césped, se está incendiando. El incendio acaba de comenzar, así que las opciones (4) y (5) también son incorrectas.

10. **(3) a una manguera que hace pensar en una serpiente** (Comprensión) La palabra "boquilla" señala la conclusión de que es una manera figurada de describir una manguera. Las opciones (1) y (2) son incorrectas porque la palabra "empuñar" indica que el personaje sostiene la "gran pitón". La opción (4) no tiene apoyo; menciona meramente el incendio. La opción (5) es incorrecta porque la manguera contiene queroseno, no agua.

Prueba corta de GED (Páginas 104 y 105)

1. **(2) Hadden es persistente.** (Síntesis) Aunque es posible que Hadden les haya parecido fastidioso a las cadenas, no hay nada en el pasaje que apoye las opciones (1) y (3). Tampoco hay nada que apoye la opción (5) y la opción (4) es lo opuesto de la manera en que se le describe.

2. **(4) programas de televisión** (Comprensión) El pasaje dice que "los programas que eran sus vehículos nominales". Esta frase claramente demuestra que los programas y los vehículos nominales son lo mismo. Las opciones (2) y (3) son incorrectas porque en el pasaje no se hace ninguna mención a los carros, lo cual indica que "vehículo" tiene más de un significado. La opción (5) es lo opuesto a lo que dice el pasaje.

3. **(1) un aparato que silencia los comerciales de TV** (Análisis) La primera oración dice que Hadden ha inventado un módulo que automáticamente apaga el sonido cuando aparece un comercial. Esta información indica que el Adnix es un aparato que hace que los comerciales de televisión no se oigan. Ninguna de las otras opciones apoya esta conclusión.

4. **(3) Las cadenas de televisión no observan los intereses de los televidentes.** (Síntesis) Hadden siguió tratando de coartar los anuncios de las cadenas, lo cual indica que consideraba que a las cadenas no les importaban los intereses de los televidentes. Si Hadden hubiera creído en las opciones (1), (4) o (5), probablemente no hubiera construido el aparato. El pasaje no apoya la opción (2).

5. **(2) la naturaleza indeseable de los comerciales** (Síntesis) El pasaje describe a un personaje que inventa un aparato que apaga el sonido de los comerciales de TV. De acuerdo con este hecho y con el hecho de que las personas sentían un alivio al verse liberadas de los comerciales, usted puede deducir que el tema está relacionado con los efectos negativos de la televisión comercial. La opción (1) es un enunciado demasiado amplio; la información del pasaje no supone la opción (2); aunque la opción (4) puede deducirse del pasaje, no es el tema, y la opción (5) es lo opuesto a lo que describe el pasaje.

6. **(4) la aceptación de "comerciales informativos" para promocionar productos** (Aplicación) De las opciones enumeradas, sólo la opción (4) está relacionada con comerciales, el blanco de los inventos de Hadden.

7. **(4) El gobierno de EE.UU. quería controlar la producción y uso del chip de Hadden.** (Análisis) La opción (1) se refiere a un ensayo previo. Las opciones (2) y (3) son incorrectas porque el pasaje no dice que Hadden hubiera participado en espionaje industrial e inteligencia militar. La opción (5) es incorrecta porque el pasaje no hace mención alguna a que el gobierno de EE.UU. quisiera el aparato silenciador de Hadden.

Lección 11
Enfoque en la destreza de GED (Página 107)
1. Tiene lugar en el pueblo de Salem, en el umbral de la casa de Goodman Brown.

2. Tiene lugar al atardecer. También puede mencionar que la escena parece haber tenido lugar hace mucho tiempo porque la manera de hablar de Fe no es la manera en que normalmente la gente habla hoy día.

3. Sus respuestas pueden incluir lo siguiente: bonita, joven, miedosa, fiel.

4. **a.** La esposa tiene miedo de quedarse sola.
   b. La esposa le ruega a su esposo que se quede.
   c. El esposo se va cuando está oscureciendo.

Práctica de GED (Páginas 108 y 109)
1. **(1) egoísta** (Análisis) *Egoísta* significa poner los propios deseos antes que los de los demás. La abuela no quiere ir a Florida, así que trata de manipular a la familia para hacer lo que ella quiere. La opción (2) es incorrecta porque ella menciona al Misfit no

porque esté preocupada sino porque no quiere ir a Florida. En el pasaje no hay apoyo para las opciones (3), (4) ni (5).

2. **(2) No le hacen caso la mayor parte del tiempo.** (Análisis) Cuando su hijo no le contesta, la abuela se dirige a su nuera, quien actúa como si no la escuchara. El niñito es el único que hace un comentario y simplemente sugiere que se quede en casa. En el pasaje no hay apoyo para las otras opciones.

3. **(2) una reunión en la que el jefe trata de cambiar la opinión del personal sobre una cuestión** (Aplicación) La abuela hace un gran esfuerzo por cambiar la decisión de la familia respecto del lugar adonde irán de vacaciones. El pasaje no apoya ninguna de las otras opciones.

4. **(5) los diálogos que muestran su manera de hablar** (Análisis) El diálogo revela que la abuela es dominante y egocéntrica. El pasaje no contiene información sobre su aspecto ni sobre su familia de Tennessee, ni sobre sus lecturas preferidas; por lo tanto, las opciones (1), (2) y (3) son incorrectas. El pasaje da a entender que los otros personajes consideran que la abuela es fastidiosa, pero no hay un planteo explícito de esto; por lo tanto, la opción (4) es incorrecta.

5. **(3) generosa** (Análisis) La promesa de la mujer de lavarle la cara al niño (línea 44) sugiere que es una persona generosa que está preocupada por el bienestar del niño aun cuando él trató de robarle. Las opciones (1) y (4) son sugeridas por el pasaje, pero no son las mejores descripciones del carácter de la mujer. El pasaje no apoya las opciones (2) ni (5).

6. **(1) llevarlo a la casa de ella y darle de comer** (Aplicación) Las líneas 41 y 42 indican que en casa del niño no hay nadie que lo cuide. Si la mujer quiere llevar al niño a su casa para lavarle la cara, es creíble que le daría algo de comer. El pasaje no apoya las opciones (2) a (5).

7. **(5) La mujer ayuda al niño a hacer algo de su vida.** (Síntesis) El título del cuento es "Gracias, señora" y en el pasaje la mujer dice que llevará al niño a su casa para lavarle la cara. Estos detalles sugieren que la mujer ayudara al niño y que él le estará agradecido. Aunque las otras opciones son posibles, los detalles apuntan más firmemente a la opción (5).

Prueba corta de GED (Páginas 110 y 111)
1. **(2) Es estrecha.** (Análisis) La discusión entre las dos mujeres indica que aun cuando son de edades distintas, se conocen muy bien. No hay evidencia directa para la opción (1). A partir de la conversación, usted puede deducir que las mujeres a veces no coinciden y que han tenido experiencias distintas, pero que se respetan. Por lo tanto, las opciones (3), (4) y (5) son incorrectas.

2. **(1) Tienen ideas distintas sobre el amor.**
(Análisis) Esther cree que la imaginación es importante en una relación, pero su madre no está de acuerdo. Esto indica que existe un conflicto entre ambas mujeres. El pasaje no apoya ninguna de las otras opciones.

3. **(2) Teme que Esther cometa los mismos errores que cometió ella.** (Análisis) Al mencionar las cosas que lamenta (líneas 31 a 34), Naomi espera disuadir a Esther de seguir sus pasos. No hay evidencias que apoyen las opciones (1) y (5). Aunque la opción (3) puede ser verdadera, hay poca evidencia directa que la apoye. La opción (4) es incorrecta porque aun cuando Naomi se queja de una actitud que piensa que Esther adquirió en la universidad, no hay indicación alguna de que no apoye la educación de su hija.

4. **(2) intentaría persuadir a Esther para que hablara con él** (Aplicación) Con base en que Naomi se rehusó a mentirle a Bruce por teléfono (líneas 14 y 15), se puede deducir que lo invitaría a su casa y que intentaría persuadir a Esther para que hablara con él. Por lo tanto, la opción (1) es incorrecta. No hay indicación de que a Naomi le desagrade Bruce, así que la opción (3) es incorrecta. La opción (4) es incorrecta porque Naomi teme que Esther se case demasiado joven. No hay apoyo para la opción (5).

5. **(3) Esther y Naomi deciden respetar sus diferencias.** (Análisis) El origen del conflicto está en las diferencias que hay entre las mujeres. Si ambas reconocieran y aceptaran sus diferencias e hicieran las paces, el conflicto tendría un desenlace satisfactorio. No hay evidencias directas de que las opciones (1), (2) y (5) resolverían el conflicto. Tampoco hay evidencia de que si Esther decidiera no casarse nunca, la opción (4), se resolvería algo.

6. **(4) juventud y experiencia** (Síntesis) El pasaje contrasta la experiencia de vida de Naomi y la juventud de Esther, que son el origen del conflicto entre las dos mujeres. Aunque el hecho de que Naomi no quiera mentir se contrasta con el comportamiento de su hija, la opción (3) no es el contraste central del pasaje. No hay apoyo en el pasaje para las opciones (1), (2) ni (5).

7. **(2) nuera** (Análisis) El pasaje se inicia con el personaje Mike padre, a quien Janet llama "papá". En las líneas 12 y 13, ella dice que Mike regresará en cualquier momento e invita a Mike padre a conocer a Shawn, quien muy probablemente es un niño. Éstas son pistas de que "Mike" es Mike hijo y de que Janet es la nuera de Mike padre.

8. **(3) La familia está pasando tiempos difíciles.** (Análisis) No comerán pavo el Día de Acción de Gracias. Esto indica que la familia no tiene suficiente dinero para pagar una comida para este día festivo. No hay apoyo real para las opciones (1), (2), (4) y (5).

Lección 12
Destreza de GED (Página 113)

1. **b.** Desearía que pasara lo mejor y esperaría que la hija ganara.

2. **b.** animar a los miembros de la casa a votar

3. La prosperidad está a la vuelta de la esquina. Las cosas podrían ser mucho peor de lo que son. Cuando más oscuro está es porque va a amanecer.

4. Sus respuestas pueden incluir los siguientes enunciados:
"Había tantas maneras de mejorar las cosas".
"Pero nunca vio hacia el pasado con pesar".

Práctica de GED (Páginas 114 y 115)

1. **(1) pensaría que la sopa de huesos fue la responsable** (Aplicación) Las líneas 24 a 27 dicen que la madre esperaba que la sopa de huesos hiciera el milagro de separar a Caroline de su novio de las Bahamas. Esto sugiere que la madre cree que tiene poderes especiales. Los detalles del pasaje no apoyan ninguna de las otras opciones.

2. **(3) Les gusta reírse de las creencias de su madre.** (Análisis) El pasaje dice que la narradora estaba bromeando cuando le preguntó a Caroline si había tomado sopa; esto indica que la narradora se estaba burlando de la creencia de su madre de que la sopa podía curar todo tipo de enfermedades. En el pasaje no hay apoyo para las opciones (1) ni (2). Las opciones (4) y (5) pueden ser ciertas, pero no son la razón por la cual la narradora hizo la pregunta.

3. **(4) Se preocupa por el futuro de sus hijas.** (Síntesis) La madre está emocionada por el pasaporte y las posibilidades que representa; también está consternada por el compromiso de Caroline. Estos detalles muestran que está bastante preocupada por el futuro de sus hijas. En el pasaje no hay evidencias que apoyen las opciones (1), (2) y (5). La opción (3) es incorrecta porque la madre claramente no apoya la decisión de Caroline de casarse.

4. **(4) sacerdotes** (Análisis) En las líneas 30 y 31, la madre dice "debe saber lo que puede llegar a ser" y el padre dice "un sacerdote . . . para tus hermanos". Esto sugiere que los tíos son sacerdotes. Aunque no hay indicios de que los tíos en verdad cultiven las tierras bajas de El Puerto, al parecer son dueños de la tierra. No hay indicaciones de que estén contratados para ayudar; por lo tanto, la opción (2), jornaleros, no se justifica. Tampoco hay evidencias que apoyen las opciones restantes.

5. **(3) vender su tierra y mudarse cerca del río**
(Aplicación) La mujer critica a su esposo por no
haber comprado tierra junto al río desde el
principio. No hay apoyo para las opciones (1), (2) ni
(5). La opción (4) no es válida porque la madre está
orgullosa de su patrimonio mexicano.

6. **(4) poco práctico** (Análisis) La afirmación de la
madre supone que la tierra no es lo suficientemente
productiva para alimentar a los niños, pero el padre
valora mucho la libertad del llano. Esto sugiere que
es poco práctico. Los detalles del pasaje no apoyan
ninguna de las otras opciones.

7. **(3) énfasis en el diálogo** (Síntesis) El pasaje es un
diálogo entre la madre y el padre de Antonio. Las
opciones (1), (2), (4) y (5) no caracterizan el estilo
del autor en este pasaje.

Prueba corta de GED (Páginas 116 y 117)

1. **(2) padre** (Comprensión) Esta opción es correcta
ya que Feather llama al narrador "papi" al comienzo
del pasaje.

2. **(1) Está feliz de verlo cuando se despierta en
la mañana.** (Comprensión) Ésta es la razón más
probable. El pasaje dice que Feather estaba contenta
de ver al narrador después de tantas horas de sueño.
No hay razón para pensar que tiene sentimientos
negativos hacia Jesús, así que las opciones (2) y (5)
son incorrectas. La opción (3) no es una razón para
una respuesta tan fuerte. Como Feather sólo soñó
que un hombre extraño estaba en la casa, la opción
(4) es incorrecta.

3. **(2) tranquilo** (Análisis) La impresión dada por la
frase "silencioso como la neblina" es la de
movimiento silencioso. No hay nada que dé a
entender que Jesús sea taimado como en la opción
(1) o miedoso, la opción (5). Aunque el pasaje sí
dice que es servicial, la opción (3), y pequeño, la
opción (4), estas características no tienen nada que
ver con la descripción en cuestión.

4. **(3) Ha optado por no hablar con la gente.**
(Comprensión) El pasaje menciona que "Los
médicos decían que estaba sano y que podía hablar
si quería" (líneas 14 y 15). Esto rechaza la opción
(1), que sus cuerdas vocales estaban lastimadas. El
hecho de que se haya encargado de preparar el
desayuno no significa que sea responsable de las
tareas domésticas, la opción (3). El pasaje no apoya
las opciones (4) ni (5).

5. **(4) El narrador le da casa a Jesús.** (Análisis) El
pasaje dice que el narrador conoce a Jesús desde
hace trece años y Jesús tiene quince (líneas 7, 10 y
11), así que las opciones (1) y (2) son incorrectas. Es
claro que Jesús vive con el narrador, así que la
opción (3) es muy poco probable. Dado que el
narrador es el sostén económico y el adulto
responsable (líneas 12 a 14), la opción (5) también

es muy poco probable. Jesús es como un miembro
de la casa, así que la opción (4) es la opción
correcta.

6. **(5) responsable** (Comprensión) En el pasaje, Jesús
se encarga de hacer el desayuno mientras el
narrador atiende a Feather. También tiene la
responsabilidad de informar al narrador de los
eventos y necesidades escolares. El pasaje no apoya
las opciones (1), (2) ni (3). Aunque es una estrella de
la pista, no hay ninguna otra evidencia que
demuestre que es ambicioso, la opción (4).

7. **(4) Tuvo un sueño inquietante.** (Análisis)
Aunque Feather se ha emocionado con varios
sucesos cotidianos, las opciones (1), (2) y (3), resulta
claro que está muy preocupada por el sueño que
tuvo de un hombre aterrador en la casa, la opción
(4). El pasaje no apoya la opción (5).

8. **(2) una familia de un solo padre** (Aplicación)
Como no hay una madre en funciones en la casa, la
opción (2) es la mejor respuesta. No hay evidencia
de que sea una familia de acogida, la opción (1).
Parecen funcionar muy bien, lo opuesto a la opción
(3). Son una unidad familiar pequeña, lo cual
contradice la opción (4). No hay evidencia de que
estén aislados, la opción (5).

9. **(3) muestra un lado más tierno y acogedor
de él** (Síntesis) La opción (3) es la respuesta más
probable. El autor quiere crear un contrapunto entre
el mundo duro y violento de los criminales y el de
una casa acogedora donde el mismo detective
privado es el único adulto al cuidado de una niñita
y un adolescente. Las otras opciones no son tan
probables si se tiene en cuenta la información que
proporcionan la pregunta y el pasaje.

Lección 13
Destreza de GED (Página 119)

1. **b.** No quiere viajar en noviembre con niños
pequeños.
d. No quiere perderse la celebración.

2. **a.** Huyó para casarse.

3. **a.** El bebé es el primer varón que nace en la familia
en dos generaciones.
b. El bebé lleva el nombre del abuelo.

4. Sus respuestas pueden incluir las siguientes:
Ella y su padre se han vuelto a hablar. Su padre la ha
visitado dos veces. El nombre de su padre
persistirá en un nuevo país.

Práctica de GED (Páginas 120 y 121)

1. **(1) La dejaron sin hojas.** (Análisis) El resultado
se describe en el último párrafo. El color de la
opción (2) se refiere a una nube de langostas, no a la
tierra. Las opciones (3), (4) y (5) no se mencionan
en el pasaje.

2. **(4) a una nube de langostas** (Análisis) En la línea 9 se habla de las langostas como de un ejército; después de que Stephen ve la mancha roja que se hace más densa y se extiende, dice: "Allá, al sur, va el ejército principal" (líneas 14 y 15). El pasaje dice que el cielo está azul, así que las opciones (1) y (3) son incorrectas. No se hace mención alguna de soldados reales ni de fumigadores, así que las opciones (2) y (5) son incorrectas.

3. **(4) entre seres humanos y la naturaleza** (Síntesis) Las langostas, que forman parte de la naturaleza, han arruinado la vieja granja de Stephen y Margaret. El pasaje no apoya ninguna de las otras opciones.

4. **(1) color** (Síntesis) La autora menciona varios colores en el pasaje para describir el ataque: azul, verde, rojo, café rojizo y negro.

5. **(3) Han contraído una enfermedad infecciosa.** (Comprensión) Las líneas 7 a 9 dicen que había muchos enfermos y moribundos, pero que el número de víctimas había disminuido. Esto y la referencia a la "furia de las costras blancas" indican que la gente había contraído una enfermedad contagiosa. El pasaje no apoya las opciones (1) ni (5). La opción (2) es incorrecta porque la frase "treceavo sueño de la enfermedad" significa el treceavo día del inicio de la enfermedad. La opción (4) es incorrecta porque la gente sí abandonó sus pabellones para caminar bajo el sol o sentarse.

6. **(3) a una persona que lleva puesta una mascarilla para evitar microbios** (Aplicación) Los aldeanos se eluden unos a otros para evitar contraer la enfermedad. Las opciones (1) y (5) tienen que ver con personas que se están enfermando, así que son incorrectas. El pasaje no menciona que haya antipatía entre los aldeanos, así que la opción (2) es incorrecta. La opción (4) es incorrecta porque los aldeanos se salen del camino para evitar a otros aldeanos, no porque quieran caminar por el bosque.

7. **(2) la presencia de un espíritu maligno** (Análisis) Las líneas 21 a 24 mencionan a familias muy golpeadas por el espíritu maligno. Esto supone que la gente creía que el espíritu maligno era la causa de la epidemia. Las otras opciones no están apoyadas por los detalles del pasaje.

8. **(1) Estaban tristes y desanimados.** (Análisis) Varias pistas en el pasaje apuntan a esta respuesta. La gente no se saluda, no había el bullicio de costumbre y la vieja que lloraba hacía que la gente se diera cuenta de lo mucho que había perdido. Todas estas pistas apuntan a la depresión y a la tristeza. La opción (2) puede ser correcta, pero no sería la causa de que se volvieran un pueblo distinto. No hay apoyo para las opciones (3), (4) ni (5).

9. **(2) Permite a los lectores entender cómo se sienten los personajes.** (Análisis) Este enfoque da al lector la sensación de estar dentro de la situación y por lo tanto le permite entender más detalladamente las opiniones y sentimientos de los aldeanos. La opción (1) es incorrecta porque es lo opuesto de lo que ocurre. No hay apoyo en el pasaje para la opción (3). Las opciones (4) y (5) son incorrectas porque el pasaje no menciona ni al hombre blanco ni a las personas de fuera.

Prueba corta de GED (Páginas 122 y 123)

1. **(1) atracción** (Comprensión) El hecho de que Elizabeth esté decepcionada por la poca atención que el Sr. Darcy le prestó (líneas 26 a 37) sugiere que ella se siente atraída por él. El texto no justifica ninguna de las otras opciones.

2. **(5) más segura de sí misma** (Análisis) El discurso de Jane de las líneas 43 a 50 apoya esto. No hay evidencia en el pasaje para las opciones (1), (2) y (3). La opción (4) podría aplicarse a Elizabeth, no a Jane.

3. **(2) El Sr. Darcy no le ha hecho caso** (Comprensión) Los pensamientos de Elizabeth proporcionan esta información. No hay evidencia en el pasaje para las opciones (1), (3) ni (4). Sólo Elizabeth está decepcionada, así que la opción (5) es incorrecta.

4. **(2) El Sr. Darcy había mostrado interés por ella anteriormente.** (Análisis) Elizabeth piensa que ya no le importa a él, lo cual supone que antes sí le importaba. La opción (1) exagera la conducta del Sr. Darcy. La opción (3) es incorrecta porque las líneas 55 y 56 se refieren a otra persona. No hay apoyo para la opción (4). No hay evidencias de coqueteo, así que la opción (5) es incorrecta.

5. **(2) Estará preocupada pensando en el Sr. Darcy.** (Aplicación) Ella se dice a sí misma que no debe pensar en él, lo cual sugiere que de todos modos lo hará. Siente que el Sr. Darcy es quien actuó de manera grosera, así que la opción (1) es incorrecta. No hay apoyo para las demás opciones.

6. **(3) cercana y cariñosa** (Análisis) El diálogo entre las hermanas demuestra su relación estrecha y afectuosa; además, al principio del pasaje la buena fortuna de su hermana reconfortó a Elizabeth. Esto demuestra que su relación es cercana y que se desean lo mejor. No hay apoyo para las opciones (1), (4) ni (5). La opción (2) sólo es correcta parcialmente, las hermanas son educadas pero no distantes.

7. **(3) Está ironizando la afirmación de Jane sobre su indiferencia.** (Análisis) Elizabeth sugiere que Jane no siente indiferencia cuando le sigue advirtiendo que tenga cuidado. Aunque Elizabeth parece coincidir con Jane, opina lo contrario; por lo tanto, la opción (1) es incorrecta. Como Elizabeth está comentando la conducta de Jane, las opciones (2), (4) y (5) son incorrectas.

8. **(4) los del Sr. Darcy** (Análisis) En los párrafos 3 a 7, la autora transmite los pensamientos de Elizabeth a través de su reflexión sobre la conducta del Sr. Darcy. En el primer párrafo, la autora comunica los pensamientos de Jane y de los visitantes al describir sus impresiones mutuas. En el segundo párrafo, la autora comparte los pensamientos de la Sra. Bennet cuando menciona su intención de invitar a los hombres a cenar. Por lo tanto, las opciones (1), (2), (3) y (5) son incorrectas. El Sr. Darcy es el único personaje cuyos pensamientos no se le transmiten al lector.

9. **(1) Ninguno de los dos se muestra comunicativo el día de la visita.** (Síntesis) Elizabeth comenta el silencio del Sr. Darcy y Jane es descrita como menos comunicativa de lo normal. Aunque Jane está alegre después de la visita, el lector no se entera de la reacción del Sr. Darcy, así que la opción (4) es incorrecta. La conducta del Sr. Darcy es la única que se describe como perturbadora, y esto no parece intencional, así que la opción (5) es también incorrecta. No hay apoyo para las opciones (2) ni (3).

Lección 14
Destreza de GED (Página 125)

1. **a.** Tiene energía nerviosa contenida.

2. **a.** Frankie se siente excluída porque Jarvis y Janice se van a casar.

3. Frankie indica que desearía que su nombre empezara con las letras *J Á*, como los de Jarvis y Janice. Esto demuestra que no se siente incluida pero que le gustaría estarlo.

4. **b.** Contrastar las emociones de Frankie y Berenice.

Práctica de GED (Páginas 126 y 127)

1. **(2) Está muy tensa.** (Comprensión) Una bandera tirante está muy extendida o tensa por el viento. El pasaje no apoya las otras opciones.

2. **(4) con seguridad, con la cabeza en alto** (Aplicación) La señorita Emily habla de manera directa y tiene la cabeza erguida. Esto muestra que es una mujer segura y orgullosa. No hay evidencias en el pasaje que apoyen las opciones (1), (2), (3) ó (5).

3. **(5) Intimida a otras personas.** (Síntesis) La señorita Emily no menciona el propósito para el cual usará el arsénico y se queda mirando al farmacéutico hasta que éste se lo da. Esto indica que ella lo intimida. Además, constantemente interrumpe al farmacéutico, lo que también puede ser un método de intimidación. Su insistencia en comprar arsénico descarta la opción (1), que no puede decidirse. No hay evidencias en el pasaje que apoyen las opciones (2), (3) y (4).

4. **(3) La señorita Emily es contundente y el farmacéutico es complaciente.** (Síntesis) La opción (1) es incorrecta porque la señorita Emily no parece terriblemente malhumorada, aunque sí parece decidida. Se puede decir que el farmacéutico es complaciente porque le da el arsénico a la señorita Emily sin obligarla a decir para qué lo quiere. El pasaje no apoya las opciones (2), (4) ni (5).

5. **(2) Está mucho más enferma de lo que dice.** (Análisis) La descripción de cómo sentía los huesos y cómo estaba afectada su visión sugiere que está muy enferma, así como la conversación entre Cornelia y el doctor Harry. Por lo tanto, las opciones (1) y (4) son incorrectas. No hay evidencia para apoyar la opción (3) y la opción (5) es incorrecta porque ella no tiene nada bueno que decir de Cornelia.

6. **(1) comprensivo pero firme** (Análisis) El efecto de las palabras del médico es tranquilizador pero llevan un dejo de advertencia. Las palabras que usa son informales y sencillas, así que la opción (2) es incorrecta. Aunque "amable" podría ser una descripción adecuada, el doctor es seguro de sí mismo, así que la opción (3) es incorrecta. La opción (4) es demasiado extrema, aun cuando el doctor pone sobre aviso a Abuela. Debido a la advertencia, la opción (5) también es incorrecta.

7. **(2) lo que ella dice** (Síntesis) Las palabras de la abuela Weatherall, la opción (2), aparecen a lo largo del pasaje. Lo que ella tiene que decir muestra de manera efectiva que es orgullosa. Las demás opciones dan alguna información sobre el carácter de la abuela Weatherall, pero no se acercan tanto como la opción (2). Por lo tanto, ninguna de las opciones restantes es la mejor respuesta.

Prueba corta de GED (Páginas 128 y 129)

1. **(4) normal y natural** (Comprensión) El abuelo Blakeslee dice que la muerte no siempre es horrible y que es parte del plan de Dios. También quiere que no se haga alboroto sobre su muerte. Estos hechos apoyan la idea de que piensa que la muerte es normal y natural. No hay evidencias que apoyen las opciones (1) y (2). La opción (3) es incorrecta porque él piensa que los funerales, no la muerte, son un desperdicio de dinero. La opción (5) es lo opuesto de lo que piensa el abuelo Blakeslee.

2. **(4) despreocupado de lo que piensa la sociedad** (Análisis) La opción (1) es incorrecta porque sus planes no son convencionales. La opción (2) es incorrecta porque sus planes para su funeral no sugieren vanidad. La opción (3) es poco probable porque el abuelo Blakeslee aparentemente tiende a no hacer caso de las expectativas de los demás. No hay un apoyo específico para la opción (5).

3. **(2) pasar una tarde tranquila en casa**
(Aplicación) Los gustos sencillos y tranquilos del abuelo Blakeslee se ilustran a través del pasaje. Las opciones (1), (3) y (4) son ejemplos de actividades que el abuelo Blakeslee evitaría porque requieren gastar dinero o cambiar su manera de hacer las cosas. La opción (5) es incorrecta porque él pide específicamente que no haya un sermón en su funeral.

4. **(1) El abuelo Blakeslee no quiere alboroto en su funeral.** (Comprensión) Todos los detalles del testamento se refieren a evitar cualquier cosa aparatosa en el funeral. Las opciones (2), (3) y (5) son detalles que contribuyen a sugerir esa idea. El abuelo Blakeslee cree que los funerales deben ser sencillos pero no le importa la solemnidad, así que la opción (4) es incorrecta.

5. **(4) Dar detalles específicos que apoyen la idea principal del pasaje.** (Análisis) El segundo párrafo aborda el problema de gastar dinero, un ejemplo específico de hacer demasiado alboroto. La opción (1) sugiere que las ideas principales de los dos párrafos son contradictorias, lo cual es incorrecto. Las opciones (2) y (5) no están relacionadas con la idea del dinero. El segundo párrafo sí dice que él quiere ser trasladado directamente al cementerio, pero ésta no es la idea principal, así que la opción (3) es incorrecta.

6. **(2) Pensaron que los comentarios y deseos del abuelo Blakeslee eran extraños** (Análisis) Lo que impresiona es la naturaleza tan poco común de sus peticiones. No hay apoyo para las opciones (1) y (4). Las opciones (3) y (5) son detalles que se dan en el pasaje.

7. **(1) dependiente de una tienda** (Análisis) El abuelo Blakeslee menciona una caja de pino que tiene guardada en el piso superior de la tienda y pide que a su funeral sólo asistan sus familiares y las personas de la tienda que deseen hacerlo. Estos detalles sugieren que el abuelo Blakeslee era dependiente de una tienda. No hay evidencias que apoyen las opciones (2), (4) y (5). La opción (3) es incorrecta porque él sólo menciona que tiene una parcela para verduras, no una granja.

8. **(5) franco** (Síntesis) Los deseos del abuelo Blakeslee tal como están escritos en su testamento están expresados en un lenguaje sencillo que refleja su sentido común. Aunque sus deseos son expresados de manera humorística, la opción (1) es incorrecta debido a la seriedad de la ocasión. Las opciones (2) y (3) son incorrectas porque el abuelo Blakeslee veía la muerte como un suceso natural que no siempre es horrible. La opción (4) es incorrecta porque el abuelo Blakeslee expresa sus deseos de una manera humorística.

9. **(2) haciéndolo "hablar desde la tumba"** (Síntesis) El lector se entera del carácter del abuelo Blakeslee por medio de los deseos que éste expresa con sus propias palabras. La familia lee esas palabras después de su muerte. La autora no usa en este pasaje ninguno de los otros recursos enumerados para definir el carácter del abuelo Blakeslee.

10. **(5) una crítica humorística de la industria funeraria** (Síntesis) El abuelo Blakeslee comenta que no quiere un viaje al emporio de Birdsong, que los muertos no deben ser vestidos para parecer vivos, que quiere que lo lleven directamente de la casa al cementerio, y que no quiere una tumba con la palabra "durmiendo". Todo esto sugiere que los funerales tornan la muerte artificial y, además, son un gasto innecesario. El pasaje no apoya ninguna de las otras opciones.

11. **(4) Dan la impresión de que el abuelo Blakeslee realmente está hablando.** (Síntesis) El tono de su testamento es tan coloquial e informal que parece como si el abuelo Blakeslee estuviera en la habitación con los otros personajes. El abuelo Blakeslee parece ser un hombre reflexivo y perceptivo, así que la opción (1) es incorrecta. No hay apoyo en el pasaje para las opciones (2) y (3). Aunque el abuelo Blakeslee parece un hombre práctico, no es su uso poco común del lenguaje el responsable de esta impresión, así que la opción (5) es incorrecta.

Lección 15
Destreza de GED (Página 131)
1. **b.** defensivo.

2. **b.** "puede ponerse de mi parte o de la de ellas"
   d. "es mi palabra contra la de Eunice y la de Olivia-Ann

3. **a.** Que puede no ser completamente confiable.

4. **a.** Usted pudo haber escrito que se casó con Marge tan sólo cuatro días después de haberla conocido, lo cual es una acción irresponsable; que sólo tiene dieciséis o diecisiete años, y que ahora no tiene idea de por qué se casó con Marge.

Práctica de GED (Páginas 132 y 133)
1. **(4) un hombre de honor que respeta las creencias de su hijo** (Comprensión) Su respuesta muestra que respeta la decisión de Carter, aunque no esté de acuerdo con ella; por lo tanto, la opción (2) es incorrecta. La opción (1) es incorrecta porque el pasaje indica la preocupación del padre por su esposa y su preocupación implícita por su hijo. El primer párrafo dice que Carter es hijo de padres ricos, así que la opción (5) es incorrecta.

2. **(3) mantener una promesa difícil** (Aplicación) Carter es claramente un hombre honesto y honrado, así que si hiciera una promesa, la cumpliría. No está en su carácter, tal como se describe en el pasaje, hacer lo que sugieren las opciones (1), (2) y (5). Como ha tomado la decisión de entrar al ejercito de la Unión del lado de la oposición, la opción (4) es poco probable.

3. **(2) formal** (Análisis) El padre y el hijo se dirigen la palabra de manera formal, y el autor usa palabras formales como "refinamiento" en sus descripciones. Las opciones (1), (3), (4) y (5) no están apoyadas por los detalles del pasaje.

4. **(3) La guerra dividió incluso a las familias más unidas.** (Síntesis) Una de las tragedias de la Guerra Civil fue que los miembros de una misma familia a veces luchaban en bandos opuestos. La afirmación del padre de que Druse es un traidor para Virginia cuando se incorpora al regimiento de la Unión enfatiza este hecho. Las opciones (1), (2), (4) y (5) son verdaderas, pero no tienen que ver con la decisión de Druse.

5. **(2) comida para alimentar a todos** (Comprensión) La narradora es sorprendida por invitados inesperados y no tiene suficiente comida. La clave de contexto "cocina" indica que la opción (4) es incorrecta. La narradora no parece particularmente preocupada por agradar a las demás personas, así que la opción (1) también es incorrecta. Aunque las opciones (3) y (5) pueden ser ciertas, la frase de la pregunta se refiere a la comida, no al espacio ni al tiempo.

6. **(4) hacer lugar en la mesa para una sexta persona** (Aplicación) Con base en los detalles del pasaje, está claro que la narradora todavía siente algo por el señor Whitaker; además, intenta que los pollos den para todas las personas que han llegado, así que probablemente haría lo mismo por el señor Whitaker. En el pasaje no hay evidencias suficientes que apoyen las otras opciones.

7. **(5) irritante** (Análisis) Los comentarios de la narradora muestran que está molesta e irritada con su hermana, por lo tanto, la opción (5) es la correcta. Los detalles del pasaje no apoyan ninguna de las otras opciones.

8. **(2) resentida** (Síntesis) En la primera línea, la narradora dice que la familia se llevaba de maravilla hasta que su hermana Stella-Rondó volvió a casa. Esto indica su resentimiento. Las opciones (1), (3), (4) y (5) son opuestas a lo que la narradora siente por su hermana.

Prueba corta de GED (Páginas 134 y 135)

1. **(1) temerosas** (Comprensión) Las líneas 34 y 35 dicen que las hijas siguen al Sr. Osborne "temblorosas y en silencio" lo cual indica su miedo. No hay apoyo para las opciones (2), (3) ni (4). La opción (5) puede ser una verdad sobre las mujeres, pero no hay evidencia directa en este pasaje que apoye esta opción.

2. **(5) caminar cuidadosamente** (Comprensión) En el párrafo previo, el Sr. Osborne bajaba (a grandes pasos) las escaleras. En el siguiente párrafo, las mujeres, aparentemente asustadas, lo siguen en silencio. A partir de esto usted puede deducir que caminan cuidadosa y silenciosamente detrás del Sr. Osborne. No hay evidencias de que las mujeres se caigan; por lo tanto, las opciones (1) y (3) son incorrectas. Aunque las mujeres están murmurando, la frase "caminaban con sigilo" se refiere a la manera en que se mueven, no a cómo hablan; por lo tanto, la opción (2) es incorrecta. No hay apoyo para la opción (4).

3. **(4) es posible que esté perdiendo dinero en sus inversiones** (Comprensión) Aunque todas las opciones pueden ser explicaciones posibles de la conducta del Sr. Osborne, sólo la opción (4) se menciona de manera específica en el texto. En la línea 33, la señorita Wirt dice "supongo que los fondos están bajando", sugiriendo que el Sr. Osborne está perdiendo dinero.

4. **(2) La despediría sin verla.** (Aplicación) La precipitada decisión del Sr. Osborne de despedir a la cocinera y su impaciencia por la demora de George en llegar a cenar apoyan la idea de que despediría a sus hijas si no cumplieran con una cita. Las opciones (1), (4) y (5) son incorrectas porque el Sr. Osborne no está caracterizado como nervioso, ni indulgente, ni paciente. No hay suficiente evidencia en el pasaje para apoyar la opción (3).

5. **(4) tenso** (Síntesis) Las palabras "frunciendo el ceño", "rugió", "con violencia", "masculló", "áspera" y "tembló" instauran un clima emocional de tensión. Las palabras y acciones del Sr. Osborne ponen a todos en tensión. No hay apoyo para las demás opciones.

6. **(3) El Sr. Osborne no parecía satisfecho con el pescado.** (Análisis) La palabra "cortante" (línea 53) significa "filoso" o "molesto", así que el Sr. Osborne no estaba contento con el pescado. Además, ya había mencionado su insatisfacción por la sopa de la cocinera, así que es probable que no estuviera contento con su manera de cocinar en general. El pasaje da a entender que las observaciones del Sr. Osborne tenderían a criticar el pescado, no órdenes sobre lo que debía comerse; por lo tanto, la opción (1) es incorrecta. No hay evidencias en el pasaje que apoyen las opciones (2) ni (4). El Sr. Osborne no parece ser el tipo de hombre que trataría de iniciar una conversación, así que la opción (5) es incorrecta.

7. **(3) la referencia al miedo de Amelia cuando se sienta junto a él** (Análisis) Osborne no se muestra afectuoso con nadie, y todos parecen tenerle miedo. Las opciones (1) y (2) se refieren a su posición en la familia; un papel dado

tradicionalmente a los padres en el pasado. La opción (4) no indica falta de afecto. La opción (5) es incorrecta porque él sí se refiere a Jane, una de sus hijas, por su nombre.

8. **(1) Es extremadamente intolerante.** (Análisis) Esta conducta sugiere que se trata de una persona intolerante con los defectos de los demás. No es un buen ejemplo de alarma, lo cual invalida la opción (4). El texto no apoya las opciones (2), (3) ni (5).

9. **(4) uno de los hermanos de Jane** (Análisis) La manera en que Jane habla de George, con su primer nombre y diciendo que regresará a cenar, así como la manera en que el mayordomo lo llama "Sr. George" (línea 16), indica que es un miembro de la familia. Esta familiaridad descarta las opciones (1), (2) y (5). En el pasaje no hay apoyo para la opción (3).

10. **(5) un hombre terrible** (Síntesis) Las líneas 40 y 41, "ya que estaba sentada junto al terrible Osborne", revelan la actitud del narrador hacia el Sr. Osborne. El Sr. Osborne es descrito como cruel y violento, así que la opción (1) no es la mejor. El Sr. Osborne no es descrito ni como admirable ni como paciente, así que las opciones (2) y (3) son incorrectas. Aunque el Sr. Osborne es ciertamente gruñón, esta palabra es demasiado suave para captar su crueldad, así que la opción (4) no es la mejor.

Lección 16

Destreza de GED (Página 137)

1. **a.** tractores e insectos

2. **b.** símil

3. **a.** reptaron

4. monstruos

5. **c.** para mostrar el parecido de las máquinas con los seres vivos

6. **a.** como símbolo de destrucción

Práctica de GED (Páginas 138 y 139)

1. **(4) un cuarto en un ático** (Comprensión) El pasaje se refiere a la "ventana de la buhardilla que estaba en lo alto de la habitación inclinada" (líneas 14 a 16). Esto es una descripción de un ático, una habitación que está justo debajo de un techo inclinado. No hay apoyo para las otras opciones.

2. **(3) Lo cuidaría.** (Aplicación) El pasaje muestra la preocupación del Dr. Fischelson por los insectos cuando los espanta para que se alejen de la vela. Si muestra tal preocupación por los insectos, se puede deducir que mostraría una preocupación similar por un gato callejero. Las otras opciones no reflejan su preocupación por los seres vivos.

3. **(1) nariz y ojos** (Comprensión) El pasaje describe su nariz tan torcida como un pico y sus ojos tan grandes, oscuros y vibrantes como los de algún pájaro enorme.

4. **(3) agorero** (Síntesis) El Dr. Fischelson está vestido de manera poco cómoda y camina de un lado a otro. Los insectos se están quemando en la llama de la vela y esto perturba al Dr. Fischelson. Estos detalles transmiten al lector la sensación de que algo malo va a suceder. No hay apoyo para las opciones (1), (2) y (4). Aunque los insectos sufren una muerte dolorosa y violenta, este detalle no caracteriza el tono global del pasaje.

5. **(5) para demostrarle al destinatario que lo ama** (Comprensión) Quien escribe la carta dice que cuando su espíritu esté con el destinatario, él sentirá su amor en su corazón. No hay apoyo en el pasaje para las otras opciones.

6. **(1) tirarlas al bote de la basura** (Aplicación) La esposa se refiere a las flores como a "basura sentimental" (líneas 23 y 24), así que probablemente no apreciaría recibir una docena de rosas. No hay evidencias que apoyen la opción (2) (preocupaciones económicas). Lo más probable es que quemara las rosas, como lo hizo con el ramo de flores descoloridas, y las colocara cerca de la chimenea, así que la opción (3) es incorrecta. Las opciones (4) y (5) sugieren que la esposa sería gentil (agradecerle o compartirlas), lo cual es poco probable para alguien que responde a su esposo con "inefable desdén" (línea 20).

7. **(5) Puede ser más sentimental que su esposa.** (Análisis) La "prolongada y temblorosa exhalación" (línea 30) sugiere que el esposo puede sufrir penas sentimentales relacionadas con la persona que escribió la carta. Esto invalida las opciones (2) y (3). La esposa recuerda que no envió las flores, así que la opción (1) es incorrecta. Nada en el pasaje indica que el esposo o la esposa tengan mucha imaginación, lo cual descarta la opción (4).

8. **(5) La emisora es sentimental, mientras que la esposa es altanera.** (Síntesis) Las opciones (1) y (2) no son correctas porque el pasaje no contiene evidencias de los hábitos de trabajo de la remitente, ni de las opiniones religiosas de la esposa. Aunque la emisora se fija en los detalles, no hay nada que sugiera que la esposa es olvidadiza, lo cual invalida la opción (3). La opción (4) es incorrecta puesto que la emisora no es tímida respecto de expresar sus emociones. La esposa responde a su esposo con "inefable desdén" (línea 20), lo cual sugiere altanería y hace de la opción (5) la respuesta correcta.

9. **(4) a la emisora** (Síntesis) la emisora dice: "guárdalas siempre como recuerdo mío . . ." y alienta al receptor a besar las flores, "y mi espíritu estará contigo . . ." (líneas 6 a 9). El pasaje no contiene evidencias que apoyen las otras opciones.

Prueba corta de GED (Páginas 140 y 141)

1. **(4) en las primeras horas de la noche** (Comprensión) El pasaje describe el cielo color oscuro (verde jade) y menciona las flores "parecían

inclinarse hacia el atardecer" (líneas 9 y 10). Éstas son pistas de que la escena tiene lugar en las primeras horas de la noche.

2. **(3) verde** (Análisis) El cielo se describe de color verde jade y el personaje planea ponerse un collar de cuentas de jade, medias verdes y zapatos verdes. La primavera como escenario también sugiere que el verde es el color dominante.

3. **(2) Está abrumada por la emoción.** (Análisis) Antes de que empezara a sentirse mareada, Berta pensaba en todas las cosas que contribuían a su felicidad. Esto sugiere que estaba abrumada por la emoción. La opción (1) es incorrecta porque la afirmación de que estaba ebria es figurada, no literal. Aunque, en efecto, Berta piensa que los junquillos despiden un fuerte olor, no lo considera demasiado fuerte, así que la opción (3) es incorrecta. Berta dice que los gatos son "espeluznantes" pero esto no explica su mareo, así que la opción (5) es incorrecta. No hay apoyo para la opción (4).

4. **(1) visitar galerías de arte** (Aplicación) Entre las cosas que la hacen feliz, Berta menciona a sus amigos pintores, lo cual indica que es probable que visite galerías de arte. Los detalles del pasaje no apoyan la opción (2), y la opción (3) es incorrecta porque su reacción ante los gatos es negativa. La opción (4) es incorrecta porque ella está bastante bien económicamente, y por lo tanto, es poco probable que realice los quehaceres de la casa, y la opción (5) es incorrecta porque ella tiene una cocinera.

5. **(4) palabras sensoriales** (Análisis) El pasaje se caracteriza por descripciones vívidas y coloridas que hacen un llamado a los sentidos de la vista y del olfato. El pasaje no contiene diálogos, salvo los enunciados ocasionales que Berta se dice a sí misma, así que la opción (1) es incorrecta. La opción (2) no se aplica al uso de verbos en este pasaje. El pasaje parece lleno de emoción, así que la opción (3) es incorrecta. Por último, el pasaje contiene diversos tipos de oraciones, así que la opción (5) no caracteriza al pasaje como un todo.

6. **(1) Parece perfecto, al igual que las circunstancias de ella.** (Análisis) El peral se describe como "en pleno florecimiento" (líneas 3 y 4). Berta compara el árbol con su vida, a la que también ve en plena perfección. La opción (2) es incorrecta porque el pasaje no menciona los atributos físicos de Berta. La opción (3) es incorrecta porque no hay indicación alguna en el pasaje de que Berta dará a luz. Berta no hace referencia al crecimiento ni al cambio, así que la opción (4) es incorrecta. La opción (5) es incorrecta porque no se describe a Berta como tranquila.

7. **(2) desasosiego** (Análisis) La intrusión del gato en una escena que simboliza la felicidad del personaje es perturbadora y da la sensación de que algo no

está del todo bien en esta escena que, de otra manera, sería perfecta. No hay evidencias en el pasaje que apoyen las otras opciones.

8. **(1) Los colores de la ropa que pensaba ponerse combinaban con su entorno.** (Análisis) Antes de subir a vestirse, Berta se percata de que los colores de la ropa que se piensa poner son los mismos del jardín, el peral y el cielo. El enunciado indica que la correlación fue casual, no planeada. Los detalles del pasaje no apoyan ninguna de las otras opciones.

9. **(5) Sugiere que algo falta en la vida de Berta.** (Análisis) Berta pone de manifiesto con demasiada firmeza que su vida es perfecta y que tiene todo, lo cual da la sensación de que es todo lo contrario, de que algo falta. Las opciones (1) y (2) se refieren a lo que Berta dice sobre su vida, pero no describen el efecto que crea la repetición. En el pasaje no hay apoyo para las otras opciones.

10. **(2) Contribuye a crear una sensación de irrealidad.** (Síntesis) El escenario de la historia es la primavera, cuando las cosas que crecen por lo general son nuevas, perfectas y sin tacha; esto contribuye a crear un clima emocional irreal, casi surrealista, de perfección. El pasaje no habla de lo novedoso ni de los seres recién nacidos, así que las opciones (1) y (5) son incorrectas. El pasaje no es particularmente alegre ni juguetón, así que la opción (3) es incorrecta. La opción (4) se refiere a un detalle del pasaje y no al clima emocional en general, así que es incorrecta.

11. **(2) ingenua** (Síntesis) La afirmación que el personaje hace de que es demasiado feliz, su reflexión sobre su buena fortuna, así como sus sensaciones de mareo y ebriedad sugieren un estado emocional con poca probabilidad de duración. La aparente ignorancia del personaje de sus verdaderos sentimientos sugiere su ingenuidad. Las palabras usadas por la autora no apoyan las otras cuatro opciones.

Lección 17
Enfoque en las destrezas de GED (Página 143)

1. **c.** Ayah no sabe leer.

2. **c.** Ella y Danny tienen una enfermedad peligrosa.

3. La abuela murió de la misma enfermedad. La enfermedad es suficientemente grave para que los médicos quieran llevarse lejos a los niños. No hay suficiente información en el pasaje para apoyar otras respuestas posibles.

4. "Los blancos mienten". "Primero quiero a un curandero."

Práctica de GED (Páginas 144 y 145)

1. **(2) reformarlo** (Comprensión) El pasaje dice que la viuda le pone ropa nueva al narrador, lo hace dar gracias antes de comer, le lee unos párrafos sobre Moisés y le dice que no fume. Todos éstos son

esfuerzos por reformarlo. En el pasaje no hay apoyo para las opciones (1), (3), (4) y (5).

2. **(3) un plato de estofado de res** (Aplicación) El narrador dice "En el bote de la basura es distinto, todo se junta, las salsas se mezclan y así todo sabe mejor" (líneas 11 a 13). De las opciones, un tazón de estofado es la única comida que cabe en esa descripción.

3. **(5) coloquial** (Análisis) El narrador relata sus experiencias como si se las estuviera contando a otra persona; por lo tanto, el tono es coloquial. El pasaje no apoya ninguna de las otras opciones.

4. **(1) Da pistas sobre el tiempo y el lugar.** (Síntesis) El uso de jerga coincide con la época y el lugar en que tiene lugar esta historia: el Sur de Estados Unidos en el siglo XIX. La opción (2) es incorrecta porque no tenemos acceso al discurso de la viuda. Las opciones (3) y (4) pueden ser verdaderas, pero no son las razones por las cuales es efectivo. La opción (5) es una opinión y no puede ser apoyada por el pasaje.

5. **(2) Nunca terminó la escuela superior.** (Comprensión) El tío dice que el padre del narrador se cree demasiado bueno para el resto de la familia porque terminó la escuela superior y tiene un buen trabajo en la ciudad. Esto sugiere que el tío Luis no terminó la escuela superior. No hay evidencias en el pasaje que apoyen las opciones (1), (3), (4) y (5).

6. **(3) Justificaría su postura con calma.** (Aplicación) La amabilidad con que el padre trata a su hermano durante el arrebato de éste sugiere que en otras ocasiones también justificaría su postura de manera calmada. No hay evidencias en el pasaje que apoyen las opciones (1), (2), (4) y (5).

7. **(4) la abuela** (Análisis) La reacción de la abuela es la más inesperada porque ella apoya la decisión de su hijo, aún cuando la familia ha vivido en Los Rafas por generaciones y los demás esperaban que él construyera una casa junto a la de ella.

8. **(1) tradición y autodeterminación** (Síntesis) La decisión del padre de mudarse lejos de su familia representa una ruptura con el pasado en favor de tomar las riendas de su propio futuro. Los detalles del pasaje no apoyan ninguna de las otras opciones.

Prueba corta de GED (Páginas 146 y 147)

1. **(4) Sentía envidia por la nueva solista.** (Comprensión) El cuarto párrafo sugiere esta respuesta. No hay evidencia para la opción (1). La opción (2) es incorrecta porque la iglesia ya ha contratado a una nueva solista. La opción (3) es incorrecta porque Candace ya no canta en la iglesia. La opción (5) es incorrecta porque la han obligado a retirarse contra su voluntad.

2. **(2) Alma estaba preparada para vencer su miedo.** (Comprensión) La oración describe su falta de confianza en sí misma y su miedo en sentido figurado (como una montaña) y dice que sus nervios estaban preparados para la ascensión. Esto significa que estaba preparada para vencer su miedo. No hay evidencias en el pasaje que apoyen las opciones (1), (3), (4) ni (5).

3. **(5) Las mujeres estaban horrorizadas.** (Comprensión) La oración dice que estaban "medio pávidas, medio sonrientes". Esto sugiere que *pávidas* se contrasta con *sonrientes* y *divertidas*, y que por lo tanto su significado es opuesto al de ellas, así que la opción (3) es incorrecta. No hay apoyo para las opciones (1), (2) ni (4).

4. **(4) Se sentía débil por la tensión de tener que competir con el canto de Candace.** (Análisis) Los párrafos quinto y sexto describen cómo reacciona Alma ante la interrupción de Candace; por lo tanto, las opciones (1) y (2) son incorrectas. El hombre la miró después de que ella se sintiera desfallecer, así que la opción (3) es incorrecta. Candace fue despedida de su trabajo como solista debido a las imperfecciones de su voz, así que la opción (5) es incorrecta.

5. **(2) trataría de reintegrarse como solista del coro** (Aplicación) Las razones del despido de Candace del coro y la envidia que siente por Alma indican que no desea abandonar su posición como solista; por lo tanto la opción (1) es incorrecta. La opción (3) es incorrecta porque es obvio que Candace considera a Alma su rival y es muy probable que no quisiera cantar con ella. No hay apoyo claro para las opciones (4) y (5).

6. **(3) "Todo el mundo tenía la vista fija en ella y se disponía a escucharla con oídos críticos" (líneas 2 a 4).** (Análisis) Sólo la opción (3) contribuye a la atmósfera, o sensación general, en la iglesia. Las opciones (1), (2), (4) y (5) son detalles que describen a los personajes, no al escenario de la historia.

7. **(1) Está dispuesta a enfrentar un reto.** (Análisis) Alma está nerviosa, pero de todos modos canta bien. La opción (2) es incorrecta porque no está pensando en su belleza. No hay apoyo para las otras opciones.

8. **(4) informal y serio** (Análisis) El lenguaje no es técnico, así que la opción (1) es incorrecta. La opción (2) es incorrecta porque la autora describe las emociones de los personajes. Hay poca sugerencia de humor, así que la opción (3) es incorrecta. El lenguaje es directo e informativo, así que la opción (5) es incorrecta.

9. **(5) la voz de un cuervo y la de un canario** (Síntesis) La voz de Candace se describe como cascada, estridente y ruidosa, lo cual podría compararse con el graznido de un cuervo. La voz de Alma se describe como "profundamente dulce" (línea 35) y los canarios se destacan por su canto dulce y bello. El chillido de un águila, el silencio de un colibrí y el ulular de un búho no son comparables ni con la voz de Candace ni con la voz de Alma, tal como se describe en el pasaje; por lo tanto, las opciones (1), (2), (3) y (4) son incorrectas.

Lección 18

Destreza de GED (Página 149)

1. **b.** Trabajan en el mismo lugar.

2. A los dos les gustaba ir a la ciudad los sábados a la tarde y vagar por las calles.

3. "Su carácter era tan distinto al de Hal Winters como dos hombres pueden ser diferentes" (líneas 5 y 6).

4. Ray
   a. tiene esposa y niños
   b. tiene como cincuenta años
   c. tiene hombros desarrollados por el trabajo
   d. es callado, bastante nervioso y serio

   Hal
   a. es mujeriego
   b. es más joven que Ray
   c. tiene hombros amplios
   d. es peleador y "un tipo malo"

Práctica de GED (Páginas 150 y 151)

1. **(3) Se han quedado varados.** (Comprensión) En las líneas 30 y 31, Piggy pregunta "¿cuándo nos va a rescatar tu padre?" Esto sugiere que los muchachos están varados. No hay evidencias que apoyen las otras opciones.

2. **(4) sufrir en silencio** (Aplicación) En las líneas 17 y 18, Piggy responde al comentario de Ralph sobre su asma "con humilde paciencia". Esto apoya la opción (4). En el pasaje no hay nada que apoye las opciones (1), (2), (3) y (5).

3. **(3) Ambos creen que el padre de Ralph los rescatará.** (Síntesis) Ralph menciona directamente que su padre llegará a rescatarlos. Piggy pregunta cuándo sucederá eso, sugiriendo que cree en las palabras de Ralph. Las opciones (2) y (5) sólo son ciertas para Piggy, y la opción (4) es cierta sólo para Ralph. No hay evidencia de que los muchachos se

envidien, así que la opción (1) también es incorrecta.

4. **(4) a los habitantes** (Comprensión) Probablemente los únicos que realmente notarían las diferencias entre las islas serían las personas que viven o se quedan allí. Ninguna de las otras opciones tiene sentido en este contexto.

5. **(2) Tienen la misma forma y tamaño.** (Análisis) Las opciones (1) y (4) no son ciertas. La opción (3) describe el contraste entre las islas, no a las islas en sí mismas. No hay apoyo para la opción (5).

6. **(2) a dos lados de la misma ciudad, uno para la clase alta y otro para la clase media** (Aplicación) Las islas están una al lado de la otra y el pasaje dice que la isla Huevo Occidental es la isla que está menos a la moda. Esto da a entender que la isla Huevo Oriental está más a la moda y probablemente sea más rica que la isla vecina. La opción (1) es incorrecta porque el pasaje no menciona nada sobre las costumbres. La opción (3) es incorrecta porque en el pasaje no se menciona ningún conflicto. El narrador vive en una de las islas y no parece rico; por lo tanto, la opción (4) es incorrecta. No hay nada en el pasaje que apoye la opción (5).

7. **(2) Se rentan sólo una parte del año.** (Comprensión) Las líneas 21 a 23 dicen que el narrador estaba apretujado entre dos inmensas casas que se rentaban por 12 a 15 mil la temporada. Esto sugiere que las mansiones se rentan durante una parte del año. Los detalles del pasaje no apoyan las opciones (1), (3) y (5). La opción (4) se refiere sólo a la descripción de la casa que está a la derecha de la del narrador.

8. **(2) detalles vívidamente descriptivos** (Síntesis) El narrador usa imágenes visuales vívidas para describir las dos islas. El pasaje no apoya ninguna de las otras opciones.

Prueba corta de GED (Páginas 152 y 153)

1. **(3) El vestido pobre de la señorita Brooke hacía aún más notable su belleza.** (Comprensión) La frase del pasaje significa que el contraste entre la pobreza de su vestido y su belleza era muy intenso. Aunque la opción (1) puede ser cierta, no es el significado de las líneas del pasaje. Ninguna de las otras opciones tiene sentido en el contexto del pasaje.

2. **(4) Las apariencias pueden engañar.** (Comprensión) Esta frase dice que la mente humana es diferente de la apariencia externa de una persona, lo cual es otra manera de decir que uno no puede juzgar a una persona por su aspecto. No hay apoyo en el pasaje para las opciones (1), (2), (3) y (5).

3. (2) una cita refinada (Comprensión) Las líneas 8 a 11 dicen que "la sencillez de sus prendas, que por el lado de la moda provinciana le confería la conmoción de una cita refinada".

4. (3) Tratan de vestirse como damas. (Análisis) El enunciado "el orgullo de ser damas tenía algo que ver con ello" (líneas 23 y 24), así como el enunciado de que las hermanas "consideraban las ropas llamativas como la ambición de la hija de un vendedor ambulante" (líneas 33 a 35) apoyan la idea de que las hermanas pensaban que la ropa conservadora y sencilla era apropiada para damas de una "buena" familia. En el pasaje no hay apoyo para las opciones (1), (2) y (4). Al parecer, viven en una zona rural, pero esto no explica la sencillez de sus vestidos, así que la opción (5) es incorrecta.

5. (4) pensaría que es un error (Aplicación) El pasaje describe a la señorita Brooke diciendo que "no sentía la más mínima admiración por su persona" (líneas 48 y 49) y dice que ella sólo veía a los hombres como posibles parejas para su hermana. Esto sugiere que no se consideraría digna de una oferta de matrimonio. En el pasaje no hay evidencias que apoyen las opciones (1), (2), (3) y (5).

6. (3) modesta (Análisis) El pasaje describe a la señorita Brooke como una persona que no siente la más mínima admiración por sí misma. Esto significa que es modesta. Ninguna de las otras opciones encajan con su carácter.

7. (5) poco práctica (Análisis) Sugerir que a una persona le falta sentido común equivale a decir que es poco práctica o poco realista. Ninguno de los otros adjetivos describen correctamente el carácter de Dorotea.

8. (1) Dorotea es más inocente que Celia. (Análisis) El pasaje dice que aunque Celia se veía más inocente, su aspecto reflejaba más astucia y mucho mundo. Las otras opciones son opuestas a las ideas dadas en el pasaje.

9. (4) a un ministro distinguido (Análisis) La familia de las hermanas es "buena" y en ella ha habido algunos clérigos, así que es probable que un ministro fuera considerado una buena opción como marido. Las líneas 27 a 29 dicen que "no se encuentra ningún antepasado relacionado con jardines ni parcelas", lo cual indica que la familia no es de la clase trabajadora y que en ella no hay comerciantes. Como la familia parece estar bastante consciente de las clases sociales, sus miembros no desearían casarse con un comerciante o con alguien que trabajara con las manos, lo cual elimina las opciones (1), (2), (3) y (5).

10. (1) oraciones largas y complejas (Síntesis) Ninguna de las otras opciones es cierta, a juzgar por este pasaje.

11. (3) comprensiva (Síntesis) La simpatía que el narrador siente por Dorotea se revela en el enunciado "¡Pobre Dorotea!" (línea 42), lo cual sugiere que Dorotea no es comprendida.

Lección 19
Destreza de GED (Página 155)

1. **b.** enojo

2. **c.** indiferente

3. **c.** a la naturaleza no le importan los seres humanos

4. **a.** Los seres humanos son como granos de arena en una playa.

5. "la naturaleza no lo considera importante"

Práctica de GED (Páginas 156 y 157)

1. **(3) Estaba agradecida de que Richmond no hubiera sido atacada.** (Comprensión) El primer párrafo del pasaje dice que "Richmond estaba a salvo" (líneas 6 y 7). Esto parece la razón más probable de las plegarias de Lutie. Si ella hubiera rezado por los soldados que habían muerto, probablemente no hubieran sido plegarias de acción de gracias; por lo tanto, la opción (1) es incorrecta. El pasaje no dice que la guerra hubiera terminado, así que la opción (2) es incorrecta. Aunque Richmond no había sido atacada, claramente había sido afectada por la muerte, por lo tanto, la opción (4) es incorrecta. No hay apoyo en el pasaje para la opción (5).

2. **(2) un buldózer** (Aplicación) La imagen final de Lutie es la de una gran máquina destructiva. Las opciones (1) y (5) no están relacionadas con la imagen final. Aun cuando un ventilador tiene aspas, no es una máquina destructiva, así que la opción (3) es incorrecta. La opción (4) es moderna pero no tiene nada que ver con la muerte.

3. **(5) McClellan parecía incapaz de movilizar sus fuerzas.** (Análisis) La autora hace la comparación para mostrar que McClellan no estaba movilizando sus tropas. Las líneas 5 y 6 dicen que McClellan "parecía aprisionado por su propio peso", como una rana estaría si estuviera llena de balas. La comparación no sugiere las otras opciones.

4. **(3) La guerra es un instrumento de muerte.** (Síntesis) El pasaje se refiere al hecho de que durante la guerra la muerte afectó a todos, sin importar su situación en la sociedad. La opción (1) es incorrecta porque el pasaje no habla de oportunidades, sólo de que la muerte afectó a todos por igual. El pasaje no dice que la guerra estuviera a punto de terminar, así que la opción (2) es incorrecta. Las opciones (4) y (5) son detalles menores del pasaje, no el tema.

5. **(4) El niño admira la naturaleza.** (Comprensión) La opción (1) es incorrecta; nada sugiere que el niño haya cortado las plantas de su jardín. No hay pruebas para la opción (2). El pasaje no apoya las opciones (3) ni (5).

6. **(2) tener un acuario** (Aplicación) A partir del pasaje se deduce que el niño tiene la paciencia y el interés necesarios para observar el crecimiento de un ser vivo, así que es muy probable que disfrutara de tener un acuario, la opción (1). Las demás opciones se refieren a objetos, no a seres vivos que se transforman al crecer, por lo tanto, el pasaje no las apoya.

7. **(1) es muy cuidadoso al sembrar** (Análisis) Los sinónimos "blando" y "suave" sugieren el extremo cuidado con que el niño siembra el renuevo, por lo tanto, la opción (1) es la mejor. El pasaje no apoya ninguna de las otras opciones.

8. **(2) admirativo** (Síntesis) El narrador describe el efecto que el brote de las hojas tiene en el niño con frases como "le llenaba de asombro" y "ojos atentos". Además, dice que el niño sentía mucha alegría cuando por fin veía las hojas. Esto imprime un tono de admiración al pasaje.

9. **(4) poético** (Síntesis) El autor crea imágenes mediante palabras sugestivas para transmitir al lector lo que el niño siente al observar el brote de las hojas. Ninguno de los otros adjetivos describe correctamente el tipo de lenguaje usado en este pasaje.

Prueba corta de GED (Páginas 158 y 159)

1. **(5) La visión del mundo de una persona está moldeada por eventos clave.** (Comprensión) Esta idea se menciona en la última oración del primer párrafo. No hay evidencia para las opciones (1) y (4). Las opciones (2) y (3) pueden ser ciertas pero el pasaje no las apoya.

2. **(4) Cada tantos meses ocurre algo que conmueve al mundo.** (Comprensión) El narrador da el ejemplo de la muerte de Mussolini, que fue un acontecimiento que conmovió al mundo porque "parecía uno de los líderes eternos" (líneas 54 y 55). No hay apoyo en el pasaje para las opciones (1), (2) y (3). Aunque el narrador se refiere a una escasez de provisiones, no se menciona que esto suceda cada tantos meses, así que la opción (5) es incorrecta.

3. **(4) El momento histórico afecta al individuo.** (Aplicación) El enunciado es similar a la creencia del autor de que ciertos sucesos afectan a una persona para toda la vida. El tiempo y el lugar históricos afectan directamente las experiencias de la gente; por lo tanto, la manera en que los individuos conciben el funcionamiento del mundo también se verá afectada por esto. El pasaje no sugiere la opción (1). La opción (2) sugiere que el presente es más importante que el pasado, pero el autor habla de la importancia del pasado. La opción (3) es demasiado general, y la opción (5) no se relaciona en absoluto con lo que dice el autor.

4. **(2) Habla de la guerra como si estuviera ocurriendo ahora.** (Análisis) Haber escrito el fragmento con los verbos en el tiempo presente hace que la guerra parezca más inmediata, tan cercana como el autor la siente. Las opciones (1) y (3) se mencionan, pero no ayudan a explicar los sentimientos del autor. Las opciones (4) y (5) son falsas.

5. **(1) recordar sucesos que ocurrieron durante su adolescencia** (Análisis) El narrador describe con todo detalle, desde la perspectiva de un joven de dieciséis años, los efectos que la guerra tuvo en los estadounidenses. La opción (2) es incorrecta porque no todas las realidades que el narrador experimentó afectaron a los estadounidenses de hoy. La opción (3) es incorrecta porque el pasaje no aborda el presente. La opción (4) es incorrecta porque el narrador no recuerda muchos momentos agradables durante la guerra; y la opción (5) es incorrecta porque el pasaje describe el estilo de vida estadounidense durante la guerra, no los horrores de la guerra.

6. **(1) Era joven e impresionable.** (Análisis) Parece haber considerado los sucesos desde un punto de vista juvenil; a los dieciséis años, las emociones son fácilmente influenciables; la opción (2) puede ser cierta pero no tiene apoyo en el pasaje. Las opciones (3) y (4) se mencionan, pero no fueron la causa de los sentimientos del narrador. La opción (5) es incorrecta porque el narrador dice que él no vislumbró la posibilidad de tener que ir al frente como soldado.

7. **(5) serio** (Análisis) Todo el pasaje describe la difícil realidad cotidiana durante los años de la guerra. Esta descripción se presenta de una manera seria. La opción (1) es incorrecta porque el narrador no critica, sino presenta las circunstancias tal como fueron. La opción (2) es lo opuesto al tono del pasaje. La opción (3) es incorrecta porque sugiere sentimientos cálidos que el narrador no expresa, y la opción (4) es incorrecta porque el enfoque está en el pasado, no en el futuro.

8. **(4) realista y repetitivo** (Síntesis) El narrador describe el efecto de la guerra principalmente mediante oraciones cortas con muy pocas descripciones, además, repite la palabra "siempre" (líneas 18 a 33). Ninguna de las otras opciones describe correctamente el estilo en que está escrito el pasaje.

9. **(4) indica la monotonía impuesta por la guerra** (Síntesis) El estilo del pasaje se caracteriza principalmente por oraciones cortas presentadas en un patrón repetitivo que reflejan la monotonía y reglamentación de la época de la guerra. La opción (1) es incorrecta porque el pasaje no fomenta el patriotismo. La opción (2) es incorrecta porque no habla de la guerra directamente. La opción (3) podría ser un efecto de la lectura de las dificultades de la guerra, pero no afectaría el estilo que el autor escogió. La opción (5) es incorrecta porque fue escrita por un adulto y no refleja verdaderamente el modo de pensar de un adolescente de dieciséis años.

10. **(3) Los "viejos tiempos" no siempre fueron buenos.** (Síntesis) El narrador hace un recuento de los efectos negativos de la guerra en Estados Unidos, una experiencia que él mismo vivió durante su juventud. Los detalles del pasaje no apoyan ninguno de los otros enunciados.

Unidad 2 Repaso acumulativo
(Páginas 160 a 166)

1. **(4) alegría** (Aplicación) A partir del pasaje, usted puede concluir que el narrador quiere ser amigo de su hijo. Aunque es posible que no entienda algunas de las opciones de su hijo, el padre lo toma en serio y dice que no le es indiferente. Por lo tanto, las opciones (1) y (2) son incorrectas. El tono del padre es principalmente serio, así que la opción (3) es incorrecta. El pasaje no apoya la opción (5).

2. **(4) No siguió los pasos de su padre.** (Comprensión) En las líneas 24 a 26, el narrador dice que "los negocios estaban tan fuera de cuestión como la política lo estuvo para mi padre". El párrafo incluso dice algo acerca de que la familia todavía tenía ciertas relaciones en la política. Usted puede deducir a partir de esto que alguien, probablemente el abuelo del narrador, estuvo en política, pero que el padre del narrador eligió otra carrera. Eso implica que ni el narrador ni su padre siguieron las carreras que habían seguido sus padres. No hay evidencias en el pasaje que apoyen las opciones (1), (2), (3) y (5).

3. **(1) Enfatiza que el narrador quería escapar a un mundo más seguro** (Análisis) El narrador observa que los negocios pueden ocasionar sufrimiento y alude a la experiencia negativa de la familia que le hizo atractiva la idea de optar por una torre de marfil. La imagen de una torre de marfil es la de algo que se eleva sobre todas las cosas, algo como un escape. La referencia no es a Jack, así que las opciones (3) y (4) son incorrectas. La opción (5) es incorrecta porque el pasaje muestra lo poco que el padre y el hijo tienen en común. No hay evidencia para la opción (2).

4. **(5) Haría lo posible por aceptar las opiniones de Jack** (Aplicación) De acuerdo con el tono del pasaje, parece que el padre busca reconciliarse con su hijo. Esto sugiere que trataría de aceptar las opiniones de su hijo aun si no las compartiera. La opción (1) es incorrecta porque no describe la conducta de un padre que busca acercarse e su hijo. No hay bases que apoyen las opciones (2), (3) y (4).

5. **(2) serio** (Síntesis) El narrador dice que no trata de hacer bromas pesadas y se describe a sí mismo como un hombre serio. Esto descarta las opciones (4) y (5). El narrador dice que las opiniones de su hijo no le son indiferentes, así que las opciones (1) y (3) son incorrectas.

6. **(4) una lucha entre el personaje y las fuerzas de la naturaleza** (Comprensión) El pasaje describe en detalle el duro ambiente y sugiere que el hombre no se da cuenta de su severidad. Ésta es una pista de que el conflicto probablemente implicará la lucha por sobrevivir del hombre contra la naturaleza. En este pasaje no hay indicios de lucha interna, no se introducen otros personajes, no se menciona la sociedad, ni se menciona ni se da indicio del destino del personaje, así que las opciones (1), (2), (3) y (5) son incorrectas.

7. **(3) El hombre no entendía el peligro de la situación.** (Comprensión) El párrafo anterior explica la magnificencia del entorno del hombre con el fin de revelar su indiferencia, así que la opción (1) es incorrecta. La opción (2) no tiene apoyo. La opción (4) es incorrecta porque aún cuando no se mencionan otros personajes, tampoco se habla de que el hombre desee compañía. La opción (5) puede ser cierta, pero no es la idea principal del párrafo.

8. **(3) un río congelado** (Comprensión) El pasaje dice que el "Yukón tenía una milla de ancho" (líneas 2 y 3) y que se extendía "en suaves ondulaciones donde se habían formado los atascos de hielo de la temporada de los grandes fríos" (líneas 5 a 8), lo cual sugiere que era agua congelada. Como los detalles indican que el Yukón sólo mide una milla de ancho, las otras opciones no tienen apoyo.

9. **(3) detalles visuales vívidos** (Síntesis) El uso de palabras descriptivas permite al lector visualizar el paisaje. Las opciones (1) y (2) no describen el estilo del escritor, que en realidad contiene una mezcla de oraciones cortas y largas más complejas. La opción (4) es incorrecta porque no se usa el diálogo. La opción (5) es incorrecta porque las descripciones no son excesivas.

10. **(3) Estaba vestida como una viuda de luto.** (Análisis) El vestido de una viuda es apropiado para una mujer que ha perdido a su esposo, no a su hijo, así que esto sería una indicación de que el personaje está perdiendo su equilibrio mental. Las opciones (1) y (2) no sugieren inestabilidad mental. La opción (4) es incorrecta porque el hecho de que hayan matado a su hijo no es evidencia de que ella haya perdido la razón. La opción (5) es incorrecta porque aunque la bandera y las medallas la ofenden, en lugar de reconfortarla, esta reacción no es lo suficientemente rara para que sea evidencia de que estaba perdiendo la razón.

11. **(2) se negaría a asistir a la ceremonia** (Aplicación) Doña Ernestina responde "no, gracias" a la oferta del militar de darle a su hijo un funeral con honores militares, lo cual sugiere que ella no asistiría a la ceremonia. La opción (1) es incorrecta porque el pasaje deja claro que ella no asistiría. La opción (3) es incorrecta porque en el pasaje no se habla de la guerra. La opción (4) es incorrecta porque no es una característica de ella según se la

describe en el pasaje. La opción (5) es incorrecta porque es opuesta a los sentimientos que siente por el presidente y por el militar.

12. **(4) Su mirada era salvaje.** (Análisis) Esta descripción de Doña Ernestina es el mejor indicio de su estado mental. La opción (1) podría sugerir su estado mental, pero no es tan reveladora como su descripción física. Las opciones (2) y (3) son descripciones que no reflejan inestabilidad mental. La opción (5) indica sus ideas de perjuicio y traición, más que su inestabilidad mental.

13. **(4) frases en español** (Síntesis) El pasaje presenta frases en español como "luto", "ya no vive aquí" y "no, gracias". Aunque el relato está narrado en tercera persona, esta técnica no contribuye a la autenticidad del pasaje, así que la opción (1) es incorrecta. Las opciones (2), (3) y (5) no son ciertas sobre el estilo del pasaje.

14. **(4) La familia y la iglesia están presionando a John para que sea pastor.** (Comprensión) La palabra "altar" se usa de manera figurada para representar la iglesia. Por lo tanto, la frase sugiere que tanto la iglesia como sus padres lo estaban presionando para que se hiciera pastor. Las opciones (1) y (5) son incorrectas porque no hay evidencias que las apoyen. Las opciones (2) y (3) son incorrectas porque está claro que John ya es un miembro de la iglesia.

15. **(2) John tiene dificultades para concentrarse en sus lecciones.** (Comprensión) El pasaje describe cómo John se distraía con su nuevo maestro y cómo a veces no seguía las lecciones. En el pasaje no hay apoyo para las opciones (1) y (4). La opción (3) es incorrecta porque es lo opuesto a la intención de John. La opción (5) es incorrecta porque el pasaje dice que ocurrió sólo cuando Elisha le hizo una pregunta a John.

16. **(3) con su hermano Roy** (Análisis) El último párrafo del pasaje dice que aunque Roy tampoco sabía nunca su lección de catecismo, recibía un trato diferente al de John, y que no se esperaba de él tanto como se esperaba de su hermano.

17. **(1) uso de muchas palabras descriptivas** (Síntesis) El autor usa muchas palabras descriptivas para describir la admiración de John por Elisha, por ejemplo, "profundo", "viril", "esbeltez", "gracia", "fuerza" y "lobreguez". Ninguna de las otras opciones es válida.

18. **(2) crítica** (Comprensión) El pasaje describe al personaje con "ojos oscuros arqueados en una inquisición perpetua sobre los modales de la gente" (líneas 3 y 4). Esta descripción indica que ella es crítica respecto de los demás. Las opciones (1), (3) y (5) son opuestas al carácter de la mujer tal como se describe en este pasaje. El personaje puede ser rico,

la opción (4), pero en el pasaje no hay evidencias suficientes que apoyen esta deducción.

19. **(2) estar en control** (Análisis) Las líneas 5 a 7 dicen que ella era una "una mujer que ganó todas las batallas sociales con presencia y convencida de lo legítimo de su autoridad". Esto sugiere que estar en control era lo más importante para ella. La opción (1) es cierta, pero según como se la describe en el pasaje, para ella no sería tan importante como estar en control. No hay evidencias que apoyen las opciones (3), (4) y (5).

20. **(2) Era muy segura de sí misma.** (Comprensión) El pasaje dice que ella estaba convencida de lo legítimo de su autoridad. Esto significa que tenía mucha seguridad en sí misma. La opción (1) podría ser cierta pero no toma en cuenta el poder que ella ejercía. La opción (3) es incorrecta porque el pasaje dice que Helene había venido de muy lejos, de la casa Sundown, lo cual sugiere que no siempre ha vivido en Medallion. Las opciones (4) y (5) no tienen relación con el poder que ejercía.

21. **(4) decorada con gusto** (Aplicación) Helene es descrita en el pasaje como la responsable de poner flores en el altar de su iglesia. Esto sugiere que le importa la apariencia de su entorno. No hay suficientes evidencias en el pasaje para sugerir que su casa sea cálida y acogedora, la opción (1). Si pone flores frescas en el altar de la iglesia, es poco probable que ponga flores artificiales en su casa, así que la opción (2) es incorrecta. De acuerdo a como se la describe en el pasaje, la opción (3) no sería factible. No hay suficiente evidencia en el pasaje para apoyar la opción (5).

22. **(3) Estuvo en problemas en algún momento de su vida** (Análisis) La última línea del pasaje dice que ella no podría hacer caso omiso del ruego silencioso de la mujer que la había rescatado. Esto sugiere que ella estuvo en problemas en alguna etapa de su vida. La opción (1) es incorrecta porque el hecho de que la gente se negara a pronunciar su nombre correctamente indica que no era querida. La opción (2) es incorrecta porque el pasaje dice que manipulaba a su esposo e hija. La opción (4) es incorrecta porque ella es descrita como una mujer que aceptó la responsabilidad de realizar varias tareas en su iglesia. La opción (5) es falsa porque el pasaje dice que para ella la vida era satisfactoria.

23. **(2) desaprobadora** (Síntesis) El narrador presenta al personaje como admirable para los habitantes de Medallion y luego la describe de manera poco halagüeña. Esto sugiere que el narrador no aprueba la conducta del personaje. En el pasaje no hay apoyo para las opciones (1), (3) y (5). La opción (4) es una palabra demasiado fuerte para describir la actitud del narrador según la manera en que se describe al personaje.

24. (5) respeto (Comprensión) Palabras como "amo" y "vuestra merced" describen sobre todo el respeto de Sancho, que no deja de intentar advertir a Don Quijote sobre su error al confundir a los molinos con gigantes. No hay pistas para elegir las opciones (1), (3) ni (4). Es posible que la opción (2) sea cierta, pero va más allá de lo que indica el texto.

25. (1) Cree que son gigantes. (Análisis) Don Quijote es el primero en decir que ve unos gigantes, y al ser contradicho por Sancho, lo repite ("ellos son gigantes") y decide luchar contra ellos. No hace caso a Sancho, sino a sus sentidos, que parecen engañarle. Las demás opciones no están respaldadas por el texto.

26. (4) Ambos tienen brazos largos. (Análisis) Don Quijote cuenta que los gigantes suelen tener brazos muy largos ("de casi dos leguas") y Sancho le explica a continuación que lo que Don Quijote toma por brazos de gigantes son aspas de molinos que el viento hace girar ("volteadas del viento"). Como los ven de lejos, la opción (1) no puede ser correcta. Tampoco la opción (2) es correcta, porque es ilógica. La opción (3) es falsa, y la opción (5), que podría ser cierta, no está respaldada por el texto.

27. (2) una impresión realista y directa (Análisis) Como el pasaje consiste sobre todo en diálogo, mucho más que en comentarios o descripciones del narrador, se da la impresión al lector de que asiste también a los sucesos que se narran, lo que da animación y realismo al relato. La escena que sigue es cómica. Por tanto, las opciones (1) y (4) son incorrectas. La opción (5) tampoco es correcta, porque el lector se entera de la escena por el diálogo de los personajes. La opción (3) tampoco describe correctamente el efecto.

28. (5) humorístico (Síntesis) Toda la novela a la que pertenece el pasaje está escrita en español antiguo, pero incluso así se puede apreciar su sentido del humor. Las descripciones son detallistas, pero no excesivamente. Aunque usa muchas palabras coloquiales, no es grosero. Por lo tanto, son incorrectas las demás opciones.

29. (5) en paz, sabiendo que no dejaría su tierra (Aplicación) Las líneas 30 a 34 describen su cariño por la tierra y dicen que no estaba ansioso por dejarla y que era un alivio pensar que nunca tendría que ir más allá del límite de su henar. Las otras opciones no describen sus sentimientos respecto de la muerte.

30. (4) La vida y la muerte existen lado a lado en este mundo. (Análisis) La cercanía del cementerio, un símbolo de muerte, y de la granja, un símbolo de vida, indica que ambos existen al mismo tiempo en el mundo. Las opciones (1) y (2) son incorrectas porque el pasaje no se centra sólo en la muerte. La opción (3) no aborda los temas de la vida y la muerte. No hay apoyo para la opción (5).

31. (1) reconfortante (Análisis) El pasaje describe el apego del narrador a su tierra y expresa el alivio que siente al saber que estará cerca de ella aun en la muerte. La opción (2) es incorrecta porque el narrador dice que el cementerio no es "ni atiborrado ni triste". La opción (3) es demasiado extrema. El pasaje no sugiere las opciones (4) y (5).

32. (1) imágenes muy descriptivas (Síntesis) El autor describe la tierra y el cementerio por medio de imágenes vívidas y expresiones como "tallos de maíz amarillentos". Las otras opciones no describen correctamente el estilo de el pasaje.

UNIDAD 3: ENTENDER LA POESÍA
Lección 20
Enfoque en las destrezas de GED (Página 171)
1. Respuestas posibles:
   Rima consonante: copa/sopa; rato/plato; mirada/desocupada.
   Rima asonante: furtivamente/enfrente; caras/cucharas; va/mamá.

2. **b.** La puntuación es irregular.

3. **b.** El ritmo es lento y opresivo, como el de una comida fúnebre.

Práctica de GED (Páginas 172 y 173)
1. **(3) Me gusta imaginar que soy tan fascinante como las serpientes lo son para mí.**
   (Comprensión) A lo largo del poema, la hablante se refiere a sus fantasías durante el sueño ("En mis sueños de amor", "en mis sueños de odio", "Si así sueño mi carne", en los primeros versos de la primera, tercera y cuarta estrofa, respectivamente). En la primera estrofa, la serpiente aparece como un ser fascinante, capaz de hipnotizar y seducir. La opción (1) es incorrecta porque en el texto se afirma lo contrario (línea 9). La opción (2) tampoco es correcta, porque estos sueños no son angustiosos. La opción (4) es incompleta, y la opción (5) va más allá de lo que dice el texto.

2. **(2) Usa rima consonante.** (Análisis) Los versos 7 y 8 terminan respectivamente en "delicia" y "caricia", por lo que tienen rima consonante. La opción (1) es incorrecta porque hay dos patrones rítmicos en el poema, uno para las estrofas primera y tercera (versos que riman en –*ente; -ismo* y –*anto*), y otro para las estrofas tercera (versos que riman en –*icia*) y cuarta (versos que riman en –*ente*), que tienen la misma rima consonante en todos sus versos. La opción (3) es incorrecta porque no hay rima asonante en el poema. Las opciones (4) y (5) no se aplican a la segunda estrofa.

3. **(1) Crea un ritmo muy dramático.** (Análisis) La autora escribe con signos de exclamación las frases "¡yo soy serpiente!" (líneas 1 y 9), "¡y atraigo como el llanto!" (línea 5), "¡es la vaina del rayo!" (línea 14) y la última palabra del último verso: "voluptuosamente". Se utilizan para resaltar el impacto de las imágenes, dándole dramatismo al ritmo. La opción (2) es incorrecta porque el ritmo no es tranquilo ni pesado. La opción (4) tampoco es correcta porque la hablante no se sorprende ante su propia descripción. La opción (5) es incorrecta porque ni la sencillez ni el candor predominan en el poema.

4. **(1) más siniestra** (Síntesis) En la primera estrofa, se describen los sueños "de amor" de la hablante, y en la tercera, los sueños "de odio", con imágenes asociadas a estas emociones opuestas. En la tercera estrofa predominan los matices siniestros: "venenosa", "luzbélica", "muerte", "fatal", "vaina del rayo", aunque no más tristes o sugestivos que las imágenes de la primera estrofa. Por tanto, las opciones (2) y (3) son incorrectas. Tampoco son correctas las opciones (4) y (5), que no están respaldadas por el texto.

5. **(2) causa** (Comprensión) La hablante poética argumenta lo paradójico del papel de las mujeres y lo contradictorio de las exigencias de los hombres; en el razonamiento que hace seguir al lector, "causa" es la palabra que mejor sustituye "ocasión". La opción (5) es lo contrario, y por tanto, incorrecta. La opción (4) no tiene sentido en el contexto de la estrofa, como ocurre con la opción (1). La opción (3) es menos enérgica que la correcta, "causa".

6. **(3) las exigencias de los hombres son contradictorias** (Análisis) La opción (3) es correcta, de acuerdo con la respuesta anterior. Las opciones (1) y (2) son incorrectas porque expresan sólo parcialmente el tema del poema. Aunque no se niegue que los hombres buscan la perfección en las mujeres, ese hecho se trata de un detalle que apoya un tema más amplio. Las opciones (4) y (5) no están respaldadas por el texto, aunque figure alguna comparación con niños.

7. **(1) la franqueza** (Aplicación) La opción (1) es correcta porque lo más probable es que la hablante poética, que censura el comportamiento de los hombres "necios", valore sobre todo una conducta recta y franca por su parte: si quieren que las mujeres obren bien, no deben incitarlas al mal. El poema expresa una queja sobre la falta de sinceridad de los hombres, no sobre la falta de belleza, inteligencia, o discreción, por lo que las opciones (3), (4) y (5) son incorrectas. La opción (2) tiene que ver con el texto, ya que la hablante poética encuentra injusto el comportamiento de los hombres, pero es menos evidente en el poema que la opción (1).

Prueba corta de GED (Páginas 174 y 175)

1. **(4) su soledad** (Comprensión) La hablante poética describe su pesar porque su amado ("sus ojos") parte para la guerra, y ella queda "viuda y sola". La opción (1) no es correcta, porque la frase "las llaves de mi libertad" está empleada en un sentido figurado. La opción (2) no es aplicable, ya que la hablante aún es muy joven. La opción (3) es incorrecta, porque el amado parte para la guerra pero aún no ha muerto. La opción (5) no está respaldada por el poema.

2. **(2) evoca el vaivén de las olas** (Análisis) Las referencias al mar se encuentran en el estribillo "Dejadme llorar/Orillas del mar"; su vaivén es evocado por los versos breves con rima consonante y asonante, que mantienen un mismo patrón métrico y de rima. La opción (1) no es correcta, ya que la hablante poética expresa su dolor lamentándose, pero no imita el llanto. Las opciones (3), (4) y (5) no están respaldadas por el poema.

3. **(1) El recuerdo de algo querido puede consolarnos de su pérdida.** (Comprensión) La opción (1) está respaldada por los versos "Pero volví enseguida/mi atención a las puras existencias/de mi retiro hacia mi ausencia atento, /y todas sus ausencias/me llenaron de luz el pensamiento." Lejos del ambiente que el hablante poético evoca (la "aldea"), los recuerdos de lo ausente iluminan los pensamientos tristes que provoca la ciudad. La opción (2) no constituye el tema del poema, por lo que es incorrecta. Las opciones (3) y (4) son asuntos que, aunque sugeridos, no constituyen el mensaje principal. La opción (5) no está respaldada por el texto.

4. **(2) porque la ciudad no le inspira el mismo sentimiento que el campo** (Análisis) La opción (1) no es correcta porque la impresión de vacío del hablante poético la provoca no el recuerdo de lo que ama sino la presencia de los elementos urbanos agresivos. La opción (3) es incorrecta porque no está respaldada por el poema. La opción (4) no es correcta: la sensación de vacío no se debe al haber caído en una trampa, aunque el hablante poético hace una metáfora con las arañas ("una ciudad espléndida de arañas"). La opción (5) es incorrecta porque la sensación de vacío no se debe al miedo.

5. **(3) a su vida en la aldea, el huerto y la fuente** (Análisis) La opción (1) es incorrecta porque, aunque se mencione al "demonio" y al "Dios ausente", no se trata de un poema religioso. La opción (2) no es correcta porque el hablante poético no ha olvidado lo que ama. La opción (4) no está respaldada por lo que cuenta el poema. La opción (5) es incorrecta por excesivamente abstracta.

6. **(2) consuelo y alegría** (Síntesis) La opción (2) es correcta porque la tercera estrofa expresa alegría en comparación con la sensación de vacío y la evocación de lo ausente de las dos primeras estrofas. El hablante poético encuentra consuelo en la evocación de lo que ama: huerto, aldea, fuente. Las opciones (1), (4) y (5) son incorrectas por ser precisamente lo contrario. La opción (3) no está respaldada por el texto.

7. **(3) a una manada en estampida** (Aplicación) La opción (1) es la correcta porque el sentimiento que provoca la ciudad en el hablante poético es completamente diferente al que le provoca el campo (la "aldea"). Las opciones (1), (4) y (5) no son correctas porque no es probable que el hablante poético compare el tráfico de automóviles con realidades bellas o tranquilas, como "una parvada de gansos", un "arroyo" o "el cielo nocturno". La opción (2) no es correcta porque "un hormiguero" no sugiere sensación de peligro, a diferencia de una "manada en estampida".

Lección 21

1. **a.** El apio ríe.

2. **b.** a relámpagos

3. **a.** Las hojas del apio parecen volar.

4. un ángel verde.

1. **(4) Los pájaros parecen crecer de las plantas.** (Comprensión) El poema menciona que los pájaros salen de las plantas después de la tormenta; esta imagen sugiere que pertenecen a las plantas como si fueran sus frutos. El poema no menciona el color de los frutos, por lo que la opción (1) no está justificada. La imagen de las "frutas emplumadas de música" representa la relación entre los pájaros y las plantas, y no el origen de la música. La opción (3) no tiene fundamento en el poema, que no menciona lo que comen los pájaros. La opción (5) interpreta literalmente la imagen del verso (10), pero el sentido de las palabras es figurado.

2. **(2) En el recuerdo, los problemas del pasado parecen más pequeños.** (Análisis) De todas las opciones, ésta refleja mejor el posible sentido figurado de los versos: en retrospectiva, los problemas cuya resolución ignorábamos pueden parecer sorprendentemente insignificantes. La opción (1) expresa correctamente la primera parte del verso, pero no su significado completo. Lo sorprendente no es la existencia de la tormenta, sino su brevedad; por lo tanto, la opción (3) es incorrecta. La opción (4) expresa correctamente la segunda parte del verso, pero no el significado completo. La opción (5) puede deducirse de estos versos, pero no expresa su significado.

3. **(2) Las estrellas sufren por amor como el hablante y son compasivas.** (Análisis) El hablante dirige su poema a la Noche, y se refiere a las estrellas como a seres humanos enamorados (segunda y tercera estrofas). Son compasivas con él porque saben lo que le preocupa ("saben mi cuidado"); lo han escuchado antes y escuchan sus lamentos como si fueran propios ("se han regalado con mi pena"). La opción (1), sin ser falsa, no describe a fondo las similitudes entre las cualidades, y lo mismo ocurre con las opciones (3) y (5). La opción (4), aunque no es falsa, está incompleta.

4. **(4) a personas enamoradas y compasivas** (Aplicación) Como se explica en el párrafo anterior, en el poema se dan cualidades humanas a las estrellas, que tienen "su pecho enamorado" (línea 8) y saben "que he contado su mal llorando el mío" (línea 10). No asustan al hablante. Por tanto, son incorrectas las demás opciones, que comparan las estrellas a objetos inanimados, sean cuerpos celestes, lo cual es una interpretación literal que no representa la comprensión del poema (opción 1), faros luminosos (opción 2); joyas (opción 3) o focos (opción 5).

5. **(2) cree que su amada lo ignora y confía sus penas a la noche** (Síntesis) El poema es una confidencia hecha a la Noche, con quien el hablante se lamenta por el desamor o la ausencia de una persona amada. La opción (1) es incorrecta porque, aunque el poeta reconoce que su llanto es "inútil" (línea 14), nada indica que quiera dejar de lamentarse. Las opciones (3), (4) y (5) no están respaldadas por el texto.

Prueba corta de GED (Páginas 180 y 181)

1. **(1) a sí mismo** (Comprensión) Esta es una de varias imágenes que sugieren que el hablante busca en la muerte encontrarse a sí mismo. La opción (2) exagera el significado de las líneas, el hablante no da pie para suponer que cree en fantasmas. No hay nada que sustente las demás opciones.

2. **(2) que se encontrará con su propia muerte** (Comprensión) La imagen sugiere que la muerte es como un espejo hacia el que el hablante se acerca, por lo que el reflejo parece también buscarlo. El poema usa varias imágenes para representar la muerte, por lo que no hay fundamento para la opción (1). La opción (3) es demasiado ambigua. La opción (4) no tiene fundamento en el poema. La opción (5) le da un significado literal a la palabra reflejo, pero su sentido es figurado.

3. **(2) se acerca voluntariamente a su muerte** (Aplicación) Todo en el poema apunta hacia esta interpretación; el hablante ha tomado la decisión de quitarse la vida y piensa llevarla a cabo. La opción (1) puede ser cierta, pero el poema no explica los motivos del hablante. Las opciones (3) y (5) no tienen fundamento en el poema. La opción (4) le da sentido literal a las imágenes de la naturaleza que cita el poema, pero el bosque, el jabalí y el venado son metáforas de la muerte.

4. **(2) indica que el poeta es a la vez el cazador y la presa** (Análisis) La imagen evoca a la jauría que persigue al jabalí para cazarlo. El poeta suicida se identifica con el cazador, puesto que piensa darse muerte, y con la presa, puesto que sufrirá su propia muerte. La opción (1) sólo expresa una parte del doble significado de este verso. Aunque el poeta se identifica con el cazador y con la presa, su personalidad no está dividida: en ningún momento expresa dudas sobre su intención, por lo que la opción (3) no es correcta. Las opciones (4) y (5) le dan un valor literal al lenguaje figurado del poema.

5. **(2) "y sigo siendo la bufanda que me ahorca"** (línea 18) (Análisis) Este verso, el penúltimo, es el único que habla en sentido literal, por lo que parece representar un regreso a la realidad después de una variedad de descripciones figuradas. Las palabras "sigo siendo" revelan que, después del proceso hacia la muerte que describe antes, el hablante no puede escapar de la presencia física y real de la bufanda que lo ahorca. Las demás opciones hablan en sentido figurado.

6. **(1) funesto e irrevocable** (Síntesis) Las constantes alusiones a la muerte (amortaja, acecha, herida, flecha, adiós) evocan una sensación de lo fatal, lo funesto. El tiempo presente en que sucede el poema (hoy, sigo siendo) no permite que el destino cambie de dirección, que el poema se resuelva de otra forma, puesto que ya está sucediendo, lo cual da una sensación de irrevocabilidad. Las opciones (2) y (5) sugieren que el hablante se siente mal, sin embargo, el poema no expresa estos sentimientos. Las opciones (3) y (4) sugieren un tono despreocupado o poco serio que el poema no sustenta.

7. **(5) dejaré mi cuerpo** (Análisis) La opción (5) es la única que tiene sentido en el contexto de la muerte del hablante. Las demás opciones no están fundamentadas en el poema.

8. **(5) Sus últimas palabras...** (Aplicación) El título del poema parece aludir a la nota suicida, y el poema mismo describe la experiencia de la muerte, por lo que se puede asumir que los versos son las últimas palabras del hablante. La opción (1) sugiere el inicio de un cuento infantil, y por lo tanto es incorrecta. Las opciones (2) y (3) son demasiado formales para un poema en el que el hablante le va a revelar al lector la experiencia íntima de su propia muerte. La opción (4) sugiere que el tono del poema es humorístico, y es por lo tanto incorrecta.

9. **(3) un encuentro destinado** (Síntesis) La idea de una cita sugiere un encuentro con el destino, reforzada por palabras como "busca", y "acecha". Las palabras "amigo" y "reflejo" sugieren un encuentro pacífico, y no terrible, como expresa la opción (1). El último verso describe la noche como "negra y blanca", por lo que la opción (2) es incorrecta. No hay nada que sustente la opción (4). La opción (5) describe un detalle del poema, y no la opinión del hablante acerca de la muerte.

Lección 22
Enfoque en las destrezas de GED (pagina 183)
1. **b.** está obscureciendo

2. **b.** el cielo de la noche

3. **a.** Las palabras que estimulan el sentido del tacto son: *hundido, fríos, Tiembla, riza, cargados* y *sombrío; gritos* estimula el sentido del oído.

4. **a.** *Verdadero*: el "cielo hundido" (verso 6) representa la cúpula celeste.
   b. *Falso*: El paisaje del olivar está lleno de movimiento y actividad. (Los pájaros están recogidos para la noche en los árboles; se puede sentir cómo tiembla un junco y cómo se riza el aire junto al río).
   c. *Verdadero*: Las imágenes del río, los juncos y el aire evocan una sensación de quietud.
   d. *Falso*: El verso "los olivos están cargados / de gritos" (versos 12 y 13) simbolizan los truenos de la tormenta. (Los olivos están "cargados de

gritos" porque los pájaros se han refugiado en ellos para pasar la noche.

Práctica de GED (Páginas 184 y 185)
1. **(2) Los jóvenes tienen que aprender de los demás para crecer.** (Análisis) En los versos anteriores, el anciano le ha explicado al niño que la pera tiene un lado verde y otro podrido "por caerse del peral / sin que estuviera madura" y luego se afirma que lo mismo le puede suceder a los adolescentes que desatienden los consejos de sus padres. Las opciones (1), (3) y (4) son incorrectas porque no describen el significado de la frase. La opción (5) es incorrecta porque el texto expresa lo contrario.

2. **(1) una persona que no ha madurado del todo y ya no lo hará** (Análisis) La segunda parte del poema expresa la moraleja contenida en la escena narrada en la primera parte. Al adolescente que no se deja orientar por quienes saben más que él, le sucede como a la pera que no ha madurado ni lo hará ya. Las opciones (2), (3) y (4), sin ser falsas, son incompletas. La opción (5) es incorrecta porque no está respaldada por el texto.

3. **(2) porque se mueve con el reflejo del agua** (Comprensión) La hablante está contemplando el reflejo del cielo en el agua. El poema no identifica el reflejo del agua con los recuerdos, por lo que la opción (1) es incorrecta. Las opciones (3) y (4) no tienen fundamento en el poema. La hablante, que se compara a un sauce, se siente incapaz de seguir a la corriente, por lo que la opción (4) no es correcta.

4. **(3) Somos impotentes ante la separación de la muerte.** (Comprensión) De todas las opciones, ésta es la que mejor se ajusta a la imagen de una persona que se siente arraigada como un árbol, cuando su deseo es seguir a otra que, como un río, no puede desviarse de su cauce. Las opción (1) sugiere lo contrario a los deseos que expresa la poetisa. La opción (2) interpreta literalmente la condición del árbol y el río, sin tomar en cuenta los sentimientos que se describen. El poema habla de la imposibilidad de seguir al río, que representa la muerte; por lo tanto, las opciones (4) y (5) no son correctas.

5. **(1) el movimiento y la inmovilidad** (Síntesis) Todas las imágenes del poema apuntan hacia esta respuesta: el sauce no puede moverse, el río inevitablemente se desliza, no puede detenerse. El poema no contrasta las emociones del árbol y el río, sino su condición, por lo que las opciones (2) y (3) son incorrectas. Aunque la imagen del árbol que no puede seguir al río evoca la impotencia de la vida ante la muerte, el poema no se compara lo vivo y lo muerto, por lo que la opción (4) no es correcta. La opción (5) no se sustenta en el poema.

Prueba corta de GED (Páginas 186 y 187)
1. **(1) Es una joven rubia.** (Comprensión) En las dos últimas estrofas, se establece una comparación entre los panales "albos" o claros que destilan miel

"rubia" de la cera "amarilla" y el rostro de la joven, por lo que se sugiere que tiene la tez clara y el cabello rubio. Las opciones (2), (3) y (5) son incorrectas porque no hay referencias a trabajos ni a deportes. La opción (4) no está respaldada por el texto.

2. **(2) El rostro y las palabras de mi amada son un gusto para los sentidos.** (Comprensión) En la última estrofa, el hablante expresa que el rostro de la amada es tan bello como las rosas, y tan suave y sabroso como los manjares que ha citado antes; además, las palabras de la amada son tan dulces como la miel. La opción (1) no está respaldada por el texto. La opción (3) tampoco es correcta porque el hablante no se refiere al cuerpo de la amada. Las opciones (4) y (5) no están respaldadas por el texto.

3. **(1) Mis ojos son como espejos que reflejan la luz de mi amada.** (Análisis) En la primera estrofa el poema estimula el sentido de la vista, describiendo a la joven mediante imágenes visuales ("hermosas rosas", "guirnaldas bellas") y en la tercera, los panales y la miel sugieren no sólo la dulzura sino el color de la tez y el cabello. La frase podría reescribirse así: "cuando mi vista refleja la luz de su visión", que sugiere también una belleza deslumbrante. Las demás opciones no están respaldadas por el texto.

4. **(5) abrazar y besar a su amada** (Síntesis) El hablante se recrea en la descripción sensual de su enamorada, en lenguaje figurado, y el poema estimula los sentidos. No se expresa ningún deseo de acción, por lo que las opciones (1), (2) y (3) no están respaldadas por el texto. Tampoco la opción (4) es correcta, porque no es seguramente lo que más desea el hablante según el contenido del poema.

5. **(1) la dulzura de la amada** (Análisis) En el poema no se hace mención a esfuerzos ni trabajos, aparte del pasatiempo de tejer guirnaldas de rosas (primera estrofa), por lo que las opciones (3) y (4) son incorrectas. La opción (5) tampoco es correcta, porque el amor del hablante poético parece correspondido. La opción (2) ofrece un significado demasiado literal para ser correcta.

6. **(1) la vista, el olfato y el gusto** (Análisis) En la primera estrofa, las imágenes de las rosas estimulan la vista y el olfato ("olorosas"), y en la segunda, las de los manjares estimulan el gusto ("sabrosas"). Ni el oído ni el tacto se mencionan en el poema. Por tanto, las demás opciones son incorrectas.

7. **(5) sensual** (Síntesis) El hablante no parece rechazado, enojado ni angustiado, por lo que las opciones (1) y (3) son incorrectas. El poema celebra el gusto que le provoca su enamorada, lo que sugiere que su amor es correspondido. Las opciones

(2) y (4) no son correctas porque, sin ser falsas, ninguna es la que mejor describe el tono del poema en su totalidad.

8. **(2) disfruta de escuchar a la joven** (Análisis) En la penúltima estrofa, el hablante cuenta que sus sentidos de la vista y del gusto son "provocados" por su enamorada como la miel provoca al paladar. Como la dulzura de la miel se asocia al gusto, esas "palabras" que bebe el poeta de la boca de su amada, sugieren las palabras tiernas dichas entre enamorados. Las demás opciones no están respaldadas por el texto, por lo que son incorrectas.

Lección 23
Enfoque en las destrezas de GED (página 189)
1. **b.** evoca un sentimiento especial en la hablante poética.

2. Las palabras subrayadas deben ser: "paréceme, no sé por qué, una/criatura distinta. Más leve, más sutil,/más sensitiva."

3. A la isla.

4. **a.** son más ligeras que otros lugares

5. Las palabras encerradas en un círculo deben ser: "leve, hueco, viento, nube, palomas, ligeros, alas, lo menos firme, lo menos tierra.

Práctica de GED (Páginas 190 y 191)
1. **(4) lóbrego y fatal** (Análisis) Las palabras *grave*, *severo* y *odian* crean un ambiente sombrío, lóbrego, y dan la idea de una lucha tenaz, a muerte. Aunque los jugadores se pasan la noche jugando, no hay indicios de que tengan sueño, por lo que la opción (1) es incorrecta. La opción (2) es lo contrario de lo que expresa la estrofa. El ambiente es serio, pero no hay indicios de tristeza, por lo que la opción (3) no es la más adecuada. El odio de las piezas es simbólico, no hay violencia ni sangre, por lo que la opción (5) es incorrecta.

2. **(5) El juego sobrevivirá a los jugadores** (Análisis) Esta opción es la que mejor explica la magia del juego (verso 11). La opción (2) concluye que la descripción de las piezas es literal, cuando en realidad es figurada. El hablante no sugiere que sean las piezas las que controlan a los jugadores, por lo que la opción (3) no es correcta. Las piezas son parte de un rito, pero su magia consiste en ser intemporal, no en ser un ritual.

3. **(3) el juego se conoce en todo el mundo.** (Análisis). La estrofa habla del origen del ajedrez, y luego de su expansión. La opción (1) exagera el simbolismo del juego. El poeta compara al ajedrez con la vida, pero no dice que el ajedrez rija la vida. La opción (2) puede ser cierta, pero no es lo que expresan los versos citados. Es el juego el que recorre el mundo, no los jugadores, por lo que las opciones (4) y (5) no son correctas.

4. **(2) El mundo es semejante a un juego de ajedrez.** (Síntesis) De todas las opciones, esta es la más acertada. Aunque el poeta no dice qué es el "otro" juego, se puede deducir que se refiere a la permanencia del mundo, al mundo que continúa a pesar de que los individuos mueran. La opción (1) es sólo una parte de el tema que explora el poema. El hablante no habla sobre cómo se aprende el juego, por lo que la opción (3) no es correcta. La opción (4) no menciona el significado del juego, por lo que no es la mejor opción. La opción (5) exagera un detalle del poema.

5. **(5) El talento requiere estímulos.** (Aplicación) El hablante piensa que muchas veces, el genio, o talento, de una persona se queda inexplorado por falta de oportunidades. El poema no afirma que haya pocas o muchas personas talentosas, sólo que su número es desconocido; por lo tanto, las opciones (1) y (2) no son correctas. La opción (3) le da un sentido religioso a la imagen de Lázaro, cuando en realidad su sentido es figurado. El hablante no afirma que sea absolutamente necesaria la ayuda externa para desarrollar el talento, por lo que la opción (4) resulta exagerada.

6. **(3) el despertar artístico** (Análisis) Las palabras "Levántate y anda" se refieren al despertar. Aunque el talento puede ser de distintos tipos, la imagen del arpa sugiere el talento artístico. La opción (1) no alude al despertar, sino al posterior aprovechamiento del talento, tema que el poema no trata. La opción (2) interpreta de forma literal la imagen de Lázaro; el poeta la usa como una metáfora del despertar, no del sentimiento religioso. La muerte y la vida no se mencionan en el poema; la imagen de Lázaro resucitado representa un despertar, por lo que las opciones (4) y (5) no son correctas.

7. **(4) el arpa y el genio** (Síntesis) El poema describe al arpa abandonada para después compararla con el genio inexplorado de las personas. El pájaro se compara a las notas musicales, no al arpa, por lo que la opción (1) no es correcta. Aunque la última estrofa compara a Lázaro con el genio, esta no es la comparación más importante del poema, por lo que la opción (2) es incorrecta. Las demás opciones no representan elementos del poema entre los que haya una comparación.

Prueba corta de GED (Páginas 192 y 193)

1. **(4) tiene una silueta femenina** (Comprensión) El poema describe a la ceiba con "caderas curvas". El poema menciona que el árbol es "la mansión" de una deidad, no la deidad misma, por lo que la opción (1) no es correcta. No se menciona que el árbol tenga dueño, por lo que la opción (2) no es correcta. Aunque la ceiba es refugio tanto de niños como de animales, y puede tener un aspecto maternal, es su figura la que le da un aspecto femenino; las opciones (3) y (5) no son las más acertadas.

2. **(2) un árbol conocido y ancestral** (Análisis) La hablante conoce bien al árbol, que tanto niños como viejos aprecian; es un árbol familiar, conocido. El árbol también forma parte de varias leyendas antiguas, por lo que se le puede llamar ancestral. El poema no menciona que el árbol sea productivo, de modo que la opción (1) no es correcta. No hay nada que sustente la idea de que se trata de un árbol raro o extinto, por lo que las opciones (3) y (4) no son correctas. Aunque la ceiba aparece en dos leyendas, la opción (5) implica que el árbol no existe en la realidad, lo cual es falso.

3. **(1) es un árbol antiguo** (Comprensión) La imagen describe que el árbol existía al principio de los tiempos. Las opciones (2) y (3) pueden ser verdaderas, pero no son las más importantes en esta imagen. La opción (4) elabora sobre la imagen de el árbol que sostiene al cielo, pero no expresa su significado. La ceiba es real, aunque existan sobre ella cuentos y leyendas; por lo tanto, la opción (5) no es correcta.

4. **(4) asombrado y nostálgico** (Análisis) La hablante expresa asombro por la "ceiba prodigiosa" de los recuerdos de su infancia. El poema no sustenta las opciones (1), (2), (3) y (5).

5. **(3) al mirar hacia el pasado, la ceiba siempre está presente** (Análisis) Mirar hacia atrás o por encima del hombro es mirar hacia el pasado, donde la presencia de la ceiba es constante, "como si siempre hubiera estado allí" (verso 5). Las opciones (1) y (2) le dan un significado literal al verso, por lo que no son correctas. El poma no sustenta la opción (4). La opción (5) es una interpretación posible, pero en el contexto del poema no hay indicios de que la hablante sienta el árbol la sigue.

6. **(5) Está presente en sus recuerdos.** (Comprensión) El verso anterior (25) habla de sus recuerdos, a los que aluden también los "cuadernos de la infancia". Aunque la imagen de algo que se desborda sugiere un tamaño o importancia desmesurados, el lenguaje es figurado, no literal, por lo que la opción (1) no es correcta. Los "cuadernos de la infancia" representan el recuerdo, no la infancia en sí ni sus actividades infantiles, por lo que las opciones (2) y (4) no son correctas. Lo que se "desborda" no es agua, sino el recuerdo de la ceiba; la opción (3) no es correcta.

7. **(5) es la ceiba que vive desde siempre** (Comprensión) Esta es la única opción que expresa familiaridad con el árbol.

8. **(4) La ceiba un árbol de singular presencia.** (Síntesis) el poema es un homenaje al árbol que la hablante recuerda. Aunque el árbol era importante en la vida de la comunidad, no era un símbolo cultural, por lo que la opción (1) es incorrecta. La hablante no generaliza sobre la importancia de la naturaleza, por lo que la opción (2) es incorrecta. El poema está dedicado a el árbol particular que la hablante conoció; la opción (3) no es precisa. La opción (5) sugiere que el árbol poseía cualidades humanas, lo cual es falso.

9. **(5) la abuela** (Aplicación) La hablante se refiere al árbol en femenino, por lo que el personaje tendría que ser una mujer. El personaje tendría que ser una presencia fuerte en la infancia de la hablante, y representar de alguna forma un lazo con el pasado. Las demás opciones no cumplen estos requisitos.

10. **(4) los años pasados** (Análisis) La imagen sugiere que la ceiba permanece en el recuerdo por encima de los muchos años que han pasado. La opción (1) le da un significado literal al verso, por lo que no es la mejor opción. La imagen de yerbas altas no se identifica fácilmente con la infancia, por lo que la opción (2) es improbable. Las opciones (3) y (5) no están sustentadas en el poema.

Lección 24
Enfoque en las destrezas de GED (pagina 195)
1. **b.** la resistencia de las fuerzas de la naturaleza
2. **a.** Su amor es más firme que una roca.
3. **b.** Compara la dureza de la peña a la firmeza de su amor.
4. Deben incluirse tres de las siguientes: *resistencia, inmovilidad, constancia, paciencia, competencia, duro, firme.*

Práctica de GED (Páginas 196 y 197)
1. **(1) es diferente de su madre** (Comprensión) La hablante es diferente porque puede expresarse. Las opciones (2) y (3) son incorrectas; la hablante no define cómo se siente. La opción (4) no es correcta: aunque la hablante comparte mucho con su madre, no es igual a ella. No se puede deducir si la hablante recibió una educación universitaria, por tanto, la opción (5) es incorrecta.

2. **(4) reflexivo y sombrío** (Síntesis) La hablante reflexiona sobre el papel que ha jugado en su familia como poeta, y describe el ambiente sombrío en el que vivieron las mujeres en el pasado. La opción (1) exagera el aspecto sombrío del poema; no es la mejor opción. La hablante aborda el tema con una actitud seria, por lo que la opción (2) no es correcta. La hablante no siente amargura, por lo que la opción (3) no es correcta. La opción (5) considera que el poema es humorístico, lo cuál no es verdadero.

3. **(3) La poesía puede expresar el dolor de quienes sufren en silencio.** (Análisis) La hablante reflexiona sobre cómo le ha dado voz al sufrimiento silencioso de las mujeres del pasado. Las opciones (1) y (2) describen correctamente un detalle del poema, pero no su tema. La opción (4) no está basada en el poema. La opción (5) es una generalización que no se relaciona directamente con el poema.

4. **(1) El corazón puede sobrevivir el fin de un amor.** (Comprensión) Esta opción expresa mejor la idea central: que "el adiós", si tiene que llegar, sea menos significativo que el amor. La opción (2) describe lo opuesto. El primer verso expresa el deseo de sobrevivir el adiós, aunque se desea que el adiós nunca llegue; por tanto, la opción (3) no es la mejor respuesta. Aunque se pueden deducir del poema las opciones (4) y (5), ninguna de las dos expresa el tema del poema.

5. **(3) será necesario seguir adelante** (Análisis) La primavera representa el amor; olvidarla es la tarea necesaria para que el corazón continúe adelante. La opción (1) no expresa el significado de "primavera" que usa el poema. El hablante no considera que el amor sea reemplazable, sólo espera sobrevivir el adiós, por lo que la opción (4) no es correcta. La opción (5) exagera el sentido del verso.

Prueba corta de GED (Páginas 198 y 199)
1. **(1) El amor, aunque no se correspondido, es una pasión incontrolable.** (Comprensión) El poema gira en torno al tópico del amor, visto por un enamorado que sufre ("duelos, "dolencia", "ningún remedio", "me matan") por una pasión que, aunque analiza, no logra controlar ("recelo/morir deste mal"). La opción (2) es incorrecta porque, sin ser falsa, expresa únicamente parte del poema en su conjunto. Las opciones (3), (4) y (5) no están respaldadas por el texto.

2. **(2) el amor y el desamor** (Síntesis) En cada estrofa del poema se contrasta el análisis que hace el hablante del amor que siente (primeros seis versos de cada estrofa) con una síntesis, cuya conclusión es negativa. Aunque la ausencia de la amada pone a prueba su paciencia (primera estrofa), la ausencia y la presencia no son las ideas que se contrastan más claramente, por lo que la opción (1) es incorrecta. Las opciones (3), (4) y (5) no están respaldadas por el texto.

3. **(2) La vida seguirá su curso.** (Análisis) Todo el poema apunta hacia esta interpretación. Los pájaros simbolizan lo cotidiano, lo que sigue igual todos los días. Las opciones (1) y (3) describen opiniones que no se encuentran en el poema. El poema no menciona de qué tipo de pájaros se trata, por lo que la opción (4) no responde a la pregunta. El hablante no expresa el deseo de llevarse o no los pájaros, por lo que la opción (5) no es correcta.

4. **(4) El espíritu permanece aunque el cuerpo muera.** (Análisis) El hablante afirma que se irá, pero su espíritu se quedará en el lugar amado. El sentido de la palabra "errará" es "paseará"; no hay razón para que se sienta perdido en un lugar que conoce bien, por lo que la opción (1) no es correcta. El espíritu se sentirá nostálgico, pero el significado de la imagen va más allá de este sentimiento, por lo que la opción (2) no es la mejor. La opción (3) no expresa qué parte del hablante se tendrá que ir del huerto, por lo tanto no es correcta. El hablante no se refiere a la memoria o al olvido, por lo tanto la opción (5) no es correcta.

5. **(1) Dan una impresión de continuidad.** (Análisis) Los versos describen las cosas que pasarán cuando el hablante se haya ido, la continuidad de la vida sin su presencia. La opción (2) es lo contrario a lo que expresa el poema. La función de la conjunción "y" no es enumerar, sino continuar hablando del mismo tema. No hay una impresión de prisa, por lo que la opción (4) no es correcta. La conjunción "y" aparece al principio de los versos, por lo que su función no es unir una oración con la siguiente; la opción (5) no es correcta.

6. (3) El mundo permanece, los individuos pasan. (Comprensión) El hablante menciona cómo "el pueblo se hará nuevo cada año" (verso 9), porque él y los demás morirán, y el pueblo será habitado por otras personas. Las opciones (1) y (3) describen opiniones que no se encuentran en el poema. La opción (4) no se basa en el poema. La opción (5) puede deducirse del poema, pero no expresa su idea principal.

Unidad 3 Repaso acumulativo
(Páginas 200 a 206)

1. (4) Todos los versos tienen rima completa, es un patrón regular. (Análisis) El patrón de cada estrofa es regular (endecasílabo), la última palabra de cada verso rima con la de otro verso. Se alternan distintas rimas a lo largo del poema, por lo que la opción (1) no es correcta. La rima no repite palabras iguales (*lejos, espejos, vencejos, viejos*) por lo que la opción (2) no es correcta. Todas las palabras que riman coinciden en las mismas letras; la rima no es parcial, por lo que las opciones (3) y (5) no son correctas.

2. (5) la vejez (Comprensión) El verso 1, "Miro hacia atrás hacia los años" indica que el hablante no es joven; "ya son buen vino mis viñedos viejos" (verso 8) indica que es viejo. Las demás opciones no tienen base en el poema.

3. (3) pausada y seria (Aplicación) El tema de la vida que se acaba es una reflexión tranquila y seria. El hablante no se siente triste, ni ve la muerte con dramatismo, por lo que la opción (1) no es correcta. Las demás opciones no expresan sentimientos del poema, por lo tanto no serían un buen acompañamiento musical.

4. (1) Representa la lejanía de su niñez. (Análisis) Las aves que vuelan alrededor de la torre representan los recuerdos aún vivos de la infancia, la imagen sugiere la lejanía de la niñez. La función principal de la imagen es dar una sensación de distancia; no se sugiere, como en la opción (2), que la vida sea semejante a las torres. No hay contraste sino afinidad entre las aves que vuelan a lo lejos y la altura de las torres, por lo que la opción (3) no es correcta. Las torres no se relacionan con la muerte, por lo que la opción (4) es incorrecta. Las torres y los viñedos recuerdan un paisaje antiguo, pero no es ésa su principal función; la opción (5) no es correcta.

5. (3) ojos (Análisis) El hablante está mirando hacia el pasado, por lo que el significado más probable de "espejos" son sus ojos. Las visiones o fotografías son en todo caso lo que los ojos ven, no lo que realiza la acción de mirar, por lo que las opciones (1) y (2) no son correctas. No se mencionan lagos en el poema, por lo que la opción (4) no es correcta Los recuerdos son la "vaga imagen" (verso 4), no los "espejos", por lo que la opción (5) no es correcta.

6. (3) al tiempo de vida que le queda al poeta (Comprensión) En el verso 12 el poema menciona el futuro; el poeta ya es viejo, por lo que ve el tiempo que le resta de vida como "más difícil, más frágil, más escaso". Las demás opciones no tienen fundamento en el poema.

7. (4) de tener conciencia (Comprensión) Tanto el árbol como la piedra carecen de conciencia. La piedra no tiene sentimientos, pero el árbol sí, por lo que la opción (1) no es la mejor. El hablante no dice que se libren de la muerte, sino de tener conciencia de ella; la opción (2) no es correcta. La opción (3) no está basada en el poema. El poema dice que el árbol "es apenas sensitivo" (verso 1), que no es lo mismo que no tener sentimientos, por lo que la opción (5) no es correcta.

8. (2) la filosofía (Aplicación) El hablante expresa las contradicciones de la condición humana, que son parte del campo de estudio de la filosofía. Aunque habla de plantas y piedras, el hablante no se interesa en ellas sino para compararlas con el ser humano, por lo que las opciones (1) y (4) no son probables. El hablante está preocupado por la conciencia humana, pero no expresa interés en la religión, por lo que la opción (3) no es correcta. No hay nada que indique que el hablante está interesado en la lingüística, por lo que la opción (5) es incorrecta.

9. (4) la vida y la muerte (Análisis) La comparación expresa el tema del poema: la conciencia de la muerte durante la vida. El poema no habla de la dualidad cuerpo y alma, sino de la vida y la muerte, por lo que la opción (1) es incorrecta. La opción (2) interpreta las imágenes de forma literal y no figurada, por lo que no es correcta. Las opciones (3) y (5) incluyen imágenes que no se describen en el poema; no son correctas.

10. (2) La conciencia de la muerte es el dolor más grande de la vida. (Síntesis) De todas las opciones, ésta expresa mejor el tema del poema. La opción (1) puede deducirse del poema, pero no es su tema principal. El poema no afirma que sólo haya sufrimiento en la vida, por lo que la opción (3) no es correcta. El hablante no se queja de la duración de la vida, sino de la certeza de la muerte, por lo que la opción (4) no es correcta. La opción (5) contradice la actitud del hablante, que no puede sino pensar en la muerte; por lo tanto no es correcta.

11. (3) una casa cerrada (Comprensión) La poetisa usa la imagen "una casa/ de techo altivo y puerta con cerrojo" para evocar el sentimiento de dolor y duelo no compartido. Aunque se refiere a la mezcla de perfumes que, como el polvo, "busca posarse en los rincones", el dolor no se compara directamente con una casa llena de polvo, por lo que la opción (1) es incorrecta. Tampoco es correcta la opción (5): en la casa hay una ventana, pero el dolor no se compara con una ventana. Las opciones (2) y (4) no están respaldadas por el texto.

12. (1) Tu tristeza se alimenta de recuerdos.
(Análisis) Esta respuesta se deduce del contexto. Las "voces de otros tiempos" se alimentan del dolor y el dolor tiene hambre de la persona que sufre. Las opciones (2) y (3) son incorrectas. Aunque es posible que la opción (4) sea cierta, no explica el sentido de los versos. La opción (5) no está respaldada por el texto.

13. (4) a un recién nacido a quien amas (Síntesis)
La persona está encerrado en una situación de dolor, representada por la imagen de la casa cerrada. El dolor se compara directamente con un recién nacido "hambriento" y "exigente" (líneas 15 y 16) a quien se ama y cuida. La opción (1) es incorrecta porque va más allá de lo que dice el texto. La opción (2) está incompleta. Las opciones (3) y (5) no están respaldadas por el texto.

14. (5) la posibilidad de dejar de sentir dolor
(Análisis) En la segunda parte del poema, se deduce que la persona no puede o no quiere abandonar el dolor (cierra la puerta), y que la posibilidad de hacerlo le causa temor, porque así se siente seguro. La opción (1) no explica el símbolo. Las opciones (2) y (3) son demasiado literales y no están respaldadas por el texto. La opción (4) no explica el símbolo.

15. (3) el niño, el poeta adulto y el cielo (Síntesis)
La diferencia entre la inocencia del niño y la pesadumbre del adulto representa al tiempo; el cielo es el espacio. La pompa de jabón es la ilusión; las opciones (1), (2), y (5) son incorrectas. La opción (4) describe dos elementos equivalentes, por lo tanto, no pueden representar el tiempo y el espacio. El lirio es la mano del niño, que deja volar la pompa de jabón hacia el cielo.

16. (4) la inocencia y el desengaño (Análisis) El poema compara las formas en que el niño y el poeta perciben la pompa de jabón: con inocencia y con desconfianza. Las opciones (1), (2), (3) y (5) no contrastan al niño y al hablante claramente.

17. (5) la ilusión (Análisis) La línea 7 explica este significado. Las opciones (1) y (3) no son correctas (describen los sentimientos del poeta respecto a la pompa de jabón: la ilusión). La dulzura del niño está en la confianza con la que deja ir la pompa de jabón, no en la pompa misma, por tanto, la opción (2) no es correcta. La opción (4) describe la percepción del poeta del cielo.

18. (3) una canción (Síntesis) Los versos que se repiten son como el estribillo de una canción.

19. (3) Son pareja (Comprensión) Ni la universidad ni el trabajo se mencionan, por lo que las opciones (1) y (2) son incorrectas. Se expresan las emociones y fantasías de la mujer, que está despierta junto a un hombra dormido y misterioso, pero no desconocido. La mujer revela haber "dormido bastante" junto a ese él. Por tanto, la opción (4) es incorrecta. La opción (5) tampoco es correcta porque son algo más que compañeros de juegos.

20. (1) serenidad con dudas (Síntesis) Las suposiciones de la mujer ("Quizá... Quizá...") y el penúltimo verso ("Mas no importa. No pido

ninguna variación.") indican un estado de ánimo o clima emocional interrogante, dubitativo, pero tranquilo. Las opciones (2) y (3) no están respaldadas por el texto. La poetisa no revela gran tristeza ni alegría, por lo que las opciones (4) y (5) son incorrectas.

21. (2) Su cercanía hace que me pregunte muchas cosas y por eso no duermo.
(Comprensión) La mujer está despierta junto a su pareja dormida, deseando adivinar sus sueños, pero aceptando que quizá nunca logrará hacerlo, y que quizá tampoco nunca logrará saber lo que él espera de ella. La opción (1) no es correcta, ya que él está dormido. Las opciones (3), (4) y (5) no están respaldadas por el texto.

22. (5) La piel del vientre de la mujer (Análisis) La pareja está junta físicamente y él, dormido, apoya la mano en la piel de un "tambor", que en el contexto puede ser el vientre de su compañera. Aunque la mujer se hace preguntas sobre él, no hay mención de infidelidades ni sentimientos de celos. Por tanto, la opción (1) es incorrecta. La opción (2), no está respaldada por el texto. Las opciones (3) y (4) van más allá de lo que dice el poema.

23. (2) Él es un ángel para ella, por lo que en comparación, ella siente que su vida es como un paso de hormiga (Análisis) Ante un ser que ella considera un ángel, la mujer es muy consciente de su pequeñez, aunque no en un sentido físico. Las opciones (1) y (5) son es incorrectas porque no están respaldadas por el texto. La opción (3) va más allá de lo que dice el poema. La opción (4) no aclara la comparación.

24. (2) Ella ha tenido otras parejas humanas.
(Análisis) El "agua" (líneas 7 y 8) puede simbolizar la memoria. La mujer está rememorando otras relaciones y otras parejas, "todas las que mis ojos vieron". La opción (1) es incorrecta. No hay mención de otros ángeles, por lo que la opción (3) es incorrecta. La opción (4) va más allá de lo que dice el poema y es irrelevante. La opción (5) no está respaldada por el texto.

25. (2) su sueño es una huida del presente donde ella lo contempla (Análisis) Desde el punto de vista de la mujer, ésta es la opción correcta y la que mejor expresa sus sentimientos. Las demás opciones no están respaldadas por el texto.

26. (3) En la vida hay situaciones maravillosas y se encuentran seres extraordinarios.
(Aplicación) En la primera estrofa, nada indica que la mujer esté decepcionada ni por los hombres ni por el amor, aunque sea consciente de las diferencias que la separan. Por tanto, las opciones (4) y (5) son incorrectas. Aunque el final del poema es imprevisible para el lector, las opciones (1) y (2) son incorrectas porque son incompletas.

27. (1) primero, contemplación; luego, soledad; luego, curiosidad y finalmente conformidad y sosiego (Síntesis) Dentro del clima emocional de serenidad con dudas, se distinguen cuatro etapas. En las líneas 1 a 8, predomina la contemplación, como forma de conocer al hombre dormido. La hablante está despierta mientras su pareja y el mundo duermen ("Duerme la noche obediente y plena en los balcones"). En los dos versos siguientes ("Él huye en la voz que nos nombra / de la noche que ocurre") se reafirma la soledad. Antes de la aceptación final ("No pido ninguna variación"), se plantea preguntas ("Quizá... Quizá..."). Las opciones (2), (3), (4) y (5) son incorrectas porque la hablante no expresa indiferencia, miedo, desesperación ni indignación.

28. **(5) El ritmo es constante y todos los versos riman.** (Análisis) Esta opción describe correctamente la rima y ritmo del poema. Todas las rimas son completas por lo la opción (1) no es correcta. La opción (2) no dice nada sobre el ritmo. La opción (3) no describe la rima y ritmo de este poema. La opción (4) describe correctamente el ritmo, no.

29. **(2) los mismos sentimientos en épocas distintas** (Análisis) El poema compara el "viejo anhelo" y el "igual desvelo" en nuevos días y noches. Se menciona el día y la noche, pero no se contrastan, la opción (1). La opción (3) es lo contrario a lo que el poema describe. El poema menciona el anhelo y el desvelo, pero no los contrasta, opción (4). El hombre antiguo y el moderno no son los elementos que se contrastan, opción (5).

30. **(1) La experiencia humana se repite.** (Síntesis) El poema afirma que todo lo que vivimos ha sido vivido antes, "Todo lo que dice algo ya está dicho" (verso 12), y lo ilustra con escenas de la historia antigua y moderna. El poema sólo afirma que no hay que tener expectativas de encontrar experiencias nuevas, no que no haya que buscarlas o vivirlas, por lo que la opción (2) no es correcta. La opción (3) describe un detalle del poema, pero no su tema. La opción (4) generaliza demasiado: el poema no afirma que todos tengamos las mismas preocupaciones, por lo que la opción (5) no es correcta. El poema dice que no es posible expresar algo nuevo, no que las canciones no expresen la experiencia humana, por lo que la opción (5) no es correcta.

UNIDAD 4: ENTENDER LAS OBRAS DRAMÁTICAS
Lección 25
Enfoque en las destrezas de GED (Página 211)
1. **b.** Es el cumpleaños de Minnie.

2. Sophie y Frank.

3. **a.** El regalo de cumpleaños de Minnie es una parcela de tierra.

Práctica de GED (Páginas 212 y 213)
1. **(4) Chick criticará el juguete.** (Aplicación) Chick critica mucho el vestido de lunares que Lenny le regaló a Peekay, por lo tanto es probable que critique cualquier otro regalo también. El pasaje no da mucha información sobre Peekay, de modo que la opción (1) es improbable. Las opciones

(2) y (3) son más probables que describen mejor el comportamiento de Chick que el de Lenny. No hay prueba de que Chick sea cruel con Peekay, de modo que la opción (5) es incorrecta.

2. **(1) Si no puedes ser amable, entonces sé cortés.** (Aplicación) Lenny parece ofendida por los comentarios crueles de Chick, pero no deja de ser cortés. No es honesta respecto a sus sentimientos, opción (2). Aunque no está emocionada con el regalo de Chick, la opción (3) no corresponde al pasaje; tampoco corresponden las opciones (4) y (5).

3. **(4) para describir a Chick como desconsiderada** (Análisis) Lenny está "apesadumbrada" con los comentarios de Chick, que demuestran que su comportamiento es desconsiderado. No hay prueba en el diálogo que muestre la desilusión de Peekay, por lo tanto la opción (1) es incorrecta. Es posible que Chick sea detallista, pero ésta no es la razón por la que muestra las fallas del vestido de lunares, por la tanto, la opción (2) es incorrecta. Si algo puede decirse es que Lenny tuvo mal gusto a pesar de sus esfuerzos, de modo que la opción (3) es incorrecta. No hay razón que muestre el interés de Chick por hacer alarde de su conocimiento sobre las telas, por lo tanto la opción (5) es incorrecta.

4. **(3) Suele decir lo que los demás quieren que diga.** (Comprensión) La opción (3) es correcta porque Lenny por lo general repite lo que Chick acaba de decir. La opción (1) es la opuesta de la (3). Lenny dice que los caramelos son un lindo regalo, no que los prefiera por encima de cualquier otra cosa, lo que descarta la opción (2). No hay pruebas en el pasaje que apoyen las opciones (4) y (5).

5. **(4) tiene recursos y es decidida** (Comprensión) Nora no es humilde y obediente, opción (1); ni histérica, opción (2), ni maldita, opción (3). Aunque es posible que tenga arranques impulsivos, opción (5), su determinación y sus recursos son sus cualidades más sobresalientes.

6. **(2) de secreto** (Síntesis) Ambas entablan una conversación sobre los secretos que Nora no comparte con su marido. La Sra. Linde parece incómoda y Nora parece preocupada sobre su marido, pero ninguna está especialmente asustada; por lo tanto la opción (1) es incorrecta. Nora tiene la esperanza de poder cambiar las cosas, por lo que la opción (3) es incorrecta. La gravedad de la situación indica que las opciones (4) y (5) no son correcta.

7. **(5) insistir que su amiga sea franca** (Aplicación) La Sra. Linde quiere asegurarse de que Nora toma una decisión razonable y honesta. Querría que una amiga que enfrenta una situación similar también sea franca. No reacciona ofendiéndose por la situación planteada en el pasaje, de modo que la opción (1) es incorrecta. Tampoco ofrece ayuda, opción (2); sólo expresa falta de comprensión. No hay pruebas en el diálogo que apoyen las opciones (3) ó (4).

8. **(2) Quiere hacer lo que es mejor para la salud de su marido.** (Comprensión) Nora le dice a la Sra. Linde que ésta es la forma de salvar la vida de su marido. La opción (1) es una manera en que Nora trata de llevarlo al sur, pero no es la verdadera razón del viaje. No hay pruebas en el pasaje que apoyen las opciones (3), (4) y (5).

Prueba corta de GED (Páginas 214 y 215)

1. **(4) razonable y firme** (Comprensión) Karen hace lo posible por razonar con Mary, pero también es firme con ella. No es estricta como indica la opción (1); ni dura, según la opción (2), ni es intimidada fácilmente, como indica la opción (5). Tampoco tiene una actitud demasiado permisiva, indulgente hacia la niña, según la opción (3).

2. **(5) solapada y no cooperativa** (Comprensión) Las lágrimas y berrinches de Mary, sus amenazas y negativa nos dicen que es difícil de controlar. Es posible que sea también solitaria e incomprendida, como lo indica la opción (1), pero no son ésos sus principales rasgos. No hay pruebas en el pasaje para apoyar las opciones (2), (3) y (4).

3. **(1) pondría excusas al entregar un trabajo tarde** (Aplicación) Mary no quiere hacerse responsable de sus actos, por lo tanto como trabajadora quizás ponga excusas o quiera culpar a los demás. No hay pruebas de que Mary sea tímida con los demás, de modo que la opción (2) es incorrecta. Parece triste, pero no dice nada sobre abandonar la escuela; por lo tanto, no hay prueba suficiente para llegar a la conclusión de que dejaría el empleo de inmediato, según la opción (3). No parece tener éxito ni ser una buena comunicadora; por lo tanto, las opciones (4) y (5) son incorrectas.

4. **(3) tenso** (Síntesis) El choque de voluntades entre Mary y Karen llena esta escena de conflictos. No hay pruebas que apoyen las opciones (1), (2), (4) o (5).

5. **(3) Mary trata de manipular a Karen.** (Análisis) Mary trata de manipular a Karen cuando finge una enfermedad y amenaza contarle a su abuela si Karen insiste en castigarla. Karen es franca sobre lo que piensa y siente por Mary, por lo tanto la opción (1) es incorrecta. A Mary le interesa la opinión de Karen, aunque más no fuera porque Karen tiene autoridad para castigarla. De manera que se puede descartar la opción (2). Mary y Karen no tratan de ganarse el afecto mutuo, más bien, intentan resolver un conflicto; por lo tanto, la opción (4) es incorrecta. Es posible que a Mary le moleste lo que Karen dice, pero no hay pruebas en el pasaje que indiquen la falta de confianza de Karen; por lo tanto, la opción (5) es incorrecta.

6. **(1) Mary no se avergüenza de mentir.** (Análisis) Karen da a entender que Mary tiene el hábito de mentir; por lo tanto, es probable que Mary esté mintiendo en este pasaje. Mirar directamente a alguien mientras miente indica que no le da vergüenza. La opción (2) es incorrecta porque Karen tiene motivos para acusar a Mary. Mary no trata de tranquilizar a Karen, como lo indica la opción (3); tampoco trata de comunicar sus ideas más claramente, según la opción (4). No hay prueba en el pasaje que apoye la opción (5).

7. **(3) No le gusta lo que le dijo Karen.** (Análisis) Mary está molesta porque Karen la castigó y entonces cae tan aparatosamente al piso para expresarse. Si bien Mary parece caerse como una manera de reaccionar frente a las palabras de Karen, parece poco probable que realmente se haya desmayado; por lo tanto, la opción (1) es incorrecta. La aparición del dolor de Mary, que señala tan vagamente, parece demasiado coincidente para ser auténtico, por lo tanto la opción (2) es incorrecta. No hay pruebas en el pasaje que apoyen las opciones (4) o (5).

8. **(3) le daría a Mary un castigo sumamente duro** (Aplicación) Los comentarios de la Sra. Mortar (línea 39) sobre cómo trataría a Mary indica que es menos paciente que Karen frente a la mala conducta de Mary, por lo tanto las opciones (1), (2) y (4) son incorrectas. No hay pruebas en el pasaje que apoyen la opción (5).

9. **(1) A Karen no le interesan las opiniones de la Sra. Mortar.** (Análisis) Las acotaciones demuestran que Karen ignora a la Sra. Mortar. Esto implica que a Karen no le interesan las opiniones de la Sra. Mortar. El hecho de que Karen la ignore abiertamente demuestra que las dos mujeres no son amigas íntimas, según la opción (2). También demuestra que Karen no se cuida de herir los sentimientos de la Sra. Mortar, como lo indica la opción (3), ni que tampoco la respeta (opción 4). No hay prueba en el pasaje que apoye la opción (5).

10. **(3) hacerse la enferma para que se compadezcan de ella** (Aplicación) Mary utiliza la táctica de aparentar estar enferma en el pasaje; por lo tanto, ésta es la mejor opción. Mary no ruega, no dice la verdad, no muestra afectos ni trata de negociar; manipular y amenazar. Por lo tanto, el pasaje no apoya las demás opciones.

11. **(4) esperar que Mary decida levantarse** (Análisis) Karen no parece preocupada cuando Mary le dice que se siente mal, de manera que las opciones (1), (2) y (5) son improbables. La opción (3) es incorrecta porque Karen ignora a la Sra. Mortar antes en este pasaje.

Lección 26
Enfoque en las destrezas de GED (Página 217)

1. Leticia.

2. Las respuestas posibles son las siguientes:
   No cree en la caza de ciervos.
   Alejo es su amigo.
   Orlando piensa que está loca.

Ella piensa que el ciervo es bello.
Ella se pararía en el trayecto de las balas para evitar que un cazador mate a un ciervo.

3. Él es un teniente comandante y está vestido con uniforme del ejército.

4. **d.** un hombre autoritario, seguro

Práctica de GED (Página 218 y 219)

1. **(2) Es una persona muy tímida.** (Comprensión) La instructora de mecanografía se refiere a Laura como "muy tímida" (línea 38), lo que significa que la opción (2) es la respuesta correcta. No hay pruebas en el pasaje que apoyen las opciones (1) o (4). Laura no dice ninguna afirmación en un tono de enojo, en consecuencia, la opción (3) es incorrecta. Laura trata de descubrir por qué su madre está disgustada; no intenta cambiar el tema, opción (5).

2. **(2) Quiere producir un efecto dramático.** (Comprensión) Amanda está actuando como si algo terrible hubiera sucedido para lograr que Laura le preste atención. Como no dice cuál es el problema, hace que la situación parezca más dramática de lo que realmente es. No se menciona el dinero de la enseñanza, de modo que la opción (1) es incorrecta. Las opciones (3) y (5) son incorrectas porque ella está tratando de que Laura se sienta incómoda. La opción (4) es incorrecta debido a que el incidente no es realmente trágico.

3. **(4) Amanda hace una pausa mientras piensa qué va a decir a continuación** (Análisis) De acuerdo con el contexto del pasaje, las acotaciones indican que Amanda está disgustada y al borde de no encontrar palabras para expresar su enojo. Las acotaciones se refieren al comportamiento de Amanda; por lo tanto, la opción (1) es incorrecta. La opción (2) es incorrecta porque Amanda vuelve a hablar inmediatamente después de las pausas. El pasaje no apoya las opciones (3) y (5).

4. **(5) distraída** (Análisis) La Hermana Mary Agnes se olvida del cuento que está narrando, no encuentra sus anteojos y se equivoca con los nombres de las estudiantes. No hay pruebas en el pasaje que apoyen las opciones (1), (2) ó (4). Si bien puede ser optimista, opción (3), éste no es el enfoque principal en el pasaje.

5. **(3) ropa planchada y limpia** (Aplicación) A la hermana Mary Agnes le molestan los flequillos largos de María Teresa que le ocultan su rostro. También relata un cuento tenebroso sobre alguien que no se lavaba la cabeza. Esto indica que le preocupa bastante la higiene y la limpieza. No hay pruebas en el pasaje que apoyen las opciones (1), (4) ó (5). El cuento que narra indica lo poco que le interesa la moda; en consecuencia, la opción (2) es incorrecta.

6. **(1) despreocupado** (Síntesis) Se ha creado un clima humorístico, despreocupado porque la hermana Mary Agnes ignora placenteramente la

actitud sarcástica e impaciente de las estudiantes. Hay cierta tensión, según la opción (2), pero no es el clima general. No hay pruebas en el pasaje que apoyen las opciones (3), (4) ó (5).

7. **(4) cambiar de clases** (Comprensión) María Teresa responde a su maestra con cierta impaciencia y falta de respeto; quiere continuar con la siguiente actividad, su próxima clase. María Teresa no muestra interés alguno en un peinado nuevo, según la opción (1), ni en ganarse el afecto de su maestra, según la opción (2). Si bien es posible que quiera ser aceptada por sus compañeras, éste no es el enfoque principal del pasaje, según la opción (3). No hay pruebas en el pasaje que apoyen la opción (5).

8. **(3) para lograr que María Teresa se corte el pelo** (Análisis) No hay pruebas que apoyen la opción (1). Si bien es posible que el cuento del peinado sea entretenido para la clase, ésta no es la intención principal de la hermana, según la opción (2). No hay pruebas en el pasaje que describan a la hermana como mezquina o enojada, de modo que la opción (4) es incorrecta. La cuestión del cuento del peinado es para convencer a María Teresa, no para hacer algo con los pocos minutos que quedan de la clase, según la opción (5).

Prueba corta de GED (Páginas 220 y 221)

1. **(4) de no hacer sus tareas** (Comprensión) Troy piensa que el fútbol alejará a Corey de sus responsabilidades. No hay pruebas en el pasaje que apoyen las opciones (1) y (3). Es Troy quien se niega a hablar con el reclutador, de modo que la opción (2) es incorrecta. La opción (5) es incorrecta porque Corey redujo sus horas de trabajo en A&P.

2. **(3) Troy se opone a la decisión de Corey de jugar al fútbol.** (Comprensión) Troy plantea una serie de argumentos para tratar de que Corey cambie de idea; en consecuencia, las opciones (1) y (2) son incorrectas. No hay pruebas en el pasaje que apoyen la opción (4). La opción (5) es incorrecta porque Troy no le pide a Corey que deje la escuela.

3. **(2) ir a la universidad** (Comprensión) Corey dice que quiere jugar al fútbol porque es una oportunidad para ir a la universidad. Las opciones (1) y (5) son deseos de Troy, no de Corey. No hay pruebas en el pasaje que apoyen la opción (3). Si bien la opción (4) puede ser correcta, no hay evidencia en el pasaje que apoye esta opción.

4. **(5) tenso y no armonioso** (Síntesis) El conflicto entre Troy y Corey sobre el fútbol y el trabajo de Corey produce un clima de tensión. No hay pruebas en el pasaje que apoyen las opciones (1) y (3), de modo que son incorrectas. Aunque podría haber elementos de las opciones (2) y (4), cada una de ellas exagera el clima general.

5. **(5) Corey tratará de razonar con Troy.** (Aplicación) A lo largo del pasaje, Corey trata de razonar con su padre. No hay pruebas en el pasaje

que indique la madre de Corey tendrá una participación posterior, según la opción (1). El Sr. Stawicki prepara con Corey un nuevo horario de trabajo y nada indica que no esté contento con el trabajo de Corey, según la opción (2). Corey no ha demostrado que quiera fastidiar a su padre, según la opción (3). Troy no da indicios de que cambiará de opinión, según la opción (4).

6. **(2) Corey** (Comprensión) Es Corey quien enfrenta el principal dilema de seguir los deseos del padre o no tenerlos en cuenta. El Sr. Stawicki, según la opción (1); El entrenador de Corey, la opción (3); y la madre de Corey, la opción (4), son personajes secundarios que no aparecen directamente en este pasaje. Aunque Troy, la opción (5) tiene un papel importante, es Corey quien tiene que resolver el problema principal.

7. **(4) Troy ha sido tratado injustamente en el pasado y está dando una advertencia a Corey.** (Análisis) La referencia al "ese blanco" implica una preocupación racial que sugiere que Troy es consciente de un tratamiento injusto. Troy quiere que Corey continúe con su trabajo en A&P, pero no hay un verdadero indicio de que Troy mentiría ó manipularía para que Corey siga con su trabajo; por lo tanto, la opción (1) es incorrecta. No hay pruebas en el pasaje que apoyen las opciones (2), (3) o (5).

8. **(5) Buscar un beneficio inmediato puede tener consecuencias costosas más adelante.** (Análisis) Troy cree que el trabajo constante en A&P es la opción correcta y no parece creer que su hijo logrará algo con el fútbol. Está ignorando el hecho de que el fútbol podría ser el pasaporte de Corey para acceder a la universidad y a un futuro brillante; está pensando en el beneficio económico a corto plazo e ignorando los beneficios a largo plazo. No hay pruebas en el pasaje que indiquen que el interés principal de Troy sea evitar malcriar a Corey, según la opción (1). Troy no parece guiar a Corey. En su lugar, Corey parece que quiere tomar sus propias decisiones; en consecuencia, la opción (2) es incorrecta. Troy quiere que Corey sea obediente, pero no necesariamente llevar la misma vida que él; por lo tanto, la opción (3) es incorrecta. No hay pruebas en el pasaje que apoyen la opción (4).

9. **(3) para que Corey tenga un trabajo que nadie se lo saque.** (Análisis) Troy dice en las líneas 29 y 39 que quiere que Corey tenga un oficio o trabajo que nadie se pueda quitar. No hay pruebas en el pasaje que apoyen las opciones (1) ó (5). Troy quiere que Corey haga sus tareas, trabaje ó no en A&P, de modo que la opción (2) es incorrecta. Troy aprueba la universidad pero no quiere que Corey vaya a la universidad por el fútbol, particularmente porque esto significa abandonar un trabajo seguro en A&P; en consecuencia, la opción (4) es incorrecta.

10. **(5) colaborador** (Análisis) El Sr. Stawicki está de acuerdo en cambiar el horario de Corey para que no se superponga con el de fútbol. En consecuencia, las opciones (2) y (4) son incorrectas. No hay pruebas que apoyen las opciones (1) ó (3).

Lección 27
Enfoque en las destrezas de GED (Página 223)
1. **b.** quiere expresar duda sobre la conducta de otro
   c. tiene la determinación de impedir que alguien haga algo
   a. espera convencer a alguien para que comparta su punto de vista

2. **a.** Quiere ocultarle exactamente lo caro que costó el flamenco.
   c. Quiere demostrarle que el flamenco valía el precio que pagó por él.

Práctica de GED (Páginas 224 y 225)
1. **(2) No quiere que Annie se vaya.** (Análisis) Kate quiere lograr que Annie se quede. Al señalar que Helen dobló una servilleta, está tratando de demostrarle a Annie que Helen puede aprender. Kate adora a Helen y ve lo bueno que hay en ella, por lo que las opciones (1) y (5) son incorrectas. La opción (3) es incorrecta porque no hay indicio de que Kate se ocupe de Helen. No hay pruebas en el pasaje que apoyen la opción (4).

2. **(1) no predispuesta** (Análisis) Las primeras líneas del pasaje revelan los problemas que Annie está teniendo con Helen. No hay pruebas en el pasaje que apoyen las opciones (2) y (5). Las opciones (3) y (4) describen lo opuesto del comportamiento de Helen.

3. **(1) "Creo que todos aquí hacen lo mismo". (línea 11)** (Comprensión) Esta línea se refiere a que todo el mundo subestima a Helen y sus capacidades. La opción (2) es incorrecta porque se refiere al cambio negativo en Helen debido a su enfermedad. Las opciones (3), (4) y (5) no se refieren a si la actitud de Helen tiene o no solución; son detalles de la conversación.

4. **(3) Hay que enseñarles, no tenerles lástima.** (Aplicación) Annie dice que la compasión interfiere con la enseñanza de Helen. La opción (1) no es verdadera, de lo contrario no sería maestra de niños para ciegos y sordos. Las opciones (2) y (5) son lo opuesto de lo que ella cree. La opción (4) es evidentemente algo que todos intentan evitar en el caso de Helen; por lo tanto, no es probable que Annie coincida con esta afirmación.

5. **(5) entender la ausencia de su padre** (Análisis) El punto clave surge de las preguntas frecuentes de David relacionadas al tema. No hay pruebas para apoyar la opción (1). Es posible que las opciones (2) y (3) sean verdaderas, pero no hay pruebas en el pasaje que las apoyen. La opción (4) es verdadera pero solamente apoya la motivación principal de David.

6. **(3) Luke era un gran músico.** (Comprensión) Después de hacer esta afirmación, David nombra a dos músicos famosos, lo que implica que está colocando a su padre en la misma categoría. La

opción (1) es incorrecta porque David afirma que su padre lo ha ofendido y se sintió avergonzado de él. No hay mención alguna sobre el lugar donde vivía Luke; por lo tanto, la opción (2) es incorrecta. David no dice que su madre escondió los discos de Luke, sólo que ella no les permitía tener un fonógrafo; por lo tanto, la opción (4) es incorrecta. No hay pruebas en el pasaje que apoyen la opción (5).

7. **(5) Quería estar conectado con su padre.** (Análisis) Las líneas 13 a 18 explican el deseo de David de conectarse con su padre y sus sueños de tocar el piano con él. Si bien David puede ser talentoso, según la opción (1), no es la razón principal de tocar el piano. No hay pruebas que apoyen la opción (2). La opción (3) puede ser verdadera, pero sólo porque su padre era músico. La madre de David lo desalienta, no permitiéndole escuchar la música de su padre, por lo que la opción (4) es incorrecta.

8. **(2) dolido y enojado** (Comprensión) La última parte del pasaje revela que David estaba dolido y enojado por la ausencia de Luke. La opción (1) puede ser verdadera en cuanto al talento musical de Luke, pero no en cuanto a su rol de padre. No hay pruebas que apoyen las opciones (3) y (4). Aunque la opción (5) es verdadera, estas emociones no son los sentimientos más fuertes de David sobre Luke como padre.

9. **(5) emotivo y sincero** (Síntesis) Este pasaje transmite la sinceridad tanto del padre como del hijo cuando hablan del tema doloroso de la ausencia del padre. La opción (1) es incorrecta porque no hay paz todavía para el padre ni para el hijo. No hay pruebas que apoyen las opciones (2) ó (4). Aunque el hijo está triste, otras emociones como la bronca y la vergüenza también son importantes en este pasaje; por lo tanto, la opción (3) no es la mejor respuesta.

Prueba corta de GED (Páginas 226 y 227)

1. **(3) respetarse a uno mismo** (Comprensión) Todo lo que Esperanza dice indica un deseo de pensar bien de sí misma y de los demás. La opción (1) es importante para ella, pero no significa lo mismo que "dignidad". La opción (2) es algo que Esperanza haría para ganarse su respeto. No hay pruebas en el pasaje que apoyen la opción (4). De acuerdo con sus palabras, Esperanza no quiere ser más poderosa que los demás, según la opción (5).

2. **(2) crecer sin arruinar el negocio de otros** (Aplicación) Esperanza dice que quiere ascender sin hundir a los demás (línea 41). Las opciones (1) y (3) son lo opuesto de lo que a Esperanza le gustaría creer. No hay pruebas que apoyen la opción (4). Esperanza cree en el trabajo conjunto, que es lo opuesto de lo que implica la opción (5).

3. **(3) los anglos tratan a los mexicanos** (Comprensión) La opción (3) es correcta debido a las palabras de Esperanza en las líneas 26 a 32, lo

que también descartaría la opción (5). Las opciones (1) y (4) son comparaciones posibles, pero no son de Esperanza. Porque en este caso los anglos son los jefes y los mexicanos son los obreros, por lo que la opción (2) también debe descartarse.

4. **(3) Los hombres y las mujeres no pueden ser amigos.** (Comprensión) Ramón resiste el deseo de Esperanza de que sean amigos. La opción (1) puede descartarse porque él está participando en la huelga. La opción (2) también es incorrecta porque la huelga implica que existen diferencias entre los obreros y los patrones. Las opciones (4) y (5) deben ser descartadas debido a las opiniones que tiene Ramón sobre las mujeres y la huelga.

5. **(1) La dignidad humana merece ser defendida.** (Análisis) En la huelga y en su relación con Ramón, Esperanza busca la dignidad. El pasaje no apoya la opción (2). La opción (3) es demasiado específica para ser el tema principal del pasaje. La opción (4) es un enunciado temático que no se relaciona con este pasaje. Como se refiere a personajes específicos, la opción (5) no es un enunciado temático.

6. **(1) Esperanza estuvo haciendo trabajos donde no la respetaban.** (Comprensión) En su respuesta a Ramón, Esperanza se refiere a la forma como los jefes anglos la desprecian y llaman "mexicana sucia" (líneas 26 a 32). Esto indica que no la tratan con respeto en su trabajo. No hay pruebas en el pasaje que apoyen las opciones (2) ó (4). Esperanza parece ser una persona muy seria y reflexiva; por lo tanto, la opción (3) es incorrecta. Aunque a Ramón parece disgustarle Charley Vidal, no hay pruebas de que este amigo de Esperanza sea una persona de mala fama, según la opción (5).

7. **(4) No permitirá que Ramón la golpee.** (Comprensión) Las acotaciones indican que Ramón comienza a golpearla y luego se detiene. Lo que dice Esperanza refuerza esa decisión. La opción (1) no tiene ninguna relación con el tema; ella quiere que luchen juntos. El pasaje no apoya las opciones (2) y (3). La opción (5) es incorrecta porque ella ya es amiga de Ramón, aunque piense lo contrario.

8. **(1) La relación de Ramón y Esperanza cambiará.** (Análisis) La determinación de Esperanza para cambiar las cosas es evidente al final del pasaje; de modo que la opción (5) es incorrecta. No hay pruebas que apoyen la opción (2). Es posible que la opción (3) sea verdadera, sin embargo, el contenido del pasaje no la apoya. La opción (4) se refiere a un detalle que debe tomarse en forma figurada, no literal.

9. **(2) Apoya firmemente la huelga y sus objetivos.** (Comprensión) Esperanza expresa su apoyo a la huelga en las líneas 1 a 5. Por lo tanto, las opciones (1) y (3) son incorrectas. Ella dice en las línea 2 que su lado está más fuerte que nunca, de modo que la opción (4) es incorrecta. Esperanza

directamente dice que Ramón no podría ganar sin ella, de modo que la opción (5) es incorrecta.

10. **(1) encendido** (Síntesis) Esperanza y Ramón están enojados. La opción (2) subestima el tono del pasaje; los gritos de ambos indican que están muy enojados. Aunque se trata de un diálogo, no se puede describir la pasión expresada en las palabras de los personajes como una conversación, según la opción (3). No hay pruebas que apoyen las opciones (4) ó (5).

11. **(2) un volcán activo** (Análisis) las acotaciones indican que resopla y explota. Aunque una taza de café es caliente y humeante, opción (1), esta imagen no describe el estado anímico de Ramón a punto de estallar como la opción (2). La opción (3) es incorrecta porque Ramón no parece agotado, sino por el contrario, muy vital. No hay pruebas en el pasaje que apoyen las opciones (4) y (5).

Lección 28

Enfoque en las destrezas de GED (Página 229)

1. **c.** Lo menos conocido es lo más cercano.

2. Conocimiento del color de los ojos de una sirena o de la Gioconda.
Desconocimiento del color de los ojos de Isabel y de los propios de Mauricio.

3. **b.** desatención a lo cercano

Práctica de GED (Páginas 230 y 231)

1. **(5) Es grosera y susceptible.** (Análisis) Los actos y dichos de la Sra. Dudgeon hacia Judith revelan estos rasgos. Las opciones (1), (2) y (3) son incorrectos de acuerdo a su conducta. Aunque puede ser punzante, según la opción (4), no hay pruebas de ésta característica en este pasaje.

2. **(2) petulante y satisfecha** (Análisis) Aunque sus palabras son dulces, las acotaciones sugieren que Judith tiene una opinión muy elevada de sí misma. Si el lector sólo tuviera los discursos de los personajes para basarse, la opción (1) sería correcta. No hay pruebas que apoyen las opciones (3), (4) ó (5).

3. **(2) Judith es una visita inesperada para la lectura de un testamento.** (Comprensión) La Sra. Dudgeon está sorprendida de ver a Judith pero dice, no muy amablemente, que puede quedarse. La ocasión se relata en las líneas 5 y 6. No hay pruebas en el pasaje que apoyen la opción (1). Las opciones (3) y (5) son lo opuesto de lo que se sugiere el pasaje. Es posible que la opción (4) sea verdadera, pero es demasiado general respecto de la idea principal y no es la que mejor describe la situación.

4. **(2) tenso** (Síntesis) Estas dos mujeres a duras penas pueden tratarse amablemente. La opción (1) es incorrecta porque no hay pruebas de que exista tristeza aunque alguien haya muerto. Las opciones

(3) y (5) sugieren que no hay complacencia en este pasaje. No hay pruebas para apoyar la opción (4).

5. **(4) Piensa que Judith no fue sincera cuando se ofreció a limpiar.** (Análisis) La Sra. Dudgeon no está feliz con la llegada de esta visita inesperada. Además, la Sra. Dudgeon ya tiene la casa lista de modo que no es necesario que Judith le ofrezca ayuda con la limpieza. Estos hechos sugieren que la Sra. Dudgeon cree que Judith le ofrece limpiar la casa sólo para parecer amable y en realidad no era sincera. No hay pruebas para apoyar la opción (1). No hay prueba de que la Sra. Dudgeon piense que Judith sería particularmente buena para recibir la gente, según la opción (2). Es posible que la Sra. Dudgeon piense que Judith es desprolija porque dejó la puerta abierta, pero esto no es prueba suficiente para apoyar la opción (3). La Sra. Dudgeon no expresa ningún sentimiento verdaderamente amable hacia Judith (en realidad, le habla "casi despectivamente"), de modo que la opción (5) es incorrecta.

6. **(2) Siente aprecio por Josephine.** (Comprensión) La preocupación de Evelyn por los olvidos de Josephine, su deseo de escuchar los cuentos de Josephine y la manera como amablemente le recuerda a Josephine de lo que estuvo hablando la noche anterior apoyan esta conclusión. Es posible que se enoje por los olvidos de Josephine, pero no hay pruebas de que esté enfadada con la propia Josephine; por lo tanto, la opción (1) es incorrecta. No hay evidencia para apoyar las opciones (3), (4) ó (5).

7. **(4) Por lo general es madrugadora.** (Comprensión) Josephine dice que durmió de más, lo que es inusual en ella. No hay pruebas para apoyar las opciones (1) y (2). Thayer es el nieto de Josephine ya que habla de su marido como el abuelo de Thayer; por lo tanto, la opción (3) es incorrecta. Josephine es olvidadiza debido a su edad, pero no porque esté preocupada por algo, de modo que la opción (5) es incorrecta.

8. **(3) disfrutar relatando cuentos sobre su juventud** (Aplicación) Josephine aparentemente disfruta cuando habla del abuelo y probablemente disfrutaría contando otros cuentos del pasado. En este pasaje, no hay pruebas para apoyar las opciones (1), (2) ó (5). Lo opuesto a la opción (4) es verdadero, ya que ella recuerda muy bien el pasado.

9. **(2) uno de los problemas del envejecimiento** (Síntesis) El enfoque del pasaje se centra en el hecho de que Josephine no recuerda lo que hizo la noche anterior, pero recuerda acontecimientos del pasado. Esto es común en la gente anciana. Aunque las opciones (1), (3), (4) y (5) están incluidas en el pasaje, no son el principal enfoque del autor.

10. **(1) con incredulidad** (Análisis) Las acotaciones indican que Josephine está desconcertada. No hay pruebas que apoyen las opciones (2), (3), (4) ó (5).

Prueba corta de GED (Páginas 232 y 233)

1. **(5) No vive con la familia.** (Análisis) En el pasaje, no se menciona al padre de Medvedenko; además, si el padre estuviera presente, Medvedenko probablemente no sería absolutamente responsable de mantener a su madre y hermanos. Por lo tanto, es una deducción lógica concluir que el padre no está presente. No hay pruebas para apoyar las demás opciones.

2. **(1) sincero y solitario** (Análisis) Los enunciados de Medvedenko a Masha son sinceros y a él le gustaría tener una esposa. No hay pruebas que sugieran que Medvedenko es arrogante, según la opción (2); despreocupado, la opción (3); o sin educación, la opción (4). Aunque su personalidad puede ser un tanto patética y victimizada, según la opción (5), el enfoque principal de este pasaje es su sinceridad y amor hacia Masha.

3. **(2) Aprecia sus sentimientos.** (Análisis) Masha comprende que Medvedenko tiene sentimientos intensos para con ella, pero ella no lo ama. Por lo tanto la opción (1) es incorrecta. Ella no muestra enojo porque él la visite, según la opción (3). No hay pruebas que apoyen las opciones (4) y (5).

4. **(1) amor no correspondido** (Comprensión) Medvedenko dice que ama a Masha aunque a ella parece serle indiferente. Masha no indica que siente un amor secreto por Medvedenko; por lo tanto, la opción (2) es incorrecta. Aunque los une la amistad, no hay prueba de que su amistad sea profunda; por lo tanto, la opción (3) es incorrecta. Como Masha no parece respetar la opinión de Medvedenko de lo que significa ser pobre, la opción (4) es incorrecta. El amor de Medvedenko por Masha lleva la relación a un nivel que va más allá del ser simplemente conocidos; por lo tanto, la opción (5) también es incorrecta.

5. **(1) La felicidad no depende del dinero.** (Síntesis) El conflicto principal entre Masha y Medvedenko es si la falta de riqueza material es causa suficiente de la infelicidad. No hay pruebas que apoyen la opción (2). Las opciones (3) y (4) son lo opuesto de lo que muestran los personajes en este pasaje. Aunque es posible que Medvedenko crea que la opción (5) es verdadera, éste no es el punto principal del autor.

6. **(1) inquietud** (Análisis) Masha expresa que se siente agobiada e infeliz con la conversación de Medvedenko. Su inquietud se refleja de la manera que habla del tiempo. Sin duda que no está cómoda; por lo tanto, la opción (2) es incorrecta. No hay pruebas que sugieran peligro, según la opción (3); súbita libertad, opción (4); ó poder sobrenatural, opción (5).

7. **(3) Medvedenko se siente obligado por el amor a visitar a Masha.** (Análisis) Medvedenko dice que camina cuatro millas para verla aunque ella lo trata con indiferencia. Medvedenko no ha abandonado a su familia, según la opción (1). Quizás se sienta que no se merece a Masha, pero no hay prueba de que sienta que no merece su hogar y su familia; en realidad, se siente responsable de mantenerlos, según la opción (2). Lo opuesto a la opción (4) es verdadero. Medvedenko no está haciendo nada malo; es soltero y responsable porque mantiene a su madre y hermanos. Por lo tanto, no tiene razones para sentirse culpable por ver a Masha, opción (5).

8. **(5) Contrasta aquella relación con la que tiene con Masha.** (Análisis) Medvedenko dice que no hay puntos en común entre él y Masha, a diferencia de la pareja que menciona. Aunque esta afirmación no otorga un significado adicional a la obra, según la opción (1), Medvedenko no hace la afirmación por esa razón. No hay pruebas de que Medvedenko piense que los sentimientos de Masha cambiarán, de modo que la opción (2) es incorrecta. No hay pruebas que apoyen las opciones (3) ó (4).

9. **(2) porque él es pobre** (Análisis) Medvedenko dice ¿"Quién quiere casarse con un hombre que ni siquiera puede mantenerse a sí mismo"? (líneas 41 a 42). Masha está deseosa de ir al teatro con él, por lo tanto no le disgusta su compañía totalmente, según la opción (1). No hay pruebas que apoyen las opciones (3) ó (5). Aunque Medvedenko no entiende la tristeza de Masha, la opción (4) no parece considerarla como razón suficiente de su rechazo.

10. **(4) Está enojado porque Masha no lo ama.** (Comprensión) Masha le ofrece el rapé inmediatamente después de decir que no ama a Medvedenko. No hay prueba para apoyar la opción (1). Aunque la obra está por empezar ó quizás ya haya empezado, no hay prueba que ésta sea la razón por la que él rechaza el rapé; de modo que la opción (2) es incorrecta. Quizás prefiera seguir hablando, pero no hay motivos que impidan que tome el rapé y al mismo tiempo diga lo quiere decir; de modo que la opción (3) es incorrecta. Masha ya conoce su situación económica, de modo que la opción (5) también es incorrecta.

11. **(1) Persistente, tratando de ganarse a los clientes.** (Aplicación) Medvedenko sigué visitando a Masha aunque ella no le corresponda en el amor, de modo que es improbable que Medvedenko se acerque a los clientes de igual manera. No es tímido, porque sigue visitando a Masha, de modo que la opción (2) es incorrecta. Se queja de su propia situación, pero no de otra gente, de modo que la opción (3) es incorrecta. No hay pruebas que apoyen la opción (4). Camina cuatro millas para ver a Masha, quien no demuestra muchos sentimientos hacia él, de modo que la opción (5) es incorrecta.

1. **(2) incredulidad** (Comprensión) Alceste no puede creer que sea citado porque a él no le gustó un poema. Aunque es posible que se muestre enfadado más adelante en el pasaje, según la opción (1), ésta no es la reacción inicial. No hay pruebas que apoyen alegría, ansiedad o miedo; por lo tanto, las opciones (3), (4) y (5) son incorrectas.

2. **(2) Que esté menos molesto por el poema.** (Análisis) Philinte anima a Alceste a expresar una opinión más positiva sobre el poema a fin de evitar más problemas. Philinte no se está refiriendo al trato de Alceste respecto de los demás; por lo tanto, la opción (1) es incorrecta. Philinte está más preocupado por Alceste que en respetar a los Mariscales; por lo tanto, la opción (3) es incorrecta. No hay pruebas que apoyen la opción (4). Philinte no está preocupado por que Alceste reconozca las cualidades buenas del poema, sólo quiere que Alceste se aleje del problema; en consecuencia, la opción (5) es incorrecta.

3. **(3) Elegiría confiadamente el bizcocho que para su opinión fuera el mejor.** (Aplicación) Alceste es muy claro respecto de lo que considera que es correcto. De manera que no tendrá dificultades en tomar una decisión, opción (1), ni sería persuadido por los otros jueces, opción (2). No hay pruebas que apoyen las opciones (4) y (5).

4. **(5) Las pérdidas violentas en la familia causan tristeza.** (Síntesis) El punto de vista expresado sobre las muertes del marido y del hijo es que la madre no puede olvidar la tragedia. Aunque la opción (1) puede ser verdadera, no es el punto principal del autor. La opción (2) es sólo una parte del desacuerdo. No hay pruebas que apoyen la opción (3). La opción (4) es verdadera, pero no es el punto más importante de este pasaje.

5. **(5) su segundo hijo pronto tendrá el mismo destino** (Comprensión) La madre dice que nunca dejará de hablar sobre las muertes de su marido y su hijo (líneas 37 a 43). Tampoco quiere que su segundo hijo lleve un cuchillo consigo (línea 33). Estos detalles indican que está preocupada porque su segundo hijo tendrá el mismo destino que su marido y su primer hijo. Ciertamente siente que los duchillos y pistolas son peligrosos, según la opción (1), pero esto no explica sus afirmaciones acerca de su marido y el primer hijo ni la profundidad de su congoja; por lo tanto, no es la mejor respuesta. Siente que es importante recordar la tragedia y no está preocupada por tratar de olvidarla, opción (2). No hay pruebas que apoyen las opciones (3) y (4).

6. **(2) impaciencia** (Análisis) El hijo le pregunta a su madre si terminó de hablar sobre la tragedia; ya ha escuchado lo suficiente. Si el hijo fuera indiferente, no le interesaría lo suficiente para pedirle a su madre que deje de hablar, la opción (1). El hijo puede tener cierta empatía hacia su madre, la opción (3), pero este pasaje pone énfasis en el deseo del hijo de irse y de lograr que su madre deje de hablar de la tragedia. Aunque este hijo habla firmemente en la última línea de este pasaje, la opción (4), no parece enojado a lo largo de este pasaje. No hay pruebas que apoyen la opción (5).

7. **(4) angustiado** (Síntesis) La madre está triste y contrariada por las muertes de su marido y de su hijo. La opción (1) es incorrecta porque lo opuesto es verdadero. La madre ama a su familia, pero éste no es el clima dominante que expresa el pasaje, la opción (2). No hay pruebas que apoyen la opción (3). Es posible que exista cierta tensión entre la madre y el hijo, la opción (5), pero el clima dominante de la obra se relaciona con dolor de la madre.

8. **(1) Los opuestos se atraen.** (Análisis) A pesar de sus diferencias, los dos muchachos parecen gustarse mutuamente. El pasaje se enfoca en la relación entre los dos; las opciones (2) y (5) no tienen nada que ver con esa idea. El pasaje no apoya la opción (3). No se comenta el tema del "hogar" y su significado; por lo tanto, la opción (4) es incorrecta.

9. **(2) hacer una siesta por la tarde** (Aplicación) Se sugiere que a Félix le gusta estar ocupado. La opción (1) es incorrecta porque a él aparentemente le gusta cocinar. Las opciones (1), (3) y (5) son incorrectas porque parece disfrutar de tener todas las cosas limpias y ordenadas. No hay detalles que apoyen la opción (4)

10. **(4) Felix habla sobre el dinero que ahorra.** (Aplicación) Felix dice en las líneas 2 y 3 que ahorra mucho dinero cocinando y limpiando. Más adelante en el pasaje Oscar insinúa que Felix habla mucho pero que Oscar realmente no lo disfruta (líneas 30 a 34). Como es improbable que Felix realmente esté contando dinero, es lógico deducir que Felix lo mantiene a Oscar despierto hablando sobre lo que ahorra. El pasaje no apoya las opciones (1), (2) y (5). La afirmación de Oscar hace referencia al dinero que Felix ahorra, no a la limpieza que hace; por lo tanto, la opción (3) no es la mejor respuesta.

11. **(4) Oscar se está acostumbrando a Felix.** (Comprensión) De acuerdo con el reclamo de Oscar de que está preocupado porque está empezando a escuchar a Felix, puede deducirse que teme estar acostumbrándose a vivir con Felix. El pasaje no apoya las opciones (1) y (3). Oscar está de acuerdo en que Felix ahorre dinero, por lo que la opción (2) es incorrecta. La opción (5) es incorrecta porque Oscar no se comporta como Felix. Mientras Felix limpia, Oscar tira su ropa al piso; Felix habla mientras Oscar trata de hacer otras cosas.

12. **(5) Necesitan hacer ejercicio físico.**
(Comprensión) Gertrude anima al grupo a hacer
una caminata después del almuerzo para que se
sientan mejor con el ejercicio. El pasaje no apoya la
opción (1). Gertrude parece interesada sólo en que
el grupo salga a caminar, no en mostrarles la playa,
opción (2) ó en mantenerlos entretenidos, opción
(3). Aunque cree que los demás deberían cumplir
sus deseos, no expresa esta idea en voz alta; por lo
tanto, la opción (4) es incorrecta.

13. **(4) Las hijas de Gertrude.** (Comprensión) Las
acotaciones indican que cuando Vivian saltó junto a
Gertrude, "Molly también se ha adelantado para
estar con su madre" (líneas 23 y 24). No hay
pruebas que apoyen las opciones (1), (2), (3) ó (5).

14. **(3) insegura y demandante** (Análisis) Como
indican las acotaciones, Gertrude es aprehensiva
sobre su papel de dirigir a los demás; sin embargo,
sigue dándoles órdenes. No hay pruebas de que
Gertrude sea indolente, la opción (1);
despreocupada, la opción (2); reservada, la opción
(4); ó arrogante, opción (5).

15. **(2) incómodo** (Síntesis) Gertrude se siente
incómoda al dar órdenes a los demás y ellos se
sienten incómodos al seguir sus órdenes. Aunque la
escena puede ser seria, la opción (1) no se refiere al
tema principal, sino al conflicto entre Gertrude y los
demás personajes. No hay pruebas que apoyen las
opciones (3), (4) ó (5).

16. **(3) Gertrude preferiría caminar sin las
niñas.** (Análisis) Gertrude le pide a las niñas que se
queden donde están o que caminen hacia otro lugar
(líneas 26 a 28). Ella también parece un tanto
molesta y le dice bebé a Frederica cuando ella quiere
venir con los adultos (línea 33). Estos detalles
indican que probablemente no quiere que los chicos
salgan a caminar con los adultos. No hay pruebas
que apoyen las opciones (1), (4) ó (5). Las niñas
acaban de almorzar con los adultos; en
consecuencia, la opción (2) es incorrecta.

17. **(2) tenso** (Síntesis) Walter discute con su esposa y
está en desacuerdo con su madre, creando un clima
perturbador y tenso. No hay pruebas para apoyar las
opciones (1), (3), (4) ó (5).

18. **(5) firme y cuidadosa** (Análisis) La preocupación
de Mama por su hijo y su esposa pasa por la postura
firme que asume acerca del comportamiento de
Walter. Las opciones (1) y (3) son incorrectas porque
estar tranquila no es lo mismo que ser paciente o
pasiva y Mama no está tolerando el
comportamiento de Walter. Aunque Mama le dice a
Walter que se siente y la escuche, lo hace porque
está preocupada por él; por lo tanto, la opción (2)

no es la mejor respuesta. La opción (4) sugiere lo
opuesto a su personalidad.

19. **(2) Walter no quiere estar con Ruth.**
(Comprensión) Ruth dice que Walter la enferma y
que espera que se consuma con alcohol hasta
morirse; por lo tanto, la opción (1) es incorrecta.
Aunque Ruth se va de la sala, no dice abiertamente
su deseo de dejar a Walter, de modo que la opción
(3) es incorrecta. No hay prueba que apoye la
opción (4). La opción (5) es incorrecta porque
aunque Walter respeta más su madre, esto no indica
un deseo de estar con ella en lugar de Ruth.

20. **(3) acompañar a Walter y hablar con él**
(Aplicación) El deseo de Ruth de hablar con Walter
y sus sentimientos hacia él son evidentes, aún
cuando se vaya de la sala. En la primera parte del
pasaje, Ruth dice que necesita hablar con Walter;
por lo tanto, la opción (1) es improbable aunque
ella esté enojada. La opción (2) es una
interpretación literal del sentido figurado de las
palabras de Ruth. No hay pruebas en el pasaje que
apoyen la opción (4). Aunque Walter hace
referencia a sermonear, esto es con relación a su
madre, de modo que la opción (5) es incorrecta.

21. **(1) casarse con Ruth** (Análisis) Walter habla
acerca de su gran error cuando Ruth da un portazo y
se va a su cuarto; por lo tanto, sus palabras aluden a
ella. No hay pruebas que apoyen las opciones (2),
(4) ó (5). Aunque Ruth en verdad se refiere a que
Walter bebe en las líneas anteriores, la respuesta de
Walter indica que está más interesado en atacar a
Ruth que en reflexionar sobre su propia conducta;
por lo tanto, la opción (3) es incorrecta.

22. **(2) El resultado puede ser malo aún cuando
alguien haya tenido buenas intenciones.**
(Análisis) El Sr. Brooks puede tener buenas
intenciones, pero su esposa es bastante infeliz. Por
eso ella menciona el dicho de su abuela. El tema de
la confianza no está presente en este pasaje, por lo
que la opción (1) es incorrecta. No hay prueba en el
pasaje que sugiera cómo era el Sr. Brooks en el
pasado, de modo que la opción (3) es incorrecta. No
hay pruebas que apoyen las opciones (4) y (5).

23. **(1) Ella pensó durante mucho tiempo en
dejar al Sr. Brooks.** (Comprensión) Cuando la
Sra. Brooks se refiere a "la gota que colmó el vaso",
quiere significar que esta decisión se viene
acumulando desde hace bastante el tiempo. No hay
pruebas para apoyar las opciones (2), (3) ó (5).
Aunque Ruby intenta convencer a la Sra. Brooks de
no dejar a su marido, no hay pruebas que indiquen
que la Sra. Brooks cambiará de opinión; por lo
tanto, la opción (4) es incorrecta.

24. (3) Los desacuerdos acerca del dinero pueden afectar las relaciones. (Síntesis) El matrimonio Brooks se ve afectado por la manera como ambos reaccionan frente al tema del dinero. Es posible que el Sr. Brooks sienta que su esposa se queja innecesariamente, opción (1), pero el pasaje no apoya esta opción. La opción (2) es una generalización que quizás sea falsa. Aunque Ruby puede no ser de gran ayuda como a la Sra. Brooks le gustaría, la opción (4), no es el enfoque principal del pasaje. No hay pruebas en el pasaje que apoyen la opción (5).

25. (5) fingiría no haberlo escuchado (Aplicación) Lane probablemente ignoraría los comentarios de Algernon de la misma manera que ignoró su interpretación al piano. No ha discutido con Algernon, por lo tanto, la opción (2) es incorrecta. Le sigue la corriente a Algernon, pero no toma en serio lo que Algernon dice; en consecuencia, las opciones (1) y (3) son incorrectas. No hay pruebas para apoyar la opción (4).

26. (4) Algernon y sus invitados lo bebieron en la cena. (Análisis) Algernon parece hacer suposiciones que tienen poca relación con la realidad, como la idea de su interpretación al piano, que admite es inexacta, pero de todos modos considera maravillosa. Parece razonable deducir que su presunción sobre el champagne también es errónea y que en realidad simplemente no se da cuenta de cuánto realmente bebieron él y sus invitados. No hay pruebas para apoyar las demás opciones.

27. (1) no es romántica (Síntesis) Algernon piensa en el matrimonio como un contrato comercial así como una situación potencialmente desagradable. Por ejemplo, la denomina "desmoralizante". Aunque parece no estar interesado en el casamiento de Lane, esto no significa que no esté interesado en el matrimonio en general, la opción (3). No hay pruebas que apoyen las demás opciones.

PRUEBA FINAL (Páginas 243 a 257)

1. (2) obstinado (Análisis) El único interés de Topper es perseguir a la hermana regordeta, para el gran regocijo de todas las personas que estaban en la fiesta. No hay ninguna prueba directa que apoye las opciones (1), (3), (4) o (5).

2. (3) organizaría a un grupo de jinetes, incluyendo a la hermana regordeta (Aplicación) Es posible que la obsesión de Topper con la hermana regordeta haría que la incluyera. Debido a que parece que él es extrovertido y divertido, la opción (1) es incorrecta. Aunque Topper está interesado en la hermana regordeta y probablemente disfrutaría invitándola al paseo, opción (2), Topper parece estar tratando de captar su atención de una manera menos directa en la fiesta. Por lo tanto, la opción (2) no es la mejor elección. Él no querría lastimar a la hermana regordeta, opción

(4), y no parece ser muy competitivo en base a su comportamiento en la fiesta, opción (5).

3. (3) Scrooge los ha hecho reír al ser el objeto del juego. (Comprensión) Fred dice que Scrooge "les ha brindado bastante diversión" (línea 46) al ser el objeto del juego de adivinanzas. Los asistentes a la fiesta no tienen una muy buena opinión de Scrooge; por lo tanto, la opción (1) es incorrecta. No hay pruebas para apoyar las opciones (2), (4) o (5).

4. (1) es invisible (Análisis) Las palabras "inconsciente compañía" (líneas 54 a 55) e "inaudible" (línea 56) implican que Scrooge no es visible para los demás y que los demás no están conscientes de que él está ahí. Además, está acompañado de un fantasma o espíritu. No hay pruebas para apoyar las otras opciones.

5. (5) alegre y desagradable (Síntesis) El último párrafo dice que Scrooge se había puesto "contento y alegre" (líneas 53 y 54) y que quería darles las gracias a las personas que estaban participando en el juego; esta descripción indica que estaba alegre. Sin embargo, las personas que participan en el juego piensan que Scrooge es gruñón y mezquino. Aunque es probable que normalmente Scrooge sea una persona rencorosa, no muestra un comportamiento rencoroso en este texto; por lo tanto, la opción (1) es incorrecta. Los asistentes a la fiesta no piensan que Scrooge sea feliz, lo consideran "un animal desagradable" (líneas 27 y 28); por lo tanto, la opción (2) es incorrecta. Los jugadores no mencionan la seriedad de Scrooge, sino que se enfocan en lo desagradable que es; por lo tanto, la opción (3) no es la mejor respuesta. La razón por la que Scrooge no habla no se debe a que sea tímido, sino a que el Fantasma no se lo permite; por lo tanto, la opción (4) también es incorrecta.

6. (3) verboso pero vívido (Síntesis) Aunque es verboso de acuerdo con los estándares de hoy en día, el estilo está lleno de vida y sentimiento. No es simple, opción (1); seco y académico, opción (2); solemne, opción (4); o soso y objetivo, opción (5).

7. (1) La quería como un padre. (Análisis) Al principio del pasaje, el viejo afirma que Amparo nunca pudo echar de menos a su padre, porque él la quería como a una hija. La opción (2) es incorrecta porque en el texto se afirma lo contrario. La opción (3), sin ser falsa, es incompleta. Las opciones (4) y (5) no están respaldadas por el texto.

8. (2) Se desesperó y luego cayó en un letargo. (Comprensión) La respuesta se encuentra en el pasaje mismo (líneas 20 y 21): "Mi hijo, después de un arrebato[6] de desesperación espantosa, cayó como en un letargo[7]". La opción (1) no está respaldada por el texto. La opción (3) es incorrecta porque es el viejo el que está como atontado y sin comprender lo que le sucede cuando se llevan a la joven. Es su hijo el que se vuelve loco después de la muerte de Amparo, por lo que la opción (4) es incorrecta. La opción (5) tampoco es correcta, porque en el pasaje se narra lo contrario.

9. **(1) Se empezó a construir un cementerio.**
(Comprensión) Antes de que la familia rica se lleve a Amparo, empiezan a circular rumores de que van a construir un cementerio, y el viejo cuenta que "todos estábamos inquietos y temerosos, temblando de que se realizase este proyecto" (líneas 11 y 12). Después de la partida de la joven, cuando comienzan a construirlo: "La gente huyó de estos contornos[9]" (línea 23). La opción (2) es incorrecta porque es el efecto de la huida de la gente y no la causa. La opción (3), sin ser falsa, no está respaldada por suficientes pistas en el pasaje. Es el viejo el que cree que se le ha "acabado el mundo", por lo que la opción (4) tampoco es correcta. La opción (5) no está respaldada por el texto.

10. **(1) La tristeza por haberla separado de sus seres queridos.** (Análisis) Al principio de su relato, el viejo cuenta que los tres eran muy felices, hasta que cayó sobre ellos "una desgracia mayor y más cierta" (línea 12): la llegada de los "dos señores", que, tras averiguar que Amparo era hija de familia rica, consiguen llevársela, separándola de su prometido y de quien había sido como un padre para ella. La nueva familia no permite que vuelvan a verse ni hablarse. La opción (2) es incorrecta porque el relato no nos permite hacer esa deducción. La opción (3), sin ser falsa, es incompleta. Las opciones (4) y (5) no están respaldadas por el texto.

11. **(5) El hijo del ventero se vuelve loco.** (Análisis) En la penúltima oración del pasaje, se describen las acciones del hijo, que reflejan sus sentimientos. Y en la última oración, tras el entierro de Amparo, el viejo cuenta: "Después se volvió loco, y loco está" (línea 34). La opción (1) no está respaldada por el texto. La opción (2), sin ser falsa, no es el efecto principal, y lo mismo ocurre con las opciones (3) y (4).

12. **(1) muchos menos** (Síntesis) Las personas del lugar comienzan a sentirse inquietos y temerosos con los rumores de la construcción del cementerio, y al empezar a construirse realmente, el viejo cuenta que "la gente huyó de estos contornos[9]"(línea 23). La opción (2) no está respaldada por el texto. Las opciones (3) y (5), sin ser falsas, son incompletas. La opción (4) es incorrecta porque en el pasaje se narra lo contrario.

13. **(4) muy triste** (Síntesis) El viejo cuenta el relato conmovedor del amor entre su hijo y Amparo, una huérfana que se había criado con ellos. La verdadera familia se la lleva, impidiendo la boda y separándolos. Amparo muere de tristeza y el hijo del ventero se vuelve loco. Nada permite deducir una mejoría, por lo que la opción (3) es incorrecta. Las opciones (1) y (2), sin ser falsas, no son la mejor descripción del estado de ánimo o clima emocional del relato. La opción (5) tampoco es correcta, porque el viejo no se expresa con enojo.

14. **(1) Los montos de las comisiones varían significativamente.** (Comprensión) La mayoría de las empresas no utilizan únicamente comisiones porque éstas no proveen un salario seguro para los empleados. Es posible que las otras opciones sean ciertas en el caso de algunas empresas, pero no hay pruebas que las apoyen en el texto.

15. **(1) Los empleados reciben bonos si la compañía gana dinero.** (Análisis) Cuando un empleado o una compañía cumple con ciertos criterios, como metas de ventas o de ganancias, los empleados son recompensados por medio de un bono. Es posible que las opciones (2) y (5) sean ciertas, pero no están directamente relacionadas con el cumplimiento de las metas de ventas; por lo tanto, son incorrectas. Un plan de bonos que depende del cumplimiento de ciertos criterios no es automático; por lo tanto, la opción (3) no es correcta. El texto no apoya la opción (4).

16. **(4) Los empleados deben alcanzar una meta de ventas para ganar un salario base.** (Comprensión) El riesgo del salario en riesgo es que los empleados deben cumplir con las metas de ventas para recibir un salario. Las opciones (1), (3) y (5) no son ciertas o no describen un plan de salario en riesgo. Un plan de salario en riesgo no depende necesariamente del desempeño individual; es posible que dependa del desempeño de toda la fuerza de trabajo. Por lo tanto, la opción (2) no es la mejor respuesta.

17. **(2) ofrezca un plan de bonos de salario en riesgo** (Aplicación) Un vendedor que siempre consigue ventas muy altas probablemente ganará más dinero con un plan de salario en riesgo. Las opciones (1), (3), (4) y (5) no están diseñadas específicamente para vendedores que consiguen ventas muy altas.

18. **(2) proveer información acerca de los planes de incentivos** (Síntesis) Se comentan distintos tipos de incentivos, así como las ventajas y desventajas de cada uno. El texto sugiere que los planes de incentivos pueden ser efectivos, así que la opción (1) es incorrecta. El texto no trata de evitar el uso de planes de incentivos, opción (3), ni trata de convencer al lector de que el reparto de utilidades es el mejor tipo de plan de incentivos, opción (4). El documento menciona tanto las similitudes como las diferencias entre los planes de incentivos; por lo tanto, la opción (5) es incorrecta.

19. **(4) se pregunta dónde está la dicha en la vida humana** (Análisis) El hablante cuenta que de niño era triste, y que soñaba con alcanzar la juventud; pero este sueño resultó ser "vano" o inútil. Reflexiona sobre este hecho y se pregunta, literalmente, dónde está "la dicha que el hombre anhela". Por tanto, la opción (1) es incorrecta porque no es un resumen completo de la primera estrofa, y la opción (2) es incorrecta por el mismo motivo. Las opciones (3) y (5) no están respaldadas por el texto.

20. **(2) buscaría la dicha en las diferentes edades sin encontrarla.** (Aplicación) El poema es un lamento del hablante que, desde la niñez a la vejez, no ha logrado hallar la dicha anhelada. La opción (1) es incorrecta porque es la opuesta a la (2). A pesar de la tristeza del hablante, la idea del suicidio parece poco probable, por lo que la opción (3) es incorrecta. La opción (4) es incorrecta porque se expresa lo contrario en la línea 10, y la opción (5) es incorrecta por lo mismo, ya que se expresa lo contrario en las líneas 12 y 13.

21. **(3) Sufre mucho porque no alcanza sus ilusiones.** (Análisis) El hablante cuenta, en presente aunque refiriéndose al pasado, cómo de joven busca el placer inútilmente, y que al perder las ilusiones siente un gran pesar. Por tanto, la opción (1) es incorrecta. La opción (2) es incorrecta porque, aunque no pueda afirmarse lo contrario, no expresa el significado de la frase. La opción (4) no está respaldada por el texto, y lo mismo sucede con la opción (5).

22. **(4) Se identifica con los demás y cree que comparten su suerte.** (Análisis) El hablante amplía sus experiencias en la vida a todas las demás personas, y usa la palabra "hombre" para designar a toda la humanidad (líneas 5, 8, 17, 26). Pasa de lo individual (su propia alma) a lo colectivo (el alma de cualquier ser humano). No sugiere que se considere superior a nadie, por lo que la opción (1) es incorrecta. La opción (2) es incorrecta porque el hablante está convencido de lo contrario. La opción (3) no está respaldada por el texto. La opción (5) es incorrecta porque, aunque no se afirme lo contrario, la opción (4) describe mejor la actitud del hablante.

23. **(1) primero, soñador; luego, impaciente, y finalmente, temeroso** (Síntesis) Dentro del clima emocional de tristeza, se distinguen tres etapas que corresponden a la niñez, la juventud y la vejez del hablante. En la primera estrofa, el hablante afirma que de niño era soñador; en la segunda estrofa (línea 10), que fue un joven "falto de calma"; y en la tercera (línea 23), el hablante, ya viejo, confiesa "temo a la muerte". Las opciones (2), (3), (4) y (5) son incorrectas porque el hablante no expresa emociones de indignación, alegría o furia en la niñez; ni de mentalidad calculadora en la juventud; ni de agresividad en la vejez.

24. **(2) angustiado** (Síntesis) "No hay dicha en la tierra" describe a una persona triste y desilusionada. El título del segundo poema describe también los lamentos ("ayes") del alma pesarosa. El poema en su conjunto no expresa enojo, por lo que la opción (1) es incorrecta. Las opciones (3) y (5) son incorrectas porque hay más tristeza que escepticismo o temor. La opción (4) es incorrecta porque expresa lo contrario.

25. **(1) Cobró demasiado en Connell's.** (Comprensión) El padre de Mary está molesto porque piensa que ella se aprovechó de poder cobrar cosas en Connell's. Mary no habla de manera irrespetuosa, opción (2). La escena del texto tiene lugar durante la infancia de Mary, antes de que cancelara su boda con Clifford, por lo tanto, la opción (3) es incorrecta. El padre de Mary no indica que ella no deba gastarse su mesada; por lo tanto la opción (4) es incorrecta. No hay pruebas que apoyen la opción (5).

26. **(3) es fácil de engañar** (Análisis) El padre de Mary le cree su mentira de que le dio dinero a Reina Ester. Es posible que no sea justo con Reina Ester, pero parece ser bueno con su hija; por lo tanto, la opción (1) no es la mejor respuesta. Aunque Mary dice que su padre se tarda mucho en decir lo que quiere decir, esto no necesariamente significa que sea indeciso, opción (2). No parece ser terriblemente estricto, opción (4), o especialmente agradecido, opción (5). Por lo tanto, estas opciones son incorrectas.

27. **(1) de miedo a alivio** (Síntesis) Al comienzo del texto, Mary tiene un nudo en la garganta y está aterrorizada. Al final, siente una sensación de alivio. Aunque Mary se inquieta momentáneamente por el enojo de su padre, no parece arrepentirse por haber mentido; por lo tanto, la opción (2) es incorrecta. Aunque probablemente Mary quiere a su padre, su comportamiento en este texto no muestra esta emoción; por lo tanto, la opción (3) es incorrecta. Mary no está enojada en el texto; por lo tanto, las opciones (4) y (5) son incorrectas.

28. **(2) A veces, mentir tiene beneficios.** (Síntesis) Mary aprendió que "que mentir vale la pena" (línea 67); en otras palabras, su mentira le ayudó a evitar meterse en un problema. La opción (1) es incorrecta porque la idea de perdonar no se menciona en el texto. Mentir no le ayudó a Mary a obtener más dinero; le ayudó a no meterse en un problema; por lo tanto, la opción (3) es incorrecta. La mentira de Mary no dañó la relación con su padre; por lo tanto, la opción (4) es incorrecta. Mary está mintiendo para ayudarse a sí misma, no para ayudar a alguien más; por lo tanto, la opción (5) es incorrecta.

29. **(5) Di que tuviste que virar súbitamente para evitar atropellar a un niño.** (Aplicación) En el texto, Mary miente y dice que hizo algo malo para ayudar a alguien más; la mentira no sólo le sirve para salir del aprieto, sino que además hace que su padre la admire por ello. Por lo tanto, es posible que ella le recomendaría a una amiga que tomara un curso de acción similar. En el texto, Mary no dice nada respecto a lo que cobra en Connell's hasta que su padre le pide una explicación; por lo tanto, la opción (2) no es la mejor respuesta. Mary no dice la verdad; por lo tanto, la opción (3) no es la mejor respuesta. El texto no apoya la opción (4).

30. (1) El padre de Mary piensa que no es confiable. (Síntesis) El padre de Mary le cree su mentira y culpa a Reina Ester por la gran cuenta de Mary en Connell's. El hecho de que posteriormente despiden a Reina Ester indica que el padre de Mary la considera demasiado poco fiable como para darle trabajo. Aunque la opción (5) puede ser verdadera, no hay pruebas directas que la apoyen. No hay pruebas que apoyen las otras opciones.

31. (1) está perdiendo el tiempo (Análisis) Willy critica a su hijo al decir "ya han pasado más de diez años, ¡y todavía no ha llegado el momento de que gane más de treinta y cinco dólares en una semana!" (líneas 58 a 62). Aunque es posible que crea que Biff tiene muchos talentos, Willy no expresa esta opinión en el texto; así que la opción (2) es incorrecta. Willy pregunta si su hijo se disculpó con él, lo cual sugiere que se siente maltratado; por lo tanto, la opción (3) es incorrecta. No hay pruebas que apoyen las opciones (4) y (5).

32. (4) calmada (Aplicación) Linda parece ser la voz de la calma en esta familia; por lo tanto, es probable que también sería calmada en el trabajo. No hay pruebas que muestren que Linda sería muy ansiosa, opción (1); desorganizada, opción (2); o jubilosa, opción (5). Ella trata de disminuir la aprensión de Willy respecto al trabajo; por lo tanto, la opción (3) no es la mejor opción.

33. (1) insatisfecho (Análisis) Willy se siente ignorado en su trabajo y está decepcionado con su hijo. Su comportamiento podría describirse como lo opuesto al de una persona de trato fácil, opción (2). Su actitud hacia su hijo no es generosa, opción (3). Willy anhela lo que siente que le corresponde, pero no hay pruebas de que quiera más que eso; por lo tanto, la opción (4) es incorrecta. Aunque Willy quiere a su familia, el texto se enfoca en su descontento; por lo tanto, la opción (5) es incorrecta.

34. (3) Biff se siente ofendido por sus comentarios. (Análisis) Linda dice, respecto a Biff: "Estaba alicaído, Willy. Ya sabes cuánto te admira." (líneas 49 y 50). No hay pruebas en el texto que apoyen las opciones (1) y (5). Biff admira a su padre, así que la opción (2) es incorrecta. "Alicaído" indica desilusión más que enojo, así que la opción (4) es incorrecta.

35. (4) que sus logros signifiquen algo (Síntesis) Willy se siente insatisfecho con sus logros en el trabajo; se siente poco apreciado. Además, no está contento con la vida que al menos uno de sus hijos ha elegido. Dice: "Trabajas toda una vida para pagar la casa. Finalmente es tuya y ahora no hay nadie para vivir en ella." (líneas 28 a 30); esto también indica que no está satisfecho con lo que ha logrado en su vida. Willy desea trabajar en Nueva York; también quiere que su hijo Biff escoja una buena profesión. Sin embargo, ninguna de estas esperanzas es suficientemente amplia como para concordar con la descripción de "grandes sueños" o "turbulentos

deseos interiores"; por lo tanto, las opciones (1) y (5) no son las mejores opciones. Parece estar triste porque su casa está un tanto vacía, pero no indica que desee que su hijo adulto se vaya a vivir otra vez con ellos; por lo tanto, la opción (2) es incorrecta. No hay pruebas que apoyen la opción (3).

36. (1) si el paciente no se enferma (Comprensión) El crítico señala que el sistema de salud "es fabuloso siempre y cuando no nos enfermemos" (líneas 70 a 72). No hay pruebas en el texto para apoyar las opciones (2) o (5). Aunque es posible que el crítico piense que el sistema es adecuado para enfermedades que no requieren hospitalización o que son fáciles de diagnosticar, no expresa estas opiniones; por lo tanto, las opciones (3) y (4) son incorrectas.

37. (5) Buscar un médico que trate bien a sus pacientes. (Aplicación) La reseña enfatiza la importancia de contar con un médico que se preocupe por sus pacientes. No hay ninguna prueba para apoyar las opciones (1), (2), (3) o (4).

38. (2) Los doctores deben ser compasivos con sus pacientes. (Síntesis) El crítico dice que las escuelas de medicina deberían ofrecer cursos es "humildad, sensibilidad y compasión" (líneas 43 y 44). Aunque el texto da un ejemplo en el que el médico debería haber hecho más pruebas, la reseña no se enfoca en la necesidad de hacer más pruebas; por lo tanto, la opción (1) no es la mejor opción. La idea que se expresa en la opción (3) va en contra de los puntos mencionados en la reseña. No hay pruebas que apoyen las opciones (4) y (5) en el texto.

39. (5) bondad e indiferencia (Síntesis) Los médicos bondadosos son contrastados con los médicos que se comportan con indiferencia y sin empatía. La noción de ignorancia no se presenta en esta crítica; por lo tanto, la opción (1) es incorrecta. No hay pruebas que apoyen las opciones (2) y (4). Aunque el segundo relato que se describe en el libro habla de un error médico, el primer relato no lo hace; por lo tanto, la opción (3) no es la mejor respuesta.

40. (1) El libro presenta un buen argumento acerca de la atención médica, pero no todos los puntos que menciona son válidos. (Síntesis) En el texto, parece que el crítico piensa que el libro menciona de manera efectiva varios puntos acerca de la deshumanización y los efectos peligrosos de una falta de compasión por parte de los médicos y de las compañías de seguros. Sin embargo, la información adicional es menos positiva. Las palabras "demasiado frecuente" indican que el crítico no apreció la repetición de este punto en particular. Por lo tanto, esta nueva información muestra que al crítico no le gustó todo el libro. No hay pruebas que apoyen las otras opciones.

PRUEBA SIMULADA (Páginas 259 a 273)

1. (3) usando arreglos de jazz (Comprensión) Las opciones (1) y (2) mencionan aspectos de la música de Pura Fe que no necesariamente la hacen innovadora o única. Las opciones (4) y (5) no se mencionan como características de la música del grupo.

2. **(2) para dar una idea de cómo suena la música de Pura Fe** (Análisis) El autor dice que las melodías de Pura Fe están "entre" la música de los otros grupos; el autor no dice que Pura Fe sea mejor, opción (1), o que deba imitarlos, opción (3). El autor no ridiculiza a Pura Fe, opción (4). El pasaje no apoya la opción (5).

3. **(1) "La letra de las canciones de Pura Fe los aparta de la corriente dominante." (líneas 20 a 22)** (Análisis) Esta afirmación señala algo acerca de Pura Fe que los hace diferentes y más interesantes que la mayoría de los otros grupos musicales. La opción (2) contiene un hecho histórico, pero no se refiere directamente a la música de Pura Fe; por lo tanto, es incorrecta. Las opciones (3) y (5) son afirmaciones hechas por uno de los músicos de Pura Fe; por lo tanto, no indican la opinión del crítico. La opción (4) contiene detalles sobre lo que Pura Fe está intentando hacer con su música, pero no indica si el crítico cree que la música es interesante; por lo tanto, no es la mejor opción.

4. **(2) le darían arreglos más modernos** (Aplicación) El pasaje dice que Pura Fe interpreta canciones y cantos tradicionales de una manera innovadora y progresista. Pura Fe tiene "una oreja sintonizada a la historia" (líneas 22 y 23), pero el pasaje no indica que la intención del grupo sea educar; por lo tanto, la opción (4) es incorrecta. No hay pruebas para apoyar las otras opciones.

5. **(5) para mostrar que Pura Fe es un representante de la generación más joven de indígenas americanos** (Análisis) El crítico indica que Pura Fe, como las generaciones más jóvenes de indígenas americanos, ha logrado enlazar el pasado con el presente. El pasaje no apoya las opciones (1) y (2). Es posible que el estilo musical de Pura Fe, la opción (3), esté influenciado por la historia indígena americana reciente. Sin embargo, esa influencia no es la razón principal que el crítico incluye en la información. Aunque la música de Pura Fe puede resultar atractiva para los indígenas americanos, el pasaje no apoya la idea de que la música está destinada principalmente a los indígenas americanos, opción (4).

6. **(4) Una descripción de la música va seguida de antecedentes históricos y relatos personales.** (Síntesis) El primer párrafo describe un concierto de Pura Fe y el sonido de su música, la reseña comenta la historia de Pura Fe y cita a los músicos del grupo. No hay una lista de temas; opción (1). Las afirmaciones respecto a la música son muy específicas, así que la opción (2) es incorrecta. No hay pruebas que apoyen la opción (3) porque no

se comentan los defectos de la música. El enfoque principal no es un análisis de la cultura indígena americana en general, sino sólo de la música de Pura Fe; por lo tanto, la opción (5) no es correcta.

7. **(4) lo ama** (Comprensión) La narradora dice que sus ojos "navegan el mismo azul sin fin donde tú danzas", no que desee bailar con su amado, opción (1). Aunque la narradora menciona que alguna vez ha llorado, no especifica que la causa de sus sollozos haya sido su amado, por lo que la opción (2) es incorrecta. No hay pruebas que apoyen las opciones (3) y (5) en el poema.

8. **(1) El cariño de su amado está muy cerca de su alma.** (Análisis) Un trino es algo breve o pequeño; por lo tanto, la frase es una metáfora de que el amor se encuentra muy cerca de su corazón o de su alma. La narradora no dice que haya pájaros cantando en su alma, opción (2); que el cariño de su amado y su alma estén separados por una gran distancia, opción (3); que los cantos de su amado suenen como los trinos de un pájaro, opción (4); ni que un trino separe al amor del alma, opción (5).

9. **(1) Cuanto menos se razona, más se ama.** (Comprensión) La respuesta está en el último verso del poema. La narradora no dice que no se pueda amar a alguien que se ha olvidado; por lo tanto la opción (2) es incorrecta. No dice que el olvido produzca confusión ni que el amor produzca amnesia, opciones (3) y (4). Tampoco dice que haya que olvidar para poder amar, la opción (5).

10. **(5) Todo el amor y todo el ser de la narradora están destinados a su amado.** (Aplicación) La narradora habla de lo que siente por su amado y de cómo centra su atención en él. No hay pruebas que apoyen las opciones (1), (2) ó (4). La opción (3) es cierta, pero el poema no la menciona.

11. **(3) que su amado la ame a ella con la misma intensidad con que ella lo ama a él** (Síntesis) No hay pruebas que apoyen las opciones (1), (4) y (5). La narradora quiere que su amado no la recuerde; por lo tanto, la opción (3) es incorrecta.

12. **(3) No es popular entre las mujeres.** (Comprensión) El dilema de Marty es que las mujeres no se interesan en él. Las otras opciones son hechos acerca de Marty que pueden contribuir al problema de manera general, pero que no son por sí mismos el problema principal.

13. **(2) frustrado** (Análisis) Angie dice que Marty se está volviendo un plomo (línea 15) y que su madre lo está volviendo loco. Por lo tanto, Angie no es optimista, opción (1) ni está satisfecho, opción (4). La opción (3) exagera la actitud de Angie hace los otros personajes. Aunque Angie puede ser encantador, el pasaje no apoya esta característica; por lo tanto, la opción (5) es incorrecta.

14. **(3) derrotado** (Análisis) Marty no ve una salida para escapar de su situación y parece incapaz de tomar una acción. Aunque es posible que Marty esté enojado, el enojo no es la emoción principal que muestra; opción (2). Si Marty fuera más ingenioso, es posible que no estuviera en esta situación; opción (2). No hay pruebas de que sea manipulador, opción (4), y aunque puede ser humilde, opción (5), el pasaje no se enfoca en su humildad.

15. **(3) se pasaría todo el día sentado sin hacer nada** (Aplicación) La opción (3) se puede deducir a partir de la afirmación de Angie en las líneas 7 y 8 de que Marty y él terminan quedándose en casa. Esta afirmación también elimina la opción (1). La opción (2) es incorrecta porque parece que Marty ha abandonado la idea de casarse aunque dice que desea hacerlo. El pasaje no apoya las opciones (4) y (5).

16. **(5) A veces, las personas solitarias dejan de ser activas socialmente** (Síntesis) Aunque están juntos en esta escena, es claro que Marty y Angie se sienten solos y que han dejado de hacer algo al respecto. La opción (1) es incorrecta porque el enfoque central no es el matrimonio en sí. La opción (2) no es el asunto principal del pasaje. La opción (3) se refiere a una persona específica, y la opción (4) se refiere a una línea de argumento específica; por lo tanto, estas opciones no expresan un tema.

17. **(2) Angie se siente más cómodo con las mujeres que Marty.** (Síntesis) El discurso de Marty en las líneas 31 a 33 implica que el sentido del humor de Angie lo ayuda a llevarse bien con las mujeres. Angie, y no Marty, quiere hacer algo además de ver televisión; por lo tanto, la opción (1) es incorrecta. Ambos hombres se sienten molestos por sus madres, pero no hay pruebas de que uno se sienta más molesto que el otro; por lo tanto, la opción (3) es incorrecta. No hay pruebas para apoyar la opción (4). La opción (5) no es cierta: Angie quiere llamar a Mary, pero Marty no desea hacerlo.

18. **(4) indiferente** (Análisis) Raskólnikov "se quedó inmóvil" y estaba "atónito" (líneas 2 y 3). Esta descripción indica que no demostró ninguna reacción a la presencia de su familia. No hay pruebas en el pasaje que apoyen las otras pruebas.

19. **(4) Se conocen bien.** (Análisis) Parece que Razumijin está cuidando a Raskólnikov durante una grave enfermedad; además, parece estar involucrado emocionalmente debido a la intensidad con la que insiste que Raskólnikov está bien. No se estaría comportando de esta manera si no conociera bien a Raskólnikov. Razumijin hace referencia al "doctor"; por lo tanto, él no es un médico, opción (1). No hay pruebas que apoyen las opciones (2) o (3). Es poco probable que Razumijin estuviera tan involucrado en esta situación si acabara de conocer a Raskólnikov; por lo tanto, la opción (5) no es la mejor respuesta.

20. **(2) Sentirían que Razumijin es parcialmente responsable por la recuperación de Raskólnikov.** (Aplicación) Cuando Razumijin le dice a la madre y a la hermana de Raskólnikov que él está mejorando y que "está bien" otra vez (líneas 40 a 41), la madre y la hermana se sienten agradecidas y lo ven como si fuera "su Providencia" (línea 47). Su respuesta muestra que creen que está ayudando a Raskólnikov. La madre y la hermana no están enojadas en el pasaje y, por lo tanto, es poco probable que se enojaran con Razumijin o con Raskólnikov; por lo tanto las opciones (1) y (4) son incorrectas. No hay pruebas de que Raskólnikov haya seguido las órdenes del médico; por lo tanto, la opción (3) es incorrecta. La madre y la hermana no hacen referencias al destino en el pasaje; por lo tanto, la opción (5) es incorrecta.

21. **(5) agitado** (Síntesis) La madre y la hermana estaban sollozando angustiadas cuando Raskólnikov estaba fuera de casa; luego, se ponen extasiadas cuando vuelve. Después de que él colapsa, se llenan de ansiedad y Razumijin trata intensamente de calmarlas. Todos estos detalles indican que el tono es intenso y agitado. No hay pruebas en el pasaje que apoyen las opciones (1), (2) ó (3). Aunque la escena no es feliz, la opción (4) no es la mejor opción debido a que el pasaje incluye esperanza y gratitud así como emociones más oscuras.

22. **(1) Tiene motivos egoístas para mantener a Raskólnikov alejado de su familia.** (Síntesis) Es posible que Razumijin no esté diciendo completamente la verdad porque no hay pruebas en el pasaje de que Raskólnikov puede enloquecer. Se puede concluir que, de hecho, Razumijin está tratando de mantener alejadas a la madre y a la hermana porque tiene algo que ocultar. No hay pruebas en el pasaje que apoyen las opciones (2) y (3). Parece que Razumijin no quiere que la familia de Raskólnikov esté cerca, pero hay pruebas de que desconfíe de ella; por lo tanto, la opción (4) no es la mejor respuesta. Aunque la madre y la hermana están emocionales, no hay pruebas directas de que sean débiles; por lo tanto, la opción (5) no es la mejor respuesta.

23. **(1) parece que contiene más producto** (Comprensión) El memorándum indica que el contenedor de Quick Wax parece ser más pequeño, aunque contiene la misma cantidad de producto que Easy Shine. Ese hecho sugiere que Easy Shine parece contener más producto. El memorándum sugiere que la etiqueta de Easy Shine es más fácil de leer debido al color de las letras, y no debido al tamaño del paquete; por lo tanto, la opción (2) es incorrecta. No hay pruebas que apoyen las otras opciones.

24. **(1) ofertas especiales de compra** (Comprensión) El memorándum establece directamente que "Nuestras ofertas de compras

especiales. han tenido el efecto anticipado de mantener a nuestros clientes satisfechos" (líneas 35 a 39). Las opciones (2), (3) y (4) son exactamente lo opuesto de lo que el pasaje establece como verdadero. Aunque es posible que la opción (5) sea verdadera, el memorándum no menciona que Easy Shine esté buscando nuevos clientes; por lo tanto, la opción (5) no es la mejor respuesta.

25. **(5) se aseguraría de que las letras del paquete fueran fáciles de leer** (Aplicación) Las letras del paquete de Easy Shine son fáciles de leer y son parcialmente responsables de su éxito en el mercado. Por lo tanto, es probable que el director de mercadotecnia usaría letras similares en otro tipo de producto. De acuerdo con este memorándum, contar con representantes de ventas experimentados es importante; por lo tanto, la opción (1) es incorrecta. No hay pruebas que apoyen la opción (2). Las opciones (3) y (4) son lo opuesto de lo que el pasaje indica que son herramientas útiles de mercadotecnia.

26. **(3) afirmaciones objetivas apoyadas por pruebas** (Síntesis) El memorándum comienza diciendo que "Quick Wax no ha tenido éxito en el Territorio 12"; el resto del memorándum proporciona pruebas para apoyar esta afirmación. Comentar la forma de lanzar una campaña publicitaria no es el punto principal de este memorándum, por lo que la opción (1) es incorrecta. No es una lista de reglas, sino un análisis, así que la opción (2) es incorrecta. El memorándum explica las ventas de los productos, no las ventajas de usar los productos; por lo tanto, la opción (4) es incorrecta. No hay relatos descriptivos en el pasaje; por lo tanto, la opción (5) es incorrecta.

27. **(2) examinar** (Síntesis) El memorándum es un análisis o examen de las razones por las que el producto es exitoso. No hay pruebas que apoyen las otras opciones.

28. **(5) Comparten metas similares.** (Síntesis) Ambos quieren vender la mayor cantidad de producto. Quick Wax no parece ser una verdadera amenaza para Easy Shine. Por lo tanto, la opción (1) es incorrecta. Están compitiendo mutuamente por ventas, por lo cual no están trabajando en conjunto como socios; por lo tanto, la opción (2) es incorrecta. Por esa misma razón, no dependen uno del otro para hacer sus ventas; por lo tanto, la opción (3) es incorrecta. No hay pruebas directas de que las compañías hayan sido competidores por mucho tiempo, opción (4).

29. **(4) el padre de Lance** (Comprensión) Al hablarse sobre la pasión de Lance, también se habla de la carrera del Maestro. Refiriéndose a Lance, la Sra. Mallow dice: "¿Será una carrera que provoque los celos y las maquinaciones que en ocasiones han sido demasiado para su padre?" (líneas 44 a 47). Esta afirmación indica que el Maestro es el padre de Lance. Peter no se está refiriendo a sí mismo cuando habla del Maestro; por lo tanto, la opción (1) es incorrecta. Lance tiene veinte años y la Sra. Mallow tiene más de cuarenta; es poco probable que tengan el mismo padre, opción (2). No se menciona a ningún hermano, opción (3). El potencial de Lance en su carrera se compara con el de otra persona; por lo tanto, la opción (5) es incorrecta.

30. **(2) la profesión de pintor** (Análisis) El pasaje comienza con una referencia a un "pincel", como en el pincel de un pintor, y se refiere a su carrera como artista en la línea 16. No hay pruebas que apoyen las opciones (1) ó (4). El pasaje indica que la carrera académica de Lance no está yendo bien; por lo tanto, la opción (3) es incorrecta. Es más probable que un pincel sea un símbolo de un pintor que de un arquitecto; por lo tanto la opción (5) no es la mejor respuesta.

31. **(3) estar adelantado a su tiempo** (Análisis) Esta frase se refiere a que Lance elabore sus ideas y trabajos artísticos hasta un nivel que sus compatriotas, con sus gustos limitados y no refinados, no sepan apreciar. En otras palabras, el trabajo artístico de Lance puede ser de una mejor calidad que la que ellos pueden comprender. No se hacen referencias a realizar viajes en este pasaje; por lo tanto, la opción (1) es incorrecta. No hay pruebas que apoyen las opciones (2) ó (5).Desempeñarse mejor de lo esperado no se describiría como una "desgracia" (línea 54); por lo tanto, la opción (4) es incorrecta.

32. **(2) El buen arte no siempre conlleva grandes riquezas.** (Síntesis) El buen arte se describe como una "maldición del refinamiento y la distinción" (líneas 50 y 51) que puede conllevar a que uno se encuentre "mendigando para poder comer" (líneas 52 y 53). No hay pruebas que apoyen las demás opciones.

33. **(2) chismoso** (Síntesis) La frase: "le dio la noticia a su amigo, quien compartía hasta el más nimio detalle de sus problemas . . ." (líneas 4 a 6), sugiere el tono chismoso del pasaje. La Sra. Mallow y Peter comentan la vida personal de Lance. No hay pruebas que apoyen las opciones (1), (3) o (4). Aunque hay algo de suspenso acerca del futuro de Lance, opción (5), el suspenso no es el tema principal del pasaje.

34. **(1) no sabe apreciar el arte del Maestro** (Síntesis) El Maestro es considerado un gran artista; Peter no comprende sus ideas. Además, Peter indica en el pasaje que él "esperaba que (la pasión de Lance por el arte) se tratara de algo pasajero" (líneas 29 y 30). Esto indica que posiblemente él no aprecia ni el arte de Lance ni el del Maestro. Peter no da ninguna señal de tener la capacidad de reconocer el talento artístico; por lo tanto, la opción (2) es incorrecta. Tampoco da ninguna señal de sentirse celoso; por lo tanto, la opción (3) es incorrecta. No

hay pruebas en el pasaje que apoyen la opción (4). Peter no parece ser terriblemente crítico; por lo tanto, la opción (5) es incorrecta.

35. **(1) punto de vista** (Comprensión) Peggy está explicando las razones por las que los clientes deben ser corteses y seguir las reglas de la biblioteca. No está explicando cómo ser una bibliotecaria, opción (2). Ella está respondiendo a sus insultos ("se volvían insultantes", línea 15), no insultando a los clientes, opción (5). Los clientes no preguntando a Peggy sobre su ubicación física o le piden su consejo sobre los libros, opciones (3) y (4).

36. **(4) le diría al cliente que no se preocupara por el libro** (Aplicación) Peggy comprende que hay ocasiones en que un cliente no puede seguir las reglas. Piensa: ". . . apreciamos los buenos modales, la paciencia, las buenas acciones y las grandes desgracias" (líneas 25 a 27). No hay nada en el pasaje que sugiera que gastaría dinero en un cliente, opción (1). Consideraría que el hecho de que se quemara la casa era una "gran desgracia" y no penalizaría al cliente cobrándole por el libro perdido, opción (2), o no dejándole sacar más libros, opción (5). No hay pruebas que apoyen la opción (3).

37. **(2) Se enorgullece de su trabajo.** (Análisis) Es muy importante para Peggy servirle bien a sus clientes, así que se siente decepcionada de sí misma cuando no puede ayudar a James a responder su pregunta. Dice: "Me había preguntado una pregunta directa y yo no me había siquiera acercado a darle una respuesta." (líneas 49 a 51).

38. **(5) mostrar por qué Peggy se preocuparía de que James dejara de ir a la biblioteca** (Análisis) En la primera mitad del pasaje, Peggy explica que si un cliente y ella tienen una discusión, a veces el cliente deja de ir a la biblioteca. En la segunda parte, Peggy compara los resultados potenciales de su situación con James con los resultados de tener una discusión con un cliente. Dice: "James y yo no habíamos discutido, pero sentí que yo había hecho algo mucho peor al malinterpretar lo que él quería." (líneas 35 a 37).

39. **(4) Son personas groseras que merecen ser avergonzadas.** (Síntesis) Cuando un cliente exige ver al gerente, Peggy se regocija en informarle al cliente que ella es la directora de la biblioteca. Dice: "me _encantaba_ ese momento" (línea 18). Sin embargo, Peggy se esfuerza por ser amable con esos clientes: "Yo decía, amablemente, no." (línea 13) y "cuando yo, amable y sonrientemente, les recordaba mi nombre" (líneas 32 y 33). Esto elimina la opción (1). Pero Peggy no acepta excusas, tales como estar demasiado ocupado como para regresar los libros a tiempo, lo cual hace que las opciones (2) y (3) sean poco probables. No hay pruebas que apoyen la opción (5).

40. **(1) Peggy teme que el libro le parezca insultante a James.** (Síntesis) El libro, _Curiosidades médicas,_ contiene información anticuada acerca de fenómenos físicos. Saber que James es inusualmente alto para su edad le permite ver al lector que Peggy, más que estar preocupada por no haber podido ayudar a James a encontrar el libro que respondería a su pregunta, teme haberlo insultado.

Glosario

acotaciones palabras entre paréntesis en una obra que dan información acerca de lo que un personaje hace o cómo responde

aplicar tomar información y transferirla a una situación nueva

aplicar ideas extender ideas de un texto de lectura a una situación nueva y relacionada

argumento los eventos de una obra de teatro o relato y el orden en que ocurren

autobiografía el relato de la vida de una persona contada por la misma persona

biografía el relato de la vida de una persona contada por otra persona

causa pensamiento, palabra o acción inicial que hace que otra cosa ocurra

clima emocional ambiente de sensaciones o atmósfera creada por las palabras escogidas por el escritor

clímax el momento de un argumento en el que las tensiones alcanzan su punto más alto

comparación examinar dos o más cosas con el objeto de descubrir en qué se parecen o son diferentes; también la técnica usada en metáforas y símiles para crear imágenes verbales vivas

comparar mostrar de qué manera las cosas son similares

complicación evento que ocurre después de la presentación y constituye un obstáculo que un(os) personaje(s) debe(n) superar para resolver un conflicto

composición texto de no ficción corto comúnmente escrito desde un punto de vista personal

conflicto aumento en la tensión de un relato; pugna entre fuerzas opuestas; puede ser entre personajes, entre un personaje y el ambiente exterior o en el interior de un personaje (conflicto interno)

contexto pistas acerca de palabras o frases desconocidas que pueden ayudar a descubrir su significado

contrastar mostrar de qué manera las cosas son diferentes

deducción idea que el lector descubre con base en la información explícita o sugerida

deducir descubrir el significado usando pistas

desenlace elemento de obras dramáticas o de ficción que ocurre después de resolver el conflicto y de llegar al final de la historia

detalle de apoyo información que apoya o explica la idea principal

diálogo conversación entre dos o más personajes en una obra de teatro

efecto el resultado de una acción

estilo la manera de escribir de un escritor; las palabras y estructura de la oración usada para transmitir ideas

estrategia de lectura activa técnica, como poder resumir, usada por el lector para involucrarse y entender el material de lectura.

estrofa un grupo de líneas de un poema

exposición comienzo de una obra que da información previa o antecedentes y presenta el ambiente y los personajes de la obra

ficción relato basado en la imaginación que puede referirse a cosas reales pero que no es verdadero

hacer una deducción juntar pistas o detalles para llegar a una conclusión lógica cuando los hechos no se establecen directamente

idea principal la idea o punto más importante en un texto

idea principal implícita en textos sin una idea principal claramente establecida, la idea más importante que se sugiere o insinúa sin expresarla en palabras

imagen descripción dirigida a uno o más de los cinco sentidos; figura mental creada con palabras

lenguaje figurado lenguaje en el que las palabras ordinarias se combinan de manera nueva para crear imágenes vivas

literal lenguaje de hechos que no es exagerado

metáfora comparación que establece que una cosa es otra

moraleja lección que puede ser aplicada a su vida

motivación razón por la cual un personaje hace o dice algo

obra dramática un tipo de literatura destinada a ser representada por actores en un escenario

oración temática la oración que contiene la idea principal

peripecia evento que ocurre después de la presentación y constituye un obstáculo que un(os) personje(s) debe(n) superar para resolver un conflicto

personaje una persona cuya participación es central en los eventos de una obra de ficción o dramática

personificación un tipo se lenguaje figurado que da cualidades humanas a objetos no humanos

poesía una forma especial de redacción que tiene más ritmo e imaginación que un texto ordinario y que comúnmente se caracteriza por el uso del lenguaje figurado; los poemas se pueden dividir en estrofas que pueden o no rimar

presentación el inicio de una obra de teatro que presenta los personajes, el entorno y otros detalles y pistas de una situación inestable

protagonista personaje central que tiene que resolver un problema y con frecuencia es el héroe de la obra

punto de vista la opinión o actitud del escritor acerca de un tema

repaso un tipo de redacción de no ficción que expresa las opiniones del escritor acerca de la calidad de algo

replantear ideas demostrar que usted entiende algo poniéndolo en sus propias palabras

resolución elemento de obras dramáticas o de ficción que ocurre después de resolver el conflicto y de llegar al final de la historia

resumir expresar los puntos principales de una pieza de redacción con palabras propias

rima similitud de sonidos al final de las palabras que une a dos o más palabras

ritmo patrón creado por la alternación de sílabas tónicas y el uso de la puntuación

sacar conclusiones tomar decisiones con base en los hechos disponibles en una situación dada

símbolo una persona, lugar o cosa que representa una idea más grande

símil comparación entre dos personas, lugares o cosas diferentes señalada por las palabras *como, tan, similar a*

tema idea central de una obra de literatura; la idea principal o comentario básico acerca de la vida que el escritor quiere compartir en una obra literaria

tema materia general de una obra de literatura

texto de no ficción redacción basada en hechos sobre lugares reales, personas reales o eventos que ocurrieron

tono los detalles presentes en la obra de un escritor que sugieren su sentimiento en relación a una materia

Adams, Bob. From *Streetwise Small Business Start-Up* by Bob Adams. Copyright © 1996. Used by permission.

Aiken, Conrad. From "Silent Snow, Secret Snow," from *The Collected Short Stories of Conrad Aiken*. Copyright © 1922-1935, 1941, 1950, 1952, 1953, 1955, 1956, 1957, 1958, 1959, 1960, 1961, 1962, 1964 by Conrad Aiken. Reprinted by permission.

Alvarez, Julia. From *How The Garcia Girls Lost Their Accents*. Copyright © 1991 by Julia Alvarez. Published by Plume, an imprint of Dutton Signet, a division of Penguin USA and originally in hardcover by Algonquin Books of Chapel Hill. Reprinted by permission of Susan Bergholz Literary Services, New York. All rights reserved.

Anaya, Rudolfo. From *Bless Me, Ultima*. Copyright © Rudolfo Anaya 1974. Published in hardcover and mass market paperback by Warner Books Inc. 1994, originally published by TQS Publications. Reprinted by permission of Susan Bergholz Literary Services, New York. All rights reserved.

Arróspide, Amparo. From "La casa del dolor" by Amparo Arróspide. Reprinted by permission.

Baden, Ira A.J. From "Forty-Five Seconds Inside a Tornado" by Ira A.J. Baden as told to Robert Parham from *Man Against Nature* as it appeared in *The Saturday Evening Post*, July 11, 1953. Reprinted with permission of The Saturday Evening Post, © 1953 renewed.

Baker, Jerry. From *Jerry Baker's Happy, Healthy House Plants* by Jerry Baker, America's Master Gardener®. Reprinted by permission.

Baldwin, James. Excerpted from *Go Tell It On The Mountain* © 1962, 1963 by James Baldwin. Copyright renewed. Reprinted by arrangement with the James Baldwin Estate.

Baldwin, James. Excerpted from *The Amen Corner* © 1968 by James Baldwin. Copyright renewed. Published by Vintage Books. Reprinted by arrangement with the James Baldwin Estate.

Bambara, Toni Cade. From "Raymond's Run" from *Gorilla, My Love* by Toni Cade Bambara, New York: Random House.

Barba-Jacob, Porfirio. "Canción del tiempo y espacio" from *Poemas Intemporales* by Porfirio Barba-Jacob. Used by permission of Editorial Agata.

Bell, Arthur H., Ph.D. From "Changing and Rearranging" from *Writing Effective Letters and Memos* by Arthur H. Bell, Ph.D and Cherie Kester. Copyright © 1991 by Barron's Educational Series, Inc. Published by arrangement with Barron's Educational Services, Inc., Hauppauge, NY.

Bibby, Lowe. From "'Duel' comes to terms with our nation's early history" by Lowe Bibby as appeared in *Chicago Tribune*, December 8, 1999. Reprinted with permission of The Associated Press.

Bloom, Pamela. "Keeping the Faith," excerpted from an article originally written by Pamela Bloom for *Taxi* magazine © Pamela Bloom. Reprinted by permission.

Bodin, Madeline. From "Using Voice Mail" from *Using the Telephone More Effectively* by Madeline Bodin. Copyright © 1991 by Barron's Educational Series, Inc. Published by arrangement with Barron's Educational Services, Inc., Hauppauge, NY.

Boggs, Joseph M. From *The Art of Watching Films,* Fourth Edition, by Joseph M. Boggs. Copyright © 1996 by Mayfield Publishing Company. Reprinted by permission of The McGraw-Hill Companies.

Borges, Jorge Luis. "Ajedrez(I)" by Jorge Luis Borges. © 1995 by Maria Kodarna. Reprinted with permission of The Wylie Agency, Inc.

Bowles, Jane. From *In the Summer House* by Jane Bowles. Copyright © 1954 by Jane Bowles. Reprinted by permission of International Creative Management, Inc.

Bradbury, Ray. From *Fahrenheit 451* by Ray Bradbury. Reprinted by permission of Don Congdon Associates, Inc. Copyright © 1953, renewed 1981 by Ray Bradbury.

Broder, David. From "Holding the applause" by David Broder as appeared in *Chicago Tribune*, November 2, 1999. © 1999, The Washington Post Writers Group. Reprinted with permission.

Brown, Rita Mae. From *High Hearts* by Rita Mae Brown. Reprinted by permission of The Wendy Weil Agency, Inc. First published by Bantam Books, © 1986 by Rita Mae Brown.

Buchman, Chris. From "The Television Scene" by Chris Buchman, *Films in Review Magazine*, June/July 1989. © Films in Review Magazine, Roy Frumkes - Editor-in-Chief. Reprinted by permission.

Buchwald, Art. From *The Buchwald Stops Here* by Art Buchwald. © 1978 by Art Buchwald. Reprinted by permission.

Burgos García, Julia Constantina. "Canción hacia adentro" from *El Mar y Tu* by Julia Constantina Burgos García. Used by permission of Ediciones Huracan, Inc.

Burns, Olive Ann. Excerpt from *Cold Sassy Tree* by Olive Ann Burns. Copyright © 1984 by Olive Ann Burns. Reprinted by permission of Houghton Mifflin Company. All rights reserved.

Candelaria, Nash. From *The Day the Cisco Kid Shot John Wayne* by Nash Candelaria, 1988. Reprinted by permission of Bilingual Press/Editorial Bilingüe, Arizona State University, Tempe, AZ.

Capote, Truman. From "My Side of the Matter" from *The Grass Harp and Tree of Night and Other Stories* by Truman Capote. Reprinted by permission of The Truman Capote Literary Trust, Alan U. Schwartz, Trustee.

Caro, Robert A. From *The Years of Lyndon Johnson: The Path to Power* by Robert A. Caro. Reprinted by permission of International Creative Management, Inc. Copyright © 1982 by Robert A. Caro.

Casona, Alejandro. From *Los Árboles Mueren de Pie* by Alejandro Casona. Reprinted by permission of the heirs of Alejandro Casona.

Castellanos, Rosario. "Elegías del amado fantasma" by Rosario Castellanos from *Obras II*, 1998. © Fondo de Cultura Económica. Reprinted by permission.

Cather, Willa. From *Obscure Destinies* by Willa Cather, copyright 1930, 1932 by Willa Cather and renewed 1958, 1960 by the Executors of the Estate of Willa Cather. Used by permission of Alfred A. Knopf, a division of Random House, Inc.

Cernuda, Luis. "La Naturaleza" from *Ocnos seguida de Variaciones sobre tema mexicano* by Luis Cernuda. Used by permission.

Chayefsky, Paddy. Excerpted from the work *Marty* by Paddy Chayefsky from *The Collected Works of Paddy Chayefsky: The Screenplays* (Applause Books). Reprinted by permission of Applause Books, 151 West 46th Street, New York, N.Y. 10036. (212) 575-9265. info@applausepub.com

Cleage, Pearl. Excerpted from *Flyin' West and Other Plays* by Pearl Cleage, copyright © 1999 by the Author. Published by Theatre Communications Group, Inc. Used by permission.

Cobo Borda, Juan Gustavo. "En un bolsillo de Nerval" by Juan Gustavo Cobo Borda. Reprinted by permission of Juan Gustavo Cobo Borda.

Cofer, Judith Ortiz. From "Nada" by Judith Ortiz Cofer, from *The Latin Deli: Prose & Poetry*, 1995. Reprinted by permission of The University of Georgia Press.

Craven, Margaret. From *I Heard The Owl Call My Name* by Margaret Craven. Reprinted by permission of International Creative Management, Inc. Copyright © 1973 by Margaret Craven.

Croce, Arlene. From "Twyla Tharp Looks Ahead and Thinks Back" by Arlene Croce. Originally published in *The New Yorker*. Copyright 1995. Reprinted by permission.

Danticat, Edwidge. From *Krik? Krak!* by Edwidge Danticat. Translation by Ramón González Férriz, © 1999. Used by permission of International Editors Co.

Daudelin, Art. From "Keys to Effective Web Searching" by Art Daudelin from *Physicians Financial News*. Reprinted by permission of Physicians Financial News.

Diggs, Elizabeth. From *Close Ties* by Elizabeth Diggs. Copyright © 1981 by Elizabeth Diggs. Reprinted by permission of William Morris Agency, Inc. on behalf of the Author. All rights reserved. CAUTION: Professionals and amateurs are hereby warned that **"CLOSE TIES"** is subject to a royalty. It is fully protected under the copyright laws of the United States of America and of all countries covered by the International Copyright Union (including the Dominion of Canada and the rest of the British Commonwealth), the Berne Convention, the Pan-American Copyright Convention and the Universal Copyright Convention as well as all countries with which the United States has reciprocal copyright relations. All rights, including professional/amateur stage rights, motion picture, recitation, lecturing, public reading, radio broadcasting, television, video or sound recording, all other forms of mechanical or electronic reproduction, such as CD-ROM, CD-I, information storage and retrieval systems and photocopying, and the rights of translation into foreign languages, are strictly reserved. Particular emphasis is laid upon the matter of readings, permission for which must be secured from the Author's agent in writing. Inquiries concerning rights should be addressed to: William Morris Agency, In., 1325 Avenue of the Americas, New York, New York, 10019, Attn: George Lane.

Erdrich, Louise. "The Red Convertible" from *Love Medicine* by Louise Erdrich, © 1984 by Louise Erdrich. Reprinted by permission of Henry Holt and Company, LLC.

Faulkner, William. From "A Rose for Emily" from *Collected Stories of William Faulkner*, New York: Vintage Books.

Fitzgerald, F. Scott. Reprinted with permission of Harold Ober Associates, Incorporated from *The Great Gatsby* (Authorized Text) by F. Scott Fitzgerald. Copyright 1925 by Charles Scribner's Sons. Copyright renewed 1953 by Francis Scott Fitzgerald Lanahan. Copyright © 1991, 1992 by Eleanor Lanahan, Matthew J. Bruccoli and Samuel J. Lanahan as Trustees under Agreement Dated July 3, 1975, Created by Frances Scott Fitzgerald Smith.

Fornes, Maria Irene. From *Maria Irene Fornes: Plays* © copyright 1986 by PAJ Publications. Reprinted by permission of PAJ Publications

Fowler, H. Ramsey. Excerpt p. 708 from *The Little, Brown Handbook*, 6th ed. by H. Ramsey Fowler and Jane E. Aaron. Copyright © 1995 by HarperCollins College Publishers. Reprinted by permission of Addison-Wesley Educational Publishers, Inc.

Frost, Robert. From "Education By Poetry" from *Selected Prose of Robert Frost*, edited by Hyde Cox and Edward Connery Lathem. © 1966 by Henry Holt and Company. Reprinted by permission of Henry Holt and Company, LLC.

Gardner, Herb. Excerpted from the work *Conversations With My Father* by Herb Gardner from *Herb Gardner: The Collected Plays* (Applause Books). Reprinted by permission of Applause Books 151 West 46th Street, New York, N.Y. 10036. (212) 575-9265. info@applausepub.com

Gehrig, Lou. From "Farewell to Baseball, " a speech by Lou Gehrig. TM/© 2001 Estate of Eleanor Gehrig under license authorized by CMG Worldwide Inc., Indianapolis, Indiana, 46256 USA www.lougehrig.com.

Gibson, William. From *The Miracle Worker* by William Gibson. Permission granted by the author, William Gibson.

Golden, Marita. From *Long Distance Life* by Marita Golden, copyright © 1989 by Marita Golden. Permission granted by the Carol Mann Literary Agency.

Golding, William. From *El señor de las moscas* by William Golding. Copyright © 1998. Reprinted by permission of Alianza Editorial.

Goldsborough, Reid. From "We've All Got E-Mail" by Reid Goldsborough, *The Editorial Eye*, December 1999. Reprinted with permission of the author.

Griffith, Thomas. From "What's So Special About News Magazines?" by Thomas Griffith as appeared in *Newsweek*, June 26, 1989. Reprinted by permission of Estate of Thomas Griffith.

Guillén, Jorge. "Del transcurso" by Jorge Guillén from *Que van a dar a la mar*. Buenos Aires: Editorial Sudamericana, 1960. Reprinted by permission.

Hansberry, Lorraine. From *A Raisin in the Sun* by Lorraine Hansberry. Copyright © 1958 Lorraine Hansberry; 1966, 1987 by Robert Nemiroff. All rights reserved. Reprinted by permission of the Estate of Robert Nemiroff.

Harris Robert R. From "Too Embarrassed Not to Kill," by Robert Harris, *The New York Times*, 3/11/1990. Reprinted by permission of The New York Times.

Hellman, Lillian. From *The Children's Hour* by Lillian Hellman, copyright 1934 by Lillian Hellman Kober and renewed 1962 by Lillian Hellman. Used by permission of The Lantz Office.

Henley, Beth. From *Crimes of the Heart* by Beth Henley. © Beth Henley 1982. All inquires should be made to Peter Hagan, The Gersh Agency, 130 W. 42nd St., New York, NY 10036. Reprinted by permission.

Hernández, Miguel. "El silbo de afirmación en la aldea" by Miguel Hernández from *El Hombre y Su Poesia* edited by Juan Cano Ballesta, Ediciones Cátedra, S.A., 1977. Reprinted by permission.

Hernández, Miguel. Canción 117 del *Cancionero y romancero de ausencias* by Miguel Hernández, 1941.

Hughes, Langston. From "Thank You, M'am" from *Short Stories* by Langston Hughes. Copyright © 1996 by Ramona Bass and Arnold Rampersad. Reprinted by permission of Harold Ober and Associates Incorporated.

Huntington, James. From *On the Edge of Nowhere* by James Huntington and Lawrence Elliott, Epicenter Press, © 2002 Jimmy Huntington Foundation and Lawrence Elliott. Reprinted by permission.

Ibsen, Henrik. From *A Doll's House* by Henrik Ibsen, translated by James McFarlane and Jens Arup. © James McFarlane 1961 from *Henrik Ibsen: Four Major Plays* (Oxford World's Classics, 1998). Reprinted by permission of Oxford University Press.

Institute of Financial Education. From *In Plain Words: A Guide to Financial Services Writing*, © 1984 by The Institute of Financial Education, a division of BAI. Reprinted by permission.

Jacobson, Michael F. From "The Body Politic" by Michael F. Jacobson, Center for Science in the Public Interest, as appeared in *Boston Magazine*, March 2000. Reprinted by permission.

Jiménez, Juan Ramón. "El viaje definitivo" by Juan Ramón Jiménez from *Canción*. Used by permission of Grupo Planeta.

Jones, Max. From *The Louis Armstrong Story 1900-1971* by Max Jones and John Chilton. Reprinted by permission.

Kennedy, William. From "Ironweed" by William Kennedy. © 1983 by William Kennedy, reprinted with the permission of The Wylie Agency.

Knowles, John. From *A Separate Peace* by John Knowles. Copyright © 1959 by John Knowles, renewed. Reprinted by permission of Curtis Brown, Ltd.

Kroeber, Theodora. From *Ishi in Two Worlds: A Biography of the Last Wild Indian in North America* by Theodora Kroeber. Copyright 1961 Theodora Kroeber. Copyright renewal 1989 John M. Quinn. Reprinted by permission of Jed Riffe & Associates, Copyright Holder and Exclusive Agent.

Kurtti, Casey. From *Catholic School Girls* by Casey Kurtti. Copyright © 1978 by Casey Kurtti. Reprinted by permission.

Landa, Victor. From "My 20-Hour Workweek Never Arrived" by Victor Landa. Reprinted by permission of the author.

Lessing, Doris. From "A Mild Attack of Locusts" from *The Habit of Loving* by Doris Lessing. Copyright © 1957 Doris Lessing. Reprinted by kind permission of Jonathan Clowes Ltd., London, on behalf of Doris Lessing.

Lewis, William. From "Temping: Who, What, And Why" from *The Temp Worker's Handbook, How to Make Temporary Employment Work for You*, by William Lewis and Nancy Schuman. Reprinted by permission of the authors.

Lorca, Federico García. *Bodas de Sangre* and *Paisaje* from *Poema de la Seguiriy Gitana* by Federico García Lorca © Herederos de Federico García Lorca. From *Obras Completas* (Galaxia/Gutenberg, 1996 edition). All rights reserved. For information regarding rights and permissions, please contact lorca@artslaw.co.uk or William Peter Kosmas, Esq., 8 Franklin Square, London W14 9UU.

Loynaz, Dulce María. "Poema ci" from *Poemas sin nombre* by Dulce María Loynaz. Reprinted by permission.

Mandela, Nelson. From "Our march to freedom is irreversible", speech by Nelson Mandela, Cape Town, February 11, 1990. Reprinted by permission of the Nelson Mandela Foundation.

Marshall, Paule. From *Brown Girl, Brownstones*, © 1959, 1981 by Paule Marshall, by permission of the Feminist Press at the City University of New York, www.feministpress.org.

Martin, James. From "O Pioneers" by James Martin, *America*, March 25, 1995. © 1995 America Press Inc. All rights reserved. Used with permission. www.americamagazine.org.

McCaig, Donald. From "The Best Four Days in Highland County" by Donald M. McCaig, *An American Homeplace*. Reprinted by permission of the author.

McCracken, Elizabeth. From *The Giant's House* by Elizabeth McCracken, 1996. © by Elizabeth McCracken. Used by permission of Dunow & Carlson Literary Agency.

McCullers, Carson. Excerpt from *The Member of the Wedding*. Copyright © 1946 by Carson McCullers, © renewed 1974 by Floria V. Lasky. Reprinted by permission of Houghton Mifflin Company. All rights reserved.

Meisler, Andy. From "The Man Who Keeps 'E.Rs' Heart Beating," by Andy Meisler, *The New York Times*, 2/26/1995. Reprinted by permission of The New York Times.

Méndez, Lola. "Vigilia" from *La razón cotidiana* by Lola Méndez. Reprinted by permission.

Miller, Arthur. From *Death of a Salesman* by Arthur Miller. Reprinted by permission of International Creative Management, Inc. Copyright © 1977 by Arthur Miller.

Moran, Michael C. From "Saving downtown's gems" by Michael C. Moran as appeared in *Chicago Tribune*, February 29, 2000. Reprinted by permission of the author.

Morgan, Elizabeth Seydel. From "Economics" by Elizabeth Seydel Morgan, included in *Downhome* edited by Susie Mee, Harcourt Brace & Company, 1995. Reprinted by permission of the author.

Morrison, Toni. From *Sula* by Toni Morrison. Copyright © 1973 by Toni Morrison. Reprinted by permission of International Creative Management, Inc.

Mosley, Walter. From *Black Betty* by Walter Mosley. Reprinted by permission of Walter Mosley and the Watkins/Loomis Agency.

Myers, Bernard. From *Fifty Great Artists* by Bernard Myers. Reprinted by permission of Shirley Meyers.

Nandino, Elías. From "Flor nocturna" from *Conversación con el mar* by Elías Nandino. Used by permission of Editorial Agata.

Neruda, Pablo. "Apogeo del apio" from *Residencia en la Tierra* by Pablo Neruda. © Fundación Pablo Neruda, 1933. Reprinted by permission.

Newsweek. From "HFL '99 'Get Out and Exercise'" *Newsweek*, March 1, 1999. © 1999 Newsweek, Inc. All rights reserved. Reprinted by permission.

Norman, Marsha. From *'night Mother* by Marsha Norman. Copyright © by Marsha Norman. Reprinted by permission of William Morris Agency, Inc. on behalf of the Author. All rights reserved. CAUTION: Professionals and amateurs are hereby warned that **"NIGHT, MOTHER"** is subject to a royalty. It is fully protected under the copyright laws of the United States of America and of all countries covered by the International Copyright Union (including the Dominion of Canada and the rest of the British Commonwealth), the Berne Convention, the Pan-American Copyright Convention and the Universal Copyright Convention as well as all countries with which the United States has reciprocal copyright relations. All rights, including professional/amateur stage rights, motion picture, recitation, lecturing, public reading, radio broadcasting, television, video or sound recording, all other forms of mechanical or electronic reproduction, such as CD-ROM, CD-I, information storage and retrieval systems and photocopying, and the rights

Índice

Prueba de Lenguaje, Lectura de GED

Nombre: _____ **Clase:** _____ **Fecha:** _____

○ Prueba preliminar   ○ Prueba final   ○ Prueba simulada

1 ①②③④⑤	**9** ①②③④⑤	**17** ①②③④⑤	**25** ①②③④⑤	**33** ①②③④⑤
2 ①②③④⑤	**10** ①②③④⑤	**18** ①②③④⑤	**26** ①②③④⑤	**34** ①②③④⑤
3 ①②③④⑤	**11** ①②③④⑤	**19** ①②③④⑤	**27** ①②③④⑤	**35** ①②③④⑤
4 ①②③④⑤	**12** ①②③④⑤	**20** ①②③④⑤	**28** ①②③④⑤	**36** ①②③④⑤
5 ①②③④⑤	**13** ①②③④⑤	**21** ①②③④⑤	**29** ①②③④⑤	**37** ①②③④⑤
6 ①②③④⑤	**14** ①②③④⑤	**22** ①②③④⑤	**30** ①②③④⑤	**38** ①②③④⑤
7 ①②③④⑤	**15** ①②③④⑤	**23** ①②③④⑤	**31** ①②③④⑤	**39** ①②③④⑤
8 ①②③④⑤	**16** ①②③④⑤	**24** ①②③④⑤	**32** ①②③④⑤	**40** ①②③④⑤